LÓGICA E DESIGN DE PROGRAMAÇÃO

Dados Internacionais de Catalogação na Publicação (CIP)
(Câmara Brasileira do Livro, SP, Brasil)

Farrel, Joyce
   Lógica e design de programação / Joyce Farrel ; tradução André Schifnagel Avrichir; revisão técnica Robert Joseph Didio. - São Paulo : Cengage Learning, 2018.

   1. reimpr. da 1. ed. de 2010.
   Título original: Programming logic and design
   1. Programação lógica 2. Projeto lógico digital
I. Didio, Robert Joseph. II. Título.

09-10657   CDD-005.15

Índice para catálogo sistemático:
1. Programação lógica e design : Ciência da computação 005.15

LÓGICA E DESIGN DE PROGRAMAÇÃO: INTRODUÇÃO

Joyce Farrel

Tradução
André Schifnagel Avrichir

Revisão técnica
Robert Joseph Didio
Coordenador e professor do curso de Tecnologia
de Sistemas de Informação nas Faculdades Oswaldo Cruz
Professor do curso de pós-graduação em Gestão de Negócios
e Serviços da Universidade Mackenzie

Austrália • Brasil • México • Cingapura • Reino Unido • Estados Unidos

Lógica e Design de Programação: introdução

Joyce Farrell

Gerente Editorial: Patricia La Rosa

Editora de Desenvolvimento: Ligia Cantarelli Cosmo

Supervisora de Produção Editorial: Fabiana Alencar Albuquerque

Produtora Editorial: Gisele Gonçalves Bueno Quirino de Souza

Título Original: Programming Logic and Design, Introductory, 5th Edition
ISBN original: 978-1-4239-0195-2

Tradução: André Schifnagel Avrichir

Revisão técnica: Robert Joseph Didio

Copidesque: Fabio Larsson

Revisão: Maria Dolores D. S. Mata, Sandra Brazil

Diagramação: PC Editorial Ltda.

Capa: Eduardo Bertolini

© 2008 Course Technology, parte da Cengage Learning.
© 2010 Cengage Learning.

Todos os direitos reservados. Nenhuma parte deste livro poderá ser reproduzida, sejam quais forem os meios empregados, sem a permissão, por escrito, da Editora. Aos infratores aplicam-se as sanções previstas nos artigos 102, 104, 106 e 107 da Lei nº 9.610, de 19 de fevereiro de 1998.

Esta editora empenhou-se em contatar os responsáveis pelos direitos autorais de todas as imagens e de outros materiais utilizados neste livro. Se porventura for constatada a omissão involuntária na identificação de algum deles, dispomo-nos a efetuar, futuramente, os possíveis acertos.

A Editora não se responsabiliza pelo funcionamento dos links contidos neste livro que possam estar suspensos.

Para informações sobre nossos produtos, entre em contato pelo telefone **0800 11 19 39**

Para permissão de uso de material desta obra, envie seu pedido para
direitosautorais@cengage.com

© 2010 Cengage Learning. Todos os direitos reservados.

ISBN-13: 978-85-221-0757-5
ISBN-10: 85-221-0757-2

Cengage Learning
Condomínio E-Business Park
Rua Werner Siemens, 111 – Prédio 11 – Torre A – Conjunto 12
Lapa de Baixo – CEP 05069-900 – São Paulo – SP
Tel.: (11) 3665-9900 – Fax: (11) 3665-9901
SAC: 0800 11 19 39

Para suas soluções de curso e aprendizado, visite
www.cengage.com.br

Impresso no Brasil
Printed in Brazil
1. reimpr. – 2018

SUMÁRIO

Prefácio

CAPÍTULO 1 UMA VISÃO GERAL DE COMPUTADORES E LÓGICA 1
Compreendendo os componentes e operações de um computador 1
Entendendo o processo de programar 6
Entendendo a entrada interativa do usuário 10
Entendendo a hierarquia dos dados e a entrada de arquivos 12
Usando símbolos de fluxograma e sentenças de pseudocódigo 14
Usando e nomeando variáveis 18
Finalizando o programa pelo uso de flags (*sentinel values*) 21
Lidando com fluxogramas grandes 23
Atribuindo valores para variáveis 25
Entendendo tipos de dados 26
Entendendo a evolução das técnicas de programação 29
Resumo do capítulo 30
Termos-chave 31
Questões para revisão 34
Encontre os bugs 36
Exercícios 37
Zona dos jogos 40
Trabalho de detetive 41
Livre para discussão 41

CAPÍTULO 2 COMPREENDENDO ESTRUTURAS 43
Entendendo a estrutura do código espaguete 43
Compreendendo as três estruturas básicas: sequência, seleção e loop 45
Usando a leitura primária 52
Compreendendo as razões para estruturar 58
Reconhecendo estruturas 60
Três estruturas especiais – caso, executar-enquanto, e executar-até 66

Resumo do capítulo 72
Termos-chave 73
Questões para revisão 74
Encontre os bugs 76
Exercícios 77
Zona dos jogos 82
Trabalho de detetive 82
Livre para discussão 82

CAPÍTULO 3   O PROCESSO DE PLANEJAR O PROGRAMA: DOCUMENTAÇÃO E DESIGN   83

Entendendo a documentação 83
Compreendendo as vantagens de se modular 91
Modulando um programa 93
Declarar variáveis e constantes locais e globais 100
Entendendo a linha principal da lógica de muitos programas procedurais 107
Criando diagramas de hierarquia 111
Características de um bom design de programa 113
Resumo do capítulo 121
Termos-chave 121
Questões para revisão 124
Encontre os bugs 126
Exercícios 128
Zona dos jogos 130
Trabalho de detetive 131
Livre para discussão 131

CAPÍTULO 4   TOMANDO DECISÕES   133

Avaliando expressões booleanas para fazer comparações 133
Usando os operadores relacionais de comparação 137
Entendendo a lógica E 141
Entendendo a lógica OU 150
Fazendo seleções dentro de intervalos 158
Entendendo a precedência ao combinar seleções E e OU 166
A estrutura caso 168
Usando tabelas de decisões 171
Resumo do capítulo 176
Termos-chave 176
Questões para revisão 177

Encontre os bugs   181
Exercícios   183
Zona dos jogos   187
Trabalho de detetive   187
Livre para discussão   188

CAPÍTULO 5   LOOPING   189

Compreendendo as vantagens de usar os loops   189
Controlando loops com contadores e flags   190
Loops embutidos   196
Evitando erros comuns com loops   202
Usando um loop `for`   208
Usando loops pós-teste   211
Reconhecendo as características compartilhadas por todos os loops   214
Aplicações comuns de loops   215
Resumo do capítulo   221
Termos-chave   221
Questões de revisão   222
Encontre os bugs   225
Exercícios   226
Zona dos jogos   228
Trabalho de detetive   229
Livre para discussão   229

CAPÍTULO 6   ARRAYS   231

Entendendo arrays e como ocupam a memória do computador   231
Manipulando um array para substituir decisões embutidas   233
Usando uma constante nomeada para referir-se à dimensão de um array   240
Declaração e inicialização de arrays   241
Arrays variáveis e constantes   244
Procurando por um casamento exato em um array   247
Usando arrays paralelos   250
Buscando um casamento de faixas em um array   254
Permanecendo dentro dos limites dos arrays   258
Usando um loop `for` para processar arrays   262
Resumo do capítulo   264
Termos-chave   264
Questões de revisão   265

Encontre os bugs 268

Exercícios 269

Zona dos jogos 272

Trabalho de detetive 275

Livre para discussão 275

CAPÍTULO 7 USANDO MÉTODOS 277

Revisão dos métodos simples 277

Criando métodos que exigem um único parâmetro 279

Criando métodos que exigem múltiplos parâmetros 285

Criando métodos que retornam valores 287

Passando um array para um método 293

Métodos de sobrecarga (*overloading*) 299

Evitando métodos ambíguos 303

Usando métodos embutidos previamente escritos 305

Usando um diagrama EPS 307

Reduzindo o acoplamento e aumentando a coesão 309

Resumo do capítulo 312

Termos-chave 313

Questões de revisão 314

Encontre os bugs 317

Exercícios 319

Zona dos jogos 322

Trabalho de detetive 322

Livre para discussão 323

CAPÍTULO 8 QUEBRAS DE CONTROLE 325

Entendendo a lógica da quebra de controle 325

Realizando quebras de controle em nível único 327

Usando dados de controle em um cabeçalho 332

Usando dados de controle em um rodapé 335

Realizando quebras de controle com totais 340

Realizando quebras de controle em múltiplos níveis 348

Resumo do capítulo 356

Termos-chave 356

Questões de revisão 357

Encontre os bugs 361

Exercícios 362

Zona dos jogos 364

Trabalho de detetive 364
Livre para discussão 364

APÊNDICE A SOLUCIONANDO PROBLEMAS DIFÍCEIS DE ESTRUTURAÇÃO 367

APÊNDICE B CRIANDO FORMULÁRIOS DE IMPRESSÃO 377

APÊNDICE C ENTENDENDO SISTEMAS NUMÉRICOS E CÓDIGOS DE COMPUTADOR 379

APÊNDICE D USANDO UMA TABELA GRANDE DE DECISÕES 385

APÊNDICE E TESTE DE SOFTWARE E VALIDAÇÃO DE DADOS 393

GLOSSÁRIO 399

ÍNDICE REMISSIVO 409

PREFÁCIO

Lógica e design de programação oferece ao programador iniciante um guia para desenvolver programas de lógica estruturada. Este livro não pressupõe qualquer experiência com linguagens de programação. A escrita não é técnica e enfatiza as boas práticas de programação. Os exemplos são provenientes da área de negócios e não exigem conhecimento matemático avançado. Além disso, os exemplos ilustram um ou dois pontos centrais, não contendo tantos ângulos de forma a causar confusão no estudante, obrigando a acompanhar detalhes irrelevantes e insignificantes.

Os exemplos em *Lógica e design de programação* foram criados para fornecer aos estudantes conhecimento sólido em lógica, independente da linguagem de programação que posteriormente utilizarão para escrever programas. Este livro pode ser usado em um curso autônomo de lógica que os alunos façam como pré-requisito de um curso de programação, ou como um livro de apoio para um texto introdutório à programação em qualquer linguagem de programação.

Organização e abrangência

Lógica e design de programação apresenta aos estudantes conceitos da programação e preconiza um bom estilo e pensamento lógico. Conceitos gerais de programação serão apresentados no Capítulo 1. O Capítulo 2 discute os conceitos-chave de estrutura, incluindo o que é estrutura, como reconhecer programas estruturados – e, principalmente, as vantagens de escrevê-los. O Capítulo 3 amplia as informações sobre programação estruturada para tratar das boas práticas de programação. Em especial, discute-se documentação, modularização e princípios sólidos do design. Os Capítulos 4, 5 e 6 exploram as dificuldades de tomar decisões, de fazer loops e de manipular arrays. O Capítulo 7 fornece uma introdução completa aos métodos – em particular, como transferir e retornar dados deles. O Capítulo 8 dá aos estudantes a oportunidade de recapitular tudo que aprenderam ao descrever programas de quebra de controle que empregam tomadas de decisões, looping, manuseio de arrays e passagem de parâmetros.

Cinco apêndices permitem que os estudantes tenham experiências adicionais de estruturar grandes programas desestruturados, criar formulários de impressão, usar o sistema binário de numeração, trabalhar com grandes tabelas de decisões e testar softwares.

Lógica e design de programação combina explicações textuais e exemplos em fluxogramas e pseudocódigos para mostrar ao estudante meios alternativos de expressar lógicas estruturadas. Numerosos e detalhados exercícios com programas completos ao final de cada capítulo ilustram os conceitos explicados no capítulo e enfatizam a compreensão e a retenção da matéria apresentada.

Lógica e design de programação distingue-se de outros livros de lógica de programação pelos seguintes motivos:

» Ele foi escrito e projetado para não ser específico a determinada linguagem. A lógica usada neste livro pode ser aplicada em qualquer linguagem de programação.

» Os exemplos são cotidianos de negócios; não é exigido nenhum conhecimento especial de matemática, contabilidade, nem de qualquer outra disciplina.

» O conceito de estrutura é explicado mais cedo do que em muitos outros textos. Os estudantes são expostos naturalmente à estrutura, para que possam criar programas com design adequado.

» Explicações textuais são intercaladas com fluxogramas e pseudocódigos para que os estudantes possam dominar essas ferramentas de desenvolvimento lógico e entender suas inter-relações. Imagens de programas em funcionamento também foram incluídas, propiciando aos estudantes uma visualização clara e concreta da execução de programas.

» Programas complexos são construídos com base em exemplos inteiramente de negócios. Os estudantes veem como é construída uma aplicação do começo até o final, em vez de apenas estudarem segmentos de programas.

Características do texto

Esta edição inclui muitos aspectos para ajudar os estudantes a se tornarem melhores programadores e entenderem o panorama de desenvolvimento de um programa. Muitas características novas foram adicionadas e as características populares das primeiras quatro edições foram mantidas.

As principais mudanças em relação à quarta edição:

 Maior ênfase na entrada e na saída como operações genéricas. Com o passar dos anos, os textos sobre lógica variaram suas abordagens sobre entradas – elas provêm da entrada do usuário no teclado, do clique de um mouse ou de um arquivo? Este livro inclui as três técnicas e, sempre que possível, usa uma abordagem genérica para enfatizar que, independente da abordagem feita, entrada é sempre entrada. Entretanto, muitas vezes quando a entrada é usada em um exemplo concreto, o tratamento interativo é enfatizado. Quando professores atribuem primeiros programas em uma linguagem de programação, quase sempre escolhem programas interativos. Tais programas facilitam a compreensão dos estudantes, fornecem *feedbacks* mais imediatos e evitam os custos gerais de abrir e fechar arquivos.

 Este livro também reforça que saída é saída – idêntica no conceito, independente de a saída ser apresentada em uma tela, enviada para uma página impressa ou armazenada em uma base de dados. Como resultado dessa nova ênfase, esta edição contém um novo apêndice sobre a criação de diagramas de exibição. As primeiras edições desse livro incorporaram formulários de impressão nos primeiros capítulos para que os estudantes pudessem planejar a saída dos seus programas. O *feedback* foi que as empresas não usavam mais formulários de impressão, então foram praticamente eliminados na edição anterior do livro. Entretanto, alguns professores deram pela falta dos formulários de impressão. Esses professores sentiram que o uso de formulários era uma lição de planejamento válida, mesmo se os formulários naquele formato exato não fossem mais usados na profissão. Portanto, eles foram incluídos em um apêndice, com instruções completas de como criá-los, para que os instrutores possam adicioná-los às suas aulas como julgarem apropriado.

 A abordagem para os métodos foi completamente revisada. O uso de métodos é consistente com as linguagens com as quais o estudante tem grande chance de ter suas primeiras experiências na programação. Este livro enfatiza, particularmente, o uso de métodos como caixas pretas, declarando-se todas as variáveis e constantes como locais aos métodos e passando argumentos e recebendo valores retornados dos métodos quando for necessário.

 Mais imagens. *Screenshots* da execução dos programas são frequentemente incluídos. Os estudantes veem telas amostrais de linhas de comando e de GUI para mostrar como podem aparecer a entrada e a saída.

Maior ênfase em testar programas e em selecionar dados de teste adequados. Um novo apêndice sobre verificação de dados e teste de software foi incluído.

Constantes nomeadas foram adotadas mais cedo e mais consistentemente. O uso de constantes nomeadas induz a boas práticas de programação e evita os "números mágicos".

O ícone "Não Faça Isso". Algumas vezes, é ilustrativo apresentar um exemplo de como *não* fazer alguma coisa – por exemplo, ter um código morto em um programa. Entretanto, os estudantes nem sempre leem cuidadosamente e algumas vezes usam lógicas similares àquelas apresentadas naqueles que deveriam ser "maus" exemplos. Quando o professor aponta o erro, o estudante frustrado diz: "mas foi assim que eles fizeram no livro!". Portanto, ainda que o texto continue a descrever maus exemplos e que os avisos para as figuras relacionadas mencionem que são maus exemplos, o livro também incluiu um lembrete "Não Faça Isso" próximo à seção incorreta da lógica. Este lembrete tem impacto visual para o estudante, enfatizando que certas imagens específicas *não* devem ser emuladas.

Duas Verdades e uma Mentira. Um teste denominado "Duas Verdades e uma Mentira" aparece depois de cada seção dos capítulos, com as respostas fornecidas. Esse teste contém três afirmações referentes àquela seção do texto – duas verdadeiras e uma falsa. Através dos anos, os estudantes solicitaram respostas para os problemas, mas hesitávamos em distribuí-las para que os professores pudessem usar os problemas como tarefas ou questões de provas. Esses pequenos testes de verdadeiro ou falso dão ao estudante *feedback* imediato conforme avançam a leitura, sem revelar as respostas dos exercícios de múltipla escolha existentes nem as questões de problemas de programação.

Zona dos Jogos. Uma seção chamada Zona dos Jogos foi incluída ao final de cada capítulo. Esta seção oferece um ou mais exercícios nos quais os estudantes podem desenvolver um jogo como uma forma lúdica adicional de entender conceitos-chave apresentados no capítulo.

Características mantidas das edições anteriores...

» **Objetivos:** Cada capítulo começa com uma lista de objetivos para que o estudante saiba os tópicos que serão apresentados no capítulo. Além de oferecer uma rápida referência aos tópicos abordados, a lista é útil como um guia de estudo.

» **Fluxogramas:** Este livro tem muitas imagens e ilustrações, incluindo fluxogramas, que oferecem ao leitor uma oportunidade de aprendizado visual, em vez de uma experiência que envolva simplesmente o estudo de textos.

» **Pseudocódigo:** Este livro também inclui muitos exemplos de pseudocódigos, que ilustram o uso correto dos conceitos de lógica e design de programação apresentados.

» **Resumo dos Capítulos:** Um resumo dos conceitos de programação e das técnicas abordadas é dado ao final de cada capítulo, gerando um meio conciso para que os estudantes revejam e verifiquem a compreensão dos principais pontos estudados.

» **Termos-chave:** Cada capítulo lista os termos-chave e suas definições; a lista aparece na ordem em que os termos foram encontrados no capítulo. Junto com o resumo do capítulo, a lista de termos-chave oferece um resumo geral instantâneo das principais ideias dos capítulos. Um glossário ao final do livro lista todos os termos-chave em ordem alfabética.

» **Exercícios de eliminação dos bugs:** Uma vez que examinar programas de forma crítica e detalhada é uma habilidade crucial de programação, cada capítulo inclui uma seção "Encontre os Bugs", na qual são apresentados exemplos de programação que contêm erros de sintaxe e erros de lógica para serem localizados e corrigidos pelos estudantes.

» **Questões de Revisão:** Questões de revisão de múltipla escolha aparecem ao final de cada capítulo para permitir que os estudantes testem sua compreensão das ideias principais e das técnicas apresentadas.

» **Exercícios:** Muitos exercícios de fluxogramas e pseudocódigo ao final dos capítulos são incluídos, para que os estudantes tenham oportunidades de praticar os conceitos conforme os aprendam. Esses exercícios apresentam dificuldade gradual e são projetados para permitir que os estudantes explorem conceitos lógicos da programação. Cada exercício pode ser concluído usando fluxogramas, pseudocódigos ou ambos. Além disso, os professores podem escolher atribuir os exercícios como problemas práticos de programação a serem codificados e executados em alguma linguagem de programação.

» **Questão de análise:** Cada capítulo contém uma seção "Trabalho de Detetive" que apresenta tópicos relacionados à programação a serem pesquisados pelos estudantes. Cada capítulo contém também uma seção chamada "Livre para Discussão", na qual questões apresentam temas pessoais e éticos que o programador deve levar em consideração. Essas questões podem ser usadas como tema de redações ou como um ponto de partida para discussão em sala de aula.

Ferramentas de Ensino

Apresentações de PowerPoint. Slides de Microsoft PowerPoint para cada capítulo estão disponíveis no site da Editora Cengage Learning (www.cengage.com.br) para os professores que adotam a obra e a indicam na ementa do curso. Os slides estão incluídos como um auxílio de ensino para apresentação em sala de aula.

Agradecimentos

Sou grata aos muitos revisores que deram comentários úteis e criteriosos durante o desenvolvimento deste livro, incluindo Betty Clay, da Southeastern Oklahoma State University; Dave Courtaway, da DeVry Univesity – Pomona; e Judy School, do Austin Community College.

Agradeço, também, ao meu marido, Geoff, que agiu como amigo e conselheiro no processo de elaboração deste livro. Esta obra é, como foram suas edições anteriores, dedicada a ele e às minhas filhas, Andrea e Audrey.

Joyce Farrell

1 UMA VISÃO GERAL DE COMPUTADORES E LÓGICA

Compreendendo os componentes e operações de um computador

Hardware e software são os dois principais componentes de qualquer sistema de computação. **Hardware** é o equipamento ou os dispositivos associados ao computador. Para um computador funcionar, todavia, ele precisa mais que equipamentos; um computador precisa receber instruções. As instruções que comandam as funções do computador são chamadas **softwares**, ou programas, e são escritas por programadores. Este livro enfoca o processo de escrever essas instruções.

NOTA: Softwares podem ser classificados em softwares de aplicação ou softwares de sistema. Softwares de aplicação incluem todos os programas que você usa para uma função – processadores de texto, planilhas, programas para fazer folhas de pagamentos e inventários, e até jogos. Softwares de sistema abrangem os programas que você usa para gerir o seu computador – inclusive sistemas operacionais como o Windows, Linux ou UNIX. Este livro aborda principalmente a lógica usada para escrever programas de softwares de aplicação.

Juntos, computador, hardware e software realizam quatro operações principais:

1. Entrada
2. Processamento
3. Saída
4. Armazenamento

Hardwares que fazem a **entrada** incluem o teclado e o mouse. Por esses dispositivos, **dados**, ou fatos, entram no sistema do computador. **Processar** dados pode incluir organizá-los, confirmar a precisão destes, ou realizar operações matemáticas com eles. O componente de hardware que faz esse tipo de tarefas é a **unidade central de processamento** (**CPU**, *central processing unit*). Depois que os dados foram processados, a informação obtida é enviada para uma impressora, um monitor, ou algum outro dispositivo de **saída**, para que as pessoas possam ver, interpretar e usar os resultados. Frequentemente, você também deseja armazenar os resultados obtidos em um hardware, como um disco magnético, fitas, CDs, ou em memórias flash; esses **dispositivos de armazenamento** guardam informações para que depois elas sejam recuperadas. Softwares de computador consistem em todas as instruções que controlam como e quando os dados entram, a forma como são processados e a maneira como saem e são armazenados.

NOTA: Dados incluem todos os textos, números e outras informações que são processadas por um computador. Entretanto, muitos computadores profissionais utilizam o termo "informação" apenas para dados que já foram processados. Por exemplo, seu nome, número de CPF e quantidade paga por hora são dados, porém seu contracheque contém informações.

Hardwares de computador em si são inúteis se não tiverem as instruções de um programador, ou de um software, assim como seu equipamento estéreo não faz muito até que você forneça música, um CD ou uma fita. Você pode comprar softwares já programados que são armazenados em um disco ou que você baixa da internet, ou você pode escrever as instruções dos seus próprios softwares. Você pode inserir suas instruções no sistema do computador através de qualquer dispositivo que você utiliza para dados; na maioria das vezes, você digita suas instruções usando um teclado e as armazena em um dispositivo como um disco ou um CD.

As instruções para um computador são escritas em um programa de **linguagem de programação** de computadores, como Visual Basic, C#, C++, Java, ou COBOL. Assim como algumas pessoas falam inglês e outras, japonês, progamadores também escrevem em linguagens diferentes. Alguns programadores trabalham somente em uma linguagem, enquanto outros conhecem muitas e usam aquela que lhes parece a mais apropriada para a tarefa a ser realizada.

Independente da linguagem na qual o programador escreve, todas têm regras que regulamentam o uso das palavras e da pontuação. Essas regras são chamadas de **sintaxe** da linguagem. Se você perguntar, "Como na chego loja eu?" em português, a maioria das pessoas vai entender o que você quis dizer, ainda que você não tenha usado a sintaxe correta. Todavia, computadores não são tão espertos quanto a maioria das pessoas; para um computador, seria a mesma coisa que ter dito, "Xpu mxv ot dodnm cadf B?". A menos que a sintaxe seja perfeita, o computador não consegue interpretar nada da instrução da linguagem de programação.

Todo computador opera por circuitos elétricos, que consistem em milhões de chaves do tipo liga/desliga. Cada linguagem de programação usa parte de um software para traduzir a linguagem específica de programação para a linguagem do circuito de chaves liga/desliga do computador, ou para uma **linguagem de máquina**. Linguagem de máquina é representada por uma série de 0s e 1s, também conhecida como linguagem **binária**. O software de tradução de linguagem que converte os comandos de um programador para a forma binária é chamado **compilador** ou **interpretador** e informa se você usou a linguagem de programação incorretamente. Portanto, erros de sintaxe são relativamente fáceis de localizar e corrigir – o compilador ou o interpretador que você usa destaca todos os erros de sintaxe. Se você escreve um programa de computador usando uma linguagem como a C++, mas digita uma das palavras incorretamente ou inverte a ordem correta de duas palavras, o tradutor avisa que encontrou um erro, gerando uma mensagem de erro assim que você tentar traduzir o programa.

NOTA: Ainda que existam diferenças no trabalho de compiladores e interpretadores, suas funções são as mesmas – traduzir seus comandos de programação para um código que um computador possa usar. Quando você usa um compilador, um programa inteiro é traduzido antes que ele possa ser executado; quando você usa um interpretador, cada instrução é traduzida pouco antes da execução. Normalmente, você não escolhe que tipo de tradução vai usar – isso depende da linguagem de programação. Entretanto, há algumas linguagens para as quais existem tanto compiladores como interpretadores disponíveis.

NOTA: Além das populares linguagens de programação já totalmente desenvolvidas, como Java e C++, muitos programadores usam **linguagens de scripting** (também chamadas de **linguagens de programação de scripting** ou **linguagens de script**) como o Python, Lua, Perl e PHP. Comandos escritos nessas linguagens normalmente podem ser digitados diretamente de um teclado ou armazenados como um texto, em vez de utilizar arquivos executáveis binários. Programas de linguagem de scripting são interpretados linha por linha cada vez que o programa é executado e não são armazenados em um formato compilado (binário).

Um programa sem erros de sintaxe pode ser executado em um computador, mas ele pode não produzir os resultados corretos. Para que um programa funcione como deve, você precisa dar as instruções para o computador em uma sequência específica, você não deve deixar instruções de fora, e não deve adicionar instruções irrelevantes. Fazendo assim, você está desenvolvendo a **lógica** de um programa de computador. Imagine que você instrua alguém a fazer um bolo da seguinte forma:

NOTA: A receita perigosa para assar o bolo contém um ícone de alerta. Você encontrará esse ícone quando uma tabela ou uma figura contiver uma prática não recomendada de programação que está sendo usada como um exemplo do que *não* fazer.

```
Mexa
Ponha dois ovos
Adicione um galão de gasolina
Asse a 350°C por 45 minutos
Coloque três xícaras de farinha
```

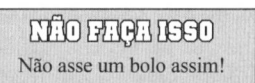
Não asse um bolo assim!

Ainda que você tenha usado a sintaxe correta da língua portuguesa, as instruções estão fora de ordem, faltam algumas instruções e algumas instruções pertencem a outras receitas que não a de assar um bolo. Se você seguir essas instruções, você não vai fazer um bolo comestível e talvez cause um desastre. Erros de lógica são muito mais difíceis de localizar do que erros de sintaxe; é mais fácil determinar se "ovos" contém um erro ortográfico em uma receita do que dizer se há ovos em excesso ou se eles foram postos muito cedo.

NOTA: Programadores chamam alguns erros de código de erros semânticos. Por exemplo, se você cometer um erro ortográfico em uma palavra de linguagem de programação, você cometeu um erro de sintaxe, mas se você utilizou outra palavra escrita corretamente, mas que não faz nenhum sentido naquele contexto, você cometeu um **erro semântico**.

Assim como as indicações para assar podem ser dadas corretamente em francês, alemão ou espanhol, a mesma lógica de um programa pode ser expressa em qualquer número de linguagens de programação. Este livro trata quase exclusivamente do processo de desenvolvimento da lógica. Como não trata de nenhuma linguagem específica, os exemplos de programação poderiam ter sido escritos em japonês, C++, ou Java. A lógica é a mesma em qualquer linguagem.

Uma vez que as instruções foram inseridas no computador e traduzidas para a linguagem de máquina, um programa pode ser **rodado**, ou **executado**. Você pode escrever um programa que obtém um número (um processo de entrada), dobra-o (processamento) e te diz a resposta (saída) em uma linguagem de programação como Java ou C++, mas se você fosse programá-lo usando comandos em línguas como o português, seria algo parecido com isso:

```
Obter númeroEntrada.
Computar respostaCalculada como númeroEntrada vezes 2.
Imprimir respostaCalculada.
```

A instrução para `Obter númeroEntrada` é um exemplo de uma operação de entrada. Quando um computador interpreta essa instrução, ele sabe procurar por um dispositivo de entrada para obter um número. Computadores geralmente têm vários dispositivos de entrada, como um teclado,

NOTA: Você vai aprender sobre a estranha eliminação do espaço entre as palavras como "entrada" e "Número" nas próximas páginas.

> **NOTA:**
> Muitos profissionais da área da informática classificam unidades de disco e drives de CD como dispositivos de armazenamento em vez de dispositivos de entrada. Na verdade, tais dispositivos podem ser usados para entrada, armazenamento e saída.

um mouse, um drive de CD e duas ou mais unidades de disco. Quando você aprende uma linguagem de programação específica, aprende como dizer ao computador qual dos dispositivos de entrada acessar para a entrada. Logicamente, porém, não é relevante qual dispositivo é usado, contanto que o computador saiba procurar por um número. A lógica da operação de entrada – que o computador precisa obter um número para introduzir e que precisa obtê-lo antes de multiplicá-lo por dois – continua a mesma, independentemente de qualquer dispositivo de hardware de entrada específico. O mesmo é verdade na sua vida cotidiana. Se você segue uma instrução "Pegar ovos da loja", não importa se você está seguindo uma instrução manuscrita de uma lista ou uma instrução de um correio de voz deixado no seu celular – o processo de pegar ovos, e o resultado de fazê-lo, é o mesmo.

O processamento é o passo que ocorre quando é feito o cálculo de dobrar o númeroEntrada; o comando Computar respostaCalculada como númeroEntrada vezes 2 representa o processamento. Operações matemáticas não são a única forma de processamento, mas elas são muito características. Depois que você escreve um programa, o programa pode ser usado em computadores de diferentes marcas, tamanhos e velocidades. Independente de você usar um computador pessoal de mesa ou um *mainframe* que custa centenas de milhares de dólares e fica alojado em um edifício especial de uma universidade, seja ele um IBM, um Macintosh, um Linux, ou um sistema operacional UNIX – multiplicar por dois é sempre o mesmo processo. O hardware não é importante; o processamento será o mesmo.

No programa que dobra um número, o comando Imprimir respostaCalculada representa a saída. Dentro de um programa em particular, essa frase poderia mostrar a saída no monitor (que poderia ser de tela plana ou de tubo de raios catódicos), ou a saída poderia ir para uma impressora (que poderia ser a laser ou a jato de tinta), ou ser gravada em um disco ou em um CD. A lógica do processo chamado "Imprimir" é a mesma independentemente do dispositivo de hardware utilizado.

Além da entrada, do processamento e da saída, a quarta operação de qualquer sistema computacional é o armazenamento. Quando computadores produzem uma saída, esta é para consumo humano. Por exemplo, a saída pode ser apresentada em um monitor ou enviada para uma impressora. O armazenamento, por outro lado, visa o futuro uso de um computador (por exemplo, quando dados são salvos em uma unidade de disco).

Existem duas grandes categorias de armazenamento em computadores. Todo computador tem **armazenamento interno**, muitas vezes chamado de **memória**, **memória principal**, **memória primária**, ou **memória de acesso aleatório** (**RAM**, *random access memory*). Esse armazenamento fica dentro da unidade de sistema da máquina. (Por exemplo, se você tem um microcomputador, a unidade de sistema é o grande compartimento que contém o seu CD ou outro disco. Em um laptop, a unidade de sistema fica sob o teclado.) Armazenamento interno é o tipo de armazenamento do qual este livro mais trata.

Computadores também utilizam **armazenamento externo**, que é um armazenamento duradouro (praticamente permanente) em um dispositivo como um disquete, disco rígido, ou uma memória flash. Em outras palavras, armazenamento externo é fora da memória principal, não necessariamente fora do computador. Ambos, programas e dados, são às vezes armazenados em cada um desses tipos de memórias.

Para usar programas de computador, você precisa primeiro tê-los salvos em uma memória. Você pode escrever um programa na memória pelo teclado, ou pode usar um programa que já está escrito e armazenado em um disco. De qualquer forma, uma cópia das instruções precisa estar na memória antes que o programa possa rodar.

Um sistema de computador precisa tanto de memória interna quanto de armazenamento externo. Memória interna é necessária para rodar programas, mas a memória interna é **volátil** – isto é, seus componentes se perdem cada vez que o computador para de receber energia. Portanto se você vai usar um programa mais do que uma vez, precisa armazená-lo, ou **salvá-lo**, em algum meio não volátil. Se não fizer isso, o programa se perde para sempre quando o computador for desligado. O armazenamento externo (como um disco) oferece um meio não volátil (ou permanente).

NOTA: Ainda que seu computador tenha um disco rígido, ele não é a principal memória interna. Memória interna é temporária e volátil; um disco rígido é permanente e um armazenamento não volátil. Depois de uma ou duas "tragédias" nas quais foram perdidas várias páginas de um programa de computador digitado devido a quedas de energia ou outro problema de hardware, a maioria dos programadores aprende a salvar periodicamente os programas que estão escrevendo, usando um meio não volátil, como um disco.

Uma vez que tenha a cópia de um programa na memória principal, você quer executar, ou rodar, o programa. Para fazer isso, é necessário colocar todos os dados que o programa necessita na memória. Por exemplo, depois que carregou o programa na memória e o rodou, você tem que fornecer um númeroEntrada – por exemplo, 8 –, que você também põe na memória.

```
Obter númeroEntrada.
Computar respostaCalculada como númeroEntrada vezes 2.
Imprimir respostaCalculada.
```

O valor de númeroEntrada é colocado em um local específico da memória que o programa chamará de númeroEntrada. Somente então, a respostaCalculada, neste caso 16, pode ser calculada e impressa.

NOTA: Memória de computador consiste em milhões de locais endereçados onde dados podem ser armazenados. O local de memória do númeroEntrada tem um endereço específico, por exemplo, 48604. O seu programa associa númeroEntrada a esse endereço. Cada vez que você mencionar númeroEntrada em um programa, o computador irá recuperar o valor associado a aquele local da memória. Ao escrever programas, raramente precisa se preocupar com o valor do endereço de memória; em vez disso, você simplesmente usa o nome fácil de lembrar que você criou.

NOTA: Programadores normalmente citam endereços da memória usando a notação hexadecimal, ou de base 16. Usando esse sistema, é possível utilizar um valor como 42FF01A para se referir a um endereço na memória. Apesar do uso de letras, esse endereço ainda é um número. Quando você usa o sistema numérico hexadecimal, as letras de A a F são valores de 10 a 15.

DUAS VERDADES E UMA MENTIRA:

Entendendo os componentes e as operações de um computador

Duas das frases abaixo são verdadeiras e uma é falsa. Identifique a frase falsa e explique por que é falsa.

1. Softwares de aplicação incluem os programas que você utiliza para gerir o seu computador, como sistemas operacionais.
2. Dados incluem todo texto, número e outras informações que são processadas por um computador.
3. Linguagens de programação têm regras que regulamentam o uso das palavras e da pontuação; essas regras são chamadas de sintaxe da linguagem.

A frase falsa é a nº 1. Softwares de aplicação incluem os programas que você usa para uma função, como processadores de texto.

Entendendo o processo de programar

A profissão de um programador envolve escrever instruções (como as três instruções no programa de dobrar da seção anterior), mas um programador profissional normalmente não somente se senta à frente de um teclado e começa a digitar. O trabalho de um progamador profissional pode ser dividido em seis passos de programação:

1. Entender o problema
2. Planejar a lógica
3. Codificar o programa
4. Usar o software para traduzir o programa para linguagem de máquina
5. Testar o programa
6. Colocar o programa em produção

Entender o problema

Programadores profissionais escrevem programas para satisfazer às necessidades de terceiros. Exemplos poderiam incluir um Departamento de Recursos Humanos que precisa de uma lista impressa de todos os funcionários, um Departamento de Cobranças que deseja uma lista dos clientes que estão há 30 ou mais dias atrasados com seus pagamentos e um Departamento de Vendas que precisa de um site para oferecer aos clientes um carrinho de compras on-line no qual eles possam armazenar seus pedidos. Como os programadores estão oferecendo um serviço para esses usuários, eles precisam primeiro entender o que seus usuários desejam.

Suponha que a diretora de recursos humanos diga para um progamador: "Nosso departamento precisa de uma lista de todos os funcionários que trabalham aqui há mais de cinco anos, pois queremos convidá-los para uma comemoração especial de agradecimento". *A priori*, isso parece um pedido relativamente simples. Um programador experiente, todavia, saberá que ele ou ela talvez ainda não entenda o problema por completo. A diretora quer uma lista somente dos funcionários que trabalham em período integral, ou uma lista tanto com os funcionários que trabalham em meio período como os que trabalham em período integral? Será que ela quer as pessoas que trabalharam para a empresa com contratos mensais pelos últimos cinco anos, ou apenas os regulares, funcionários permanentes? Os funcionários listados devem ter trabalhado cinco anos na empresa contando até hoje, até a data do jantar, ou até alguma outra data-limite? E quanto a um funcionário que trabalhou três anos, tirou dois anos de licença e já voltou há três anos? Ele ou ela se qualifica? O programador não pode tomar nenhuma dessas decisões; o usuário é que deve cuidar dessas questões.

Mais decisões ainda podem ser necessárias. Por exemplo, qual diagramação o usuário quer para o documento dos funcionários com cinco anos de trabalho? Será que ele deve conter primeiro e último nome? CPF? Número de telefone? Endereço? Todas essas informações estão disponíveis? Vários documentos são frequentemente fornecidos ao programador para ajudá-lo a entender o problema. Esses documentos podem incluir itens como amostras dos resultados e especificações de arquivo.

Realmente entender o problema pode ser um dos aspectos mais difíceis da programação. Em qualquer emprego, a descrição da necessidade do cliente pode ser vaga – ainda pior, o cliente pode nem saber exatamente o que quer, e consumidores que pensam saber o que querem frequentemente mudam de ideia depois de ver uma amostra do produto. Um bom programador normalmente é em parte conselheiro, e em parte detetive!

NOTA:
Você talvez ouça programadores fazerem referências a planejar um programa como "desenvolver um algoritmo". Um **algoritmo** é a sequência de passos necessária para resolver qualquer problema. Você vai aprender mais sobre fluxogramas e pseudocódigos ainda neste capítulo.

Planejar a lógica

O planejamento da lógica do programa é fundamental ao processo de programação. Durante essa fase, o programador planeja os passos do programa, decidindo que passo incluir e como ordená-los. Você pode planejar a solução para um problema de várias maneiras. As duas ferramentas mais comuns são fluxogramas e pseudocódigo. Ambas as ferramentas envolvem escrever os passos em sua língua, da forma como planejaria uma viagem antes de entrar no carro, ou planejar o tema de uma festa antes de sair para comprar comida e prendas.

NOTA: Além de fluxogramas e pseudocódigo, programadores usam muitos outros meios para ajudar no processo de desenvolvimento do programa. Um desses meios é o **diagrama EPS** (entrada-processos-saída), que delineia funções de entradas, processamentos e saídas. Alguns programadores orientados a objetos também usam **diagramas TOE** (tarefa-objeto-evento), que listam tarefas, objetos e eventos.

O programador, nesse estágio, não se preocupa com a sintaxe de nenhuma linguagem específica, somente em encontrar a sequência de eventos que levarão da entrada disponível até a saída desejada. Planejar a lógica inclui pensar cuidadosamente sobre todos os valores que um programa pode encontrar e como você gostaria que o programa lidasse com cada situação. O processo de analisar a lógica de um programa no papel antes que você realmente escreva o programa é chamado de **teste de mesa**. Você aprenderá mais sobre planejamento de lógica mais tarde; na verdade, este livro analisa esse passo crucial quase que exclusivamente.

Codificar o programa

Uma vez que o programador tenha desenvolvido a lógica de um programa, somente então ele ou ela pode escrever o programa em uma das mais que 400 linguagens de programação existentes. Programadores optam por uma linguagem em particular, pois algumas delas possuem características que as tornaram mais eficientes do que outras para lidar com certos tipos de operações. Apesar das diferenças, linguagens de programação são muito parecidas – cada uma lida com operações, processos aritméticos, processos de saídas e outras funções padrão. A lógica desenvolvida para solucionar um problema de programação pode ser executada por qualquer tipo de linguagem. É apenas depois que a linguagem foi escolhida que o programador deve preocupar-se com a grafia correta de cada comando e com a utilização de toda a pontuação nos locais certos – em outras palavras, usar a sintaxe correta.

Alguns programadores muito experientes são bem-sucedidos em combinar o planejamento lógico e a escrita das instruções, ou **codificação**, do programa em uma única etapa. Isso pode funcionar ao planejar e escrever um programa muito simples, assim como você poderia planejar e escrever um cartão-postal para um amigo em uma única atividade. Um bom contrato ou um roteiro de filme de Hollywood, porém, necessitam de planejamento antes de serem escritos, assim como a maioria dos programas.

Qual o estágio mais difícil: planejar a lógica ou codificar o programa? Neste momento, pode parecer para você que escrever em linguagem de programação é uma tarefa muito difícil, considerando todas as regras de ortografia e gramática que você precisa aprender. Entretanto, na verdade, o passo de planejamento é mais difícil. O que é mais difícil: bolar as reviravoltas para a trama de um *best-seller* de história de mistério ou realizar a tradução de uma história já escrita em outra língua? E quem você acha que é mais bem pago, o autor que cria a trama ou o tradutor? (Experimente perguntar aos amigos o nome de algum tradutor famoso!)

Usando software para traduzir o programa para linguagem de máquina

Ainda que existam muitas linguagens de programação, cada computador conhece apenas uma linguagem, sua linguagem de máquina, que consiste de muitos 1s e 0s. Computadores entendem a linguagem de máquina, pois os próprios computadores são feitos de milhares de disjuntores, cada um podendo ser colocado tanto na posição de ligado como na de desligado, que são representadas por um 1 ou por um 0, respectivamente.

Linguagens como Java ou Visual Basic estão disponíveis para programadores porque alguém escreveu um programa tradutor (um compilador ou interpretador) que muda a **linguagem de programação de alto nível**, semelhante às linguagens humanas para a **linguagem de máquina de baixo nível**, que o computador compreende. Se você escreve incorretamente uma linguagem de programação (por exemplo, cometendo um erro ortográfico, usando uma palavra que não existe na linguagem ou usando uma gramática "ilegal"), o programa tradutor não sabe o que fazer e emite uma mensagem de erro identificando um **erro de sintaxe**, ou de mau uso das regras da gramática da linguagem. Você recebe a mesma resposta quando fala absurdos para um tradutor de uma língua humana. Imagine consultar uma lista de palavras em um dicionário se algumas das palavras estiverem com erros de ortografia – você não pode terminar a tarefa até que as palavras estejam escritas corretamente. Apesar de nunca ser desejável cometer erros, erros de sintaxe não são uma preocupação central para programadores, porque o compilador ou o interpretador busca erros de sintaxe e o computador não executa um programa que os contenha.

Um programa de computador deve estar sem erros de sintaxe antes que possa ser executado. Normalmente, um programador desenvolve a lógica de um programa, escreve o código e então o compila. Corrigir os primeiros erros muitas vezes revela novos erros que inicialmente não estavam aparentes para o compilador. Por exemplo, se você pudesse usar um compilador de português e submetesse a sentença *A meinina vão para a escola*, o compilador *a priori* mostraria para você apenas um erro de sintaxe. A segunda palavra *meinina* é ilegal, pois não faz parte da língua portuguesa. Apenas depois que você corrigisse a palavra *menina* o compilador encontraria outro erro de sintaxe na terceira palavra, *vão*, uma vez que é a conjugação errada para o sujeito *menina*. Isso não significa que *vão* seja necessariamente a palavra errada. Talvez *menina* é que esteja errado; talvez o sujeito devesse ser *meninas*, e nesse caso *vão* estaria certo. Compiladores nem sempre sabem exatamente o que você quis dizer, nem sabem qual deveria ser a correção a ser feita, mas eles sabem quando algo está errado em sua sintaxe.

Ao escrever um programa, um programador pode precisar recompilar o código várias vezes. Um programa executável só é criado quando o código está sem erros. Quando você roda um programa executável, normalmente ele pode precisar de entrada de dados. A Figura 1-1 mostra um diagrama de todo esse processo.

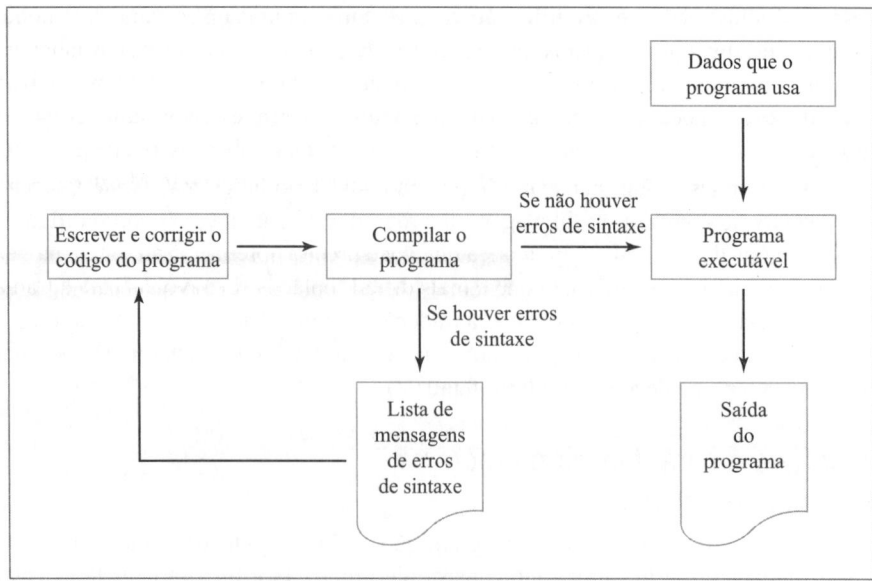

Figura 1-1 Criando um programa executável

Testar o programa

Um programa que não tem erros de sintaxe não necessariamente está livre de **erros de lógica**. Por exemplo, a sentença *A menina vai para a escola*, ainda que perfeita sintaticamente, não estaria logicamente correta se a menina fosse um bebê ou uma pessoa não matriculada na escola.

Uma vez que um programa esteja livre de erros de sintaxe, o programador pode testá-lo – isto é, executá-lo com alguns dados de teste para verificar se os resultados são corretos logicamente. Lembre do programa de dobrar um número:

```
Obter númeroEntrada.
Computar respostaCalculada como númeroEntrada vezes 2.
Imprimir respostaCalculada.
```

Se você inserir o valor 2 como entrada no programa e imprimir a resposta 4, você executou um teste no programa com sucesso.

Todavia, se a resposta impressa fosse 40, talvez o programa contenha um erro de lógica. Talvez a segunda linha do código tenha um erro de digitação, com um zero a mais, então o programa teria lido:

```
Obter númeroEntrada.
Computar respostaCalculada como númeroEntrada vezes 20.
Imprimir respostaCalculada.
```

O erro de colocar 20 ao invés de 2 na sentença da multiplicação causou o erro de lógica. Note que não há nenhum erro de sintaxe nesse segundo programa – é tão razoável multiplicar um número por 20 como por 2 –, mas se o programador desejava somente dobrar númeroEntrada, então ocorreu um erro de lógica.

Programas devem ser testados com muitas amostras de dados. Por exemplo, se você escreveu um programa para dobrar um número e introduziu 2 e resultou em uma saída de valor 4, isso não necessariamente significa que você tem um programa correto. Talvez, por distração, você tenha digitado esse programa:

```
Obter númeroEntrada.
Computar respostaCalculada como númeroEntrada mais 2.
Imprimir respostaCalculada.
```

Uma entrada de 2 resulta numa resposta de 4, mas isso não significa que um programa de dobrar números resuma-se a apenas adicionar 2 a eles. Se você testar o seu programa com dados adicionais e obtiver respostas erradas – por exemplo, se você usar um 3 e tiver como resposta um 5 – perceberá que há um problema com o seu código.

Selecionar os dados de teste é em si só uma arte e deve ser feito com cuidado. Se o Departamento de Recursos Humanos quer uma lista com nomes dos funcionários com cinco anos de trabalho na empresa, seria errado testar o programa com uma amostra pequena apenas de funcionários antigos. Se nenhum funcionário novo estivesse nos dados testados, você não teria certeza de que o programa os teria eliminado da lista de funcionários com cinco anos. Muitas empresas não sabem que seus softwares têm problemas até que circunstâncias incomuns ocorram – por exemplo, a primeira vez que um funcionário tem mais do que nove dependentes, a primeira vez que um cliente encomenda mais que 999 itens de uma vez, ou quando (em um exemplo bem documentado pela imprensa popular) começa um novo século.

NOTA:
O Apêndice E contém mais informações sobre teste de programas.

Colocar o programa em produção

Uma vez que o programa foi devidamente testado, ele está pronto para ser usado pela organização. Colocar o programa em produção talvez signifique simplesmente rodar o programa uma vez, se ele foi escrito para satisfazer o pedido de um cliente por uma lista especial. Entretanto, o processo pode durar meses, se o programa for rodado periodicamente ou se for parte de um grande sistema de programas em desenvolvimento. Talvez, para acomodar esse programa, pessoas que trabalham com a alimentação de dados precisem ser treinadas para preparar as entradas para o novo programa, usuários precisem ser treinados para entender a saída, ou os dados existentes em uma empresa precisem ser alterados para um formato totalmente diferente. A **conversão**, todo o conjunto de ações que uma organização precisa fazer para começar a utilizar um novo programa ou conjunto de progamas, pode às vezes levar meses ou anos para ser realizada.

NOTA: A manutenção de programas poderia ser considerada um sétimo estágio do processo de programação. Depois que programas são colocados em produção, a realização das alterações necessárias é denominada manutenção. **Manutenção** é necessária por muitas razões: por exemplo, novas regras de impostos são legisladas, o formato do arquivo de entrada é alterado, ou o usuário final solicita informações adicionais não inclusas nas especificações originais para a saída. Muitas vezes, sua primeira tarefa como programador exigirá a manutenção de programas já escritos.

NOTA: Aposentar um programa poderia ser considerado como o oitavo e último passo do processo de programar. Um programa é aposentado quando não é mais necessário para uma organização – normalmente quando um programa novo está no processo de ser colocado em produção.

DUAS VERDADES E UMA MENTIRA:

Entendendo o processo de programar

1. Entender o problema de programar pode ser um dos aspectos mais difíceis de programar.
2. As duas ferramentas mais comuns para planejar a lógica são fluxogramas e pseudocódigo.
3. Fazer fluxogramas de um programa ao usar uma linguagem de programação mais velha é um processo muito diferente de fazê-lo para uma linguagem mais nova.

A frase falsa é a nº 3. Apesar das diferenças, linguagens de programação são bastante parecidas – cada uma lida com operações, processos aritméticos, processos de saídas e outras funções-padrão. A lógica desenvolvida para solucionar um problema de programação pode ser executada por qualquer tipo de linguagens.

Entendendo a entrada interativa do usuário

Alguns programas muito simples precisam de dados muito simples. Por exemplo, o programa de dobrar um número precisa apenas de um valor como entrada. Nesse tipo de programa, valores de dados são frequentemente inseridos por um teclado. Quando um usuário precisa inserir dados, normalmente ele visualiza um prompt. Um **prompt** é uma mensagem que é exibida em um monitor, solicitando uma resposta do usuário. Por exemplo, a primeira tela mostrada na Figura 1-2 poderia aparecer enquanto um programa de dobrar um número roda. A segunda tela apresenta o resultado depois que o usuário forneceu a resposta ao prompt.

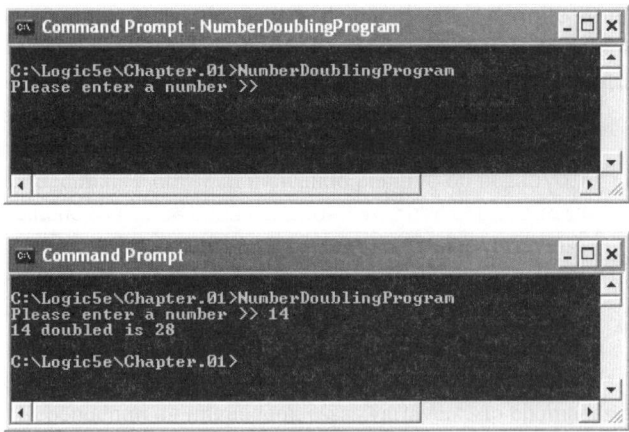

Figura 1-2 Um prompt, uma resposta e uma saída em um ambiente de linhas de comando

O programa da Figura 1-2 está sendo executado no prompt de comando. O **prompt de comando** é o local na sua tela de computador no qual você digita as entradas para comunicar-se com o sistema operacional do computador por meio de texto. Nesse caso, o usuário pediu ao sistema operacional que rode um programa chamado ProgramaDobrarNúmero e então o programa forneceu o prompt para o usuário. Muitos programas não rodam em prompts de comando em ambiente textual, mas rodam utilizando uma **interface gráfica do usuário**, ou **GUI** (*graphical user interface*) que permite que os usuários interajam com um programa em um ambiente gráfico. A Figura 1-3 mostra um programa de dobrar um número que realiza exatamente a mesma tarefa que é o que aparece na Figura 1-2, mas usando uma GUI. O usuário recebe um prompt e uma caixa de texto vazia. Quando o usuário digita um número na caixa de texto, o resultado aparece.

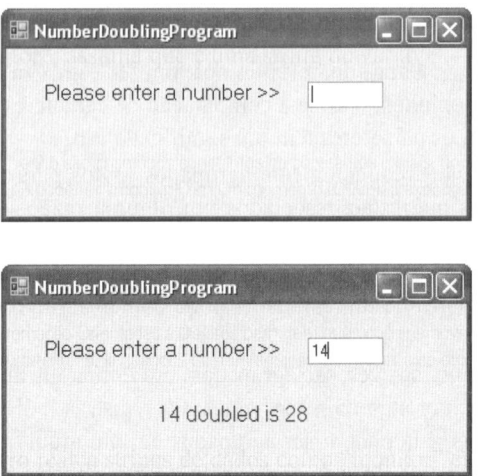

Figura 1-3 Um prompt, uma resposta e uma saída em ambiente GUI

Apesar de os programas das Figuras 1-2 e 1-3 parecerem diferentes quando são executados, suas lógicas são iguais. Cada um aceita uma entrada do usuário, calcula seu dobro e mostra a saída. Quando você aprender a programar em linguagem de programação, vai criar programas similares aos das Figuras 1-2 e 1-3. Neste livro, porém, você não vai se preocupar com a aparência da entrada e da saída tanto quanto vai se preocupar com a lógica por trás desses processos.

DUAS VERDADES E UMA MENTIRA:

Entendendo a entrada interativa do usuário

1. Um prompt é uma mensagem que é exibida no monitor, solicitando uma resposta ao usuário.
2. O prompt de comando permite que o usuário interaja com um programa em um ambiente gráfico não textual.
3. A lógica de um programa interativo de linhas de comando e um programa interativo GUI é basicamente a mesma.

A frase falsa é a nº 2. O prompt de comando é o local na tela do seu computador no qual você digita as entradas para se comunicar com o sistema operacional do computador usando texto.

Entendendo a hierarquia dos dados e a entrada de arquivos

Qualquer que seja o formato que a interface adote, o programa de dobrar um número precisa de apenas um valor como entrada. A maioria dos programas de empresas, todavia, usa muito mais dados – arquivos de inventários listam milhares de itens, enquanto arquivos de pessoal e de clientes listam milhares de pessoas. Quando itens dos dados são armazenados para uso em sistemas de computadores, com frequência são armazenados em uma **hierarquia dos dados**, como é conhecida, que descreve as relações entre os componentes dos dados. Na hierarquia dos dados, a menor unidade de dado utilizável é o caractere. **Caracteres** são letras, números e símbolos especiais, como "A", "7" e "$". Qualquer coisa que você pode digitar em um teclado ao pressionar uma tecla (incluindo um espaço ou uma tabulação) é um caractere. Caracteres são formados de elementos menores chamados bits. Mas, assim como a maioria dos seres humanos pode usar um lápis sem pensar se há átomos voando dentro dele, a maioria dos usuários de computadores pode armazenar caracteres sem se importar sobre esses bits.

NOTA:
Computadores também reconhecem caracteres que você não pode inserir de um teclado; por exemplo, caracteres de alfabetos estrangeiros como φ e Σ.

Caracteres são agrupados para formar um campo. Um **campo** é um único item de dado, como `últimoNome`, `ruaEndereço`, ou `salárioAnual`. Para a maioria de nós, um "S", um "m", um "i", um "t" e um "h" não têm muito significado sozinhos, mas se a combinação de caracteres representa seu sobrenome, "Smith", então como grupo, os caracteres têm um significado útil.

Campos relacionados são frequentemente agrupados juntos para formar um registro. **Registros** são grupos de campos que estão associados por alguma razão lógica. Um nome aleatório, endereço e salário não são muito úteis, mas se eles são seu nome, seu endereço e seu salário, então esse é o seu registro. Um registro de inventário pode conter campos para itens numéricos, cores, tamanhos e preços; um registro de um estudante pode conter número de identificação, média de notas e especialização.

Registros relacionados, por sua vez, são agrupados para formar um arquivo. **Arquivos** são grupos de registros que estão juntos por alguma razão lógica. Os registros individuais de cada estudante de uma sala podem ser agrupados em um arquivo chamado ESTUDANTES. Registros de cada empregado de sua empresa podem estar em um arquivo chamado FUNCIONÁRIOS. Itens que você vende podem estar em um arquivo INVENTÁRIO.

NOTA:
Quando registros são armazenados em um arquivo que não faz parte de um banco de dados, normalmente programadores chamam esse arquivo de **flat file**.

Alguns arquivos podem ter somente alguns registros; outros, como o arquivo de portadores de cartão de crédito de uma grande cadeia de lojas de departamento ou dos segurados de uma companhia de seguros, podem conter milhares ou mesmo milhões de registros.

Finalmente, muitas organizações usam softwares de banco de dados para organizar muitos arquivos. Um banco de dados possui grupos de arquivos, também chamados tabelas, que juntas servem às necessidades de informações de uma organização. Softwares de bancos de dados estabelecem e mantêm relações entre campos dessas tabelas, para que usuários possam efetuar consultas chamadas solicitações de dados. **Solicitações de dados** juntam itens relacionados dos dados em um formato que permite aos empresários tomar decisões gerenciais eficientemente.

Em resumo, a hierarquia dos dados pode ser representada como na Figura 1-4.

```
Banco de dados
    Arquivo
        Registro
            Campo
                Caractere
```

Figura 1-4 A hierarquia dos dados

Um banco de dados contém muitos arquivos. Um arquivo contém muitos registros. Cada registro em um arquivo tem os mesmos campos. Cada campo de um registro contém dados diferentes que consistem em um ou mais caracteres armazenados em cada campo.

Como um exemplo, tente imaginar um arquivo como um conjunto de fichas cadastrais, como aparece na Figura 1-5. O conjunto de fichas é o arquivo EMPREGADO, no qual cada cartão representa o registro de um empregado. Em cada cartão, cada linha tem um campo – nome, endereço ou salário. Quase todos os programas exemplificados neste livro usam arquivos que são organizados dessa maneira.

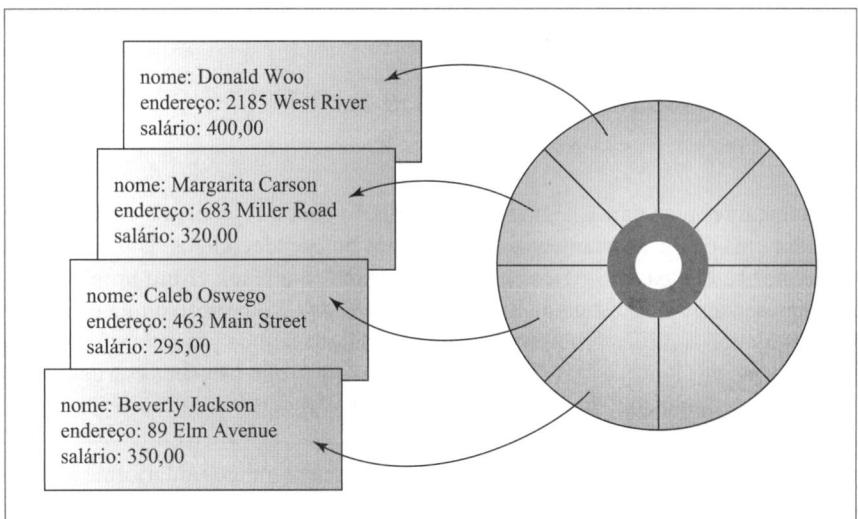

Figura 1-5 O arquivo EMPREGADO representado como um depósito de fichas

Independente dos dados terem sido armazenados em um flat file ou em um banco de dados, quando um programa precisa de todos os campos em um registro, você pode escrever linhas de programação para obter ou inserir cada campo de várias maneiras. Por exemplo, se um programa precisa do nome, endereço e salário de um empregado, a maioria das linguagens de programação permite que você escreva sentenças separadas, como as seguintes:

```
Obter nome
Obter endereço
Obter salário
```

A maioria das linguagens também permite que você escreva uma declaração no seguinte formato:

```
Obter nome, endereço, salário
```

A maioria das linguagens de programação oferece, ainda, uma forma para que você use o nome de um grupo para um registro de dados, como na sentença seguinte:

```
Obter registroEmpregado
```

Quando esse formato é usado, você precisa definir os campos separados que compõem o `registroEmpregado` em outros locais no programa. Quando programas precisarem de campos em um registro, essa abordagem simplificada de "grupo" será usada. Entretanto, lembre-se de que a lógica é a mesma, independente de onde os itens de dados são recuperados.

DUAS VERDADES E UMA MENTIRA:

Entendendo a hierarquia dos dados e a entrada de arquivos

1. Na hierarquia dos dados, um campo é um único item de dados, como `últimoNome`, `endereçoRua`, ou `salárioAnual`.
2. Na hierarquia dos dados, campos são agrupados juntos para formar um registro; registros são grupos de campos que estão juntos por alguma razão lógica.
3. Na hierarquia dos dados, registros relacionados são agrupados para formar um campo.

A frase falsa é a nº 3. Registros relacionados formam um arquivo.

Usando símbolos de fluxograma e sentenças de pseudocódigo

Quando programadores planejam a lógica de uma solução para um problema de programação, com frequência usam uma de duas ferramentas, fluxogramas ou pseudocódigos. Um **fluxograma** é uma representação gráfica dos passos lógicos a serem tomados para resolver um problema. **Pseudocódigo** é uma representação linguística da mesma coisa. *Pseudo* é um prefixo que significa "falso" e codificar um programa significa representá-lo em uma linguagem de programação; portanto, pseudocódigo simplesmente significa "falso código", ou sentenças que parecem escritas em linguagem de programação de computador mas não necessariamente seguem todas as regras de sintaxe de nenhuma linguagem específica.

Você já viu exemplos de sentenças que representam pseudocódigos anteriormente nesse capítulo, e não há nenhum mistério sobre elas. As cinco sentenças a seguir constituem uma representação em pseudocódigo do problema de dobrar um número:

```
início
   Obter númeroEntrada
   computar respostaCalculada como númeroEntrada vezes 2
   imprimir respostaCalculada
fim
```

Usar pseudocódigo envolve escrever todos os passos que você vai usar em um programa. Normalmente, programadores precedem suas sentenças em pseudocódigo com uma declaração inicial, como "início", e as terminam com uma declaração final, como "fim". As sentenças entre "início" e "fim" se parecem com português e são um pouco deslocadas, para que "início" e "fim" se sobressaiam. A maioria dos programadores não se importa com a pontuação como pontos no final de sentenças em pseudocódigo, entretanto não seria errado usá-la se você preferir esse estilo. De forma semelhante, não há necessidade de escrever em maiúsculas a primeira palavra de uma sentença, porém você pode optar por fazê-lo. Este livro segue as convenções de usar letras minúsculas para verbos que comecem sentenças em pseudocódigo e omitir pontos ao final das sentenças.

Alguns programadores profissionais preferem escrever em pseudocódigos a desenhar fluxogramas, porque usar pseudocódigo é mais semelhante a escrever as sentenças finais em linguagem de programação. Outros preferem desenhar fluxogramas para representar sequências lógicas, pois fluxogramas permitem que programadores visualizem mais facilmente como as sentenças do programa vão se conectar. Especialmente para programadores principiantes, fluxogramas são uma ferramenta excelente para ajudar a visualizar como as sentenças de um programa são inter-relacionadas.

Quase todo programa envolve os passos de entrada, processamento e saída. Portanto, a maioria dos fluxogramas precisa de uma maneira gráfica de separar esses três estágios. Quando você cria um fluxograma, desenha figuras geométricas ao redor de sentenças individuais e as conecta com setas.

NOTA: Você pode desenhar um fluxograma manualmente ou pode usar um software que contenha ferramentas de fluxogramas, como Microsoft Word e Microsoft PowerPoint. Também há vários programas de softwares especificamente para criar fluxogramas, como Visio e Visual Logic.

Ao desenhar um fluxograma, utiliza-se um paralelogramo para representar um **símbolo de entrada**, que indica uma operação de entrada. Escreve-se então uma sentença de entrada dentro do paralelogramo, como mostra a Figura 1-6.

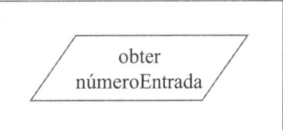

Figura 1-6 Símbolo de entrada

Sentenças de operações aritméticas são exemplos de processamento. Em um fluxograma, usa-se um retângulo como o **símbolo de processamento** que contém uma sentença de processamento, como mostra a Figura 1-7.

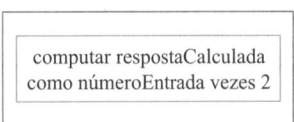

Figura 1-7 Símbolo de processamento

Para representar uma sentença de saída, utiliza-se o mesmo símbolo de uma sentença de entrada – o **símbolo de saída** é um paralelogramo, como mostra a Figura 1-8.

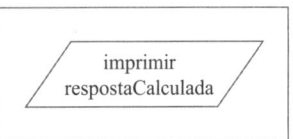

Figura 1-8 Símbolo de saída

NOTA: Alguns programas de software que usam fluxogramas (como Visual Logic) usam um paralelogramo inclinado para a esquerda para representar saída. Enquanto o criador do fluxograma e o leitor do fluxograma estiverem se comunicando, a forma usada é irrelevante. Este livro seguirá as convenções mais básicas de sempre usar o paralelogramo inclinado para a direita, tanto para entrada como para saída.

NOTA: Assim como para entrada, sentenças de saída podem ser organizadas de qualquer maneira que pareçam mais razoáveis. Um programa que imprima o comprimento e a largura de um cômodo pode usar duas sentenças:

```
imprimir comprimento
imprimir largura
```

A maioria das linguagens permite imprimir vários valores em uma única sentença, como a seguir:

```
imprimir comprimento, largura
```

Em algumas linguagens de programação, usar duas sentenças de impressão colocando os valores das saídas em duas linhas separadas no monitor ou na impressora, enquanto usar uma única sentença de impressão coloque os valores próximos uns dos outros na mesma linha. Muitas linguagens oferecem dois tipos de sentenças de saída – uma que produz saída em uma linha e então adianta o ponto de inserção para a próxima linha e outra que produz a saída em uma linha, sem adiantar o ponto de inserção, para que a saída subsequente apareça na mesma linha. Ao aprender uma linguagem de programação, você vai entender os diferentes tipos de sentenças de saída disponíveis nessa linguagem. Este livro segue como convenção usar uma sentença de imprimir por linha de saída.

Para mostrar a sequência correta dessas sentenças, você usa setas, ou **linhas de fluxo**, para conectar os passos. Sempre que possível, a maior parte do fluxograma deve ser legível de cima para baixo ou da esquerda para a direita em uma página. Essa é a nossa forma de leitura, então quando fluxogramas seguem essa convenção, eles são mais fáceis de entender.

Para estar completo, um fluxograma deve incluir outros dois elementos: **símbolos terminais**, ou símbolos início/fim, em cada ponta. Com frequência você põe uma palavra como "início" ou "começo" no primeiro símbolo terminal e uma palavra como "fim" ou "final" no outro. O símbolo terminal básico tem um formato oval, semelhante a uma pista de corrida. A Figura 1-9 mostra um fluxograma completo para o programa que dobra um número e o pseudocódigo para o mesmo problema.

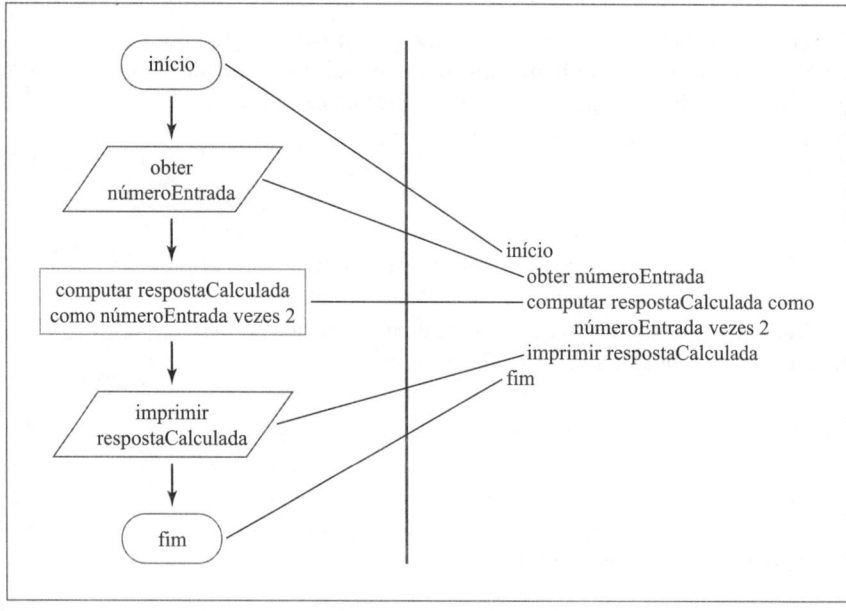

Figura 1-9 Fluxograma e pseudocódigo do programa que dobra o número

NOTA: Programadores raramente criam ao mesmo tempo o pseudocódigo e o fluxograma de um mesmo problema. Normalmente usa-se um ou outro.

A lógica para o programa representado pelo fluxograma e pelo pseudocódigo na Figura 1-9 está correta independente de qual linguagem de programação o programador utiliza ao final para escrever o correspondente código. Assim como as mesmas sentenças poderiam ser traduzidas em italiano ou chinês sem perder o significado, elas também podem ser codificadas em C#, Java, ou qualquer outra linguagem de programação.

Depois que o fluxograma ou pseudocódigo foi desenvolvido, o programador precisa apenas: (1) comprar um computador, (2) comprar um compilador de linguagem, (3) aprender a linguagem de programação, (4) codificar o programa, (5) tentar compilá-lo, (6) consertar os erros de sintaxe, (7) recompilá-lo, (8) testá-lo com vários dados de teste, e (9) colocá-lo em produção.

"Uau!", você provavelmente está dizendo. "Isso simplesmente não vale a pena. Todo aquele trabalho para criar um fluxograma ou pseudocódigo e então todos esses outros passos? Por cinco dólares, posso comprar uma calculadora de bolso que vai dobrar qualquer número para mim instantaneamente!" Você está absolutamente certo. Se esse fosse um verdadeiro programa de computador e tudo que fizesse fosse dobrar o valor de um número, ele simplesmente não seria digno de todo esse esforço. Escrever um programa de computador seria digno do esforço somente se você tivesse muitos – digamos 10.000 – números para dobrar em um tempo limitado – digamos, nos próximos dois minutos. Então, criar esse programa de computador valeria o esforço.

Infelizmente, o programa de dobrar um número representado na Figura 1-9 não dobra 10.000 números; dobra somente um. Você poderia executar o programa 10.000 vezes, naturalmente, mas isso exigiria que se sentasse em frente do computador fazendo rodar o programa inúmeras vezes. Você estaria em melhor situação com um programa que conseguisse processar 10.000 números, um depois do outro.

Uma solução é escrever o programa como mostra a Figura 1-10 e executar os mesmos passos 10.000 vezes. Obviamente, escrever esse programa tomaria muito tempo; você também poderia comprar a calculadora.

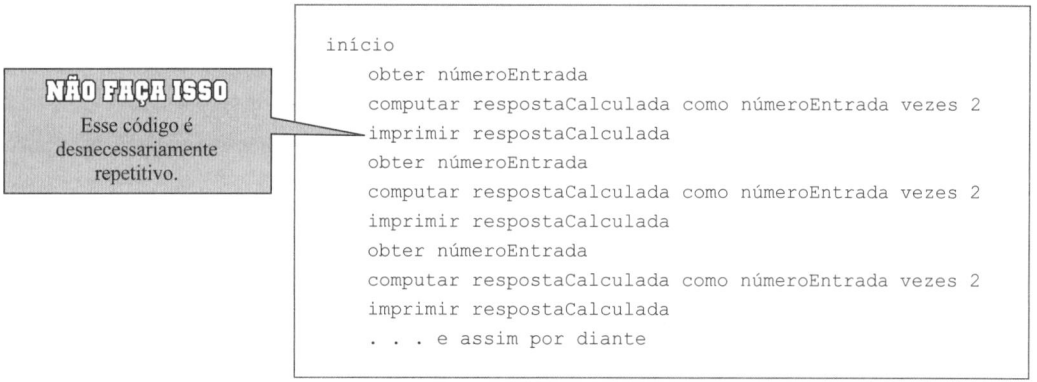

Figura 1-10 Pseudocódigo ineficiente para programa que dobra 10.000 números

Uma solução melhor é fazer o computador executar as três instruções inúmeras vezes, como na Figura 1-11. Com essa abordagem, o computador obtém um número, o dobra, imprime a resposta e então começa de novo com a primeira instrução. O mesmo local da memória, chamado `númeroEntrada`, é reutilizado para o segundo número e para qualquer número subsequente. O lugar da memória nomeado `respostaCalculada` é reutilizado a cada vez para armazenar o resultado da operação de multiplicação. A lógica ilustrada no fluxograma mostrado na Figura 1-11 contém um grande problema – a sequência de instruções nunca acaba. Você vai aprender a lidar com esse problema mais tarde neste capítulo.

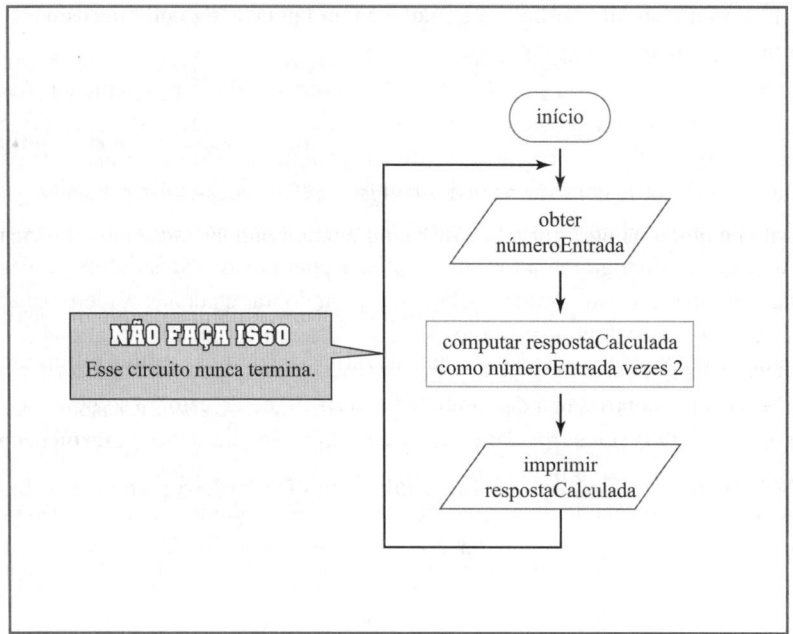

Figura 1-11 Fluxograma de programa de dobrar números infinitamente

DUAS VERDADES E UMA MENTIRA:

Usando símbolos de fluxograma e sentenças de pseudocódigo

1. Quando você desenha um fluxograma, você usa um paralelogramo para representar uma operação de entrada.
2. Quando você desenha um fluxograma, você usa um paralelogramo para representar uma operação de processamento.
3. Quando você desenha um fluxograma, você usa um paralelogramo para representar uma operação de saída.

A frase falsa é a nº 2. Quando você desenha um fluxograma, você usa um retângulo para representar uma operação de processamento.

Usando e nomeando variáveis

Programadores normalmente referem-se aos locais da memória chamados `númeroEntrada` e `respostaCalculada` como variáveis. **Variáveis** são locais determinados da memória cujo conteúdo pode variar ou diferir ao longo do tempo. Em qualquer momento, uma variável possui apenas um valor. Às vezes, `númeroEntrada` tem valor 2 e `respostaCalculada` tem valor 4; em outros momentos, `númeroEntrada` tem valor 6 e `respostaCalculada` tem valor 12. É a capacidade das variáveis da memória de mudar de valor que faz com que computadores e programação valham a pena. Como um local da memória pode ser usado repetidas vezes com valores diferentes, você pode escrever instruções de programação uma vez e então usá-las para milhares de cálculos separados. *Um* conjunto de instruções da folha de pagamentos da sua empresa produz o contracheque de cada indivíduo, e *um* conjunto de instruções de sua companhia elétrica produz a conta de cada domicílio.

NOTA:
Toda variável tem um tipo de dado e um nome. Você aprenderá mais sobre ambas essas características mais tarde neste capítulo.

O exemplo de dobrar um número requer duas variáveis, `númeroEntrada` e `resposta Calculada`. Esses também podem ser nomeados `inserçãoUsuário` e `soluçãoPrograma`, ou `valorEntrada` e `valorEmDobro`. Como um programador, você escolhe nomes razoáveis para suas variáveis. O interpretador de linguagem então associa os nomes que você escolheu com o endereço específico da memória.

O nome de uma variável também é chamado de **identificador**. Toda linguagem de programação de computadores tem suas próprias regras para criar identificadores. A maioria das linguagens permite letras e dígitos dentro dos nomes das variáveis. Algumas linguagens permitem hífens nos nomes das variáveis – por exemplo, salário-hora. Outras permitem traços inferiores, como em `salário_hora`. Entretanto, outras não permitem nenhum dos dois. Algumas linguagens permitem cifrões ou outros caracteres especiais nos nomes das variáveis (por exemplo, `hora$`); outras permitem alfabetos estrangeiros, como π ou Ω.

> **NOTA:** Você também pode referir-se ao nome de uma variável como **mnemônica**. Na linguagem do dia a dia, um mnemônico é um dispositivo de memória, como a frase "Bela magrela casou-se com o senhor barão", que facilita para lembrar os elementos de uma das colunas da Tabela Periódica. Em programação, um nome de uma variável é um dispositivo que facilita a referência a um endereço da memória.

Cada linguagem coloca limites diferentes na extensão dos nomes das variáveis, ainda que, em geral, linguagens mais novas permitam nomes mais longos. Por exemplo, em algumas versões muito antigas do BASIC, um nome de uma variável podia consistir de apenas uma ou três letras e um ou dois dígitos. Você podia ter alguns nomes de variáveis enigmáticos como `hw` ou `a3`. Felizmente, a maioria das linguagens modernas permite que os nomes de variáveis sejam muito mais longos – na mais nova versão do C++, C# e Java, a extensão dos identificadores é virtualmente ilimitada. Nomes de variáveis nessas linguagens normalmente consistem de letras minúsculas, não permitem hífens, mas permitem traços inferiores, o que possibilita usar nomes como `preço_do_item`. Essas linguagens são sensíveis ao tamanho das letras, então `SALÁRIOHORA`, `saláriohora` e `salárioHora` são consideradas três nomes de variáveis diferentes. Porém, os casos em que as palavras, como no último exemplo, começam com maiúsculas, são mais fáceis de ler. A maioria dos programadores que usam linguagens modernas utiliza um padrão no qual nomes de variáveis com várias palavras começam com letra minúscula, nomes com várias palavras são escritos juntos e cada nova palava dentro do nome da variável se inicia com uma letra maiúscula. Esse formato é chamado **Camel casing**, pois esses nomes de variáveis, como `salárioHora`, têm uma "corcunda" no meio. Os nomes de variáveis são apresentados usando camel casing.

> **NOTA:** Quando a primeira letra do nome de uma variável também é em maiúscula, como em `SalárioHora`, o formato é conhecido como **Pascal casing**.

Por mais que toda linguagem tenha suas próprias regras para nomear variáveis, ao planejar a lógica de um programa de computador, você não deve se preocupar com a sintaxe específica de alguma linguagem de computador. A lógica, afinal, funciona em qualquer linguagem. Os nomes das variáveis usados ao longo deste livro seguem apenas duas regras:

1. *Nomes de variáveis precisam ser uma palavra*. O nome pode conter letras, dígitos, hífens, traços inferiores, ou qualquer outro caractere que você escolha, com a exceção de *espaços*. Portanto, t é um nome de variável lícito, assim como `taxa`, assim como `taxaJuros`. O nome da variável `taxa Juros` não é permitido devido ao espaço. Nenhuma linguagem de programação permite espaços dentro do nome de variáveis. Se você vir um nome como taxa juros em um fluxograma ou pseudocódigo, deve assumir que o programador está discutindo duas variáveis, `taxa` e `juros` – individualmente, cada uma seria um nome de variável apropriado.

NOTA: Como uma convenção, este livro começa nomes de variáveis com letra minúscula. Você pode encontrar textos de programação em linguagens como Visual Basic e C++ nos quais o autor optou por começar os nomes das variáveis com letra maiúscula. Contanto que você adote uma convenção e use-a consistentemente, seus programas serão mais fáceis de ler e entender.

NOTA: Quando você escreve um programa usando um editor que está em um programa com um compilador, o compilador pode mostrar nomes de variáveis em cores diferentes do restante do programa. Esse auxílio visual ajuda os seus nomes de variáveis a se destacarem das palavras que são parte da linguagem de programação.

2. *Nomes de variáveis devem ter algum significado apropriado.* Essa não é uma regra de nenhuma linguagem de programação. Quando computando uma taxa de juros em um programa, o computador não se importa se você chama a variável de `g`, `u84` ou `fred`. Contanto que o resultado numérico correto esteja colocado na variável, seu nome não importa realmente. Entretanto, é muito mais fácil seguir a lógica de um programa que tenha uma sentença como `computar balançoFinal como igual a investimentoInicial vezes taxaJuros` do que um que tenha uma sentença como `computar algumasBanana como igual a j89 vezes minhaAmigaLinda`. Você pode pensar que se lembrará como quis usar um nome de variável enigmático em um programa, mas meses ou anos depois, quando um programa precisar de mudanças, você e outros programadores agradecerão se os nomes das variáveis forem claros e descritivos.

Note que o fluxograma na Figura 1-11 segue essas duas regras para variáveis: ambos os nomes de variáveis `númeroEntrada` e `respostaCalculada` são palavras sem espaços embutidos e ambos têm nomes com significados apropriados. Alguns programadores se divertem com seus nomes de variáveis homenageando amigos ou criando trocadilhos, mas tal comportamento não é profissional e define tais programadores como amadores. A Tabela 1-1 lista alguns nomes possíveis para variáveis que podem ser usados para conter os últimos nomes dos empregados e oferece as razões por trás da adequação de cada um.

NOTA: Mais uma regra geral em todas as linguagens de programação é que nomes de variáveis não podem começar com dígitos, ainda que normalmente contenham dígitos. Portanto, na maioria das linguagens `orçamento2013` é um nome de variável permitido, mas `2013orçamento` não o é.

Tabela 1-1 Adequação de nomes de variáveis sugeridos para últimos nomes de empregados

Nome de variável sugerido para os últimos nomes dos empregados	Comentários
Melhores sugestões	
`últimoNomeEmpregado`	Bom – identificador descritivo
`empregadoÚltimo`	Bom – a maioria das pessoas iria interpretar Último como Último Nome
`empÚltimo`	Bom – emp é uma abreviação de empregado
Sugestões piores e ilícitas	
`emlstnam`	Lícito – mas enigmático
`últimoNomeDoEmpregadoEmQuestão`	Lícito – mas estranho
`último nome`	Ilícito – espaço embutido
`últimonomeempregado`	Lícito – mas difícil de ler sem camel casing

NÃO FAÇA ISSO
As quatro sugestões abaixo desse ponto não são recomendáveis.

DUAS VERDADES E UMA MENTIRA:

Usando e nomeando variáveis

1. Como programador, você escolhe endereços específicos na memória para as suas variáveis.
2. O nome de uma variável também é chamado de identificador.
3. Nomes de variáveis precisam ser uma palavra, sem espaços.

A frase falsa é a nº 1. Como programador, você escolhe nomes razoáveis para as suas variáveis. O interpretador de linguagem associa os nomes que você escolheu com endereços específicos na memória.

Finalizando o programa pelo uso de flags (*sentinel values*)

Lembre-se que a lógica do fluxograma para dobrar números, apresentada na Figura 1-11, tem um enorme defeito – o programa nunca termina. Essa situação da programação é conhecida como **laço infinito (ou loop)** – uma falha de lógica repetitiva que não tem fim. Se, por exemplo, os números da entrada forem inseridos em um teclado, o programa vai continuar aceitando números e imprimindo dobros para sempre. Naturalmente, o usuário poderia recusar-se a digitar mais algum número. Mas o computador é muito paciente e se ninguém digitar mais algum número, ele vai sentar e esperar para sempre. Quando alguém finalmente digita um número, o programa vai dobrá-lo, imprimir o resultado e esperar por mais um. O programa não pode progredir além disso enquanto aguardar por outra entrada; simultaneamente, o programa está ocupando a memória do computador e amarrando recursos do sistema operacional. Recusar-se a inserir mais números não é uma solução prática. Outra maneira de finalizar o programa é simplesmente desligar o computador. Mas, uma vez mais, essa não é a melhor nem a mais elegante das maneiras de trazer o programa a um fim.

Uma forma melhor de finalizar o programa é definir um valor predeterminado para `númeroEntrada` que signifique "Pare o programa!". Por exemplo, o programador e o usuário poderiam concordar que o usuário nunca precisará saber o dobro de 0 (zero), então o usuário poderia inserir o 0 quando quisesse parar. O programa poderia então testar qualquer valor inserido contido em `númeroEntrada` e, se ele fosse um 0, parar o programa. Testar um valor também é chamado de **tomar uma decisão**.

Você representa uma decisão em um fluxograma desenhando um **símbolo de decisão**, que tem formato de um losango. O losango normalmente contém uma questão, cuja resposta é uma de duas opções mutuamente exclusivas – frequentemente sim ou não. Todas as boas questões de computador têm apenas duas respostas mutuamente exclusivas, como sim e não ou verdadeiro e falso. Por exemplo, "Qual dia do ano é o seu aniversário?" não é uma boa questão de computador porque há até 366 respostas possíveis. Mas "Seu aniversário é em 24 de junho?" é uma boa questão de computador porque, para todos no mundo, a resposta é ou sim ou não.

> **NOTA:**
> Uma decisão entre "sim" ou "não" é denominada **decisão binária**, porque só há dois resultados possíveis.

A pergunta para parar o programa deveria ser "O valor de `númeroEntrada` que acaba de ser inserido é igual a 0?", ou "`númeroEntrada = 0?`" para abreviar. O fluxograma completo agora vai parecer com o apresentado na Figura 1-12.

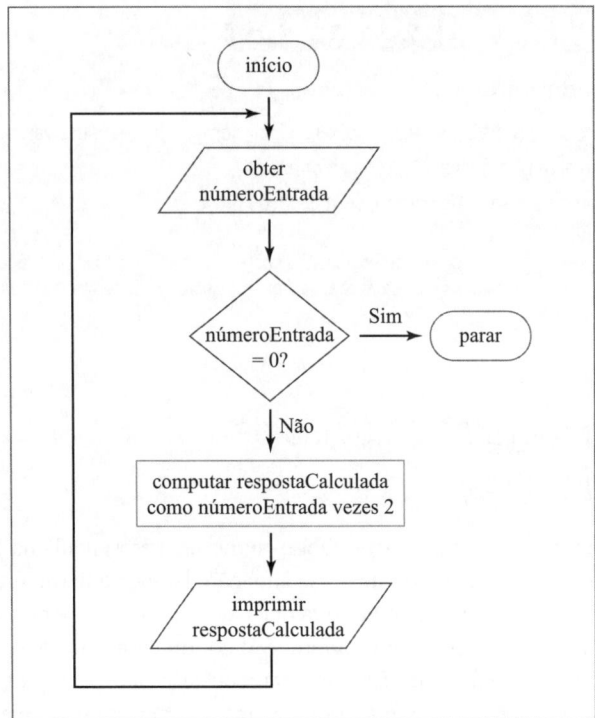

Figura 1-12 Fluxograma do programa de dobrar os números com flag de valor 0

Um obstáculo ao usar 0 para parar um programa, naturalmente, é que ele não vai funcionar se o usuário precisar encontrar o dobro de 0. Nesse caso, qualquer outro valor dos dados de entrada que o usuário não vai nunca precisar, como 999 ou −1, poderia ser selecionado para sinalizar que o programa deve finalizar. Um valor pré-selecionado que para a execução de um programa é frequentemente chamado **valor *dummy***, pois ele não representa um dado real, mas apenas um sinal para parar. Algumas vezes, esse valor é chamado de **valor sentinela (flag)** porque ele representa um ponto de entrada ou saída, como uma sentinela que guarda uma fortaleza.

Nem todos os programas dependem dos dados que o usuário insere pelo teclado; muitos leem dados de um dispositivo de entrada, como um disco. Quando organizações armazenam dados em um disco ou outro dispositivo de armazenamento, elas normalmente não usam um valor dummy para sinalizar o final do arquivo. Primeiro porque um registro de entrada pode ter centenas de campos e se um valor dummy fosse armazenado em cada arquivo, muito armazenamento seria desperdiçado em "não dados". Além disso, muitas vezes é difícil escolher flags para campos nos arquivos de dados da empresa. Qualquer `valorDeMarcação`, até um zero ou um número negativo, poderia ser um valor legítimo, e qualquer `nomeCliente`, até mesmo "ZZ", poderia ser o nome de alguém. Felizmente, linguagens de programação podem reconhecer automaticamente o final dos dados em um arquivo, através de um código que é armazenado ao final dos dados. Muitas linguagens de programação usam o termo fim de arquivo (**eof**, *end of file*) para determinar esse marcador que automaticamente age como uma sentinela. Aqui, usaremos `eof` para indicar o fim dos dados, independente do código ser um marcador de disco especial ou um valor dummy que vem do teclado, como 0. Portanto, o fluxograma pode se parecer com o exemplo mostrado na Figura 1-13.

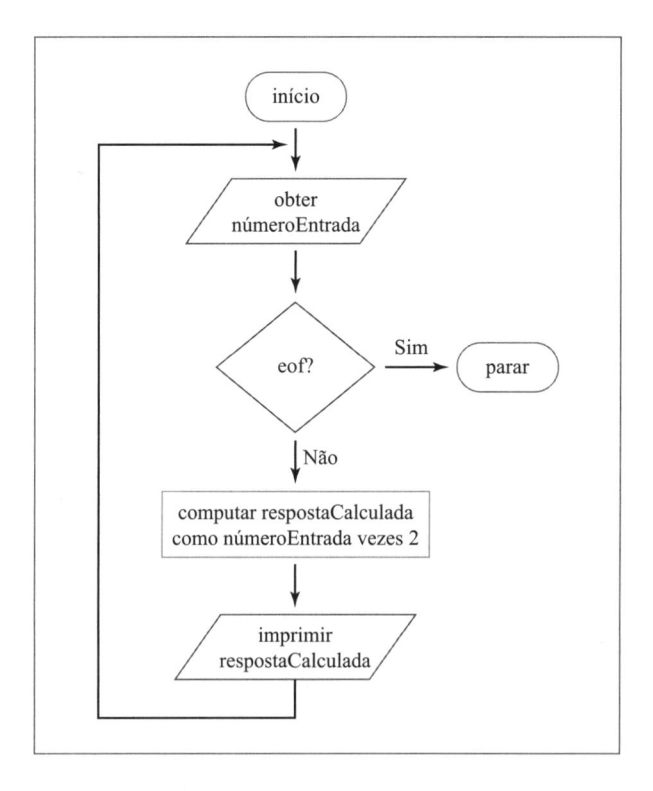

Figura 1-13 Fluxograma usando eof

DUAS VERDADES E UMA MENTIRA:

Finalizando o programa pelo uso de flags

1. Um programa que contém um loop infinito nunca finaliza.
2. Um valor pré-selecionado que para a execução do programa muitas vezes é chamado valor dummy ou flag.
3. Muitas linguagens de programação usam o termo `fim de arquivo` (eof, *end of file*) para denominar um marcador que atua automaticamente como um flag.

A frase falsa é a nº 3. O termo `fim de arquivo` (eof, *end of file*) é o termo comum para um flag de arquivo.

Lidando com fluxogramas grandes

Utilizando apenas os símbolos de entrada, processamento, saída, decisão e término é possível representar a lógica do fluxograma para diversas aplicações. Quando estiver desenhando um fluxograma grande, você pode usar outro símbolo, o conector. Você pode usar um conector quando o tamanho limitado do papel o obriga a continuar o fluxograma em outro local desvinculado ou em outra página. Se um fluxograma tem seis fases de processamento e a página oferece espaço para apenas três, você pode representar a lógica como exibida na Figura 1-14.

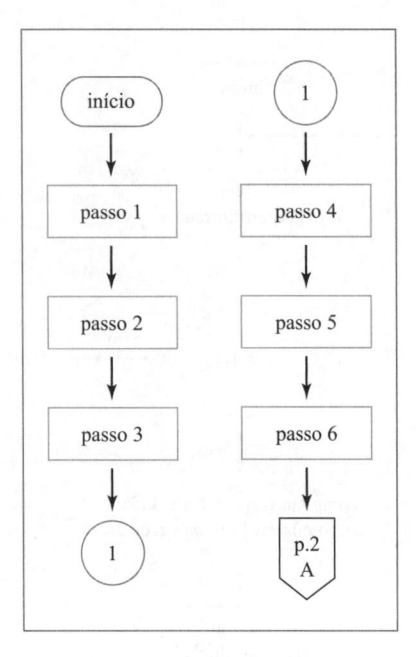

Figura 1-14 Fluxograma usando o conector

Por convenção, programadores usam um círculo como **símbolo conector** para remeter à mesma página e outro que se parece com um quadrado com base pontuda como símbolo conector que remete para fora da página. O conector para a mesma página na base da coluna da esquerda da Figura 1-14 informa a alguém que lê o fluxograma que há uma continuação nele. O círculo deve conter um número ou uma letra que pode então se ligar a outro número ou letra em outro lugar – neste caso, à direita. Se um fluxograma grande precisar de mais conectores, novos números ou letras podem ser dispostos em sequência (1,2,3... ou A,B,C...) para cada par sucessivo de números. O conector para fora da página na base da coluna da direita na Figura 1-14 informa ao leitor que há uma continuação do fluxograma em outra página.

Ao criar seu próprio fluxograma, você deve evitar usar qualquer conector, se possível; é mais difícil entender um fluxograma quando seus segmentos não cabem todos em uma página. Alguns programadores até diriam que, se um fluxograma precisa se conectar com outra página, isso é um sinal de *projeto* ruim. Seu instrutor ou futuro supervisor de programação pode pedir que grandes fluxogramas sejam redesenhados para que você não precise usar símbolos conectores. Entretanto, se continuar em outro local ou em outra página for inevitável, o conector fornece a solução.

DUAS VERDADES E UMA MENTIRA:

Lidando com fluxogramas grandes

1. Você pode usar um conector quando o tamanho limitado do papel o força a continuar o fluxograma em um local desvinculado ou em outra página.
2. Por convenção, programadores usam um paralelogramo como um símbolo conector para a mesma página.
3. Por convenção, programadores usam um símbolo que se parece com um quadrado com base pontuda como símbolo conector para fora da página.

A frase falsa é a nº 2. Por convenção, programadores usam um círculo como símbolo conector para a mesma página.

Atribuindo valores para variáveis

Quando você cria um fluxograma ou pseudocódigo para um programa que dobra números, pode incluir a sentença computar respostaCalculada como númeroEntrada vezes 2. Essa sentença incorpora duas ações. Primeiro, o computador calcula o valor aritmético de número Entrada vezes 2. Depois, o valor computado é armazenado no local respostaCalculada na memória. A maioria das linguagens de programação permite uma expressão sintética para **sentenças de atribuição (*assignment statements*)** como computar respostaCalculada como número Entrada vezes 2. A síntese tem a forma respostaCalculada = númeroEntrada * 2. O sinal de igual é o **operador de atribuição**; ele sempre requer o nome de um local na memória no seu lado esquerdo – o nome do local onde o resultado será armazenado.

> **NOTA:** Ao escrever pseudocódigos ou desenhar fluxogramas, a maioria dos programadores usa o asterisco (*) para representar multiplicação. Quando escrever seus pseudocódigos, você pode usar um X ou um ponto para multiplicação (como a maioria dos matemáticos faz), mas estará usando um formato não convencional. Este livro sempre usará um asterisco para representar multiplicação.

De acordo com as regras da álgebra, uma sentença como respostaCalculada = número Entrada * 2 deveria ser exatamente equivalente à sentença númeroEntrada * 2 = resposta Calculada. Isso porque em álgebra, o sinal de igual sempre representa equivalência. Na maioria das linguagens de programação, porém, o sinal de igual representa atribuição e respostaCalculada = númeroEntrada * 2 significa "multiplicar númeroEntrada por 2 e armazenar o resultado na variável chamada respostaCalculada". Qualquer operação efetuada à direita do sinal de igual resulta em um valor que é colocado no local da memória à esquerda do sinal de igual. Portanto a sentença errada númeroEntrada * 2 = respostaCalculada significa tentar obter o valor de calculadaReposta e armazená-lo em um local chamado númeroEntrada * 2, mas não pode haver um local chamado númeroEntrada * 2. Por um lado, você deve reconhecer que a expressão númeroEntrada * 2 não pode ser uma variável porque ela contém espaços. Por outro, um local não pode ser multiplicado. Seus conteúdos podem ser multiplicados, mas o local em si não. A sentença invertida númeroEntrada * 2 = respostaCalculada contém um erro de sintaxe, independente da linguagem de programação usada; um programa com essa sentença não a executará.

> **NOTA:** Ao criar uma sentença de atribuição, pode ajudar imaginar a palavra "permitir" na frente da sentença. Deste modo, você pode ler a sentença respostaCalculada = númeroEntrada * 2 como "Permitir respostaCalculada igual númeroEntrada vezes dois". A linguagem de programação BASIC permite que se use a palavra "let" nessas sentenças. Você pode também imaginar a palavra "obter" ou "receber" no lugar do operador de atribuição. Em outras palavras, respostaCalculada = númeroEntrada * 2 significa respostaCalculada obtém númeroEntrada * 2 e respostaCalculada recebe númeroEntrada * 2.

> **NOTA:** A memória de um computador é composta de milhões de locais distintos, cada um com um endereço próprio. Há cinquenta ou sessenta anos, programadores tinham de lidar com tais endereços e lembrar, por exemplo, que tinham armazenado um salário no local 6428 do computador deles. Hoje possuímos linguagens de computador de alto nível que nos permitem apenas nomear os endereços de memória e deixar que o computador memorize onde ele está localizado. Assim como é mais fácil lembrar que o presidente dos Estados Unidos mora na Casa Branca do que na 1600 Pennsylvania Avenue, Washington, D.C., também é mais fácil lembrar que seu salário é uma variável chamada meuSalário do que o local da memória 6428104.

Da mesma forma, normalmente não faz sentido realizar operações matemáticas com nomes dados a endereços da memória, mas faz sentido realizar operações matemáticas com os conteúdos de endereços da memória. Se você mora em blueSplitLevelOnTheCorner, adicionar 1 a isso não teria significado, mas você certamente pode adicionar uma pessoa ao número de pessoas que já estão nessa casa. Para os nossos propósitos, então, a sentença respostaCalculada = número

Entrada * 2 significa exatamente a mesma coisa que a sentença calcule númeroEntrada * 2 (isto é, dobre o conteúdo do local da memória nomeado númeroEntrada) e armazene o resultado no local da memória nomeado respostaCalculada.

> **NOTA:** Muitas linguagens de programação permitem que você crie constantes. Uma **constante** é um local nomeado na memória, parecido com uma variável, exceto que seu valor nunca muda durante a execução de um programa. Se você está trabalhando com uma linguagem de programação que permita isso, pode criar uma constante para um valor como PI = 3.14 ou IMPOSTOS_VENDAS_MUNICÍPIO = 0.06. Muitos programadores seguem a convenção usando *camel casing* para identificadores de variáveis, mas tudo em letras maiúsculas para identificadores de constantes.

Em linguagens de programação, todo operador segue **regras de precedência** que ditam a ordem na qual as operações na mesma sentença são efetuadas. Por exemplo, multiplicação e divisão sempre têm prioridade em relação à adição e subtração, então em uma expressão como a + b *c, b e c são mutiplicados produzindo um resultado temporário antes que a seja adicionado a esse. O operador de atribuição tem precedência pouco significativa em uma sentença como d = e + f + g, as operações à direita do símbolo de atribuição são sempre realizadas antes que a atribuição final referente à variável da esquerda seja realizada.

> **NOTA:** Em sentenças aritméticas, pode-se passar por cima das regras de precedência usando parênteses. Por exemplo, na expressão h = (j + k) * m, j e k são somados antes que o resultado temporário seja multiplicado por m. Entretanto, na maioria das linguagens de programação (C e C++ são exceções notáveis), você não pode passar por cima da precedência do sinal de igual usando uma sentença como (d = e) + f + g.

DUAS VERDADES E UMA MENTIRA:

Atribuindo valores para variáveis

1. O operador de atribuição igual sempre requer o nome do local da memória ao seu lado direito.
2. Nomes de variáveis são mais fáceis de lembrar do que endereços da memória.
3. Uma constante é um local nomeado da memória, semelhante a uma variável, exceto que seu valor nunca muda durante a execução de um programa.

A frase falsa é a nº 1. O igual sempre requer o nome do local da memória ao seu lado esquerdo.

Entendendo tipos de dados

Computadores lidam com dois tipos básicos de dados – textual e numérico. Quando você usa um valor numérico específico, como 43, em um programa, você escreve usando dígitos e sem aspas. Um valor numérico específico muitas vezes é chamado **constante numérica** (ou **constante numérica literal**), porque ele não muda – um 43 sempre tem o valor 43. Quando você usa um valor específico textual, ou uma sequência de caracteres, como "Amanda", você coloca entre aspas o **string da constante** ou **constante textual**.

> **NOTA:** Algumas linguagens requerem apóstrofes entre as constantes de caracteres, enquanto outras requerem aspas. Muitas linguagens, incluindo C++, C#, e Java, reservam apóstrofes para caracteres sozinhos, como 'A', e aspas para sequência de caracteres como "Amanda".

Do mesmo modo, a maioria das linguagens de computador permite ao menos dois tipos distintos de variáveis. O **tipo de dado** de uma variável descreve o tipo de valor que a variável pode conter e os tipos de operação que podem ser efetuados com ela. Um tipo de variável pode conter um número e ser chamado variável numérica. Uma **variável numérica** pode ter operações matemáticas realizadas nela; ela pode conter dígitos e normalmente pode conter decimais e um sinal indicando positivo ou negativo, se você quiser. Na sentença `respostaCalculada = númeroEntrada * 2`, tanto `respostaCalculada` como `númeroEntrada` são variáveis numéricas; isto é, seus respectivos conteúdos são valores numéricos, como 6 e 3, 150 e 75, ou –18 e –9.

> **NOTA:** Em muitas linguagens, o termo caractere variável é reservado para um caractere, como A, e string refere-se a dados formados de um ou mais caracteres, como Andrea.

A maioria das linguagens de programação tem um tipo separado de variável, que pode ter letras do alfabeto e outros caracteres especiais, como sinais de pontuação. Dependendo da linguagem, essas variáveis são chamadas caracteres, **textos** ou **string de variáveis**. Se um programa de trabalho contém a sentença `últimoNome = "Lincoln"`, então `últimoNome` é um texto ou **string de variável**.

Programadores precisam distinguir entre variáveis numéricas e strings, pois computadores lidam diferentemente com esses dois tipos de dados. Portanto, dentro das regras da sintaxe são oferecidos meios para que as linguagens de programação de computador informem o computador que tipo de dado esperar. O modo como isso é feito é diferente em cada linguagem; algumas linguagens têm regras diferentes para nomear as variáveis, mas em outras é necessário incluir uma sentença simples (chamada **declaração**) que informa ao computador qual tipo de dado esperar.

Algumas linguagens permitem vários tipos de dados numéricos. Linguagens como C++, C#, Visual Basic, e Java distinguem entre variáveis numéricas **inteiras** (números inteiros) e **váriaveis numéricas de ponto flutuante** (frações) que contêm casas decimais. Desse modo, em algumas linguagens, os valores 4 e 4.3 seriam armazenados em tipos diferentes de variáveis numéricas.

Algumas linguagens de programação permitem até tipos de variáveis mais específicos, mas a distinção entre textuais e numéricas é universal. Para os programas que você desenvolverá neste livro, assuma que cada variável é um dos dois grandes tipos. Se uma variável chamada `imposto` deveria ter um valor 2.5, assuma que é um valor numérico. Se uma variável chamada `itemInventário` deveria ter o valor de "monitor", assuma que é uma string de variável.

> **NOTA:** Valores como "monitor" e 2.5 são chamados constantes ou constantes literais, pois nunca mudam. Uma variável *pode* mudar. Desse modo, `itemInventário` pode ter "monitor" em um momento durante a execução de um programa, e depois você pode mudar seu valor para "modem".

> **NOTA:** As Linguagens de Programação Orientadas a Objetos permitem que você crie novos tipos de dados, chamados classes. Classes são abordadas em qualquer livro-texto de linguagens de programação orientadas a objetos.

Por convenção, este livro realça strings de dados como "monitor" entre aspas, para distinguir os strings de caracteres de outro nome de variável. Também por convenção, valores de dados numéricos não são colocados entre aspas. De acordo com essas convenções, então, se `imposto` for uma variável numérica e `itemInventário` um string, então `imposto = 2.5` e `itemInventário = "monitor"` são ambas sentenças válidas. A sentença `itemInventário = monitor` é uma sentença válida somente se `monitor` também for uma string de variável. Em outras palavras, se `monitor = "Modelo 86"`, e subsequentemente `itemInventário = monitor`, o resultado final é que o endereço da memória nomeado `itemInventário` contém a série de caracteres "`Modelo 86`". Dados só podem ser transferidos de uma variável para outra se as variáveis referirem-se ao mesmo tipo de dados.

> **NOTA:**
> O processo de nomear variáveis de programas e atribuir um tipo a elas é chamado **fazer declarações**, ou **declarar variáveis**. Você vai aprender como declarar variáveis no Capítulo 3.

Todo computador diferencia a forma como lida com textos ou string de dados da forma como lida com dados numéricos. Você pode já ter experimentado essas diferenças se usou softwares de aplicação como planilhas ou programas de bancos de dados. Por exemplo, em uma planilha, você não pode somar uma coluna de palavras. Da mesma forma, toda linguagem de computador requer que se diferenciem variáveis por seu tipo correto e que cada tipo de variável seja usado apropriadamente. Identificar suas variáveis corretamente como numéricas ou string é um dos primeiros passos que você deve seguir ao escrever programas em linguagens de programação. A Tabela 1-2 fornece alguns exemplos de declarações de atribuições para variáveis lícitas e ilícitas.

Tabela 1-2 Alguns exemplos de atribuições lícitas e ilícitas

Assuma últimoNome *e* primeiroNome *como strings de variável*		
Assuma notaTeste *e* notaLiçãoDeCasa *como variáveis numéricas*		
Exemplos de atribuições válidas	Exemplos de atribuições inválidas (Cada uma dessas atribuições é inválida. **NÃO FAÇA ISSO**)	Explicação dos exemplos inválidos
últimoNome = "Parker"	últimoNome = Parker	Se Parker é o último nome, ele exige aspas. Se Parker é um nome de um string de variável, a atribuição seria permitida.
primeiroNome = "Laura"	"Parker" = últimoNome	O valor na esquerda precisa ser o nome de uma variável, não uma constante.
últimoNome = primeiroNome	últimoNome = notaTeste	Os tipos de dados não se equivalem.
notaTeste = 86	notaLiçãoDeCasa = primeiroNome	Os tipos de dados não se equivalem.
notaLiçãoDeCasa = notaTeste	notaLiçãoDeCasa = "92"	Os tipos de dados não se equivalem.
notaLiçãoDeCasa = 92	notaTeste = "zero"	Os tipos de dados não se equivalem.
notaTeste = notaLiçãoDeCasa + 25	primeiroNome = 23	Os tipos de dados não se equivalem.
notaLiçãoDeCasa = 3 * 10	100 = notaLiçãoDeCasa	O valor na esquerda precisa ser o nome de uma variável, não uma constante.

DUAS VERDADES E UMA MENTIRA:

Entendendo tipos de dados
1. O tipo de dado de uma variável descreve o tipo de valor que a variável pode conter e os tipos de operações que podem ser realizados nela.
2. Se nome é um string de variável, então a sentença nome = "Ed" é válida.
3. Se salário é uma variável numérica, então a sentença salário = "12.50" é válida.

A frase falsa é a nº 3. Se salário é uma variável numérica, então a sentença salário = 12.50 (sem as aspas) é válida. Se salário é um string de variável, então a sentença salário = "12.50" é válida.

Entendendo a evolução das técnicas de programação

As pessoas escrevem programas modernos de computação desde os anos 1940. As mais antigas linguagens de programação requeriam que os programadores trabalhassem com os endereços da memória e que memorizassem códigos estranhos associados à linguagem de máquina. As novas linguagens de programação se parecem muito mais com linguagens naturais e são mais facilmente usadas por programadores. Parte da razão porque é mais fácil usar uma linguagem de programação mais nova é que elas permitem que os programadores nomeiem as variáveis em vez de usarem estranhos endereços da memória. Outra razão é que linguagens de programação mais novas oferecem aos programadores meios para criar módulos independentes ou segmentos de programas que podem ser alocados juntos de várias formas. Os programas de computador mais antigos eram escritos em um único conjunto, do começo ao fim; programas modernos raramente são escritos dessa maneira – eles são criados por equipes de programadores, cada um desenvolvendo seu próprio procedimento reutilizável e conectável do programa. Escrever diversos pequenos módulos é mais fácil do que escrever um grande programa, e a maioria das tarefas fica mais fácil quando o trabalho é dividido em unidades e se tem outros trabalhadores para ajudar com algumas unidades.

> **NOTA:**
> Ada Byron Lovelace previu o desenvolvimento de softwares em 1843; ela é muitas vezes lembrada como a primeira programadora. A base para a maioria dos softwares foi proposta por Alan Turing, em 1935.

> **NOTA:**
> Você vai aprender a criar módulos de programas no Capítulo 3 e aprenderá mais sobre eles no Capítulo 7.

Atualmente, há duas principais técnicas usadas para desenvolver programas e seus procedimentos. Uma técnica, **programação procedural**, enfoca os procedimentos criados pelos programadores. Em outras palavras, programadores procedimentais se concentram nas ações que são realizadas – por exemplo, obter dados de entrada para um empregado e escrever os cálculos necessários para produzir um cheque de pagamento com os dados. Programadores procedimentais abordariam a tarefa de produzir um cheque de pagamento dividindo o processo de produzir o cheque em subtarefas manipuláveis.

A outra técnica popular de programação, **programação orientada a objetos**, enfoca objetos, ou "coisas", e descreve suas características, ou atributos, e seus comportamentos. Por exemplo, programadores orientados a objetos podem fazer o projeto de uma aplicação do cheque de pagamento pensando em empregados e cheques, e descrevendo seus atributos (como último nome ou valor do cheque) e comportamentos (como os cálculos que resultam no valor).

Com qualquer uma das abordagens, procedural ou orientada a objeto, é possível produzir um cheque correto, e ambas as técnicas utilizam módulos de programas reutilizáveis. A maior diferença está no foco que o programador tem durante os estágios iniciais de planejamento do projeto. Por

> **NOTA:**
> A programação orientada a objetos utiliza um vocabulário extenso.

enquanto, este livro se foca nas técnicas procedurais de programação. As habilidades que se ganha programando de modo procedural – declarando variáveis, aceitando entradas, tomando decisões, produzindo saídas, e assim por diante – serão úteis independentemente de você escrever programas pela maneira procedural, orientada a objetos, ou em ambas.

DUAS VERDADES E UMA MENTIRA:

Entendendo a evolução das técnicas de programação

1. Os mais antigos programas de computador eram escritos em muitas partes separadas.
2. Programadores procedurais enfocam ações que são realizadas pelo programa.
3. Programadores orientados a objetos enfocam um objeto do programa e seus atributos e comportamentos.

A frase falsa é a nº 1. Os programas mais antigos eram escritos em um único módulo; programas mais novos são divididos em módulos.

Resumo do capítulo

» Juntos, hardware do computador (equipamento) e software (instruções) efetuam quatro operações principais: entrada, processamento, saída e armazenamento. Você escreve instruções para o computador em uma linguagem de programação que requer uma sintaxe específica e suas instruções são traduzidas para linguagem de máquina por um compilador ou interpretador. Se a sintaxe e a lógica do programa estiverem corretas, você poderá rodar, ou executar, o programa para produzir o resultado desejado.

» A função de um programador envolve entender o problema, planejar a lógica, codificar o programa, traduzir o programa para a linguagem de máquina, testar o programa e pôr o programa em produção.

» Quando os valores dos dados de um programa são inseridos por um teclado, eles podem ser inseridos em resposta a um prompt em um ambiente de texto ou em um GUI. De ambas as maneiras, a lógica é semelhante.

» Quando itens dos dados são armazenados para uso em sistemas de computadores, eles são armazenados em uma hierarquia de dados de caractere, campo, registro, arquivo e banco de dados.

» Quando programadores planejam a lógica para a solução de um problema de programação, com frequência usam fluxogramas ou pseudocódigos. Quando você desenha um fluxograma, usa paralelogramos para representar operações de entrada e saída e retângulos para representar processamento.

» Variáveis são locais específicos da memória cujo conteúdo não é sempre o mesmo. Como programador, você escolhe nomes razoáveis para suas variáveis. Toda linguagem de programação de computadores tem um conjunto próprio de regras para nomear variáveis; entretanto, todo nome de variável deve ser escrito como uma palavra sem espaços e deve ter um significado apropriado.

» Testar um valor envolve tomar uma decisão. Você representa uma decisão em um fluxograma desenhando um símbolo de decisão, no formato de um losango, contendo uma questão, cuja resposta deverá ser sim ou não. Você pode interromper a execução de um programa usando uma decisão para testar um flag.

» Um símbolo conector é usado para continuar um fluxograma que não cabe inteiro em uma página, ou precisa continuar em uma página adicional.

» A maioria das linguagens de programação usa o sinal de igual para atribuir valores às variáveis. Atribuições sempre acontecem da direita para a esquerda.

» Programadores precisam distinguir entre variáveis numéricas e textuais, porque os computadores lidam diferentemente com os dois tipos de dados. A declaração de variáveis informa ao computador qual tipo de dado esperar. Por convenção, dados de valor textual são colocados entre aspas.

» Programadores procedurais e orientados a objetos abordam diferentemente problemas de programas. Programadores procedurais concentram-se nas ações realizadas com dados. Programadores orientados a objeto enfocam objetos e seus comportamentos e atributos.

Termos-chave

Hardware é o equipamento de um sistema de computador.

Software são os programas que dizem ao computador o que fazer.

Dispositivos de entrada incluem teclados e mouses; por meio desses dispositivos, itens de dados entram no sistema do computador. Dados podem entrar no sistema por meio de dispositivos de armazenamento como discos magnéticos e CDs.

Dados são todos os textos, números e outras informações que podem ser processados por um computador.

O **processamento** de itens de dados pode envolver organizá-los, verificar erros ou realizar operações matemáticas com eles.

A **unidade central de processamento**, ou **CPU**, é o componente de hardware que processa dados.

Informação é enviada para uma impressora, monitor, ou algum outro dispositivo de **saída** para que pessoas possam visualizar, interpretar e trabalhar com os resultados.

Dispositivos de armazenamento são aparatos de hardware que guardam informações para ser recuperadas mais tarde.

Linguagens de programação, como Visual Basic, C#, C++, Java, ou COBOL, são usadas para escrever programas.

A **sintaxe** de uma linguagem estabelece suas regras.

Linguagem de máquina é a linguagem de circuitos do tipo liga/desliga de um computador.

Binário é um sistema numérico que usa dois valores, 0 e 1.

Um **compilador** ou **interpretador** traduz uma linguagem de alto nível para a linguagem de máquina e informa se a linguagem de programação foi usada incorretamente.

Linguagens de scripting (também chamadas de **linguagens de programação de scripting** ou **línguas de scripting**), como Python, Lua, Perl e PHP são usadas para escrever programas que são digitados diretamente de um teclado e que são armazenados como texto em vez de arquivos executáveis binários.

Você desenvolve a **lógica** de um programa de computador quando dá instruções ao computador em uma sequência específica, sem deixar instruções de fora ou colocar instruções irrelevantes.

Um **erro semântico** ocorre quando uma palavra correta é utilizada no contexto incorreto.

Rodar ou **executar** um programa ocorre quando o computador efetivamente utiliza o programa escrito e traduzido.

Amazenamento interno é também chamado **memória**, **memória principal**, **memória primária** ou **memória de acesso aleatório (RAM)**.

Armazenamento externo é um armazenamento definitivo (praticamente permanente) fora da memória principal de um computador, em um dispositivo como um disquete, disco rígido ou media flash.

Memória interna é **volátil**; isto é, seus conteúdos se perdem toda vez que o computador para de receber energia.

Você **salva** o programa em um meio não volátil.

Um **algoritmo** é a sequência de passos necessária para resolver qualquer problema.

Um **Diagrama EPS (entrada-processo-saída)** é uma ferramenta de desenvolvimento de programas que delineia funções de entradas, processamentos e saídas.

Diagrama TOE é uma ferramenta de desenvolvimento de programas que lista tarefas, objetos e eventos.

Teste de mesa é o processo de analisar a solução de um programa no papel.

Codificar um programa significa escrever as sentenças de um programa em uma linguagem de programação.

Linguagens de programação de alto nível têm estrutura linguística.

Linguagem de máquina é a **linguagem de baixo nível** formada de 1s e 0s que o computador entende.

Um **erro de sintaxe** é um erro na linguagem ou na gramática.

Erro de lógica acontece quando se executa uma instrução incorreta, ou quando se executam instruções na ordem errada.

Conversão é todo o conjunto de ações que uma organização precisa realizar para implantar um novo programa ou conjunto de programas.

Manutenção consiste de todos os melhoramentos e correções feitas em um programa depois que ele está produzindo.

Um **prompt** é uma mensagem que aparece no monitor solicitando uma resposta do usuário.

Um **prompt de comando** é o local na tela do seu computador onde você digita entradas para se comunicar com o sistema operacional do computador utilizando texto.

Uma **interface gráfica do usuário**, ou **GUI**, permite que os usuários interajam com um programa em um ambiente gráfico.

A **hierarquia dos dados** representa a relação de bancos de dados, arquivos, registros, campos e caracteres.

Caracteres são letras, números e símbolos especiais, como "A", "7" e "$".

Um **campo** é um único item dos dados, como últimoNome, endereçoRua, salárioAnual.

Registros são grupos de campos que estão juntos por alguma razão lógica.

Arquivos são grupos de registros que estão juntos por alguma razão lógica.

Um **banco de dados** contém grupos de arquivos, muitas vezes chamados tabelas, que juntos fornecem as informações necessárias para uma organização.

Solicitações de dados são questões que juntam itens relacionados de bancos de dados em um formato que auxilia a tomar decisões gerenciais eficientes.

Flat file contém registros em um arquivo que não faz parte de um banco de dados.

Um **fluxograma** é uma representação gráfica dos passos lógicos a tomar na resolução de um problema.

Pseudocódigo é uma representação com estrutura linguística dos passos lógicos a tomar na resolução de um problema

Símbolos de entrada indicam uma operações de entrada, e são representados por paralelogramos em fluxogramas.

Símbolos de processamento são representados como retângulos em fluxogramas.

Símbolos de saída, que indicam operações de saída, são representados como paralelogramos em fluxogramas.

Linhas de fluxo, ou setas, conectam passos em um fluxograma.

Um **símbolo terminal**, ou liga/desliga, é usado em cada ponta de um fluxograma. Tem formato ovalado.

Variáveis são locais específicos da memória cujo conteúdo pode variar ou diferir com o tempo.

O nome de uma variável também é chamado de **identificador**.

Um **mnemônico** é um dispositivo de memória; identificadores de variáveis agem como mnemônicos para endereços da memória difíceis de lembrar.

Camel casing é o formato para nomear variáveis no qual a letra inicial é minúscula, nomes com várias palavras são escritos juntos e cada nova palavra dentro do nome da variável inicia com letra maiúscula.

Pascal casing é o formato para nomear variáveis no qual a letra inicial é maiúscula, nomes de variáveis com mais de uma palavra são escritos juntos e cada nova palavra dentro do nome da variável começa com letra maiúscula.

Um **loop infinito** é um defeito de lógica repetitivo que não tem um fim.

Testar um valor também é chamado de **tomar uma decisão**.

Você representa uma decisão em um fluxograma desenhando um **símbolo de decisão**, cujo formato é de um losango.

Uma decisão de sim ou não é chamada uma **decisão binária**, porque há dois resultados possíveis.

Um **valor dummy** é um valor pré-selecionado que para a execução de um programa. Esse valor às vezes é chamado de **valor sentinela (flag)** porque ele representa um ponto de entrada ou saída, como uma sentinela que guarda uma fortaleza.

Muitas linguagens de programação usam o termo fim de arquivo (**eof**, *end of file*) para tratar de um marcador de final de dados do arquivo.

Um **símbolo conector** é um símbolo de fluxograma usado quando um tamanho limitado de página força você a continuar o fluxograma em outro lugar na mesma página ou na página seguinte.

Uma **sentença de atribuição** armazena o resultado de qualquer cálculo realizado no seu lado direito para o local nomeado no seu lado esquerdo.

O sinal de igual é o **operador de atribuição**; ele sempre precisa do nome do local da memória no seu lado esquerdo.

Uma **constante** é um local específico da memória, semelhante a uma variável, exceto que seu valor nunca muda durante a execução de um programa. Por convenção, constantes são nomeadas usando letras maiúsculas.

Regras de precedência ditam a ordem pela qual as operações da mesma sentença são realizadas.

Uma **constante numérica** (ou **constante literal numérica**) é um valor numérico específico.

Uma string de **constante literal**, ou **constante textual**, é fechada dentro de aspas.

O **tipo de dado** de uma variável descreve o tipo de valor que a variável pode ter e o tipo de operação que pode ser realizado nela.

Variáveis numéricas têm valores numéricos.

Variáveis textuais, ou **string de variáveis**, assumem valores de caracteres.

Uma **declaração** é uma sentença que nomeia uma variável e informa ao computador qual tipo de dado esperar.

Valores **inteiros** são números inteiros, variáveis numéricas.

Valores de **ponto flutuantes** são frações, variáveis numéricas que contêm casas decimais.

O processo de nomear variáveis do programa e atribuir um tipo a elas é chamado **fazer declarações**, ou **declarar variáveis**.

A técnica conhecida como **programação procedural** enfoca os procedimentos criados por programadores.

A técnica conhecida como **programação orientada a objeto** enfoca objetos, ou "coisas", e descreve suas características, ou atributos, e seus comportamentos.

Questões para revisão

1. Os dois componentes principais de qualquer sistema de computador são _____.
   a. entrada e saída
   b. dados e programas
   c. hardware e software
   d. memória e drives de discos

2. As principais operações de um computador são _____.
   a. hardware e software
   b. entrada, processamento, saída e armazenamento
   c. sequência e circuito
   d. planilhas, processadores de texto e comunicação de dados

3. Outro termo que significa "instruções de computador" é _____.
   a. hardware
   b. software
   c. solicitação de dados
   d. dados

4. Visual Basic, C++ e Java são todos exemplos de _____ de computador.
   a. sistemas operacionais
   b. hardwares
   c. linguagens de máquina
   d. linguagens de programação

5. As regras de uma linguagem de programação são sua _____.
   a. sintaxe
   b. lógica
   c. formato
   d. opções

6. A função mais importante de um compilador ou de um interpretador é _____.
   a. criar as regras para uma linguagem de programação
   b. traduzir sentenças em inglês para uma linguagem como Java
   c. traduzir sentenças em linguagem de programação para linguagem de máquina
   d. executar programas em linguagem de máquina para realizar tarefas úteis

7. Qual desses é uma típica instrução de entrada?
   a. `obter númeroConta`
   b. `calcular contaVencimento`
   c. `imprimir númeroIndentificaçãoCliente`
   d. `total = compraJan + compraFev`

8. Qual desses é uma típica instrução de processamento?
   a. `imprimir resposta`
   b. `obter nomeUsuário`
   c. `pctCorreta = respostaCerta / todasRespostas`
   d. `imprimir percentualCalculado`

9. Qual dos seguintes *não* está associado com armazenamento interno?
   a. memória principal
   b. disco rígido
   c. memória primária
   d. armazenamento volátil

10. Qual dos seguintes pares de passos do processo de programação está na ordem correta?
    a. codificar o programa, planejar a lógica
    b. testar o programa, traduzi-lo para linguagem de máquina
    c. colocar o programa em produção, entender o problema
    d. codificar o programa, traduzi-lo para linguagem de máquina

11. As duas ferramentas que mais comumente são usadas para planejar a lógica do programa são _____.
    a. fluxogramas e pseudocódigos
    b. ASCII e EBCDIC
    c. Java e Visual Basic
    d. processadores de texto e spreadsheets

12. A tarefa mais importante que um programador tem que fazer antes de planejar a lógica para um programa é _____.
    a. decidir qual linguagem de programação usar
    b. codificar o problema
    c. treinar os usuários do programa
    d. entender o problema

13. Escrever um programa em uma linguagem como C++ ou Java é conhecido como _____ o programa.
    a. traduzir
    b. codificar
    c. interpretar
    d. compilar

14. Um compilador encontraria todos os seguintes erros de programação exceto _____.
    a. o erro ortográfico na palavra "immprimir" em uma linguagem que inclui a palavra "imprimir"
    b. o uso de um "X" para multiplicação em uma linguagem que requer um asterisco
    c. `novoBalançoVencimento` calculado somando `pagamentosClientes` com antigo `BalançoVencimento` ao invés de subtrair
    d. uma sentença aritmética escrita como `vendasRegulares + vendasComDescontos = vendasTotais`

15. Qual dos seguintes é verdadeiro com relação à hierarquia dos dados?
    a. arquivos contêm registros
    b. caracteres contêm campos
    c. ambos (a e b)
    d. nenhum dos anteriores

16. O paralelogramo é um símbolo do fluxograma que representa _____.
    a. entrada
    b. saída
    c. ambos (a e b)
    d. nenhum dos anteriores

17. Qual dos seguintes não é um nome de variável válido em nenhuma linguagem de programação?
    a. `nota semestre`
    b. `outono2009_nota`
    c. `notaEmCIS100`
    d. `MINHA_NOTA`

18. Em fluxogramas, o símbolo de decisão é um(a) _____.
    a. paralelogramo
    b. retângulo
    c. losango
    d. círculo

19. O termo "eof" representa _____.
    a. um dispositivo de entrada padrão
    b. um valor sentinela genérico
    c. uma condição na qual não há mais memória disponível para armazenamento
    d. o fluxo lógico em um programa

20. Os dois principais tipos de dados são _____.
    a. interno e externo
    b. volátil e constante
    c. textual e numérico
    d. permanente e temporário

Encontre os bugs

Desde os primeiros dias da programação de computadores, erros de programas são chamados "bugs". Supostamente o termo se originou de uma traça que foi encontrada presa em um circuito de um computador na Harvard University em 1945. Na verdade, o termo "bug" já estava em uso antes de 1945 para denominar problemas com qualquer aparato elétrico; já durante a vida de Thomas Edison ele significava um "defeito industrial". Mesmo assim, o processo de achar e corrigir os erros de um computador ficou conhecido como *debugging*.

Cada um dos segmentos de pseudocódigo seguintes contém um ou mais bugs que você precisa encontrar e corrigir.

1. Esse segmento de pseudocódigo pretende descrever o cálculo das médias das notas dos testes de duas salas de aula.
   ```
   entrada meioSemestreNota
   entrada notaFinal
   média = (entradaNota + final) / 3
   imprimir média
   ```

2. Esse segmento de pseudocódigo pretende descrever o cálculo do número de quilômetros por litro que você faz com seu automóvel.
   ```
   entrada quilômetrosViajados
   entrada litrosDeGasUsados
   litrosDeGasUsados / quilômetrosViajados = quilômetrosPorLitro
   imprimir quilômetrosPorLitro
   ```

3. Esse segmento de pseudocódigo pretende descrever o cálculo dos gastos por dia e por semana durante as férias.
   ```
   Entrada totalDólaresGastos
   Entrada diasNaViagem
   custoPorDia = totalDinheiroGasto * diasNaViagem
   semanas = diasNaViagem / 7
   custoPorSemana = diasNaViagem / númeroDeSemanas
   imprimir custoPorDia, semana
   ```

Exercícios

1. Ligue a definição ao termo adequado.

   1. Equipamentos de sistemas de computadores   a. compilador
   2. Outra palavra para programas   b. sintaxe
   3. Regras da linguagem   c. lógica
   4. Ordem das instruções   d. hardware
   5. Tradutor da linguagem   e. software

2. Em suas próprias palavras, descreva os passos para escrever um programa de computador.

3. Considere o arquivo de um estudante que contém os seguintes dados:

Último Nome	Primeiro Nome	Especialização	Nota Média
Andrews	David	Psicologia	3,4
Broederdorf	Melissa	Ciências da Computação	4,0
Brogan	Lindsey	Biologia	3,8
Carson	Joshua	Ciências da Computação	2,8
Eisfelder	Katie	Matemática	3,5
Faris	Natalie	Biologia	2,8
Fredricks	Zachary	Psicologia	2,0
Gonzales	Eduardo	Biologia	3,1

Esse conjunto de dados seria adequado e suficiente para testar cada um dos seguintes programas? Explique por que ou por que não.

a. um programa que imprime uma lista de estudantes de psicologia

b. um programa que imprime uma lista de estudantes de artes

c. um programa que imprime uma lista de estudantes reprovados – aqueles com nota média abaixo de 2,0

d. um programa que imprime uma lista de estudantes na lista do diretor

e. um programa que imprime uma lista de estudantes de Wisconsin

f. um programa que imprime uma lista de estudantes do sexo feminino

4. Sugira um bom conjunto de dados de teste para ser usado em um programa que forneça um cheque de pagamento de bônus de $ 50 para um empregado se ele produziu mais do que 1.000 itens na semana.

5. Sugira um bom conjunto de dados de teste para ser usados em um programa que compute valores brutos de contracheque (isto é, antes de qualquer imposto ou outras deduções) baseado nas horas trabalhadas e no valor do pagamento. O programa calcula o bruto como horas vezes valor, a menos que sejam mais que 40 horas. Nesse caso, o programa considera bruto como valor normal de pagamento para 40 horas, mais uma vez e meia o valor de pagamento para as horas além das 40.

6. Sugira um bom conjunto de dados de prova para um programa que pretenda produzir a nota média de um estudante baseado em notas de caracteres (A, B, C, D ou F) em cinco cursos.

7. Sugira um bom conjunto de dados de teste para um programa para uma companhia de seguros de automóveis que pretende aumentar seus prêmios em $ 50 por mês para cada multa que um motorista recebe em um período de três anos.

8. Assuma que uma mercearia mantenha um arquivo do inventário, no qual cada item da mercearia tem registro próprio. Dois campos dentro de cada registro são o nome do fabricante e o peso de cada item. Nomeie pelo menos mais seis campos que podem ser armazenados para cada registro. Forneça um exemplo de dado para registro. Por exemplo, para um produto cujo fabricante é a DelMonte e cujo peso seja 12 gramas.

9. Assuma que uma biblioteca mantenha um arquivo com os dados sobre sua coleção, um registro para cada volume emprestado pela biblioteca. Nomeie ao menos oito campos que podem ser armazenados para cada registro. Forneça um exemplo dos dados para registro.

10. Ligue o termo ao formato adequado.

   1. Entrada   A. ◇

   2. Processamento   B. ▢ (retângulo arredondado)

   3. Decisão   C. ▱ (paralelogramo)

   4. Terminal   D. ▭ (retângulo)

   5. Conector   E. ○

11. Qual dos seguintes nomes parece um bom nome de variável? Se um nome não parecer um bom nome de variável, explique por que não.
    a. c
    b. custo
    c. custoQuantidade
    d. custo quantidade
    e. csotufdngbsns
    f. custoDeFazerNegóciosEmAnoFiscal
    g. custo2004

12. Se **minhaIdade** e **suaTaxa** são variáveis numéricas e **nomeDepartamento** é uma variável de série, qual das sentenças seguintes é uma atribuição válida? Se uma sentença é inválida, explique por quê.
    a. minhaIdade = 23
    b. minhaIdade = suaTaxa
    c. minhaIdade = nomeDepartamento
    d. minhaIdade = "nomeDepartamento"
    e. 42 = minhaIdade
    f. suaTaxa = 3.5
    g. suaTaxa = minhaIdade
    h. suaTaxa = nomeDepartamento
    i. 6.91 = suaTaxa

j. nomeDepartamento = Pessoal

k. nomeDepartamento = "Pessoal"

l. nomeDepartamento = 413

m. nomeDepartamento = "413"

n. nomeDepartamento = minhaIdade

o. nomeDepartamento = suaTaxa

p. 413 = nomeDepartamento

q. "413" = nomeDepartamento

13. Desenhe um fluxograma ou escreva um pseudocódigo para representar a lógica de um programa que permite que o usuário insira um valor. O programa multiplica o valor por 10 e imprime o resultado.

14. Desenhe um fluxograma ou escreva um pseudocódigo para representar a lógica de um programa que permite que o usuário insira um valor representando o raio de um círculo. O programa calcula o diâmetro (multiplicando o raio por 2) e então calcula a circunferência (multiplicando o diâmetro por 3,14). O programa imprime tanto o diâmetro como a circunferência.

15. Desenhe um fluxograma ou escreva um pseudocódigo para representar a lógica de um programa que permite que o usuário insira dois valores. O programa imprime a soma desses valores.

16. Desenhe um fluxograma ou escreva um pseudocódigo para representar a lógica de um programa que permite que o usuário insira três valores. O primeiro valor representa o pagamento por hora, o segundo representa o número de horas trabalhadas nesse período de pagamento e o terceiro representa a porcentagem do salário bruto que é retida. O programa multiplica o pagamento por hora pelo número de horas trabalhadas, fornecendo o pagamento bruto; então, multiplica o pagamento bruto pela porcentagem retida, resultando na quantidade retida. Finalmente, ele subtrai a quantidade retida do pagamento bruto, fornecendo o pagamento líquido depois dos impostos. O programa imprime o pagamento líquido.

Zona dos jogos

1. Em 1952, A. S. Douglas escreveu sua dissertação de doutorado pela Universidade Cambridge sobre a interação homem-computador, e criou o primeiro jogo gráfico de computador – uma versão do jogo da velha. O jogo foi programado em um computador EDSAC com unidade de processamento de tubo de vácuo. Em geral admite-se que o primeiro jogo de computador seja "Spacewar!", desenvolvido em 1962 no MIT; o primeiro videogame comercializado foi "Pong", introduzido pela Atari em 1973. Em 1980, "Asteroids" da Atari e "Lunar Lander" tornaram-se os primeiros videogames a serem registrados no U. S. Copyright Office. Durante os anos de 1980, jogadores passaram horas com jogos que agora parecem muito simples e pouco atraentes; você se lembra de jogar "Adventure", "Oregon Trail", "Where in the World is Carmen Sandiego?", ou "Myst"?

Hoje, jogos comerciais de computador são muito mais complexos; eles exigem muitos programadores, artistas gráficos e verificadores para serem desenvolvidos, e são necessárias muitas pessoas na gerência e no marketing para promovê-los. Um jogo pode custar muitos milhões para ser desenvolvido e comercializado, mas um jogo que tem sucesso pode gerar centenas de milhões de dólares. Obviamente, com a pequena introdução à programação que você teve nesse capítulo, você não pode criar um jogo muito sofisticado. Entretanto, você já pode ser iniciado.

Mad Libs é um jogo infantil no qual os jogadores fornecem algumas palavras que são incorporadas em uma história boba. O jogo ajuda as crianças a entender diferentes partes do discurso porque exige que elas forneçam tipos específicos de palavras. Por exemplo, você pode perguntar a uma criança um substantivo, e depois outro substantivo, um adjetivo e um verbo no passado. A criança pode responder com palavras como "mesa", "livro", "bobo" e "estudou". A nova Mad Lib criada pode ser:

Mary tinha uma pequena *mesa*

Seu *livro* era *bobo* como neve

E em todo lugar que Mary *estudou*

A *mesa* certamente iria

Crie a lógica para um programa Mad Lib que imprime uma mensagem pedindo que o usuário forneça cinco palavras. Então ele aceita essas palavras e cria e mostra uma pequena história ou um poema simples no qual elas são usadas.

Trabalho de detetive

1. Até Shakespeare referiu-se a um "bug" como uma ocorrência negativa. Nomeie o trabalho no qual ele escreveu, "Warwick era um 'bug' que amedrontava todos nós".[1]

2. Quais os traços distintivos da linguagem de programação chamada Short Code? Quando ela foi inventada?

3. Qual a diferença entre um compilador e um interpretador? Sob quais condições você preferiria usar uma ou outra?

Livre para discussão

1. Qual a melhor ferramenta para aprender programação – fluxogramas ou pseudocódigos?

2. Quais as vantagens existentes em exigir que variáveis se associem a um tipo de dado?

3. Neste capítulo, você aprendeu o termo "mnemônico", que seria um dispositivo da memória. Você já aprendeu outros mnemônicos conforme estudou várias matérias? Descreva pelo menos cinco outros mnemônicos que as pessoas usam para se lembrar de listas de itens.

4. Qual é a imagem de um programador de computador na cultura popular? A imagem em livros é diferente da de programas de TV e filmes? Você gostaria de ter essa imagem para si?

---

1 "Warwick was a bug that fear'd us all".

2 COMPREENDENDO ESTRUTURAS

Entendendo a estrutura do código espaguete

Programas profissionais de computador normalmente são muito mais complicados do que o programa de dobrar um número do Capítulo 1, mostrado na Figura 2-1.

```
obter númeroEntrada
respostaCalculada = númeroEntrada * 2
imprimir respostaCalculada
```

Figura 2-1 Programa de dobrar o número

Imagine o número de instruções do programa de computador que a NASA usa para calcular o ângulo de lançamento de um ônibus espacial, ou no programa que a Receita Federal usa para auditar sua devolução de imposto de renda. Até o programa que produz o seu contracheque no seu emprego contém muitas e muitas instruções. Fazer o design da lógica para programas como esses pode ser uma tarefa que toma muito tempo. Quando você adiciona alguns milhares de instruções em um programa, incluindo algumas centenas de decisões, é fácil criar uma confusão. O nome popular para programas com lógicas formadas por sentenças emaranhadas é **código espaguete**. A razão para o nome parece óbvia – o código é tão confuso de ler quanto seguir um fio de espaguete em um prato de macarronada.

Por exemplo, digamos que você esteja encarregado do processo de seleção de uma faculdade e que tenha decidido admitir potenciais estudantes com base nos seguintes critérios:

» Você vai admitir estudantes que tiraram nota 90 ou mais no vestibular da sua faculdade, contanto que estejam entre os melhores 75% formados da sua série do ensino médio. (Esses são alunos espertos que tiveram uma boa nota no vestibular. Talvez eles não fossem tão bem no ensino médio porque era uma escola difícil, ou talvez eles tenham amadurecido.)

» Você vai admitir estudantes que tiraram nota mínima 80 no vestibular se estiverem entre os melhores 50% formados da sua série do ensino médio. (Esses são alunos que tiveram uma nota razoável no vestibular e foram razoavelmente bem no ensino médio.)

» Você vai admitir estudantes que foram mal e tiraram nota 70 no vestibular se estiverem entre os melhores 25% da sua série. (Talvez esses alunos não tenham bom desempenho em testes, mas obviamente são bons alunos.)

A Tabela 2-1 resume os requisitos para admissão.

Tabela 2-1 Requisitos para admissão

Nota no vestibular	Ranking no colegial
90-100	Melhores 75% (entre 25% e 100%)
80-89	Melhor metade (entre 50% e 100%)
70-79	Melhores 25% (entre 75% e 100%)

O fluxograma para esse programa poderia parecer com o da Figura 2-2. Esse tipo de fluxograma é um exemplo de código espaguete. Muitos programas de computador (especialmente programas de computador mais antigos) possuem alguma semelhança com o fluxograma da Figura 2-2. Tais programas podem "funcionar" – isto é, podem produzir os resultados corretos –, mas são muito difíceis de ser lidos e mantidos, e sua lógica é difícil de seguir.

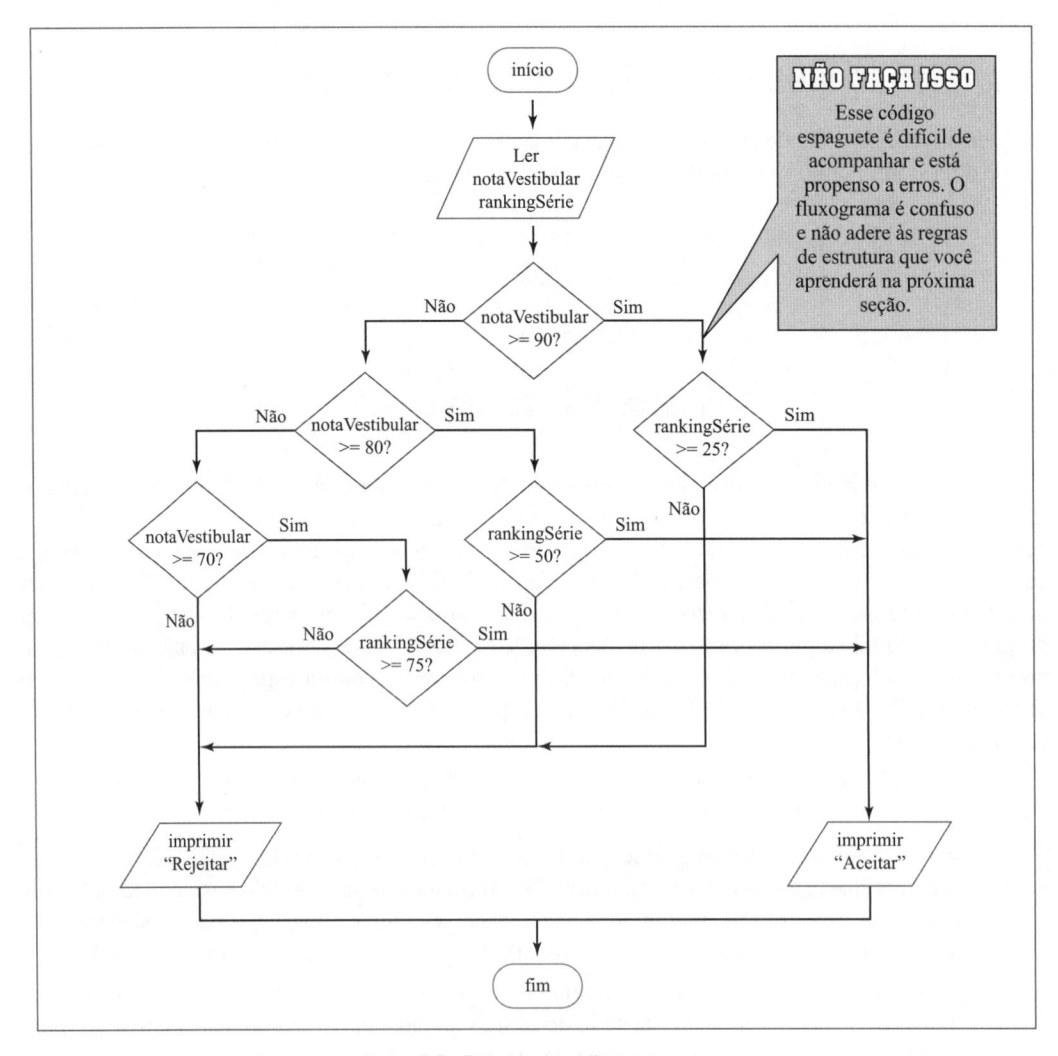

Figura 2-2 Exemplo de código espaguete

> **NOTA:** Desenvolvedores de software dizem que códigos espaguete têm vida mais curta do que códigos estruturados. Isso significa que programas desenvolvidos usando código espaguete sobrevivem por menos tempo como programas produtivos em empresas. Tais programas são tão difíceis de alterar que, quando são necessárias melhorias, os desenvolvedores normalmente preferem abandonar o programa já existente e começar outro do zero. Obviamente isso custa mais dinheiro.

DUAS VERDADES E UMA MENTIRA:

Entendendo a estrutura do código espaguete

Duas das frases abaixo são verdadeiras e uma é falsa. Identifique a frase falsa e explique por que é falsa.

1. O nome popular para programas com lógicas formadas por sentenças emaranhadas é código espaguete.
2. Programas escritos usando código espaguete não podem produzir resultados corretos.
3. Programas escritos usando código espaguete são difíceis de acompanhar.

A frase falsa é a nº 2. Programas escritos usando código espaguete podem produzir resultados corretos, mas eles são mais difíceis de entender e manter do que aqueles que usam técnicas estruturadas.

Compreendendo as três estruturas básicas: sequência, seleção e loop

Em meados dos anos 1960, matemáticos provaram que qualquer programa, independente da complexidade, pode ser construído usando uma ou mais de apenas três estruturas. Uma **estrutura** é uma unidade básica da programação da lógica; cada estrutura é uma sequência, seleção ou loop. Com apenas essas três estruturas, você pode diagramar qualquer tarefa, desde dobrar um número até realizar uma neurocirurgia. Você pode diagramar cada estrutura com uma configuração específica de símbolos de fluxograma.

A primeira dessas estruturas é uma sequência, como mostra a Figura 2-3. Com uma **estrutura de sequência**, você realiza uma ação ou tarefa e então faz a ação seguinte, em ordem. Uma sequência pode conter qualquer número de tarefas, mas não há chance de escapar e pular qualquer uma delas. Uma vez que você tenha iniciado uma série de ações em uma sequência, precisa continuar passo a passo até o final da sequência.

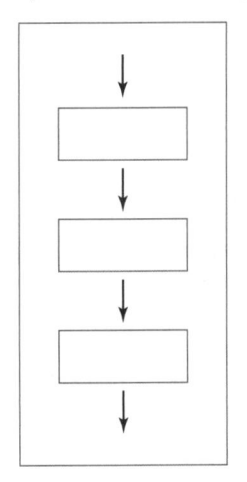

Figura 2-3 Estrutura de sequência

A segunda estrutura é chamada **estrutura de seleção** ou **estrutura de decisão**, como mostra a Figura 2-4. Com essa estrutura, você faz uma questão, e, dependendo da resposta, toma um de dois modos de ação. Então, independente do caminho que siga, você continua com a ação seguinte.

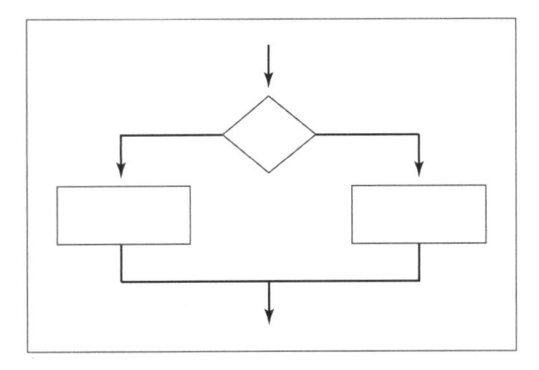

Figura 2-4 Estrutura de seleção

Algumas pessoas chamam a estrutura de decisão de **se-então-senão**, porque se encaixa nas seguintes sentenças:

```
se algumaCondição é verdade então
   executar umProcesso
senão
   executar oOutroProcesso
```

Por exemplo, enquanto você cozinha, pode decidir o seguinte:

```
se nós tivermos açúcarMascavo então
   usar açúcarMascavo
senão
   usar açúcarBranco
```

Do mesmo modo, um programa de folha de pagamento pode incluir sentenças como:

```
se horasTrabalhadas é maior que 40 então
   calcular pagamentoRegular e pagamentoHoraExtra
senão
   calcular pagamentoRegular
```

Os exemplos anteriores também podem ser chamados de **se com duas alternativas** (ou **seleção com duas alternativas**), pois contêm duas alternativas – a ação tomada quando a condição testada for verdadeira e a ação tomada quando for falsa. Note que é perfeitamente correto que um caminho da seleção seja um caminho "fazer nada". Por exemplo:

```
se estiver chovendo então
   pegar umGuarda-Chuva
```

ou

```
se empregado pertence a planoDentário então
   deduzir $40 do pagamentoBrutoDoEmpregado
```

Os exemplos anteriores são **se com uma alternativa** (ou **seleção com uma alternativa**). Um diagrama com suas estruturas é exibido na Figura 2-5. Nesses casos, você não toma nenhuma ação especial se não estiver chovendo ou se o empregado não pertencer a nenhum plano dentário. O caso no qual nada é feito muitas vezes é chamado de **caso nulo**.

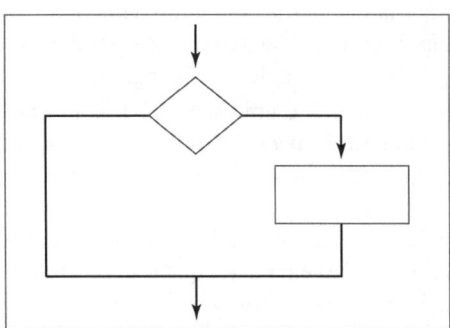

Figura 2-5 Estrutura de uma seleção com uma alternativa

A terceira estrutura, exibida na Figura 2-6 é um loop. Em uma **estrutura de loop**, você continua a repetir ações baseado na resposta para uma questão. No tipo mais comum de loop, em princípio você faz uma pergunta; se a resposta requer uma ação, você realiza a ação e faz a pergunta original novamente. Se a resposta exigir que a ação seja feita de novo, você realiza a ação e então faz a questão original. Isso continua até que a resposta para a questão seja tal que a ação não será mais necessária; então, você sai da estrutura. Você pode ouvir programadores se referirem a loops como **repetição** ou **iteração**.

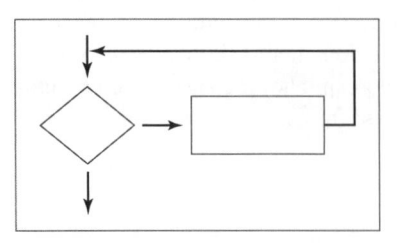

Figura 2-6 Estrutura de loop

Alguns programadores chamam essa estrutura de **enquanto... executar**, ou mais simplesmente, um **loop enquanto**, porque ele se encaixa na seguinte sentença:

```
enquanto testarCondição continuar a ser verdade
   executar algumProcesso
```

Você encontra exemplos de loops todos os dias, como em:

```
enquanto você continua sentindoFome
   pegar maisUmaPorçãoDeComida
```

ou

```
enquanto páginasNãoLidas continuar na tarefaDeLeitura
   leia outra páginaNãoLida
```

Em um programa empresarial, você pode escrever:

```
enquanto quantidadeNoInventário esteja baixa
   continuar a comprarItens
```

ou

```
enquanto há mais preçosDeVarejo a serem descontados
   calcular um desconto
```

Todo problema de lógica pode ser resolvido usando apenas essas três estruturas – sequência, seleção e loop. Essas três estruturas, naturalmente, podem ser combinadas de infinitas maneiras. Por exemplo, você pode ter uma sequência de tarefas seguidas por uma seleção ou um loop seguido por uma sequência. Conectar estruturas ponta com ponta é chamado **empilhar** estruturas. Por exemplo, a Figura 2-7 mostra um fluxograma estruturado constituído pelo empilhamento de estruturas e mostra também um pseudocódigo que pode acompanhar a lógica desse fluxograma.

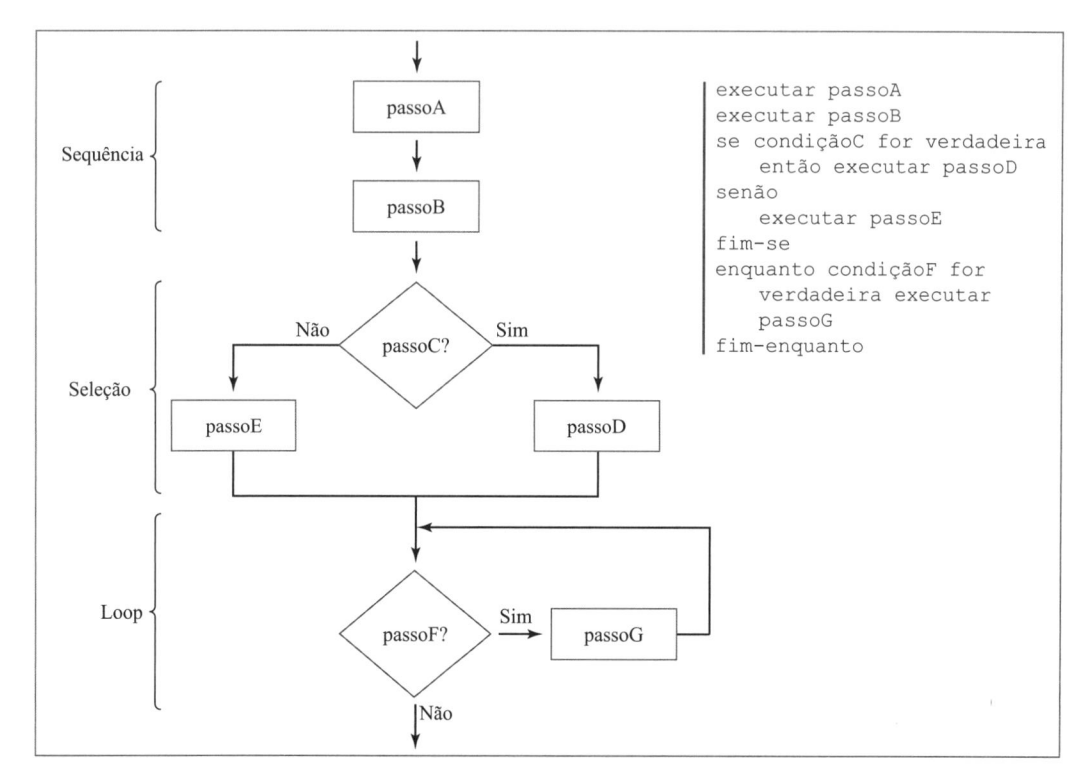

Figura 2-7 Fluxograma estruturado e pseudocódigo

O pseudocódigo na Figura 2-7 mostra duas sentenças de estruturas finais – `fim-se` e `fim-enquanto`. Você pode usar uma sentença `fim-se` para mostrar mais claramente onde as ações que dependem de uma decisão terminam. A instrução que segue um `se` ocorre quando a condição testada é verdadeira, a instrução que segue um `senão` ocorre quando a condição testada é falsa, e a instrução que segue um `fim-se` ocorre em ambos os casos – ela, de maneira alguma, depende da sentença `se`. Em outras palavras, sentenças que sucedem a sentença `fim-se` estão "fora" da estrutura de decisão. Do mesmo modo, você utiliza um comando `fim-enquanto` para assinalar o término de uma estrutura de loop. Na Figura 2-7, enquanto a `condiçãoF` for verdadeira, `passoG` continua a ser executado. Se alguma sentença seguisse a sentença `fim-enquanto`, ela estaria fora e não seria parte do loop.

NOTA: Independente de estar desenhando um fluxograma ou escrevendo um pseudocódigo, você pode usar qualquer dos seguintes pares para representar uma saída de decisão: sim e não ou verdadeiro e falso. Este livro segue a convenção de usar sim e não em diagramas de fluxogramas, e verdadeiro e falso em pseudocódigos.

Além de empilhar estruturas, você pode substituir qualquer tarefa individual ou passos de um segmento de estrutura de um fluxograma ou de um pseudocódigo com estruturas adicionais. Em outras palavras, qualquer sequência, seleção ou loop pode conter outras sequências, seleções ou loops. Por exemplo, você pode ter uma sequência com três tarefas, como na Figura 2-8. Substituir uma estrutura dentro de outra estrutura é chamado **embutir** estruturas.

Quando você escreve o pseudocódigo para a lógica exibida na Figura 2-8, a convenção é indentar todas as sentenças que dependem do ramo da decisão, como exibido no pseudocódigo. Tanto a indentação como a sentença `fim-se` mostram que as três sentenças (`executar passoB`, `executar passoC` e `executar passoD`) precisam ser realizadas se a `condiçãoA` não for verdadeira. As três sentenças constituem um **bloco**, ou grupo de sentenças, que é realizado como uma única unidade.

```
se condiçãoA for verdadeira então
    executar passoE
senão
    executar passoB
    executar passoC
    executar passoD
fim-se
```

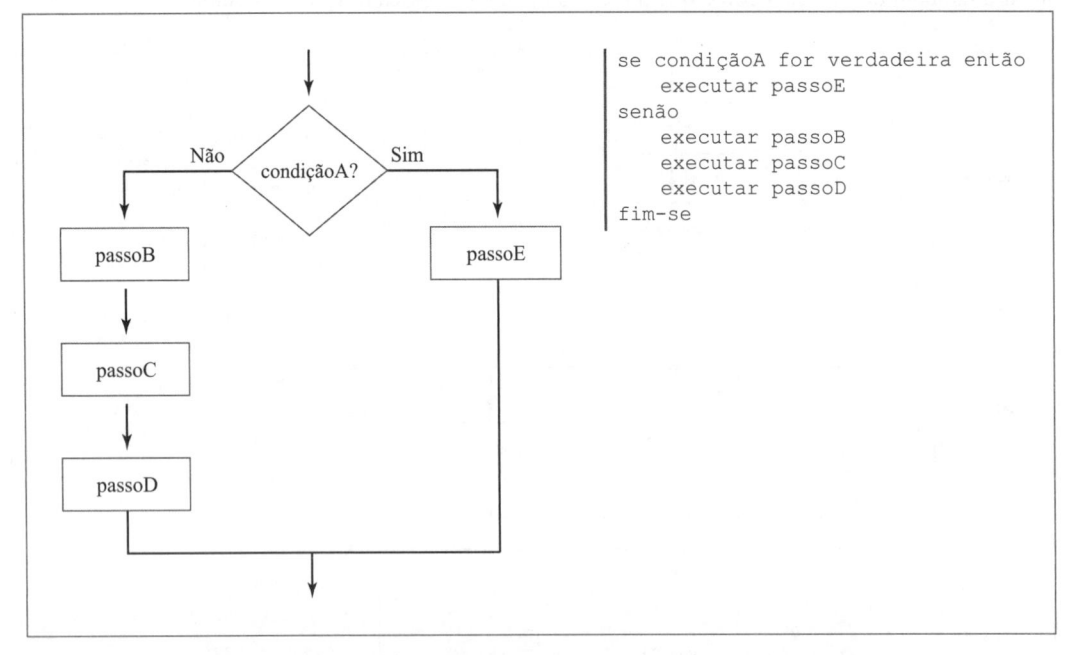

Figura 2-8 Fluxograma e pseudocódigo de uma sequência embutida em uma seleção

No lugar de um dos passos da sequência na Figura 2-8, você pode inserir uma seleção. Na Figura 2-9, o processo denominado `passoC` foi substituído por uma estrutura de seleção que começa testando uma condição denominada `condiçãoF`.

```
                                    se condiçãoA for verdadeira
                                    então
                                        executar passoE
         Não    condiçãoA?   Sim     senão
                                        executar passoB
                                        se condiçãoF for
             passoB         passoE       verdadeira então
                                            executar passoH
                                        senão
                                            executar passoG
         Não   condiçãoF?  Sim           fim-se
                                        executar passoD
                                    fim-se
             passoG         passoH

                    passoD
```

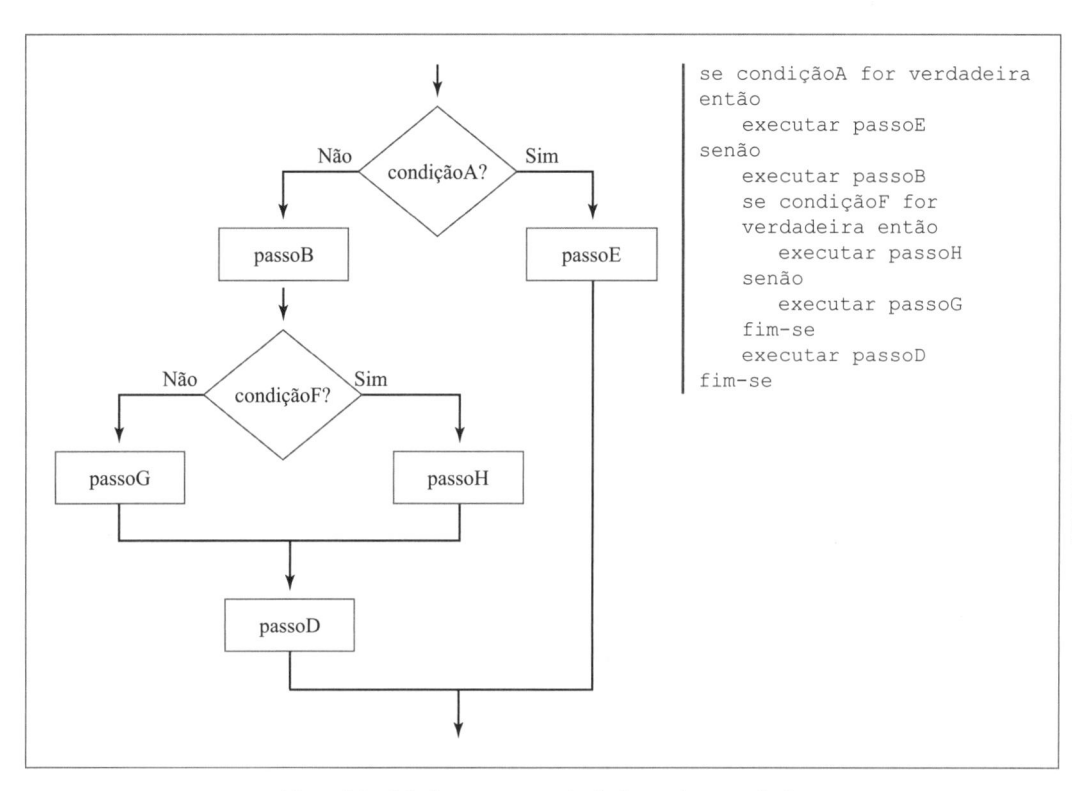

Figura 2-9 Seleção em uma sequência dentro de uma seleção

No pseudocódigo apresentado na Figura 2-9, observe que todos os seguintes alinham-se na mesma vertical:

```
executar passoB
se condiçãoF for verdadeira então
senão
fim-se
executar passoD
```

Isso mostra que todos estão "no mesmo nível". Se você olhar o mesmo fluxograma do problema da Figura 2-9, perceberá que poderia traçar uma linha vertical pelos símbolos contendo passoB, condiçãoF e passoD. O fluxograma e o pseudocódigo representam exatamente a mesma lógica. Os processos do passoH e do passoG, por outro lado, estão um nível "abaixo"; são dependentes das respostas para a questão da condiçãoF. Portanto, as sentenças executar passoH e executar passoG são um pouco mais recuadas no pseudocódigo.

Note também que o pseudocódigo da Figura 2-9 tem duas sentenças fim-se. Cada uma está alinhada a um se correspondente. Um fim-se sempre se refere ao se mais recente que ainda não tem um componente fim-se, e um fim-se deve sempre estar alinhado verticalmente a seu se correspondente.

No lugar de executar passoH de um lado da nova seleção na Figura 2-9, você poderia inserir um loop. Com base na condiçãoI, esse loop aparece dentro da seleção que está na sequência que constitui a parte do "Não" da seleção original da condiçãoA. No pseudocódigo da Figura 2-10, observe que o enquanto alinha-se com o fim-enquanto, e a estrutura enquanto inteira está indentada dentro da metade verdadeira ("Sim") da estrutura se, que começa com a decisão baseada na condiçãoF. A indentação usada no pseudocódigo reflete a lógica que você pode ver representada graficamente no fluxograma.

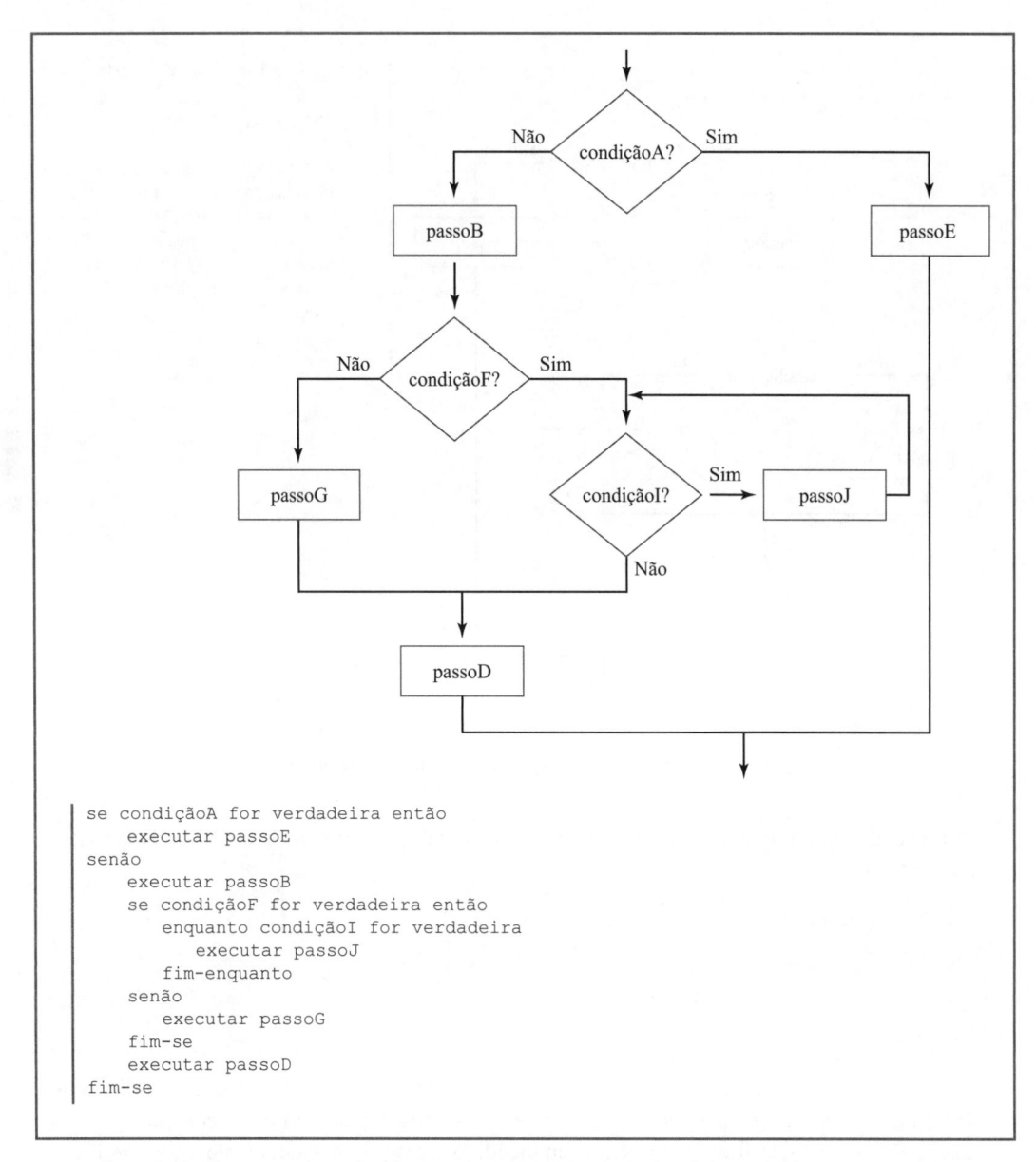

```
se condiçãoA for verdadeira então
    executar passoE
senão
    executar passoB
    se condiçãoF for verdadeira então
        enquanto condiçãoI for verdadeira
            executar passoJ
        fim-enquanto
    senão
        executar passoG
    fim-se
    executar passoD
fim-se
```

Figura 2-10 Fluxograma e pseudocódigo para loop dentro de seleção dentro de sequência dentro de seleção

As combinações são infinitas, mas cada segmento estruturado de um programa é uma sequência, uma seleção ou um loop. As três estruturas estão representadas juntas na Figura 2-11. Observe que cada estrutura tem um ponto de entrada e um de saída. Uma estrutura pode conectar-se a outra apenas em um desses pontos.

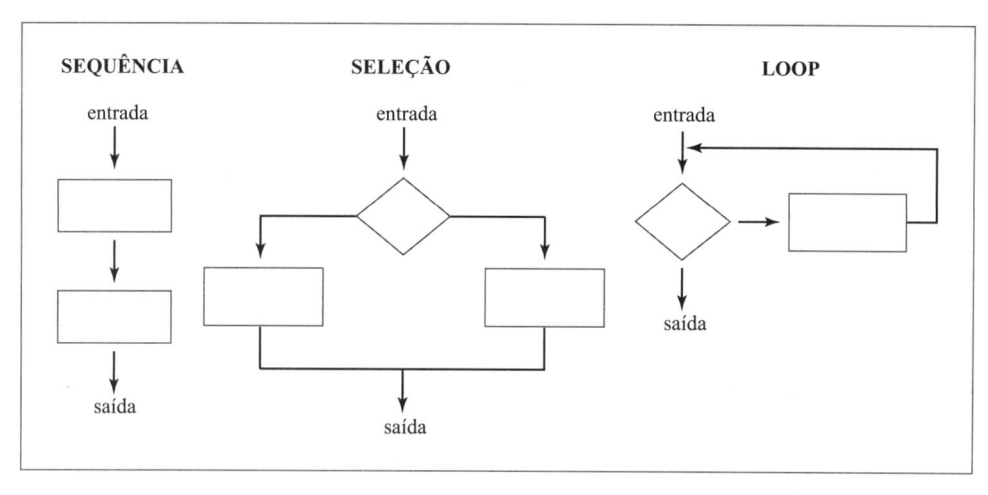

Figura 2-11 As três estruturas

> **NOTA:** Tente imaginar pegar fisicamente qualquer uma das três estruturas usando as "alças" chamadas entrada e saída. Esses são os locais onde você poderia conectar uma estrutura a qualquer uma das outras. Do mesmo modo, qualquer estrutura completa, desde seu ponto de entrada até seu ponto de saída, pode ser inserida dentro do símbolo de processamento de qualquer outra estrutura.

Resumidamente, um programa estruturado tem as seguintes características:

» Um programa estruturado inclui apenas combinações das três estruturas básicas – sequência, seleção e loop. Qualquer programa estruturado pode conter um, dois ou todos os três tipos de estruturas.

» Estruturas podem ser empilhadas ou conectadas umas às outras somente nos seus pontos de entrada ou saída.

» Qualquer estrutura pode ser embutida dentro de outra estrutura.

> **NOTA:** Um programa estruturado não necessariamente contém exemplos de todas as três estruturas; ele pode conter apenas uma ou duas delas. Por exemplo, muitos programas simples contêm apenas uma sequência de várias tarefas que são executadas desde o início até o fim, sem qualquer necessidade de seleções ou loops. Como mais um exemplo, um programa pode apresentar uma série de números, através de loops, mas nunca executar nenhuma decisão sobre os números.

DUAS VERDADES E UMA MENTIRA:

Compreendendo as três estruturas básicas: sequência, seleção e loop

1. Cada estrutura em programação estruturada é uma sequência, uma seleção ou um loop.
2. Todos os problemas de lógica podem ser resolvidos usando apenas essas três estruturas – sequência, seleção e loop.
3. As três estruturas não podem ser combinadas em um único programa.

A frase falsa é a nº 3. As três estruturas podem ser empilhadas ou embutidas de infinitas maneiras.

Usando a leitura primária

Para que um programa seja estruturado e trabalhe da maneira que você quiser, às vezes é necessário adicionar passos extras. A leitura primária é um tipo de passo adicional. A **leitura primária**, ou **entrada primária**, é a sentença que lê a primeira entrada (independente de ser um único item de dado ou um registro completo de dados). Por exemplo, se um programa vai ler 100 registros de dados, você lê o primeiro registro de dados em uma sentença que é separada das outras 99. Você precisa fazer isso para manter o programa estruturado.

Ao final do Capítulo 1, você leu sobre um programa parecido com o da Figura 2-12. O programa obtém um número e verifica a condição de final de arquivo. Se não for o fim do arquivo, então o número é dobrado, a resposta é impressa e o número seguinte é inserido.

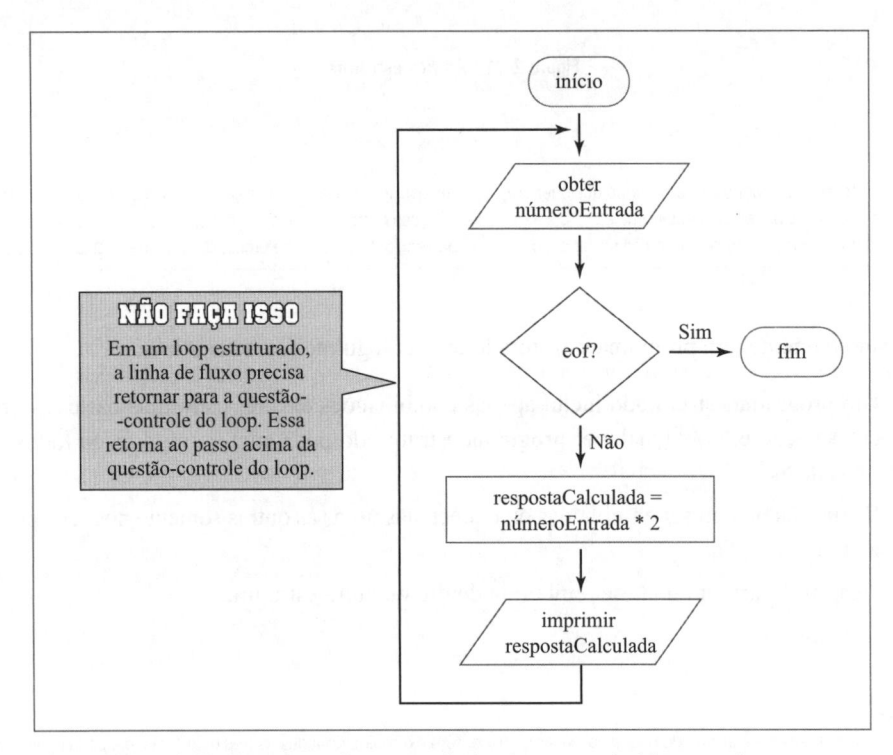

NÃO FAÇA ISSO
Em um loop estruturado, a linha de fluxo precisa retornar para a questão-controle do loop. Essa retorna ao passo acima da questão-controle do loop.

Figura 2-12 Fluxograma não estruturado de um programa de dobrar um número

O programa representado pela Figura 2-12 é estruturado? *A priori*, pode ser difícil dizer. As três estruturas permitidas foram ilustradas na Figura 2-11.

O fluxograma da Figura 2-12 não se parece exatamente com nenhum dos três formatos apresentados na Figura 2-11. Entretanto, como você pode empilhar e embutir estruturas enquanto conserva a estrutura geral, pode ser difícil determinar se um fluxograma inteiro está estruturado. É mais fácil analisar o fluxograma da Figura 2-12 um passo de cada vez. O começo do fluxograma se parece com a Figura 2-13.

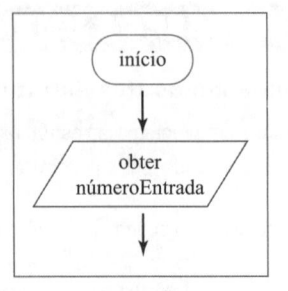

Figura 2-13 Começo de um fluxograma para dobrar um número

Essa porção do fluxograma está estruturada? Sim, ela é uma sequência. (Uma única tarefa pode ser uma sequência – ela é apenas uma sequência curta.) Adicionando o próximo pedaço do fluxograma, ele se parece com a Figura 2-14.

A sequência terminou, ou uma seleção ou um loop está começando. Você pode não saber qual dos dois ocorre, mas sabe que a sequência não vai continuar, pois sequências não podem conter questões. Com uma sequência, cada tarefa ou passo precisa ser seguido sem qualquer opção de ramificação. Portanto, que tipo de estrutura se inicia com a questão da Figura 2-14? É uma seleção ou um loop?

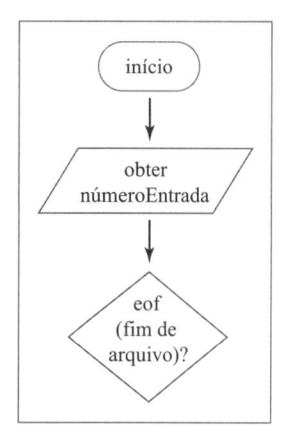

Figura 2-14 Continuação do fluxograma para dobrar um número

Com uma estrutura de seleção, a lógica, depois da questão, segue uma das duas direções e então o fluxo volta a se unir; a questão não é feita uma segunda vez. Entretanto, em um loop, se a resposta para a questão resultar em uma nova entrada no loop e a sentença do loop for executada, então a lógica retorna para a questão que iniciou o loop; quando o corpo de um loop for executado, a questão que controla o loop é sempre feita novamente.

No programa de dobrar um número da Figura 2-12 original, se não for eof (isso é, se a condição de fim do arquivo não estiver satisfeita), então algum cálculo é feito, uma resposta é impressa, um novo número é obtido e a questão de eof é feita novamente. Em outras palavras, enquanto a resposta para a questão de eof continuar a ser *não*, a lógica vai voltar para a questão de eof. (Outra forma de dizer isso é que, enquanto continuar sendo verdadeiro que eof ainda não foi alcançado, a lógica continua retornando para a mesma questão.) Portanto, o problema de dobrar um número contém uma estrutura que começa com a questão de eof, que é mais parecida com o começo de um loop do que com o de uma seleção.

O problema de dobrar um número contém um loop, mas não é um loop estruturado. Em um loop estruturado, as regras são:

1. você faz uma questão;

2. se a resposta indicar que você deve tomar alguma ação ou realizar algum procedimento, assim é feito;

3. se o procedimento é realizado, então você precisa voltar diretamente para repetir a questão.

O fluxograma da Figura 2-12 colocar uma questão; se a resposta é *não* (isto é, enquanto for verdade que a condição de eof não está satisfeita), então o programa realiza duas tarefas: ele faz o cálculo e imprime os resultados. Fazer duas tarefas é aceitável, porque duas tarefas sem ramificação possível constituem uma sequência, e é razoável embutir uma estrutura dentro de outra. Todavia, quando a sequência termina, a lógica não volta diretamente para a questão. Ao invés disso, ela vai *acima* da questão para pegar outro número. Para que o loop da Figura 2-12 seja um loop estruturado, a lógica precisa retomar a questão de eof quando termina a sequência embutida.

O fluxograma da Figura 2-15 mostra o fluxo da lógica retornando para a questão de eof imediatamente depois da sequência. A Figura 2-15 mostra um fluxograma estruturado, mas o fluxograma tem um grande defeito: ele não realiza a tarefa de dobrar números diferentes continuamente.

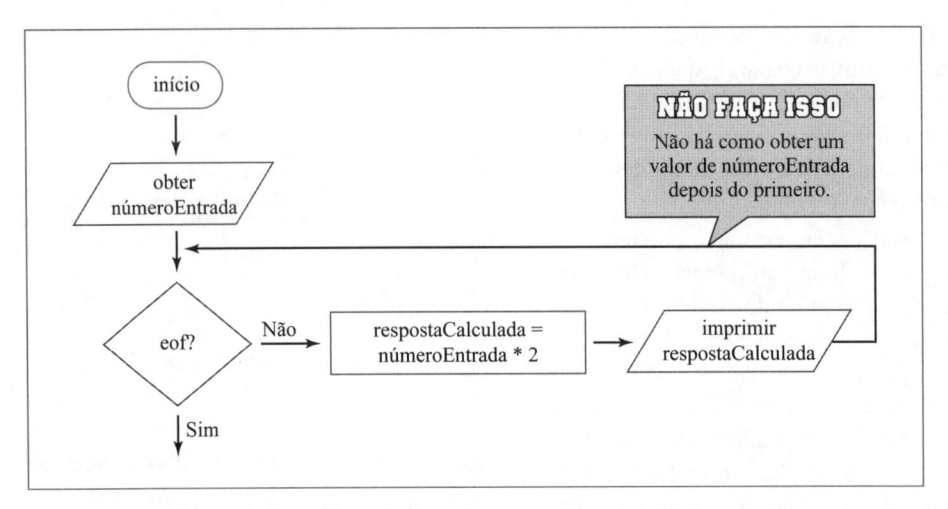

Figura 2-15 Fluxograma do problema de dobrar um número estruturado e não funcional

Siga o fluxograma da Figura 2-15, executando um programa normalmente. Suponha que quando o programa tem início, o usuário entre um 9 como valor de númeroEntrada. Isso não é eof, então o número é multiplicado por 2, e 18 é impresso como o valor de respostaCalculada. Então a questão eof? é feita de novo. Ela não pode ser eof, pois um novo valor representando a sentinela (término) não pode ser inserido. A lógica nunca retorna para a tarefa obter númeroEntrada, então o valor de númeroEntrada jamais muda. Portanto, 9 dobra novamente, e a resposta 18 é mais uma vez impressa. Ela ainda não é eof, então os mesmos passos são repetidos. Isso continua *ad infinitum*, com a resposta 18 sendo impressa repetidas vezes. A lógica do programa apresentada na Figura 2-15 é estruturada, mas não funciona como deveria. O programa da Figura 2-16 funciona, mas não é estruturado!

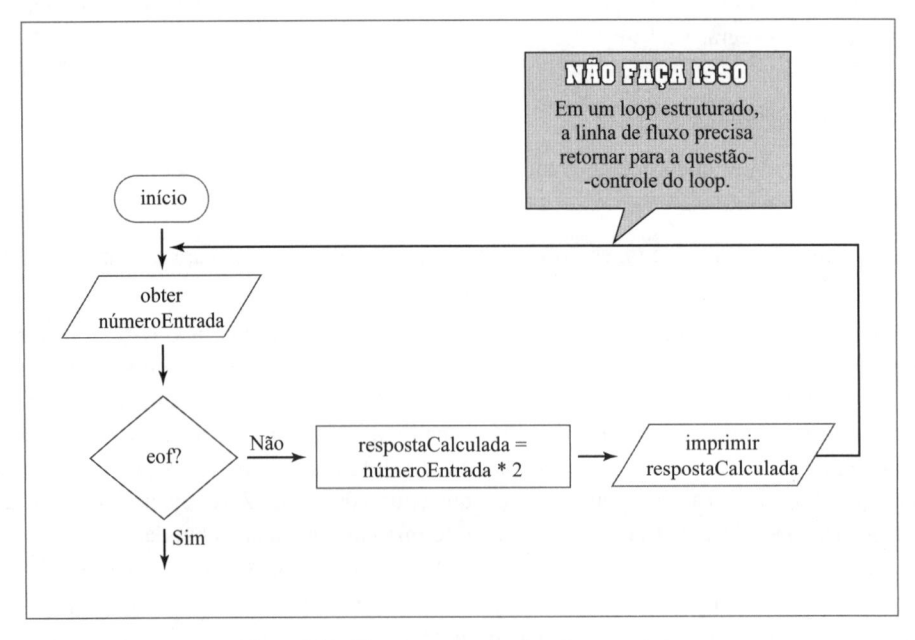

Figura 2-16 Fluxograma funcional e não estruturado

NOTA: O loop na Figura 2-16 não é estruturado, pois em um loop estruturado, depois que as tarefas são executadas dentro do loop, o fluxo precisa retornar diretamente para a questão-controle do loop. Na Figura 2-16, a lógica não volta para a questão-controle do loop; em vez disso, ela vai "muito acima" para fora do loop, a fim de repetir a tarefa obter númeroEntrada.

Como pode o problema de dobrar um número ser estruturado e funcionar como deveria? Muitas vezes, para que um programa seja estruturado, você precisa adicionar algo mais. Nesse caso, um passo obter númeroEntrada a mais. Considere a solução da Figura 2-17; ela é estruturada *e* faz o que deveria fazer. A lógica do programa ilustrada na Figura 2-17 contém uma sequência e um loop. O loop contém outra sequência.

```
início
   obter númeroEntrada
   enquanto não eof
      respostaCalculada = númeroEntrada * 2
      imprimir respostaCalculada
      obter númeroEntrada
   fim-enquanto
fim
```

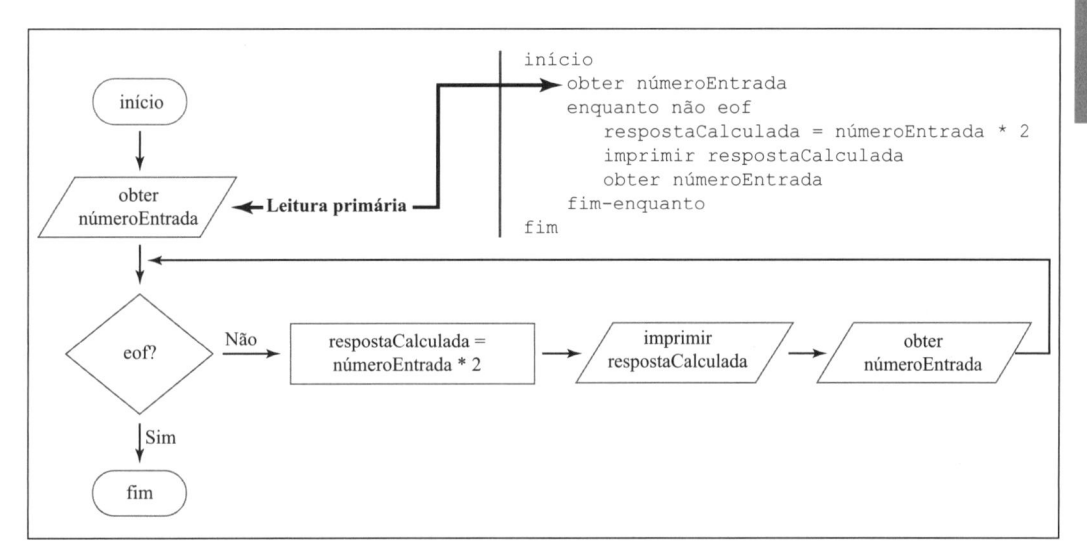

Figura 2-17 Fluxograma e pseudocódigo estruturados e funcionais para o problema de dobrar um número

O passo obter númeroEntrada adicional é típico de programas estruturados. O primeiro dos dois estágios de entrada é a entrada primária, ou leitura primária. O termo *primária* vem do fato de que ler é a primeira etapa (que inicia o processo). O propósito do passo da leitura primária é controlar o loop que ali começa com a questão eof. O último elemento dentro do loop estruturado obtém o próximo valor de entrada e todos os subsequentes. Isso também é típico de loops estruturados – o último passo executado dentro do loop altera a condição testada na questão que inicia o loop, que nesse caso é a questão eof.

NOTA: No Capítulo 3 você aprenderá que o grupo de tarefas preliminares, que prepara o terreno para o trabalho principal de um programa, é chamado seção de manutenção do programa. A leitura primária é um exemplo de tarefa de manutenção.

NOTA: Em programas interativos, a leitura primária na maioria das vezes demanda duas sentenças – uma que mostra um *prompt* como "Entrada do primeiro número" e outra que efetivamente recupera o número do usuário por meio de um dispositivo de entrada. Então, a operação de leitura dentro de um loop repetitivo também requer duas sentenças – seu próprio *prompt*, como "Insira próximo número" ou "Insira próximo número ou 0 para terminar" e mais uma que recupere o número do usuário.

Como forma de determinar se um segmento de fluxograma é estruturado, você pode tentar escrever um pseudocódigo para ele. Examine novamente o fluxograma não estruturado da Figura 2-12. Para escrever seu pseudocódigo, você começaria com o seguinte:

```
início
    obter númeroEntrada
```

Quando você encontra a questão eof no fluxograma, sabe que deveria começar uma estrutura de seleção ou de loop. Ao retornar a um local acima no fluxograma quando a resposta para a questão eof é *não* (isto é, enquanto a condição não-eof continuar sendo *verdadeira*), você sabe que um loop está começando. Portanto o pseudocódigo continua desta forma:

```
início
    obter númeroEntrada
    enquanto não-eof
        respostaCalculada = númeroEntrada * 2
        imprimir respostaCalculada
```

Na sequência, o passo depois de imprimir respostaCalculada é obter númeroEntrada. Isso finaliza o loop enquanto, que começou com a questão eof. Assim, o pseudocódigo fica:

```
início
    obter númeroEntrada
    enquanto não-eof
        respostaCalculada = númeroEntrada * 2
        imprimir respostaCalculada
        obter númeroEntrada
    fim-enquanto
fim
```

Esse pseudocódigo é idêntico ao pseudocódigo da Figura 2-17 e agora condiz com o fluxograma da mesma figura. Ele não condiz com o fluxograma da Figura 2-12, pois ali há apenas um passo obter númeroEntrada. Criar o pseudocódigo correto usando a sentença enquanto exige a repetição da sentença obter númeroEntrada. O pseudocódigo estruturado faz uso de uma leitura primária e obriga a lógica a se estruturar – uma sequência seguida por um loop que contém as três sentenças.

NOTA: Antes, programadores podiam evitar o uso de estruturas inserindo uma sentença "go to" ("vá para", ou desvio incondicional) em seus pseudocódigos. Uma sentença "go to" diria algo como "depois de imprimir a resposta, vá para (go to) a primeira caixa obter número", e seria o equivalente a desenhar uma seta começando depois de "imprimir resposta", que aponta diretamente para a primeira caixa "obter número" no fluxograma. Uma vez que sentenças "go to" geram códigos espaguete, elas não são admitidas na programação estruturada. Alguns programadores chamam programações estruturadas de programações "sem-go to".

A Figura 2-18 apresenta outra maneira pela qual você pode tentar desenhar a lógica de um programa para dobrar um número. À primeira vista, pode parecer que a figura mostra uma solução aceitável para o problema – ela é estruturada, contém um único loop com uma sequência de três passos dentro dele e parece ter eliminado a necessidade da sentença de leitura primária. Quando o programa inicia, a questão eof é feita. A resposta é *não*, então o programa obtém um número de entrada, o dobra e o imprime. A seguir, se ele ainda não for eof, o programa pega outro número, o dobra e o imprime. O programa continua esse procedimento até que encontre eof ao obter a entrada. Na última vez que a sentença obter númeroEntrada for executada, ela encontrará eof, mas o programa não vai interromper – em vez disso, ele calcula e imprime uma última vez. Essa última saída é desnecessária – o valor `eof` não deveria ser dobrado e impresso. Como regra geral, uma questão `eof` deve sempre estar imediatamente depois de uma sentença de entrada, pois é durante uma entrada que a condição de final de arquivo será detectada. Portanto, a melhor solução para o problema de dobrar um número ainda é a apresentada na Figura 2-17 – a solução que contém a sentença de entrada primária.

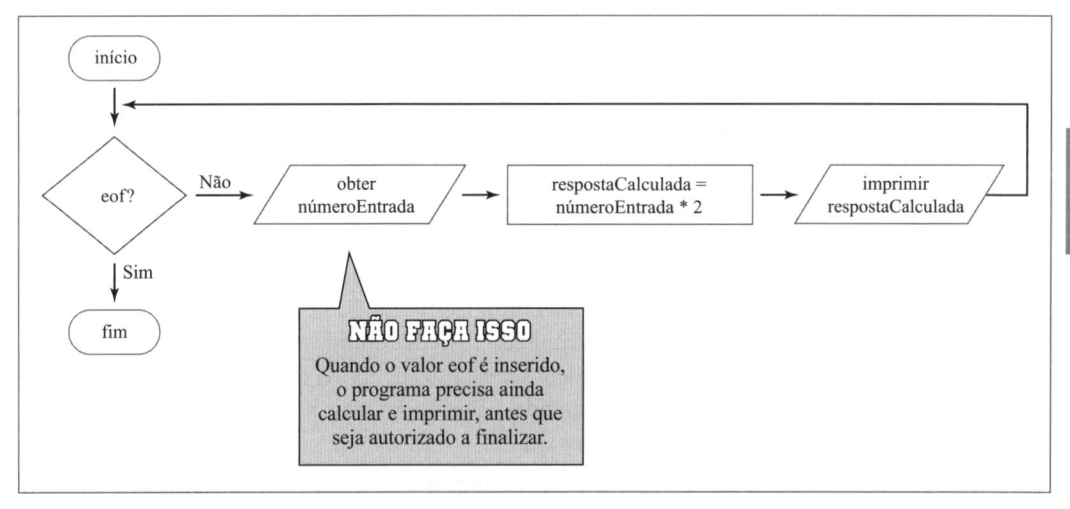

Figura 2-18 Solução estruturada, mas incorreta para o problema de dobrar um número

> **NOTA:** Algumas linguagens não exigem a leitura primária. Por exemplo, programas escritos usando a linguagem de programação Visual Basic podem "olhar adiante" para determinar se o final do arquivo vai ser atingido na inserção do próximo registro. Entretanto, a maioria das linguagens não é capaz de prever o final do arquivo até que a operação de leitura seja efetivamente realizada – elas demandam uma leitura primária para lidar efetivamente com os dados de arquivos.

DUAS VERDADES E UMA MENTIRA:

Usando a leitura primária

1. Uma leitura primária é uma sentença que lê repetidamente todos os registros de entrada de um programa.
2. Um programa estruturado é, às vezes, mais longo do que um não estruturado.
3. Alguns programadores chamam a programação estruturada de programação "sem-go to".

A frase falsa é a nº 1. Uma leitura primária lê a primeira entrada (independente de ser um único item de dado ou um registro completo de dados).

Compreendendo as razões para estruturar

Neste estágio, você pode muito bem estar pensando, "Eu gostava do programa de dobrar um número original lá da Figura 2-12. Eu podia segui-lo. Também, o primeiro programa tinha um passo a menos, então era menos trabalhoso. Quem liga se um programa é estruturado?"

Até que você tenha alguma experiência em programação, é difícil entender as razões para usar apenas as três estruturas – sequência, seleção e loop. Entretanto, ficar com essas três estruturas é melhor pelo seguinte:

» *Clareza* – O programa de dobrar um número é um programa pequeno. Conforme os programas ficam maiores, tornam-se mais confusos se não forem estruturados.

» *Profissionalismo* – Todos os outros programadores (e professores de programação que você pode encontrar) esperam que seus programas sejam estruturados. É a forma como são feitas profissionalmente.

» *Eficiência* – A maioria das linguagens de computador mais novas são estruturadas com sintaxes que permitem lidar eficientemente com sequências, seleções e loops. Linguagens mais antigas, como linguagens de montadores, COBOL e RPG, foram desenvolvidas antes que os princípios da programação estruturada fossem definidos. Entretanto, até programas que usam linguagens mais antigas podem ser escritos de forma estruturada, e hoje no trabalho espera-se uma programação estruturada. Linguagens mais novas, como C#, C++ e Java forçam a estrutura através de suas sintaxes.

» *Manutenção* – Você, assim como outros programadores, vai achar mais fácil modificar e manter programas estruturados à medida que mudanças forem exigidas no futuro.

» *Modulação* – Programas estruturados podem ser facilmente divididos em rotinas ou módulos que podem ser designados para um número qualquer de programadores. As rotinas são então colocadas de volta juntas, como um móvel modular, em cada ponto de entrada ou saída das rotinas. Além do que, muitas vezes um módulo pode ser usado em múltiplos programas, poupando tempo no desenvolvimento de um novo projeto.

A maioria dos programas que você compra são gigantescos; eles consistem de milhares ou milhões de sentenças. Se você já trabalhou com um programa processador de texto ou de planilhas, pense no número de opções do menu e de combinações de teclas à disposição do usuário. Tais programas não são o trabalho de somente um programador. A natureza modular dos programas estruturados significa que o trabalho pode ser dividido entre muitos programadores; então, os módulos são conectados e um programa grande pode ser desenvolvido com muito mais rapidez. O dinheiro muitas vezes é um fator motivante – quanto mais rápido você escreve um programa e disponibiliza para o uso, mais cedo ele começa a render dinheiro para o desenvolvedor.

Considere o programa de admissão da faculdade no início deste capítulo. Ele foi reescrito de forma estruturada na Figura 2-19, e agora ficou mais fácil de acompanhar. A Figura 2-19 também mostra o pseudocódigo estruturado para o mesmo problema.

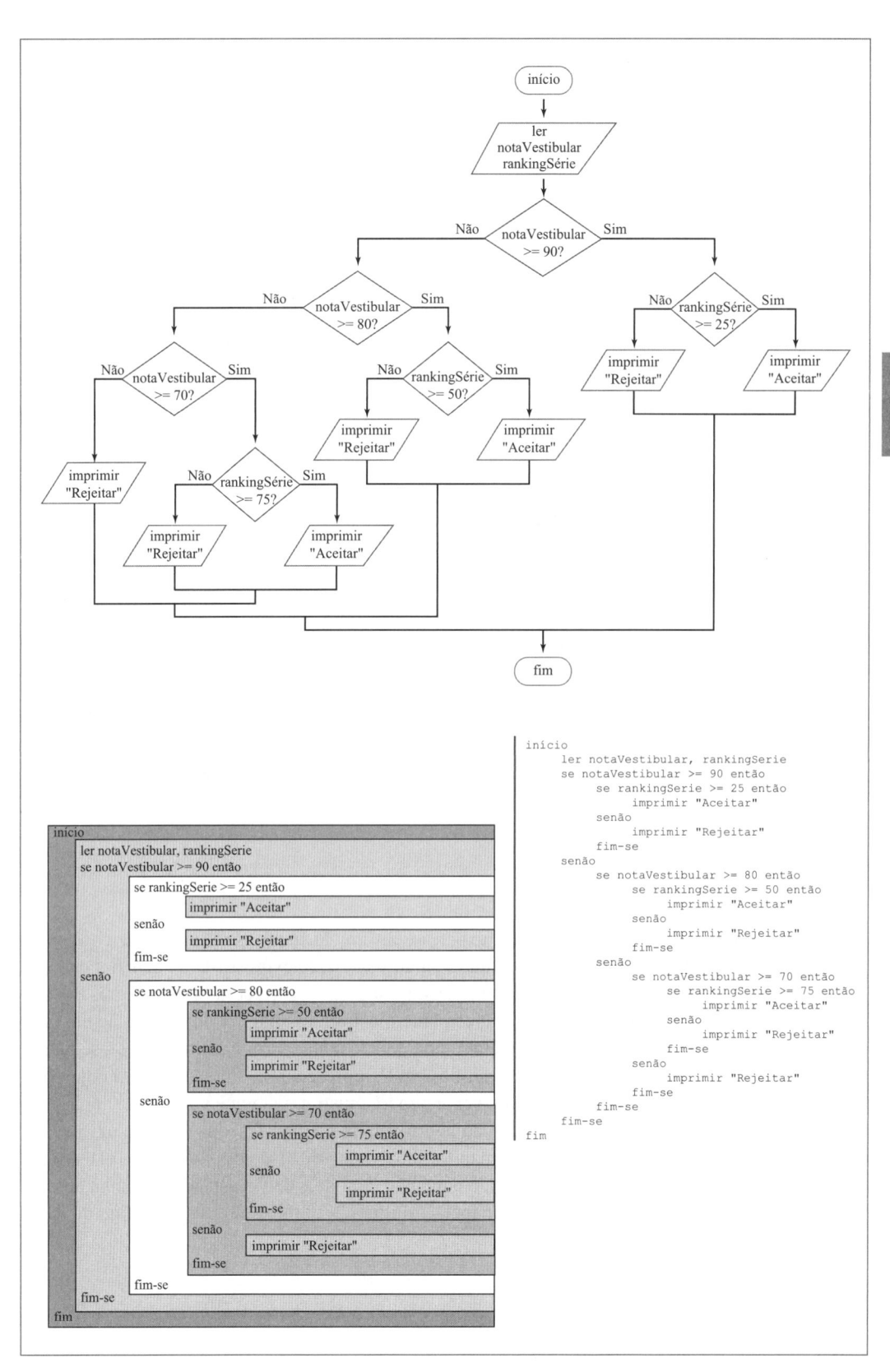

```
início
    ler notaVestibular, rankingSerie
    se notaVestibular >= 90 então
        se rankingSerie >= 25 então
            imprimir "Aceitar"
        senão
            imprimir "Rejeitar"
        fim-se
    senão
        se notaVestibular >= 80 então
            se rankingSerie >= 50 então
                imprimir "Aceitar"
            senão
                imprimir "Rejeitar"
            fim-se
        senão
            se notaVestibular >= 70 então
                se rankingSerie >= 75 então
                    imprimir "Aceitar"
                senão
                    imprimir "Rejeitar"
                fim-se
            senão
                imprimir "Rejeitar"
            fim-se
        fim-se
    fim-se
fim
```

Figura 2-19 Fluxograma e pseudocódigo de programa de admissões de faculdade

NOTA: Não se alarme se for difícil seguir os muitos "se" encaixados dentro do pseudocódigo na Figura 2-19. Depois que estudar o processo de seleção com mais detalhes, ler esse tipo de pseudocódigo se tornará muito mais fácil.

NOTA: Na porção inferior da Figura 2-19, o pseudocódigo é repetido usando fundos de tons diferentes para ajudar a identificar as indentações que se equivalem, distinguindo os níveis diferentes de estruturas embutidas.

NOTA: Ao examinar a Figura 2-19, observe que os finais das três estruturas de decisão `notaVestibular` juntam-se no fim do diagrama. Essas três junções correspondem às últimas três sentenças `fim-se` no pseudocódigo.

DUAS VERDADES E UMA MENTIRA:

Compreendendo as razões para estruturar

1. Programas estruturados são mais claros do que aqueles que não o são.
2. Você, assim como outros programadores, vai achar mais fácil modificar e manter programas estruturados à medida que mudanças forem exigidas no futuro.
3. Programas estruturados não são facilmente divididos em partes, deixando-os menos propensos a erros.

A frase falsa é a nº 3. Programas estruturados podem facilmente ser divididos em módulos ou rotinas em atributos a qualquer número de programadores.

Reconhecendo estruturas

Qualquer conjunto de instruções pode ser expresso em um formato estruturado. Se você pode ensinar alguém a realizar uma atividade comum, então você pode expressá-la de maneira estruturada. Por exemplo, suponha que você quisesse ensinar a uma criança como jogar Pedra, Papel e Tesoura. Nesse jogo, dois jogadores simultaneamente mostram um para o outro sua mão em uma de três posições; punho cerrado, representando uma pedra; mão aberta e esticada, representando um pedaço de papel; ou com dois dedos estendidos em V, representando uma tesoura. O objetivo é adivinhar qual a posição de mão que seu oponente poderá mostrar, para que você possa apresentar aquela que a vencerá. As regras são: uma mão aberta ganha de uma fechada (porque um pedaço de papel pode embrulhar uma pedra); uma mão fechada ganha de uma com dois dedos estendidos (pois uma pedra pode amassar uma tesoura); e uma mão com dois dedos estendidos ganha de uma mão aberta (porque a tesoura pode cortar o papel). A Figura 2-20 mostra o pseudocódigo do jogo.

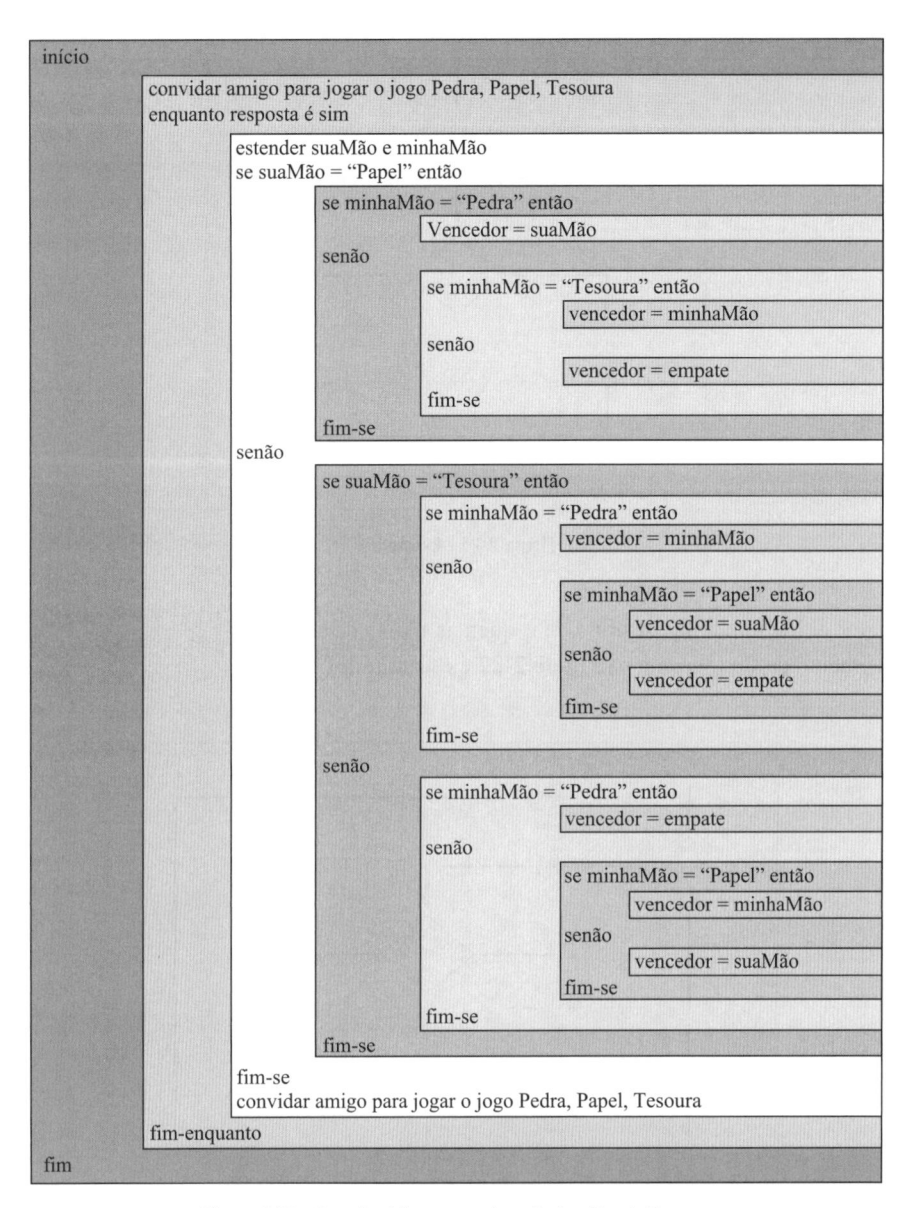

```
início
    convidar amigo para jogar o jogo Pedra, Papel, Tesoura
    enquanto resposta é sim
        estender suaMão e minhaMão
        se suaMão = "Papel" então
            se minhaMão = "Pedra" então
                Vencedor = suaMão
            senão
                se minhaMão = "Tesoura" então
                    vencedor = minhaMão
                senão
                    vencedor = empate
                fim-se
            fim-se
        senão
            se suaMão = "Tesoura" então
                se minhaMão = "Pedra" então
                    vencedor = minhaMão
                senão
                    se minhaMão = "Papel" então
                        vencedor = suaMão
                    senão
                        vencedor = empate
                    fim-se
                fim-se
            senão
                se minhaMão = "Pedra" então
                    vencedor = empate
                senão
                    se minhaMão = "Papel" então
                        vencedor = minhaMão
                    senão
                        vencedor = suaMão
                    fim-se
                fim-se
            fim-se
        fim-se
        convidar amigo para jogar o jogo Pedra, Papel, Tesoura
    fim-enquanto
fim
```

Figura 2-20 Pseudocódigo para o jogo Pedra, Papel, Tesoura

A Figura 2-20 também apresenta um conjunto razoavelmente complicado de sentenças. O propósito não é ensinar como jogar um jogo (apesar de que você poderia aprender como jogar seguindo a lógica), mas convencê-lo de que qualquer tarefa para a qual você possa aplicar regras pode ser expressa logicamente usando apenas combinações de sequência, seleções e loops. Nesse exemplo, um jogo continua enquanto um amigo concordar em jogar e, dentro do loop, várias decisões precisam ser tomadas para determinar o vencedor.

Quando você está apenas aprendendo sobre o design de programas estruturados, é difícil detectar se o fluxograma que contém a lógica de um programa é estruturado. Por exemplo, o segmento do fluxograma da Figura 2-21 é estruturado?

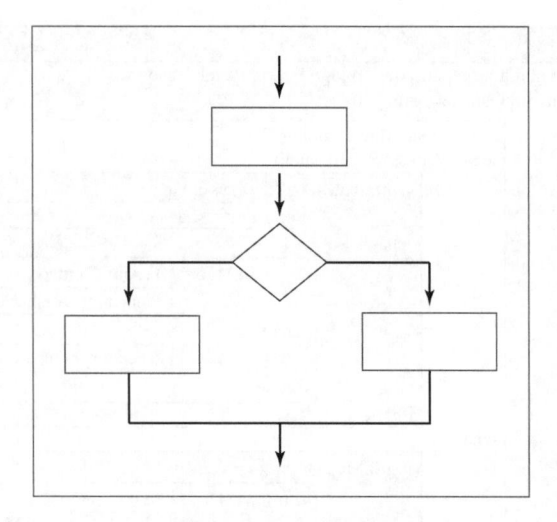

Figura 2-21 Exemplo 1

Sim, ele é. Ele tem uma estrutura de sequência e uma de seleção.
O segmento de fluxograma na Figura 2-22 é estruturado?

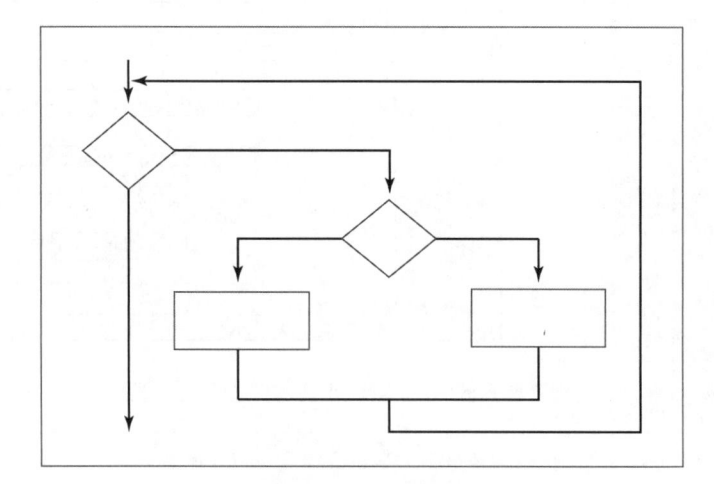

Figura 2-22 Exemplo 2

Sim, ele é. Ele tem um loop e, dentro do loop, uma seleção.

O segmento de fluxograma na Figura 2-23 é estruturado? (Os símbolos têm letras para que você possa entender melhor a discussão.)

Não, ele não é; ele não é construído com as três estruturas básicas. Uma maneira de endireitar um segmento de fluxograma que não é estruturado é usar o que pode ser chamado de método "prato de espaguete"; isto é, visualize o fluxograma como um prato de espaguete que você precisa desemaranhar. Imagine que você pega uma ponta do espaguete e começa a puxá-lo. Conforme "puxa" cada símbolo para fora da bagunça, você pode desembaraçar os diferentes caminhos até que o segmento inteiro esteja estruturado.

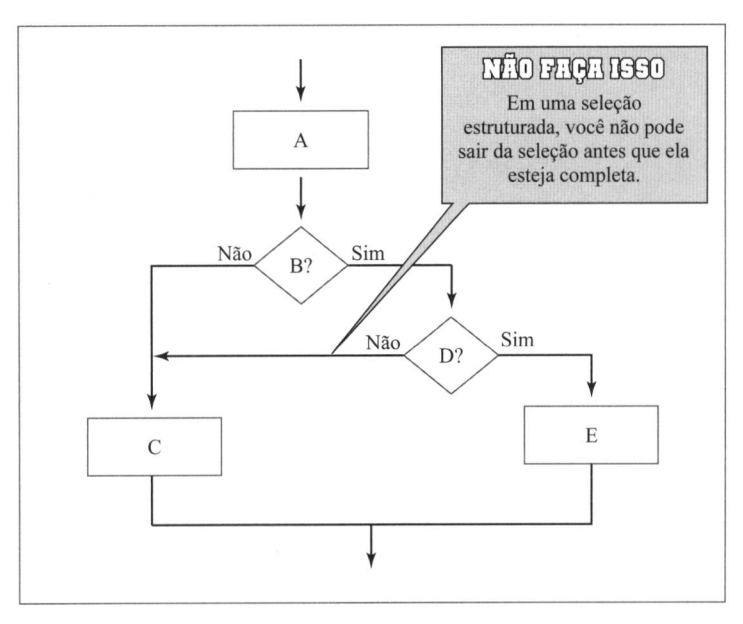

Figura 2-23 Exemplo 3

NÃO FAÇA ISSO
Em uma seleção estruturada, você não pode sair da seleção antes que ela esteja completa.

Por exemplo, conforme o diagrama da Figura 2-23, se você começar a puxar de cima, encontrará uma caixa de procedimento, chamada A (Figura 2-24).

Um único processo como A é parte de uma estrutura aceitável – ele constitui ao menos o começo de uma estrutura de sequência. Imagine que você continue puxando símbolos do segmento emaranhado.

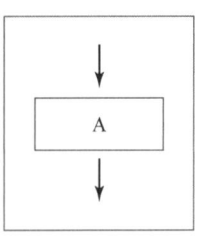

Figura 2-24 Primeiro passo, desemaranhando o Exemplo 3

O próximo item no fluxograma é uma questão que verifica uma condição chamada B, como pode ser visto na Figura 2-25.

Nesse momento, você sabe que a sequência que começou com A terminou. Sequências nunca têm decisões dentro delas, portanto, a sequência acabou; uma seleção ou um loop está começando. Um loop precisa voltar para a questão em algum outro momento. Você pode ver na lógica original da Figura 2-23 que, independente da resposta para B ser sim ou não, a lógica nunca retorna para B. Portanto, B começa uma estrutura de seleção, não uma estrutura de loop.

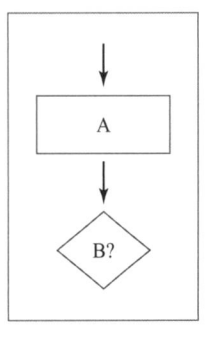

Figura 2-25 Segundo passo, desemaranhando o Exemplo 3

Para continuar desembaraçando a lógica, você (imaginariamente) puxa a linha de fluxo que emerge do lado esquerdo (o lado do "Não") da questão B. Encontra C, como mostra a Figura 2-26. Quando segue além de C, chega ao final do fluxograma.

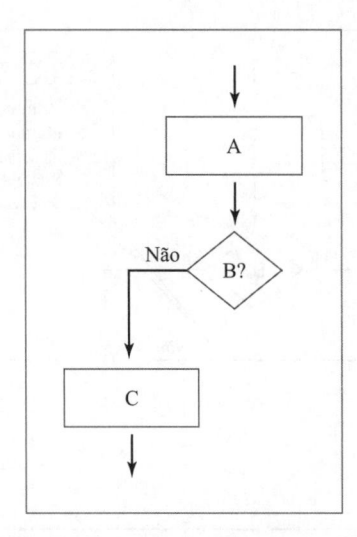

Figura 2-26 Terceiro passo, desemaranhando o Exemplo 3

Agora, pode voltar sua atenção para o lado do "Sim" (o lado direito) da condição testada em B. Ao puxar do lado direito, você encontra a Questão D. (Figura 2-27)

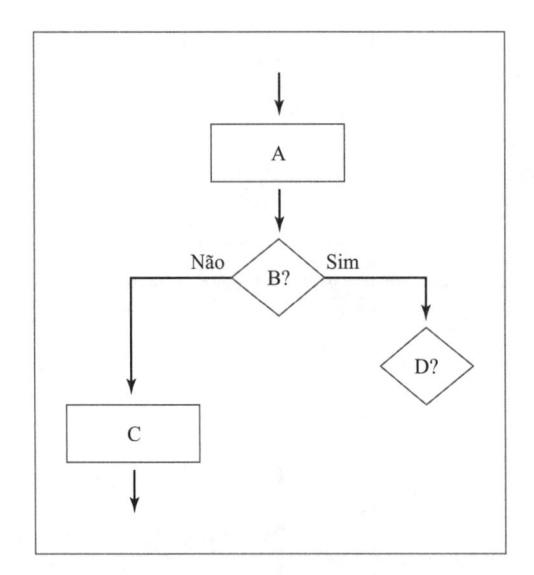

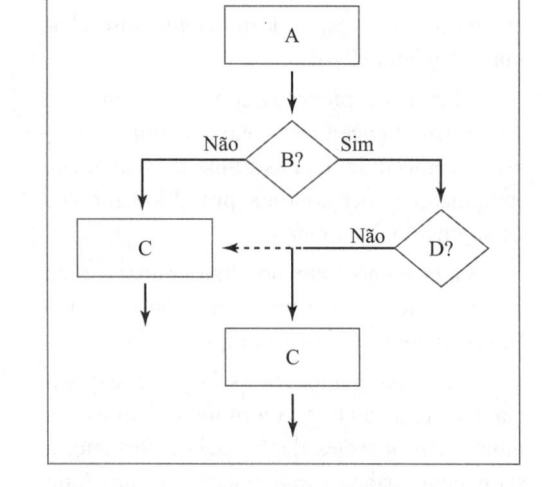

Figura 2-27 Quarto passo, desemaranhando o Exemplo 3   **Figura 2-28** Quinto passo, desemaranhando o Exemplo 3

Na versão original da Figura 2-23, siga a linha do lado esquerdo da Questão D. A linha que se estende da seleção conecta-se com a tarefa fora da seleção. A linha que emerge do lado esquerdo da seleção D liga-se ao Passo C. Você pode dizer que a seleção D está emaranhada com a seleção B, então precisa desatar as estruturas repetindo o passo que causou o emaranhamento. (Nesse exemplo, você repete o Passo C para desemaranhá-lo do outro uso de C.) Continue puxando a linha de fluxo que emerge do Passo C até que chegue ao final do segmento do programa, como mostra a Figura 2-28.

Agora, puxe do lado direito da Questão D. Surge o Processo E, como apresentado na Figura 2-29; então você chegou ao fim.

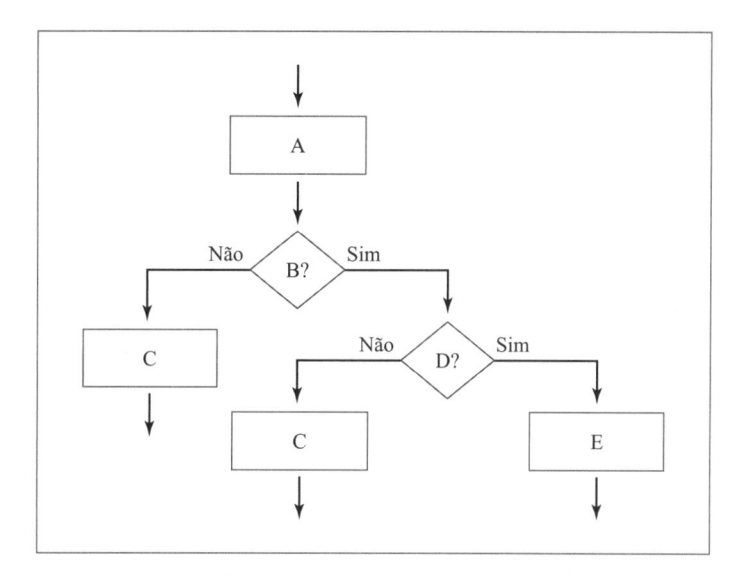

Figura 2-29 Sexto passo, desemaranhando o Exemplo 3

Nesse momento, o fluxograma desemaranhado tem três extremidades soltas. É possível juntar os fins soltos da Questão D para formar uma estrutura de seleção; então os fins soltos da Questão B podem se juntar para formar outra estrutura de seleção. O resultado é o fluxograma apresentado na Figura 2-30. O segmento inteiro do fluxograma está estruturado – ele tem uma sequência (A) seguida de uma seleção dentro de uma seleção.

NOTA:
Se quiser tentar estruturar um exemplo muito difícil de um programa não estruturado, veja o Apêndice A.

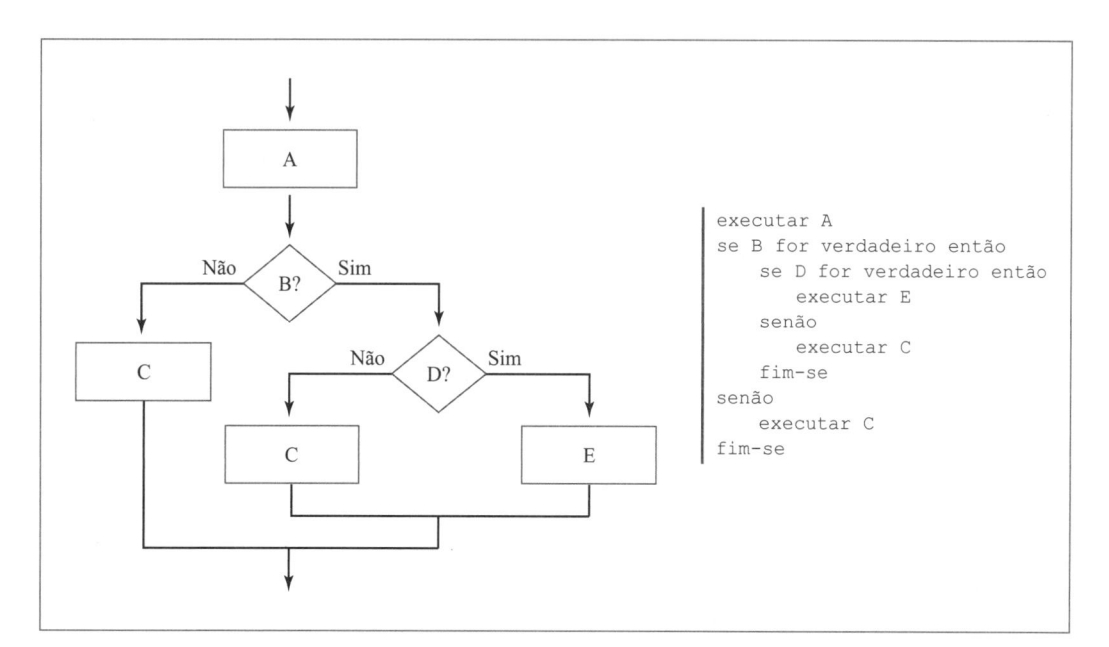

```
executar A
se B for verdadeiro então
    se D for verdadeiro então
        executar E
    senão
        executar C
    fim-se
senão
    executar C
fim-se
```

Figura 2-30 Fluxograma e pseudocódigo finalizados para o Exemplo 3 desemaranhado

DUAS VERDADES E UMA MENTIRA:

Reconhecendo estruturas

1. A maioria, porém não a totalidade, dos conjuntos de instruções pode ser expressa em um formato estruturado.
2. Quando você está aprendendo pela primeira vez sobre design de programas estruturados, pode ser difícil detectar se o fluxograma contendo a lógica de um programa é estruturado.
3. Qualquer fluxograma não estruturado pode ser "desemaranhado" para se tornar estruturado.

A frase falsa é a nº 1. Qualquer conjunto de instruções pode ser expresso em um formato estruturado.

Três estruturas especiais – caso, executar-enquanto e executar-até

NOTA: Você pode pular esta seção por enquanto sem perder a continuidade. Seu instrutor pode preferir discutir a estrutura caso com o Capítulo 4 e os loops executar-enquanto e executar-até com o Capítulo 5.

Você pode resolver qualquer problema de lógica que encontrar usando apenas as três estruturas: sequência, seleção e loop. Entretanto, muitas linguagens de programação permitem mais três estruturas: a estrutura caso e os loops executar-enquanto e executar-até. Essas estruturas nunca são *necessárias* para resolver qualquer problema – você sempre pode usar uma série de seleções em vez da estrutura caso e sempre pode usar uma sequência com mais um loop enquanto no lugar dos loops executar-enquanto ou executar-até. Entretanto, algumas vezes essas três estruturas adicionais são convenientes. Os programadores consideram todas elas estruturas lícitas e aceitáveis.

A estrutura caso

Você pode usar a **estrutura caso** quando há diversos valores possíveis distintos para uma única variável em teste e cada um deles exige um modo de ação diferente. Suponha que você administre uma escola na qual o preço pago por aluno é $ 75, $ 50, $ 30 ou $ 10 por hora-aula, dependendo se for um calouro, segundo, terceiro ou quarto anista. O fluxograma estruturado e o pseudocódigo na Figura 2-31 mostram uma série de decisões que atribui o preço correto a ser pago por estudante.

Compreendendo estruturas

```
se ano = "Calouro" então
    preço = 75
senão
    se ano = "Segundo" então
        preço = 50
    senão
        se ano = "Terceiro" então
            preço = 30
        senão
            preço = 10
        fim-se
    fim-se
fim-se
```

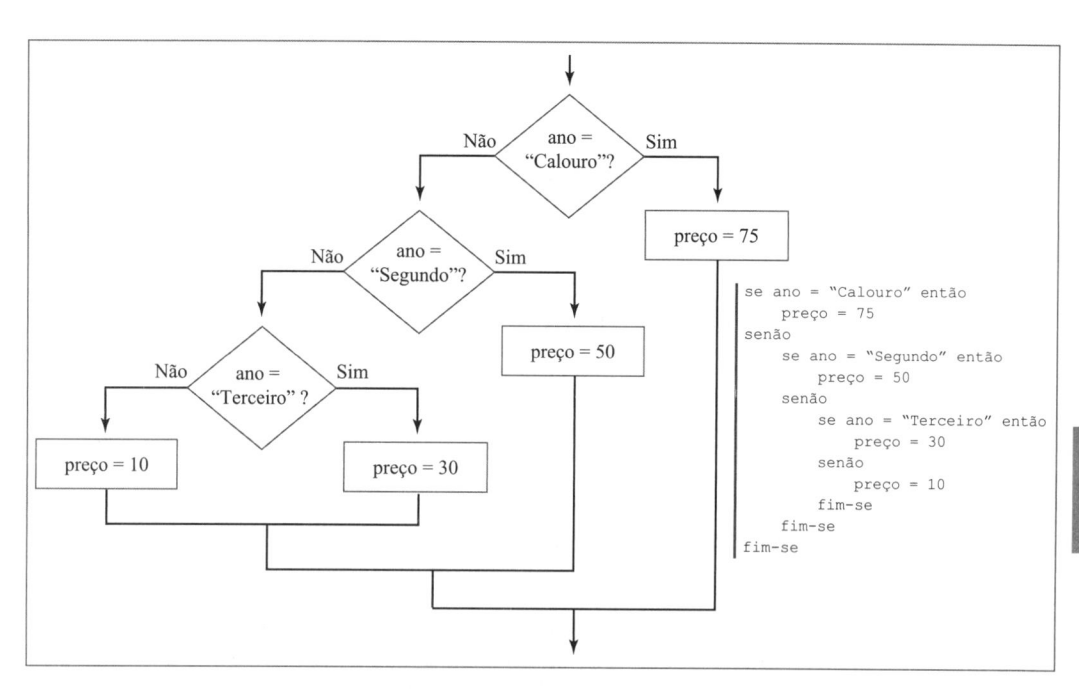

Figura 2-31 Fluxograma e pseudocódigo de decisões de preço por aluno

---

NOTA: A indentação no pseudocódigo da Figura 2-31 reflete a natureza encaixada das decisões, como ilustrado no fluxograma. Por clareza, alguns programadores podem preferir escrever pseudocódigos como:

```
se ano = "Calouro" então
    preço = 75
senão se ano = "Segundo" então
    preço = 50
senão se ano = "Terceiro" então
    preço = 30
senão
    preço = 10
fim-se
```

O estilo, com senão e o se seguinte na mesma linha e um único fim-se no final, é preferido muitas vezes por programadores que usam Visual Basic, pois lembra o estilo que eles usam nos seus programas. Entretanto, este livro vai usar o estilo apresentado na Figura 2-31: cada fim-se alinhado com sua correspondente sentença se.

A lógica apresentada na Figura 2-31 é absolutamente correta e completamente estruturada. A estrutura de seleção ano = "Terceiro" está contida dentro da estrutura ano = "Segundo", que está contida dentro da estrutura ano = "Calouro". Observe que não há necessidade de perguntar se um estudante é quarto anista, pois se um estudante não é calouro, nem segundo, nem terceiro anista, assume-se que seja quarto anista.

Ainda que os segmentos do programa da Figura 2-31 estejam corretos e estruturados, muitas linguagens de programação permitem usar uma estrutura caso, como mostra a Figura 2-32. Ao usar a estrutura caso, você testa uma variável contra uma série de valores, tomando as ações apropriadas conforme o valor da variável. Para muitos, tais programas parecem mais fáceis de ser lidos, e a estrutura caso é permitida pois os mesmos resultados *poderiam* ser atingidos com uma série de seleções estruturadas (deixando, assim, o programa estruturado). Isto é, se o primeiro programa é estruturado e o segundo reflete o primeiro ponto por ponto, então o segundo também necessariamente é estruturado.

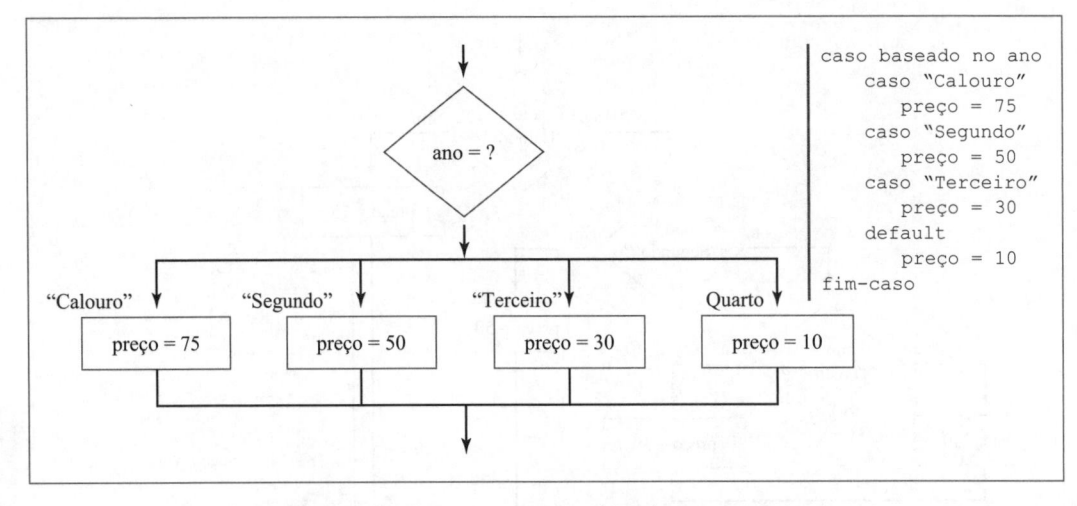

```
                                                    caso baseado no ano
                                                       caso "Calouro"
                                                          preço = 75
                            ano = ?                    caso "Segundo"
                                                          preço = 50
                                                       caso "Terceiro"
                                                          preço = 30
                                                       default
                                                          preço = 10
   "Calouro"    "Segundo"      "Terceiro"   Quarto   fim-caso
   preço = 75   preço = 50     preço = 30   preço = 10
```

Figura 2-32 Fluxograma e pseudocódigo da estrutura `caso`

NOTA:
O termo *default* usado na Figura 2-32 significa "se nenhum dos outros casos for verdade". Cada linguagem de programação pode usar uma sintaxe diferente para o caso *default*.

Ainda que uma linguagem de programação permita que você use a estrutura `caso`, você deve entender que a estrutura `caso` é apenas uma conveniência que pode fazer um fluxograma, pseudocódigo ou o próprio código de um programa mais fácil de ser compreendido à primeira vista. Quando você escreve uma série de decisões usando a estrutura `caso`, o computador ainda faz uma série de decisões individuais, como se você tivesse usado muitas combinações `se-então-senão`. Em outras palavras, pode ser preferível olhar o diagrama na Figura 2-32 para entender os preços cobrados pela escola, mas um computador na verdade toma as decisões conforme apresentado na Figura 2-31 – uma por vez. Ao escrever seus próprios programas, sempre é aceitável expressar um processo complicado de tomada de decisões como uma série de seleções individuais.

NOTA: A estrutura `caso` é usada apenas quando uma série de decisões baseia-se em valores diferentes guardados em uma única variável. Se múltiplas variáveis são testadas, então é necessário usar uma série de decisões.

Os loops `executar-enquanto` e `executar-até`

Lembre-se de que um loop estruturado (muitas vezes chamado de loop `enquanto`) se parece com a Figura 2-33. Um caso especial de loop `executar-enquanto` ou `executar-até` se parece com a Figura 2-34.

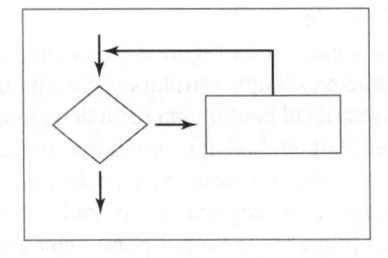

Figura 2-33 O loop `enquanto`, que é um loop pré-teste

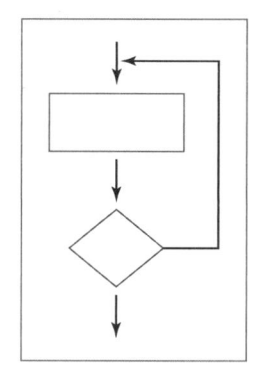

Figura 2-34 Estrutura de um loop `executar-enquanto` ou `executar-até`, que são loops pós-teste

Existe uma diferença importante entre essas duas estruturas. Em um loop `enquanto`, você faz uma questão e, dependendo da resposta, pode ou não entrar no loop para executar o procedimento do loop. Por outro lado, no **loop executar-enquanto** e no **loop executar-até**, é garantido que o procedimento o executa pelo menos uma vez. Então, dependendo da resposta para a questão-controle, o loop pode ou não ser executado outras vezes. Em um loop `executar-enquanto`, o corpo do loop continua a ser executado enquanto a resposta para a questão-controle for sim ou verdadeira. Em um loop `executar-até`, o corpo do loop continua a ser executado enquanto a resposta para a questão controle for não ou falsa; isto é, o corpo é executado *até* que a questão-controle seja sim ou verdadeira.

NOTA: Observe que a palavra "executar" inicia o nome de ambos os loops `executar-enquanto` e `executar-até`. Isso deve fazer você lembrar que a ação que "executar" precede a condição testada.

Em um loop `enquanto`, a questão que controla o loop vem no começo, ou no "topo", do corpo do loop. Um loop `enquanto` também é chamado de **loop pré-teste**, porque uma condição é testada antes de entrar no loop pela primeira vez. Em um loop `executar-enquanto` ou `executar-até`, a questão que controla o loop vem no final, ou "fundo", do corpo do loop. Loops `executar-enquanto` e `executar-até` também são chamados **loops pós-teste**, pois uma condição é testada depois que o corpo do loop já foi executado.

Você encontra exemplos de loops `executar-até` todos os dias. Por exemplo:

```
executar
   pagar uma conta
até que todas contas estejam pagas
```

e

```
executar
   lavar a louça
até que toda a louça esteja lavada
```

Do mesmo modo, você encontra exemplos de loops `executar-enquanto` todos os dias. Por exemplo:

```
executar
   pagar uma conta
enquanto mais contas estão para ser pagas
```

e

```
executar
   lavar a louça
enquanto mais louça estiver para ser lavada
```

Nesses exemplos, a atividade (pagar as contas ou lavar a louça) precisa acontecer pelo menos uma vez. Com um loop `executar-enquanto` e com um `executar-até`, você coloca uma questão que determina se deve continuar apenas depois que a atividade foi executada pelo menos uma vez. A única diferença entre essas duas estruturas é que a resposta para a questão-controle no final do loop precisa ser falsa, para que o loop continue (como em "todas as contas estão pagas"), no caso de um loop `executar-até`, ou verdadeira, para que o loop continue (como em "ainda há outras a serem pagas"), no caso de um loop `executar-enquanto`.

Nunca é obrigatório usar um loop pós-teste. É possível duplicar as mesmas séries de ações geradas por qualquer loop pós-teste criando uma sequência seguida por um tradicional loop enquanto pré-teste. Por exemplo, o código a seguir realiza a tarefa de pagar as contas uma vez, então pergunta a questão-controle do loop no início do loop `enquanto`, no qual a ação pode ser feita novamente:

```
pagar uma conta
enquanto há mais contas para pagar
   pagar uma conta
fim-enquanto
```

Considere os fluxogramas e os pseudocódigos nas Figuras 2-35 e 2-36.

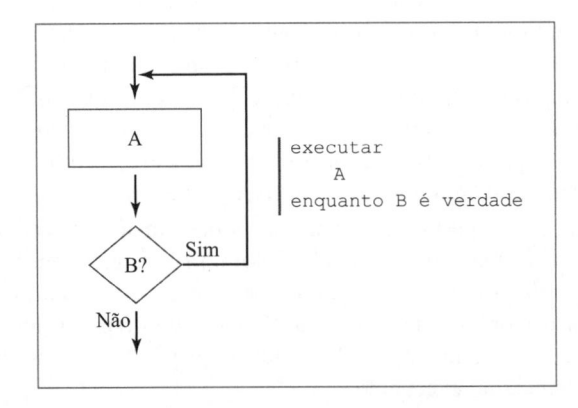

Figura 2-35 Fluxograma e pseudocódigo para loop `executar-enquanto`

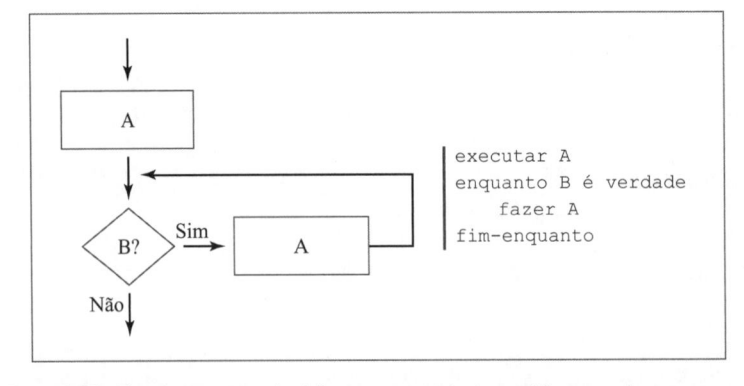

Figura 2-36 Fluxograma e pseudocódigo para a sequência seguida por um loop `enquanto`

Na Figura 2-35, A é executado, e então B é perguntado. Se B for sim, então A é executado e B é perguntado novamente. Na Figura 2-36, A é executado, e então B é perguntado. Se B for sim, então A é executado e B é perguntado novamente. Em outras palavras, ambos os segmentos de fluxogramas e pseudocódigos fazem exatamente o mesmo.

Como programadores entendem que qualquer loop pós-teste (`executar-enquanto` ou `executar-até`) pode ser expresso com uma sequência seguida de um loop `enquanto`, a maioria das linguagens permite ao menos uma das versões do loop pós-teste. (Com frequência, linguagens permitem um tipo de loop pós-teste ou o outro.) Mais uma vez, nunca será obrigatório usar um loop pós-teste; sempre é possível executar as mesmas tarefas com uma sequência seguida de um loop `enquanto` pré-teste.

A Figura 2-37 mostra um loop não estruturado. Ele não é nem um loop `enquanto` (que começa com uma decisão e, depois de uma ação, retorna para a decisão) nem loops `executar-enquanto` ou `executar-até` (que começam com uma ação e terminam com uma decisão que talvez repita a ação). Em vez disso, ele começa como um loop pós-teste (um loop `executar-enquanto` ou um `executar-até`), com um processo seguido de uma decisão, mas um ramo da decisão não repete o processo inicial; em seu lugar, executa uma ação nova adicional, repetindo o processo inicial. Se precisar usar a lógica apresentada na Figura 2-37 – realizar uma tarefa, perguntar uma questão e talvez realizar uma tarefa adicional antes de voltar para o primeiro processo –, então a maneira de estruturar a lógica é repetir o processo inicial dentro do loop, ao final dele. A Figura 2-38 mostra a mesma lógica da Figura 2-37, mas agora ela está estruturada, com uma sequência de duas ações ocorrendo dentro do loop. Esse diagrama parece familiar? Ele usa a mesma técnica de repetir um passo necessário apresentada anteriormente neste capítulo, quando você aprendeu o raciocínio para leitura primária.

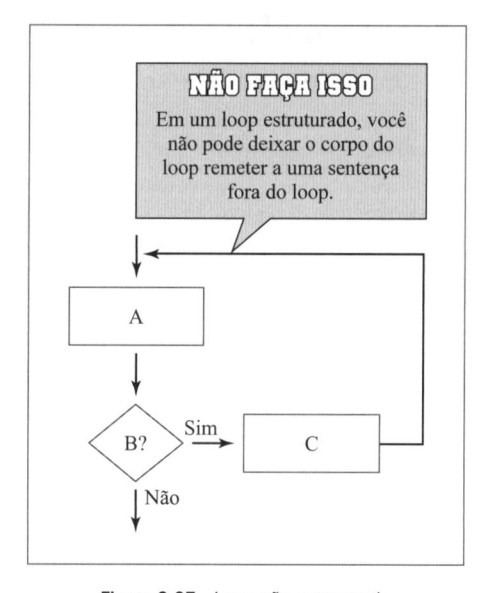

Figura 2-37 Loop não estruturado

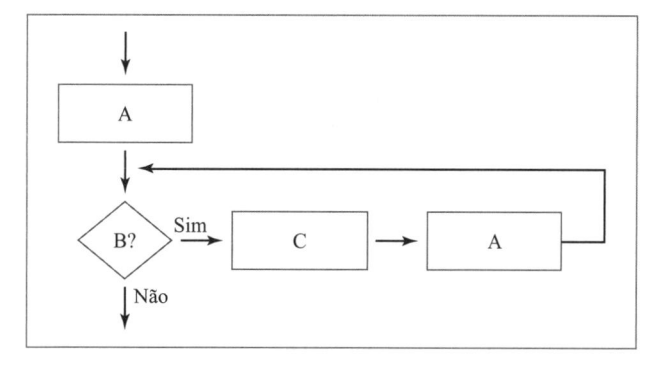

Figura 2-38 Sequência e loop estruturado que realizam as mesmas tarefas da Figura 2-37

É difícil para programadores iniciantes distinguir entre loops `enquanto`, `executar-enquanto`, e `executar-até`. Um loop `enquanto` primeiro faz a pergunta – por exemplo, enquanto você está com fome, coma. A resposta para a questão pode nunca ser verdadeira, e o corpo do loop pode nunca ser executado. Um loop `enquanto` é o único tipo de loop que você sempre precisa para resolver um problema. Pense em um loop `executar-enquanto` como aquele que continua a executar enquanto uma condição permanecer verdadeira – por exemplo, processe os registros enquanto "fim-de-arquivo" não for verdadeiro, ou comer enquanto a fome for verdadeira. Por outro lado, um loop `executar-até` continua enquanto uma condição for falsa. Em outras palavras, até a condição se tornar verdadeira – por exemplo, endereçar envelopes até que não existam mais envelopes, ou comer até que esteja satisfeito. Quando um loop `executar-enquanto` ou um `executar-até` são utilizados, ocorre ao menos uma execução da ação.

> **NOTA:** Enquanto você estiver começando a compreender lógicas estruturadas, pode ser preferível usar apenas as três estruturas básicas – sequência, seleção e loop. Todo problema lógico pode ser resolvido usando apenas essas três estruturas e você pode entender todos os exemplos deste livro usando-as, apenas.

DUAS VERDADES E UMA MENTIRA:

Três estruturas especiais – caso, executar-enquanto e executar-até

1. Você pode usar a estrutura `caso` quando há diversos valores possíveis para uma única variável que você está testando e cada um deles exige um modo de ação diferente.
2. Em loops `executar-enquanto` e `executar-até`, um procedimento executa ao menos uma vez; então, dependendo da resposta para a questão-controle, o loop pode ou não ser executado outras vezes.
3. Um loop `enquanto` também é chamado de loop pós-teste porque uma condição é testada depois de o corpo do loop ter sido executado.

A frase falsa é a nº 3. Um loop `enquanto` também é chamado de loop pré-teste porque uma condição é testada antes de entrar pela primeira vez no loop. Loops `executar-enquanto` e `executar-até` são chamados de loops pós-teste porque a condição é testada depois do corpo do loop ter sido executado.

Resumo do capítulo

» O nome popular para programas com sentenças emaranhadas é código espaguete.

» Programas mais claros podem ser construídos usando apenas três estruturas básicas: sequência, seleção e loop. Essas três estruturas podem ser combinadas de infinitas maneiras, empilhando-as ou embutindo-as. Cada estrutura tem um ponto de entrada e um de saída; uma estrutura pode conectar-se à outra apenas em um desses pontos

» Uma leitura primária ou entrada primária é uma sentença que lê a entrada do primeiro registro de dados antes que ele entre na estrutura do loop. O último passo dentro do loop fica com o próximo valor de entrada e com todos os subsequentes.

» Você usa técnicas de estruturação para promover clareza, profissionalismo, eficiência e modularidade.

» Uma maneira de endireitar um segmento de fluxograma não estruturado é imaginar o fluxograma como um prato de espaguete que você precisa desemaranhar.

» Você pode usar uma estrutura `caso` quando há diversos valores distintos possíveis para uma variável que você está testando. Quando escreve uma série de decisões usando a estrutura `caso`, o computador assim mesmo faz uma série de decisões individuais.

» Em um loop `enquanto` pré-teste, você coloca uma questão e, dependendo da resposta, pode nunca entrar no loop para executar o corpo do loop. Em um loop pós-teste `executar-enquanto` (que é executado enquanto a resposta para a questão-controle for verdadeira) ou um loop pós-teste `executar-até` (que é executado enquanto a resposta para a questão-controle for falsa), você garante que o corpo do loop é executado pelo menos uma vez. A mesma série de ações gerada por qualquer loop pós-teste pode ser duplicada, criando uma sequência seguida de um loop `enquanto`.

Termos-chave

Código espaguete são progamas com lógicas desestruturadas, emaranhadas.

Uma **estrutura** é uma unidade básica da programação da lógica; cada estrutura é uma sequência, seleção ou loop.

Com uma **estrutura de sequência**, você realiza uma ação ou tarefa e então faz a ação seguinte, em ordem. Uma sequência pode conter qualquer número de tarefas, mas não há chance de escapar e pular qualquer das tarefas.

Com uma **estrutura** de **seleção** ou de **decisão** você faz uma pergunta, e, dependendo da resposta, um de dois modos de ação é seguido. Então, independente do caminho que seguir, você continua com a ação seguinte.

Se-então-senão é outro nome para estrutura de seleção.

Se com duas alternativas (ou **seleção com duas alternativas**) define uma ação a ser executada quando a condição testada for verdadeira e outra a ser executada quando ela for falsa.

Se com uma alternativa (ou **seleção com uma alternativa**) executa uma ação em apenas um caminho da decisão.

O **caso nulo** é o caminho de uma decisão no qual nenhuma ação é realizada.

Com uma **estrutura de loop**, ações são continuamente repetidas conforme a resposta para uma questão.

Repetição e **iteração** são outros nomes para a estrutura de loop.

Um `enquanto...executar`, ou, mais simplesmente, um **loop `enquanto`**, é um loop no qual um processo continua enquanto alguma condição permanecer verdadeira.

Conectar estruturas ponta com ponta é chamado **empilhar** estruturas.

Colocar uma estrutura dentro de outra estrutura é chamado **embutir** estruturas.

Um **bloco** é um grupo de sentenças que são executadas como uma única unidade.

Uma **leitura primária** ou **entrada primária** é a sentença que lê a entrada do primeiro registro de dados antes de entrar em loop estruturado.

A **estrutura `caso`** pode ser usada quando há vários valores distintos possíveis para uma única variável a ser testada e cada valor demandar um modo diferente de ação.

Os **loops `executar-enquanto`** e **`executar-até`** garantem que um procedimento é executado ao menos uma vez; então, dependendo da resposta para a questão-controle, o loop pode ou não ser executado outras vezes.

Um loop `enquanto` também é chamado de **loop pré-teste** porque uma condição é testada antes de entrar no loop pela primeira vez.

Os loops `executar-enquanto` e `executar-até` também são chamados de **loops pós-teste** porque uma condição é testada depois que o corpo do loop já foi executado.

Questões para revisão

1. Programa com lógicas emaranhadas são chamados de código _____.
   a. cobra
   b. espaguete
   c. fio
   d. torcido

2. Uma estrutura de sequência pode conter _____.
   a. qualquer número de tarefas
   b. exatamente três tarefas
   c. não mais do que três tarefas
   d. apenas uma tarefa

3. Qual das expressões não é outro termo para estrutura de seleção?
   a. estrutura de decisão
   b. estrutura se-então-senão
   c. estrutura se com duas alternativas
   d. estrutura de loop

4. A estrutura na qual é feita uma pergunta, e, dependendo da resposta, alguma ação é tomada e então faz a pergunta novamente, é conhecida por todos os seguintes nomes, exceto _____.
   a. iteração
   b. loop
   c. repetição
   d. se-então-senão

5. Colocar uma estrutura dentro de outra é chamado _____ estruturas.
   a. empilhar
   b. desemaranhar
   c. construir
   d. embutir

6. Conectar estruturas ponta com ponta é chamado _____.
   a. empilhar
   b. desemaranhar
   c. construir
   d. embutir

7. A sentença `se idade >= 65 então descontoIdoso = "sim"` é um exemplo de um(a) _____.
   a. sequência
   b. loop
   c. seleção com duas alternativas
   d. seleção com uma alternativa

8. A sentença `enquanto temperatura permanecer abaixo 60, deixar forno ligado` é um exemplo de um(a) _____.
   a. sequência
   b. loop
   c. seleção com duas alternativas
   d. seleção com uma alternativa

9. A sentença `se idade < 13 então entradaCinema = 4,00 senão entradaCinema = 8,50` é um exemplo de um(a) _____.
   a. sequência
   b. loop
   c. seleção com duas alternativas
   d. seleção com uma alternativa

10. Qual dos três atributos listados é compartilhado por todas as três estruturas básicas?
    a. Todos os seus fluxogramas contêm exatamente três símbolos de processamento.
    b. Todos eles contêm uma decisão.
    c. Todos eles têm um ponto de entrada e um de saída.
    d. Todos eles começam com um processo.

11. Quando você lê dados de entrada em um loop dentro de um programa, a sentença de entrada que precede o loop _____.
    a. é a única parte de um programa que pode ser desestruturada
    b. não pode resultar em eof
    c. é chamada leitura primária
    d. executa centenas ou até milhares de vezes na maioria dos programas de negócios

12. Um grupo de sentenças que é executado como uma unidade é um(a) _____.
    a. bloco
    b. família
    c. pedaço
    d. corte

13. Qual dos seguintes é aceitável em um programa estruturado?
    a. colocar uma sequência dentro da metade verdadeira de uma decisão com duas alternativas
    b. colocar uma decisão dentro de um loop
    c. colocar um loop dentro de um dos passos de uma sequência
    d. todos esses são aceitáveis

14. Qual das seguintes não é uma razão para reforçar o uso das regras de estrutura em um programa de computador?
    a. Programas estruturados são mais claros de entender do que os não estruturados.
    b. Outros programadores profissionais vão esperar que programas sejam estruturados.
    c. Programas estruturados normalmente são mais curtos do que os não estruturados.
    d. Programas estruturados podem facilmente ser divididos em módulos.

15. Qual dos seguintes não é um benefício de modularizar programas?
    a. Programas modulares são mais fáceis de ler e entender do que os não modulares.
    b. Se você usa módulos, pode ignorar as regras de estrutura.
    c. Componentes modulares são reutilizáveis em outros programas.
    d. Muitos programadores podem trabalhar em diferentes módulos ao mesmo tempo.

16. Qual dos seguintes é verdadeiro para lógicas estruturadas?
    a. Você pode usar lógicas estruturadas com linguagens de programação mais novas, como Java e C#, mas não com as mais antigas.
    b. Qualquer tarefa pode ser descrita usando alguma combinação das três estruturas.
    c. Programas estruturados exigem que você divida o código em módulos que sejam fáceis de lidar e que não contenham mais do que cinco ações.
    d. Todas as alternativas são verdadeiras.

17. A estrutura que você pode usar quando precisa tomar uma decisão com vários resultados possíveis, dependendo do valor de uma única variável, é a _____.
    a. estrutura se com múltiplas alternativas
    b. estrututa executar-até

c. estrutura `executar-enquanto`

d. estrutura `caso`

18. Dos loops seguintes, qual tipo garante que uma ação será tomada ao menos uma vez?

    a. um loop `executar-sobre`

    b. um loop `enquanto`

    c. um loop `executar-até`

    d. qualquer loop estruturado

19. Um loop **executar-até** sempre pode ser convertido em _____.

    a. uma sequência seguida por um `enquanto`

    b. um `enquanto` seguido por uma sequência

    c. uma estrutura `caso`

    d. uma seleção seguida por um `enquanto`

20. Qual das seguintes estruturas nunca é exigida por um programa?

    a. uma `enquanto`

    b. uma seleção

    c. uma `executar-até`

    d. uma sequência

Encontre os bugs

Cada um dos segmentos de pseudocódigo a seguir contém um ou mais bugs que você precisa encontrar e corrigir.

1. Este segmento de pseudocódigo pretende determinar se você passou ou foi reprovado em um curso a partir da nota média das provas de duas salas.

   ```
   entrada notaParcial
   entrada notaFinal
   média = (notaParcial + notaFinal) / 2
   imprimir mda
   se média >= 60 então
       imprimir "Passar"
   fim-se
   senão
       imprimir "Reprovar"
   ```

2. Este segmento de pseudocódigo pretende representar o cálculo do consumo de combustível em quilômetros por litro de um automóvel. O segmento do programa deveria continuar enquanto o usuário inserir valores positivos para os quilômetros percorridos.

   ```
   entrada litrosDeGasUsados
   entrada quilômetrosPercorridos
   enquanto quilômetrosPercorridos > 0
       quilômetrosPorLitro = litrosDeGas / quilômetrosPercorridos
       imprimir quilômetrosPorLitro
   fim-enquanto
   ```

3. Esse segmento de pseudocódigo pretende representar o cálculo do valor gasto por dia durante as férias. O usuário insere valores para o total de dólares disponíveis para gastar e pode continuar a inserir novas quantidades de dólares enquanto a quantidade inserida não for 0. Para cada nova quantidade inserida, se a quantidade de dinheiro disponível para gastar por dia for menor que $ 100, uma mensagem é exibida.

```
entrada totalDólaresDisponíveis
enquanto totalDólaresDisponíveis não = 0
    dólaresPorDia = totalDinheiroDisponível / 7
    imprimir dólaresPorDia
fim-enquanto
entrada totalDólaresDisponíveis
se dólaresPorDia > 100 então
    imprimir "É melhor procurar uma viagem mais barata"
fim-enquanto
```

Exercícios

1. Ligue cada termo a um dos três diagramas de estruturas. (Como as estruturas diagramadas podem relacionar-se a mais de um nome, há mais termos do que diagramas.)

   1. sequência
   2. seleção
   3. loop
   4. executar-enquanto
   5. decisão
   6. se-então-senão
   7. iteração

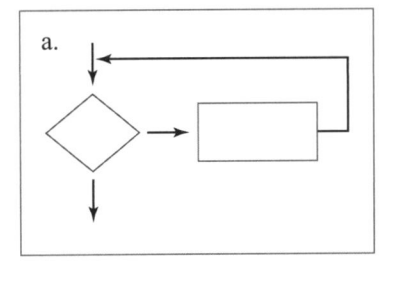

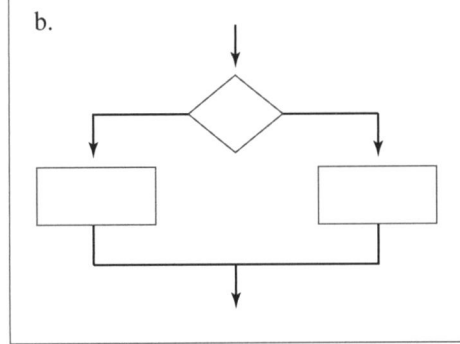

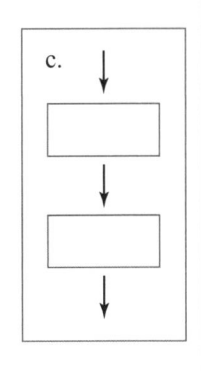

2. Ligue o termo com o segmento de pseudocódigo. (Como as estruturas relacionam-se a mais de um nome, há mais termos do que segmentos de pseudocódigo.)

   1. sequência
   2. seleção
   3. loop
   4. decisão
   5. se-então-senão
   6. iteração

   a. ```
   enquanto não eof
       imprimir aResposta
   fim-enquanto
   ```
   b. ```
   se quantidadeInventário > 0 então
       fazer preencherOrdensCompra
   senão
       fazer notificaçãoPedidoEmCarteira
   fim-se
   ```

c. fazer cálculoImpostoMunicipal
      fazer cálculoImpostoestadual
      fazer cálculoImpostoFederal

3. Cada um dos segmentos a seguir é estruturado ou não estruturado? Se for não estruturado, desenhe-o novamente de forma estruturada para que ele faça a mesma coisa.

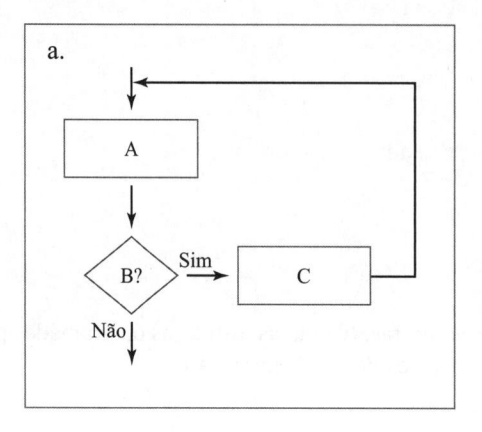

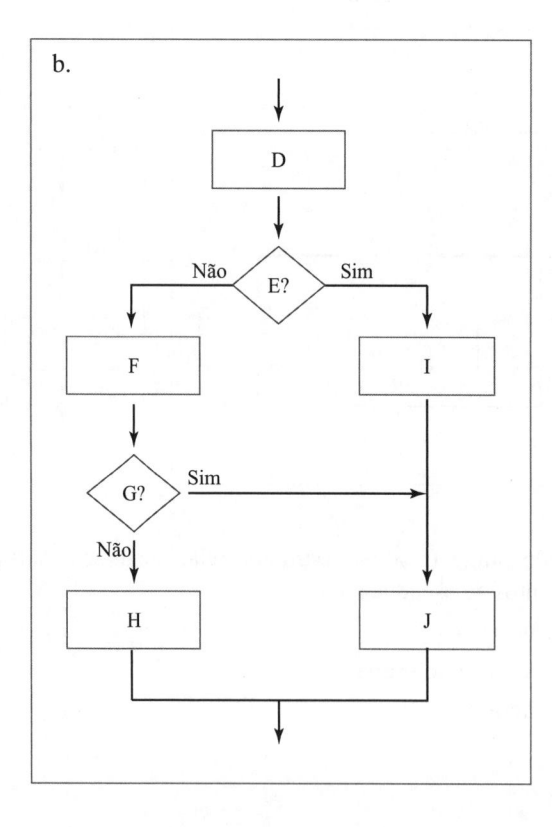

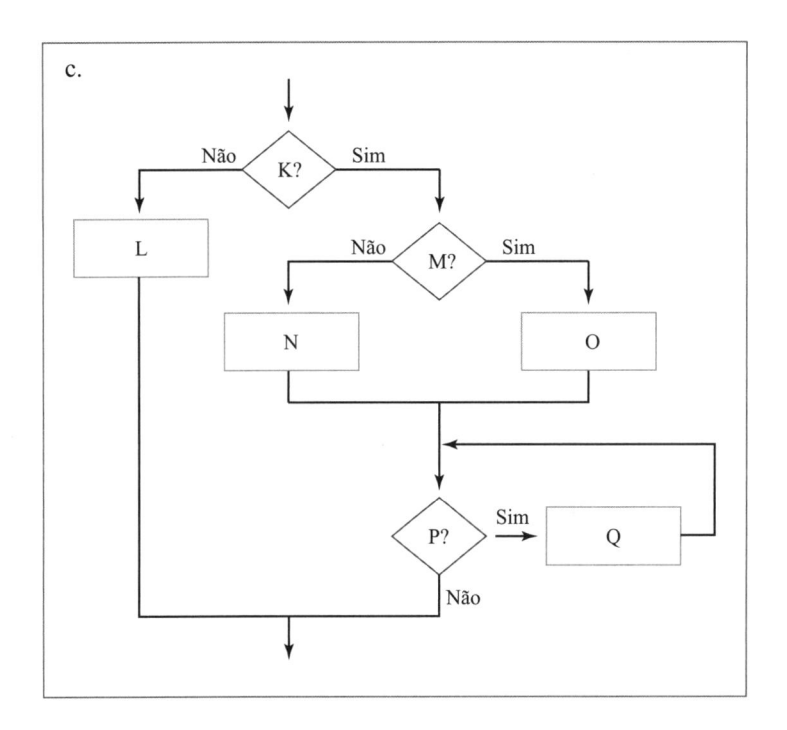

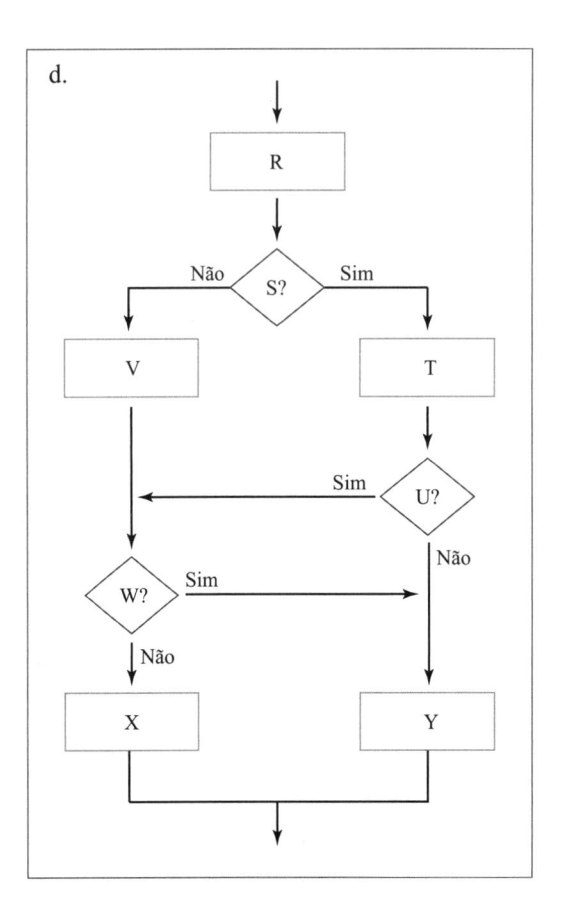

c.

d.

e.

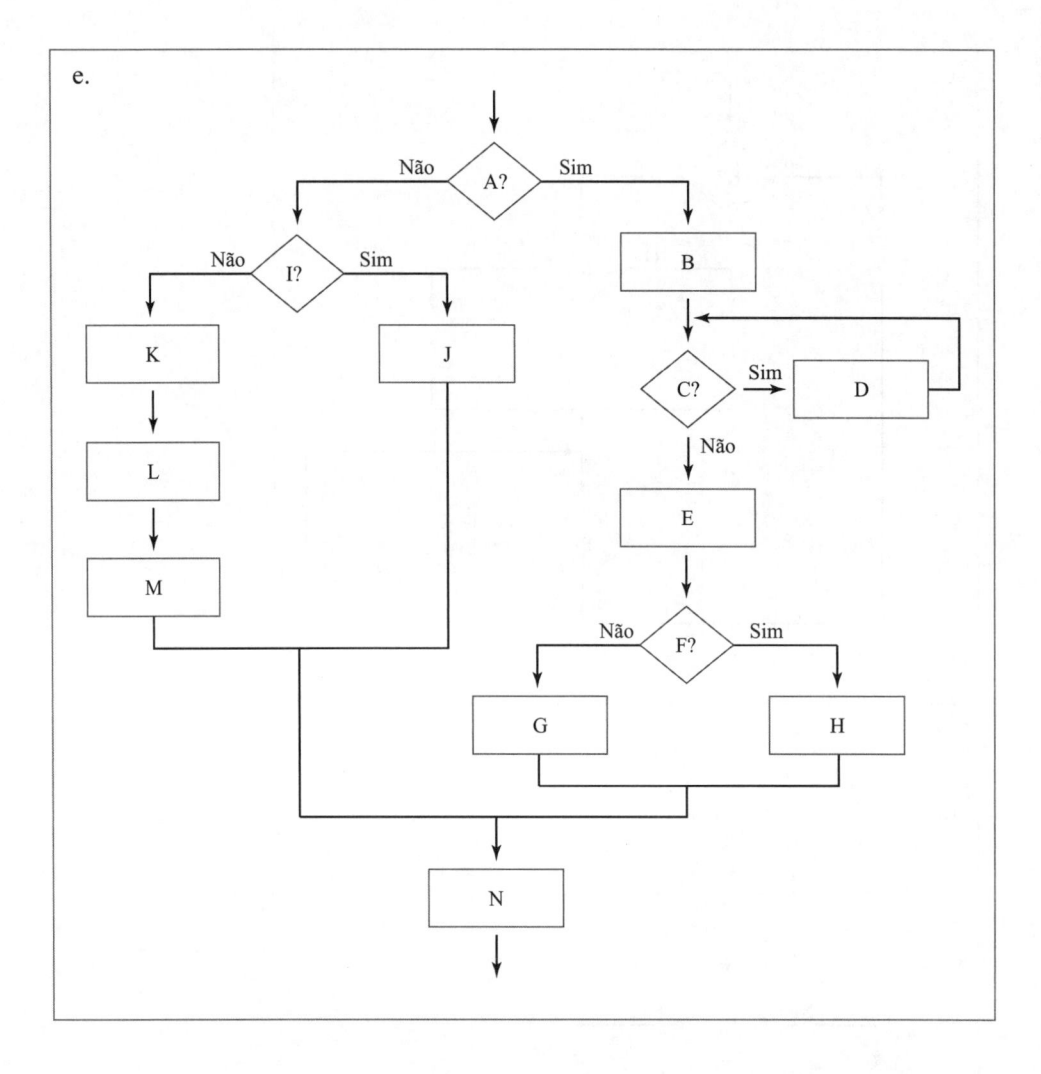

```
                    ↓
          Não    ┌───────┐   Sim
       ┌─────────┤  A?   ├─────────┐
       │         └───────┘         │
       ↓                           ↓
  Não ┌───┐ Sim                 ┌─────┐
 ┌────┤ I?├────┐                │  B  │
 │    └───┘    │                └─────┘
 ↓             ↓                   ↓        ┌─────┐
┌───┐       ┌───┐              ┌───────┐ Sim│     │
│ K │       │ J │              │  C?   ├───→│  D  │
└───┘       └───┘              └───────┘    └─────┘
 ↓            │                    │ Não
┌───┐         │                    ↓
│ L │         │                 ┌─────┐
└───┘         │                 │  E  │
 ↓            │                 └─────┘
┌───┐         │                    ↓
│ M │         │           Não ┌───────┐ Sim
└───┘         │          ┌────┤  F?   ├────┐
 │            │          │    └───────┘    │
 │            │          ↓                 ↓
 │            │       ┌─────┐           ┌─────┐
 │            │       │  G  │           │  H  │
 │            │       └─────┘           └─────┘
 │            │          │                 │
 └────────────┴──────────┴─────────────────┘
                        ↓
                     ┌─────┐
                     │  N  │
                     └─────┘
                        ↓
```

4. Escreva pseudocódigos para cada exemplo (a até e) do Exercício 3 certificando-se de que seus pseudocódigos estão estruturados, mas executam as mesmas tarefas que os segmentos de fluxogramas.

5. Suponha que você tenha criado um braço mecânico que pode segurar uma caneta. O braço pode realizar as seguintes tarefas:
   » Abaixar a caneta até um pedaço de papel.
   » Tirar a caneta do papel.
   » Mover a caneta em linha reta por uma polegada. (Se a caneta está abaixada, essa ação desenha uma linha da esquerda para a direita de uma polegada; se a caneta está fora do papel, essa ação apenas reposiciona a caneta uma polegada para a direita.)
   » Virar 90 graus para a direita.
   » Desenhar um círculo com uma polegada de diâmetro.

   Desenhe um fluxograma estruturado ou escreva um pseudocódigo estruturado descrevendo a lógica que levaria o braço a desenhar o seguinte:
   a. Um quadrado de uma polegada
   b. Um retângulo de uma por duas polegadas

c. uma linha de três traços

d. Escrever uma palavra curta (por exemplo, "gato"). Não revele a palavra para o seu parceiro braço mecânico antes que ele tente seguir suas instruções.

Peça a um colega que interprete o braço mecânico e siga as suas instruções.

6. Assuma que você criou um robô mecânico que pode fazer as seguintes tarefas:
   » Levantar.
   » Sentar.
   » Virar 90 graus para a esquerda.
   » Virar 90 graus para a direita.
   » Dar um passo.

   Além disso, o robô pode determinar a resposta para uma condição testada:
   » Estou tocando alguma coisa?

   Ponha duas cadeiras a 20 pés uma da outra, viradas uma para a outra. Desenhe um fluxograma estruturado ou escreva um pseudocódigo descrevendo a lógica que permitiria que o robô começasse de uma posição sentada em uma cadeira, cruzasse o quarto e terminasse sentado na outra cadeira.

   Peça para que um colega interprete o robô e que siga as suas instruções.

7. Procurar uma palavra no dicionário pode ser um processo complicado. Por exemplo, suponha que você queira procurar "lógica". Pode prosseguir abrindo o dicionário em uma página aleatória e ver "batata". Você sabe que essa palavra vem antes de "lógica" na ordem alfabética, então passa as páginas adiante e vê "carneiro". Ainda não está perto, então avança e vê "macaco". Isso indica que a palavra "lógica" já passou, então agora tem que voltar as páginas, e assim por diante. Desenhe um fluxograma estruturado ou escreva um pseudocódigo que descreva o processo de procurar uma palavra no dicionário. Escolha uma palavra aleatoriamente e peça para um colega tentar seguir suas instruções.

8. Desenhe um fluxograma estruturado ou escreva um pseudocódigo estruturado descrevendo sua preparação para trabalhar ou ir para (go to) a escola de manhã. Inclua pelo menos duas decisões e dois loops.

9. Desenhe um fluxograma estruturado ou escreva um pseudocódigo estruturado descrevendo sua preparação para ir dormir à noite. Inclua pelo menos duas decisões e dois loops.

10. Desenhe um fluxograma estruturado ou escreva um pseudocódigo estruturado descrevendo como seu salário é calculado. Inclua pelo menos duas decisões.

11. Desenhe um fluxograma estruturado ou escreva um pseudocódigo estruturado descrevendo os passos que um funcionário de uma loja varejista deve seguir para processar o pedido de um cliente. Inclua pelo menos duas decisões.

Zona dos jogos

1. Escolha um jogo infantil bem simples e descreva sua lógica, usando um fluxograma estruturado ou um pseudocódigo. Por exemplo, você pode tentar explicar a Dança das Cadeiras; Pato, Pato, Ganso; ou o jogo de eliminação Uni Duni Tê.

2. Escolha um *game show* de televisão como Topa ou Não Topa e descreva suas regras usando um fluxograma ou um pseudocódigo estruturado.

3. Escolha um esporte profissional, como beisebol ou futebol, e descreva as ações de uma partida usando um fluxograma estruturado ou um pseudocódigo.

Trabalho de detetive

1. Neste capítulo, você aprendeu o que é um código espaguete. O que seria um "código ravióli"?

2. Quem foi Edsger Dijkstra? Qual sentença de programação ele queria eliminar?

3. Quem foram Bohm e Jacopini? Que contribuição eles deram à programação?

4. Quem foi Grace Hopper? Qual termo ela dizia ter inventado?

Livre para discussão

1. Não é porque todo programa lógico pode ser resolvido usando apenas três estruturas (sequência, seleção e loop) que não possam existir outras estruturas úteis. Por exemplo, as estruturas **caso, executar-enquanto** e **executar-até** nunca são obrigatórias, mas elas existem em muitas linguagens de programação e podem ser muito úteis. Tente fazer o design de uma nova estrutura sua e explique em quais situações ela seria útil.

2. Programas de computador podem conter estruturas dentro de estruturas e estruturas empilhadas, criando programas muito grandes. Computadores também podem realizar milhões de cálculos aritméticos em uma hora. Como podemos saber se os resultados estão corretos?

3. Desenvolva uma lista de regras que ajudem a determinar se um fluxograma ou um pseudocódigo são estruturados ou não.

3 O PROCESSO DE PLANEJAR O PROGRAMA: DOCUMENTAÇÃO E DESIGN

Entendendo a documentação

Documentação diz respeito a todos os materiais de apoio que acompanham um programa. Duas amplas categorias de documentação são a documentação voltada aos usuários e a documentação que visa os programadores. Pessoas que usam programas de computador já terminados são chamadas **usuários finais**, ou simplesmente **usuários**. Provavelmente, você já foi usuário final de um programa processador de texto ou de um jogo. Quando você adquire softwares que outros programadores escreveram, você segue instruções claramente escritas de como instalar e usar o software. Essas instruções constituem a documentação do usuário. Em uma pequena organização, programadores talvez escrevam a documentação do usuário, mas, na maioria das organizações, analistas de sistemas ou autores técnicos produzem as instruções para os usuários finais. Elas podem ter o formato de um manual impresso ou podem ser apresentadas on-line através de um site na web ou de um *compact disk* (CD).

Quando programadores começam a planejar a lógica de um programa de computador, precisam de instruções conhecidas como **documentação de programa**. Usuários finais nunca veem a documentação de um programa; programadores usam-na ao planejar ou ao modificar programas.

As documentações de programas têm duas categorias: interna e externa. A **documentação interna de programas** consiste em **comentários de programação**, que são sentenças não executáveis que os programadores inserem dentro de seus códigos para explicar em linguagem cotidiana sentenças do programa. Comentários servem unicamente para esclarecer o código e não afetam a execução de um programa. Como variam os métodos para inserir comentários, você aprende como inserir comentários quando aprende uma linguagem de programação específica.

NOTA: Em Visual Basic, comentários de programa começam com as letras REM (de REMarcação) ou com uma única apóstrofe. Em C++, C# e Java, os comentários podem começar com barras (//). Algumas linguagens de programação mais novas, como C# e Java, dispõem de uma ferramenta que converte automaticamente os comentários internos do programador em documentação externa.

A **documentação externa de programas** inclui toda a papelada de apoio que os programadores desenvolvem antes de escrever um programa. Como a maioria dos programas tem entrada, processamento e saída, normalmente há documentação para cada uma dessas funções.

Documentação de saída

A **documentação de saída** descreve os resultados que um usuário poderá ver quando um programa for concluído. A documentação de saída é normalmente a primeira documentação a ser escrita. Isso pode parecer invertido, mas se você está planejando uma viagem, o que decide primeiro: como chegar ao seu destino ou aonde você vai?

A maioria das solicitações por programas surge porque um usuário precisa que informações específicas sejam produzidas. Assim, o planejamento da saída de um programa muitas vezes é feito consultando a pessoa ou as pessoas que vão usá-lo. Frequentemente o programador não faz o design da saída, em vez disso, o usuário que solicitou a saída apresenta ao programador (ou equipe de programação) um exemplo ou um esboço do resultado desejado. Então o programador pode trabalhar com o usuário para refinar a solicitação, sugerir melhorias no design ou esclarecer a necessidade do usuário.

Apenas depois que se conhece exatamente a saída desejada pelo usuário é que o programador pode tentar planejar o processo necessário para produzir essa saída. Se nesse primeiro momento não for determinado com exatidão o que o usuário quer ou precisa, no final, ele pode querer modificar ou refazer o design do programa. Os dois tipos de saída mais comuns são:

» relatórios impressos
» telas de saída

Fazendo o design de relatórios impressos

Um tipo muito comum de saída são os relatórios impressos. Você pode fazer o design de um relatório impresso em um **diagrama de impressão**, também chamado **diagrama de exibição** ou **layout de página**. O Apêndice B contém detalhes completos sobre como criar um diagrama de exibição. Além de usar diagramas de exibição manuscritos, você também pode fazer o design do layout de um relatório em um computador, usando um programa processador de texto ou um software de design. Por exemplo, a Figura 3-1 mostra o planejamento da saída para um relatório de inventário criado usando-se um processador de texto. Na Figura 3-1, o programador usou Xs para representar os nomes dos itens do inventário e todos os 9 para representar valores numéricos. Além disso, o projetista criou apenas três linhas de dados de amostra. Se um relatório contiver muitos itens de dados adicionais, assume-se que todos seguem o mesmo formato.

```
RELATÓRIO DE INVENTÁRIO              IMPRESSO EM 99/99/9999
NOME DO ITEM            PREÇO        QUANTIDADE EM ESTOQUE
XXXXXXXXXXXXXXXXX       999,99       999
XXXXXXXXXXXXXXXXX       999,99       999
XXXXXXXXXXXXXXXXX       999,99       999
                        TOTAL        9999
```

Figura 3-1 Amostra de relatório de inventário, planejado usando um simples programa processador de textos

> **NOTA:** Na Figura 3-1, cada linha que contém X e 9 representando dados é uma **linha de detalhe**, ou uma linha que mostra os detalhes dos dados. Normalmente, linhas de detalhe aparecem várias vezes por página, ao contrário de **linhas de cabeçalho**, que contêm o título e o nome de qualquer coluna e aparecem somente uma vez por página, e de **linhas de resumo** ou **totais**, que normalmente aparecem no final de um relatório, depois que todas as linhas de detalhes estejam impressas.

Em vez de digitar amostras de linhas de relatório, softwares mais sofisticados de design de relatórios podem permitir que se escolham campos de dados de listas que aparecem na tela e que se arrastem colunas para mudar a ordem de apresentação. Independente da ferramenta utilizada, faz sentido planejar como a saída deveria aparecer antes de decidir como o programa deve operar.

> **NOTA:** Um relatório impresso também é chamado **versão impressa**, enquanto uma saída de tela é chamada **versão digital**.

Fazendo o design de telas de saída

Nem todas as saídas de programas têm a forma de relatórios impressos. Se a saída do programa vai aparecer na tela de um monitor, particularmente ao se trabalhar em ambientes de GUI (interface gráfica de usuário) como o Windows, as preocupações com design são diferentes. Em um programa GUI, o usuário vê uma tela e normalmente pode fazer seleções usando um mouse ou outro dispositivo apontador. Em vez de um relatório impresso, o design de saída pode se parecer com o esboço de uma tela. A Figura 3-2 mostra em ambiente gráfico um esboço feito à mão de uma janela com os registros de um inventário. Em um monitor, é possível permitir que o usuário veja apenas um ou alguns registros por vez. Assim, uma das preocupações é oferecer meios para o usuário percorrer os registros apresentados.

Na Figura 3-2, os registros são acessados usando um único botão que o usuário pode clicar para ler o registro seguinte; em um design mais sofisticado, o usuário pode "pular" para o primeiro ou o último registro, ou buscar um registro específico. A Figura 3-3 mostra como ficaria o design da Figura 3-2 depois que ele fosse incorporado a um programa executável.

> **NOTA:** Conseguir bons designs de tela é uma arte que exige muito estudo e reflexão para ser dominada. Além de serem visualmente atraentes, bons designs de tela também exigem facilidade de uso e de acesso.

> **NOTA:** O acrônimo GUI foi apresentado no Capítulo 1.

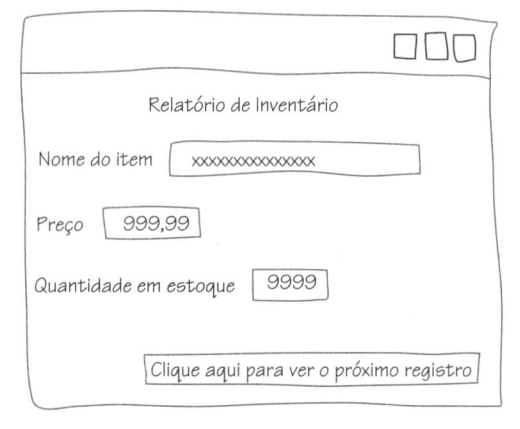

Figura 3-2 Registros de inventário apresentados em um ambiente GUI

Figura 3-3 Registros de inventário apresentados em um programa executável

NOTA: Programas GUI muitas vezes incluem vários formatos de telas que o usuário vê enquanto roda um programa. Em casos assim, seria feito o design para várias telas.

NOTA: Em vez de manuscrever o planejamento da tela de saída, as ferramentas que acompanham alguns compiladores de linguagens de programação permitem que você faça o design das suas saídas na tela arrastando os componentes para um formulário que permite ajustar seus tamanhos e posições. Além disso, você normalmente pode mudar características estéticas dos componentes GUI, como a fonte usada para o texto ou a cor.

NOTA: Alguns programadores não produzem um relatório impresso ou apresentado na tela. Em vez disso, produzem arquivos de saída que são armazenados diretamente em um dispositivo de armazenamento, como um disco. Se seu programa produz arquivos de saída, você vai criar uma descrição do arquivo para a sua saída. Outros programas podem então usar sua descrição do arquivo de saída como uma descrição de entrada. Você aprenderá sobre descrição de arquivos na próxima seção.

Documentação de entrada

Uma vez que tenha planejado o design da saída, você precisa saber que entradas estão disponíveis para produzir essa saída. Se estiver escrevendo um programa interativo que será executado em um ambiente GUI, pode esboçar o design da tela. A Figura 3-4 mostra um esboço para um formulário que aceita dados de inventário do usuário. A Figura 3-5 mostra como a tela ficaria em um programa executável.

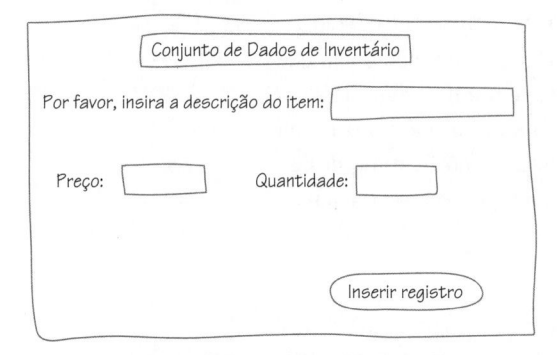

Figura 3-4 Esboço de tela de entrada para dados de inventário

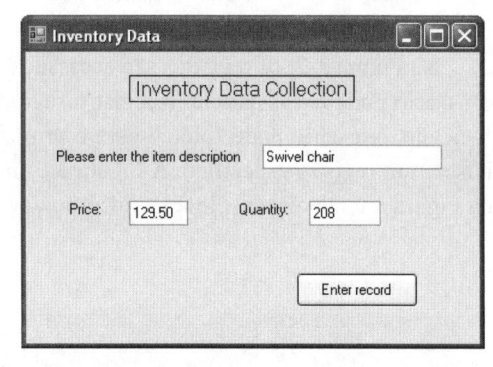

Figura 3-5 Tela de entrada para dados de inventário durante a execução do programa

Se você está produzindo saída a partir de dados que não foram inseridos interativamente, mas que já foram armazenados, muitas vezes receberá uma **descrição do arquivo** que descreve os dados contidos no arquivo. Normalmente, encontra-se uma descrição do arquivo como parte da documentação do sistema de informações de uma organização; fisicamente, a descrição poderia estar em um papel numa gaveta no departamento de sistemas de informações, ou pode estar armazenada em um disco. Se o arquivo que você vai usar vem de uma fonte externa, a pessoa que solicita o relatório terá que fornecer uma descrição dos dados armazenados no arquivo. A Figura 3-6 apresenta um exemplo de descrição de um arquivo de inventário.

```
DESCRIÇÃO DO ARQUIVO DE INVENTÁRIO
Nome do arquivo: INVENTÁRIO
DESCRIÇÃO DO ARQUIVO        TIPO DE DADO      COMENTÁRIO
Nome do item                String            15 caracteres no máximo
Preço do item               Numérico          2 casas decimais
Quantidade em estoque       Numérico          0 casas decimais
```

Figura 3-6 Descrição do arquivo de inventário

A descrição do arquivo de inventário da Figura 3-6 mostra que cada nome de item é uma série de dados com não mais do que 15 caracteres. Nem todas as descrições de arquivos vão seguir tal limitação.

> **NOTA:**
> Independentemente de a entrada vir de um arquivo ou interativamente de um usuário, a lógica e o processo são bastante parecidos.

Arquivos de entrada podem ser organizados de diferentes formas. Por exemplo, em alguns sistemas, um campo como um nome de um item pode ocupar exatamente 15 caracteres para cada registro no arquivo. Alguns nomes de itens podem precisar de todas as 15 posições permitidas para o nome no arquivo de entrada – por exemplo, "tapete 12 x 16m", que contém exatamente 15 caracteres, incluindo os espaços. Outros nomes de itens demandam menos do que as 15 posições possíveis – por exemplo, "capacho". Nesses casos, as posições que sobram podem continuar em branco, ou a descrição mais curta pode ser acompanhada de um caractere de terminação de strings. (Por exemplo, em alguns sistemas, um string é seguido por um caractere especial no qual todos os bits são 0.) Ao adicionar mais caracteres, como espaços, ao final de um campo de dados para forçá-lo a ser de um tamanho específico, você está **preenchendo (*padding*) o campo**. Entretanto, quando apenas 15 posições de armazenamento são permitidas por nome, alguns nomes podem ser longos demais e ter que ficar incompletos ou abreviados. Por exemplo, "carpete costurado à mão" pode ser armazenado como "carp cost a mão". Independente do nome do item exigir todas as 15 posições ou não, você pode extrair da Figura 3-6 que o preço de cada item começa depois do nome da descrição e, se as descrições são todas do mesmo tamanho, então o preço começa na posição 16 de cada registro de entrada.

> **NOTA:**
> O Apêndice C contém informações sobre como dados são codificados quando estão armazenados em arquivos de computador.

Alguns arquivos de dados são construídos de tal forma que nenhum campo tenha o mesmo tamanho. Em vez disso, cada campo é separado do seguinte usando-se um caractere predeterminado chamado **delimitador**. Por exemplo, você pode armazenar dados do inventário usando um caractere delimitador entre cada campo. Se estiver usando um sistema que reconhece esse formato, pode então escolher não preencher os campos. Em outras palavras, define-se que a descrição de um item termina depois de qualquer vírgula, em vez de depois de exatamente 15 posições de caracteres.

O preço de qualquer item do arquivo do inventário da Figura 3-6 é numérico. Em diferentes sistemas de armazenamento, um número pode ocupar um número diferente para a posição física no arquivo, medida em **bytes**. Além disso, números com casas decimais são frequentemente armazenados usando mais bytes do que números inteiros, mesmo quando o número inteiro é um número "maior". Por exemplo, em muitos sistemas, 5678 talvez seja armazenado em um campo de número inteiro de 4 bytes, enquanto 2,2 talvez seja armazenado em um campo de ponto flutuante de 8 bytes. Quando pensa logicamente sobre campos numéricos, você não se importa com quantos bytes de armazenamento eles ocupam; o que é importante é que eles possuem números. Por conveniência, este livro vai simplesmente designar valores numéricos como tais e informar se casas decimais estão inclusas.

NOTA: Caracteres repetidos cuja posição é frequentemente assumida não são armazenados em arquivos de dados. Por exemplo, traços de CPFs ou de números de telefone, sinais de moedas em quantidades de dinheiro, ou um ponto depois da inicial do nome do meio são raramente armazenados em arquivos de dados. Esses símbolos são usados em relatórios impressos, nos quais é importante que o leitor consiga interpretar facilmente esses valores.

Normalmente, programadores criam uma variável de programa para cada campo que faz parte do arquivo de entrada. Em adição à descrição do campo contida na documentação da entrada, o programador pode receber nomes de variáveis específicos para usar em cada campo, especialmente se os nomes dessas variáveis precisam coincidir com os que outros programadores que trabalham no projeto estão usando. Em muitos casos, porém, os programadores são autorizados a escolher seus próprios nomes para as variáveis. Portanto você pode escolher nomeItem, nomeDoItem, descriçãoItem, ou qualquer outro identificador razoável ao se referir ao nome do item do inventário dentro do seu programa. Os nomes de variáveis que você usa dentro do seu programa não precisam identificar as constantes, como rótulos de colunas, que podem estar impressas em um relatório em versão impressa. Deste modo, a variável nomeItem pode conter os caracteres que serão impressos abaixo do rótulo de coluna "NOME DO ITEM".

Por exemplo, examine a descrição do arquivo de entrada na Figura 3-6. Quando esse arquivo é usado para um projeto no qual o programador pode escolher os nomes das variáveis, ele ou ela pode escolher a seguinte lista de declaração de variáveis:

```
string itemNome
núm itemPreço
núm itemQuantidade
```

Cada campo de dados na lista é declarado usando o tipo de dado que corresponde ao tipo de dado indicado na descrição do arquivo e tem um nome apropriado, fácil de ler, em uma única palavra.

NOTA: Alguns programadores argumentam que começar cada campo com um **prefixo** indicando o nome do arquivo (por exemplo, "item" em "itemNome" e "itemPreço") ajuda a identificar aquelas variáveis como "devem ficar juntas". Outros argumentam que repetir o prefixo "item" é redundante e demanda digitação desnecessária do programador; esses programadores argumentariam que nome, preço e quantidade são suficientemente descritivos.

NOTA: Quando programadores usam um identificador como itemNome, tal identificador de variável existe na memória do computador apenas ao longo da duração do programa no qual a variável foi declarada. Outro programa pode usar o mesmo arquivo de entrada e chamar o mesmo campo de nomeDoItem. Nomes de variáveis existem na memória durante a execução de um programa – eles não são armazenados em arquivo de dados. Nomes de variáveis simplesmente representam endereços da memória em que estão armazenados pedaços dos dados enquanto o programa é executado.

Lembre-se da relação de hierarquia dos dados introduzida no Capítulo 1:

» Base de dados
» Arquivo
» Registro
» Campo
» Caractere

Independente do arquivo do inventário ser parte de uma base de dados ou não, ele contém muitos registros, e cada um deles contém o nome de um item, preço e quantidade, que são campos.

Por sua vez, o campo que contém o nome de um item pode conter até 15 caracteres – por exemplo, "tapete 12 x 16m", "persianas azuis" ou "caixinhas de CD".

Diferentes organizações podem usar diferentes formas para transmitir a informação de registros e campos, mas o que qualquer programador precisa saber é:

» Qual é o nome do arquivo?
» Quais campos de dados ele contém, e em qual ordem?
» Qual tipo de dado pode ser armazenado em cada campo – textual ou numérico?

Observe que a posição dos campos de dados no arquivo de entrada não precisam corresponder à posição dos mesmos campos no arquivo de saída, ou na tela, ou em um relatório impresso. Por exemplo, você pode usar o arquivo de dados descrito na Figura 3-6 para produzir um relatório no qual cada linha contenha os três valores de campos em qualquer ordem. Em outras palavras, você pode apresentar primeiro a quantidade, seguida da descrição e do preço. Como alternativa, pode escolher não apresentar alguns campos. Por exemplo, pode fazer o design de um relatório que apresenta apenas descrições e quantidade dos itens, omitindo os preços.

NOTA: Você não precisa liberar todos os caracteres disponíveis que existem em um campo num registro de entrada. Por exemplo, apesar de o nome do item da descrição do arquivo de entrada na Figura 3-6 mostrar que cada item contém até 15 caracteres armazenados, você pode decidir mostrar apenas 10 deles na saída, especialmente se o seu relatório de saída contiver muitas colunas e você estiver com problemas de espaço.

A descrição do arquivo do inventário da Figura 3-6 contém todos os dados que o programador precisa para criar a saída solicitada na Figura 3-1 ou 3-2 – a saída lista o nome, o preço e a quantidade de cada item, e os registros de entrada contêm claramente esses dados. Por exemplo, sua empresa de cartão de crédito armazena as informações históricas sobre as suas compras anteriores, mas essas não são incluídas em todas as contas. Da mesma forma, seus arquivos escolares contêm mais informação do que as impressas em cada boletim escolar ou no boleto da mensalidade.

Cada valor produzido não precisa vir de uma entrada. Por exemplo, assuma que um usuário solicite um relatório no formato apresentado no exemplo da Figura 3-7, que inclui uma coluna rotulada "Preço com Desconto", e que a descrição do arquivo de entrada é a da Figura 3-7. Assuma também que o preço com desconto seja 75% do preço original. Nesse caso, os dados da coluna "Preço com Desconto" são calculados dentro do programa.

```
RELATÓRIO DOS PREÇOS COM DESCONTOS        IMPRESSO EM 99/99/9999
NOME DO ITEM            PREÇO             PREÇO COM DESCONTO
XXXXXXXXXXXXXXX         999,99            999,99
XXXXXXXXXXXXXXX         999,99            999,99
XXXXXXXXXXXXXXX         999,99            999,99
```

Figura 3-7 Plano para o relatório dos preços com descontos

Completando a documentação

Quando você faz o design da saída e verifica que é possível produzi-lo a partir da entrada, pode então planejar a lógica do programa, codificá-lo e testá-lo. O design original da saída, a descrição da entrada, o fluxograma, o pseudocódigo e o código do programa tornam-se parte da documentação do programa. Essas partes da documentação são normalmente armazenadas juntas numa pasta no departamento de programação da organização, onde podem mais tarde ser estudados quando forem necessárias mudanças no programa.

Além dessa documentação do programa, normalmente é preciso criar a documentação do usuário. A **documentação do usuário** envolve todos os manuais ou outros materiais com instruções que usuários inexperientes possam usar, assim como as instruções operacionais que técnicos de informática e pessoal de entrada de dados precisam. É necessário que esteja escrita com clareza, em linguagem simples, com a devida avaliação do conhecimento do usuário. Em uma pequena organização, o programador pode vir a preparar a documentação do usuário. Em uma grande organização, a documentação do usuário normalmente é preparada por autores técnicos ou analistas de sistemas, que supervisionam o trabalho dos programadores e coordenam os esforços dos programadores. Esses profissionais consultam os programadores para garantir que a documentação do usuário fique completa e precisa.

As áreas abordadas na documentação do usuário podem incluir:

» Como preparar a entrada para o programa
» Para quem a saída deve ser distribuída
» Como interpretar a saída normal
» Como interpretar e reagir a qualquer mensagem de erro gerada pelo programa
» Com que frequência o programa precisa ser rodado

NOTA: A documentação completa pode incluir também a documentação de apoio operacional. Esse tipo de documentação fornece informações de backup e de recuperação, instruções sobre o tempo de execução e considerações de segurança para operadores de computadores centrais que executam aplicações de grande porte dentro de centros de processamento de dados.

Todas essas questões precisam ser abordadas antes que um programa possa estar totalmente funcional em uma organização. Quando usuários de toda a organização podem enviar dados de entrada para os programas de computador e obter a informação que necessitam para executar satisfatoriamente suas funções, então o programador efetuou seu trabalho habilidosamente.

DUAS VERDADES E UMA MENTIRA:

Entendendo a documentação

1. Duas amplas categorias de documentação são a documentação voltada aos usuários e a documentação que visa os programadores.
2. Documentação interna de programa consiste de comentários de programa que alteram a sua execução.
3. Documentação externa de programa inclui toda a papelada de apoio que os programadores desenvolvem antes de escrever um programa.

A frase falsa é a nº 2. Comentários são sentenças não executáveis que programadores colocam dentro dos seus códigos para explicar sentenças do programa em linguagem cotidiana.

Compreendendo as vantagens de se modular

Programadores raramente escrevem programas como uma longa série de passos. Em vez disso, dividem o problema de programação em unidades razoáveis e lidam com uma pequena tarefa por vez. Essas unidades menores são denominadas **módulos**. Programadores também se referem a elas como **sub-rotinas**, **procedimentos**, **funções**, ou **métodos**.

> **NOTA:** O nome que os programadores usam para os seus módulos normalmente reflete a linguagem de programação que eles usam. Por exemplo, programadores de Visual Basic usam "procedimentos" (ou "subprocedimentos"). Programadores de C e C++ chamam seus módulos de "funções", enquanto programadores de Java, C# e de outras linguagens orientadas ao objeto costumam usar "método". Programadores de COBOL, RPG e BASIC (linguagens mais antigas) normalmente usam "sub-rotinas".

Para executar um método, você o **invoca** ou **chama** a partir de outro programa ou método; o **método de chamar** invoca o **método chamado**. Qualquer programa pode conter um número ilimitado de métodos e cada método pode ser chamado um ilimitado número de vezes. Dentro de um programa, os métodos mais simples que podem ser invocados não requerem o envio de nenhum item de dado para eles e também não mandam nenhum dado de volta. Você aprenderá sobre métodos que recebem e retornam dados no Capítulo 7.

O processo de dividir um programa grande em módulos chama-se **modular**. Não é obrigatório dividir um programa grande em módulos para deixá-lo executável em um computador, mas há ao menos três razões para fazer isso:

- » Modular oferece abstração
- » Modular permite que múltiplos programadores trabalhem no mesmo problema
- » Modular permite que você reutilize seu trabalho

Modular provê abstração

Um motivo para que programas modulares fiquem mais fáceis de entender é que eles permitem que o programador tenha uma visão geral. **Abstração** é o processo de prestar atenção às propriedades importantes enquanto ignora detalhes não essenciais. Abstração é uma ignorância seletiva. A vida seria tediosa sem abstração. Por exemplo, você cria uma lista de coisas para fazer hoje:

```
Lavar roupa
Ligar para tia Naná
Começar trabalho semestral
```

Sem abstração, a lista de tarefas seria:

```
Pegar a cesta de roupas
Colocar cesta de roupas no carro
Dirigir para a lavanderia
Sair do carro com cesta
Andar até máquina
Colocar cesta no chão
Achar moeda para acionar a máquina de lavar
... e assim por diante.
```

> **NOTA:** Artistas abstratos criam pinturas nas quais eles veem apenas a "Figura panorâmica" – cor e forma – e ignoram os detalhes. A abstração tem um significado semelhante entre os programadores.

Você talvez liste mais uma dúzia de passos antes que termine de lavar a roupa e vá para a segunda tarefa da sua lista original. Se tivesse que considerar cada pormenor ou **detalhe de baixo nível** de cada tarefa do seu dia, você provavelmente não sairia da cama de manhã. Usar um nível mais alto, uma lista mais abstrata torna seu dia gerenciável. A abstração faz tarefas complexas parecerem simples.

Da mesma forma, certo nível de abstração ocorre em qualquer programa de computador. Cinquenta anos atrás, um programador tinha que entender as instruções de baixo nível do circuito utilizado pelo computador. Mas, agora, **linguagens de programação de alto nível** mais novas permitem que você use vocabulário semelhante ao das línguas cotidianas, no qual uma sentença abrangente corresponde a dúzias de instruções de máquina. Não importa qual linguagem de programação de alto nível você use, se coloca uma mensagem no monitor, nunca tem que entender como um monitor funciona para criar cada pixel na tela. Você escreve uma instrução, como `imprimir mensagem`, e os detalhes das operações do hardware são controlados para você.

Módulos ou sub-rotinas oferecem outra maneira de atingir a abstração. Por exemplo, um programa de folha de pagamentos pode chamar um módulo identificado por `calcularImpostoFederalNaFonte ()`. Você pode escrever os detalhes matemáticos da função mais tarde, outra pessoa pode escrevê-los, ou você pode adquiri-los de uma fonte externa. Ao planejar seu principal programa da folha de pagamentos, a única preocupação é que o imposto federal na fonte seja calculado; os detalhes são deixados para depois.

Modular permite que vários programadores trabalhem em um mesmo problema

Ao repartir uma grande tarefa em módulos, é possível dividir a tarefa entre várias pessoas. Raramente um único programador escreveu o programa comercial que você comprou. Considere qualquer processador de texto ou de planilhas, ou programa de bases de dados que você já tenha usado. Esses programas têm tantas opções e respondem à seleção do usuário de tantas maneiras que levaria anos para um único programador escrever todas as instruções. Desenvolvedores profissionais de softwares podem escrever programas novos em semanas ou meses; em vez de anos, dividindo os programas em módulos e designando cada módulo a um programador ou time de programadores.

Modular permite que você reutilize seu trabalho

Se uma sub-rotina ou função é útil e bem escrita, você pode querer usá-la mais de uma vez dentro de um programa, ou em outros programas. Por exemplo, uma rotina que checa o dia atual para ter certeza de que está válido (o mês não é inferior a 1, nem superior a 12, o dia não é inferior a 1, nem superior a 31 se o mês é janeiro, e assim por diante) é útil em muitos programas escritos para uso empresarial. Um programa que usa um arquivo de pessoal contendo o dia do nascimento, a data da contratação, a data da última promoção e a data de rescisão pode usar o módulo de validação de datas quatro vezes no registro de cada empregado. Outros programas da organização também podem usar o módulo; entre eles, programas que enviam o pedido dos clientes, planejam as festas de aniversário dos funcionários e calculam quando devem ser feitos pagamentos de empréstimos. Se escrever as instruções do programa que verifica as datas e estas ficam misturadas às outras sentenças no programa, é difícil extraí-las e reutilizá-las. Entretanto, colocando as instruções num módulo próprio, a unidade é fácil de usar e de transportar para outras aplicações. A característica de programas modulares que permite que os módulos individuais sejam usados em diversas aplicações é conhecida como **capacidade de reutilização**.

Você pode encontrar muitos exemplos de capacidade de reutilização no mundo real. Quando constrói uma casa, você não inventa sistemas de encanamento e de calefação, mas incorpora sistemas com designs já aprovados. Isso certamente reduz o tempo e o esforço necessários para construí-la. Assumindo que o sistema elétrico e de encanamento que você escolheu funcionaram em outras casas, eles também aumentam a confiabilidade dos sistemas na sua – eles já foram testados sob diversas circunstâncias e demonstram funcionar corretamente. Da mesma forma, softwares reutilizáveis são mais confiáveis. A **confiabilidade** é a característica de programas que garante que um módulo já foi testado e provou funcionar corretamente. Softwares confiáveis economizam tempo e dinheiro. Se você criar os componentes funcionais dos seus programas como módulos isolados e testá-los em seus atuais programas, muito do trabalho já terá sido feito quando você for usar esses módulos em futuras aplicações.

NOTA: Modular também facilita identificar estruturas, pois as unidades do programa ficam em um tamanho gerenciável. Um programador profissional nunca vai modular simplesmente para *identificar* se um programa é estruturado – ele ou ela modula por razões de abstração, facilidade de divisão do trabalho e pela capacidade de reutilização. No entanto, é importante para um programador iniciante ser capaz de ver e identificar estruturas.

NOTA: Reduzir um programa grande em módulos mais manipuláveis é algumas vezes chamado **decomposição funcional**.

DUAS VERDADES E UMA MENTIRA:

Compreendendo as vantagens de modular

1. Modular elimina a abstração, uma característica que deixa programas mais confusos.
2. Modular permite que múltiplos programadores trabalhem em um mesmo problema.
3. Modular permite que você reutilize seu trabalho mais facilmente.

A frase falsa é a nº 1. Modular possibilita a abstração, que permite que se tenha uma visão geral mais facilmente.

Modulando um programa

A maioria dos programas consiste de um **programa principal** (ou **método principal do programa**) que contém a principal linha da lógica; esse módulo então acessa outros módulos ou sub-rotinas. Quando você cria um módulo ou sub-rotina, dá a ele um nome identificador. As regras para nomear módulos são diferentes em cada linguagem de programação, mas geralmente são similares às regras da linguagem para nomear variáveis. Neste texto, nomes de módulos seguem as mesmas duas regras usadas para identificadores de variáveis:

» Nomes de módulos precisam ser de uma palavra
» Nomes de módulos devem ter algum significado

Além disso, neste texto, nomes de módulos são acompanhados de um par de parênteses. Isso vai ajudar a distinguir os nomes de módulos dos nomes de variáveis. Este estilo corresponde à maneira como módulos são normalmente nomeados em várias linguagens de programação, como Java, C++ e C#.

A Tabela 3-1 lista alguns nomes de módulos possíveis para um módulo que calcula o pagamento bruto de um empregado e justifica a adequação de cada um.

Tabela 3-1 Identificadores sugeridos para um módulo que calcula o pagamento bruto de um empregado

Nomes de Módulos Sugeridos	Comentários
Melhores identificadores	
`calcularPagamentoBruto()`	Bom
`calcularBruto()`	Bom – a maioria das pessoas interpretaria "Bruto" como uma abreviação de "Pagamento bruto"
Identificadores ruins ou ilícitos	
`calPagBo()`	Lícito, embora críptico
`calcularPagamentoBrutoParaUmEmpregado()`	Lícito, mas estranho
`calcular bruto()`	Ilegal – espaço embutido
`calcularpagamentobruto()`	Lícito, mas difícil de ler sem *camel casing*

NÃO FAÇA ISSO
Esses identificadores não são recomendados.

NOTA: Conforme você aprende mais sobre módulos em linguagens de programação específicas, vai perceber que algumas vezes nomes de variáveis são atribuídos dentro dos parênteses dos nomes dos módulos. Qualquer variável cercada por parênteses contém informações que se deseja enviar para o módulo. Por enquanto, os parênteses usados ao final dos nomes dos módulos estarão vazios.

NOTA: A maioria das linguagens de programação exige que nomes de módulos comecem com um caractere alfabético. Este livro segue esta convenção.

NOTA: Apesar de não ser exigência de nenhuma linguagem de programação, muitas vezes faz sentido usar um verbo como o nome inteiro ou parte do nome de um módulo, pois módulos realizam ações. Nomes típicos de módulos começam com palavras como obter, calcular e imprimir. Quando você programa em linguagens visuais que usam componentes da tela, como botões e caixas de texto, os nomes dos módulos muitas vezes contêm verbos representando ações do usuário, como "clicar e arrastar".

NOTA:
Quando um módulo chama outro, o módulo chamado é um **submódulo**.

Quando um programa ou módulo usa outro módulo, você chama o programa principal de programa que chama (ou módulo que chama), pois ele "chama" o nome do módulo quando ele quer usar o módulo. O símbolo de fluxograma usado para chamar um módulo é um retângulo com uma linha que cruza a parte superior. O nome do módulo que está chamando é colocado dentro do retângulo.

NOTA: Em vez de pôr apenas o nome do módulo chamado no fluxograma, muitos programadores inserem um verbo apropriado, como "realizar" ou "executar", antes do nome do módulo. Esses verbos ajudam a esclarecer que o módulo representa a ação a ser realizada.

NOTA: Um módulo pode chamar outro módulo e o módulo chamado pode chamar ainda outro. O número de chamados em cadeia é limitado apenas pela quantidade de memória disponível no computador.

Em um fluxograma, você desenha cada módulo separadamente com os seus próprios flags. O símbolo que é equivalente ao símbolo `início` em um programa contém o nome do módulo. Esse nome precisa ser idêntico ao nome usado no programa que chama. O símbolo equivalente ao símbolo `fim` de um programa não contém "fim"; até porque o programa não está sendo terminado. Em vez disso, o módulo termina com um termo menos definitivo, como `saída` ou `retorno`. Essas palavras indicam corretamente que, quando o módulo para, a progressão lógica sai do módulo e retorna para o programa que chamou. Da mesma forma, no pseudocódigo, cada módulo começa com seu nome e termina com uma sentença `retorno` ou `saída`. As sentenças com o nome do módulo e com o retorno são verticalmente alinhadas e todas as sentenças do módulo são indentadas entre elas.

NOTA: Quando você chama um módulo, a ação é semelhante a dar pausa em um aparelho de DVD. Você abandona sua primeira ação (assistir ao filme), cuida de alguma outra tarefa (por exemplo, fazer um sanduíche) e, quando a segunda tarefa está completa, retorna para a tarefa principal exatamente no ponto em que parou.

Por exemplo, considere a lógica na Figura 3-8. Seus passos genéricos podem representar qualquer ação, mas você deve ser capaz de perceber que os passos estão estruturados. A sequência A é seguida por uma seleção, representada por B. A condição B inicia uma estrutura de seleção com uma sequência seguida por uma seleção quando B é verdadeira, e uma sequência quando B é falsa. A segunda seleção, representada por G, está embutida dentro da seleção B e contém uma sequência.

Se você examinar os passos da Figura 3-8, pode ver que a sequência representada por H, I, e J ocorre em dois lugares. É perfeitamente aceitável ter as mesmas tarefas feitas em diferentes locais do programa sob diferentes condições, porém, quando as mesmas tarefas são repetidas em diferentes locais, pode ser conveniente criar um método que seja chamado em cada local onde ele deva ser executado.

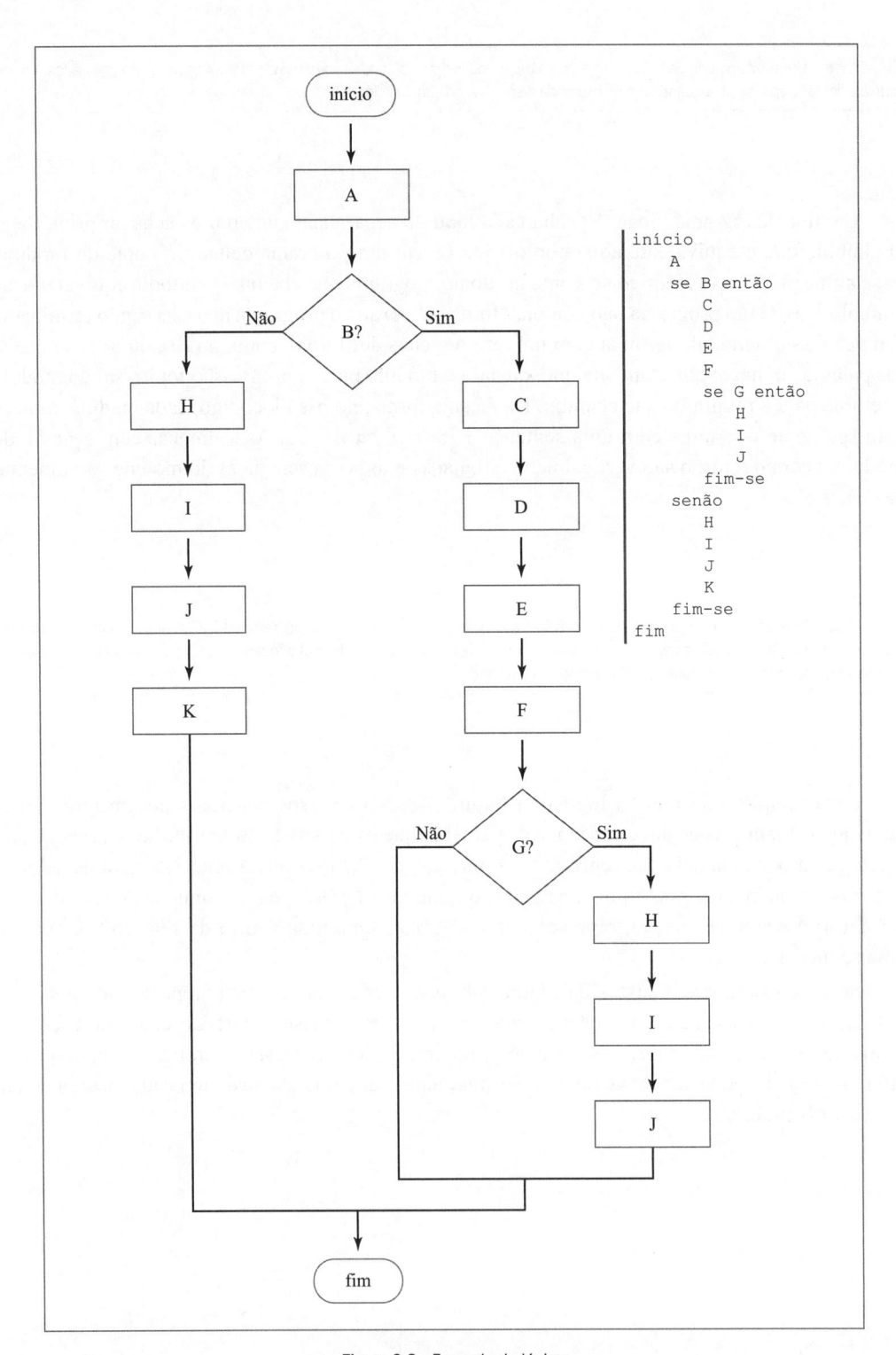

```
início
  A
  se B então
     C
     D
     E
     F
     se G então
        H
        I
        J
     fim-se
  senão
     H
     I
     J
     K
  fim-se
fim
```

Figura 3-8 Exemplo de lógica

A Figura 3-9 mostra a mesma lógica da Figura 3-8, mas as três sentenças, H, I e J, foram contidas, ou **encapsuladas**, em um método chamado métodoHaJ(). O método tem suas próprias terminações (veja os itens sombreados da Figura 3-9) e contém uma sequência composta de três ações.

Quando a lógica do segmento original está pronta para executar as três sentenças, ela chama o método. (Veja as duas mensagens destacadas na imagem.) No fluxograma, as chamadas do método são representadas por símbolos de processamento que têm uma faixa atravessada no alto. Ao ver a faixa, entende-se que o símbolo representa um módulo que pode possuir muitos passos. No pseudocódigo, o método que chama é indicado usando o nome do método quando você quer chamá-lo. (Lembre-se, é possível afirmar que ele é um método, pois ele é seguido de parênteses.) No programa da Figura 3-9, os passos individuais H, I e J precisam apenas ser escritos uma vez e podem ser chamados como uma unidade a partir de múltiplas localidades do programa.

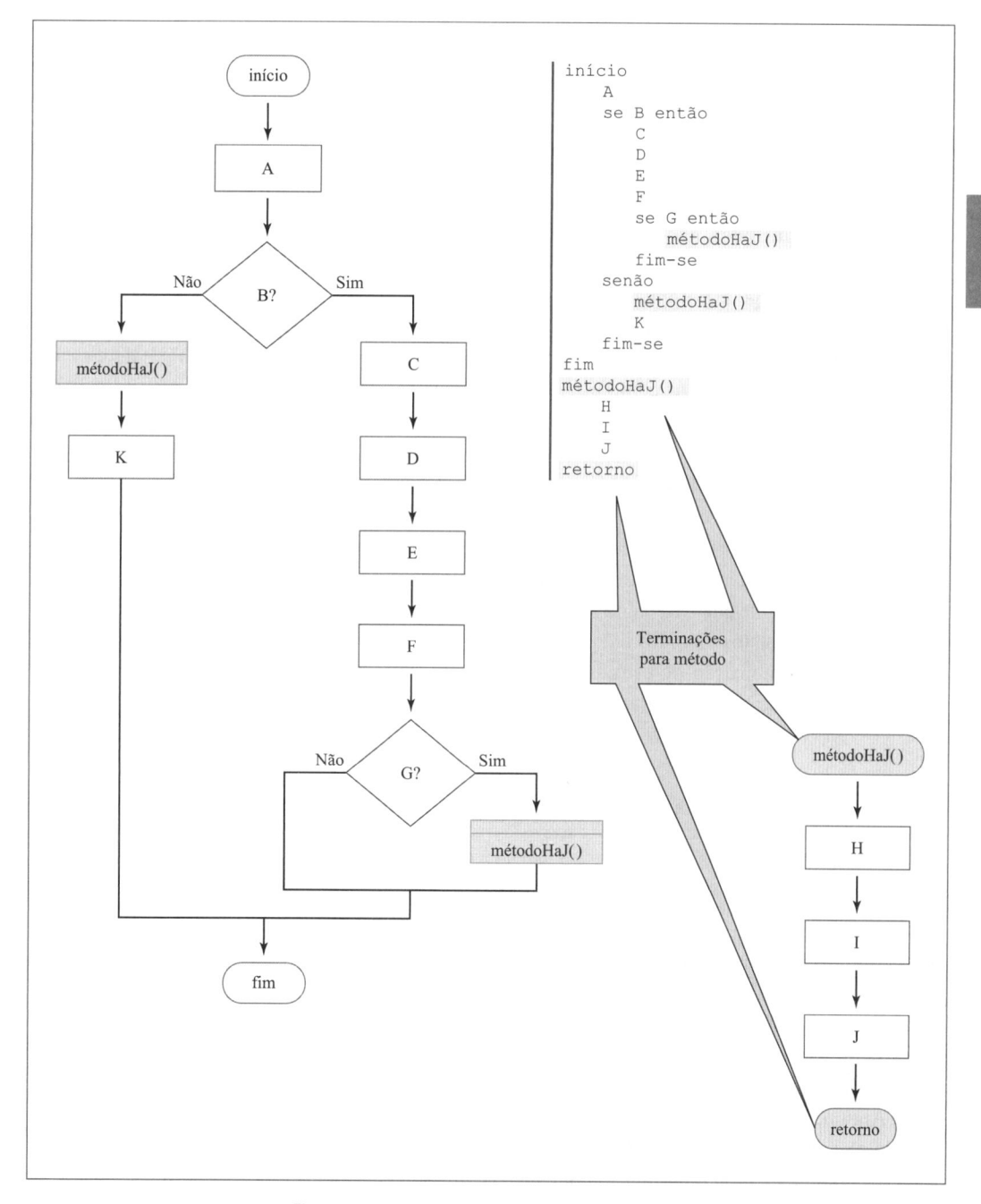

Figura 3-9 Lógica da Figura 3-8 usando um método

NOTA: Alguns programadores usam um retângulo com uma faixa em cada lado para representar um módulo em um fluxograma. Este livro usa a convenção de, que caso um módulo seja externo a um programa, usa-se um retângulo com faixas laterais, mas se o módulo for parte do programa, como é o caso em todos os exemplos deste capítulo, então usa-se um retângulo com uma faixa única atravessada no alto. Muitas linguagens de programação trazem métodos embutidos, que você não escreve. Por exemplo, uma linguagem talvez traga um método que gera um número aleatório ou que calcula uma função trigonométrica. Tais métodos são externos a seu programa. Se você for criar o jogo de adivinhar da Zona dos Jogos ao final deste capítulo, deve usar o símbolo de módulo externo para representar a sentença que gera um número aleatório.

NOTA: Sempre que um programa principal chama um módulo, a lógica é transferida para o módulo chamado. Quando o módulo chamado termina, o fluxo da lógica transfere-se de volta para o programa principal que chamou e, por sua vez, recomeça de onde havia parado. O computador se lembra do endereço correto da memória ao qual ele deve retornar depois da execução do módulo, pois registra o endereço em um local conhecido como **pilha**.

Na Figura 3-10, a mesma lógica foi ainda mais modulada. Os passos C, D, E e F foram postos nos seus próprios métodos, não para evitar repeti-los (porque não são repetidos em nenhum lugar do programa), mas apenas para agrupá-los. Assim como é mais conveniente dizer "assar uma torta" do que dizer "em uma tigela, pôr uma xícara de açúcar, 3 ovos" e assim por diante, pode ser mais claro e mais conveniente chamar o nome de um método e ter as direções específicas listadas em outro lugar. Criar submétodos deixa a lógica de chamar um método mais concisa, mais fácil de ler e um pouco mais fácil de identificar como estruturada. Ninguém gostaria de colocar os passos de C a F nos seus próprios métodos sem uma boa razão ou se eles não se relacionassem, mas isso seria feito se representassem quatro passos muito relacionados, e especialmente se representassem passos para um programa que pode vir a ser necessário para outro programa no futuro.

Decidir quais etapas colocar em seus próprios métodos é uma arte, e os programadores, com certeza, discordam sobre quais etapas devem ser moduladas em um programa específico. Todavia, criar métodos faz com que programas grandes fiquem mais fáceis de manipular e, em programas muito grandes, permite que o trabalho seja mais facilmente repartido entre múltiplos programadores. Independente de quantos métodos um programa contém, cada um tem que ser estruturado, contendo apenas alguma combinação de estruturas de sequência, seleção e loops, e cada uma tem que ser chamada como parte de um programa maior, que também deve ser estruturado.

NOTA: Métodos são cruciais para a programação moderna. Você vai aprender muito sobre sua construção posteriormente neste livro. Por enquanto, conforme for trabalhando com os exemplos de programas nos próximos capítulos, tente imaginar como eles podem ser divididos logicamente em módulos menores e mais precisos.

Nenhum dos segmentos apresentados nas Figuras 3-8, 3-9 e 3-10 é superior aos outros em termos de funcionalidade, mas você pode preferir modular para ajudar a dividir e reutilizar o trabalho. Determinar quando dividir qualquer módulo específico em sub-rotinas ou submódulos não segue regras determinadas, mas demanda experiência e discernimento. Sim, os programadores seguem algumas diretrizes quando decidem o quanto dividir sub-rotinas, ou quanto colocar em cada uma delas. Algumas empresas podem ter regras arbitrárias, como "uma sub-rotina nunca deve ocupar mais do que uma página", ou "um módulo nunca deve conter mais do que 30 sentenças em si", ou "nunca ter um método ou uma função com apenas uma sentença nele".

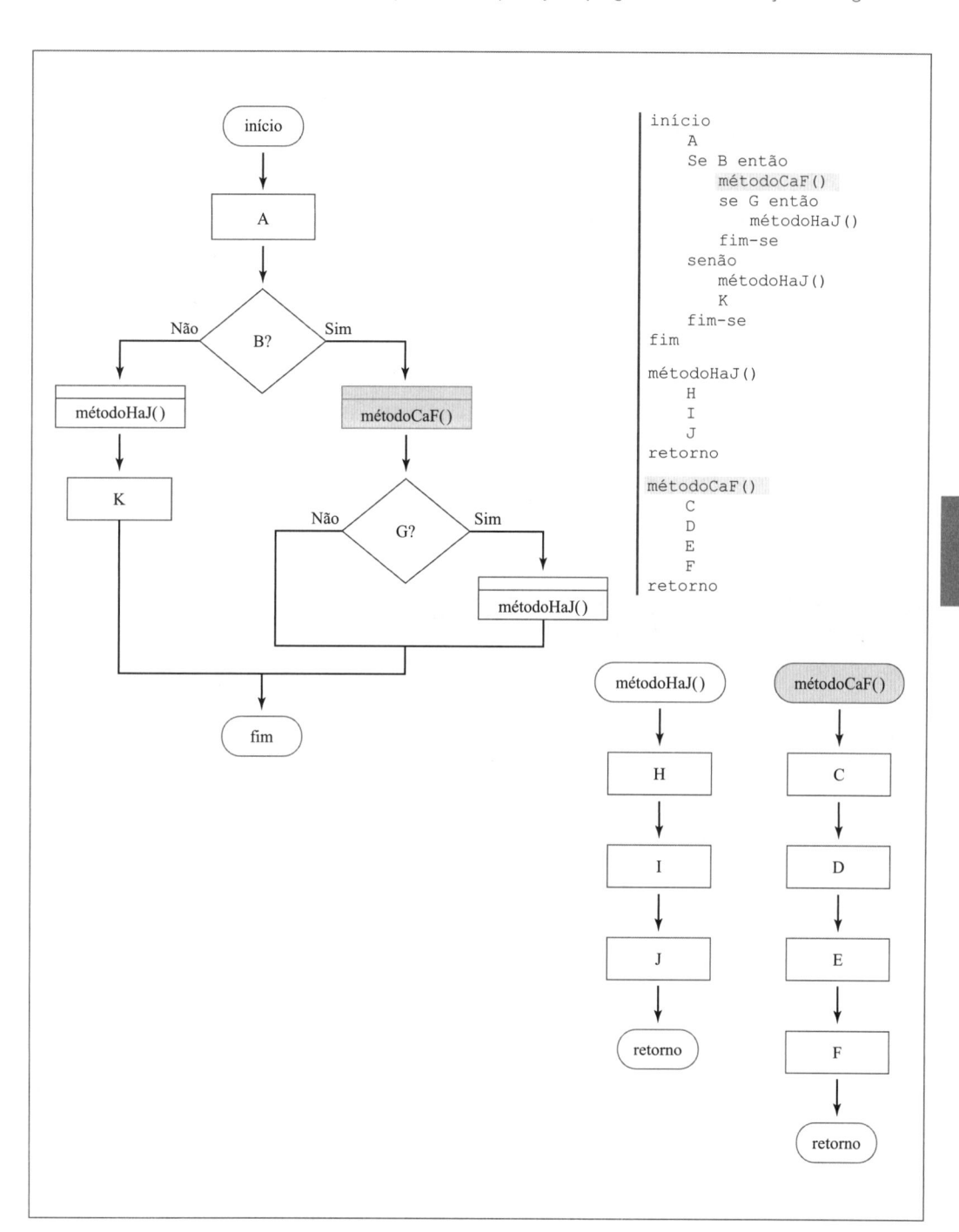

```
início
   A
   Se B então
      métodoCaF()
      se G então
         métodoHaJ()
      fim-se
   senão
      métodoHaJ()
      K
   fim-se
fim
métodoHaJ()
   H
   I
   J
retorno

métodoCaF()
   C
   D
   E
   F
retorno
```

Figura 3-10 Lógica da Figura 3-9 usando dois métodos

Ao invés de usar tais regras arbitrárias, uma política melhor é colocar juntas sentenças que contribuam para uma tarefa específica. Quanto mais as sentenças contribuírem para a mesma tarefa, melhor é a **coesão funcional** do módulo. Uma rotina que verifica a validade do valor da data variável, ou uma que gera prompts para o usuário e permite que ele insira um valor, é considerada coesa. Uma rotina que verifica a validade da data, deduz os bônus do seguro e computa o abatimento do imposto federal na fonte para um empregado seria menos coesa.

NOTA: Verificação de datas é um exemplo de módulo comumente usado em programas empresariais, e de um que tem boa coesão funcional. Em programas de negócios, muitas datas são representadas usando seis ou oito dígitos, no formato dia-mês-ano. Por exemplo, 21 de janeiro de 2009 pode ser armazenado como 210109 ou 21012009. Entretanto, você também pode encontrar o formato mês-dia-ano, como em 01212009. O atual padrão *International Organization for Standardization* (ISO) para a representação de datas tem oito dígitos, com o ano primeiro, seguido do mês e do dia. Por exemplo, 21 de janeiro de 2009 é 20090121, e seria apresentado como 2009-01-21. O ISO cria padrões para que empresas façam produtos mais confiáveis e para tornar o comércio entre países mais fácil e justo.

DUAS VERDADES E UMA MENTIRA:

Modulando um programa

1. A maioria dos programas tem um programa principal, que contém a linha principal da lógica; esse programa então acessa outros módulos ou sub-rotinas.
2. Um programa que chama (ou módulo que chama) chama o nome de um módulo quando quer usar aquele módulo.
3. Sempre que um programa principal chama um módulo, a lógica é transferida para o módulo, e quando o módulo termina, o programa finaliza.

A frase falsa é a nº 3. Quando um módulo termina, o fluxo da lógica transfere-se de volta para o programa principal que chamou, que por sua vez recomeça de onde havia parado.

Declarar variáveis e constantes locais e globais

Qualquer programa pode conter um número ilimitado de métodos, e cada método pode ser chamado inúmeras vezes. Em um programa, os métodos mais simples que você pode invocar não requerem que lhes seja enviado nenhum item de dado (chamados **argumentos**), tampouco enviam qualquer dado a você (chamado **retornar um valor**). Considere o simples aplicativo da Figura 3-11, que aceita o nome e o saldo devedor de um cliente e imprime uma conta. Na parte de cima da conta, aparecem o nome e o endereço da empresa, em três linhas. Você pode simplesmente incluir três sentenças `imprimir` na linha principal da lógica de um programa como mostra a Figura 3-11, ou pode criar tanto a linha principal da lógica como o método `nomeEEndereço()`, como mostra a Figura 3-12.

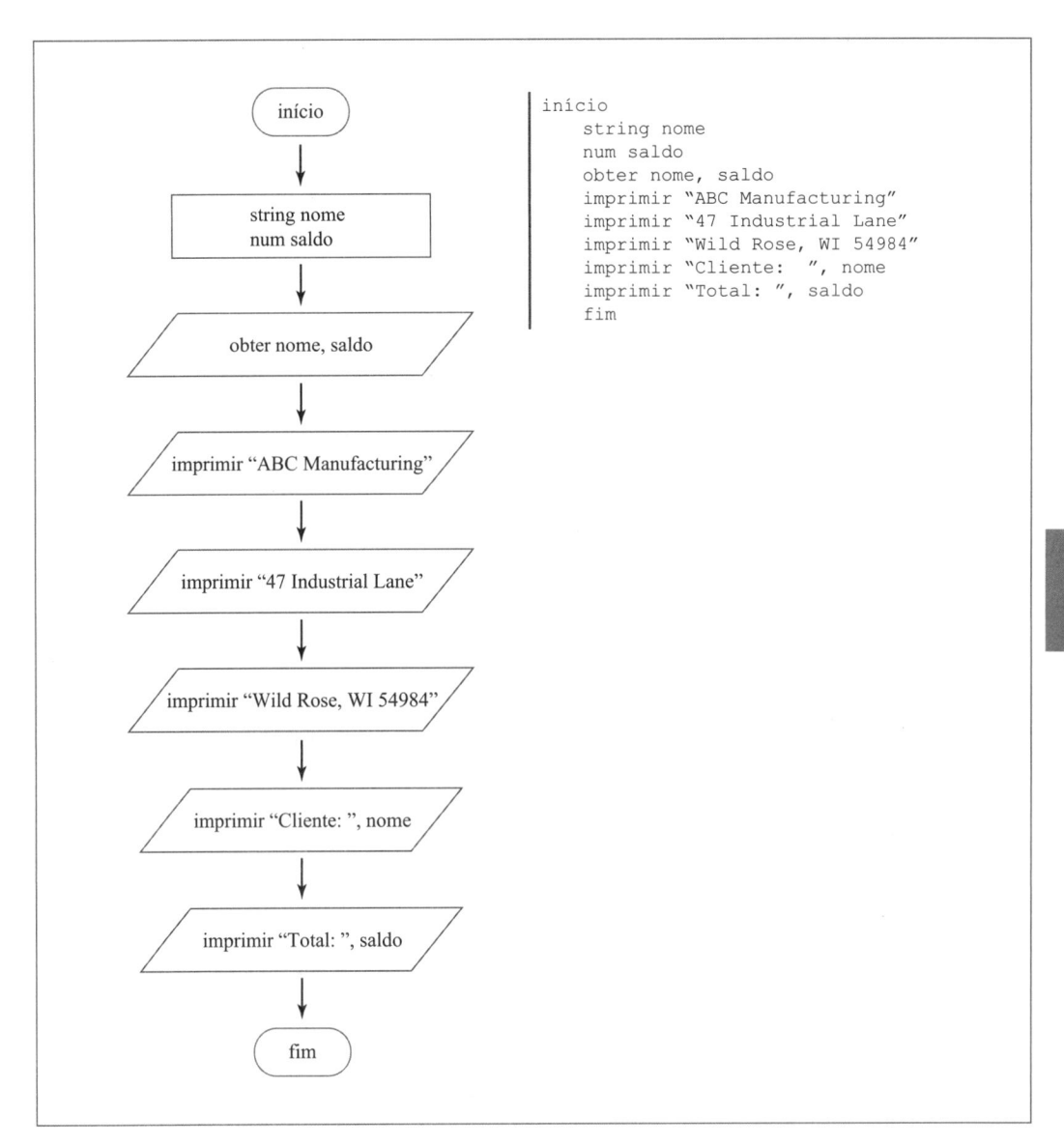

```
início
    string nome
    num saldo
    obter nome, saldo
    imprimir "ABC Manufacturing"
    imprimir "47 Industrial Lane"
    imprimir "Wild Rose, WI 54984"
    imprimir "Cliente: ", nome
    imprimir "Total: ", saldo
fim
```

Figura 3-11 Programa que imprime uma conta usando apenas o programa principal

NOTA: Na Figura 3-11, a instrução `obter nome, saldo` é expressa na sua forma mais simples para que o exemplo continue descomplicado. Se esse programa tivesse a intenção de ser interativo, isso seria executado a partir da linha de comando, as instruções incluiriam a apresentação de um prompt e ficariam parecidas com:

```
imprimir "Por favor insira um nome "
obter nome
imprimir "Inserir saldo devedor "
obter saldo
```

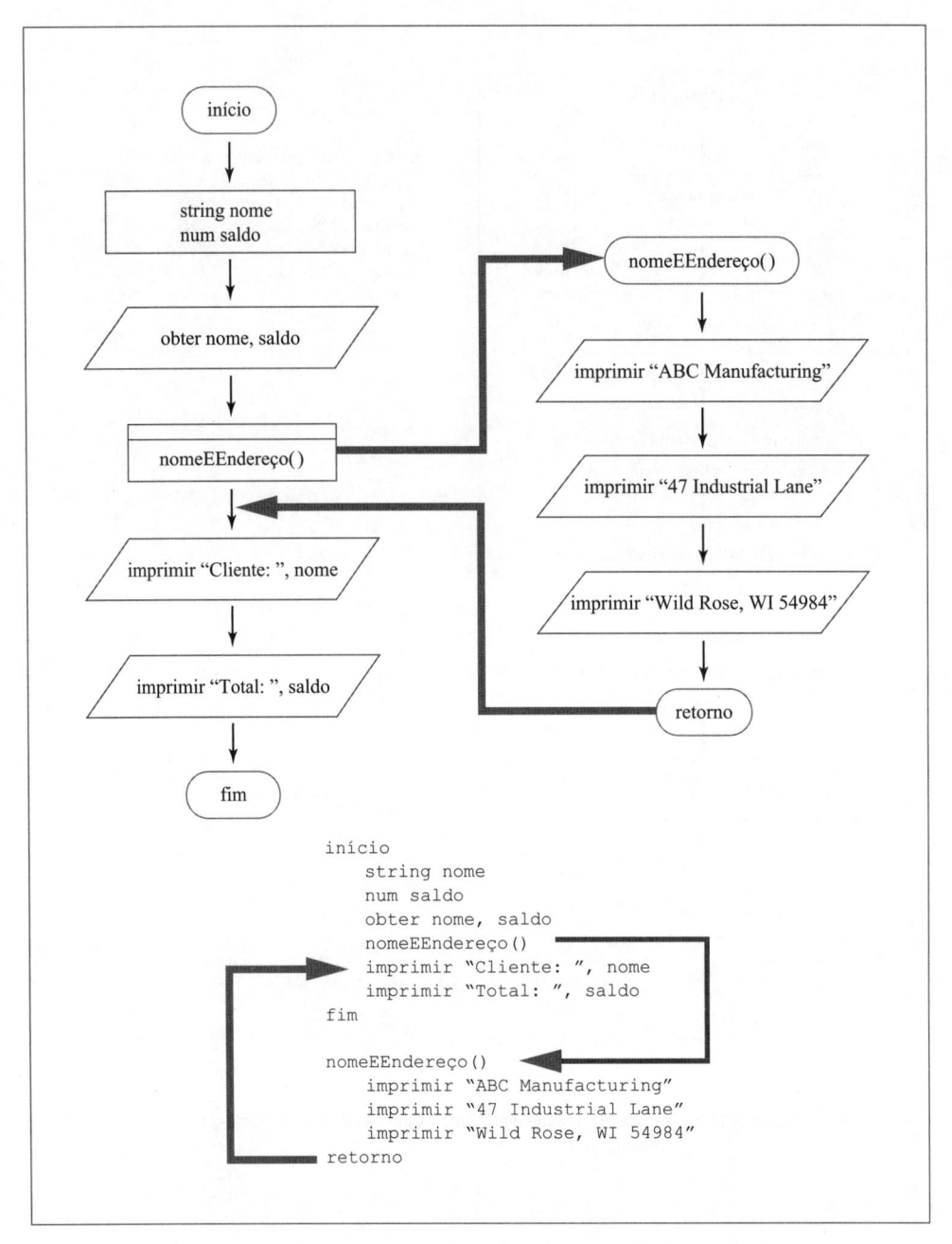

```
início
   string nome
   num saldo
   obter nome, saldo
   nomeEEndereço()
   imprimir "Cliente: ", nome
   imprimir "Total: ", saldo
fim

nomeEEndereço()
   imprimir "ABC Manufacturing"
   imprimir "47 Industrial Lane"
   imprimir "Wild Rose, WI 54984"
retorno
```

Figura 3-12 Programa que imprime uma conta usando o programa principal que chama o método nomeEEndereço().

Na Figura 3-12, quando o método `nomeEEndereço()` é chamado, a lógica transfere-se do programa principal para o método `nomeEEndereço()`, como mostra a seta maior. Aí, cada sentença do método é executada a cada vez, antes que o controle lógico seja transferido de volta para o programa principal, que continua com a sentença depois do método chamado. Há duas razões principais para criar um método separado para apresentar as três linhas do endereço. Primeiro, o programa principal mantém-se curto e fácil de acompanhar, pois contém apenas uma sentença para chamar o método, em vez de três sentenças `imprimir` separadas para fazer a função desse método. O que é mais importante é que um método é facilmente reutilizável. Depois, criar o método do nome e do endereço, ele pode ser usado em qualquer aplicativo que necessite o nome e o endereço da empresa. Em outras palavras, você faz o trabalho uma vez e então pode usar o método muitas vezes.

Um método precisa incluir o seguinte:

» Um cabeçalho (também chamado declaração ou definição). O **cabeçalho de um método** inclui o identificador do método e possivelmente outras informações necessárias de identificação.

» Um corpo. O **corpo de um método** contém todas as sentenças do método.

» Uma sentença de retorno. A **sentença de retorno** de um método marca o final do método e identifica o ponto no qual o controle retorna para o método que chamou.

NOTA: Na maioria das linguagens de programação, se você não incluir uma sentença `retorno` ao final de um método, ele vai ainda assim retornar. Este livro segue a convenção de incluir explicitamente uma sentença `retorno` ao fim de qualquer método.

NOTA: Dois programas distintos podem ter um método próprio chamado `nomeEEndereço()`. O método do segundo programa seria inteiramente distinto do método de mesmo nome do primeiro programa. Dois métodos em um aplicativo não podem ter o mesmo nome se ambos tiverem os parênteses vazios. No Capítulo 7, você vai aprender como os métodos podem ter o mesmo nome se itens diferentes estiverem dentro de seus parênteses.

O programa na Figura 3-12 contém muitas sentenças de impressão, que imprimem constantes literais. Seu programa será mais fácil de manter e modificar caso você, em geral, use constantes nomeadas para conter valores fixos. Você pode decidir modificar o programa da Figura 3-12 para que se pareça com o da Figura 3-13. Você declararia um string de constantes para possuir as três linhas do endereço da empresa e quando precisasse imprimir o endereço, imprimiria essas constantes. (Veja a parte sombreada da Figura 3-13.) No entanto, esse programa não vai funcionar.

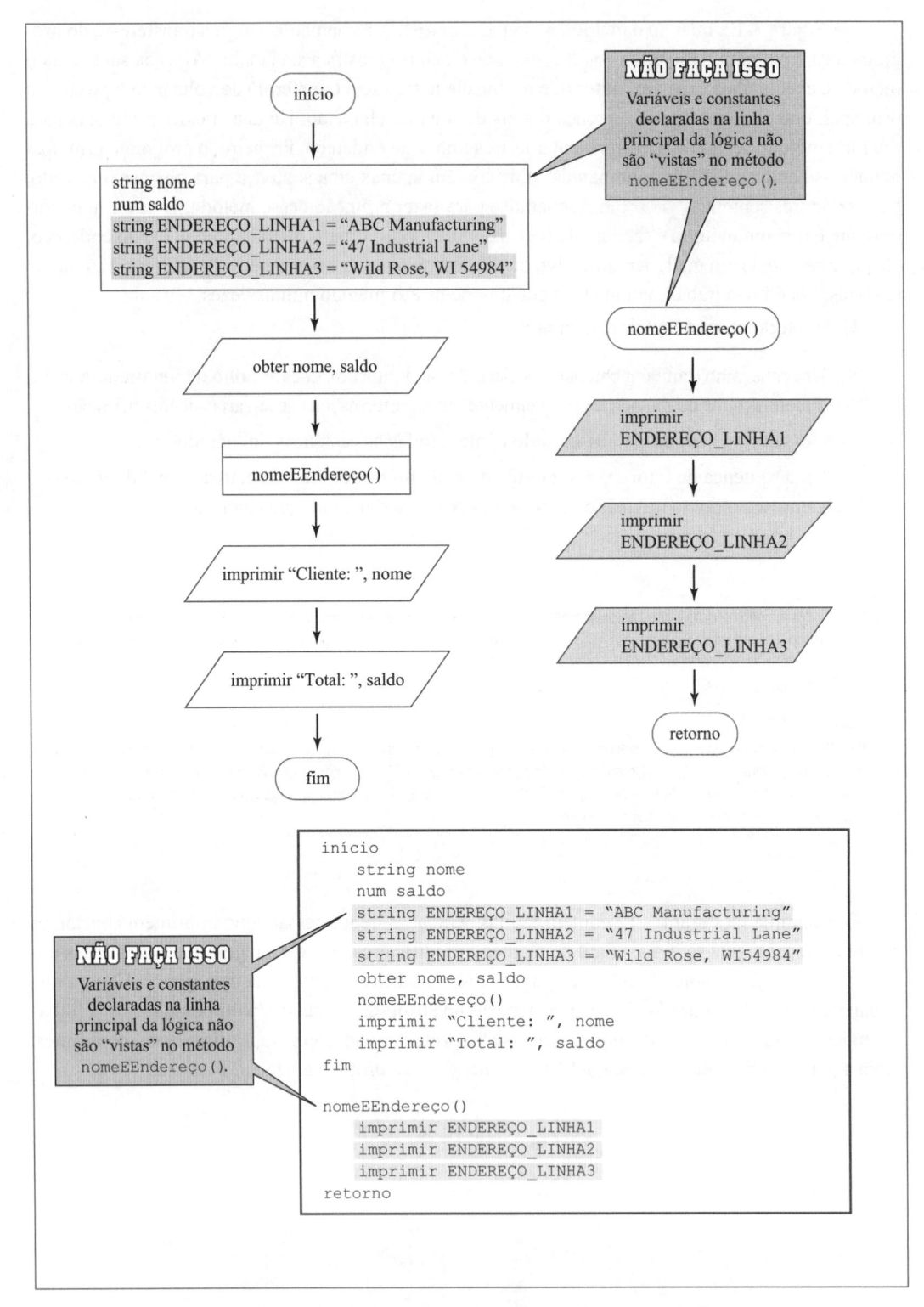

Figura 3-13 Declarações incorretas para programa de faturamento de clientes

```
início
    string nome
    num saldo
    string ENDEREÇO_LINHA1 = "ABC Manufacturing"
    string ENDEREÇO_LINHA2 = "47 Industrial Lane"
    string ENDEREÇO_LINHA3 = "Wild Rose, WI54984"
    obter nome, saldo
    nomeEEndereço()
    imprimir "Cliente: ", nome
    imprimir "Total: ", saldo
fim

nomeEEndereço()
    imprimir ENDEREÇO_LINHA1
    imprimir ENDEREÇO_LINHA2
    imprimir ENDEREÇO_LINHA3
retorno
```

NÃO FAÇA ISSO
Variáveis e constantes declaradas na linha principal da lógica não são "vistas" no método `nomeEEndereço()`.

Na maioria das linguagens modernas de programação, as variáveis e as constantes declaradas na linha principal da lógica são usadas apenas ali, e quaisquer variáveis e constantes declaradas dentro de um método são utilizáveis apenas dentro daquele método. Programadores dizem que os itens de dados são "**visíveis**" ou "podem ser vistos" apenas dentro do método no qual foram declarados. Eles também dizem que variáveis e constantes declaradas dentro de um método estão **no escopo** apenas dentro daquele método, e que variáveis e constantes são **locais** do método no qual foram declaradas. Tudo isso significa que quando as string ENDEREÇO_LINHA1, ENDEREÇO_LINHA2 e ENDEREÇO_LINHA3 são declaradas no programa principal na Figura 3-13, elas não são reconhecidas e não podem ser usadas pelo método nomeEEndereço().

NOTA:
Quando você declara uma variável, não pode escolher um local para ela na memória; isso é automaticamente determinado.

NOTA:
No Capítulo 1, você aprendeu que uma variável também é chamada identificador.

Uma das razões para criar métodos é que métodos separados são facilmente reutilizados em múltiplos programas. Se o método nomeEEndereço() vai ser usado por muitos programas na organização, faz sentido que as definições para as variáveis e as constantes que ele usa devam acompanhá-lo e vir com ele. Portanto, a melhor solução para o programa de faturamento do cliente é criá-lo como apresentado na Figura 3-14. Nesta versão, os itens de dados que são necessários ao programa principal são definidos no programa principal e aqueles que são requisitados pelo método nomeEEndereço() são definidos dentro do próprio método. Cada método contém seus próprios dados e não "conhece" os dados de nenhum outro método.

Além de variáveis e constantes locais, você pode criar variáveis e constantes globais. Variáveis e constantes **globais** são aquelas conhecidas por todo o programa. A Figura 3-15 mostra como as constantes das três linhas do endereço podem ser declaradas globalmente, codificando um programa de faturamento de clientes. Variáveis e constantes que são declaradas fora de qualquer método são declaradas em **nível de programa**. De forma geral, e também nesse caso, essa não é uma prática recomendada.

São poucas as ocasiões nas quais você pode pensar em declarar variáveis e constantes globalmente:

» Alguns programadores aprovam tornar variáveis globais as constantes que serão necessárias em muitos métodos de um programa. Por exemplo, se um programa matemático contém muitos métodos que demandam uma constante para um valor como π, ou um programa de negócios contém muitos métodos que requerem uma taxa padrão de imposto ou de desconto, muitos programadores permitiriam que essas variáveis fossem declaradas globalmente.

» Quando aprender sobre programação orientada ao objeto e criar uma classe para a qual vai derivar objetos, você pode declarar os campos de dados da classe ao nível da classe.

Na maioria das outras circunstâncias, porém, você não deve declarar globalmente variáveis e constantes. Quando você o faz, viola o princípio de encapsulação da programação, que determina que as instruções e os dados de uma tarefa devem estar contidos no mesmo método. Ao declarar variáveis e constantes dentro do método que as utiliza, os métodos ficam mais **portáteis**; isto é, eles podem ser mais facilmente reutilizados em outros programas. Algumas vezes, entretanto, dois ou mais métodos de um programa precisam acessar os mesmos dados; quando este é o caso, não se declaram os itens de dados globalmente. Em vez disso, **transferem-se os dados** de um método para o outro. Você vai aprender a fazer isso no Capítulo 7.

```
início
    string nome
    num saldo
    obter nome, saldo
    nomeEEndereço()
    imprimir "Cliente: ", nome
    imprimir "Total: ", saldo
fim

nomeEEndereço()
    string ENDEREÇO_LINHA1 = "ABC Manufacturing"
    string ENDEREÇO_LINHA2 = "47 Industrial Lane"
    string ENDEREÇO_LINHA3 = "Wild Rose, WI 54984"
    imprimir ENDEREÇO_LINHA1
    imprimir ENDEREÇO_LINHA2
    imprimir ENDEREÇO_LINHA3
retorno
```

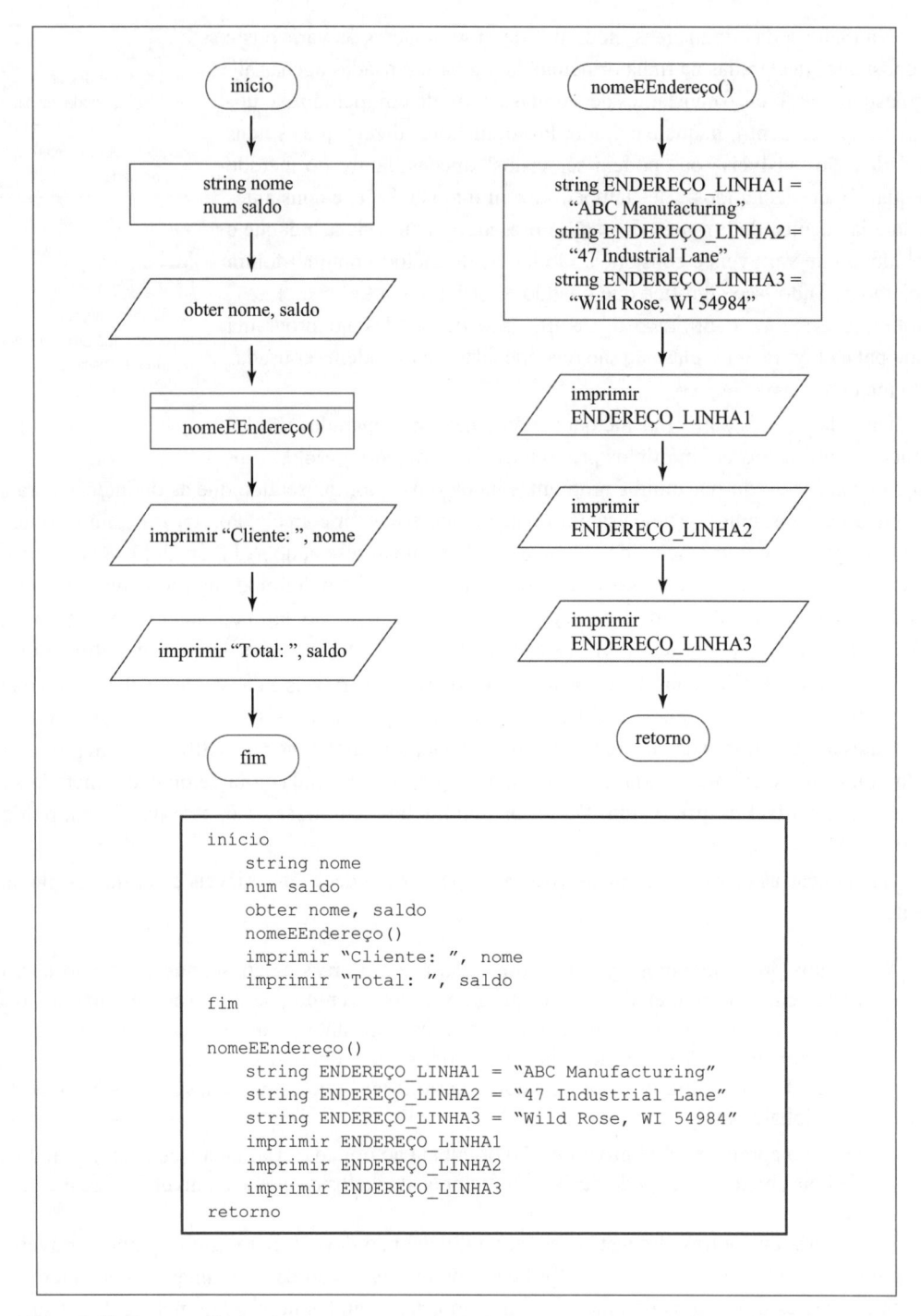

Figura 3-14 Programa que imprime uma fatura com variáveis e constantes declaradas localmente em cada método

```
string ENDEREÇO_LINHA1 = "ABC Manufacturing"
string ENDEREÇO_LINHA2 = "47 Industrial Lane"
string ENDEREÇO_LINHA3 = "Wild Rose, WI 54984"

início
    string nome
    num saldo
    obter nome, saldo
    nomeEEndereço()
    imprimir "Cliente: ", saldo
    imprimir "Total: " saldo
fim

nomeEEndereço()
    imprimir ENDEREÇO_LINHA1
    imprimir ENDEREÇO_LINHA2
    imprimir ENDEREÇO_LINHA3
retorno
```

NÃO FAÇA ISSO
Normalmente é uma ideia ruim declarar variáveis e constantes globalmente.

Figura 3-15 Programa que imprime uma fatura com algumas constantes declaradas globalmente

DUAS VERDADES E UMA MENTIRA:

Declarando variáveis e constantes locais e globais

1. Na maioria das linguagens modernas de programação, itens de dados são visíveis em todos os módulos do programa.
2. Na maioria das linguagens modernas de programação, constantes e variáveis declaradas dentro de um módulo estão no escopo apenas daquele método.
3. Na maioria das linguagens modernas de programação, variáveis e constantes são locais para o método no qual elas foram declaradas.

A frase falsa é a nº 1. Na maioria das linguagens, itens de dados são visíveis apenas dentro do método onde foram declarados.

Entendendo a linha principal da lógica de muitos programas procedurais

No Capítulo 1, você aprendeu que um programa procedural é aquele no qual um procedimento segue o outro do começo ao fim. A lógica geral, ou **linha principal da lógica**, de quase todo programa procedural de computador pode seguir uma estrutura geral que consiste de três partes distintas:

1. Preparo, ou tarefas de inicialização. **Tarefas de preparo** incluem qualquer passo que você precisa realizar no começo de um programa para se preparar para o restante dele.
2. Tarefas principais do loop que são repetitivamente executadas dentro de um programa. **Tarefas principais do loop** incluem as instruções que são executadas para cada registro até que chegue ao final dos registros de entrada, ou eof.
3. Tarefas de fim de trabalho. **Tarefas de fim de trabalho** são os passos realizados ao final do programa para finalizar a aplicação.

NOTA: Nem todos os programas são procedurais; alguns são orientados a objeto. Uma característica que distingue muitos (mas não todos) dos programas orientados a objeto é que eles são dirigidos por eventos. Muitas vezes o usuário determina o tempo de eventos no loop principal do programa usando um dispositivo de entrada, como um mouse. Conforme você adquirir conhecimentos de programação, vai entender mais sobre as técnicas orientadas a objeto.

Por exemplo, um programa principal pode ser visto como apresentado no fluxograma e pseudocódigo da Figura 3-16. Muitas tarefas do dia a dia seguem o mesmo formato dessa linha principal da lógica. Por exemplo, considere uma fábrica de balas. De manhã, a fábrica é aberta para as atividades, e as máquinas são ligadas e alimentadas com ingredientes. Essas tarefas ocorrem apenas uma vez por dia – são as tarefas de preparo. Então, durante o dia, balas são fabricadas repetidas vezes. Esse processo pode passar por muitos estágios e cada um deles ocorre centenas ou milhares de vezes – são estágios do loop principal. Então, ao final do dia, as máquinas são limpas e desligadas – são as tarefas de final da função.

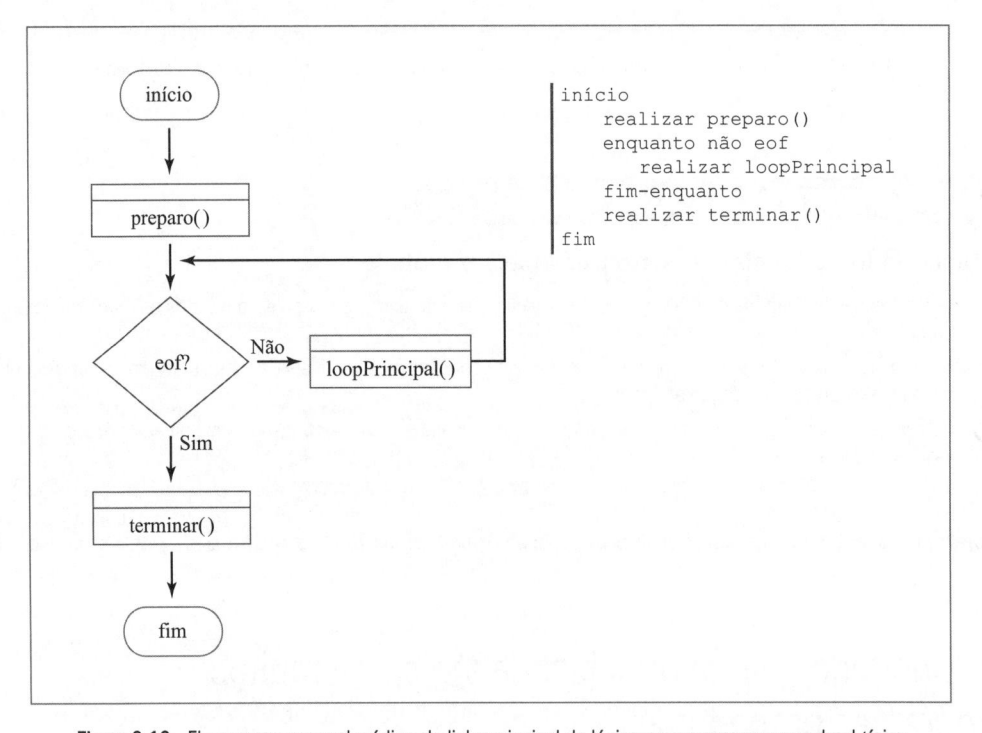

```
início
    realizar preparo()
    enquanto não eof
        realizar loopPrincipal
    fim-enquanto
    realizar terminar()
fim
```

Figura 3-16 Fluxograma e pseudocódigo da linha principal da lógica para programa procedural típico

Em muitos programas de negócios:

» Tarefas de preparo incluem todos os passos que precisam ser realizados antes do começo de um programa. Muitas vezes, isso inclui declarar variáveis e constantes, abrir qualquer arquivo de dados que será usado, realizar qualquer tarefa não repetitiva que deve ocorrer no começo do programa, como imprimir títulos no começo de um relatório, e ler o primeiro registro de entrada.

NOTA: **Abrir um arquivo de dados** é o processo de localizá-lo em um dispositivo de armazenamento, prepará-lo fisicamente para ser lido e associá-lo a um identificador dentro de um programa. Na maioria das linguagens, nenhum arquivo precisa ser aberto se um programa usar apenas o **dispositivo de entrada padrão** (normalmente o teclado) e o **dispositivo de saída padrão** (normalmente o monitor).

» Tarefas do loop principal incluem o processo que precisa ocorrer para todo registro de dado. Por exemplo, um programa que faz folha de pagamentos, todos os cálculos para um cheque de pagamento são executados e uma ordem de pagamento é impressa. Em um programa de negócios, pode haver centenas ou milhares de registros a serem processados. O loop principal de um programa, normalmente controlado pela decisão de `eof`, é o "burro de carga" do programa. Cada registro de dado passa uma vez pelo loop principal, onde é processado. Independente da ação realizada, seja ela calcular um contracheque, produzir o faturamento de um cliente, preparar uma declaração de imposto de renda, diagnosticar a condição de um paciente a partir de uma lista de sintomas, ou realizar qualquer outra tarefa lógica, as atividades do loop principal são executadas uma vez para cada registro de entrada.

» Dentro de qualquer programa, as tarefas de fim de trabalho (end-of-job) são os passos a serem seguidos antes do final do programa, depois que todos os registros de entrada foram processados. Alguns programas exigem que resumos ou extratos sejam impressos no final de um relatório. Outros podem imprimir uma mensagem, como "Fim do Relatório", para que os leitores tenham certeza de que receberam toda a informação que deveria estar inclusa. Tais linhas de mensagens de fim de trabalho são muitas vezes chamadas **linhas de rodapé**, ou **rodapés**, para abreviar. Com frequência, uma tarefa de fim de trabalho consiste em encerrar algum arquivo aberto.

Nem todos os programas têm o formato da lógica apresentada na Figura 3-16, mas boa parte deles sim. Leve em consideração essa "forma" geral ao pensar como pode organizar muitos programas. Por exemplo, a Figura 3-17 apresenta um exemplo de relatório de folha de pagamento de uma pequena empresa. Examine a lógica da Figura 3-18 para identificar os componentes que formam as tarefas de preparo, do loop principal e as de fim de trabalho.

```
RELATÓRIO DE FOLHA DE PAGAMENTO
Número de Identidade      Horas     Valor      Pagamento Bruto
xxxxx                     99        99,99      9999,99
xxxxx                     99        99,99      9999,99
xxxxx                     99        99,99      9999,99
Fim do Relatório da Folha de Pagamento
```

Figura 3-17 Exemplo de relatório de folha de pagamentos

```
início
    string numIden
    num horas
    num valor
    num pagamentoBruto
    string CABEÇALHO = "RELATÓRIO DE FOLHA DE PAGAMENTO"
    string TÍTULO_COL = "Número de Identidade Horas Valor Pagamento Bruto"
    string RODAPÉ = "Fim do Relatório de Folha de Pagamento"
    imprimir TÍTULO
    imprimir NOMES_COL
    obter numIden, horas, valor
    enquanto não eof
        pagamentoBruto = horas * valor
        imprimir numIden, horas, valor, pagamentoBruto
        obter numIden, horas, valor
    fim-enquanto
    imprimir RODAPÉ
fim
```

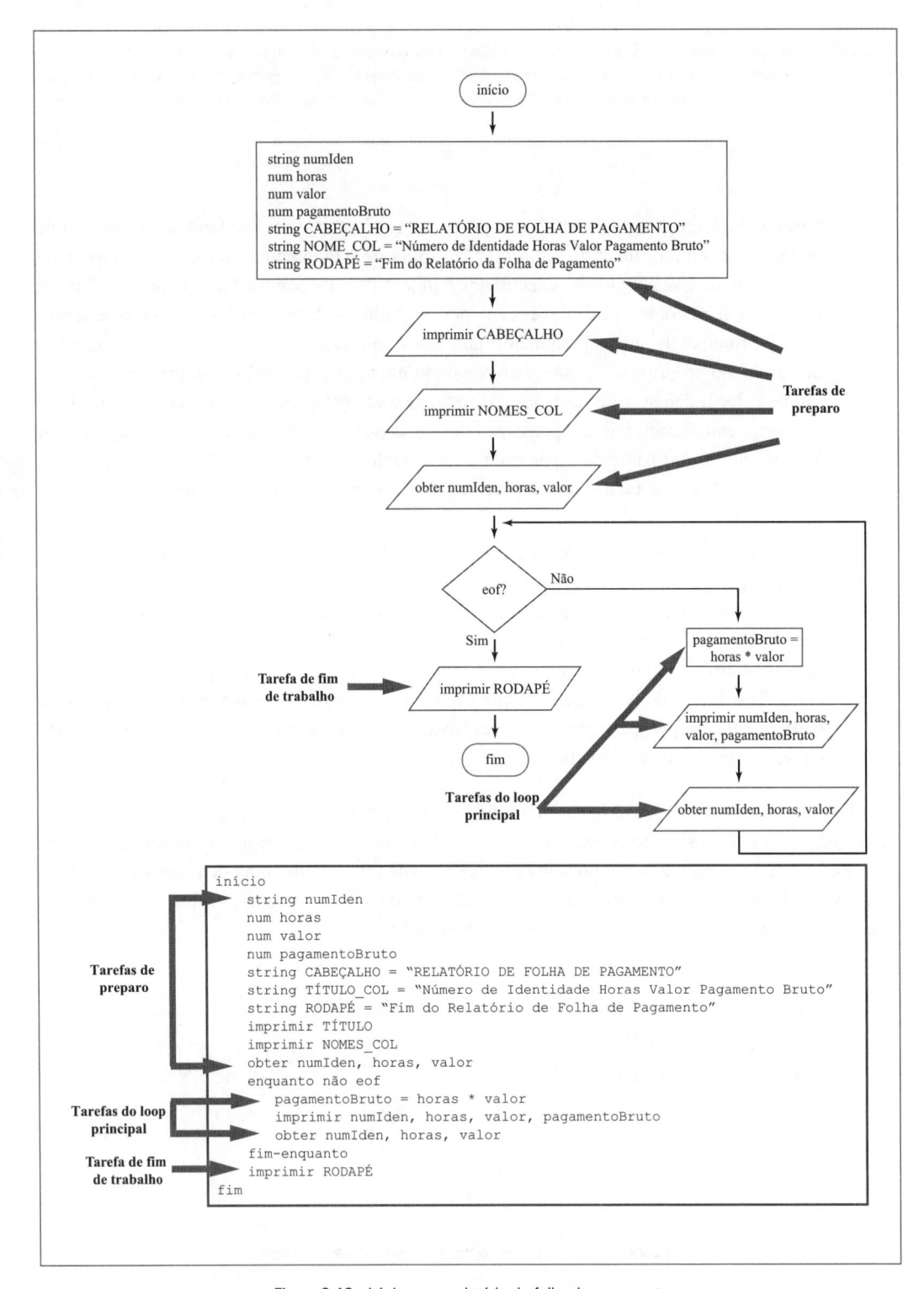

Figura 3-18 Lógica para relatório de folha de pagamento

DUAS VERDADES E UMA MENTIRA:

Entendendo a linha principal da lógica para muitos programas procedurais

1. Tarefas de preparo incluem qualquer passo que você precisa realizar no começo de um programa para estar pronto para o restante do programa.
2. O loop principal de um programa contém as tarefas de preparo e as de finalização.
3. As tarefas de fim de trabalho são os passos que você segue no final de um programa para finalizar a aplicação.

A frase falsa é a nº 2. O loop principal é executado repetidas vezes, uma para cada registro. O loop é executado depois que as tarefas de preparo estão concluídas e antes que sejam realizadas as tarefas de fim de trabalho.

Criando diagramas de hierarquia

Além de descrever a lógica de um programa com um fluxograma ou pseudocódigo, quando um programa tem vários módulos que chamam outros módulos, os programadores muitas vezes usam uma ferramenta para mostrar a forma geral como esses módulos se relacionam uns com os outros. Você pode usar um **diagrama de hierarquia** para ilustrar as relações entre os módulos. Um diagrama de hierarquia não informa quais tarefas são realizadas dentro do módulo; ele informa *quando* e *como* um módulo é executado. Ele diz apenas quais rotinas existem dentro de um programa e quais rotinas chamam quais outras rotinas.

O diagrama da hierarquia do programa da Figura 3-16 se parece com a Figura 3-19. Ele mostra quais módulos chamam quais módulos. Você não sabe *quando* os módulos são chamados ou *porque* são chamados; esta informação está no fluxograma ou no pseudocódigo. Um diagrama de hierarquia apenas informa *quais* módulos são chamados por quais módulos.

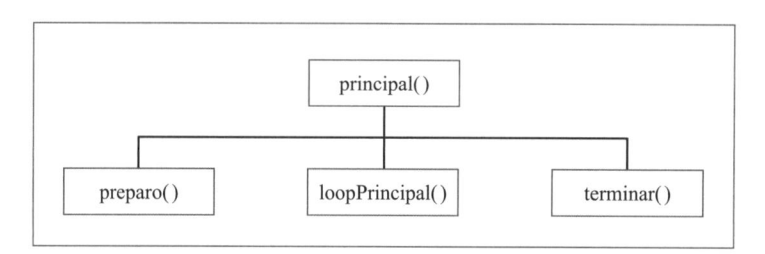

Figura 3-19 Diagrama de hierarquia do programa da Figura 3-16

Você talvez tenha visto diagramas de hierarquia de organizações, como o da Figura 3-20. O diagrama mostra quem se subordina a quem, mas não quando nem quantas vezes. Diagramas de hierarquia de programas operam de maneira idêntica.

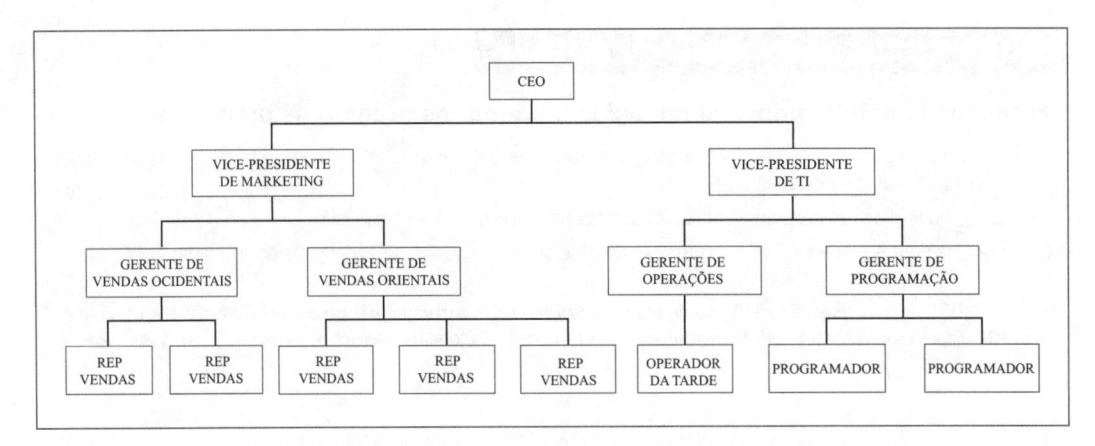

Figura 3-20 Diagrama da hierarquia de uma organização

A Figura 3-21 mostra um exemplo de um diagrama de hierarquia de um programa de faturamento de uma empresa de pedidos por correspondência. O diagrama de hierarquia é para programas mais complicados, porém, assim como o diagrama da Figura 3-19, ele fornece o nome dos módulos e a visão geral das tarefas que serão realizadas, sem especificar qualquer detalhe.

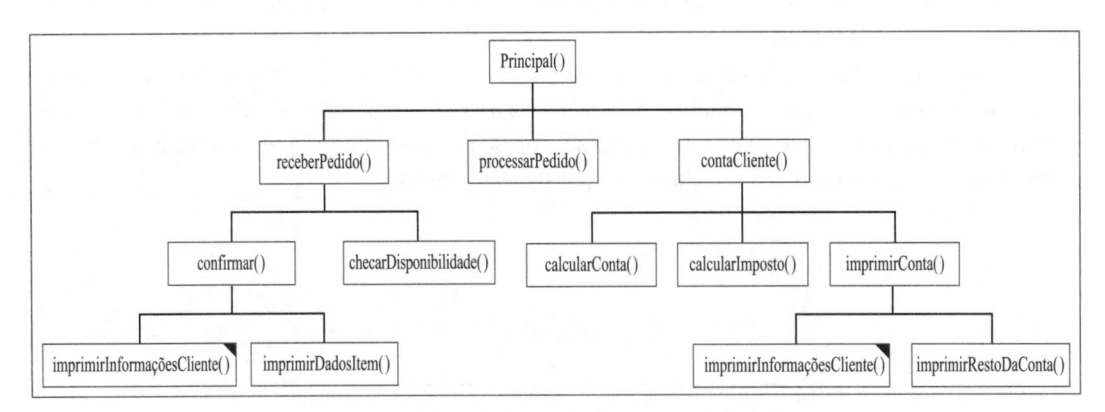

Figura 3-21 Diagrama da hierarquia de programa de faturamento

Como módulos de um programa são reutilizáveis, um módulo específico pode ser chamado de vários locais dentro de um programa. Por exemplo, no diagrama da hierarquia do programa de faturamento da Figura 3-21, você pode ver que o módulo imprimirInformaçõesCliente() é usado duas vezes. Por convenção, marca-se em preto o canto de cada uma das caixas que representam o módulo usado mais de uma vez. Esta ação alerta os leitores de que qualquer mudança nesse módulo vai afetar mais de um local.

O diagrama de hierarquia pode ser uma ferramenta útil quando um programa precisa ser modificado meses ou anos depois do desenvolvimento original. Por exemplo, se uma lei de impostos é alterada, pode ser que se solicite que um programador reescreva o módulo calcularImposto() do programa diagramado na Figura 3-21. Conforme o programador muda a rotina calcularImposto(), o diagrama da hierarquia mostra que outras rotinas dependentes podem ser afetadas. Se for feita uma mudança em imprimirInformaçõesCliente(), o programador é alertado que ocorrerão alterações em múltiplas localidades. Um diagrama de hierarquia é útil para ter a visão geral de um programa complexo.

> **NOTA:** Diagramas de hierarquia são usados na programação procedural, mas são raramente usados na programação orientada a objeto. Outros tipos de diagrama são usados frequentemente em ambientes orientados a objeto.

DUAS VERDADES E UMA MENTIRA:

Criando diagramas de hierarquia

1. Você pode usar um diagrama de hierarquia para ilustrar relações entre módulos.
2. Um diagrama de hierarquia informa quais tarefas serão realizadas dentro de um módulo.
3. Um diagrama de hierarquia informa apenas quais rotinas chamam outras.

A frase falsa é a nº 2. Um diagrama de hierarquia não informa nada sobre as tarefas realizadas dentro de um módulo; ele apenas informa como os módulos se relacionam uns com os outros.

Características de um bom design de programa

Conforme seus programas se tornarem maiores e mais complicados, um bom planejamento será necessário. Pense em um aplicativo que você usa, como um processador de texto ou uma planilha. O número e a variedade de opções do usuário são estonteantes. Não seria apenas impossível para um único programador escrever um aplicativo como esse, mas sem planejamento completo e design, os componentes nunca funcionariam juntos de forma correta. Utopicamente, cada módulo do programa que você projeta precisa funcionar corretamente como módulo isolado e como elemento de um sistema maior. Da mesma forma como uma casa com um sistema de encanamento ruim ou um carro com freios ruins tem um defeito fatal, uma aplicação de computadores pode ser ótima somente se cada componente tiver um bom design. Alguns, mas não todos, dos aspectos do design que você deve considerar são os seguintes:

» Seguir nomes previsíveis e claras convenções de nomeação.
» Considerar armazenar componentes de um programa em arquivos separados.
» Esforçar-se para fazer designs de sentenças claras dentro dos programas e dos módulos.
» Continuar a manter bons hábitos de programação conforme suas habilidades de programação se desenvolvam.

Seguindo convenções de nomeação

Você aprendeu no Capítulo 1 que diferentes linguagens de programação oferecem diferentes tipos de variáveis, mas que todas permitem ao menos a distinção entre dados numéricos e textuais. O restante deste livro usa somente dois tipos de dados: `num`, que possui valores numéricos, e `string`, que possui todos os outros valores, incluindo aqueles que contêm letras e combinações de letras e números. Lembre-se, você também aprendeu no Capítulo 1 que nomes de variáveis não podem conter espaços, então este livro usa sentenças como `string últimoNome` e `num salárioSemanal` para declarar duas variáveis de tipos diferentes.

Ainda que não seja uma exigência de nenhuma linguagem de programação, normalmente faz sentido dar um nome para uma variável que seja um substantivo (ou uma combinação de um adjetivo e um substantivo), pois ela representa algo.

NOTA: Algumas linguagens de programação, como Visual Basic e BASIC, não exigem que se nomeie nenhuma variável até que ela seja usada pela primeira vez. Entretanto, outras linguagens, como C++, C# e Java, exigem que você declare as variáveis com nome e tipo de dado antes de usá-las. Algumas linguagens demandam que todas as variáveis sejam expressas no começo de um módulo, antes que qualquer sentença executável seja escrita; outras permitem que se declarem as variáveis a qualquer momento. Este livro segue a convenção de declarar qualquer variável usada por um módulo no início do módulo.

NOTA: Às vezes, as organizações impõem aos programadores diferentes regras para ser seguidas na nomeação de variáveis. Algumas usam uma convenção de nomeação de variáveis chamada **notação húngara**, na qual o tipo de dado de uma variável ou outra informação é armazenado como parte do nome. Por exemplo, um campo numérico pode sempre começar com o prefixo num como em numIdade ou numSalário.

NOTA: Algumas vezes, programadores criam um **dicionário de dados**, que é uma lista de todos os nomes de variáveis usados em um programa, junto com o seu tipo, tamanho e descrição. Quando é criado um dicionário de dados, ele se torna parte da documentação do programa.

Depois de nomear uma variável, é necessário usar exatamente aquele nome todas as vezes que aquela variável for referida dentro do programa. Em muitas linguagens de programação, até o formato da palavra importa – assim, o nome de uma variável como `primeiroNúmero` representa um local da memória diferente de `primeironúmero` ou `PrimeiroNúmero`.

Um elemento que muitas vezes passa desapercebido no design de um programa é a seleção de bons dados e de bons nomes de módulos (algumas vezes chamados genericamente de identificadores). Algumas diretrizes incluem:

» Usar nomes significativos. Criar um campo de dados chamado `algumDado` ou um módulo chamado `primeiroMódulo()` torna o programa obscuro. Não apenas outros acharão difícil ler seu programa, mas você pode esquecer a razão para os identificadores, mesmo dentro dos seus próprios programas. Todo programador ocasionalmente usa uma abreviatura ou nomes não descritivos, como `X` ou `temp`, em um programa rápido, escrito para testar um procedimento. Entretanto, na maioria dos casos, dados e nomes de módulos devem ter significados. Programadores chamam os programas que possuem nomes significativos de **autodocumentados**. Isso significa que mesmo sem outra documentação, o código do programa explica-se aos leitores.

» Normalmente, usar nomes pronunciáveis. Um nome de variável como `pzf` não é pronunciável nem significativo. Um nome que parece significativo quando você o escreve pode não ser tão significativo para a pessoa que o lê. Por exemplo, `prepararel()` pode significar "Preparar relatório" para você, mas outros lerão "Preparar el". Analise seus nomes criticamente para ter certeza de que são pronunciáveis. Abreviações padronizadas não têm que ser pronunciáveis. Por exemplo, a maioria dos usuários interpretaria CPF como o número do Cadastro de Pessoa Física.

NOTA: Não se esqueça de que nem todos os programadores compartilham da sua cultura. Uma abreviação cujo significado parece óbvio para você pode ser crítica para outra pessoa de outra parte do planeta.

» Ser criterioso no uso de abreviações. Você pode economizar a digitação de algumas teclas criando um módulo chamado `obterEst()`, mas o seu objetivo é achar o estado onde se encontra uma cidade, produzir alguma estatística ou determinar o estado de alguma variável? Da mesma forma, uma variável nomeada `pn` contém um primeiro nome ou alguma outra coisa?

NOTA: Para poupar tempo de digitação enquanto você desenvolve um programa, pode-se usar um nome abreviado como `pne`. Depois que o programa operou corretamente, você pode usar a ferramenta Localizar e Substituir de um editor para substituir o nome codificado por um nome mais significativo, como `primeiroNomeEmpregado`.

NOTA: Alguns compiladores mais novos possuem a característica de completar sentenças automaticamente, o que reduz o tempo de digitação. Depois da primeira vez que for usado um nome como `primeiroNomeEmpregado`, é necessário digitar apenas as primeiras letras para que o editor do compilador ofereça uma lista de nomes a serem selecionados. A lista é construída com todos os nomes já usados no arquivo, que começam com os mesmos caracteres.

» Normalmente, evitar dígitos em um nome. Zeros se confundem com a letra "O", e a letra "l" minúscula se confunde com o numeral 1. Obviamente, use seu julgamento: `orçamentoPara2010` provavelmente não será compreendido incorretamente.

» Usar o sistema que a linguagem permitir para separar as palavras de nomes de variáveis longos e de várias palavras. Por exemplo, se a linguagem de programação que você usa permite traços ou traços inferiores (*underline*), então métodos com nomes como `inicializar-dados()`, ou `inicializar_dados()`, são mais fáceis de ser lidos do que `inicializardados()`. Outra opção é utilizar camel casing, criando um identificador como `inicializarDados()`. Se você usa uma linguagem sensível ao tipo de letra, é lícito porém confuso usar nomes de variáveis que diferem entre si apenas pelo tipo de letra – por exemplo, `nomeEmp`, `NomeEmp` e `Nomeemp`.

» Considerar a inclusão de uma conjugação do verbo *ser*, como *é* ou *são*, nos nomes para variáveis que contenham um *status*. Por exemplo, use `estáTerminado` como flag de uma variável que possua um "S" ou "N" para indicar caso um arquivo esteja finalizado. O nome mais curto `terminado` tem mais chance de ser confundido com um módulo que é executado quando um programa finaliza.

» Muitos programadores seguem a convenção de nomear constantes usando letras maiúsculas, pondo traços inferiores entre as palavras para a leitura. Neste capítulo, você viu exemplos como `ENDEREÇO_LINHA1`.

Ao começar a escrever programas, o processo de determinar quais dados variáveis, constantes e módulos você precisa e como denominar todos pode parecer complexo. No entanto, o processo de design é crucial. Quando você começa sua primeira tarefa de programação profissional, o processo de design pode muito bem já estar terminado. Muito provavelmente a primeira tarefa será apenas escrever ou modificar um pequeno módulo componente de uma aplicação muito maior. Quanto mais os programadores originais seguiram essas diretrizes, melhor foi o design original e mais fácil será o seu trabalho de modificação.

NOTA: Muitas linguagens permitem a digitação Booleana dos dados, atribuível às variáveis que aceitem apenas verdadeiro ou falso. Usar a forma "to be" nos identificadores de variáveis Booleanas é apropriado.

Armazenando componentes de programas em arquivos separados

Quando você começar a trabalhar em programas profissionais, verá que muitos deles são bem grandes; alguns contêm centenas de variáveis e milhares de linhas de código. Anteriormente neste capítulo, você aprendeu que pode lidar com grandes programas procedurais, dividindo-os em módulos. Ainda que a modularidade ajude a organizar os programas, às vezes, ainda assim, é difícil gerenciar todos os seus componentes.

A maioria das linguagens modernas de programação permite que se armazenem componentes de um programa em arquivos separados. Se você escreve um módulo e o armazena no mesmo arquivo do programa que o usa, o arquivo do seu programa fica grande e mais difícil de trabalhar, independente de estar tentando lê-lo em uma tela ou em muitas páginas impressas. Além disso, ao definir um módulo útil, você pode querer usá-lo em muitos programas. Obviamente, você pode copiar definições de módulos de um arquivo para outro, mas esse método consome tempo, assim como tende ao erro. Uma solução melhor (se estiver usando uma linguagem que permita isso) é armazenar seus módulos em arquivos individuais e usar uma instrução para incluí-los em qualquer programa que for utilizá-los. A sentença necessária para acessar módulos de arquivos separados varia de uma linguagem para outra, mas normalmente envolve usar um verbo como *incluir*, *importar*, ou *copiar*, seguido pelo nome do arquivo que contém o módulo.

Por exemplo, suponha que a sua empresa tenha um registro padrão de empregados, parte do qual está na Figura 3-22. Arquivos com o mesmo formato são usados em muitas aplicações na organização – relatórios de pessoal, relatórios de produção, folhas de pagamento e assim por diante. Seria um tremendo desperdício de recursos se cada programador reescrevesse as definições desse arquivo em múltiplas aplicações. Em vez disso, uma vez que um programador escreve as sentenças que constituem a definição do arquivo, elas devem ser importadas em sua totalidade para qualquer programa que usa um registro com a mesma estrutura. Por exemplo, a Figura 3-23 mostra como os campos de dados da Figura 3-22 seriam definidos na linguagem de programação C++. Se as sentenças na Figura 3-23 fossem salvas em um arquivo chamado EMPREGADOS, então qualquer programa C++ poderia ter uma sentença que dirigisse o programa para incluir todos os campos de dados no grupo de empregados.

```
DESCRIÇÃO DO ARQUIVO EMPREGADOS
Nome do arquivo: EMPREGADOS
DESCRIÇÃO DO CAMPO            TIPO DE DADO        COMENTÁRIOS
Identidade Empregado          String
Último nome                   String
Primeiro nome                 String
Data contratação              Numérico            8 dígitos - anomêsdia
Pagamento por hora            Numérico            2 casas decimais
Data nascimento               Numérico            8 dígitos - anomêsdia
Data rescisão                 Numérico            8 dígitos - anomêsdia
```

Figura 3-22 Descrição parcial do arquivo EMPREGADOS

```
class Empregado
{
    string empregadoIden;
    string últimoNome;
    string primeiroNome;
    long dataContratação;
    double pagamentoPorHora;
    long dataNascimento;
    long dataRescisão;
};
```

Figura 3-23 Campos de dados da Figura 3-23 definidos na linguagem C++

NOTA: Não se preocupe com a sintaxe usada na descrição do arquivo na Figura 3-23. As palavras *class, string, long e double* são todas parte da linguagem de programação C++ e não são importantes agora. Da mesma forma, as chaves e os pontos e vírgulas são partes da linguagem que serve para separar elementos do programa. Além disso, uma *class* `Empregado` definida em C++ sempre conteria mais características do que as apresentadas aqui. Por enquanto, concentre-se simplesmente em como os nomes das variáveis na Figura 3-23 refletem as descrições dos campos da Figura 3-22.

Como outro exemplo de quando pode ser útil armazenar componentes de um programa em arquivos separados, suponha que você escreva um módulo útil que verifica datas para garantir sua validade. Por exemplo, os dois dígitos que representam um mês não podem nem ser menores que 01 nem maiores que 12, e os dois dígitos que representam o dia podem conter valores possíveis diferentes, dependendo do mês. Qualquer programa que usa a descrição do arquivo dos empregados apresentada na Figura 3-22 pode querer chamar o módulo que valida as datas diversas vezes, para validar a data de contratação, de nascimento e de rescisão de qualquer empregado. Talvez se queira não apenas chamar esse módulo em vários locais dentro de um programa, mas chamá-lo a partir de muitos programas. Por exemplo, programas usados para fazer pedidos e o faturamento de uma empresa conteriam várias datas cada um. Se o módulo que valida datas for útil e bem escrito, é possível vendê-lo para outras empresas. Armazenar o módulo em seu próprio arquivo, torna seu uso flexível. Ao escrever um programa de qualquer tamanho, considere armazenar cada um dos seus componentes em um arquivo próprio.

Armazenar componentes em arquivos separados pode oferecer outra vantagem além da facilidade de reutilização. Quando se permite que outros usem um programa ou módulos, muitas vezes é fornecida apenas a versão compilada (isto é, em linguagem de máquina) do código, não o **código-fonte**, que é composto de sentenças legíveis. Armazenar as sentenças do seu programa em um arquivo separado, não legível, compilado é um exemplo de **ocultação da implementação**, ou de esconder os detalhes de como o programa ou módulo funcionam. Outros programadores podem usar o seu código, mas não podem ver as sentenças que você usou para criá-lo. Impedir o acesso total a módulos bem executados diminui as chances de que eles sejam usados de forma diferente da intenção original, e impede que outros programadores alterem aquele código e assim introduzam erros. É claro que para trabalhar com os seus módulos ou definições de dados um programador precisa saber os nomes e os tipos de dados que foram usados. Normalmente, os programadores que usam as definições compiladas recebem essa informação com a documentação escrita dos nomes e os propósitos dos dados.

> **NOTA:**
> Lembre, do Capítulo 1, de que ao escrever um programa em uma linguagem de programação, é necessário compilá-lo ou interpretá-lo para linguagem de máquina, antes que o computador possa realmente realizar as instruções.

Projetando sentenças claras

Além de selecionar bons identificadores, você pode usar as seguintes táticas para contribuir para a clareza das sentenças dos seus programas:

- » Evite quebras de linha confusas.
- » Use variáveis temporárias para esclarecer sentenças longas.
- » Use constantes quando for adequado.

Evitando quebras de linha confusas

Algumas linguagens de programação mais antigas exigem que as sentenças do programa estejam em colunas específicas. A maioria das linguagens modernas de programação é de formato livre; você pode arranjar suas linhas de código da maneira que julgar adequada. Como na vida real, com liberdade vem a responsabilidade. Ao ter flexibilidade para arranjar suas linhas de código, precisa tomar cuidado para certificar-se de que seu significado está claro. Com códigos de formato livre, programadores muitas vezes não usam quebras de linha suficientes ou usam algumas inadequadas.

A Figura 3-24 mostra o exemplo de um código que não fornece quebras de linha suficientes para se ter clareza. Se você vem seguindo os exemplos usados até agora neste livro, o código na Figura 3-25 deve parecer mais claro para você; ele também parece mais claro para a maioria dos outros programadores.

> **NÃO FAÇA ISSO**
> A insuficiência de quebras de linha deixa esse código difícil de ser lido.

```
abrir arquivos imprimir cabeçalhoPrincipal imprimir tituloColuna1
   imprimir tituloColuna2 ler registroInv
```

Figura 3-24 Segmento de código com quebras de linha insuficientes

```
abrir arquivos
imprimir cabeçalhoPrincipal
imprimir títuloColuna1
imprimir títuloColuna2
ler registroInv
```

Figura 3-25 Segmento de código com quebras de linha adequadas

A Figura 3-25 mostra que mais linhas, porém mais curtas, ajudam a entender a lógica de um programa; quebrar linhas adequadamente vai se tornar algo ainda mais importante conforme forem introduzidas decisões e loops nos programas, como veremos nos próximos capítulos.

Usando variáveis temporárias para esclarecer sentenças longas

Quando você precisa de várias operações matemáticas para determinar um resultado, considere usar uma série de variáveis temporárias para conter os resultados intermediários. Uma **variável temporária** (ou **variável de trabalho**) é uma variável que não é usada para entrada ou saída, mas é somente uma variável de trabalho usada durante a execução de um programa. Por exemplo, a Figura 3-26 mostra duas formas de calcular um valor para uma variável `vendedorComissão` de um corretor de imóveis. Cada método chega ao mesmo resultado – a comissão de um vendedor, com base no metro quadrado, multiplicado pelo preço por metro quadrado mais algum prêmio por terrenos com características especiais, como um terreno arborizado ou com vista para o mar. Entretanto, o segundo exemplo usa duas variáveis temporárias, `metroQuadPreço` e `preçoTotal`. Quando o cálculo é dividido em passos individuais, menos complicados, é mais fácil ver como o preço total é calculado. Em cálculos com passos ainda mais complicados, fazer a conta em partes se torna cada vez mais útil.

```
vendedorComissão = (metroQuad * preçoPorMetroQuadrado + prêmioTerreno) * taxaComissão
```
```
metroQuadPreço = metroQuad * preçoPorMetroQuadrado
preçoTotal = preçoMetroQuad + prêmioTerreno
vendedorComissão = preçoTotal * taxaComissão
```

Figura 3-26 Duas maneiras de chegar ao mesmo resultado para `vendedorComissão`

NOTA: Uma sentença, ou parte de uma sentença, que realiza cálculos e tem um valor de retorno é chamada de **expressão aritmética**. Por exemplo, 2 + 3 é uma expressão aritmética com valor 5.

NOTA: Programadores podem dizer que usar variáveis temporárias, como no exemplo da Figura 3-26, é *desleixo*. Quando estiver executando uma sentença aritmética grande, por mais que não sejam nomeadas explicitamente variáveis temporárias, o compilador da linguagem de programação as cria por trás dos panos (ainda que sem nomes descritivos). Então, declará-las por si mesmo não custa muito em termos do tempo de execução do programa.

Usando constantes quando for adequado

Sempre que possível, use variáveis nomeadas em seus programas. Se seu programa contiver uma sentença como `impostoVendas = preço * TAXA_IMPOSTO` em vez de `impostoVendas = preço * 0,06`, você terá diversos benefícios:

» É mais fácil para os leitores saberem que o preço é multiplicado pela taxa de imposto em vez de por um desconto, comissão ou alguma outra taxa representada por 0,06.

» Se a taxa do imposto variar, você faz uma mudança no valor onde TAXA_IMPOSTO estiver definida, em vez de procurar por cada 0,06 no programa.

» Usar constantes nomeadas ajuda a evitar erros de digitação. Quando um programa é escrito em uma linguagem de programação e compilado, o software de tradução vai emitir uma sentença de erro se TAXA_IMPOSTO contiver algum erro de ortografia no programa. Entretanto, se o programador usar um valor numérico constante no lugar e cometer um engano – escrevendo, digamos, 0,60 em vez de 0,06 –, o compilador não reconheceria o erro e seriam calculadas taxas de imposto erradas.

Por exemplo, o programa apresentado na Figura 3-27 usa as constantes PREÇO_POR_HORA_CREDITADA e TAXA_ATLÉTICA nas sentenças em destaque. Como este livro segue a convenção de que identificadores em letras maiúsculas são constantes, você sabe que os valores para esses campos não vão se alterar durante a execução do programa. Se o valor de algum deles precisar ser alterado no futuro, então um programador atribuiria novos valores para as constantes e compilaria novamente o código do programa; a sentença do programa que realmente realiza o cálculo com os valores não teria que ser alterada.

NOTA: Alguns programadores se referem a constantes numéricas não nomeadas como **"números mágicos"**. Assim como para o truque de um mágico não há explicação, tais números não podem ser explicados. Usar números mágicos é considerado uma prática ruim de programação e, em vez disso, você deve quase sempre fornecer constantes nomeadas descritivamente. Como constantes nomeadas descrevem o propósito dos números, elas fornecem uma forma de documentação interna.

Mantendo bons hábitos de programação

Quando você aprender uma linguagem de programação e começar a escrever linhas de código de programas, é fácil esquecer os princípios ensinados neste livro. Ter algum conhecimento de programação e ter um teclado à mão pode lhe seduzir a digitar linhas de código antes de pensar sobre as coisas. Mas todo programa que você escrever será melhor se for planejado antes de codificado. Se mantiver o hábito de, em princípio, desenhar fluxogramas ou escrever pseudocódigos, como aprendeu aqui, seus futuros projetos de programação serão mais tranquilos. Analise a lógica de seu programa no papel (o chamado **teste de mesa**) antes de começar a digitar sentenças em C++, Visual Basic, Java, ou qualquer outra linguagem de programação, e verá seus programas rodando corretamente, de forma mais rápida. Se pensar cuidadosamente sobre os nomes das variáveis e dos módulos que for usar e fizer o design das sentenças do programa para que elas sejam fáceis de ser lidas por outros, você será recompensado com programas mais fáceis de preparar e de rodar e que são também mais fáceis de ser atualizados.

DUAS VERDADES E UMA MENTIRA:

Características de um bom design de programa

1. Depois que você nomeia uma variável, precisa usar o nome exato toda vez que se referir àquela variável dentro do programa
2. A maioria das linguagens modernas de programação permite que componentes de um programa sejam armazenados em arquivos separados.
3. A maioria das linguagens modernas de programação exige que linhas de código comecem na coluna da extremidade esquerda do editor de códigos.

A frase falsa é a nº 3. A maioria das linguagens mais novas é de formato livre, permitindo que as linhas de código sejam arranjadas da maneira que se julgar mais adequada.

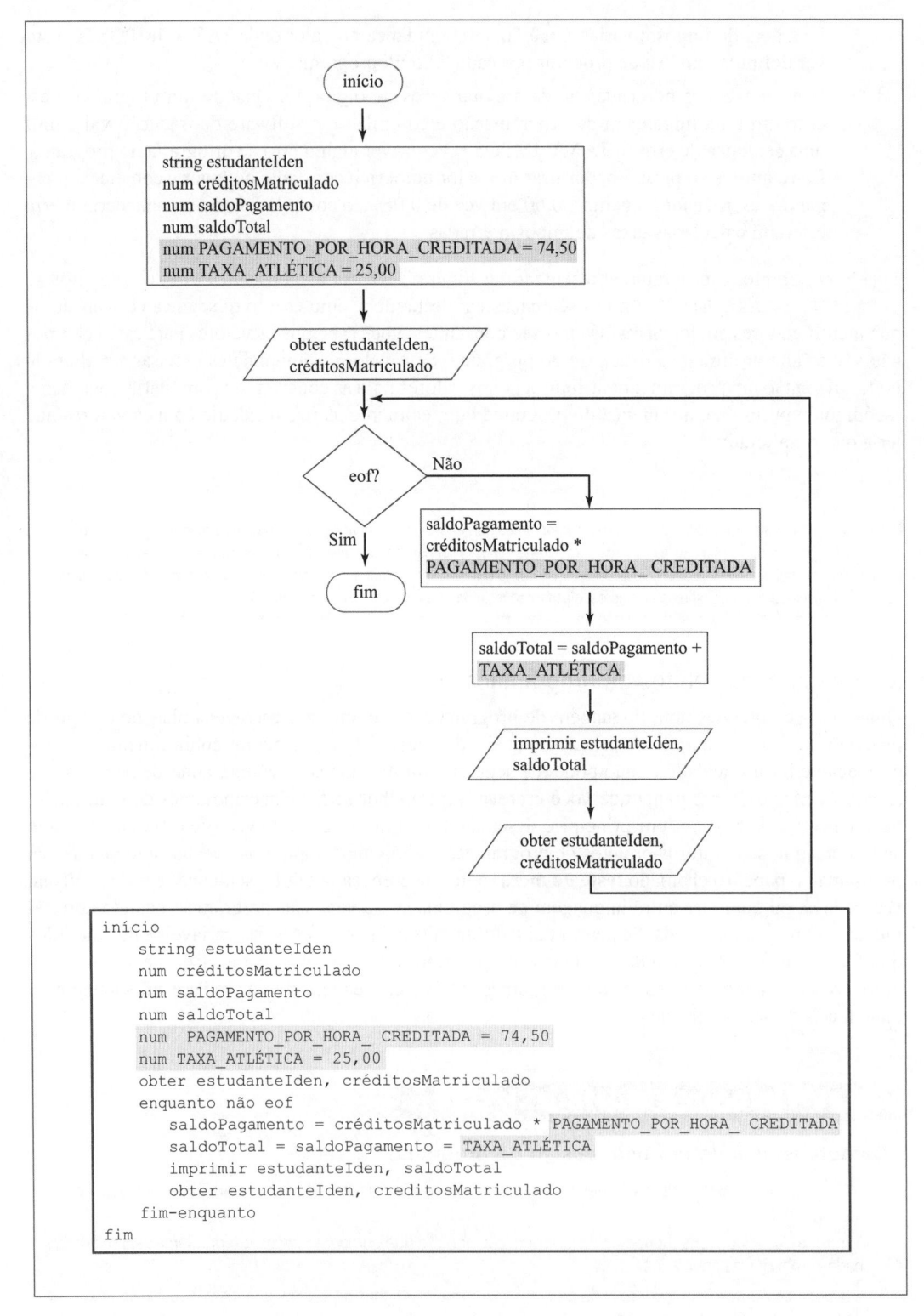

```
início
    string estudanteIden
    num créditosMatriculado
    num saldoPagamento
    num saldoTotal
    num PAGAMENTO_POR_HORA_CREDITADA = 74,50
    num TAXA_ATLÉTICA = 25,00
    obter estudanteIden, créditosMatriculado
    enquanto não eof
        saldoPagamento = créditosMatriculado * PAGAMENTO_POR_HORA_CREDITADA
        saldoTotal = saldoPagamento = TAXA_ATLÉTICA
        imprimir estudanteIden, saldoTotal
        obter estudanteIden, creditosMatriculado
    fim-enquanto
fim
```

Figura 3-27 Programa que utiliza constantes nomeadas

Resumo do capítulo

» Documentação diz respeito a todos os materiais de apoio que acompanham um programa. A documentação de saída é normalmente escrita primeiro, para descrever o layout das telas ou dos relatórios impressos. A descrição do arquivo lista os dados contidos nos arquivos e inclui descrições dos campos, tipos dos dados e outras informações necessárias. A documentação do usuário inclui todos os manuais ou outros materiais com instruções que pessoas inexperientes possam usar, assim como as instruções operacionais que técnicos de informática e funcionários de entrada de dados possam vir a precisar.

» Programadores dividem problemas de programação em unidades menores e mais razoáveis, chamadas módulos, sub-rotinas, procedimentos, funções ou métodos. Modularidade fornece abstração, permite que múltiplos programadores trabalhem em um problema, facilita a reutilização do trabalho e possibilita que se identifiquem estruturas mais facilmente.

» Ao criar um módulo ou sub-rotina, é dado um nome ao módulo que o programa que chama usa quando o módulo está na iminência de ser executado. O símbolo de fluxograma usado para chamar uma sub-rotina é um retângulo com uma linha atravessando a parte superior; o nome do módulo que está sendo chamado fica dentro do retângulo. Um fluxograma separado é desenhado para cada módulo, com os seus próprios símbolos de flag.

» Declarar uma variável inclui fornecer um nome para o local da memória onde o computador vai armazenar o valor da variável e notificar o computador sobre qual tipo de dado esperar. Na maioria das linguagens modernas de programação, as variáveis e constantes declaradas em um método são locais daquele método.

» Muitos programas procedurais realizam tarefas de preparo, loop principal e tarefas de fim de tarefa. Tarefas de preparo normalmente incluem declarar variáveis, abrir arquivos, realizar qualquer tarefa não repetitiva (como imprimir títulos no começo de um relatório) e ler o primeiro registro de entrada. O loop principal de um programa é controlado pela decisão eof. Cada registro de dados passa uma vez pelo loop principal, onde são realizados cálculos com os dados e os resultados são impressos. Dentro de qualquer programa, as tarefas de fim de tarefa incluem os passos que devem ser seguidos ao final de um programa, depois que todos os registros de entrada tiverem sido processados. Tarefas típicas incluem a impressão de resumos, de totais gerais ou de mensagens finais no final do relatório e o fechamento de todos os arquivos abertos.

» Você pode usar um diagrama de hierarquia para ilustrar a relação entre módulos.

» Conforme o programa se torna maior e mais complicado, a necessidade de se planejar e de se conceber o design aumenta. Armazenar componentes de um programa em arquivos separados pode oferecer vantagens de facilitar a reutilização e ocultar a implementação. Quando selecionar os nomes dos dados e módulos, use nomes significativos e pronunciáveis. Seja criterioso no uso de abreviaturas, evite dígitos nos nomes e separe visualmente palavras em nomes com mais de uma palavra. Considere incluir uma forma do verbo *ser*, como *é* ou *são*, nos nomes de variáveis que contenham um *status*. A convenção de nomeação para variáveis é sempre usar letras maiúsculas. Quando escrever sentenças de um programa, evite quebras de linha confusas, use variáveis temporárias para esclarecer sentenças longas e use constantes quando for apropriado. Todo programa que você escrever será melhor se planejar antes de codificar.

Termos-chave

Documentação são todos os materiais de apoio que acompanham um programa.

Usuários finais, ou **usuários**, são aqueles que usam programas de computador já completos.

A **documentação de programa** é o conjunto de instruções e outros documentos de apoio que programadores usam quando começam a planejar a lógica de um programa.

A **documentação interna de programa** é a documentação dentro de um programa.

Comentários de programa são sentenças não executáveis que os programadores inserem dentro de seus códigos em linguagem cotidiana para explicar sentenças do programa.

Documentação externa de programa inclui todos os papéis de apoio que programadores desenvolvem antes de escrever um programa.

Documentação de saída descreve os resultados que um usuário poderá ver quando um programa estiver completo.

Um **diagrama de espaçamento de exibição**, também chamado de diagrama de exibição ou **layout de página**, é uma ferramenta para planejar a saída do programa.

Uma **linha de detalhe** em um relatório é uma linha que contém detalhes dos dados. A maioria dos relatórios contém muitas linhas de detalhe.

As **linhas de cabeçalho** de um relatório contêm o título e o nome de qualquer coluna e normalmente aparecem somente uma vez por página ou grupo de dados.

Linhas totais ou **linhas de resumo** contêm informações de final de relatório.

Uma **versão impressa** é uma saída impressa.

Versão digital é uma saída na tela.

Uma **descrição do arquivo** é um documento que descreve os dados contidos no arquivo.

Preencher um campo é o processo de adicionar caracteres extras, como espaços, no final de um campo de dados, para forçá-lo a ser de um tamanho específico.

Um **delimitador** é um caractere usado parar separar os campos em um arquivo.

Um **byte** é uma unidade de armazenamento de computadores. Pode conter qualquer uma das 256 combinações de 0s e 1s que costumam representar um caractere.

Um **prefixo** é um conjunto de caracteres usado no começo de nomes de variáveis relacionadas.

Documentação do usuário inclui todos os manuais ou outros materiais com instruções para que pessoas inexperientes usem o programa, assim como as instruções operacionais que técnicos de informática e funcionários de entrada de dados precisam.

Módulos são pequenas unidades de programa que podem ser juntadas para fazer um programa. Programadores também chamam módulos de **sub-rotinas**, **procedimentos**, **funções** e **métodos**.

Um **programa que chama** ou **método que chama** é aquele que chama um módulo.

Um **método chamado** é um método que é invocado por um programa ou por outro módulo.

Modular é o processo de dividir um programa em módulos.

Abstração é o processo de prestar atenção às propriedades importantes enquanto ignoram-se detalhes não essenciais.

Detalhes de **baixo nível** são passos pequenos, não abstratos.

Linguagens de programação de alto nível permitem que você use vocabulário semelhante ao das linguagens cotidianas, no qual sentenças amplas correspondem a dúzias de instruções de máquina.

Capacidade de reutilização é a característica de programas modulares que permite que os módulos individualmente sejam usados em diversas aplicações.

Confiabilidade é a característica de programas modulares que garante que um módulo já foi testado e demonstrou funcionar corretamente.

Decomposição funcional é o ato de reduzir um programa grande em módulos de mais fácil manipulação.

Um **programa principal** (ou **método principal do programa**) roda do início até o fim e chama outros módulos.

Um **submódulo** é um módulo chamado por outro módulo.

Encapsulação é o ato de conter as instruções de uma tarefa e os dados no mesmo método.

Uma **pilha** é uma localidade da memória na qual o computador registra o endereço da memória correto para onde ele deve retornar, uma vez que tenha executado um módulo.

A **coesão funcional** de um módulo é a medida do nível em que todas as sentenças de um módulo contribuem para a mesma tarefa.

Argumentos são itens de dados que são enviados para os métodos.

Retornar um valor é o processo através do qual o módulo chamado envia um valor para o módulo que o chamou.

Um **cabeçalho de método** inclui o identificador do método e possivelmente outras informações de identificação necessárias.

Um **corpo de método** contém todas as sentenças do método.

A **sentença de retorno** de um método marca o final do método e identifica o ponto no qual o controle retorna para o método que chamou.

Itens de dados são "**visíveis**" apenas dentro do método no qual estão declarados.

Variáveis e constantes declaradas dentro de um método estão **no escopo** apenas daquele método.

Variáveis locais são declaradas dentro de cada módulo que as utiliza.

Variáveis globais são declaradas fora de qualquer módulo e, por isso, podem ser usadas em todos os módulos do programa.

Variáveis globais são declaradas em **nível de programa**.

Um **método portátil** é um método que pode ser reutilizado em múltiplos programas mais facilmente.

Passar dados entre um método e outro é a maneira como dados locais são trocados entre módulos.

A **linha principal da lógica** de um programa é a lógica geral do programa principal, do começo ao fim.

Tarefas de preparo incluem os passos que é necessário realizar no começo de um programa para iniciar o restante do programa.

Tarefas principais do loop de um programa incluem os passos que são repetidos para cada registro.

Tarefas de fim de tarefa contêm os passos que você realiza no final do programa para finalizar a aplicação.

Abrir um arquivo de dados é o processo de localizá-lo em um dispositivo de armazenamento, prepará-lo fisicamente para ser lido e associá-lo a um identificador dentro de um programa.

O **dispositivo de entrada padrão** é o dispositivo básico de onde vem a entrada; na maioria das vezes, é o teclado.

O **dispositivo de saída padrão** é o dispositivo básico para o qual é enviada a saída; normalmente, é o monitor.

Linhas de rodapé, ou **rodapés**, são linhas de mensagem de final de relatório.

Um **diagrama de hierarquia** é um diagrama que ilustra relações dos módulos uns com os outros.

Notação húngara é uma convenção de nomeação de variáveis na qual o tipo de dado de uma variável ou outra informação é armazenado como parte do seu nome.

Um **dicionário de dados** é uma lista de todos os nomes de variáveis usados em um programa, junto com seu tipo, tamanho e descrição.

Programas **autodocumentados** são aqueles que contêm nomes de dados e módulos que descrevem o propósito do programa.

Código-fonte são as sentenças legíveis de um programa, escritas em linguagem de programação.

Ocultar a implementação é esconder os detalhes sobre a forma como um programa ou módulo funciona.

Uma **variável temporária** é uma **variável de trabalho** que você usa para conter resultados intermediários durante a execução de um programa.

Uma **expressão aritmética** é uma sentença, ou parte de uma sentença, que realiza cálculos e tem um valor.

Números mágicos são constantes numéricas não nomeadas.

Teste de mesa é o processo de analisar a lógica de um programa no papel.

Questões para revisão

1. Duas amplas categorias de documentação são as documentações voltadas para _____.
    a. gerência e trabalhadores
    b. usuários finais e programadores
    c. pessoas e o computador
    d. definição de variáveis e definição de ações

2. Sentenças não executáveis que programadores inserem dentro de seus códigos para explicar sentenças do programa em linguagem cotidiana são chamadas _____.
    a. comentários
    b. pseudocódigo
    c. trivialidades
    d. documentação do usuário

3. O primeiro tipo de documentação normalmente criado quando se escreve um programa pertence a(aos) _____.
    a. usuários finais
    b. entrada
    c. saída
    d. dados

4. Qual dos seguintes *não* é um termo usado como sinônimo para "módulo" em nenhuma linguagem de programação?
    a. estrutura
    b. procedimento
    c. método
    d. função

5. Qual dos seguintes *não* é uma razão para modular?
    a. Modular oferece abstração.
    b. Modular permite que múltiplos programadores trabalhem em um mesmo problema.

c. Modular permite que você reutilize seu trabalho.

d. Modular elimina a necessidade de estruturas.

6. Qual é o nome do processo de prestar atenção às propriedades importantes enquanto se ignoram os detalhes não essenciais?

   a. estrutura
   b. iteração
   c. abstração
   d. modularização

7. Todas as linguagens modernas de programação que usam vocabulário da linguagem cotidiana para criar sentenças que correspondem a dúzias de instruções de máquinas são chamadas _____.

   a. alto nível
   b. orientadas a objeto
   c. modulares
   d. obtusas

8. Em programação, diz-se que um módulo pode _____ outro, significando que um primeiro módulo faz com que o segundo módulo execute.

   a. declarar
   b. definir
   c. legalizar
   d. chamar

9. Quanto mais as sentenças de um módulo contribuem para a mesma tarefa, maior a _____ do módulo.

   a. estrutura
   b. modularização
   c. coesão funcional
   d. dimensão

10. Um método precisa incluir todos os seguintes, exceto _____.

    a. um cabeçalho
    b. um argumento
    c. um corpo
    d. uma sentença de retorno

11. Na maioria das linguagens modernas de programação, quando uma variável ou uma constante é declarada em um método, a variável ou constante é _____ daquele método.

    a. global
    b. invisível
    c. do escopo
    d. indefinida

12. Um diagrama de hierarquia informa você _____.

    a. quais tarefas devem ser realizadas dentro de cada módulo do programa
    b. quando um módulo é executado
    c. quais rotinas chamam quais outras rotinas
    d. todas as anteriores

13. Um programa no qual uma operação segue outra do começo até o final é um programa _____.

    a. modular
    b. funcional
    c. procedural
    d. orientado a objeto

14. Na maioria das linguagens modernas de programação, as variáveis e constantes declaradas na linha principal da lógica _____.

    a. são locais do programa principal
    b. não são nomeadas

c. não recebem um valor

d. são globais

15. Qual das seguintes *não* é uma típica tarefa de preparo?

    a. declarar variáveis

    b. imprimir sumários

    c. abrir arquivos

    d. realizar uma leitura primária

16. Quando um programador usa um arquivo de dados e nomeia o primeiro campo armazenado em cada registro **númeroIden**, então outros programadores que usarem o mesmo arquivo nos seus programas _____.

    a. também têm que nomear o campo númeroIden

    b. podem nomear o campo númeroIden

    c. não podem nomear o campo númeroIden

    d. não podem nomear aquele campo

17. O dispositivo de entrada padrão de um computador na maioria das vezes é um _____.

    a. mouse   c. teclado

    b. disquete   d. CD

18. A maioria dos programas procedurais contém um(a) _____, que executa tantas vezes quanto existirem registros no arquivo de entrada do programa.

    a. módulo de tarefas de preparo   c. rotina de finalização

    b. loop principal   d. símbolo terminal

19. São tarefas de final de função comuns em programas todas as seguintes, exceto _____.

    a. abrir arquivos   c. imprimir mensagens de final de função

    b. imprimir totais   d. fechar arquivos

20. Qual dos seguintes tem menos chance de ser realizado como tarefa de final de função?

    a. fechar arquivos

    b. checar o eof

    c. imprimir uma mensagem de "Final de relatório"

    d. adicionar dois valores

Encontre os bugs

Cada um dos segmentos de pseudocódigo seguintes contém um ou mais bugs que você precisa encontrar e corrigir.

1. Este pseudocódigo deveria descrever um programa que calcula o número de quilômetros por litro que um automóvel faz, assim como o custo da gasolina por quilômetro. O programa principal chama um módulo que apresenta informações úteis.

   ```
   início
      num litrosDeGasUsados
      num quilômetrosViajados
   ```

```
        num preçoPorLitro
        num quilômetrosPorLitro
        num custoPorQuilômetro
        obter litrosDeGasUsados
        obter quilômetrosViajados
        obter preçoPorLitroDeGas
        quilômetrosPorLitro = litrosDeGasUsados / quilômetrosViajados
        custoPorQuilômetro = preçoPorLitro - quilômetrosPorLitro
        imprimir quilômetrosPorLitro
        imprimir custoPorQuilômetro
        apresentarInformação()
fim

apresentarInformação()
        string MSG1 = "Quanto mais alto o valor,"
        string MSG2 = "mais econômico é o veículo. "
        string MSG3 = "A média dos carros de tamanho médio faz"
        string MSG4 = "27 quilômetros por litro"
        imprimir MSG1
        imprimir MSG2
        imprimir MSG3
        imprimir MSG4
retorno
```

2. Este pseudocódigo deve criar um relatório que contém as comissões dos corretores de um complexo de apartamentos. Registros de entrada contêm o número do RG e o nome de cada vendedor, assim como o número de apartamentos com três dormitórios, dois dormitórios, um dormitório e os estúdios alugados durante o mês. A comissão para cada apartamento alugado é $ 50 vezes o número de dormitórios, exceto para os apartamentos-estúdio, para os quais a comissão é $ 35.

```
    início
        num vendedorRG
        string nome
        num numAptsAlugadosTrêsDormitórios
        num numAptsAlugadosDoisDormitórios
        num numAptsAlugadosUmDormitório
        num AptsAlugadosEstúdios
        string CABEÇALHO_PRINCIPAL = "Relatório das Comissões"
        string CABEÇALHOS_COLUNAS
            = "Vendedor RG  Nome  Comissão Ganha"
        num comissãoGanha
        num TAXA_REGULAR = 50,00
        num TAXA_ESTÚDIO = 35,00
        imprimir CABEÇALHO_PRINCIPAL
        imprimir CABEÇALHOS_COLUNAS
        obter vendedorRG, nome, numAptsAlugadosTrêsDormitórios,
           numAptsAlugadosDoisDormitórios, numAptsAlugadosUmDormitório,
           numAptsAlugadosEstúdio
        enquanto eof
           comissãoGanha = (numAptsAlugadosTrêsDormitórios * 3 +
              numAptsAlugadosDoisDormitórios +
              numAptsAlugadosUmDormitório) * TAXA_REGULAR +
              (numAptsAlugadosEstúdio * TAXA_ESTÚDIO)
           imprimir RG, nomeVendedor,
              comissãoGanha
```

```
            obter vendedorRG, nome, numAptsAlugadosTrêsDormitórios,
               numAptsAlugadosDoisDormitórios, numAptsAlugadosUmDormitório,
               numAptsAlugadosEstúdio
        fim-se
    fim
```

Exercícios

1. Desenhe um diagrama de hierarquia típico para um programa que produza contracheques de pagamento. Tente pensar em no mínimo 10 módulos separados que possam ser incluídos. Por exemplo, um módulo pode calcular o bônus da assistência odontológica de um empregado.

2. Faça o design da saída e desenhe um fluxograma ou escreva o pseudocódigo para um programa que calcula o tamanho da beca que os estudantes precisam para uma cerimônia de graduação. O programa aceita como entrada a altura em pés e polegadas e o peso em libras de um estudante, e continua a fazer assim até que o usuário insira um 0 para a altura. Ele converte a altura de cada estudante para centímetros e o peso para gramas. Então, calcula o tamanho da beca de formatura necessária adicionando $1/3$ do peso em gramas ao valor da altura em centímetros. O programa imprime o resultado para cada estudante. Uma polegada tem 2,54 centímetros e uma libra, 453,59 gramas. Use constantes nomeadas sempre que julgar adequado.

3. Faça o design da saída e desenhe um fluxograma ou escreva um pseudocódigo para um programa que calcula a taxa de serviço que um consumidor deve por passar um cheque sem fundos. O programa aceita o nome do consumidor, a data na qual o cheque foi escrito (ano, mês e dia), o dia atual (ano, mês e dia) e o valor do cheque. O programa continua até que um valor **eof** seja encontrado. A taxa de serviço é $ 20 mais 2% do valor do cheque, mais $ 5 para cada mês que passou desde que o cheque foi escrito. Um cheque está atrasado um mês assim que o novo mês começa – assim, um cheque sem fundos passado em 30 de setembro está um mês atrasado em 1º de outubro.

4. O dono do Fuzzy Logic Pet Store precisa dos seguintes programas:
    a. Ele aceitou fazer uma doação para o abrigo local de animais para cada animal vendido. O usuário insere um tipo de animal e o preço da venda. A saída é o valor da doação, calculado como 10% do preço da venda. Faça o design da tela interativa, e então desenhe o fluxograma ou escreva o pseudocódigo para esse programa.
    b. Ele também precisa de um relatório semanal das vendas. O usuário insere registros continuamente, que contêm o tipo de um animal e o preço, terminando com "XXX" como um tipo flag de animal. A saída consiste em um relatório impresso intitulado VENDAS ANIMAIS, com os títulos das colunas Tipo de Animal e Preço. Depois da impressão de todos os registros, uma linha de rodapé "FINAL DO RELATÓRIO" é impressa. Faça o design do relatório, então desenhe um fluxograma ou escreva um pseudocódigo para esse programa.

5. O dono da Bits and Pieces Manufacturing Company precisa dos seguintes programas:
    a. O gerente de recursos humanos quer um programa que calcule o resultado se ele der um aumento de salário para um empregado. A saída é o salário projetado com o aumento. A entrada é o salário atual e o percentual de aumento expresso em decimais (por exemplo, 0,04 para um aumento de 4%). Faça o design da tela interativa, então desenhe um fluxograma ou escreva um pseudocódigo para o programa que aceita a entrada e produz o relatório.
    b. O gerente de recursos humanos quer produzir um relatório de pessoal que mostre o resultado final se der um aumento de 10% de salário para todos. A saída consiste em um relatório

impresso intitulado Aumentos Projetados. Os campos impressos na saída são: sobrenome do empregado, primeiro nome do empregado e salário semanal atual. Inclua títulos de colunas adequados e rodapés. Faça o design do relatório e então desenhe um fluxograma ou escreva um pseudocódigo para o programa que aceita continuamente os campos inseridos e produz esse relatório.

6. O gerente de vendas da The Couch Potato Furniture Company precisa dos seguintes programas:

   a. Ele quer visualizar rapidamente o lucro de qualquer item vendido. A entrada inclui o preço no atacado e no varejo para um item. A saída é o lucro do item, que é o preço no varejo menos o preço no atacado. Faça o design da tela interativa para esse programa e então desenhe o fluxograma ou escreva o pseudocódigo.

   b. O gerente de vendas mantém um arquivo de inventário que inclui dados sobre todos os itens vendidos. Ele quer um relatório que liste cada número do estoque, descrição e lucro, que é o preço do varejo menos o preço do atacado. Arquivos de entrada incluem número de estoque, descrição, preço no atacado e preço no varejo. Faça o design do relatório e então desenhe o fluxograma ou escreva o pseudocódigo para esse programa.

7. O orientador-chefe da Roughing It Summer Camp precisa dos seguintes programas:

   a. Ele quer calcular um escore referente às habilidades de um campista para que cada um deles seja designado a um grupo com habilidades semelhantes. Ele precisa de um programa interativo que pode ser usado conforme cada campista chegue à colônia de férias e relate os seus níveis de habilidade. O usuário insere uma nota em cada uma das quatro áreas. Notas variam de 1 a 10. As quatro áreas são: natação, tênis, cavalgada e arte. A saída é a nota final que é a soma das quatro notas das habilidades do campista. Faça o design da tela interativa para esse programa e então desenhe o fluxograma ou escreva o pseudocódigo.

   b. O acampamento mantém um registro para cada campista, incluindo primeiro nome, sobrenome, data de nascimento e nota das habilidades que variam de 1 a 10 em quatro áreas: natação, tênis, cavalgada e artes. (A data de nascimento é armazenada no formato YYYYMMDD, sem qualquer pontuação. Por exemplo, 21 de janeiro de 1997 é 19970121.) O acampamento quer um relatório impresso com os dados de cada campista, mais uma nota total que é a soma das quatro notas das suas habilidades. A descrição do arquivo da entrada é apresentada abaixo. Faça o design da saída para esse programa e então desenhe o fluxograma ou escreva o pseudocódigo.

   ```
   Nome do arquivo: CAMPISTAS
   DESCRIÇÃO DO ARQUIVO    TIPO DE DADO    COMENTÁRIOS
   Primeiro Nome           String          15 caracteres no máximo
   Sobrenome               String          15 caracteres no máximo
   Data de Nascimento      Numérico        8 dígitos no formato YYYMMDD
   Habilidade Natação      Numérico        0 casas decimais
   Habilidade Tênis        Numérico        0 casas decimais
   Habilidade Cavalgada    Numérico        0 casas decimais
   Habilidade Artes        Numérico        0 casas decimais
   ```

8. A All in a Day's Work é uma agência de contratações temporárias. O gerente precisa determinar quanto de imposto será retido na fonte para cada empregado. Essa quantidade de imposto retido é computada como 20% do pagamento semanal de cada empregado. Esse pagamento semanal é o pagamento por hora vezes 40 horas.

a. Faça o design da tela interativa que apresenta o pagamento semanal de um empregado e o valor descontado. O usuário insere a taxa de pagamento por hora. Desenhe o fluxograma ou escreva o pseudocódigo para esse programa.

b. Faça o design de um relatório impresso intitulado ABATIMENTO NA FONTE PARA CADA EMPREGADO. Campos de entrada incluem o primeiro nome e o sobrenome de cada empregado e a taxa paga por hora. Os campos impressos na saída são: sobrenome do empregado, primeiro nome do empregado, pagamento por hora, pagamento semanal e quantidade abatida por semana. Desenhe o fluxograma ou escreva o pseudocódigo para esse programa.

9. O treinador do time Jeter County Softball quer os seguintes programas de computador que calculem a média de rebatidas. A média das rebatidas é calculada pelo número de rebatidas dividido pela quantidade de lançamentos, e normalmente é expressa em três casas decimais (por exemplo: 235)

    a. O treinador quer um programa interativo que produza um relatório que mostre a média de rebatidas de um jogador. Um prompt pedirá ao usuário o número de rebatidas e a quantidade de lançamentos de um jogador. Faça o design da tela interativa e então desenhe o fluxograma ou escreva o pseudocódigo para esse programa.

    b. O treinador do time quer um relatório que mostre as estatísticas de rebatimento dos jogadores. A saída consiste em um relatório impresso intitulado ESTATÍSTICAS DO TIME. Dados de entrada incluem o número, o primeiro nome, o sobrenome, rebatidas e quantidades de lançamentos de um jogador. Campos impressos na saída são: número do jogador, primeiro nome, último nome e média de rebatidas. Faça o design do relatório e então desenhe o fluxograma ou escreva o pseudocódigo para esse programa.

10. O gerente da empresa Endeavor Car Rental quer programas que computem a quantidade ganha por quilômetro para carros alugados. Os quilômetros viajados de um automóvel são computados subtraindo a leitura do hodômetro quando o carro é alugado da leitura do hodômetro quando o carro é devolvido. A quantidade ganha por quilômetro é computada dividindo a taxa do aluguel pelos quilômetros percorridos.

    a. Faça o design de um programa interativo que calcule a receita bruta ganha por quilômetro em um veículo. O usuário insere as leituras do hodômetro e a taxa cobrada pelo aluguel. A saída inclui os quilômetros viajados, taxa do aluguel e a quantidade ganha por quilômetro. Faça o design da tela interativa e então desenhe o fluxograma ou escreva o pseudocódigo para esse programa.

    b. Faça o design para um programa que produza um relatório que mostre a receita bruta ganha por quilômetro em veículos alugados a cada semana. Campos de entrada incluem o número de identificação do veículo, ambas as leituras do hodômetro e a taxa cobrada pelo aluguel. A saída consiste de um relatório impresso intitulado ESTATÍSTICAS DA RECEITA BRUTA DO ALUGUEL DE CARROS. Os campos impressos na saída são: número de identificação do veículo, as leituras do hodômetro na saída, a leitura do hodômetro no retorno, milhas viajadas, taxa de aluguel e quantidade ganha por quilômetro. Faça o relatório e então desenhe o fluxograma ou escreva o pseudocódigo para esse programa.

Zona dos jogos

Para que jogos prendam nosso interesse, eles quase sempre incluem algum comportamento aleatório e imprevisível. Por exemplo, um jogo no qual você atira em asteroides perde parte da sua diversão se os asteroides seguirem o mesmo comportamento previsível cada vez que você jogá-lo. Portanto, gerar valores aleatórios é um componente-chave para criar a maioria dos jogos de computador interessantes. Muitas linguagens de programação vêm com um método embutido que pode ser usado para gerar números aleatórios. A sintaxe varia em cada linguagem, mas é normalmente algo neste formato:

```
meuNúmeroAleatório = aleatório(10)
```

Nessa sentença, `meuNúmeroAleatório` é uma variável numérica que você declarou e a expressão `aleatório(10)` significa "obter um número aleatório entre 1 e 10". Por convenção, em um fluxograma, você colocaria uma sentença como essa em um símbolo de processamento com duas faixas verticais nas pontas, como apresentado abaixo.

Crie um fluxograma ou um pseudocódigo que mostre a lógica para um programa gerar um número aleatório e então peça ao usuário que pense em um número entre 1 e 10. Então apresente o número gerado aleatoriamente para que o usuário possa ver se ele ou ela deu um palpite preciso. (Nos capítulos seguintes você vai melhorar esse jogo para que o usuário possa inserir um palpite e o programa possa determinar se o usuário estava correto.)

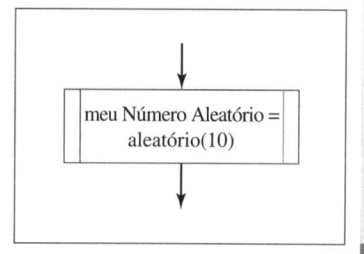

Trabalho de detetive

1. Explore as oportunidades de emprego em escrita técnica. Quais são as responsabilidades da profissão? Qual o salário inicial médio? Qual é a previsão de crescimento?

2. Explore as oportunidades de emprego em programação. Quais são as responsabilidades da profissão? Qual o salário inicial médio? Qual é a previsão de crescimento?

3. Muitos guias de estilos de programação são publicados na web. Esses guias sugerem bons identificadores, regras básicas de indentação e problemas semelhantes em linguagens de programação específicas. Encontre guias de estilo para ao menos duas linguagens (por exemplo, C++, Java, Visual Basic, C#, COBOL, RPG ou Pascal) e liste qualquer diferença que você notar.

Livre para discussão

1. Você preferiria ser um programador, escrever documentação, ou ambos? Por quê?

2. Você preferiria escrever um programa grande sozinho ou trabalhar em uma equipe na qual cada programador produz um ou mais módulos? Por quê?

3. Você consegue pensar em alguma desvantagem em fornecer a documentação de um programa a outros programadores ou ao usuário?

4. "Programação extrema é um sistema" para o desenvolvimento rápido de softwares. Um de seus princípios é que a produção de códigos seja escrita por dois programadores sentados em uma única máquina. Isso é uma boa ideia? Trabalhar dessa forma como programador lhe agradaria? Por quê?

4 TOMANDO DECISÕES

Avaliando expressões booleanas para fazer comparações

A razão pela qual frequentemente as pessoas acreditam que computadores são inteligentes está na habilidade dos programas de tomar decisões. Um programa de diagnósticos médicos que decide se o seu sintoma se encaixa nos perfis de várias doenças parece ser bastante inteligente, assim como um programa que oferece diferentes itinerários possíveis baseando-se no seu destino de férias.

A estrutura de seleção (às vezes chamada estrutura de decisão) envolvida nesses programas já não é novidade – é uma das estruturas básicas que você aprendeu no Capítulo 2. Veja as Figuras 4-1 e 4-2.

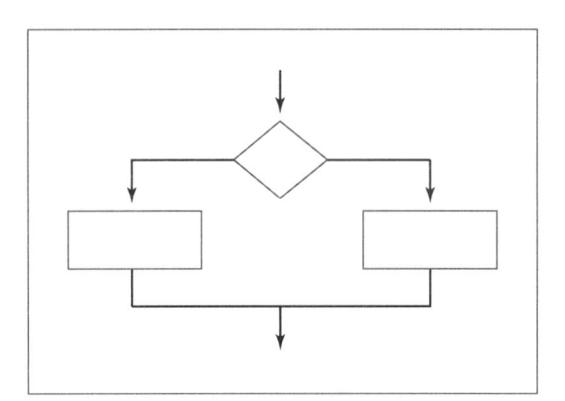

Figura 4-1 A estrutura de seleção com duas alternativas

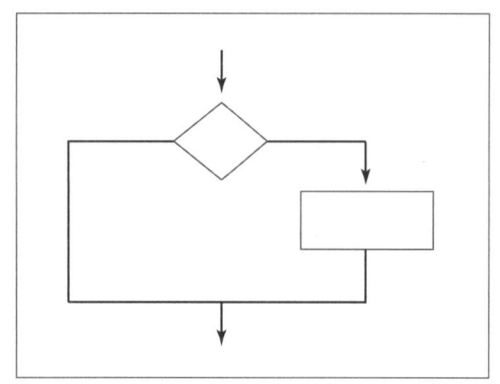

Figura 4-2 A estrutura de seleção com uma alternativa

No Capítulo 2, você aprendeu que pode se referir à estrutura da Figura 4-1 como uma seleção com duas alternativas, ou binária, pois uma ação é associada a um de dois resultados possíveis: dependendo da resposta para a questão representada pelo losango, o fluxo lógico segue para o ramo esquerdo da estrutura ou para o direito. As escolhas são mutuamente excludentes, isto é, a lógica pode fluir apenas para uma das duas alternativas, nunca para ambas. Essa estrutura de decisão também é chamada de uma estrutura se-então-senão.

NOTA: Este livro segue a convenção de que os dois caminhos da lógica que emergem de uma decisão são desenhados para a direita e para a esquerda de um fluxograma. Alguns programadores desenham uma linha de fluxo emergindo do lado da figura do losango, representando uma seleção, e então desenham outra emergindo da parte de baixo. O formato exato do diagrama não é tão importante quanto a ideia que um caminho da lógica flui para a seleção e dois possíveis resultados emergem.

NOTA:
Você pode chamar uma decisão com uma alternativa (ou seleção) de *decisão de sentido único*. Da mesma forma, uma decisão com duas alternativas é uma *decisão de sentido duplo* (ou seleção).

O segmento de fluxograma na Figura 4-2 representa uma seleção com uma alternativa, em que uma ação é exigida para um único resultado de questão. Você chama essa forma da estrutura `se-então-senão` de uma **se-então**, pois nenhuma ação "senão" é necessária.

A Figura 4-3 mostra o fluxograma e o pseudocódigo de um programa que contém uma típica decisão `se-então-senão` em um programa de negócios. Muitas organizações pagam empregados uma vez e meia (uma e meia vez o valor pago por hora normalmente) por hora trabalhada excedendo quarenta horas semanais (as chamadas horas extras).

```
início
    string nome
    num horasTrabalhadas
    num taxa
    num pagamentoBruto
    num HORAS_NO_TRAB = 40
    num TAXA_HORA_EXTRA_ = 1.5
    obter nome, horasTrabalhadas, taxa
    se horasTrabalhadas > HORAS_NO_TRAB então
        pagamentoBruto = taxa * HORAS_NO_TRAB +
            (horasTrabalhadas - HORAS_NO_TRAB) *
            TAXA_HORA_EXTRA * taxa
    senão
        PagamentoBruto = horasTrabalhadas * taxa
    fim-se
    Imprimir nome, pagamentoBruto
fim
```

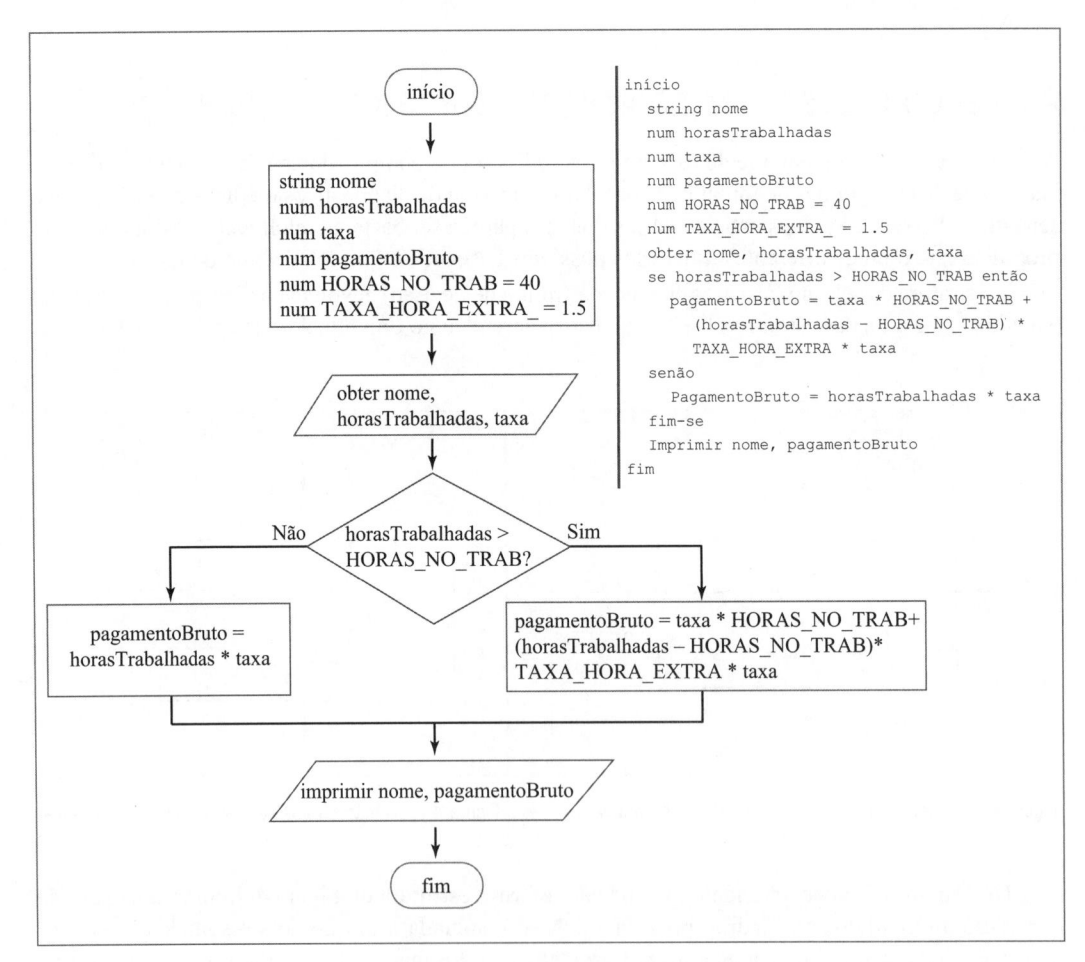

Figura 4-3 Fluxograma e pseudocódigo para programa de folha de pagamento de horas extras

> **NOTA:** Em todo este livro, você verá muitos exemplos apresentados em ambas as formas – fluxograma e pseudocódigo. Quando analisar pela primeira vez uma solução, pode achar mais fácil se concentrar, a princípio, em apenas uma das duas ferramentas do design. Depois de entender como o programa funciona usando uma das ferramentas (por exemplo, o fluxograma), confirme que a solução é idêntica usando a outra ferramenta (por exemplo, o pseudocódigo).

No programa da Figura 4-3, diversas variáveis e constantes são declaradas. Entre as variáveis estão aquelas que serão recuperadas da entrada (`nome`, que é uma string, e `horasTrabalhadas` e `taxa`, que são números) e uma que será calculada a partir dos valores de entrada (`pagamentoBruto`, que é um número). O programa da Figura 4-3 também usa duas constantes nomeadas: `HORAS_NO_TRAB`, que representa o número de horas trabalhadas em uma semana de trabalho padrão, e `TAXA_HORA_EXTRA`, que representa um fator de multiplicação para o pagamento de um empregado que excede o número-padrão de horas de trabalho em uma semana.

> **NOTA:** A expressão `obter nome, horasTrabalhadas, taxa` visa representar qualquer tipo de entrada, independente desta ser interativa ou de um arquivo. Com uma entrada interativa, seria interessante adicionar um prompt antes que cada item de dado fosse recuperado.

Depois que os dados da entrada forem recuperados pelo programa da Figura 4-3, uma decisão deve ser tomada sobre o valor das `horasTrabalhadas`. O cálculo mais longo, que multiplica por uma vez e meia o fator para o pagamento bruto, é executado somente quando a expressão `horasTrabalhadas > HORAS_NO_TRAB` for verdadeira. Esse cálculo extenso existe na **cláusula se** da decisão – a parte da decisão que contém a ação ou as ações que são executadas quando a condição testada na decisão for verdadeira. O cálculo mais curto, que produz `pagamentoBruto` multiplicando `horasTrabalhadas` por `taxa`, constitui a **cláusula senão** da decisão – a parte que é executada somente quando a condição testada na decisão for falsa.

> **NOTA:** No Capítulo 3, você aprendeu que constantes nomeadas são, por convenção, criadas utilizando somente letras maiúsculas.

Suponha que o contracheque de um empregado deva ser descontado se o empregado adere ao plano odontológico da empresa e que nenhuma ação fosse tomada se o empregado não fosse participante do plano odontológico. A Figura 4-4 mostra como essa decisão pode ser adicionada ao programa de folha de pagamentos; as adições da Figura 4-3 estão sombreadas.

As expressões `horasTrabalhadas > HORAS_NO_TRAB` e `participantePlanoOdontológico = "Y"` nas Figuras 4-3 e 4-4 são expressões booleanas. Uma **expressão booleana** representa apenas um de dois estados, normalmente expressos como verdadeiro ou falso. Toda decisão que você toma em um programa de computador envolve avaliar uma expressão booleana. Uma avaliação verdadeiro-falso é "natural" do ponto de vista de um computador, pois os circuitos elétricos consistem de "botões" de dois estados liga-desliga, normalmente representados por 1 ou 0. Toda decisão de computador permite um resultado verdadeiro-ou-falso, sim-ou-não, 1-ou-0.

> **NOTA:** O matemático George Boole (1815-1864) abordou a lógica de forma mais simples que seus predecessores, expressando seleções lógicas com símbolos algébricos comuns. Ele é considerado o fundador da lógica matemática, e as expressões booleanas (verdadeiro-ou-falso) foram assim chamadas em sua homenagem.

136 Lógica e design de programação

```
                              ┌──────┐
                              │ início│
                              └──┬───┘
                                 │
              ┌──────────────────▼──────────────────┐
              │ string nome                          │
              │ num horasTrabalhadas                 │
              │ num taxa                             │
              │ string participantePlanoOdontológico │
              │ num pagamentoBruto                   │
              │ num HORAS_NO_TRAB = 40               │
              │ num TAXA_HORA_EXTRA = 1,5            │
              │ num DESCONTO_DENTÁRIO = 45,85        │
              └──────────────────┬──────────────────┘
                                 │
                  ╱ obter nome, horasTrabalhadas, taxa, ╱
                 ╱  participantePlanoOdontológico      ╱
                                 │
                                 ▼
                        ╱ horasTrabalhadas > ╲
               Não ────╱   HORAS_NO_TRAB      ╲──── Sim
                │     ╲                        ╱        │
                │      ╲                      ╱         │
                ▼                                       ▼
      ┌──────────────────────┐      ┌──────────────────────────────────────────┐
      │ pagamentoBruto =     │      │ pagamentobruto = taxa * HORAS_NO_TRAB +  │
      │ horasTrabalhadas*taxa│      │ (horasTrabalhadas – HORAS_NO_TRAB) *     │
      │                      │      │ TAXA_HORA_EXTRA * taxa                   │
      └──────────┬───────────┘      └──────────────────┬───────────────────────┘
                 │                                     │
                 └──────────────────┬──────────────────┘
                                    ▼
                       ╱ participantePlanoOdontológico = "Y"? ╲
              Não ────╱                                        ╲──── Sim
               │      ╲                                        ╱      │
               │       ╲                                      ╱       │
               │                                                      ▼
               │                              ┌──────────────────────────────────┐
               │                              │ pagamentoBruto = pagamentoBruto –│
               │                              │ DESCONTO_DENTÁRIO                │
               │                              └──────────────┬───────────────────┘
               │                                             │
               └──────────────────┬──────────────────────────┘
                                  ▼
                       ╱ imprimir nome, pagamentoBruto ╱
                                  │
                                  ▼
                              ┌──────┐
                              │  fim │
                              └──────┘
```

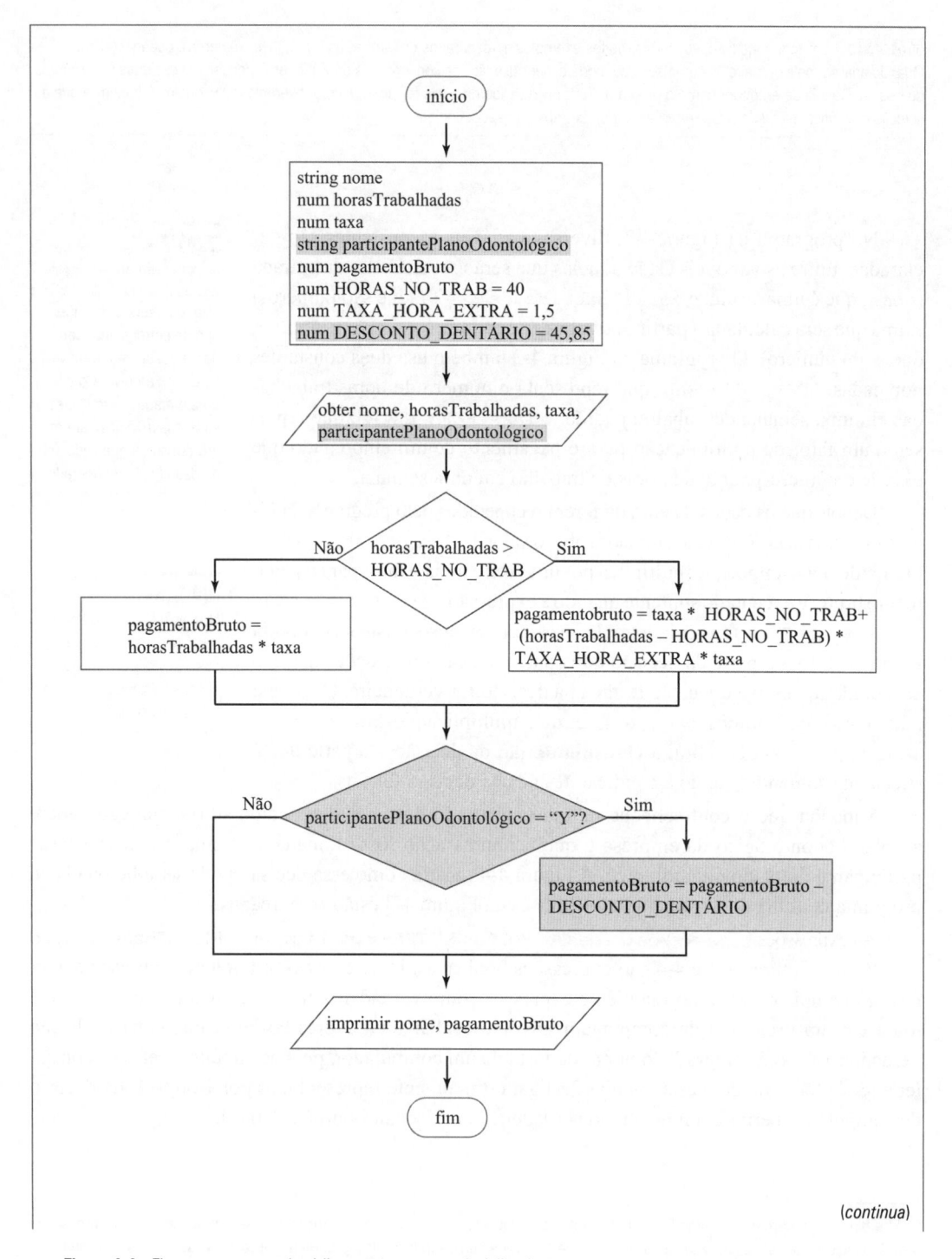

(continua)

Figura 4-4 Fluxograma e pseudocódigo para programa de folha de pagamentos com inclusão do plano odontológico

```
início
   string nome
   num horasTrabalhadas
   num taxa
   string participantePlanoOdontológico
   num pagamentoBruto
   num HORAS_NO_TRAB = 40
   num TAXA_HORA_EXTRA = 1,5
   num DESCONTO_DENTÁRIO = 45,85
   obter nome, horasTrabalhadas, taxa, participantePlanoOdontológico
   se horasTrabalhadas > HORAS_NO_TRAB então
      pagamentoBruto = taxa * HORAS_NO_TRAB +
         (horasTrabalhadas - HORAS_NO_TRAB) *
         TAXA_HORA_EXTRA * taxa
   senão
      pagamentoBruto = horasTrabalhadas * taxa
   fim-se
   se participantePlanoOdontológico = "Y" então
      pagamentoBruto = pagamentoBruto - DESCONTO_DENTÁRIO
   fim-se
   imprimir nome, pagamentoBruto
fim
```

Figura 4-4 Fluxograma e pseudocódigo para programa de folha de pagamentos com inclusão do plano odontológico (*continuação*)

DUAS VERDADES E UMA MENTIRA:

Avaliando expressões booleanas para fazer comparações

1. A cláusula se é a parte de uma decisão que é executada quando a condição testada em uma decisão for verdadeira.
2. A cláusula senão é a parte de uma decisão que é executada apenas quando a condição testada em uma decisão for falsa.
3. Uma expressão caso representa apenas um de dois estados, normalmente expressos em verdadeiro-ou-falso.

A frase falsa é a nº 3. Uma expressão booleana é a que representa apenas um de dois estados, normalmente expressos em verdadeiro-ou-falso.

Usando os operadores relacionais de comparação

Normalmente, é possível comparar somente os valores de um mesmo tipo; isto é, você pode comparar valores numéricos com outros valores numéricos, e strings de texto com outras strings. Você pode atender a qualquer questão de programação usando um dos três tipos de operadores de comparação de uma expressão booleana. Para quaisquer dois valores do mesmo tipo, você pode decidir se:

» Os dois valores são iguais.
» O primeiro valor é maior que o segundo valor.
» O primeiro valor é menor que o segundo valor.

NOTA: Normalmente, variáveis de string não são consideradas iguais, a menos que sejam idênticas, incluindo o espaçamento e se aparecem em letras maiúsculas ou minúsculas. Por exemplo, "caneta preta" *não* é igual a "canetapreta", a "CANETA PRETA", nem a "Caneta Preta".

NOTA: Algumas linguagens de programação permitem que se compare um caractere a um número. Se assim for feito, então o valor numérico de código de um único caractere é usado na comparação. Por exemplo, muitos computadores usam o sistema do Código Padrão Americano para o Intercâmbio de Informação (ASCII, *American Standard Code for Information Interchange*) ou o sistema Unicode. Em ambos os esquemas de código, uma letra maiúscula "A" é representada numericamente por um 65, uma letra maiúscula "B" é um 66, e assim por diante.

Em qualquer expressão booleana, os dois valores comparados podem ser tanto variáveis quanto constantes. Por exemplo, a expressão `totalAtual = 100?` compara uma variável, `totalAtual`, a uma constante numérica, 100. Dependendo do valor de `totalAtual`, a expressão é verdadeira ou falsa. Na expressão `totalAtual = totalAnterior?`, ambos os valores são variáveis, e o resultado é verdadeiro ou falso dependendo dos valores armazenados em cada uma das duas variáveis. Ainda que seja lícito fazer isso, você nunca usaria expressões em que se comparam duas constantes – por exemplo 20 = 20?, ou 30 = 40?. Tais expressões são consideradas **triviais,** porque cada uma sempre vai avaliar e chegar ao mesmo resultado: verdadeiro para 20 = 20? e falso para 30 = 40?.

Cada linguagem de programação utiliza seu próprio conjunto de **operadores relacionais de comparação**, ou símbolos de comparação, que expressam esses testes Booleanos. Por exemplo, muitas linguagens, como Visual Basic e Pascal, usam o sinal de igual (=) para expressar o teste de equivalência – então `saldoDevedor = 0` compara `saldoDevedor` a zero. Programadores de COBOL podem usar o sinal de igual, mas também podem escrever por extenso a expressão, como em `saldoDevedor igual a 0?`. Programadores de *Report Program Generator* (RPG) usam o operador de duas letras `EQ` no lugar de um símbolo. Programadores de C#, C++ e Java usam dois sinais de igual para o teste de equivalência – eles então escrevem `saldoDevedor == 0` para comparar dois valores. Apesar de cada linguagem de programação utilizar sua própria sintaxe para comparar a equivalência de valores, todas as linguagens contemplam o mesmo conceito lógico de equivalência.

NOTA:
O termo "operadores relacionais de comparação" é de certa forma redundante. Você também pode chamar esses operadores de **operadores relacionais** ou **operadores de comparação**.

NOTA: A razão pela qual algumas linguagens usam dois sinais de igual para comparações é evitar confusão com expressões de atribuição como `saldoDevedor = 0`. Em C++, C# ou Java, essa expressão somente atribuiria o valor 0 para `saldoDevedor`; ela não compararia `saldoDevedor` a zero.

A maioria das linguagens permite que você use sinais algébricos – maior que (>) e menor que (<) – para fazer as comparações correspondentes. Somando-se as três comparações básicas de igual a, maior que e menor que, a maioria das linguagens de programação oferece outras três mais. Para quaisquer dois valores que são do mesmo tipo, também é possível decidir se:

» O primeiro é maior que ou igual ao segundo.
» O primeiro é menor que ou igual ao segundo.
» Os dois não são iguais.

A maioria das linguagens de programação permite que se expresse "maior que ou igual a" digitando um sinal de maior-que imediatamente seguido de um sinal de igual (>=). Quando você está desenhando um fluxograma ou escrevendo um pseudocódigo, pode preferir um sinal de maior-que com um traço por baixo (≥), pois os matemáticos usam esse símbolo para dizer "maior que ou igual a". Entretanto, quando você escreve um programa, digita >= como dois caracteres separados, pois nenhuma tecla individualmente no teclado expressa este conceito e nenhuma linguagem de programação foi projetada para entendê-lo. Da mesma forma, "menor que ou igual a" é escrito com o símbolo < imediatamente seguido de =.

NOTA: Sempre que usar um operador de comparação, é preciso fornecer um valor para cada lado do operador. Operadores de comparação são chamados às vezes de operadores binários por causa desse requisito.

NOTA: Os operadores >= e <= são sempre tratados como unidades; nenhum espaço separa as duas partes do operador. Além disso, o sinal de igual sempre aparece depois. Nenhuma linguagem de programação permite => ou =< como operador de comparação.

Qualquer situação relacional pode ser expressa usando apenas esses três tipos de comparação: igual, maior que, e menor que. As três comparações adicionais (maior que ou igual a, menor que ou igual a, ou não igual a) nunca são indispensáveis, mas usá-las muitas vezes facilita as decisões. Por exemplo, digamos que você precise emitir um desconto de 10% para qualquer cliente cuja idade seja 65 anos ou mais e cobrar o preço inteiro de outros clientes. Você pode usar o símbolo de "maior que ou igual a" para escrever a lógica como:

```
se idadeCliente >= 65 então
   desconto = 0,10
senão
   desconto = 0
fim-se
```

Como uma alternativa, se quiser evitar usar o operador >=, a mesma lógica é expressa ao se escrever:

```
se idadeCliente < 65 então
   desconto = 0
senão
   desconto = 0,10
fim-se
```

Em qualquer decisão em que `a >= b` for verdadeiro, então `a < b` será falso. De maneira inversa, se `a >= b` for falso, então `a < b` é verdadeiro. Reformulando a frase e permutando as ações tomadas com base no resultado, você pode tomar a decisão de múltiplas maneiras. A rota mais clara muitas vezes é perguntar uma questão de forma que a saída positiva ou verdadeira resulte na ação pretendida para o teste. Se a política da sua empresa for "dar desconto para aqueles que têm 65 anos ou mais", a frase "maior que ou igual a" vem à tona, então é a forma mais natural de se usar. Se, por outro lado, sua política for "não dar desconto para aqueles com menos de 65 anos", então é mais natural usar a sintaxe "menor que". De ambas as maneiras, as mesmas pessoas recebem o desconto.

Comparar dois montantes para decidir se eles *não* são iguais é a mais confusa de todas as comparações. Usar "não igual a" em decisões envolve pensar em negativas duplas, o que pode tender a incluir erros de lógica no programa. Por exemplo, considere o segmento de fluxograma na Figura 4-5.

```
se códigoConsumidor não igual a 1 então
    desconto = 0,25
senão
    desconto = 0,50
fim-se
```

```
         Não  ┌─────────────────┐  Sim
    ┌─────────┤ códigoConsumidor├─────────┐
    │         │ não igual a 1?  │         │
    │         └─────────────────┘         │
    ▼                                     ▼
┌──────────────┐                  ┌──────────────┐
│desconto = 0,50│                 │desconto = 0,25│
└──────────────┘                  └──────────────┘
```

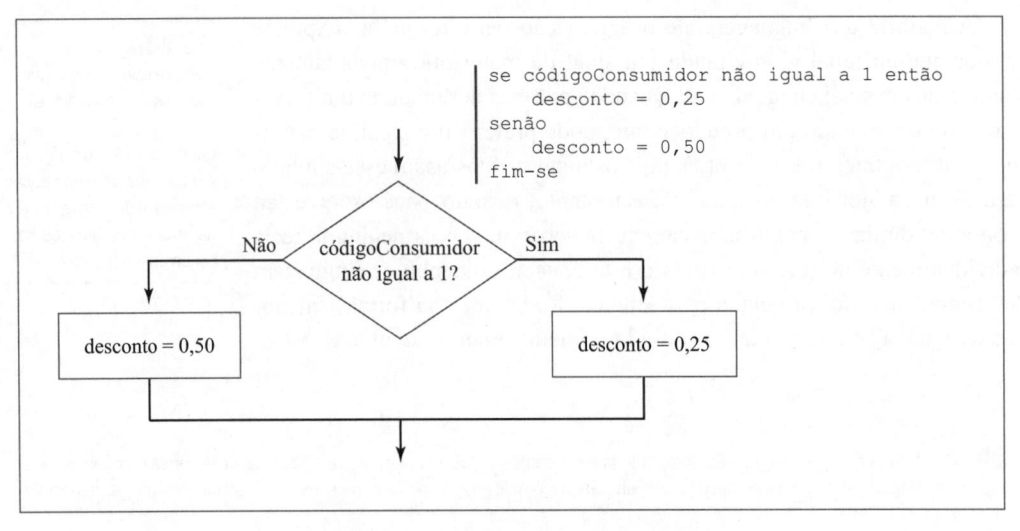

Figura 4-5   Usando uma comparação negativa

Na Figura 4-5, se o valor de códigoConsumidor *é* igual a 1, o fluxo lógico segue o caminho falso da seleção. Se códigoConsumidor não igual a 1 é verdadeiro, o desconto é 0,25; se códigoConsumidor não igual a 1 não é verdadeiro, significa que o códigoConsumidor *é* 1, e que o desconto é 0,50. Até mesmo usar a frase "códigoConsumidor não igual a 1 não é verdadeiro" é estranho.

A Figura 4-6 mostra a mesma decisão, dessa vez perguntando de forma positiva. Fazer a decisão se códigoConsumidor *é* 1 então desconto = 0,50 é mais claro do que tentar determinar o que códigoConsumidor *não* é.

```
se códigoConsumidor = 1 então
    desconto = 0,50
senão
    desconto = 0,25
fim-se
```

```
         Não  ┌─────────────────┐  Sim
    ┌─────────┤códigoConsumidor=1?├───────┐
    │         └─────────────────┘         │
    ▼                                     ▼
┌──────────────┐                  ┌──────────────┐
│desconto = 0,25│                 │desconto = 0,50│
└──────────────┘                  └──────────────┘
```

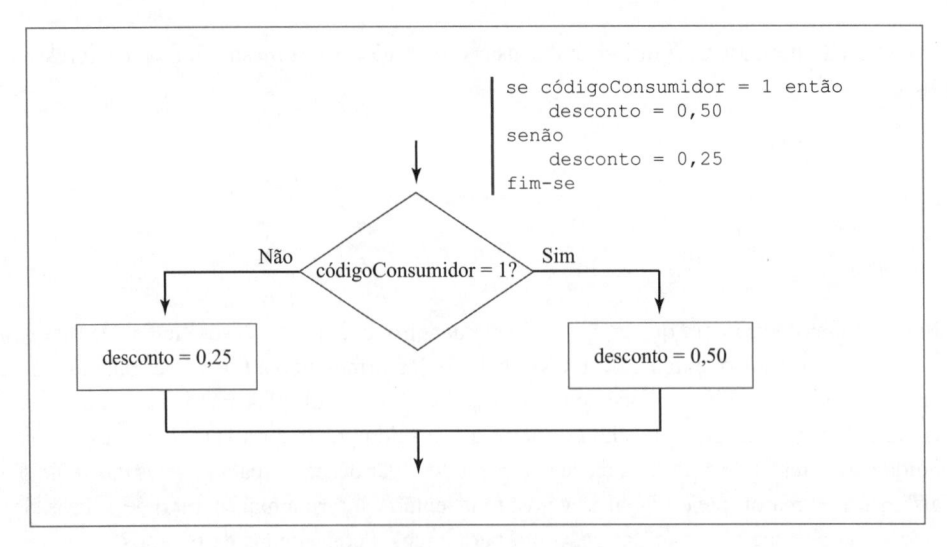

Figura 4-6   Usando o equivalente positivo da comparação negativa da Figura 4-5

Além de ser estranho de usar, o operador de comparação "não igual a" é o que tem mais chances de ser diferente nas várias linguagens de programação. Visual Basic e Pascal usam um sinal de menor-que seguido imediatamente de um sinal de maior-que (<>); C#, C++, C e Java usam um ponto de exclamação seguido de um sinal de igual (!=). Em um fluxograma ou em um pseucódigo, você pode usar o símbolo que os matemáticos usam para representar "é diferente de", um sinal de igual com uma barra atravessada (≠). Ao programar, você não vai conseguir usar esse símbolo, pois nenhuma tecla do teclado o produz. Quando desenhar um fluxograma ou escrever um pseudocódigo no qual precise usar uma decisão negativa, escrever "não" também é razoavelmente aceitável.

NOTA: Ainda que comparações negativas possam ser estranhas de usar, o seu significado às vezes é o mais claro se você utilizá-las. Com frequência, isso ocorre quando você usa um `se` sem um `senão`, para realizar uma ação apenas quando alguma comparação for falsa. Um exemplo seria: `se códigoPostalCliente não igual a CÓDIGO_POSTAL_LOCAL então adicionar taxaEntrega ao total`.

A Tabela 4-1 resume os seis operadores de comparação e compara exemplos triviais (ambos com respostas em verdadeiro e falso) com exemplos típicos dos seus usos.

Tabela 4-1 Comparações relacionais

Comparação	Exemplo trivial verdadeiro	Exemplo trivial falso	Exemplo típico
Igual a	7 = 7?	7 = 4?	qdePedido = 12?
Maior que	12 > 3?	4 > 9?	horasTrabalhadas > 40?
Menor que	1 < 8?	13 < 10?	salárioHora < 5,65?
Maior que ou igual a	5 >= 5?	3 >= 9?	idadeCliente >= 65?
Menor que ou igual a	4 <= 4 ?	8 <= 2?	diasAtrasados <= 60?
Não igual a	16 <> 3?	18 <> 18?	saldoCliente <> 0?

DUAS VERDADES E UMA MENTIRA:

Usando os operadores relacionais de comparação

1. Normalmente, você pode comparar apenas valores que são dados do mesmo tipo.
2. Uma expressão booleana é definida como uma expressão que decide se dois valores são iguais.
3. Em qualquer expressão booleana, os dois valores comparados podem ser variáveis ou constantes.

A frase falsa é a nº 2. Apesar de decidir se dois valores são iguais, uma expressão booleana também significa decidir se um valor é maior que ou menor que outro. Uma expressão booleana é uma expressão que resulta em um valor verdadeiro ou falso.

Entendendo a lógica E

Muitas vezes é preciso mais do que uma estrutura de seleção para determinar se uma ação deve ocorrer. Quando é necessário perguntar múltiplas questões antes que um resultado seja determinado, você precisa criar uma **condição composta**. Um tipo de condição composta é exigido se os resultados de pelo menos duas decisões precisam ser verdadeiros para que uma ação ocorra.

Por exemplo, suponha que seja necessário calcular pagamentos extras baseados no desempenho de venda de vendedores. O vendedor recebe um bônus de $ 50 somente se ele vender mais do que três itens que totalizem um valor de pelo menos $ 1.000. Esse tipo de situação é conhecido como **decisão E** porque os dados do vendedor precisam passar em dois testes – um número mínimo de itens vendidos *e* um valor mínimo – antes de ele receber o bônus. Uma decisão E pode ser construída usando uma **decisão embutida**, ou um **se embutido** – isto é, uma decisão "dentro de" outra decisão. O fluxograma e o pseudocódigo para o programa estão apresentados na Figura 4-7.

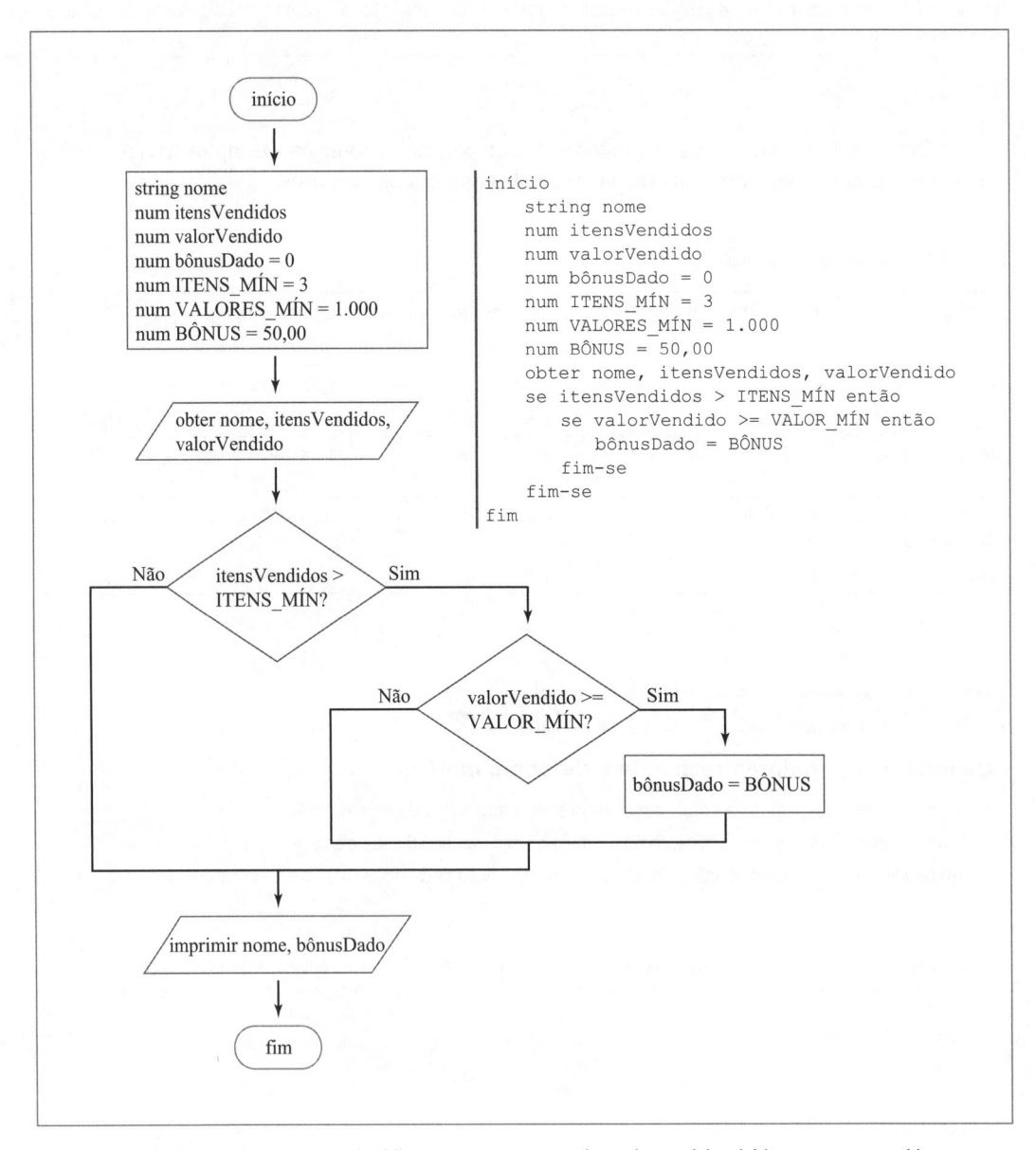

```
início
    string nome
    num itensVendidos
    num valorVendido
    num bônusDado = 0
    num ITENS_MÍN = 3
    num VALORES_MÍN = 1.000
    num BÔNUS = 50,00
    obter nome, itensVendidos, valorVendido
    se itensVendidos > ITENS_MÍN então
        se valorVendido >= VALOR_MÍN então
            bônusDado = BÔNUS
        fim-se
    fim-se
fim
```

Figura 4-7 Fluxograma e pseudocódigo para programa que determina os dois critérios a serem cumpridos para que o vendedor faça jus ao bônus de venda

NOTA: Você viu como embutir estruturas pela primeira vez no Capítulo 2. É sempre possível empilhar e embutir qualquer uma das estruturas básicas.

NOTA: Uma série de expressões se embutidas também é chamada de **cascata de expressões se**.

Na Figura 4-7, são declaradas variáveis contendo o nome do vendedor, o número de itens que ele vendeu e o valor dos itens vendidos. Constantes são declaradas para conter os mínimos necessários para receber um bônus e para o valor do bônus em si. Na estrutura se embutida na Figura 4-7, a expressão `itensVendidos > ITENS_MÍN` é avaliada primeiro. Se essa expressão é verdade, então, e somente então, é avaliada a segunda expressão boolena (`valorVendido >= VALOR_MÍN`). Se essa expressão também for verdadeira, então a atribuição de bônus é executada e a estrutura se embutida termina.

NOTA: Na Figura 4-7, observe que `bônusDado` é iniciado em 0. Dessa maneira, se o resultado de alguma decisão for falso e nenhum valor novo for atribuído a `bônusDado`, ele ainda vai ter um valor utilizável. Se você escolhesse não inicializar `bônusDado`, você poderia adicionar expressões para atribuir 0 para ele caso o resultado de alguma das decisões fosse falso.

Quando você usa expressões `se` embutidas, precisa prestar atenção especial para a colocação de qualquer cláusula `senão` e às expressões `fim-se` no pseudocódigo. Por exemplo, suponha que você queira distribuir os bônus em um esquema revisado, como o seguinte:

» Se o vendedor não vender pelo menos três itens, o bônus será de $10.

» Se o vendedor vender ao menos três itens, o bônus será $25 se o valor dos itens for menor que $1.000, ou $50 se o valor for $1.000 ou mais.

A Figura 4-8 mostra a seção da lógica que atribui os bônus. No fluxograma, você pode ver que a estrutura da segunda seleção, sombreada, está inteiramente contida dentro de um sentido da primeira estrutura. Quando uma expressão `se` acompanha outra no pseudocódigo, a primeira cláusula `senão` encontrada faz par com o último `se` encontrado. A estrutura completa `se-senão` embutida que está sombreada cabe por completo dentro da porção `se` da expressão `se-senão` externa. Independente de quantos níveis de expressões `se-senão` forem necessários para produzir uma solução, as expressões `senão` sempre estarão associadas com suas `ses` em uma base "primeiro a entrar – último a sair" (*first in – last out*).

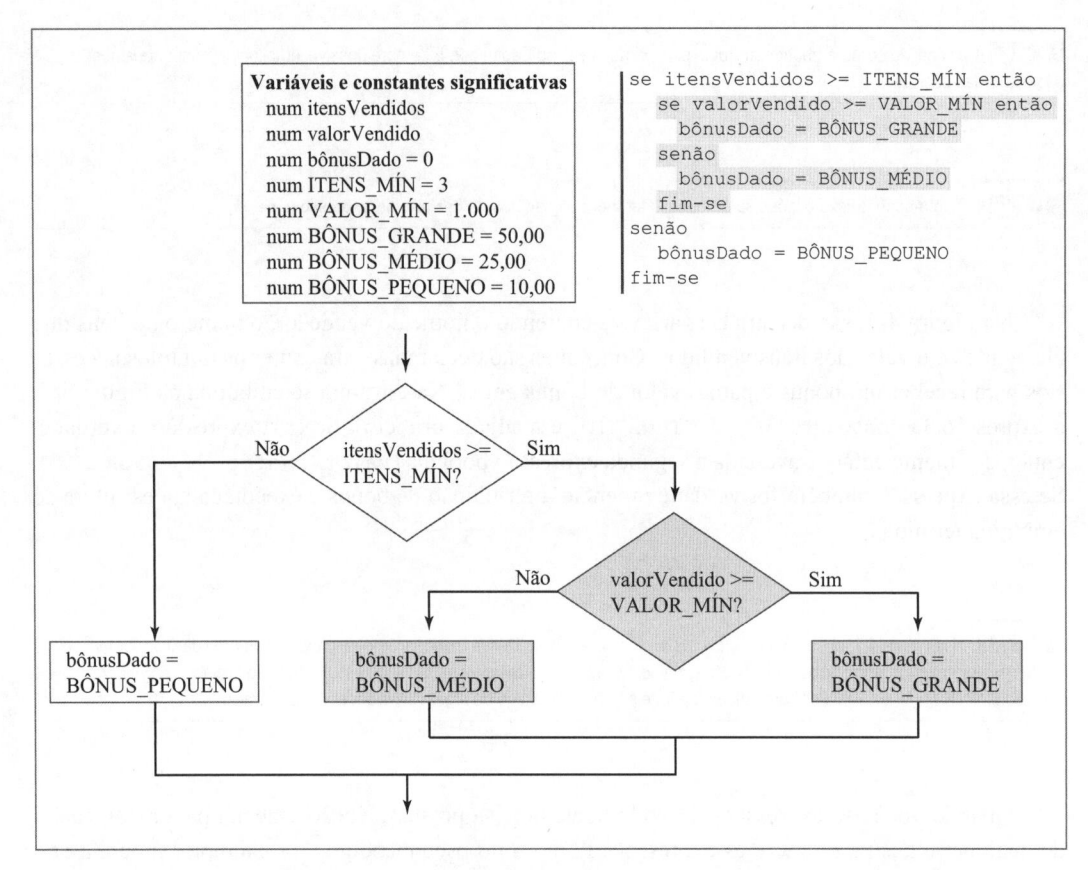

```
Variáveis e constantes significativas
    num itensVendidos
    num valorVendido
    num bônusDado = 0
    num ITENS_MÍN = 3
    num VALOR_MÍN = 1.000
    num BÔNUS_GRANDE = 50,00
    num BÔNUS_MÉDIO = 25,00
    num BÔNUS_PEQUENO = 10,00
```

```
se itensVendidos >= ITENS_MÍN então
   se valorVendido >= VALOR_MÍN então
      bônusDado = BÔNUS_GRANDE
   senão
      bônusDado = BÔNUS_MÉDIO
   fim-se
senão
   bônusDado = BÔNUS_PEQUENO
fim-se
```

Figura 4-8 Fluxograma e pseudocódigo para processo de seleção no programa revisado de determinação de bônus

Encaixando decisões E por eficiência

Quando decisões forem embutidas porque a ação resultante requer que duas condições sejam verdadeiras, é preciso definir qual das duas decisões realizar primeiro. Logicamente, qualquer seleção em uma decisão E pode vir primeiro. Entretanto, quando há duas seleções, o desempenho do programa pode muitas vezes ser melhorado escolhendo-se corretamente qual seleção realizar antes.

Por exemplo, a Figura 4-9 mostra duas maneiras de fazer o design da estrutura de decisões embutidas que atribui um bônus de $50 para o vendedor que vende mais do que três itens avaliados em $1000 ou mais. Se você quer atribuir esse bônus, pode perguntar primeiro sobre os itens vendidos, eliminar aqueles vendedores que não se qualificam e perguntar sobre o valor dos itens vendidos apenas para aqueles que "superaram" o teste do número de itens. Ou poderia perguntar primeiro sobre o valor dos itens, eliminar aqueles que não se qualificaram e perguntar sobre o número de itens apenas para aqueles vendedores que "superaram" o teste de valor. De qualquer forma, apenas os vendedores que passaram por ambos os testes receberão o bônus de $50. Faz diferença qual questionamento é feito antes? No que diz respeito ao resultado, não. De ambas as maneiras, os mesmos vendedores receberão o bônus – somente aqueles que se qualificaram com base nos dois critérios. Em termos de eficiência, entretanto, *pode* fazer diferença qual questionamento será feito primeiro.

```
                    ┌─ 1.000 vendedores
                    │  entram
                    ▼
100 vendedores    ╱itensVendidos >╲    Sim
são eliminados ──╲  ITENS_MÍN?  ╱──────┐
         Não      ╲            ╱       │  900 vendedores
                                       │  entram
                        Não  ╱valorVendido >=╲  Sim   450 vendedores
                       ─────╲  VALOR_MÍN?  ╱─────── ganham bônus
mais 450 vendedores         ╲            ╱       │
são eliminados                                   ▼
                                          bônusDado = BÔNUS
```

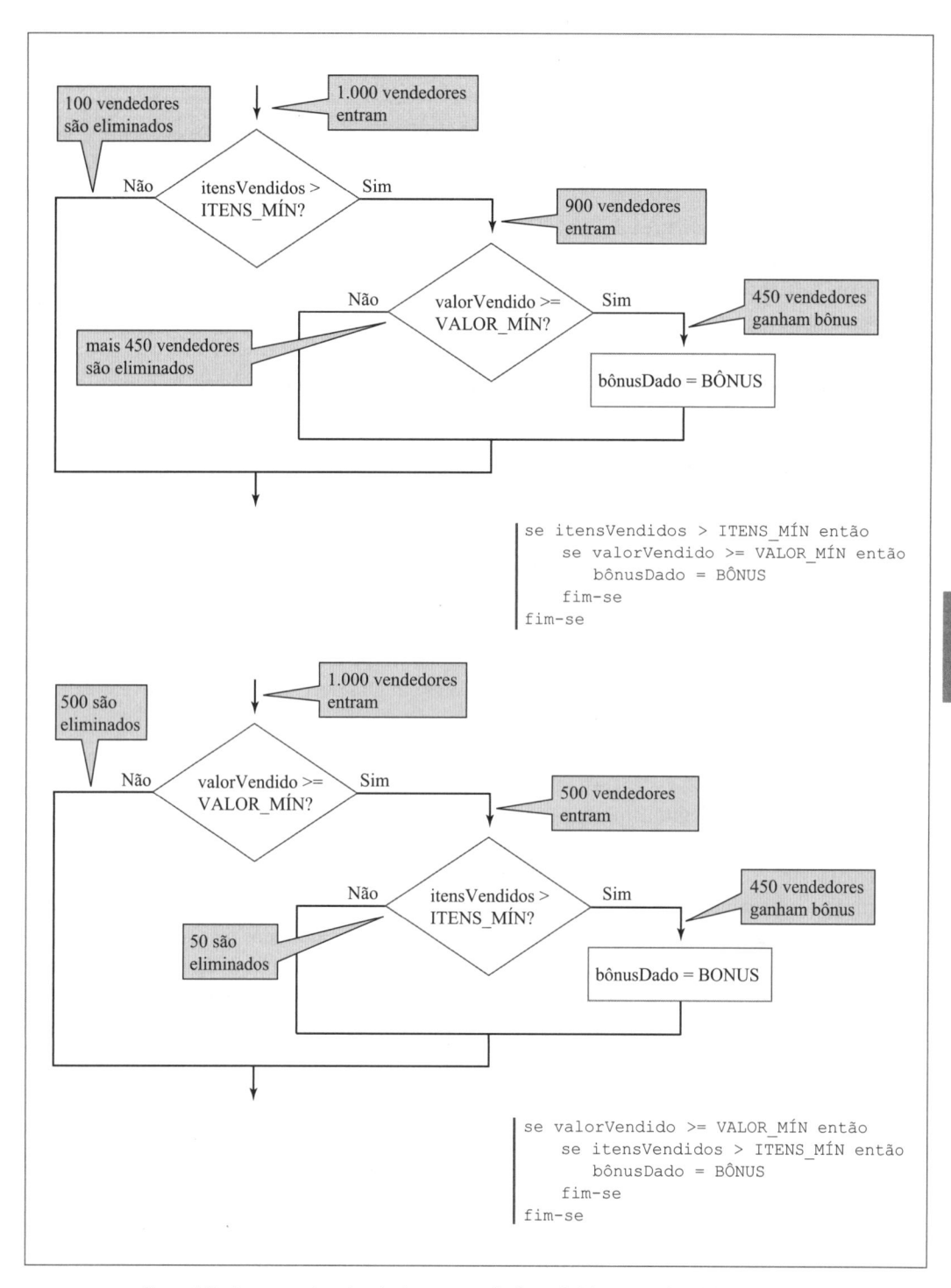

```
se itensVendidos > ITENS_MÍN então
   se valorVendido >= VALOR_MÍN então
      bônusDado = BÔNUS
   fim-se
fim-se
```

```
                    ┌─ 1.000 vendedores
                    │  entram
                    ▼
500 são          ╱valorVendido >=╲   Sim
eliminados ─────╲  VALOR_MÍN?  ╱──────┐
         Não     ╲            ╱       │  500 vendedores
                                       │  entram
                        Não  ╱itensVendidos >╲ Sim   450 vendedores
                       ─────╲  ITENS_MÍN?  ╱─────── ganham bônus
50 são                      ╲            ╱       │
eliminados                                       ▼
                                          bônusDado = BONUS
```

```
se valorVendido >= VALOR_MÍN então
   se itensVendidos > ITENS_MÍN então
      bônusDado = BÔNUS
   fim-se
fim-se
```

Figura 4-9 Duas maneiras de selecionar os recebedores do bônus usando critérios idênticos

Assuma que você saiba que de 1.000 vendedores na sua empresa, aproximadamente 90%, ou 900, vendem mais do que três itens em um período de pagamento. Assuma que você também saiba que, como muitos dos itens têm preços relativamente baixos, apenas cerca da metade dos 1.000 vendedores, ou 500, atinge vendas de $1.000 ou mais.

Usando a primeira lógica apresentada na Figura 4-9, para determinar os bônus para 1.000 vendedores, a primeira questão, itensVendidos > ITENS_MÍN?, será executada 1.000 vezes. Para aproximadamente 90% dos vendedores, ou 900 deles, a resposta é verdade, então 100 vendedores serão eliminados da atribuição de bônus e 900 prosseguirão para a próxima questão, sobre o valor dos itens vendidos. Como apenas cerca da metade dos vendedores vendem pelo menos $1.000 em valor de mercadoria, então 450 dos 900 receberão o bônus.

Usando a lógica alternativa da Figura 4-9, a primeira questão valorVendido >= VALOR_MÍN? também será perguntada 1.000 vezes – uma para cada vendedor. Como apenas metade dos vendedores da empresa vendem nesse nível mais alto do dólar, apenas 500 vão "superar" esse teste e prosseguir para a questão do número de itens vendidos. Então, aproximadamente 90% dos 500, ou 450 vendedores, vão passar por esse segundo teste e receber o bônus.

Independente de você utilizar a primeira ou a segunda ordem de decisões da Figura 4-9, os mesmos 450 empregados que superaram ambos os critérios de vendas receberão o bônus. A diferença é que, quando você pergunta sobre itens vendidos primeiro, o programa precisa perguntar 1.900 questões para atribuir os bônus corretos – a primeira questão testa os dados para todos os 1.000 vendedores e 900 continuam na segunda questão. Se você usar a lógica alternativa, perguntando sobre valorVendido primeiro, o programa pergunta apenas 1.500 questões – todos os 1.000 registros são testados com a primeira questão, mas apenas 500 prosseguem para a segunda questão. Por perguntar sobre o valor dos bens primeiro, você "economizou" 400 decisões.

A diferença de 400 questões entre o primeiro e o segundo conjuntos de decisões não toma muito tempo na maioria dos computadores. Mas ela toma *algum* tempo e, se uma corporação tiver centenas de milhares de vendedores em vez de apenas 1.000, ou se muitas decisões como essas tiverem de ser tomadas dentro de um programa, o tempo de performance pode ser melhorado significativamente perguntando as questões na ordem apropriada.

Em muitas decisões E, você não tem ideia de qual dos dois eventos é mais provável de ocorrer; nesses casos, você pode legitimamente perguntar primeiro qualquer uma das questões. Além disso, ainda que você saiba a probabilidade de cada uma das duas condições, os dois eventos podem não ser mutuamente excludentes; isto é, um pode depender do outro. Por exemplo, vendedores que vendem mais itens também têm maior chance de ter superado o valor determinado. Dependendo da relação entre as questões, a ordem na qual são feitas pode importar menos ou nada. Entretanto, se você sabe as probabilidades das condições, ou pode estimar razoavelmente, a regra geral é: *Em uma decisão E, primeiro pergunte a questão que tem menos chance de ser verdadeira*. Isso elimina tantos estágios da segunda decisão quanto forem possíveis, o que acelera o tempo de processamento.

Combinando decisões em uma seleção E

A maioria das linguagens de programação permite que sejam perguntadas duas ou mais questões em uma única comparação, utilizando um **operador condicional E**, ou, mais simplesmente, um **operador E**. Por exemplo, se você quer fornecer um bônus para os vendedores que venderam mais do que ITENS_MÍN e pelo menos VALOR_MÍN em valor, você pode usar SEs embutidos ou pode incluir ambas as decisões em uma única expressão, escrevendo itensVendidos > ITENS_MÍN E valorVendido >= VALOR_MÍN?. Quando você usa um ou mais operadores E para combinar duas ou mais expressões booleanas, cada expressão booleana precisa ser verdadeira para que uma expressão inteira seja avaliada como verdadeira. Por exemplo, se você perguntar: "Você tem pelo menos 18 anos e está cadastrado para votar e você votou na última eleição?", a resposta para todas as três partes da questão precisam ser "sim" antes que a resposta possa ser um único "sim" que resuma todos. Se qualquer parte da expressão for falsa, então a expressão inteira será falsa.

Uma ferramenta que pode ajudar a entender o operador E é uma tabela-verdade. **Tabelas-verdade** são diagramas usados em matemática e na lógica para ajudar a descrever a verdade de toda uma expressão baseada na veracidade das suas partes. A Tabela 4-2 mostra uma tabela-verdade que lista todas as possibilidades com uma decisão E. Como a tabela mostra, para quaisquer duas expressões x e y, a expressão x E

Tabela 4-2 Tabela-verdade para o operador E

x	y	x E y
Verdadeiro	Verdadeiro	Verdadeiro
Verdadeiro	Falso	Falso
Falso	Verdadeiro	Falso
Falso	Falso	Falso

y é verdade somente se ambos x e y forem individualmente verdadeiros. Se uma x ou y sozinho é falsa, ou se ambas são falsas, então a expressão x E y é falsa.

Se a linguagem de programação utilizada permite um operador E, você precisa perceber que a questão a ser colocada primeiro é a que será questionada antes, e que os casos que forem eliminados com base na primeira questão não prosseguirão para a próxima. Em outras palavras, cada parte de uma expressão que usa um operador E é avaliada apenas enquanto for necessária para determinar se uma expressão inteira é verdadeira ou falsa. Essa característica é chamada **avaliação em curto-circuito**. O computador pode perguntar apenas uma questão por vez; mesmo se o pseudocódigo se pareça com o primeiro exemplo da Figura 4-10, o computador vai executar a lógica apresentada no segundo exemplo.

```
se itensVendidos > ITENS_MÍN E valorVendido >= VALOR_MÍN então
    bônusDado = BÔNUS
fim-se
```
Mesmo quando você escreve *isso*

```
se itensVendidos > ITENS_MÍN então
    se valorVendido >= VALOR_MÍN então
        bônusDado = BÔNUS
    fim-se
fim-se
```
a lógica executa *isto*

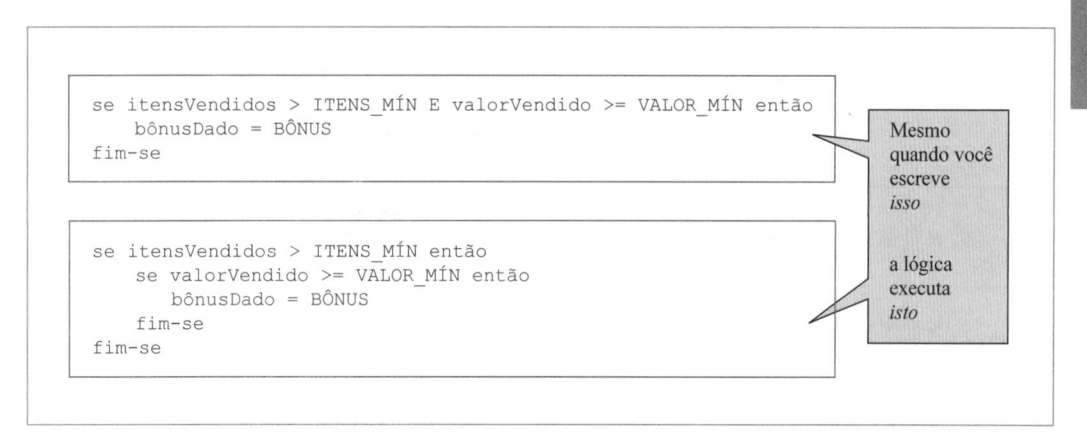

Figura 4-10 Usando um operador E e a lógica por trás disso

NOTA: Usar um operador E em uma decisão que envolve múltiplas condições não elimina sua responsabilidade de determinar qual condição testar primeiro. Mesmo quando é utilizado um operador E, o computador toma uma decisão por vez, e as toma na ordem que você as pediu. Se a primeira questão de uma expressão E for considerada falsa, então a expressão inteira é falsa e a segunda questão não é sequer testada.

NOTA: O operador condicional E em Java, C++ e C# consiste de dois símbolos de *ampersand* ("e comercial"), sem espaços entre eles (&&). Em Visual Basic, é utilizada a palavra And.

NOTA: Nunca é obrigatório usar o operador E, pois usando expressões se embutidas sempre se pode chegar ao mesmo resultado. Todavia, utilizar o operador E pode tornar o código mais conciso, menos propenso a erros e mais fácil de ser compreendido.

NOTA: Algumas linguagens oferecem um tipo adicional de expressão E que não emprega curto-circuito.

Evitando erros comuns em uma seleção E

Quando você precisa satisfazer dois ou mais critérios para iniciar um evento de um programa, assegure-se de que a segunda decisão seja tomada completamente dentro da primeira. Por exemplo, se o objetivo de um programa é atribuir um bônus de $50 para vendedores que vendam mais itens do que ITENS_MÍN com um valor de ao menos VALOR_MÍN, então o segmento de programa apresentado na Figura 4-11 contém três diferentes tipos de erros de lógica.

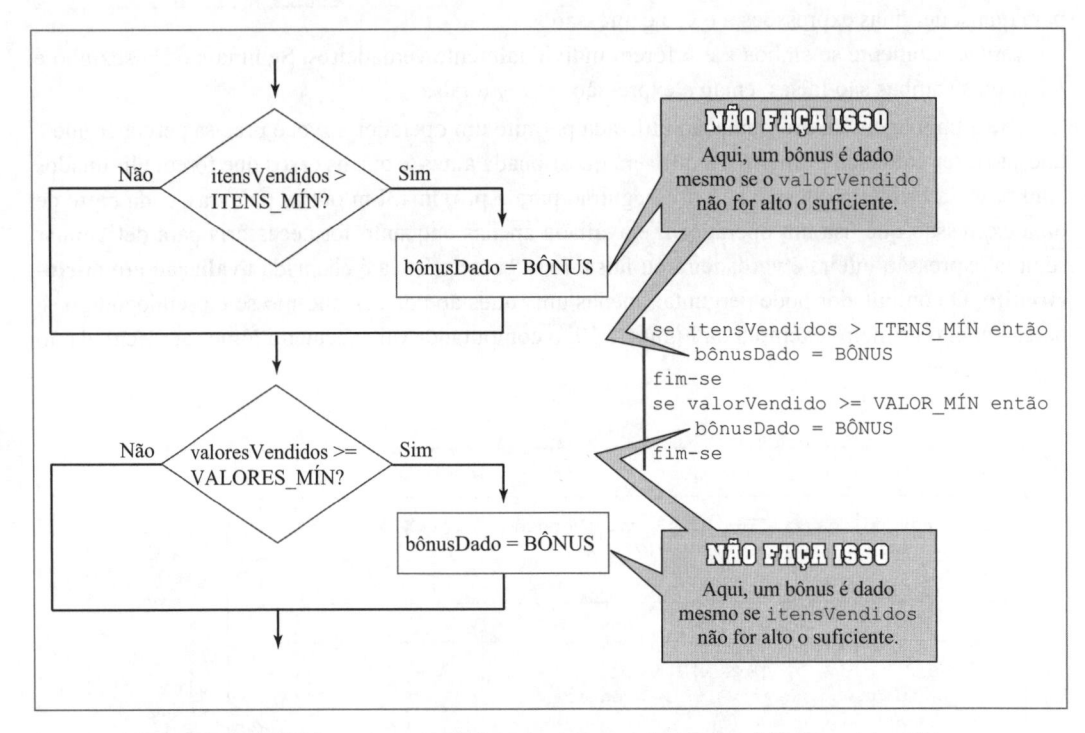

Figura 4-11 Lógica incorreta para atribuir bônus para vendedores que satisfaçam os dois critérios

A lógica na Figura 4-11 mostra que um vendedor que vende mais do que o mínimo exigido de itens recebe um bônus de $50. Esse vendedor não necessariamente deveria receber o bônus – o valor monetário pode não ter sido alto o suficiente e isso ainda não foi verificado. Além disso, um vendedor que não vendeu o número mínimo de itens não é eliminado pela segunda questão. Em vez disso, todos os vendedores permanecem na questão do valor monetário e para alguns é atribuído o bônus, ainda que possam não ter passado no critério do número de itens vendidos. Somado a isso, qualquer vendedor que supere ambos os testes tem o bônus atribuído duas vezes. Isso não resulta em um erro, pois a segunda designação substitui a primeira, mas tempo de processamento é desperdiçado. Por muitas razões, a lógica apresentada na Figura 4-11 *não* é correta para esse problema.

Programadores iniciantes frequentemente cometem outro tipo de erro quando precisam fazer duas comparações sobre a mesma variável enquanto usam um operador lógico E. Por exemplo, suponha que se queira atribuir um bônus de $75 para aqueles que venderem entre 5 e 10 itens. Quando esse tipo de decisão é tomada, ela se baseia em um **intervalo de valores** – todo valor entre um limite inferior e um superior. Por exemplo, você quer selecionar vendedores que tenham o valor itensVendidos maior que ou igual a 5 E que tenham o valor itensVendidos menor que ou igual a 10; você precisa, portanto, fazer duas comparações sobre a mesma variável. Sem o operador lógico E, a comparação seria:

```
num itensVendidos
num bônusDado
num MÍN_PARA_BÔNUS = 5
```

```
num MAX_PARA_BÔNUS = 10
num BÔNUS = 75
se itensVendidos >= MÍN_PARA_BÔNUS então
   se itensVendidos <= MAX_PARA_BÔNUS então
      bônusDado = BÔNUS
   fim-se
fim-se
```

A maneira correta de fazer essa comparação com o operador E é a seguinte:

```
se itensVendidos >= MÍN_PARA_BÔNUS E itensVendidos <= MAX_PARA_BÔNUS então
   bônusDado = BÔNUS
fim-se
```

Você substitui o operador E pela frase então se. Entretanto, alguns programadores podem tentar fazer comparações como a seguinte:

```
se itensVendidos >= MÍN_PARA_BÔNUS E <= MAX_PARA_BÔNUS então
   bônusDado = BÔNUS
fim-se
```

NÃO FAÇA ISSO
Essa expressão booleana não tem um operando.

Para a maioria das linguagens de programação, a frase itensVendidos >= MÍN_PARA_BÔNUS E <= MAX_PARA_BÔNUS é incorreta. O E lógico é normalmente um operador binário que requer uma expressão booleana completa de cada lado. A expressão à direita do operador E é <= MAX_PARA_BÔNUS, que não é uma expressão booleana completa; você precisa indicar *o que* está sendo comparado a MAX_PARA_BÔNUS.

SUGESTÃO: Em algumas linguagens de programação, como COBOL e RPG, você pode escrever o equivalente de itensVendidos >= MÍN_PARA_BÔNUS E <= MAX_PARA_BÔNUS? e a variável itensVendidos está subentendida para ambas as comparações. Ainda assim, é mais claro e, portanto, preferível, usar as duas expressões booleanas completas.

SUGESTÃO: Por clareza, muitos programadores preferem cercar cada expressão booleana de uma expressão booleana composta com o seu próprio par de parênteses. Por exemplo:

```
se ((itensVendidos>= MÍN_PARA_BÔNUS) && (itensVendidos <= MAX_PARA_BÔNUS))
   bônusDado = BÔNUS;
fim-se
```
Use esse formato se ficar mais claro para você.

DUAS VERDADES E UMA MENTIRA:

Entendendo a lógica E

1. Quando são embutidas decisões porque a ação resultante requer que duas condições sejam verdadeiras, logicamente, qualquer seleção de uma decisão E poderia vir primeiro.
2. Quando são requisitadas duas seleções, muitas vezes é possível melhorar o desempenho do programa fazendo uma escolha adequada de qual seleção realizar primeiro.
3. Por eficiência, em uma seleção embutida, deve-se primeiro perguntar a questão que tem maior chance de ser verdadeira.

A frase falsa é a nº 3. Por eficiência, em uma seleção embutida, deve-se primeiro perguntar a questão que tem menor chance de ser verdadeira.

Entendendo a lógica OU

Às vezes, deseja-se que uma ação seja realizada quando uma condição *ou* outra de duas for verdadeira. Isso é chamado **decisão OU**, pois *ou* uma das condições precisa ser satisfeita *ou* alguma outra condição precisa ser satisfeita para que um evento ocorra. Se alguém perguntar: "Você está livre na sexta-feira ou no sábado?", apenas uma das duas condições tem que ser verdadeira para que a resposta à toda a pergunta seja "sim"; apenas se as repostas de ambas as metades da questão forem falsas, o valor da expressão inteira será falso.

Por exemplo, imagine que se queira atribuir um bônus de $300 para os vendedores quando estes tenham atingido um de dois objetivos – vender ao menos cinco itens ou vender mercadorias no valor mínimo de $2000. A Figura 4-12 mostra um programa que atinge esse objetivo.

```
início
    string nome
    num itensVendidos
    num valorVendido
    num bônusDado = 0
    num ITENS_MÍN = 5
    num VALOR_MÍN = 2000
    num BÔNUS = 300.00
    obter nome, itensVendidos, valorVendido
    se itensVendidos >= ITENS_MÍN então
        bônusDado = BÔNUS
    senão
        se valorVendido >= VALOR_MÍN então
            bônusDado = BÔNUS
        fim-se
    fim-se
fim
```

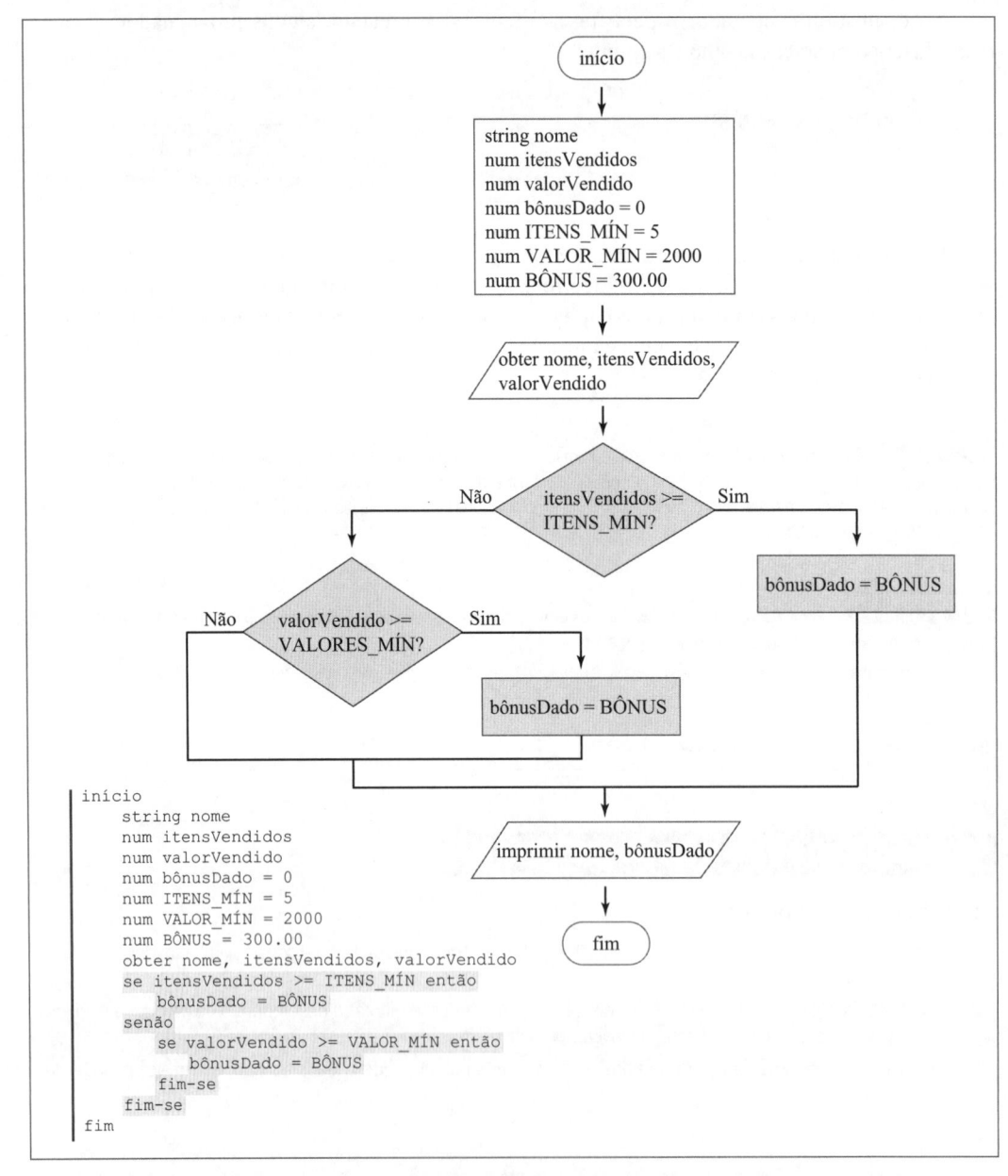

Figura 4-12 Fluxograma e pseudocódigo para programa que determina bônus para vendedores que satisfaça um ou ambos os critérios de recebimento

Depois que os dados de um vendedor são inseridos no programa da Figura 4-12, a questão `itensVendidos >= ITENS_MÍN?` é perguntada e, se o resultado for verdadeiro, é atribuído o bônus de $300. Como vender `ITENS_MÍN` itens já é suficiente para se qualificar para o bônus, não há necessidade de outros questionamentos. Se o vendedor não vendeu itens suficientes, então é necessário perguntar se `valorVendido >= VALOR_MÍN?`. Assim, se o empregado não vendeu `ITENS_MÍN` itens, mas atingiu um valor alto de vendas, o vendedor recebe o bônus.

Escrevendo decisões OU por eficiência

Assim como com a seleção E, quando uma seleção OU é usada, pode-se escolher fazer qualquer questão primeiro. Assim, você pode atribuir o bônus a vendedores que satisfaçam este ou aquele dos dois critérios usando a lógica de uma das partes da Figura 4-13.

```
se itensVendidos >= ITENS_MÍN então
    bônusDado = BÔNUS
senão
    se valorVendido >= VALOR_MÍN então
        bônusDado = BÔNUS
    fim-se
fim-se
```

```
se valorVendido >= VALOR_MÍN então
    bônusDado = BÔNUS
senão
    se itensVendidos >= ITENS_MÍN então
        bônusDado = BÔNUS
    fim-se
fim-se
```

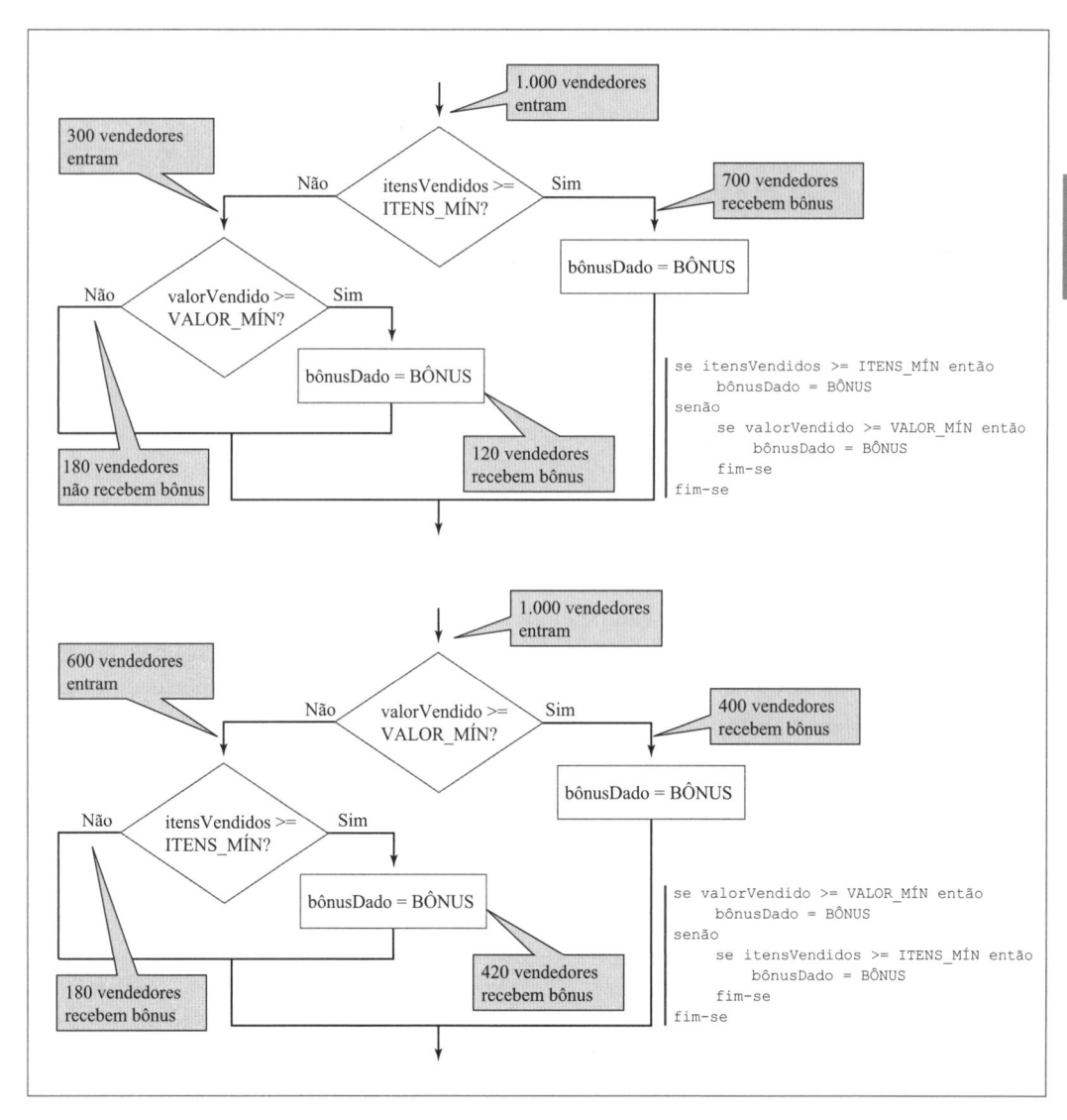

Figura 4-13 Duas maneiras de selecionar os recebedores de bônus usando critérios idênticos

Você talvez adivinhasse que uma dessas seleções seria superior a outra se tivesse conhecimento prévio de algumas informações sobre a chance relativa de cada condição testada. Por exemplo, assuma que se saiba que, dos 1.000 empregados da empresa, aproximadamente 70%, ou 700, vendem ao menos ITENS_MÍN itens durante dado período de tempo e que apenas 40%, ou 400, vendem bens no valor de VALOR_MÍN ou mais.

Quando é utilizada a lógica apresentada na primeira metade da Figura 4-13 para atribuir os bônus, primeiro será feita a pergunta sobre o número de itens vendidos. Para 700 vendedores a resposta é verdade e a eles será atribuído o bônus. Apenas cerca de 300 registros continuam para a próxima questão sobre o montante vendido, no qual aproximadamente 40% dos 300, ou 120, satisfazem os requisitos do bônus. Ao final, foram tomadas 1.300 decisões para atribuir corretamente o bônus para 820 empregados (700 mais 120).

Usando a lógica OU da segunda metade da Figura 4-13, a primeira pergunta, sobre o valor vendido, é feita 1.000 vezes, uma para cada vendedor. O resultado é verdadeiro para 40% deles, ou 400 empregados, que receberão o bônus. Para os outros 600 vendedores, verifica-se se o mínimo exigido de itensVendidos foi atingido. Para 70% desses 600, o resultado será verdadeiro e então serão atribuídos bônus para outras 420 pessoas. Ao final, os mesmos 820 vendedores (400 mais 420) receberão o bônus, mas depois de serem executadas 1.600 decisões – 300 a mais do que usando a primeira lógica de decisão.

A regra geral é: *Em uma decisão OU, primeiro faça a questão que tem maior chance de ser verdadeira*. No exemplo precedente, um vendedor se qualifica para o bônus logo que seus dados superam um dos testes. Fazer antes a pergunta que tem maior chance de ser verdadeira elimina tantas repetições quantas forem possíveis da segunda decisão, e reduz-se o tempo exigido para verificar todos os vendedores. Assim como com a situação E, pode ser que você nem sempre saiba qual questão tem maior chance de ser verdade, mas quando puder estimar razoavelmente, é mais eficiente eliminar tantas decisões extras quanto puder.

Combinando decisões em uma seleção OU

Se você precisa executar uma ação quando uma condição ou outra forem satisfeitas, você pode usar duas estruturas de seleção embutidas separadas, como no exemplo anterior. Entretanto, a maioria das linguagens de programação permite que duas questões ou mais sejam perguntadas em uma única comparação, utilizando um **operador condicional OU** (ou simplesmente **operador OU**) – por exemplo, valorVendido >= VALOR_MÍN OU itensVendidos >= ITENS_MÍN. Quando o operador lógico OU é usado, apenas uma das condições listadas precisa ser satisfeita para que ocorra a ação resultante. A Tabela 4-3 mostra a tabela-verdade para o operador OU. Como se pode ver, a expressão inteira x OU y é falsa somente quando x e y forem individualmente falsos.

Tabela 4-3 Tabela-verdade para o operador OU

x	y	x OU y
Verdadeiro	Verdadeiro	Verdadeiro
Verdadeiro	Falso	Verdadeiro
Falso	Verdadeiro	Verdadeiro
Falso	Falso	Falso

Se a linguagem de programação que se usa permite o operador OU, você ainda perceberá que a questão a ser colocada primeiro é a perguntada antes, e que os casos que passarem pelo teste da primeira questão não prosseguirão para a segunda. Da mesma forma que o operador E, essa característica é denominada "curto-circuito". O computador pode fazer apenas uma questão por vez; mesmo quando você escreve o código como apresentado na parte de cima da Figura 4-14, o computador executará a lógica como apresentada na parte de baixo.

```
se itensVendidos >= ITENS_MÍN OU valorVendido >= VALOR_MÍN então
    bônusDado = BÔNUS
fim-se
```

Mesmo quando você escreve *isso*

```
se itensVendidos >= ITENS_MÍN então
    bônusDado = BÔNUS
senão
    se valorVendido >= VALOR_MÍN então
        bônusDado = BÔNUS
    fim-se
fim-se
```

a lógica executa *isto*

Figura 4-14 Usando um operador OU e a lógica por trás disso

SUGESTÃO: C#, C++ e Java usam o símbolo || para representar a lógica OU. Em Visual Basic, o operador é Ou.

SUGESTÃO: Como com o operador E, a maioria das linguagens de programação exige uma expressão boolena completa de cada lado do OU.

SUGESTÃO: Um uso comum do operador OU é para decidir que ação tomar se os caracteres de uma variável forem maiúsculos ou minúsculos. Por exemplo, assuma que seleção foi declarada como uma variável de string e que o usuário inseriu um valor para seleção. Usando a seguinte decisão, qualquer ação subsequente ocorre se a variável seleção contiver um "A" maiúsculo ou minúsculo:

```
se seleção == "A" OU seleção == "a" então...
```

Evitando erros comuns em uma seleção OU

Talvez você tenha notado que a expressão de atribuição bônusDado = BÔNUS aparece duas vezes no processo de tomada de decisões nas Figuras 4-12 e 4-13. Ao criar um fluxograma, a tentação é a de desenhar uma lógica parecida com a da Figura 4-15. Logicamente, pode-se argumentar que o fluxograma na Figura 4-15 está correto, pois os vendedores certos recebem os bônus. Entretanto, esse fluxograma não é admissível, pois não é estruturado. A segunda questão não é uma estrutura autocontida em um ponto de entrada e um de saída; em vez disso, a linha de fluxo "sai" da estrutura da seleção interna para se juntar ao lado verdadeiro da estrutura da seleção externa.

```
se itensVendidos >= ITENS_MÍN então
    bônusDado = BÔNUS
senão
    se valorVendido >= VALOR_MÍN então
        go to expressão bônusDado
```

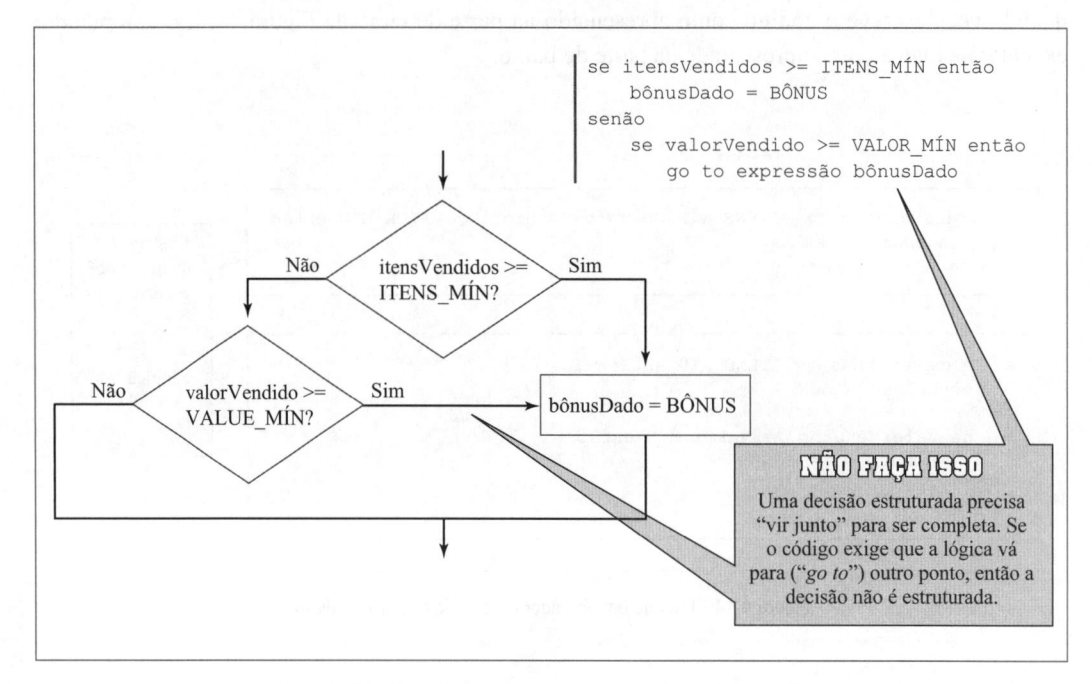

```
                    Não   itensVendidos >=   Sim
                    ┌─────  ITENS_MÍN?  ─────┐
                    │                         │
                    ▼                         ▼
      Não   valorVendido >=   Sim      bônusDado = BÔNUS
      ┌───   VALUE_MÍN?   ───┐
      │                       │
      ▼                       ▼
```

NÃO FAÇA ISSO
Uma decisão estruturada precisa "vir junto" para ser completa. Se o código exige que a lógica vá para ("*go to*") outro ponto, então a decisão não é estruturada.

Figura 4-15 Fluxograma desestruturado para determinar os bônus

NOTA: Se você está tendo dificuldades para entender por que o segmento de fluxograma da Figura 4-15 é desestruturado, volte e revise o Capítulo 2.

Outra fonte de erros específica da seleção OU deriva de um problema com a linguagem – é a maneira como as pessoas a utilizam de forma mais corriqueira do que os computadores. Quando uma gerente de vendas quer atribuir bônus para vendedores que venderam três ou mais itens ou que atingiram $2000 em vendas, é provável que diga: "Dar o bônus para qualquer um que vendeu pelo menos três itens e para qualquer um que atingiu $2.000 em vendas". O seu pedido contém a palavra "e" entre dois tipos de pessoas – aqueles que venderam três itens e aqueles que venderam o valor de $2.000 –, enfatizando as pessoas. Entretanto, cada decisão a ser tomada é sobre um bônus para o vendedor que superou um objetivo *ou* o outro *ou* ambos. A situação lógica requer uma decisão OU. No lugar da frase anterior da gerente, seria mais claro se ela tivesse dito: "Dar o bônus para qualquer um que vendeu pelo menos três itens ou que atingiu $2000 em vendas". Em outras palavras, como você está tomando cada decisão sobre um único vendedor, é mais correto colocar a conjunção "ou" entre os objetivos de vendas a ser atingidos do que entre os tipos de pessoas. No entanto, normalmente os seres humanos não falam como os computadores. Como programador, você tem a função de esclarecer o que realmente está sendo pedido. Frequentemente, uma solicitação de A *e* B significa uma solicitação de A *ou* B.

A maneira casual como usamos a língua pode causar outro tipo de erro quando se deseja determinar se dado valor está entre dois outros valores. Por exemplo, o gerente de um cinema pode dizer: "Forneça o desconto para clientes menores de 13 anos e para aqueles maiores de 64 anos; caso contrário, cobre o preço cheio". Como o gerente usou a palavra "e" no pedido, você pode se sentir tentado a tomar a decisão apresentada na Figura 4-16; entretanto, essa lógica não gera desconto no preço para nenhum cliente do cinema. Lembre-se de que toda vez que a decisão é tomada na Figura 4-16, ela é tomada para um único cliente do cinema. Se `idadeCliente` contiver um valor menor do que 13 anos, então é impossível que ela contenha um valor maior do que 64 anos. Da mesma forma, se ela contém um valor maior que 64, não há como conter um valor menor. Portanto, não há valor informado em `idadeCliente` para o qual ambas as partes da questão E sejam verdadeiras – e nenhum cliente teria o preço ajustado com o desconto. A Figura 4-17 mostra a lógica correta.

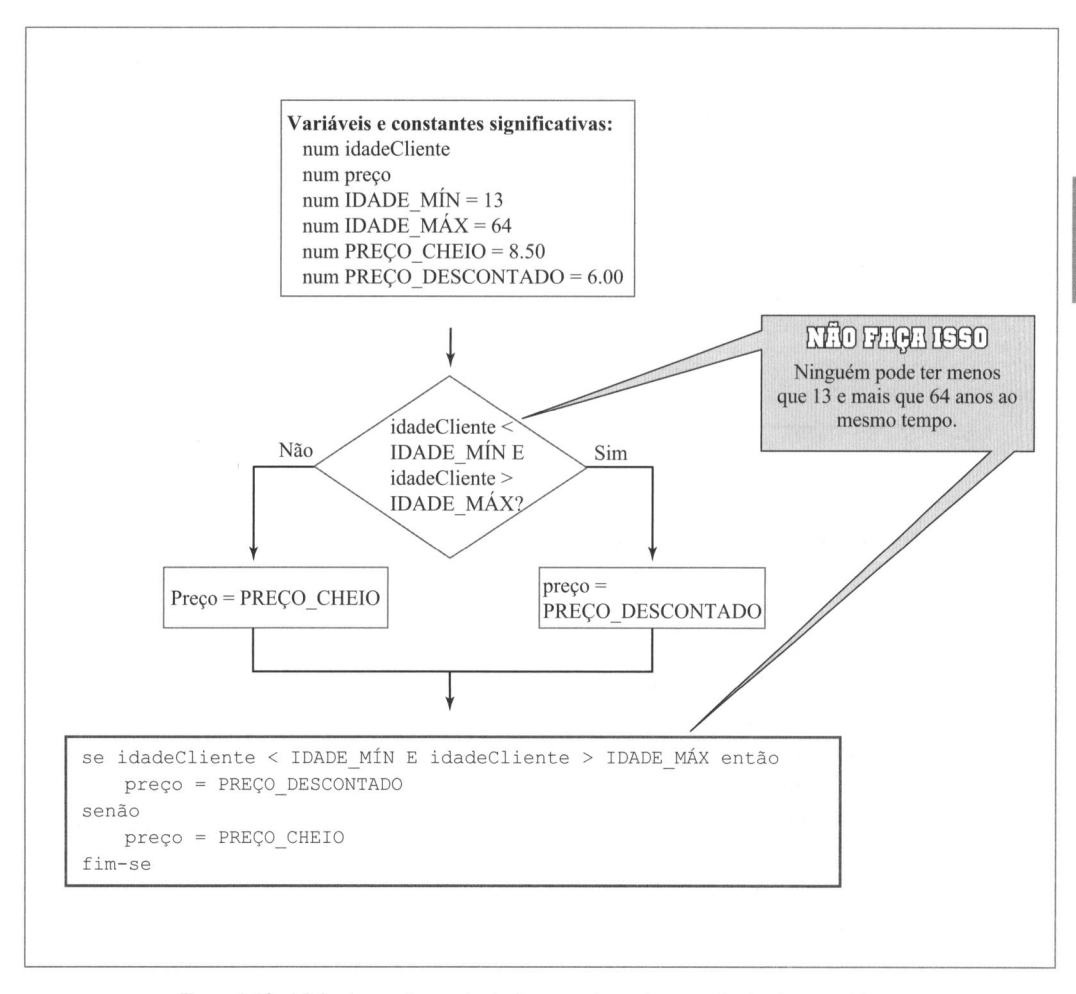

Variáveis e constantes significativas:
num idadeCliente
num preço
num IDADE_MÍN = 13
num IDADE_MÁX = 64
num PREÇO_CHEIO = 8.50
num PREÇO_DESCONTADO = 6.00

NÃO FAÇA ISSO
Ninguém pode ter menos que 13 e mais que 64 anos ao mesmo tempo.

idadeCliente < IDADE_MÍN E idadeCliente > IDADE_MÁX?
Não → Preço = PREÇO_CHEIO
Sim → preço = PREÇO_DESCONTADO

```
se idadeCliente < IDADE_MÍN E idadeCliente > IDADE_MÁX então
    preço = PREÇO_DESCONTADO
senão
    preço = PREÇO_CHEIO
fim-se
```

Figura 4-16 Lógica incorreta que tenta fornecer desconto para clientes jovens e idosos

```
                    Variáveis e constantes significativas:
                    num idadeCliente
                    num preço
                    num IDADE_MÍN = 13
                    num IDADE_MÁX = 64
                    num PREÇO_CHEIO = 8.50
                    num PREÇO_DESCONTADO = 6.00
```

```
                        idadeCliente <
              Não       IDADE_MÍN OU       Sim
                        idadeCliente >
                        IDADE_MÁX?
```

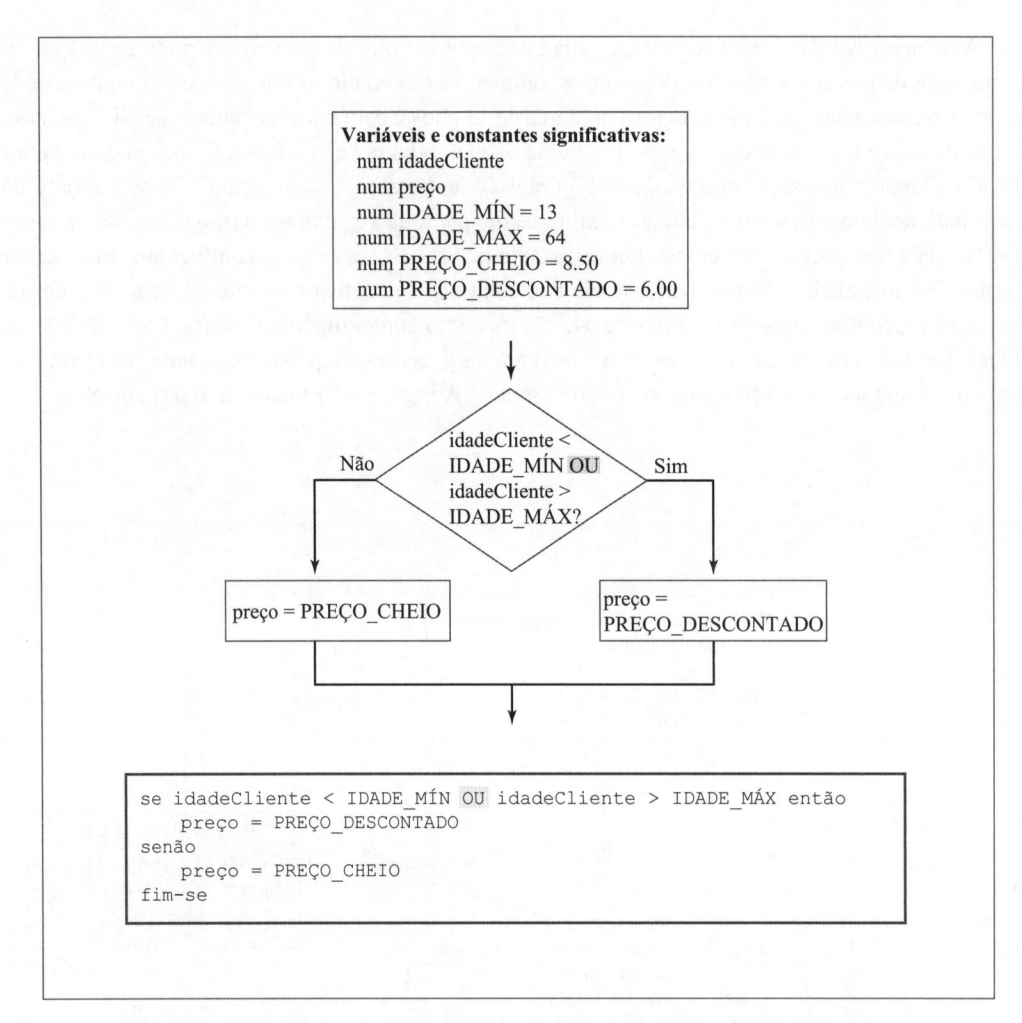

```
    preço = PREÇO_CHEIO              preço = PREÇO_DESCONTADO
```

```
se idadeCliente < IDADE_MÍN OU idadeCliente > IDADE_MÁX então
    preço = PREÇO_DESCONTADO
senão
    preço = PREÇO_CHEIO
fim-se
```

Figura 4-17 Lógica correta que fornece um desconto para clientes jovens e idosos

Um erro de lógica parecido poderia ocorrer se o gerente do cinema dissesse algo como: "Não dê um desconto – isso é, cobre o preço cheio – se o cliente tiver mais que 12 anos ou menos que 65 anos". Como aparece a palavra "ou" no pedido, você poderia planejar sua lógica de forma semelhante à da Figura 4-18. Como na Figura 4-16, nenhum cliente jamais receberia um desconto, porque todo cliente tem mais do que 12 anos *ou* menos que 65 anos. Lembre-se, em uma decisão OU, apenas uma das condições precisa ser verdadeira para que a expressão inteira seja considerada verdadeira. Então, por exemplo, como um cliente que tem 10 anos tem menos de 65 anos, o preço cheio será cobrado e como um cliente de 70 anos é mais velho do que 12 anos, o preço cheio também será cobrado. A Figura 4-19 mostra a lógica correta para essa decisão.

Variáveis e constantes significativas:
num idadeCliente
num preço
num IDADE_MÍN = 12
num IDADE_MÁX = 65
num PREÇO_CHEIO = 8,50
num PREÇO_DESCONTADO = 6,00

NÃO FAÇA ISSO
Qualquer um tem mais de 12 anos *ou* menos de 65 anos.

Decisão: idadeCliente > IDADE_MÍN OU idadeCliente < IDADE_MÁX?
- Não → Preço = PREÇO_DESCONTADO
- Sim → preço = PREÇO_CHEIO

```
se idadeCliente > IDADE_MÍN OU idadeCliente < IDADE_MÁX então
    preço = PREÇO_CHEIO
senão
    preço = PREÇO_DESCONTADO
fim-se
```

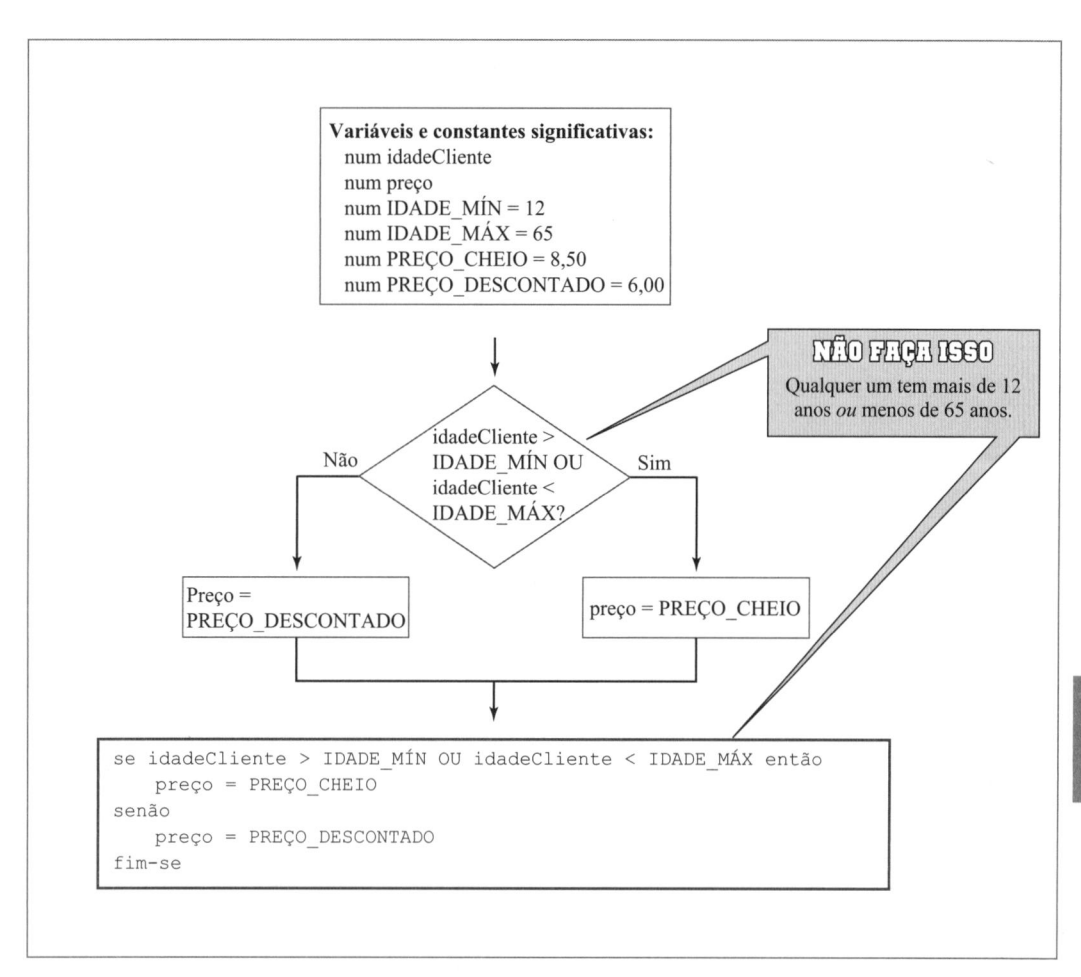

Figura 4-18 Lógica incorreta que tenta cobrar o preço cheio de clientes com mais do que 12 anos e menos do que 65 anos

NOTA: Usar um operador OU em uma decisão que envolva múltiplas condições não elimina sua responsabilidade de determinar que condição testar primeiro. Mesmo quando você usa um operador OU, o computador toma uma decisão por vez, na ordem em que você as pediu. Se a primeira questão de uma expressão OU for verdadeira, então a expressão inteira é verdadeira e a segunda questão não é sequer testada.

NOTA: Além de E e OU, a maioria das linguagens permite um operador NÃO. Você usa o **operador lógico NÃO** para reverter o significado de uma expressão booleana. Por exemplo, na expressão se NÃO (idade < 21) imprimir "OK", um "OK" é impresso quando a idade é maior que ou igual a 21 anos. O operador NÃO é unário ao invés de binário – isto é, você não o usa entre duas expressões, mas na frente de uma única expressão. Em C++, Java e C#, o ponto de exclamação é o símbolo usado para o operador NÃO. Em Visual Basic, o operador é o Não.

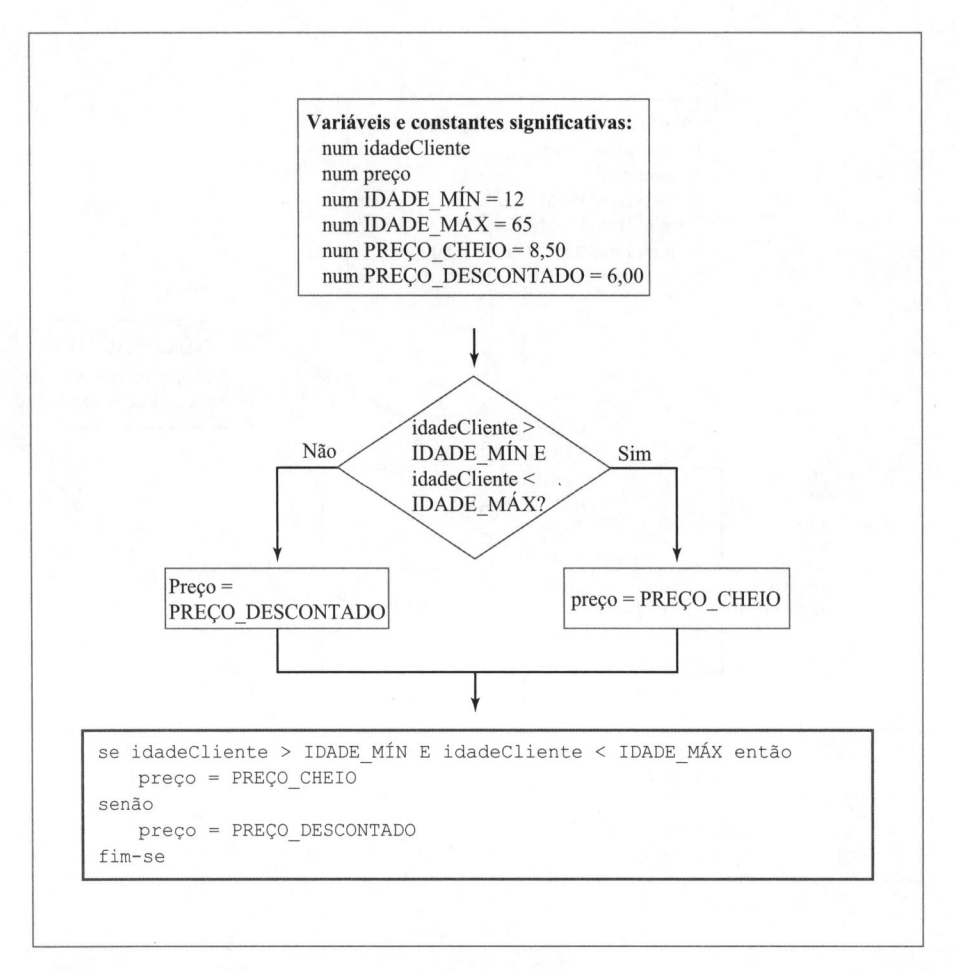

```
Variáveis e constantes significativas:
num idadeCliente
num preço
num IDADE_MÍN = 12
num IDADE_MÁX = 65
num PREÇO_CHEIO = 8,50
num PREÇO_DESCONTADO = 6,00
```

```
                    idadeCliente >
       Não          IDADE_MÍN E          Sim
                    idadeCliente <
                    IDADE_MÁX?

Preço =                              preço = PREÇO_CHEIO
PREÇO_DESCONTADO
```

```
se idadeCliente > IDADE_MÍN E idadeCliente < IDADE_MÁX então
    preço = PREÇO_CHEIO
senão
    preço = PREÇO_DESCONTADO
fim-se
```

Figura 4-19 Lógica correta que cobra o preço cheio de clientes com mais do que 12 anos e menos do que 65 anos

DUAS VERDADES E UMA MENTIRA:

Entendendo a lógica OU

1. Em uma seleção OU, duas ou mais condições precisam ser satisfeitas para que ocorra um evento.
2. Ao usar uma seleção OU, pode-se, em princípio, escolher fazer qualquer questão e, ainda assim, ter um programa utilizável.
3. A regra geral é: em uma decisão OU, primeiro faça a pergunta que tem maior chance de ser verdadeira.

A frase falsa é a nº 1. Em uma seleção OU, apenas uma das duas condições precisa ser satisfeita para que ocorra um evento.

Fazendo seleções dentro de intervalos

Muitas vezes devem ser feitas seleções com base em uma variável dentro de um intervalo de valores. Por exemplo, suponha que o presidente de uma empresa queira fazer uma reunião com cada departamento na próxima semana para discutir uma iminente fusão e queira imprimir uma série de memorandos para notificar os empregados do dia e do horário da reunião de seus departamentos.

A Figura 4-20 mostra a agenda de reuniões, organizada pelos números dos departamentos para que cada grupo reunido tenha um tamanho gerenciável. A Figura 4-21 mostra um memorando típico – as porções sombreadas vão mudar para cada empregado.

Dia e horário da reunião	Departamentos
Segunda-feira, às 9 horas	1 a 4
Terça-feira, às 13 horas	5 a 9
Quinta-feira, às 13 horas	10 a 17
Quarta-feira, às 9 horas	18 a 20

Figura 4-20 Agenda de reuniões proposta

```
Para: Allison Darnell
De: Walter Braxton
Assunto: Fusão iminente

O seu departamento vai se reunir comigo na
segunda-feira, às 9 horas, na Sala de
Conferência Azul, onde vamos discutir questões
sobre a fusão vindoura.
```

Figura 4-21 Típico memorando de reunião

Ao escrever um programa que leia o nome de um funcionário e o número do departamento, você poderia tomar vinte decisões antes de imprimir o memorando de cada empregado, como `departamento = 1?`, `departamento = 2?`, e assim por diante. Entretanto, é mais conveniente encontrar o dia da reunião e o horário usando uma verificação de intervalos.

Ao usar uma **verificação de intervalos**, compara-se uma variável a uma série de valores que marcam os limites dos intervalos. Para realizar uma verificação de intervalos, compara-se o número ao limite mais baixo ou o mais alto de cada intervalo de valores. Por exemplo, para descobrir o dia e o horário da reunião de cada empregado como listado na Figura 4-20, os valores 1, 5, 10 e 18 representam os limites inferiores de cada intervalo da reunião dos departamentos, e os valores 4, 9, 17 e 20 representam os limites superiores.

A Figura 4-22 mostra o fluxograma e o pseudocódigo que representam a lógica de um programa que escolhe o horário de reunião de cada empregado usando o limite superior de cada intervalo de valores para os números dos departamentos. As tarefas de preparo desse programa envolvem declarar as variáveis e ler o primeiro nome e o número do departamento do empregado para a memória. Enquanto a condição de fim de arquivo não for satisfeita, o loop principal do programa é executado. Nesse loop, o valor de `departamento` do empregado é comparado ao limite superior do grupo mais baixo do intervalo (`INTERVALO1`). Se `departamento` for menor ou igual àquele valor, então o programa sabe o horário da reunião (`HORÁRIO1`) e pode armazená-lo na variável `horário`; senão, ele continua verificando. Se `departamento` for menor que ou igual ao limite superior do intervalo seguinte (`INTERVALO2`), então o horário é `HORÁRIO2`; se não, a verificação continua e `horário` é ajustado para `HORÁRIO3` ou para `HORÁRIO4`.

```
início
    ↓
string nome
num departamento
string horário
string HORÁRIO1 = "Segunda-feira às 9 horas"
string HORÁRIO2 = "Segunda-feira às 13 horas"
string HORÁRIO3 = "Terça-feira às 13 horas"
string HORÁRIO4 = "Quarta-feira às 9 horas"
num INTERVALO1 = 4
num INTERVALO2 = 9
num INTERVALO3 = 17
    ↓
obter nome, departamento
    ↓
eof?
 Sim → fim
 Não ↓
departamento <= INTERVALO1?
 Sim → Horário = HORÁRIO1
 Não ↓
departamento <= INTERVALO2?
 Sim → Horário = HORÁRIO2
 Não ↓
departamento <= INTERVALO3?
 Sim → Horário = HORÁRIO3
 Não → Horário = HORÁRIO4
    ↓
imprimir "Para: ", nome
    ↓
imprimir "De: Walter Braxton"
    ↓
imprimir "Assunto: Fusão iminente"
    ↓
imprimir "O seu departamento vai se reunir comigo no", horário
    ↓
imprimir "horas na Sala de Conferência Azul onde vamos tratar"
    ↓
imprimir " de questões sobre a fusão vindoura."
    ↓
obter nome, departamento
    → (volta para eof?)
```

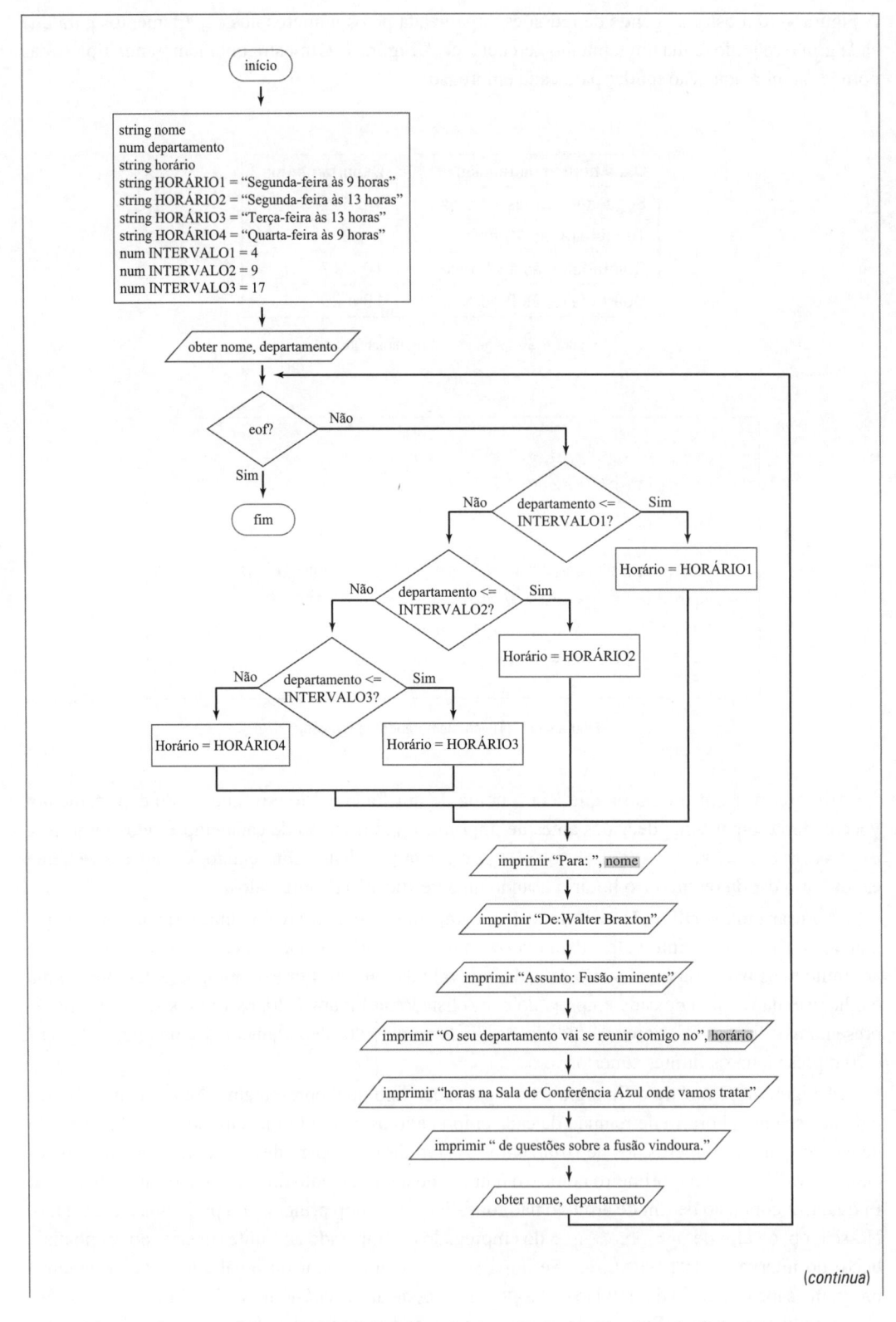

(*continua*)

Figura 4-22 Programa que imprime memorando aos empregados usando os valores dos limites superiores em uma verificação de intervalos

```
iniciar
   string nome
   num departamento
   string horário
   string HORÁRIO1 = "Segunda-feira às 9 horas"
   string HORÁRIO2 = "Segunda-feira às 13 horas"
   string HORÁRIO3 = "Terça-feira às 13 horas"
   string HORÁRIO4 = "Quarta-feira às 9 horas"
   num INTERVALO1 = 4
   num INTERVALO2 = 9
   num INTERVALO3 = 17
   obter nome, departamento
   enquanto não eof
      se departamento <= INTERVALO1 então
         horário = HORÁRIO1
      senão
         se departamento <= INTERVALO2 então
            horário = HORÁRIO2
         senão
            se departamento <= INTERVALO3 então
               horário = HORÁRIO3
            senão
               horário = HORÁRIO4
            fim-se
         fim-se
      fim-se
      imprimir "Para: ", nome
      imprimir "De: Walter Braxton"
      imprimir "Assunto: Fusão iminente"
      imprimir "O seu departamento vai se reunir comigo no", horário
      imprimir "horas na Sala de Conferência Azul onde vamos tratar"
      imprimir "de questões sobre a fusão vindoura."
      obter nome, departamento
   fim-enquanto
fim
```

Figura 4-22 Programa que imprime memorando dos empregados usando os valores dos limites superiores em uma verificação de intervalos (*continuação*)

NOTA:
No pseudocódigo da Figura 4-22, observe como cada grupo se, senão, fim-se está alinhado verticalmente.

NOTA: Este livro assume que uma expressão de impressão imprime uma linha de saída. Na maioria das linguagens de programação, você pode imprimir muitas linhas com uma única sentença ou pode também usar várias expressões para imprimir uma linha. O processo exato varia entre as linguagens.

Depois que o processo de tomada de decisões estiver completo, o memorando é impresso uma linha por vez, inserindo no texto o nome do empregado e o horário (as variáveis sombreadas). Então, os próximos valores para nome e departamento são lidos para a memória, e se não forem eof, o processo começa novamente.

Por exemplo, considere quatro empregados que trabalham em diferentes departamentos e compare como eles seriam tratados pelo conjunto de decisões da Figura 4-22.

» Primeiro, assuma que o valor de departamento para um empregado seja 2. Usando a lógica da Figura 4-22, o valor da expressão booleana departamento <= INTERVALO1 é verdadeiro e horário é ajustado para HORÁRIO1, "segunda-feira às 9 horas." e a estrutura de seleção termina. Nesse caso, a segunda e a terceira decisão, que verificariam INTERVALO2 e INTERVALO3, nunca serão realizadas, pois a metade senão de departamento <= INTERVALO1 nunca será executada.

» A seguir, assuma que o valor de departamento seja 7 para outro empregado. Então, departamento <= INTERVALO1 é avaliado como falso, logo a cláusula senão da decisão é executada. Nela, departamento <= INTERVALO2 é avaliado e considerado verdadeiro, então horário se torna HORÁRIO2, que é "segunda-feira às 13 horas".

» A seguir, assuma que departamento é 17. A expressão departamento <= INTERVALO1 avalia como falso, então a cláusula senão da decisão executa. Nela, departamento <= INTERVALO2 também é considerado falso, então a cláusula senão é executada. A expressão departamento <= INTERVALO3 é verdadeira, então horário se torna HORÁRIO3, "terça-feira às 13 horas".

» Finalmente, assuma que o valor de departamento seja 19. Se a primeira expressão, departamento <= INTERVALO1, é falsa, departamento <= INTERVALO2 é falsa e departamento <= INTERVALO3 é falsa, então a cláusula senão dessa última decisão é executada e horário se torna HORÁRIO4, "quarta-feira às 9 horas". Nesse exemplo, a reunião das 9 horas representa um valor default, pois se nenhuma das expressões de decisão for verdadeira, o último horário de reunião será selecionado por default. Um **valor default** é o valor atribuído depois que uma série inteira de decisões é falsa.

NOTA: Usando a lógica da Figura 4-22, o horário de reunião das 9 horas de quarta-feira é determinado mesmo se o departamento fosse um valor alto e inválido como 21, 22 ou até 300. O exemplo pretende ser simples, usando apenas três decisões. Entretanto, em uma aplicação de negócios, você pode emendar a lógica para que uma quarta decisão, adicional, limite os departamentos a 20. Então, pode atribuir o horário de reunião da quarta-feira quando departamento é menor que ou igual a 20 e emitir uma mensagem de erro caso contrário. Você pode também querer inserir uma decisão parecida no começo do processo de seleção para ter certeza de que departamento não seja menor do que 1.

Você poderia com a mesma facilidade escolher um horário de reunião usando o reverso desse método, comparando o departamento do empregado com o limite inferior do intervalo de valores que representa cada reunião. Por exemplo, primeiro compararia departamento ao limite inferior (18) do intervalo mais alto (18 a 20). Se o departamento de um empregado estiver no intervalo, o dia da reunião e o horário são conhecidos (HORÁRIO4); caso contrário, verifica-se o primeiro grupo abaixo daquele. Se departamento não for maior que ou igual a 10, usa-se o próximo horário de reunião (HORÁRIO3). Se departamento não estiver no intervalo, mas for maior que ou igual a 5, então o horário será HORÁRIO2. Nesse exemplo, "segunda-feira às 9 horas" torna-se o valor default. Isto é, se o número do departamento não for maior que ou igual a 18, e tampouco for maior que ou igual a 10 e tampouco for maior que ou igual a 5, então a reunião será na segunda-feira de manhã, por default.

Entendendo os erros comuns ao usar verificação de intervalos

Dois erros comuns que ocorrem quando programadores realizam verificações de intervalo implicam mais trabalho do que seria necessário. A Figura 4-23 mostra um segmento de programa que contém uma verificação de intervalos na qual o programador fez uma pergunta a mais. Se você sabe que todos os valores de departamento são números positivos (talvez porque eles foram verificados anteriormente no programa), então departamento não é maior que ou igual a INTERVALO4 (18), e também não é maior que ou igual a INTERVALO3 (10) e tampouco é maior que ou igual a

INTERVALO2 (5), por default ele precisa ser maior que ou igual a 1. Perguntar se `departamento` é maior que ou igual a INTERVALO1 (1), a questão sombreada na Figura 4-23, é desperdício de tempo – nenhum registro de empregado poderá percorrer o caminho lógico na extrema esquerda. Você pode dizer que o caminho que nunca é percorrido é um **caminho morto** ou **inatingível**, e que as expressões nele escritas constituem código morto ou inatingível. Apesar de que um programa que contenha tais lógicas execute e atribua os horários corretos de reunião aos empregados, criar um caminho como esse é sempre um erro de lógica.

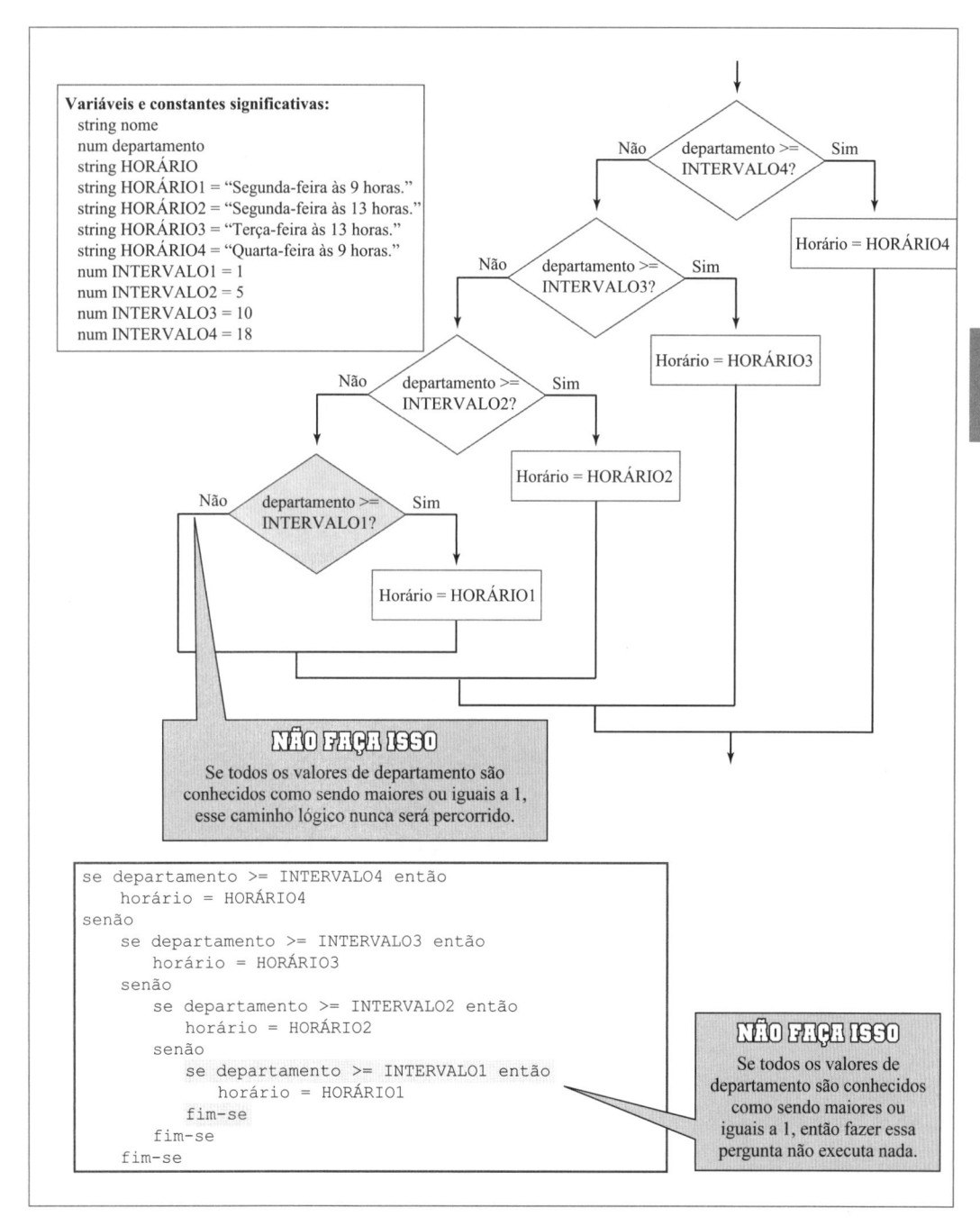

Variáveis e constantes significativas:
 string nome
 num departamento
 string HORÁRIO
 string HORÁRIO1 = "Segunda-feira às 9 horas."
 string HORÁRIO2 = "Segunda-feira às 13 horas."
 string HORÁRIO3 = "Terça-feira às 13 horas."
 string HORÁRIO4 = "Quarta-feira às 9 horas."
 num INTERVALO1 = 1
 num INTERVALO2 = 5
 num INTERVALO3 = 10
 num INTERVALO4 = 18

NÃO FAÇA ISSO
Se todos os valores de departamento são conhecidos como sendo maiores ou iguais a 1, esse caminho lógico nunca será percorrido.

```
se departamento >= INTERVALO4 então
   horário = HORÁRIO4
senão
   se departamento >= INTERVALO3 então
      horário = HORÁRIO3
   senão
      se departamento >= INTERVALO2 então
         horário = HORÁRIO2
      senão
         se departamento >= INTERVALO1 então
            horário = HORÁRIO1
         fim-se
      fim-se
   fim-se
fim-se
```

NÃO FAÇA ISSO
Se todos os valores de departamento são conhecidos como sendo maiores ou iguais a 1, então fazer essa pergunta não executa nada.

Figura 4-23 Seleção de intervalos ineficiente incluindo caminho inatingível

NOTA: Na Figura 4-23, é mais fácil ver a inutilidade do caminho no fluxograma do que na representação em pseudocódigo da mesma lógica. Entretanto, toda vez que se usa um se sem um senão, nada é feito quando a resposta da questão é falsa.

NOTA: Ao se fazer perguntas sobre seres humanos, algumas vezes faz-se uma pergunta para a qual já se sabe a resposta. Por exemplo, um bom advogado raramente faz uma pergunta no tribunal se a resposta for uma surpresa. Com lógica de computador, entretanto, essas questões são desperdício de tempo.

Outro erro que programadores cometem quando escrevem a lógica para realizar uma verificação de intervalos também envolve questões desnecessárias. Você nunca deve perguntar uma questão se há apenas uma resposta ou resultado possíveis. A Figura 4-24 mostra uma seleção de intervalos ineficiente que faz duas perguntas que não seriam necessárias. Na Figura, se `departamento` for maior que ou igual a `INTERVALO3`, "quarta-feira às 9 horas" será a data de agendamento da reunião. Se departamento não é maior que ou igual a `INTERVALO3`, então ele é obrigatoriamente menor que `INTERVALO3`; assim, a questão seguinte (sombreada na figura) não tem que verificar para menos que `INTERVALO3`. A lógica do computador nunca vai executar a decisão sombreada, a menos que `departamento` já seja menor que `INTERVALO3` — isto é, a menos que siga o ramo `falso` da primeira seleção. Se você usar a lógica da Figura 4-24, estará desperdiçando tempo do computador perguntando algo que já foi previamente respondido. Da mesma forma, se `departamento` não é maior que ou igual a `INTERVALO3` e também não é maior que ou igual a `INTERVALO2`, então ele é obrigatoriamente menor que `INTERVALO2`. Portanto, não há razão para comparar `departamento` com `INTERVALO2` na última decisão.

NOTA: Programadores iniciantes às vezes justificam o uso de questões desnecessárias como "apenas para deixar bem claro". Tal precaução é desnecessária quando se escreve lógica para o computador.

DUAS VERDADES E UMA MENTIRA:

Fazendo seleções dentro de intervalos

1. Quando se realiza uma verificação de intervalos, compara-se uma variável a todos os valores de uma série dos intervalos.
2. Uma verificação de intervalos pode ser feita por meio de comparações usando o valor mais baixo de cada intervalo de valores que você está usando.
3. Uma verificação de intervalos pode ser feita por meio de comparações usando o valor mais alto de cada intervalo de valores que você está usando.

A frase falsa é a nº 1. Ao usar uma verificação de intervalos, compara-se uma variável a valores que marcam os limites dos intervalos de valores.

Variáveis e constantes significativas:
string nome
num departamento
string horário
string HORÁRIO1 = "Segunda-feira às 9 horas"
string HORÁRIO2 = "Segunda-feira às 13 horas"
string HORÁRIO3 = "Terça-feira às 13 horas"
string HORÁRIO4 = "Quarta-feira às 9 horas"
num INTERVALO1 = 5
num INTERVALO2 = 10
num INTERVALO3 = 18

NÃO FAÇA ISSO
O valor de departamento é necessariamente menor que INTERVALO3 ou a lógica não estaria percorrendo esse caminho, então não há por que perguntar essa parte da questão.

NÃO FAÇA ISSO
O valor de departamento é necessariamente menor que INTERVALO2 ou a lógica não estaria percorrendo esse caminho, então não há por que perguntar essa parte da questão.

NÃO FAÇA ISSO
O valor de departamento é necessariamente menor que INTERVALO3 ou a lógica não estaria percorrendo esse caminho, então não há por que perguntar essa parte da questão.

NÃO FAÇA ISSO
O valor de departamento é necessariamente menor que INTERVALO2 ou a lógica não estaria percorrendo esse caminho, então não há por que perguntar essa parte da questão.

```
se departamento >= INTERVALO3 então
   horário = HORÁRIO4
senão
   se departamento < INTERVALO3 E departamento >= INTERVALO2 então
      horário = HORÁRIO3
   senão
      se departamento < INTERVALO2 E departamento >= INTERVALO1 então
         horário = HORÁRIO2
      senão
         horário = HORÁRIO1
      fim-se
   fim-se
fim-se
```

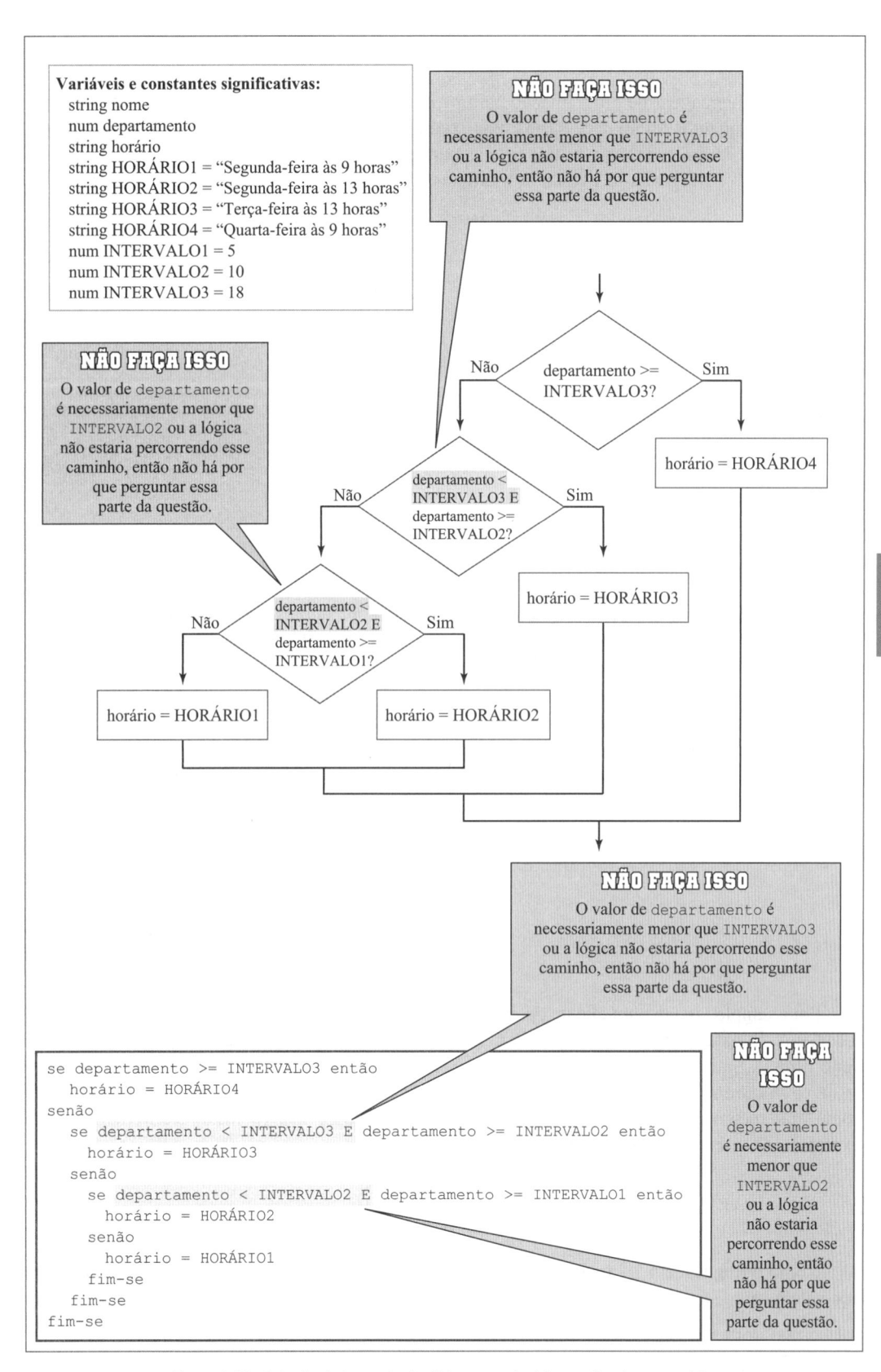

Figura 4-24 Seleção de intervalos ineficiente que inclui questões desnecessárias

Entendendo a precedência ao combinar seleções E e OU

A maioria das linguagens de programação permite que se combinem em uma expressão tantos operadores E e OU quantos forem necessários. Por exemplo, suponha que você precise atingir uma nota de pelo menos 75 em cada uma de três provas para passar em um curso. Você pode declarar uma constante NOTA_MÍN igual a 75 e testar as múltiplas condições com uma expressão como a seguinte:

```
se nota1 >= NOTA_MÍN E nota2 >= NOTA_MÍN E nota3 >=
NOTA_MÍN então
   resultadoMatéria = "Passar"
senão
   resultadoMatéria = "Reprovar"
fim-se
```

Por outro lado, se você estiver matriculado em um curso no qual precisa passar em apenas uma de três provas para ser aprovado, então a lógica é como a seguinte:

```
se nota1 >= NOTA_MÍN OU nota2 >= NOTA_MÍN OU nota3 >= NOTA_MÍN
então
   resultadoMatéria = "Passar"
senão
   resultadoMatéria = "Reprovar"
fim-se
```

A lógica fica mais complicada quando você combina operadores E e OU dentro da mesma sentença. Quando você combina operadores E e OU, os operadores E têm **precedência**, o que significa que os seus valores booleanos são avaliados primeiro.

Por exemplo, considere um programa que determina se um cliente de cinema pode comprar seu ingresso com desconto. Assuma que os descontos são permitidos para crianças (de 12 anos ou menos) e idosos (com 65 anos ou mais) que assistam a filmes classificados como "livre para todos os públicos". O código a seguir parece razoável, mas produz resultados incorretos, pois o operador E avalia antes que o OU.

```
se idade <= 12 OU idade >= 65 E classificação = "livre" então
   imprimir "Aplica-se desconto"
fim-se
```

> **NÃO FAÇA ISSO**
> O E avalia primeiro, o que não é a intenção.

Por exemplo, assuma um cliente do cinema que tem 10 anos e o filme é classificado como "não recomendado para menores de 16 anos". O cliente não deve receber desconto (e tampouco pode ver o filme!). Entretanto, dentro da expressão se, a parte da expressão que contém o E, idade >= 65 E avaliação = "livre", é avaliada primeiro. Para alguém de 10 anos, um filme avaliado como "não recomendado para menores de 16 anos ", a questão é falsa (pelos dois critérios), então a expressão se inteira equivale ao seguinte:

```
se idade <= 12 OU umaExpressãoFalsa então
   imprimir "Aplica-se desconto"
fim-se
```

Como o freguês tem 10 anos, idade <= 12 é verdadeiro, logo, a expressão original seria equivalente a:

```
se umaExpressãoVerdadeira OU umaExpressãoFalsa então
   imprimir "Aplica-se desconto"
fim-se
```

A combinação `verdadeiro OU falso` avalia como `verdadeiro`. Portanto, a string "Aplica-se desconto" é impressa quando não deveria ser.

Muitas linguagens de programação permitem que parênteses sejam usados para corrigir a lógica e forçar que a expressão `OU` seja avaliada primeiro, como apresentado no pseudocódigo a seguir:

```
se (idade <= 12 OU idade >= 65) E classificação = "livre" então
   imprimir "Aplica-se desconto"
fim-se
```

Com os parênteses adicionados, se a idade do cliente for 12 anos ou menos `OU` se a `idade` for 65 anos ou mais, a expressão é avaliada como:

```
se umaExpressãoVerdadeira E classificação = "livre" então
   imprimir "Aplica-se desconto"
fim-se
```

Quando o valor da idade qualifica um cliente para o desconto, então o valor da avaliação também precisa ser aceito antes que o desconto seja aplicável. Isso era a intenção original dessa expressão.

Você sempre pode evitar a confusão de misturar decisões `E` e `OU` encaixando, em vez disso, expressões `se`. Com o fluxograma e o pseudocódigo apresentados na Figura 4-25, está claro quais clientes do cinema devem receber o desconto. No fluxograma, você pode ver que o `OU` está embutido inteiramente dentro do ramo Sim da seleção `classificação = "livre"`?. Da mesma forma, no pseudocódigo da Figura 4-25, você pode ver pelo alinhamento que se a classificação não for "livre", a lógica prossegue diretamente para a última expressão `fim-se`, ignorando qualquer verificação de `idade`.

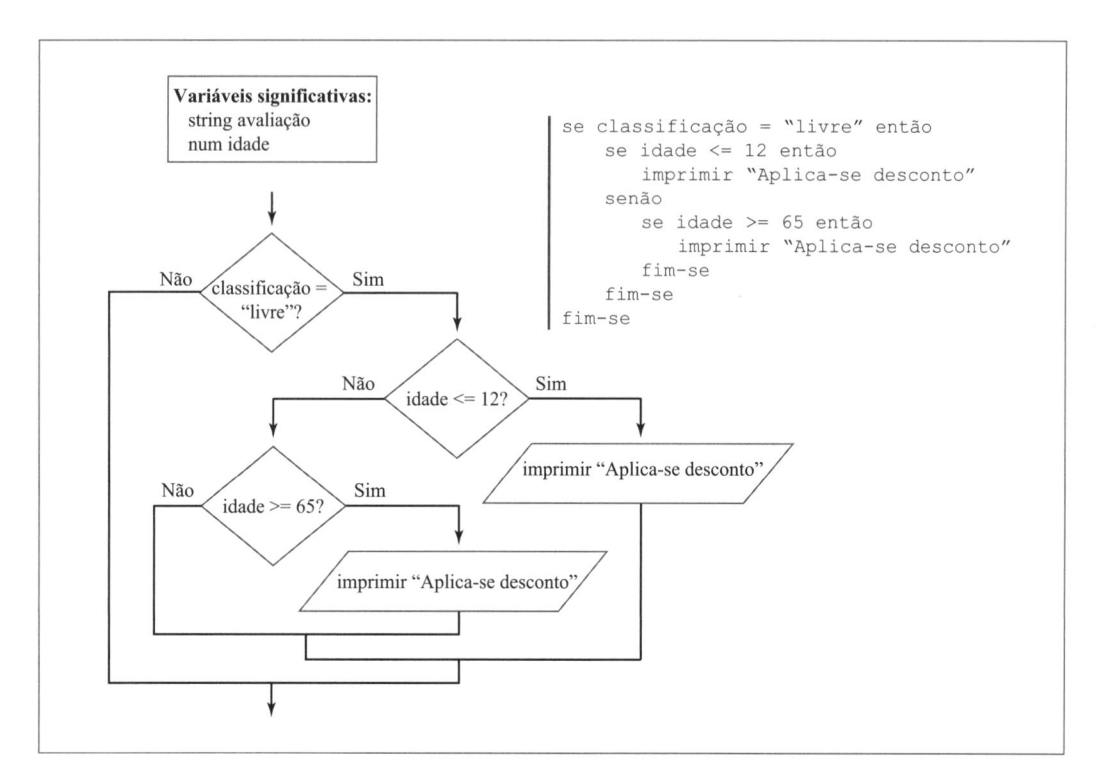

Figura 4-25 Decisões embutidas que determinam descontos para os clientes do cinema

NOTA: No Capítulo 1, você aprendeu que em toda linguagem de programação a multiplicação tem precedência sobre a adição em uma expressão aritmética. Isto é, o valor de 2 + 3 * 4 é 14, pois a multiplicação ocorre antes da adição. Do mesmo modo, em toda linguagem de programação, E tem precedência sobre OU. Isso se deve ao circuito do computador tratar o operador E como uma multiplicação e o operador OU como uma adição. Em toda linguagem de programação, 1 representa verdadeiro e 0 representa falso. Então, por exemplo, umaExpressãoVerdadeira E umaExpressãoVerdadeira resultam em verdadeiro, porque 1 * 1 é 1, e umaExpressãoVerdadeira E umaExpressãoFalsa é falso, pois 1 * 0 é 0. De modo análogo, umaExpressãoFalsa OU umaExpressãoFalsa E umaExpressãoVerdadeira avalia como sendo falso porque 0 + 0 * 1 é 0, enquanto umaExpressãoFalsa E umaExpressãoFalsa OU umaExpressãoVerdadeira avalia para um resultado verdadeiro, pois 0 * 0 + 1 avalia para 1.

DUAS VERDADES E UMA MENTIRA:

Entendendo as precedências ao combinar seleções E e OU

1. A maioria das linguagens de programação permite que se combinem em uma expressão tantos operadores E e OU quantos forem necessários.
2. Quando se combinam operadores E e OU, os operadores OU têm precedência, o que significa que seus valores booleanos são avaliados primeiro.
3. É sempre possível evitar a confusão de misturar decisões E e OU embutindo expressões se ao invés de usar Es e OUs.

A frase falsa é a nº 2. Quando você combina operadores E e OU, os operadores E têm precedência, o que significa que seus valores booleanos são avaliados primeiro.

A estrutura caso

Quando você tem uma série de decisões com base no valor armazenado na mesma variável, a maioria das linguagens permite que você use uma estrutura caso (*case*). Você aprendeu, em princípio, sobre a estrutura caso no Capítulo 2, em que é possível resolver qualquer problema de programação usando apenas as três estruturas básicas – sequência, seleção e loop. Nunca é obrigatório usar a estrutura caso – você sempre pode substituí-la por uma série de seleções. A **estrutura caso** simplesmente fornece uma alternativa conveniente para tomar uma série de decisões quando você precisa fazer escolhas com base no valor armazenado em uma única variável.

NOTA: A sintaxe usada para implementar a estrutura caso varia dentre as linguagens. Por exemplo, Visual Basic usa `select case`, e C#, C++ e Java usam `switch`.

Por exemplo, suponha que você trabalhe para uma construtora que está vendendo casas que têm três diferentes números de modelos de planta, cada um com um preço específico. O segmento lógico de um programa que determina o preço-base da casa pode se parecer com a lógica apresentada na Figura 4-26.

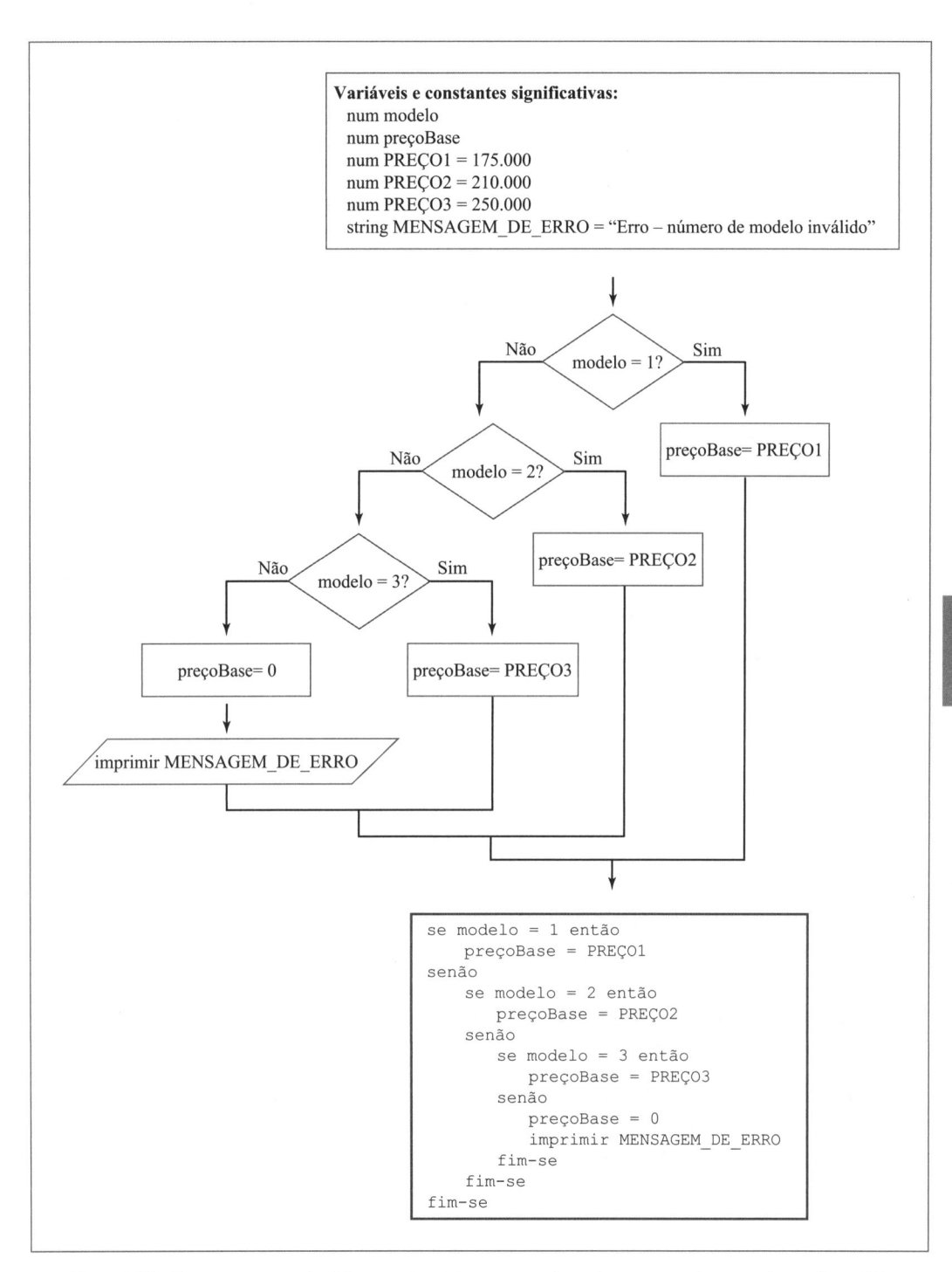

Variáveis e constantes significativas:
num modelo
num preçoBase
num PREÇO1 = 175.000
num PREÇO2 = 210.000
num PREÇO3 = 250.000
string MENSAGEM_DE_ERRO = "Erro – número de modelo inválido"

```
se modelo = 1 então
    preçoBase = PREÇO1
senão
    se modelo = 2 então
        preçoBase = PREÇO2
    senão
        se modelo = 3 então
            preçoBase = PREÇO3
        senão
            preçoBase = 0
            imprimir MENSAGEM_DE_ERRO
        fim-se
    fim-se
fim-se
```

Figura 4-26   Fluxograma e pseudocódigo que determinam o preço-base de casas com base no número do modelo e usando estruturas de decisões embutidas

A lógica apresentada na Figura 4-26 é completamente estruturada. Entretanto, reescrever a lógica usando uma estrutura caso, como mostra a Figura 4-27, pode deixá-la mais fácil de entender. Quando é usada a estrutura caso, testa-se uma variável contra uma série de valores, tomando-se a ação adequada conforme o valor da variável.

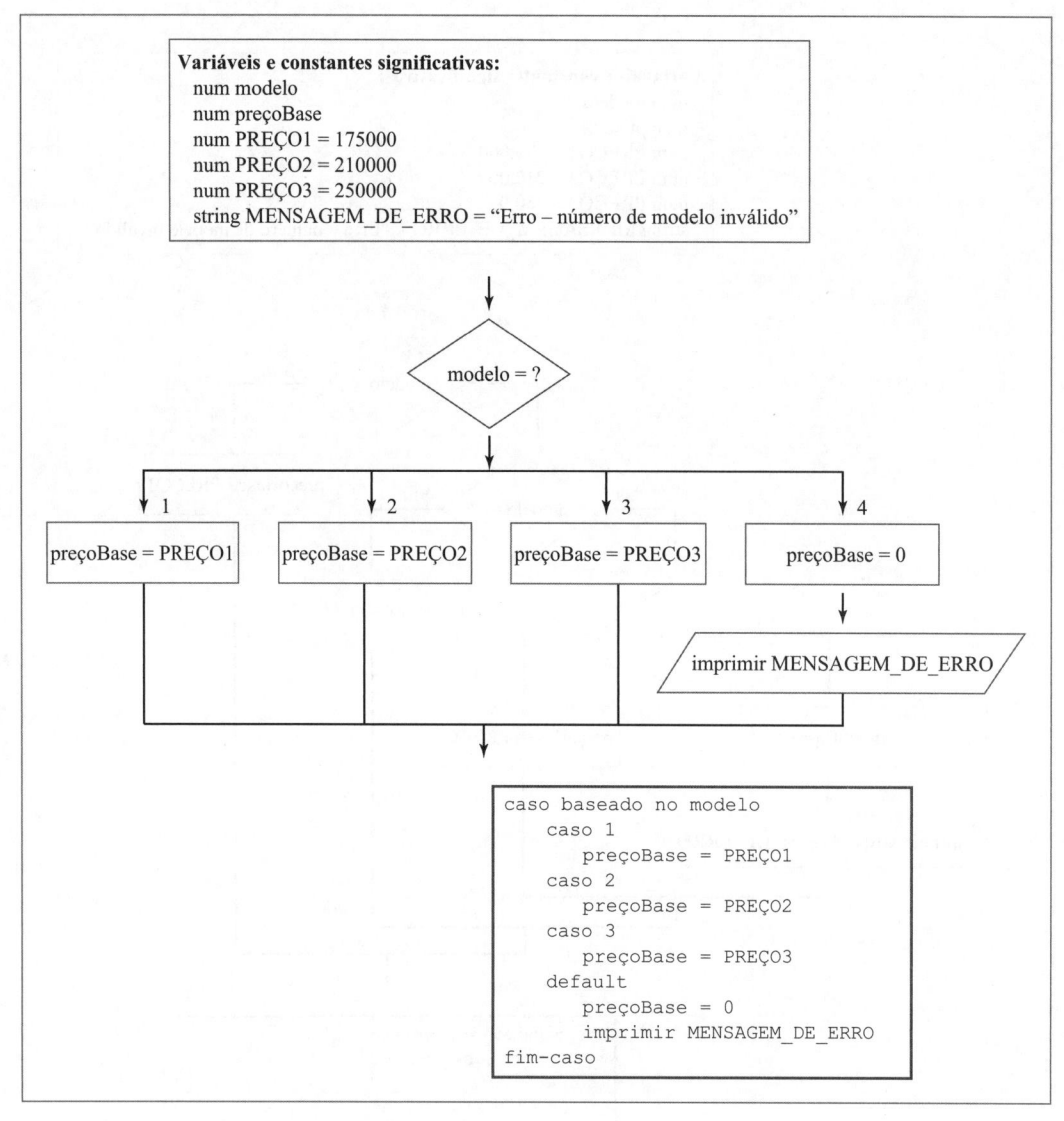

```
Variáveis e constantes significativas:
   num modelo
   num preçoBase
   num PREÇO1 = 175000
   num PREÇO2 = 210000
   num PREÇO3 = 250000
   string MENSAGEM_DE_ERRO = "Erro – número de modelo inválido"
```

```
                    modelo = ?

      1              2              3              4
preçoBase = PREÇO1  preçoBase = PREÇO2  preçoBase = PREÇO3  preçoBase = 0

                                                  imprimir MENSAGEM_DE_ERRO
```

```
caso baseado no modelo
    caso 1
        preçoBase = PREÇO1
    caso 2
        preçoBase = PREÇO2
    caso 3
        preçoBase = PREÇO3
    default
        preçoBase = 0
        imprimir MENSAGEM_DE_ERRO
fim-caso
```

Figura 4-27 Fluxograma e pseudocódigo que determinam preço-base de casas com base no número do modelo e utilizando a estrutura caso

Na Figura 4-27, a variável do modelo é comparada a cada vez com 1, 2 e 3, e um valor adequado para `preçoBase` é definido. O caso default é o caso que é executado quando nenhum outro caso for executado. A lógica apresentada na Figura 4-27 é idêntica àquela mostrada na Figura 4-26. A escolha de método para definir o preço-base dos modelos de casas é somente uma questão de preferência.

NOTA: Quando uma estrutura `se-senão` embutida contém uma seleção interna e uma externa e a estrutura de seleção embutida interna está dentro da porção `se` da estrutura de seleção externa, o segmento do programa é um candidato para a lógica E. Por outro lado, caso o `se` interno esteja dentro da porção `senão` do `se` externo, o segmento do programa pode ser um candidato para uma estrutura `caso`.

NOTA: No Visual Basic, o indicador de default é `Case Else`. C++, C# e Java usam `default`.

> **NOTA:** Algumas linguagens exigem uma expressão de quebra ao final de cada segmento de seleção caso. Nessas linguagens, uma vez que um caso é verdadeiro, todos os casos seguintes executam até que se encontre uma expressão de quebra. Ao estudar uma linguagem de programação específica, você vai aprender como usar expressões de quebra se elas forem exigidas naquela linguagem.

DUAS VERDADES E UMA MENTIRA:

Entendendo a estrutura caso

1. Exige-se o uso de uma estrutura caso quando três ou mais decisões tiverem como base o valor de uma única variável.
2. A estrutura caso muitas vezes é uma alternativa conveniente a tomar uma série de decisões.
3. Você usa a estrutura caso quando precisa fazer escolhas com base no valor armazenado em uma única variável.

A frase falsa é a nº 1. Nunca será obrigatório usar uma estrutura caso – você sempre pode substituí-la por uma série de seleções.

Usando tabelas de decisões

Algumas aplicações demandam que múltiplas decisões produzam resultados úteis. Gerenciar todos os resultados possíveis de múltiplas decisões pode ser tarefa difícil, portanto, os programadores algumas vezes usam uma ferramenta chamada tabela de decisões para ajudar a organizar as possíveis combinações dos resultados das decisões.

Uma **tabela de decisões** é uma ferramenta de análise de problemas que consiste de quatro partes:

- » Condições
- » Possíveis combinações de valores booleanos para as condições
- » Possíveis ações com base nos resultados
- » A ação específica que corresponde a cada valor booleano de cada condição

Por exemplo, suponha que uma faculdade colete dados de entrada dos estudantes, incluindo o número do RG, primeiro e último nome, idade e uma variável que indica se o estudante requisitou um dormitório que imponha um horário de silêncio dedicado ao estudo. A variável solicitação Silêncio contém um "S" ou um "N" para cada estudante, que indica se o estudante solicitou um dormitório com horário de silêncio. Assuma que o diretor dos dormitórios estudantis faz a alocação dos quartos com base nas seguintes regras:

- » Estudantes que têm menos de 21 anos e que solicitaram um dormitório com horário de silêncio para o estudo são alocados no Addams Hall.
- » Estudantes que têm menos que 21 anos e não solicitaram um dormitório com horário de silêncio para o estudo são alocados no Grant Hall.
- » Estudantes que têm 21 anos ou mais e solicitaram um dormitório com horário de silêncio para o estudo são alocados no Lincoln Hall.
- » Estudantes que têm 21 anos ou mais e não solicitaram um dormitório com horário de silêncio para o estudo também são alocados no Lincoln Hall, pois é o único dormitório para estudantes que têm no mínimo 21 anos.

Você quer escrever uma aplicação que aceite os dados dos estudantes e aloque cada estudante no dormitório apropriado, apresentando os resultados em um relatório semelhante à Figura 4-28.

```
Alocação dos dormitórios

RG      Primeiro    Último      Idade   Silêncio    Dormitório
        Nome        Nome

2134    Jennifer    Olson       18      S           Addams
2671    Henry       VanMarks    21      N           Lincoln
3167    Paul        Thompson    18      N           Grant
3652    Monica      Marcos      19      N           Grant
4182    Francine    Jensen      22      S           Lincoln
5622    Lee         Ricardo     20      S           Addams
```

Figura 4-28 Relatório amostral de alocação dos dormitórios

Antes de desenhar o fluxograma ou de escrever o pseudocódigo, pode ser útil criar uma tabela de decisões para ajudar a gerenciá-las. Você pode começar a compor a tabela de decisões fazendo uma lista de todas as condições possíveis que afetam o resultado:

» A `idade` do estudante é menor que 21 anos, ou não.
» A `solicitaçãoSilêncio` do estudante é "S", ou não.

A seguir, você determina todas as combinações possíveis de valores booleanos que existam para as condições. Nesse caso, há quatro combinações possíveis, como mostra a Tabela 4-4.

Tabela 4-4 Condições e valores possíveis para determinação dos dormitórios

Condição	Resultado			
idade < 21	V	V	F	F
solicitaçãoSilêncio = "S"	V	F	V	F

Em seguida, adicione linhas na tabela de decisões para listar as possíveis ações resultantes. Um estudante pode ser alocado para Addams, Grant ou Lincoln Hall. Não há outras possibilidades, logo apenas três linhas de ação ou de resultado são adicionadas na tabela de decisões. A Tabela 4-5 mostra a tabela expandida que inclui os resultados possíveis.

Tabela 4-5 Condições, valores e ações possíveis para a determinação dos dormitórios

Condição	Resultado			
idade < 21	V	V	F	F
solicitaçãoSilêncio = "S"	V	F	V	F
alocadoDormitório = "Addams"				
alocadoDormitório = "Grant"				
alocadoDormitório = "Lincoln"				

Para completar a tabela de decisões, você escolhe um resultado para cada possível combinação de condições. Como apresentado na Tabela 4-6, você coloca um "X" (ou qualquer outro símbolo que prefira) na linha do Addams Hall quando a idade de um estudante for menor do que 21 anos e o estudante tiver solicitado horário de silêncio para o estudo. Você coloca um "X" na linha do Grant Hall quando o estudante for menor que 21 anos e não tiver pedido horário de estudo. Finalmente, coloca um "X" na linha do Lincoln sempre que um estudante não tiver menos que 21 anos. Neste caso, a solicitação por horário de silêncio para o estudo é irrelevante, pois todos os estudantes que têm mais que 21 anos serão alocados no Lincoln Hall.

Tabela 4-6 Tabela de decisões completa para a seleção de dormitórios

Condição	Resultado			
idade < 21	V	V	F	F
solicitaçãoSilêncio = "S"	V	F	V	F
alocadoDormitório = "Addams"	X			
alocadoDormitório = "Grant"		X		
alocadoDormitório = "Lincoln"			X	X

Na Tabela 4-6, a tabela de decisões está completa. Há quatro resultados possíveis e há um "X" para cada um deles. Agora é possível começar o design da lógica que atinja os resultados corretos. Você pode começar a escrever o pseudocódigo para o processo de tomada de decisões, escrevendo uma expressão de seleção para a primeira condição como a seguinte:

```
se idade < 21 então
```

Independente dessa expressão ser verdadeira ou falsa, não se sabe a alocação final dos dormitórios – na tabela de decisões, duas colunas serão afetadas quando a expressão for verdadeira e os resultados serão marcados com um "X" em duas linhas diferentes. Portanto, é preciso inserir outra questão, e o código fica:

```
se idade < 21 então
   se solicitaçãoSilêncio = "S" então
      alocadoHall = "Addams"
```

Nesse momento, você escreveu o pseudocódigo que descreve a primeira coluna da tabela de decisões. A segunda coluna da tabela descreve a situação quando a primeira decisão é verdadeira, mas a segunda decisão é falsa. Para incluir a informação da segunda coluna, o código se torna:

```
se idade < 21 então
   se solicitaçãoSilêncio = "S" então
      alocadoDormitório = "Addams"
   senão
      alocadoDormitório = "Grant"
   fim-se
```

Se a idade do estudante não for menor que 21 anos, é aplicado um segundo conjunto de decisões como o seguinte:

```
se idade < 21 então
   se solicitaçãoSilêncio = "S" então
      alocadoDormitório = "Addams"
   senão
      alocadoDormitório = "Grant"
   fim-se
senão
   se solicitaçãoSilêncio = "S" então
      alocadoDormitório = "Lincoln"
   senão
      alocadoDormitório = "Lincoln"
   fim-se
fim-se
```

Agora o código condiz exatamente com a tabela de decisões. Entretanto, você pode perceber que, se a idade do estudante não é menor que 21 anos, a solicitaçãoSilêncio realmente não importa – o estudante é alocado no Lincoln Hall independente de qual foi a solicitação de estudo.

Sempre que tanto o resultado `verdadeiro` como o `falso` forem consequências do resultado de uma seleção booleana da mesma ação, não há necessidade de fazer a pergunta para empreender a seleção. A Figura 4-29 mostra um programa completo que continuamente obtém dados de estudantes e faz seleções de dormitórios. As constantes apropriadas foram atribuídas nessa aplicação completa. Depois que as tarefas de preparo de declarar variáveis e constantes e de imprimir o título são completadas, o primeiro registro é lido na memória. Enquanto ele não é `eof`, decisões que resultam na alocação correta de dormitórios para os estudantes são tomadas, os dados dos estudantes são impressos e o registro seguinte é lido na memória.

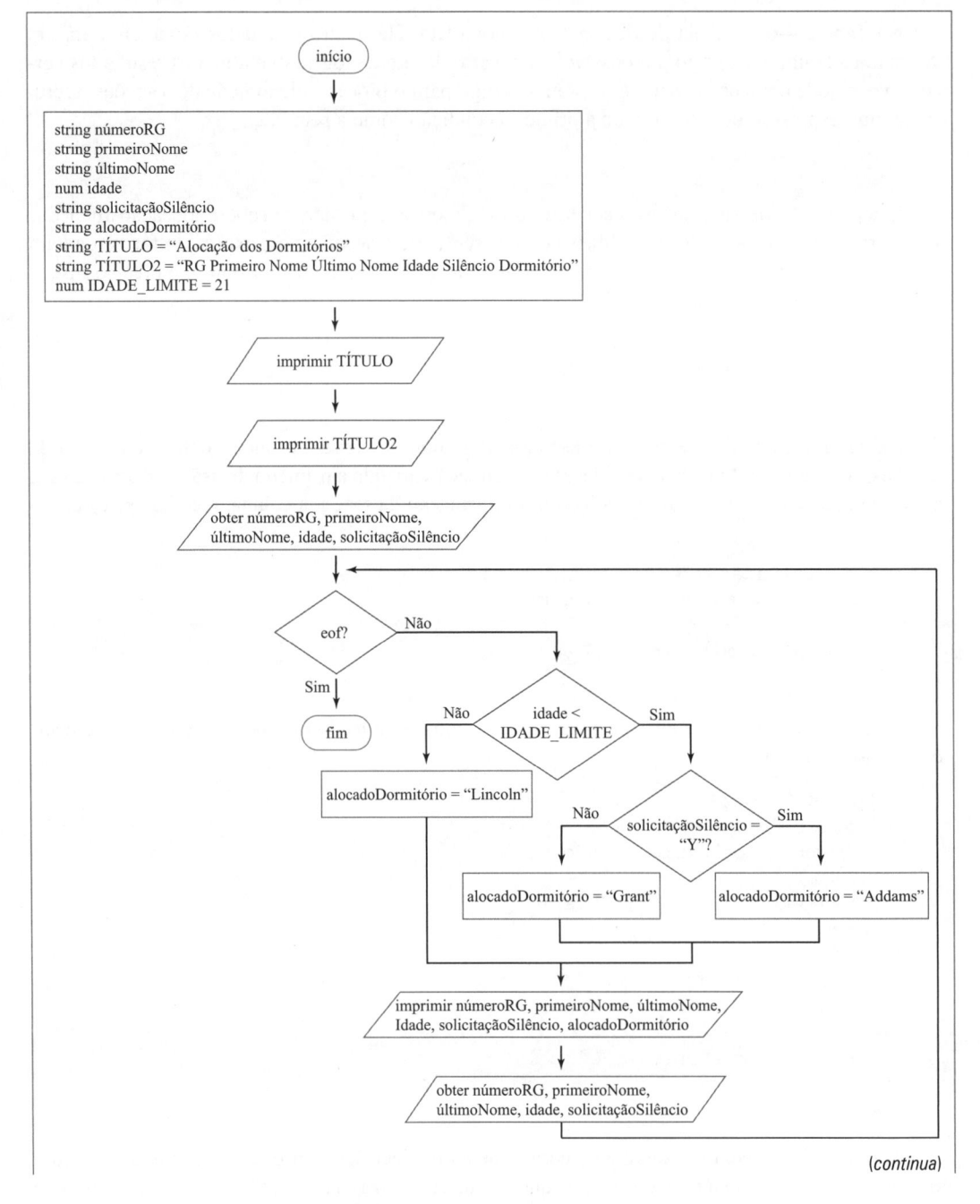

Figura 4-29 Programa de alocação de dormitórios para estudantes

```
início
    string númeroRG
    string primeiroNome
    string últimoNome
    num idade
    string solicitaçãoSilêncio
    string alocadoDormitório
    string TÍTULO = "Alocação dos dormitórios"
    string TÍTULO2 = "RG  Primeiro Nome  Último Nome  Idade  Silêncio  Dormitório"
    num IDADE_LIMITE = 21
    imprimir TÍTULO
    imprimir TÍTULO2
    obter númeroRG, primeiroNome, últimoNome, idade, solicitaçãoSilêncio
    enquanto não eof
        se idade < IDADE_LIMITE então
            se solicitaçãoSilêncio = "S" então
                alocadoDormitório = "Addams"
            senão
                alocadoDormitório = "Grant"
            fim-se
        senão
            alocadoDormitório = "Lincoln"
        fim-se
        imprimir númeroRG, primeiroNome, últimoNome, idade, solicitaçãoSilêncio,
            alocadoDormitorio
        obter númeroRG, primeiroNome, últimoNome, idade, solicitaçãoSilêncio
    fim-enquanto
fim
```

Figura 4-29 Programa de alocação de dormitórios para estudantes (continuação)

Talvez você pudesse criar as decisões da versão final do programa de alocação de dormitórios sem primeiro criar a tabela de decisões. Se assim for, não precisa usar a tabela de decisões. Tabelas de decisão são mais úteis para o programador quando o processo de tomada de decisão for mais complicado. Além disso, frequentemente servem como ferramentas gráficas úteis quando se quer explicar o processo de tomada de decisões de um programa para um usuário que não está familiarizado como os símbolos de fluxograma ou com o modo de expressão dos pseudocódigos.

DUAS VERDADES E UMA MENTIRA:

Usando tabelas de decisão

1. Uma tabela de decisões é uma ferramenta de análise de problemas que contém condições e possíveis combinações de valores booleanos para essas condições.

2. Uma tabela de decisões é uma ferramenta de análise de problemas que contém as ações possíveis baseadas nas condições.

3. Uma tabela de decisões é requerida ao se programar uma lógica que demanda mais do que apenas algumas decisões.

A frase falsa é a nº 3. Apesar de tabelas de decisões serem úteis para o programador quando o processo de tomada de decisões ficar mais complicado, elas nunca serão exigidas.

Resumo do capítulo

» Toda decisão tomada em um programa de computador envolve a avaliação de uma expressão booleana. Estruturas se-então-senão ou se-então podem ser usadas para escolher entre dois resultados possíveis. Você usa estruturas se-então-senão quando uma ação é necessária, independente da seleção ser verdadeira ou falsa, e estruturas se-então quando há apenas um resultado para a questão para o qual uma ação é necessária.

» Para quaisquer dois valores de um mesmo tipo, você pode usar operadores relacionais de comparação para decidir se os dois valores são iguais, se o primeiro valor é maior que o segundo, ou se o primeiro valor é menor que o segundo valor. Os dois valores usados em uma expressão booleana podem tanto ser variáveis quanto constantes.

» Uma decisão E ocorre quando duas condições precisam ser verdadeiras para que ocorra uma ação resultante. Uma decisão E requer uma decisão embutida ou um se embutido. Em uma decisão E, primeiro pergunte a questão que tem menor chance de ser verdadeira. Isso elimina tantos registros quantos forem possíveis do número que tem que passar pela segunda decisão, o que acelera o tempo de processamento. A maioria das linguagens de programação permite que se faça duas ou mais perguntas em uma única comparação usando um operador lógico E. Quando for necessário satisfazer dois ou mais critérios para iniciar um evento de um programa, é preciso garantir que a segunda decisão seja tomada inteiramente dentro da primeira decisão e que seja usada uma expressão booleana completa em ambos os lados do E.

» Uma decisão OU ocorre quando se quer realizar uma ação quando uma ou mais condições forem verdadeiras. Ocorrem erros em uma decisão OU quando programadores não mantêm as estruturas. Outra fonte de erros específica da seleção OU decorre do uso errôneo da palavra E para expressar solicitações OU. Em uma decisão OU, primeiro faça a pergunta que tem maior chance de ser verdadeira. A maioria das linguagens de programação permite que se façam duas ou mais perguntas em uma única comparação usando um operador lógico OU.

» Para realizar uma verificação de intervalo, faça comparações com o menor ou com o maior valor de cada intervalo de valores que estiver sendo usado. Erros comuns que ocorrem quando programadores realizam verificações de intervalos incluem fazer perguntas desnecessárias e perguntas que foram anteriormente respondidas.

» Ao combinar operadores E e OU, os operadores E têm precedência, o que significa que seus valores booleanos serão avaliados primeiro.

» A estrutura caso fornece uma alternativa conveniente a tomar uma série de decisões quando for preciso fazer escolhas com base no valor armazenado em uma única variável.

» Uma tabela de decisões é uma ferramenta de análise de problema que lista as condições e as combinações booleanas dos resultados de quando aquelas condições são testadas. Ela ajuda a identificar as condições sob as quais ocorre cada um dos resultados possíveis.

Termos-chave

Uma estrutura **se-então** é semelhante a uma se-então-senão, mas sem um "então" ou alternativa de ação for necessária.

Uma **cláusula se** de uma decisão contém a ação que resulta quando uma expressão booleana em uma decisão for verdadeira.

A **cláusula senão** de uma decisão contém a ação ou as ações que executam apenas quando a expressão booleana da decisão é falsa.

Uma **expressão booleana** é uma expressão que representa apenas um de dois estados, normalmente expressos como verdadeiro ou falso.

Uma expressão booleana **trivial** é uma expressão que sempre vai avaliar e chegar ao mesmo resultado.

Operadores relacionais de comparação são os símbolos que expressam comparações booleanas. São exemplos =, >, <, >=, <= e e <>. Esses operadores também são chamados **operadores relacionais** ou **operadores de comparação**.

Uma **condição composta** é construída quando é preciso perguntar múltiplas questões antes de determinar um resultado.

Com uma **decisão E**, duas condições precisam ser verdadeiras ao mesmo tempo para que ocorra uma ação.

Uma **decisão embutida**, ou um **se embutido**, é uma decisão "dentro de" outra decisão.

Uma série de expressões se embutidas também pode ser chamada **cascata de expressões se**.

Um **operador condicional E** (ou, mais simplesmente, um **operador E**) é um símbolo que se usa para combinar decisões a fim de que duas (ou mais) condições precisem ser verdadeiras para que ocorra uma ação.

Tabelas de verdade são diagramas usados em matemática e na lógica para ajudar a descrever a verdade de uma expressão inteira com base na veracidade das suas partes.

Avaliação em curto-circuito é um aspecto da lógica no qual as expressões de cada parte de uma expressão maior são avaliadas apenas enquanto necessário para determinar o resultado final.

Um intervalo **de valores** cerca todos os valores entre um limite superior e um inferior.

Uma **decisão OU** contém duas (ou mais) decisões; se ao menos uma condição for satisfeita, ocorre a ação resultante.

Um **operador condicional OU** (ou, mais simplesmente, um operador **OU**) é um símbolo usado para combinar decisões quando qualquer condição sozinha, sendo verdadeira, é suficiente para que ocorra uma ação.

O **operador lógico NÃO** é um símbolo que reverte o significado de uma expressão booleana.

Quando se usa uma **verificação de** intervalo, compara-se uma variável a uma série de valores que marcam os finais limitantes dos intervalos.

Um **valor default** é um valor atribuído depois que todas as condições testadas são determinadas falsas.

Um **caminho morto** ou **inatingível** é um caminho da lógica que nunca pode ser percorrido.

Quando um operador tem **precedência**, ele é avaliado antes dos outros.

A **estrutura caso** oferece uma alternativa conveniente para usar uma série de decisões quando se precisa fazer escolhas com base nos valores armazenados em uma única variável.

Uma **tabela de decisões** é uma ferramenta de análise de problema que faz uma lista de condições, combinações booleanas de resultados, quando essas condições são testadas e ações possíveis têm base nos resultados.

Questões para revisão

1. A expressão de seleção `se quantidade > 100 então taxaDesconto = TAXA` é um exemplo de um(a) _____.
   a. seleção com duas alternativas
   b. seleção com uma alternativa
   c. loop estruturado
   d. todas as anteriores

2. A expressão de seleção **se diaDaSemana = "Domingo" então preço = PREÇO_MAIS_BAIXO senão preço = PREÇO_MAIS_ALTO** é um exemplo de um(a) _____.
   a. seleção com duas alternativas
   b. seleção com uma alternativa
   c. seleção unária
   d. todas as anteriores

3. Todas as expressões de seleções precisam ter _____.
   a. uma cláusula se
   b. uma cláusula senão
   c. ambos
   d. nenhum dos anteriores

4. Uma expressão como **montante < 10** é uma expressão _____.
   a. Gregoriana
   b. Edwardiana
   c. Maquiavélica
   d. Booleana

5. Normalmente, você compara apenas variáveis que são do (ou têm o mesmo) _____.
   a. tipo
   b. tamanho
   c. nome
   d. valor

6. Símbolos como **>** e **<** são conhecidos como operadores _____.
   a. aritméticos
   b. sequenciais
   c. relacionais de comparação
   d. de precisão de *scripting*

7. Se você pudesse usar apenas três operadores relacionais de comparação, você conseguiria usar _____.
   a. maior que, menor que, e maior que ou igual a
   b. igual a, menor que, e maior que
   c. menor que, menor que ou igual a, e não igual a
   d. igual a, não igual a, e menor que

8. Se **a > b** for falso, então quais das seguintes sempre serão verdadeiras?
   a. a <= b
   b. a < b
   c. a = b
   d. a >= b

9. Normalmente, o operador de comparação com o qual é mais difícil de trabalhar é _____.
   a. igual a
   b. maior que
   c. menor que
   d. não igual a

10. Qual das opções numeradas equivale à seguinte decisão?
    ```
    se x > 10 então
       se y > 10 então
          imprimir "X"
       fim-se
    fim-se
    ```
    a. se x > 10 OU y > 10 então imprimir "X"
    b. se x > 10 E x > y então imprimir "X"

c. se y > x então imprimir "X"

d. se x > 10 E y > 10 então imprimir "X"

11. A Acme Computer Company opera em todos os cinquenta estados dos Estados Unidos. A divisão Midwest Sales abrange cinco estados – Illinois, Indiana, Iowa, Missouri e Wisconsin. Suponha que você tem registros de entrada contendo dados de clientes da Acme, incluindo o estado de residência. Para selecionar e apresentar da maneira mais eficiente todos os clientes atendidos pela divisão Midwest Sales, você usaria _____.

    a. cinco expressões se não embutidas e completamente separadas

    b. expressões se embutidas usando lógica E

    c. expressões se embutidas usando lógica OU

    d. não há informação suficiente

12. A divisão Midwest Sales da Acme Computer Company abrange cinco estados – Illinois, Indiana, Iowa, Missouri e Wisconsin. Aproximadamente 50% dos clientes da região residem em Illinois, 20%, em Indiana, e 10%, em cada um dos outros três estados. Suponha que você tem os registros de entrada contendo os dados dos clientes da Acme, incluindo o estado de residência. Para selecionar e apresentar todos os clientes atendidos pela divisão Midwest Sales, você perguntaria primeiro sobre a residência em _____.

    a. Illinois

    b. Indiana

    c. Iowa, ou Missouri, ou Wisconsin – não importando qual deles é o primeiro.

    d. Qualquer um dos cinco estados – não importa qual deles é o primeiro.

13. A Boffo Balloon Company faz balões de hélio. Os balões grandes custam $13,00 a dúzia, os de tamanho médio custam $11,00 a dúzia e os pequenos custam $8,60 a dúzia. Cerca de 60% das vendas da empresa são do menor balão, 30%, do médio, e os balões grandes constituem apenas 10% das vendas. Os registros dos pedidos dos clientes incluem suas informações, quantidade pedida e tamanho do balão. Ao escrever um programa para determinar o preço com base no tamanho, para uma decisão mais eficiente, deve-se perguntar primeiro se o tamanho é _____.

    a. grande   c. pequeno

    b. médio   d. indiferente

14. A Boffo Balloon Company faz balões de hélio em três tamanhos, doze cores e com uma escolha de 40 frases impressas. Como promoção, a empresa está oferecendo um desconto de 25% para pedidos de balões grandes vermelhos com a mensagem "Feliz Dia dos Namorados". Para selecionar da maneira mais eficiente os pedidos aos quais se aplicam o desconto, deve-se utilizar _____.

    a. expressões se embutidas usando lógica OU

    b. expressões se embutidas usando lógica E

    c. três expressões se não embutidas e completamente separadas

    d. não há informação suficiente

15. A estação de rádio FM 99 mantém um registro de todas as músicas que foram ao ar em uma semana. Cada registro contém o dia, a hora e o minuto em que começou a música e o título e o artista da canção. O gerente da estação quer uma lista de todos os títulos tocados durante o

horário da ida para o trabalho (oito horas da manhã) dos dois dias com mais tráfego, segunda-feira e sexta-feira. Qual lógica selecionaria os títulos corretamente?

a.
```
se dia = "segunda-feira" OU dia = "sexta-feira" OU hora = 08 então
    imprimir título
fim-se
```
b.
```
se dia = "segunda-feira" então
   se hora = 08 então
      imprimir título
   senão
      se dia = "sexta-feira" então
         imprimir título
      fim-se
   fim-se
fim-se
```
c.
```
se hora = 08 E dia = "segunda-feira" OU dia = "sexta-feira" então
    imprimir título fim-se
```
d.
```
se hora = 08 então
   se dia = "segunda-feira" OU dia = "sexta-feira" então
      imprimir título
   fim-se
fim-se
```

16. No pseudocódigo seguinte, que percentual de aumento vai receber um empregado do Departamento 5?

```
se departamento < 3 então
    aumento = AUMENTO_PEQUENO
senão
    se departamento < 5 então
       aumento = AUMENTO_MÉDIO
    senão
       aumento = AUMENTO_GRANDE
    fim-se
fim-se
```

a. AUMENTO_PEQUENO   c. AUMENTO_GRANDE
b. AUMENTO_MÉDIO   d. impossível dizer

17. No pseudocódigo a seguir, que percentual de aumento vai receber um empregado do Departamento 8?

```
se departamento < 5 então
    aumento = AUMENTO_PEQUENO
senão
    se departamento < 14 então
       aumento = AUMENTO_MÉDIO
    senão
       se departamento < 9 então
          aumento = AUMENTO_GRANDE
       fim-se
    fim-se
fim-se
```

a. AUMENTO_PEQUENO   c. AUMENTO_GRANDE
b. AUMENTO_MÉDIO   d. impossível dizer

18. No pseudocódigo seguinte, que percentual de aumento vai receber o empregado do Departamento 10?

    ```
    se departamento < 2 então
       aumento = AUMENTO_PEQUENO
    senão
       se departamento < 6 então
          aumento = AUMENTO_MÉDIO
       senão
          se departamento < 10 
             aumento = AUMENTO_GRANDE
          fim-se
       fim-se
    fim-se
    ```

    a. AUMENTO_PEQUENO   c. AUMENTO_GRANDE
    b. AUMENTO_MÉDIO   d. impossível dizer

19. Ao usar uma verificação de intervalos, compara-se uma variável ao valor _____ do intervalo.

    a. mais baixo   c. mais alto
    b. médio   d. mais baixo ou mais alto

20. Qual dos seguintes pode ser usado como alternativa a uma série de expressões se baseadas na mesma variável?

    a. uma estrutura de sequência   c. uma estrutura de ação
    b. uma estrutura de loop   d. uma estrutura caso

Encontre os bugs

Cada um dos segmentos de pseudocódigo seguintes contém um ou mais bugs que você precisa encontrar e corrigir.

1. Este pseudocódigo deve criar um relatório contendo a comissão de um corretor de aluguéis de um complexo de apartamentos. O programa aceita o número do RG e o nome do corretor que alugou o apartamento e o número de dormitórios do apartamento. A comissão é de $100 por alugar um apartamento de três quartos, $75 por alugar um apartamento de dois quartos, $55 por alugar um apartamento de um quarto e $30 por alugar um apartamento-estúdio (sem quartos). A saída é o nome e o número do RG do vendedor e a comissão ganha com os aluguéis.

    ```
    início
       num vendedorRg
       string vendedorNome
       num numQuartos
       num COMI_3 = 100,00
       num COMI_2 = 75,00
       num COMI_1 = 55,00
       num COMI_ESTÚDIO = 30,00
       obter vendedorRG, vendedorNome, numQuartos
       se numQuartos = 3 então
          comissãoGanha = COMI_3
       senão
    ```

```
            se numQuartos = 3 então
               comissãoGanha = COMI_3
            senão
               se numQuartos = 1 então
                  comissão = COMI_1
               senão
                  comissão = COMI_ESTÚDIO
               fim-se
            fim-se
         fim-se
         imprimir vendedorRG, vendedorNome, comissãoGanha
      fim
```

2. Este pseudocódigo deve criar um relatório contendo estatísticas anuais do lucro para uma loja varejista. Os registros de entrada contêm um nome de departamento (por exemplo, "Cosméticos") e os lucros para cada trimestre dos últimos dois anos. O programa deve determinar se o lucro é mais alto, mais baixo ou o mesmo para esse ano inteiro se comparado ao do ano passado inteiro.

```
início
     string departamento
     num trimestre1VendasEsteAno
     num trimestre2VendasEsteAno
     num trimestre3VendasEsteAno
     num trimestre4VendasEsteAno
     num trimestre1VendasÚltimoAno
     num trimestre2VendasÚltimoAno
     num trimestre3VendasEsteAno
     num trimestre4VendasÚltimoAno
     string TÍTULO_PRINCIPAL = "Relatório dos Lucros"
     string CABEÇALHO_COL = "Departamento   Status"
     num totalEsteAno
     num totalÚltimoAno
     string status
     imprimir CABEÇALHO_PRINCIPAL
     imprimir CABEÇALHO_COL
     obter departamento, trimestre1VendasEsteAno, trimestre2VendasEsteAno,
        trimestre3VendasEsteAno, trimestre4VendasEsteAno,
        trimestre1VendasÚltimoAno, trimestre2VendasÚltimoAno,
        trimestre3VendasÚltimoAno, trimestre4VendasÚltimoAno
     enquanto não eof
        totalEsseAno = trimestre1VendasEsteAno - trimestre2VendasEsteAno +
           trimestre3VendasÚltimoAno * trimestre4VendasEsteAno
        totalÚltimoAno = trimestre1VendasÚltimoAno +
           trimestre1VendasÚltimoAno + trimestre3VendasÚltimoAno +
           trimestre1VendasÚltimoAno
        se totalEsteAno > totalÚltimoAno então
           status = "Mais Alto"
        senão
           se totalEsteAno > totalÚltimoAno então
              status = "Mais Baixo"
           senão
              status = "Mesmo"
           fim-se
        fim-se
        imprimir departamento, status
        obter departamento, trimestre1VendasEsteAno, trimestre2VendasEsteAno,
           trimestre3VendasEsteAno, trimestre4VendasEsteAno,
```

```
        trimestre1VendasÚltimoAno, trimestre2VendasÚltimoAno,
        trimestre3VendasÚltimoAno, trimestre4VendasÚltimoAno
    fim-enquanto
fim
```

Exercícios

1. Assuma que as seguintes variáveis contenham os valores apresentados:

    ```
    númeroVermelho = 100
    palavraVermelho = "Charrete"
    númeroAzul = 200
    palavraAzul = "Céu"
    númeroVerde = 300
    palavraVerde = "Grama"
    ```

    Para cada uma das seguintes expressões booleanas, decida se a expressão é verdadeira, falsa ou ilícita.

    a. númeroVermelho = númeroAzul?

    b. númeroAzul > númeroVerde?

    c. númeroVerde < númeroVermelho?

    d. númeroAzul = palavraAzul?

    e. númeroVerde = "Verde"?

    f. palavraVermelho = "Vermelho"?

    g. palavraAzul = "Azul"?

    h. númeroVermelho <= númeroVerde?

    i. númeroAzul >= 200?

    j. númeroVerde >= númeroVermelho + númeroAzul?

2. A Chocolate Delights Candy Company produz vários tipos de doces. Projete um fluxograma ou um pseudocódigo para as seguintes situações:

    a. Um programa que aceite o tipo de doce (por exemplo, "chocolate com cobertura de morango"), preço por grama e o número de gramas vendidas em média por mês, e apresente os dados do item somente se um item for campeão de vendas. Itens campeões de venda são aqueles que vendem mais do que 2.000 gramas por mês.

    b. Um programa que aceite os dados dos doces continuamente até eof e produza um relatório que liste os itens que têm preços altos e são campeões de venda. Itens campeões de vendas são aqueles que vendem mais do que 2.000 gramas por mês. Itens com preços altos são aqueles que são vendidos por $10 ou mais por grama.

3. O Pastoral College é uma pequena faculdade no meio-oeste dos Estados Unidos. Faça o design de um fluxograma ou de um pseudocódigo para as seguintes situações:

    a. Um programa que aceite os seguintes dados de um estudante: número do RG, primeiro e último nome, área de especialização dos estudos e nota média. Apresente os dados do estudante se a média desse estudante for abaixo de 2,0.

    b. Um programa que aceite continuamente os dados de um estudante até eof e que produza um relatório listando todos os estudantes cujas notas médias sejam abaixo de 2,0.

    c. Um programa para a Literary Honor Society que leia continuamente os dados dos estudantes e apresente todo estudante que estude inglês e que tenha uma nota média de 3,5 ou mais.

4. A Summerville Telephone Company cobra 10 centavos por minuto para qualquer chamada fora do código de área do cliente que durem mais do que 20 minutos. Todas as outras chamadas custam 13 centavos por minuto. Faça o design de um fluxograma ou de um pseudocódigo para as seguintes situações:

   a. Um programa que aceite os seguintes dados de uma chamada telefônica: código de área do cliente (três dígitos), número de telefone do cliente (oito dígitos), código de área chamado (três dígitos), número chamado (oito dígitos) e tempo da chamada em minutos (quatro dígitos). Apresente o número que ligou, o número chamado e o custo da ligação.

   b. Um programa que aceite dados sobre uma ligação telefônica e apresente todos os detalhes apenas sobre chamadas que custem mais do que $10.

   c. Um programa que aceite continuamente dados sobre chamadas telefônicas até que `eof` seja atingido e que apresente detalhes somente sobre ligações iniciadas do código de área 212 para o código de área 704 e que durem mais do que 20 minutos.

   d. Um programa que exiba um prompt para o usuário de um código de área de três dígitos. Então o programa aceita continuamente dados de ligações telefônicas até que `eof` seja atingido e apresenta dados de qualquer ligação telefônica para ou a partir do código de área especificado.

5. A Equinox Nursery mantém registros sobre todas as plantas que têm em estoque. Faça o design de um fluxograma ou de um pseudocódigo para as seguinte situações:

   a. Um programa que aceite o nome e o preço de uma planta e as preferências dessa planta em termos de luz e de solo. (A variável da luz pode conter uma descrição, como "ensolarado", "iluminação parcial" ou "sombreado". A variável do solo pode conter uma descrição, como "lamacento" ou "arenoso".) Apresente os detalhes de uma planta se ela for apropriada para um jardim sombreado e arenoso.

   b. Um programa que aceite dados de uma planta e apresente se ela é apropriada para um jardim com solo lamacento e sombreado ou com iluminação parcial.

   c. Um programa que exiba um prompt para o usuário solicitando as condições do jardim (preferências em relação à luz e ao solo), então aceite continuamente dados das plantas até `eof` e apresente plantas que satisfaçam os critérios informados.

6. A Drive-Rite Insurance Company oferece apólices de seguros de automóveis para motoristas. Faça o design de um fluxograma ou de um pseudocódigo para as seguintes situações:

   a. Um programa que aceite os dados de um segurado, incluindo número de apólice, último nome do cliente, primeiro nome do cliente, idade, saldo daquele mês, dia e ano e o número de acidentes nos quais o motorista esteve envolvido nos últimos três anos. Se o número da apólice inserido não estiver entre 1.000 e 9.999, inclusive, então ajuste o número da apólice para 0. Se o mês não estiver entre 1 e 12, inclusive, ou o dia não estiver correto para o mês (isso é, entre 1 e 31 para janeiro, 1 e 29 para fevereiro e assim por diante), então ajuste o mês, dia e ano para 0. Apresente os dados do segurado depois que qualquer revisão tenha sido feita.

   b. Um programa que aceite dados do segurado e apresente os dados de qualquer segurado com mais que 35 anos.

   c. Um programa que aceite dados do segurado e apresente os dados de qualquer segurado que tenha pelo menos 21 anos.

   d. Um programa que aceite dados do segurado e apresente os dados de qualquer segurado com menos de 30 anos.

e. Um programa que aceite dados do segurado e apresente os dados de qualquer segurado cujo prêmio tenha vencimento antes de 15 de março de qualquer ano.

f. Um programa que aceite dados do segurado e apresente os dados de qualquer segurado cujo prêmio tenha vencimento até 1º de janeiro de 2010, inclusive.

g. Um programa que aceite dados do segurado e apresente os dados de qualquer segurado cujo prêmio tenha vencimento até 27 de abril de 2009.

h. Um programa que aceite dados do segurado e apresente os dados de qualquer segurado que tenha um número de apólice entre 1.000 e 4.000, inclusive, cuja apólice tenha vencimento em abril ou maio de qualquer ano e que tenha tido menos do que três acidentes.

7. A Barking Lot é um hotel para cachorros. Faça o design de um fluxograma ou de um pseudocódigo para as seguintes situações:

    a. Um programa que aceite dados para o número de identidade do dono de um cachorro e o nome, raça, idade e peso do animal. Apresente uma conta contendo todos os dados de entrada, assim como a tarifa semanal do hotel, que é $55 para cachorros com menos de 15 gramas/kilos, $75 para cachorros com pelo menos 15 gramas/kilos, mas menores que 30 gramas/kilos, $105 para cachorros com mais de 30 gramas/kilos, mas menores do que 80 gramas/kilos, e $125 para cachorros com mais de 80 gramas/kilos.

    b. Um programa que aceite continuamente dados dos cachorros até que eof seja atingido e que apresente uma conta para cada cachorro.

    c. Um programa que aceite continuamente dados dos cachorros até que eof seja atingido e que apresente contas para os donos de cachorros que devam mais do que $100.

8. Rick Hammer é um carpinteiro que deseja uma aplicação para calcular o preço de qualquer mesa que um cliente peça, com base nos seguintes dados: comprimento e largura da mesa (em polegadas), tipo de madeira e número de gavetas. O preço é calculado da seguinte forma:

    » O preço mínimo de qualquer mesa é $200.
    » Se a superfície (comprimento × largura) for maior que 750 polegadas quadradas, adicionar $50.
    » Se a madeira for "mogno", adicionar $150; para "carvalho", adicionar $125. Não é cobrado adicional por "pinho".
    » Para cada gaveta na mesa, há a cobrança adicional de $30.

    Faça o design de um fluxograma ou de um pseudocódigo para as seguintes situações:

    a. Um programa que aceite dados de um pedido: nome do cliente, comprimento e largura da mesa pedida, tipo de madeira e número de gavetas. Apresente todos os dados inseridos e o preço final da mesa.

    b. Um programa que aceite continuamente dados de pedidos de mesas e que apresente todas as informações relevantes para mesas de carvalho que tenham mais de 36 polegadas de comprimento e pelo menos uma gaveta.

9. A Black Dot Printing está tentando organizar caronas para economizar energia. Cada registro de entrada contém o nome e a cidade de residência do empregado. Dez por cento deles vivem em Wonder Lake; 30%, em Woodstock. Como as cidades são ambas ao norte da empresa, a Black Dot quer encorajar os empregados que vivam nessas cidades a virem juntos para o trabalho. Faça o design de um fluxograma ou de um pseudocódigo para as seguintes situações:

    a. Um programa que aceite os dados de um empregado e apresente-os com uma mensagem que indica se o empregado é candidato às caronas.

    b. Um programa que aceite continuamente os dados dos empregados até que eof seja atingido e que apresente uma lista com todos os empregados candidatos às caronas.

10. Diana Lee, supervisora em uma fábrica, quer saber quais empregados aumentaram suas produções neste ano em comparação ao ano passado, para que ela possa emitir um certificado de premiação e um bônus para eles. Faça o design de um fluxograma ou de um pseudocódigo para as seguintes situações:

   a. Um programa que aceite continuamente o primeiro e o último nome de cada trabalhador, o número de unidades produzidas este ano e o número de unidades produzidas no ano anterior. Apresente cada empregado com uma mensagem indicando se a produção dele aumentou em relação ao último ano de produção.

   b. Um programa que aceite os dados de cada trabalhador e que apresente o nome e um montante de bônus. Os bônus serão distribuídos da seguinte maneira:

   Se a produção deste ano for maior que a produção do ano passado e for:
   » 1.000 unidades ou menos, o bônus é de $25
   » 1.001 a 3.000 unidades, o bônus é de $50
   » 3.001 a 6.000 unidades, o bônus é de $100
   » 6.001 unidades em diante, o bônus é de $200

   c. Modifique o Exercício 10b para refletir novos fatos a seguir, e faça o programa executar da forma mais eficiente possível:
   » Trinta por cento dos empregados tiveram uma produção maior este ano do que no ano passado.
   » Sessenta por cento dos empregados produziram mais que 6.000 unidades por ano; 20% produziram de 3.001 a 6.000; 15% produziram entre 1.001 e 3.000, unidades e apenas 5% produziram menos que 1.001.

11. A Richmond Riding Club quer atribuir o título de Mestre ou Iniciante para cada um de seus membros. Um membro ganha o título de Mestre ao realizar duas ou mais das seguintes:
   » Participar de pelo menos oito apresentações de hipismo.
   » Ganhar uma faixa de primeiro ou segundo lugar em pelo menos duas apresentações de hipismo, independente de quantas apresentações o membro já tenha participado.
   » Ganhar uma faixa de primeiro, segundo, terceiro ou quarto lugar em pelo menos quatro apresentações de hipismo, independente de quantas apresentações o membro já tenha participado.

   Faça o design de um fluxograma ou de um pseudocódigo para o seguinte:

   Um programa que aceite o último nome e o primeiro nome de um cavaleiro, o número de apresentações nas quais o cavaleiro participou e o número de faixas de primeiro, segundo, terceiro e quarto lugar que o cavaleiro tenha recebido. Se a soma das faixas de primeiro, segundo, terceiro e quarto lugar exceder o número de apresentações, ajustar todos os valores das faixas para 0 e apresentar o nome do cavaleiro e uma mensagem de erro. Caso contrário, apresentar o nome do cavaleiro como "Mestre" ou "Iniciante".

12. O Dorian Gray Portrait Studio cobra os seus clientes por retratos antigos baseando-se no número de indivíduos incluídos no retrato. O esquema das tarifas é o seguinte:

Indivíduos no retrato	Preço-base
1	$100
2	$130
3	$150
4	$165
5	$175
6	$180
7 ou mais	$185

Retratos antigos tirados aos sábados ou aos domingos custam 20% a mais do que o preço-base.

Faça o design de um fluxograma ou de um pseudocódigo para as seguintes situações:

a. Um programa que aceite os seguintes dados: último nome da família retratada, número de pessoas no retrato, dia da semana agendado e horário do dia agendado. Apresente todos os dados de entrada, assim como a taxa calculada pelo retrato antigo

b. Um programa que continuamente aceite os dados de clientes até `eof` e que apresente os dados apenas dos retratos agendados para quinta-feira depois das 13 horas ou para sexta-feira antes do meio-dia.

Zona dos jogos

1. No Capítulo 3, você aprendeu que em muitas linguagens de computador é possível gerar um número aleatório entre 1 e um valor limitante chamado LIMITE usando-se uma expressão similar a `númeroAleatório = aleatório (LIMITE)`. Crie a lógica para um jogo de adivinhação no qual a aplicação gera um número aleatório e o jogador tenta adivinhá-lo. Apresente uma mensagem indicando se o palpite do jogador estava correto, muito alto ou muito baixo. (Depois que terminar o Capítulo 5, você será capaz de modificar a aplicação para que o usuário possa continuar a adivinhar até que a resposta correta seja inserida.)

2. Crie uma aplicação de jogo de loteria. Gere três números aleatórios, cada um entre 0 e 9. Permita um palpite de três números ao usuário. Compare cada palpite do usuário com os três números aleatórios e apresente uma mensagem que inclua o palpite do usuário, o número de três dígitos determinado aleatoriamente e o montante de dinheiro que o usuário ganhou da seguinte forma:

Números corretos	Prêmio ($)
Qualquer um correto	10
Dois corretos	100
Três corretos, mas não em ordem	1000
Três corretos na ordem exata	1.000.000
Nenhum correto	0

Tenha certeza de que sua aplicação aceite dígitos repetidos. Por exemplo, se um usuário adivinhar 1, 2 e 3, e os dígitos gerados aleatoriamente forem 1, 1 e 1, não premie o usuário por três palpites corretos – apenas um.

Trabalho de detetive

1. Computadores são excelentes jogadores de xadrez, pois podem efetuar várias decisões boas muito rapidamente. Explore a história dos computadores jogadores de xadrez.

2. George Boole é considerado o pai da lógica simbólica. Pesquise sobre a sua vida.

Livre para discussão

1. Programas de computador podem ser usados para tomar decisões sobre a possibilidade de alguém ser segurado assim como as taxas que essa pessoa seria cobrada para fazer um seguro de saúde ou de vida. Por exemplo, algumas condições preexistentes podem aumentar o custo de um seguro consideravelmente. É ético que empresas de seguros acessem os registros de saúde de uma pessoa para então tomar decisões de seguro sobre ela? Explique a sua resposta.

2. Buscas de emprego são algumas vezes peneiradas por softwares que tomam decisões sobre a adequação de um candidato com base em palavras dos formulários de pedido de emprego apresentados. Estas peneiras são justas com os candidatos? Explique a sua resposta.

3. Instituições médicas muitas vezes têm mais pacientes na lista de espera por transplantes de órgãos do que órgãos disponíveis. Suponha que lhe tenham solicitado um programa de computador que selecione quais dentre vários candidatos devem receber um órgão disponível. Que dados você gostaria de ter no arquivo para poder usar no programa e quais decisões tomaria com base nesses dados? Quais dados considera que outras pessoas talvez usem e que você escolheria não usar?

5 LOOPING

Compreendendo as vantagens de usar os loops

Enquanto tomar decisões é o que faz os computadores parecerem inteligentes, o uso de loops é que faz a programação de computadores valer a pena e ser eficiente. Usa-se um loop em um programa de computador quando se escreve um conjunto de instruções para operar em múltiplos conjuntos separados de dados. Considere o seguinte conjunto de tarefas exigido para cada empregado em um programa de folhas de pagamento:

- » Determinar o pagamento regular.
- » Determinar o pagamento de hora extra, se existir.
- » Determinar o imposto de renda retido sobre os salários brutos e o número de dependentes.
- » Determinar o desconto de valores de planos de saúde, com base no código do plano.
- » Determinar a dedução do INSS com base no pagamento bruto.
- » Subtrair o imposto de renda, o INSS e os descontos do pagamento bruto.

Na verdade, essa lista é muito curta – além dos itens mencionados, as empresas também deduzem planos de opções de ações, contribuições para caridade, impostos sindicais e outros itens do contracheque. Por outro lado, elas podem pagar bônus e comissões e creditar as férias e os dias de ausência por motivos de saúde; tudo isso precisa ser levado em consideração e administrado apropriadamente. Como se pode ver, programas de folhas de pagamento são complexos.

A vantagem de se ter um computador para realizar esses cálculos é que todas as instruções de deduções precisam ser escritas uma única vez e podem ser repetidas muitas e muitas vezes para cada contracheque usando um **loop**, a estrutura que repete ações enquanto determinada condição se mantiver.

DUAS VERDADES E UMA MENTIRA:

Compreendendo as vantagens de usar os loops

1. Em um programa de computador, usam-se os loops quando há um conjunto de instruções operando em múltiplos conjuntos separados de dados.
2. Uma das principais vantagens de se ter um computador para realizar tarefas complicadas é a possibilidade de repeti-las.
3. Um loop é uma estrutura que se ramifica em dois caminhos lógicos antes de continuar.

A frase falsa é a nº 3. Um loop é uma estrutura que repete ações enquanto determinada condição se mantiver.

Controlando loops com contadores e flags

Lembre-se da estrutura do loop, ou estrutura `enquanto`, que você aprendeu no Capítulo 2. Nele você aprendeu sobre loops que se pareciam com a Figura 5-1. Enquanto uma expressão booleana continuar verdadeira, o corpo de um loop `enquanto` executa. Ao escrever um loop, é preciso controlar o número de repetições que ele executa; se você não o fizer, corre o risco de criar um loop infinito. Normalmente as repetições de um loop são controladas por meio de um contador ou um flag.

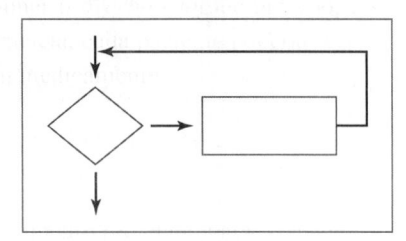

Figura 5-1 O loop `enquanto`

NOTA: Você já aprendeu sobre loops infinitos no Capítulo 2.

Usando um loop `enquanto` definido com um contador

Um loop `enquanto` executa continuamente um corpo de sentenças durante o tempo em que alguma condição continuar sendo verdadeira. Para fazer um loop `enquanto` terminar corretamente, três ações separadas devem ocorrer:

» Uma variável, a **variável de controle do loop**, é inicializada (antes de entrar no loop).
» A variável de controle do loop é testada e, se o resultado for verdadeiro, entra-se no corpo do loop.
» O corpo do loop deve fazer alguma ação que altere o valor da variável de controle do loop, para que a expressão `enquanto`, em algum momento, seja avaliada como falsa.

NOTA: As decisões que controlam todos os loops têm sempre como base uma comparação booleana. No Capítulo 4, você aprendeu sobre seis operadores de comparação que podem ser usados em uma seleção. Você também pode usar qualquer um deles para controlar um loop. Eles são: igual a, maior que, menor que, maior que ou igual a, menor que ou igual a, e não igual (diferente de) a.

Por exemplo, o código na Figura 5-2 mostra um loop que apresenta "Olá" quatro vezes. A variável `contador` é a variável de controle do loop e é inicializada em 0. Então a expressão `enquanto` (sombreada) compara `contador` a 4 e, se for menor que 4, então o corpo do loop é executado. O corpo do loop apresentado na Figura 5-2 consiste de duas sentenças. A primeira imprime "Olá" e a segunda soma 1 ao `contador`. Na próxima vez que `contador` for verificado, seu valor será 1, que ainda é menor que 4, logo o corpo do loop é executado novamente. "Olá" imprime uma segunda vez e `contador` torna-se 2, "imprime Olá" uma terceira vez e `contador` torna-se 3, então imprime "Olá" uma quarta vez e o `contador` torna-se 4. Agora, quando a expressão `contador < 4` for verificada, ela será `falsa` e, portanto, o loop terminará.

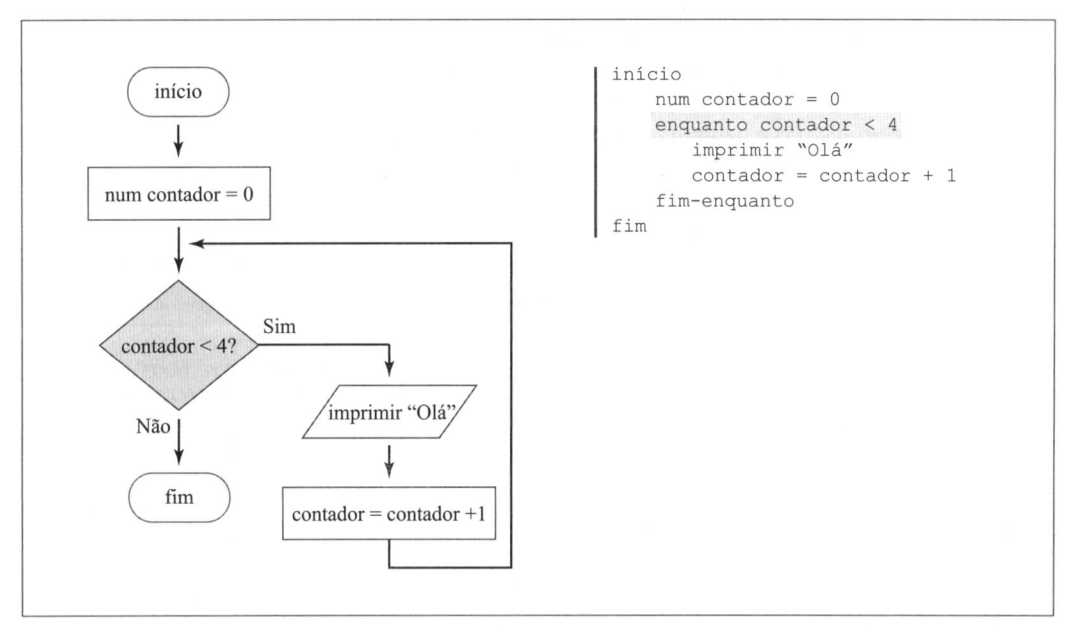

```
início
    num contador = 0
    enquanto contador < 4
        imprimir "Olá"
        contador = contador + 1
    fim-enquanto
fim
```

Figura 5-2 Um loop `enquanto` que imprime "Olá" quatro vezes

NOTA: Para um estudante de álgebra, uma expressão como `contador = contador + 1` parece errada – um valor nunca pode ser igual a ele mesmo acrescido de um. Nas linguagens de programação, entretanto, essa expressão não é uma equação matemática; em vez disso, ela faz o valor de `contador` adicionar 1 a ele mesmo e atribuir o novo valor de volta ao `contador`.

NOTA: Assim como com uma seleção, a comparação booleana que controla um loop `enquanto` precisa comparar valores do mesmo tipo: valores numéricos são comparados a outros valores numéricos e valores de caracteres, a outros valores de caracteres.

Dentro de um corpo de loop que funciona corretamente, você pode mudar o valor da variável de controle do loop de várias maneiras. Muitos valores de variáveis de controle dos loops são alterados por **incremento**, ou adição a elas, como na Figura 5-2. Outros loops são controlados pela redução, ou **decremento**, de uma variável e teste para ver se o valor continua maior que algum valor de referência. Por exemplo, o loop da Figura 5-2 poderia ser reescrito para que `contador` fosse inicializado em 4 e reduzido em 1 a cada passagem através do loop. O loop deve então continuar enquanto `contador` permanecer maior que 0.

NOTA: Como frequentemente é preciso incrementar uma variável, muitas linguagens de programação contêm um operador de atalho para incrementar. Por exemplo, em C++, Java e C#, é possível substituir `rep = rep + 1` por `++rep` ou `rep++`. Você pronuncia essas sentenças, "mais mais rep" e "rep mais mais". Ambas as sentenças aumentam o valor de rep em 1. Há uma diferença em como essas sentenças operam. Você aprenderá a diferença quando estudar uma linguagem de programação em que elas sejam utilizadas.

Um loop como o da Figura 5-2, para o qual o número de iterações é predeterminado, é chamado **loop definido** ou **loop contado**. A lógica da execução dos loops apresentados na Figura 5-2 usa um contador. Um **contador** é qualquer variável numérica que conta o número de vezes que um evento ocorreu. No cotidiano, as pessoas normalmente contam coisas começando do 1. Muitos programadores preferem começar seus loops contados com uma variável a partir do valor 0 por duas razões. Primeiro, em muitas aplicações de computador, a numeração começa por 0 devido à natureza binária do circuito do computador. Segundo, quando você aprender sobre arrays no Capítulo 6, verá que a manipulação de arrays serve naturalmente para loops de base 0. Entretanto, não é obrigatório que se comece a contar a partir do 0. Você poderia obter exatamente os mesmos resultados em um programa como o da Figura 5-2, inicializando o contador em 1 e continuando o loop enquanto o `contador` permanecesse menor que 5. Você poderia até inicializar o `contador` com algum valor arbitrário, como 23, e continuar enquanto ele permanecesse menor que 27 (ou seja, 4 unidades maior que 23). Essa última escolha não seria recomendável, pois é confusa; todavia, o programa funcionaria da mesma forma.

Muitas vezes, o valor de uma variável de controle do loop não é alterado por cálculos, mas por entradas do usuário. Por exemplo, talvez se deseje continuar a realizar dada tarefa enquanto o usuário indicar o desejo de continuar. Nesse caso, ao escrever o programa, não é possível saber se o loop será executado duas, duzentas ou nenhuma vez. Esse tipo de loop é um **loop indefinido**.

Usando um loop `enquanto` indefinido com um valor flag

Considere um programa que apresenta o saldo em uma conta bancária e pergunta se o usuário deseja ver qual será o saldo depois de um ano rendendo juros acumulados. Cada vez que o usuário indica que deseja continuar, aparece um saldo maior. Quando o usuário finalmente indicar que viu o suficiente, o programa termina. O loop é indefinido, pois, cada vez que o programa executa, o loop será realizado um diferente número de vezes. O programa aparece na Figura 5-3. A Figura 5-4 mostra como esse programa pode ser executado quando escrito como um programa de linhas de comando interativas.

NOTA: A primeira sentença `obter resposta` do programa da Figura 5-3 é uma sentença de entrada primária. Você aprendeu sobre as sentenças de entradas primárias no Capítulo 2.

NOTA: O programa apresentado na Figura 5-3 continua a apresentar saldos bancários enquanto a `resposta` for S. Também poderia ser escrito para apresentar enquanto `resposta` for N. No Capítulo 2, você aprendeu que um valor como "S" ou "N" que um usuário precisa fornecer para interromper um loop é chamado flag (valor sentinela).

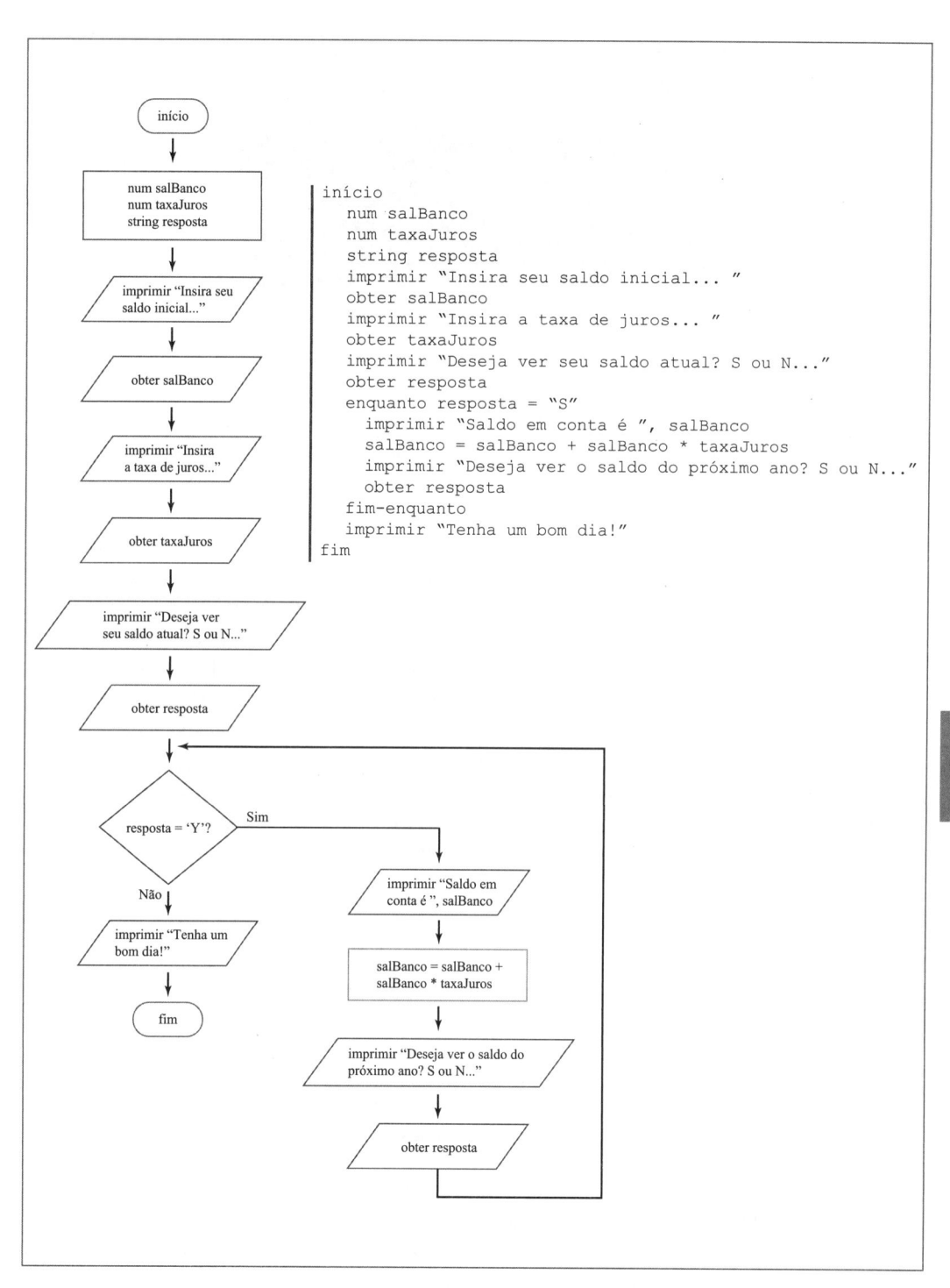

```
início
   num salBanco
   num taxaJuros
   string resposta
   imprimir "Insira seu saldo inicial... "
   obter salBanco
   imprimir "Insira a taxa de juros... "
   obter taxaJuros
   imprimir "Deseja ver seu saldo atual? S ou N..."
   obter resposta
   enquanto resposta = "S"
      imprimir "Saldo em conta é ", salBanco
      salBanco = salBanco + salBanco * taxaJuros
      imprimir "Deseja ver o saldo do próximo ano? S ou N..."
      obter resposta
   fim-enquanto
   imprimir "Tenha um bom dia!"
fim
```

Figura 5-3 Programa de looping de saldo bancário

```
Command Prompt
Enter your starting balance ... 1000.00
Enter your interest rate ... 0.03
Do you want to see your current balance? Y or N ...Y
Bank balance is $1,000.00
Do you want to see next year's balance? Y or N ...Y
Bank balance is $1,030.00
Do you want to see next year's balance? Y or N ...Y
Bank balance is $1,060.90
Do you want to see next year's balance? Y or N ...Y
Bank balance is $1,092.73
Do you want to see next year's balance? Y or N ...N
Have a nice day!
```

Figura 5-4 Execução típica do programa de looping de saldo bancário

O programa apresentado na Figura 5-3 contém três variáveis envolvidas no processo do loop: um saldo bancário, uma taxa de juros e uma resposta. A variável nomeada `resposta` é a variável de controle do loop. Ela é iniciada quando o programa pergunta ao usuário: "Deseja ver seu saldo atual?" e lê a resposta. A variável de controle do loop é testada com `resposta = "S"`?. Se o usuário inseriu qualquer outra resposta que não *S*, então a expressão testada é falsa, e o corpo do loop não será executado. Em vez disso, a próxima sentença a executar é a que apresenta "Tenha um bom dia!". Entretanto, se o usuário inserir *S*, a expressão testada será verdadeira, e todas as quatro sentenças dentro do corpo do loop serão executadas. Dentro do corpo do loop, o saldo atual é apresentado e o programa aumenta aquele saldo pelo percentual da taxa de juros; esse valor não será apresentado, a menos que o usuário solicite mais uma repetição do loop. Dentro do loop, o programa envia um prompt ao usuário e lê um novo valor para `resposta`. Esta é a sentença que potencialmente altera a variável de controle do loop. O corpo do loop finaliza quando o controle do programa retorna para o topo do loop, onde a expressão booleana da sentença `enquanto` será novamente testada. Se o usuário digitou *S* no último prompt, entra-se no loop, e o valor aumentado de `salBanco` que foi calculado durante o último ciclo do loop é finalmente apresentado.

NOTA: Na maioria das linguagens de programação, dados de caracteres são sensíveis ao tipo de letra (maiúscula e minúscula). Se um programa testar `resposta = "S"`, uma resposta do usuário *s* resultaria em uma avaliação `falsa`.

Os segmentos de fluxograma e de pseudocódigo da Figura 5-3 contêm três etapas que precisam ocorrer em qualquer loop e essas etapas cruciais estão destacadas na Figura 5-5.

1. É necessário fornecer um valor inicial, que vai controlar o loop. Nesse caso, o valor inicial é fornecido pela primeira solicitação de resposta de um usuário.
2. É necessário fazer uma comparação usando o valor de controle para verificar se o loop continua ou para. Nesse caso, a resposta do usuário é comparada ao caractere 'S'.
3. Dentro do loop, é necessário alterar o valor que controla o loop. Nesse caso, a variável de controle do loop é alterada, pedindo ao usuário uma nova resposta.

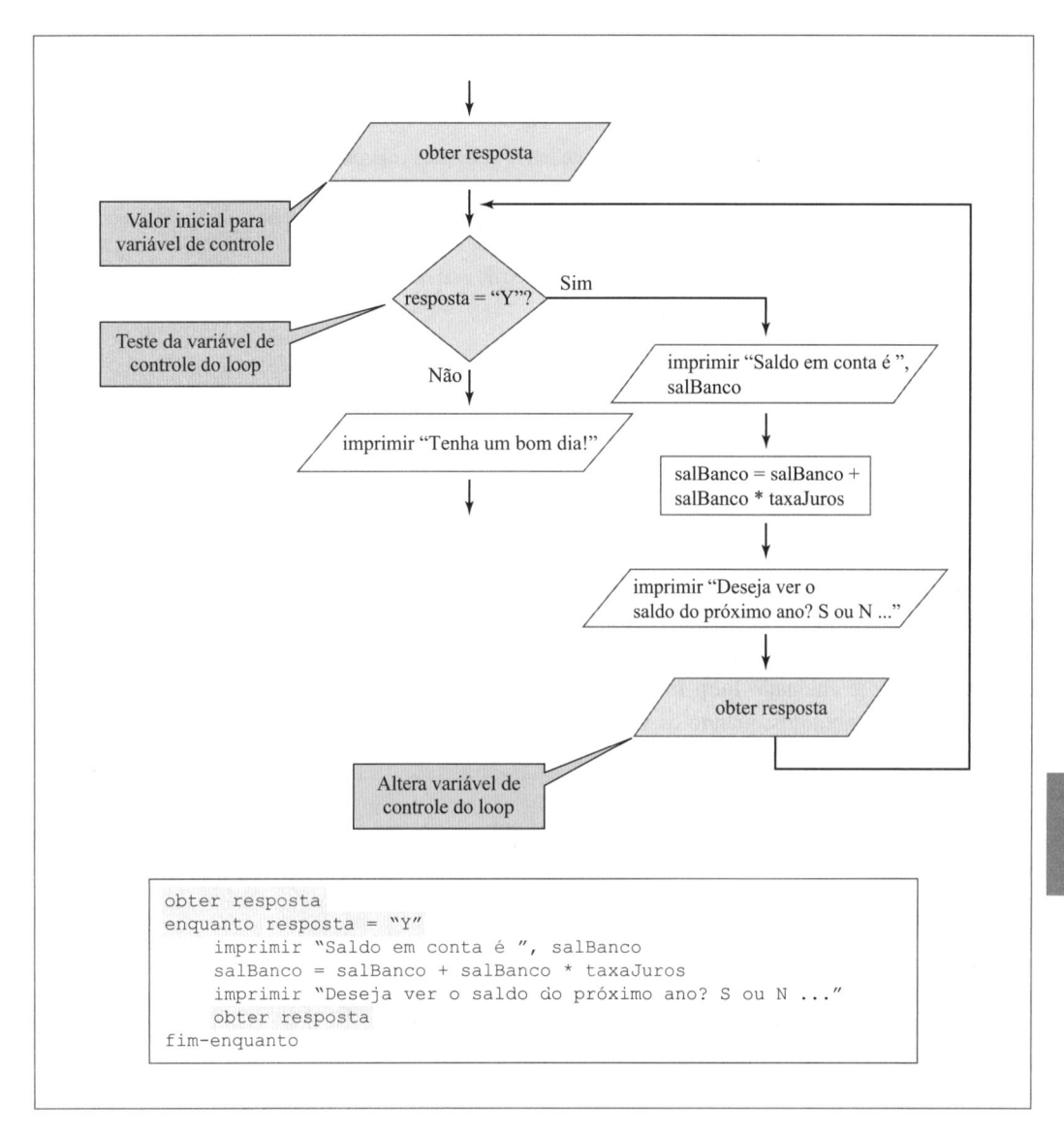

```
obter resposta
enquanto resposta = "Y"
    imprimir "Saldo em conta é ", salBanco
    salBanco = salBanco + salBanco * taxaJuros
    imprimir "Deseja ver o saldo do próximo ano? S ou N ..."
    obter resposta
fim-enquanto
```

Figura 5-5 Etapas cruciais que precisam ocorrer em todo loop

Em cada etapa do loop, o valor da variável resposta determina se o loop continuará. Portanto, variáveis como `resposta` são conhecidas como **variáveis de controle do loop**. Qualquer variável que determina se um loop continuará é uma variável de controle do loop.

> **NOTA:** O corpo de um loop pode conter qualquer número de sentenças, incluindo chamadas de métodos, decisões e outros loops. Uma vez que a lógica entra no corpo de um loop estruturado, o corpo inteiro dele precisa ser executado. O programa pode sair de um loop estruturado apenas na comparação que testa a sua variável de controle.

> **DUAS VERDADES E UMA MENTIRA:**
>
> **Controlando loops com contadores e flags**
>
> 1. Para que um loop `enquanto` execute corretamente, uma variável de controle do loop deve ser ajustada para 0 antes que se entre no loop.
> 2. Para fazer um loop `enquanto` executar corretamente, uma variável de controle do loop deve ser testada antes que se entre no corpo do loop.
> 3. Para que um loop `enquanto` execute corretamente, o corpo do loop precisa efetuar alguma ação que altere o valor da variável de controle do loop.
>
> A frase falsa é a nº 1. Uma variável de controle do loop precisa ser inicializada, mas não necessariamente em 0.

Loops embutidos

A lógica dos programas fica mais complicada quando é preciso usar loops dentro de loops, ou **loops embutidos**. Quando um loop aparece dentro de outro, o loop que contém o outro é chamado **loop externo** e o loop que está contido é chamado **loop interno**. Você precisa criar loops embutidos quando os valores de duas (ou mais) variáveis se repetem para produzir valores combinados.

Por exemplo, suponha que se queira escrever um programa que produza uma folha de respostas de um questionário, como o apresentado na Figura 5-6. O questionário tem cinco partes, com três questões em cada uma, e uma linha em branco para ser preenchida para cada questão. Você poderia escrever um programa que usa 21 sentenças de impressão separadas para produzir a folha, mas é mais eficiente usar loops embutidos.

A Figura 5-7 mostra a lógica do programa que produz a folha de respostas. Duas variáveis, denominadas `contadorPartes` e `contadorQuestões`, são declaradas para cuidar, respectivamente, das partes e das questões da folha de respostas. Quatro constantes nomeadas são também declaradas, para conter o número de partes e de questões de cada parte, e para conter o texto que será impresso – a palavra "Parte", com o número de cada parte, e um ponto, espaço e traços inferiores (*underline*) para formar uma linha em branco para cada questão. Quando o programa inicia, `contadorPartes` é inicializado com 1. A variável `contadorPartes` é a variável de controle do loop para o loop externo desse programa. O loop externo continua enquanto `contadorPartes` for menor que ou igual a `PARTES`. A última sentença do loop externo adiciona 1 a `contadorPartes`. Em outras palavras, o loop externo será executado enquanto `contadorPartes` for 1, 2, 3, 4 ou 5.

Figura 5-6 Folha de respostas de um questionário

```
início
   num contadorPartes
   num contadorQuestões
   num PARTES = 5
   num QUESTÕES = 3
   string TÍTULO_PARTE = "Parte"
   string LINHA = ". ___"
   contadorPartes = 1
   enquanto contadorPartes <= PARTES
      imprimir TÍTULO_PARTES, contadorPartes
      contadorQuestões = 1
      enquanto contadorQuestões <= QUESTÕES
         imprimir contadorQuestões, LINHA
         contadorQuestões = contadorQuestões + 1
      fim enquanto
      contadorPartes = contadorPartes + 1
   fim-enquanto
fim
```

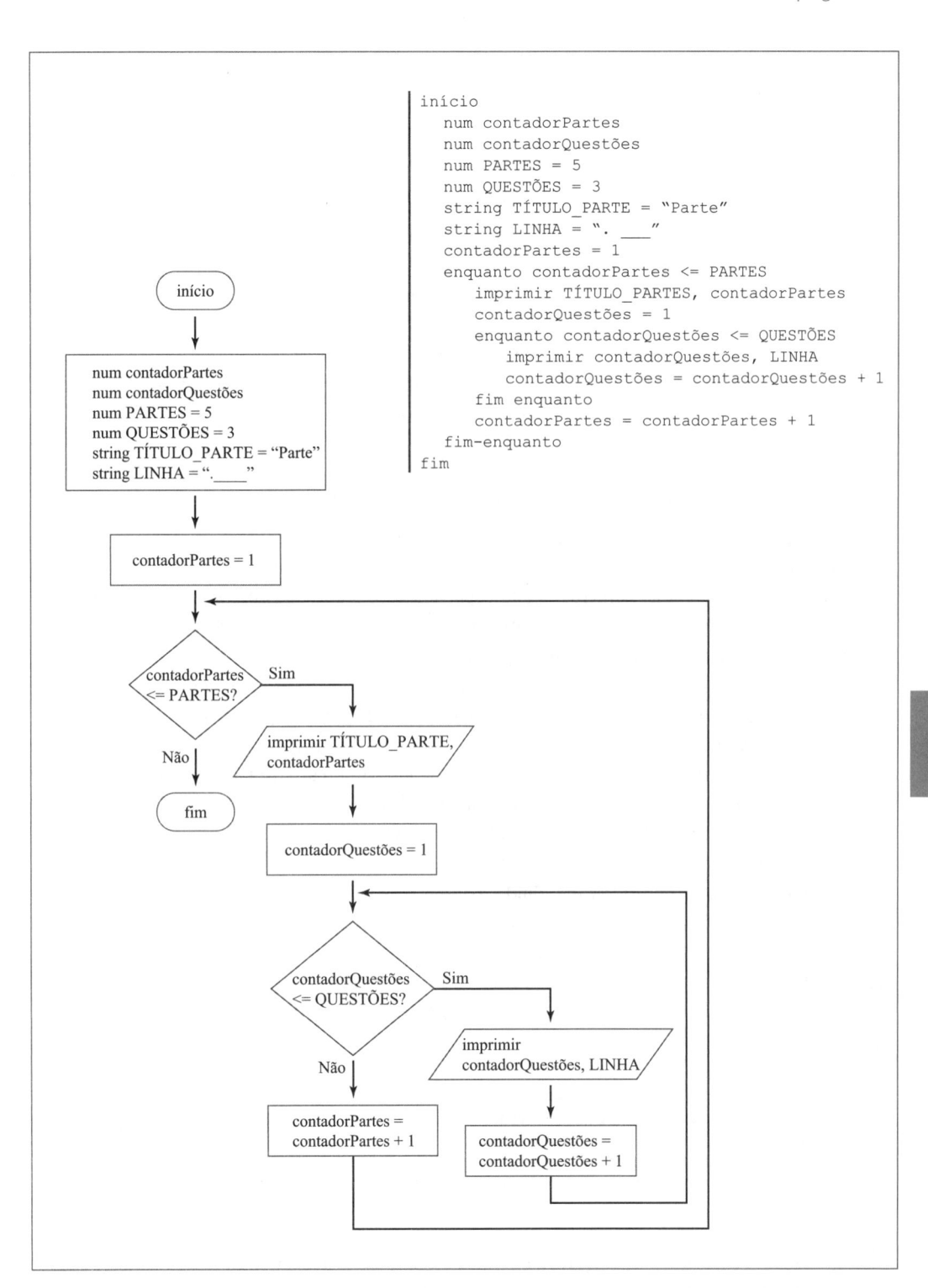

Figura 5-7 Fluxograma e pseudocódigo para programa `folhaRespostas`

> **NOTA:** No programa da Figura 5-7 é importante que `contadorQuestões` seja reiniciado em 1 dentro do loop externo, antes que entre no loop interno. Se esse passo for omitido, a Parte 1 conteria as questões 1, 2 e 3, mas a Parte 2 conteria as questões 4, 5 e 6, e assim por diante.

No loop externo da Figura 5-7, a palavra "Parte" e o valor atual de `contadorPartes` são impressos. Então `contadorQuestões` é ajustado para 1. A variável `contadorQuestões` é a variável de controle do loop para o loop interno no par de loops embutidos. A questão controle do loop compara `contadorQuestões` com `QUESTÕES` e, enquanto ela não exceder `QUESTÕES`, `contadorQuestões` será impresso, seguido de um ponto e de uma linha em branco para ser preenchida. Então, 1 é adicionado a `contadorQuestões` e a comparação `contadorQuestões` é feita novamente. Em outras palavras, quando `contadorPartes` é 1, são impressas as linhas para as questões 1, 2 e 3. Então, `contadorQuestões` será 2, e o título da parte e as linhas para as novas questões 1, 2 e 3 serão impressos.

Misturando constantes e flags variáveis

O número de vezes que um loop executa pode depender de uma constante ou de um valor variável. Suponha que você tenha uma fábrica e tenha decidido colocar um rótulo em todos os produtos fabricados. O rótulo contém as palavras "Feito especialmente para você por" seguido pelo primeiro nome de um de seus empregados. Assuma que, para a produção de uma semana, você precisará de 100 rótulos personalizados para cada empregado.

A Figura 5-8 mostra o programa que cria 100 rótulos para cada empregado inserido. Na linha principal da lógica, o usuário recebe um prompt para o nome de um empregado e, enquanto o usuário não digitar o valor `SAIR` ("ZZZ"), o programa continua. A variável `contadorLoop` é ajustada para 0 – e um rótulo que contém o nome de um empregado é impresso. Então, a variável de controle do loop `contadorRótulos` é incrementada; seu valor é testado novamente e, se ele não for igual a `RÓTULOS` (100), outro rótulo será impresso. Quando o valor de `contadorRótulos` atinge 100, o usuário deve informar um novo `nome` de empregado.

A Figura 5-8 contém um loop indefinido externo, que é controlado pelo valor do nome que o usuário inseriu, e um loop definido interno, que é executado exatamente 100 vezes. No loop interno (sombreado na Figura 5-8), enquanto o contador, nomeado `contadorRótulos`, continuar sendo menor que 100, um rótulo é impresso e `contadorRótulos` é aumentado. Quando os 100 rótulos forem impressos, o controle retorna para o loop externo, onde o `nome` do próximo empregado é obtido.

> **NOTA:** Definir `contadorRótulos` em 0 dentro do loop externo é importante. Depois que `contadorRótulos` atinge 100 para o primeiro empregado informado, um segundo empregado é inserido, e é preciso começar a contar do 0 novamente. Se `contadorRótulos` não for reiniciado depois do primeiro empregado, nenhum rótulo será impresso para qualquer empregado subsequente. Apesar de algumas linguagens inicializarem uma nova variável declarada para 0 por você, outras não o fazem e, de qualquer maneira, suas intenções ficam mais claras se você atribuir explicitamente 0 para `contadorRótulos`.

Às vezes você não quer ser forçado a repetir todos os passos dentro de um loop a mesma quantidade de vezes. Por exemplo, em vez de imprimir 100 rótulos para cada empregado, você pode querer variar o número de rótulos com base em quantos itens o trabalhador realmente produziu. Assim, trabalhadores muito produtivos não ficariam sem rótulos e trabalhadores pouco produtivos não os teriam em excesso. Em vez de imprimir um número constante de rótulos para todos os empregados, um programa mais sofisticado imprimiria um número diferente de rótulos para cada um deles, dependendo do nível de produção habitual de cada um.

A Figura 5-9 mostra uma versão ligeiramente modificada do programa de produção de rótulos. As modificações feitas em relação ao programa da Figura 5-8 estão sombreadas. Nessa versão, depois que o usuário insere um nome válido de empregado, recebe um *prompt* para inserir o nível de produção. A expressão booleana usada na sentença `enquanto` do loop interno compara `contadorRótulos` com `produção`, em vez de um valor fixo, constante. Alguns empregados podem receber 100 rótulos, mas outros podem receber mais ou menos do que isso.

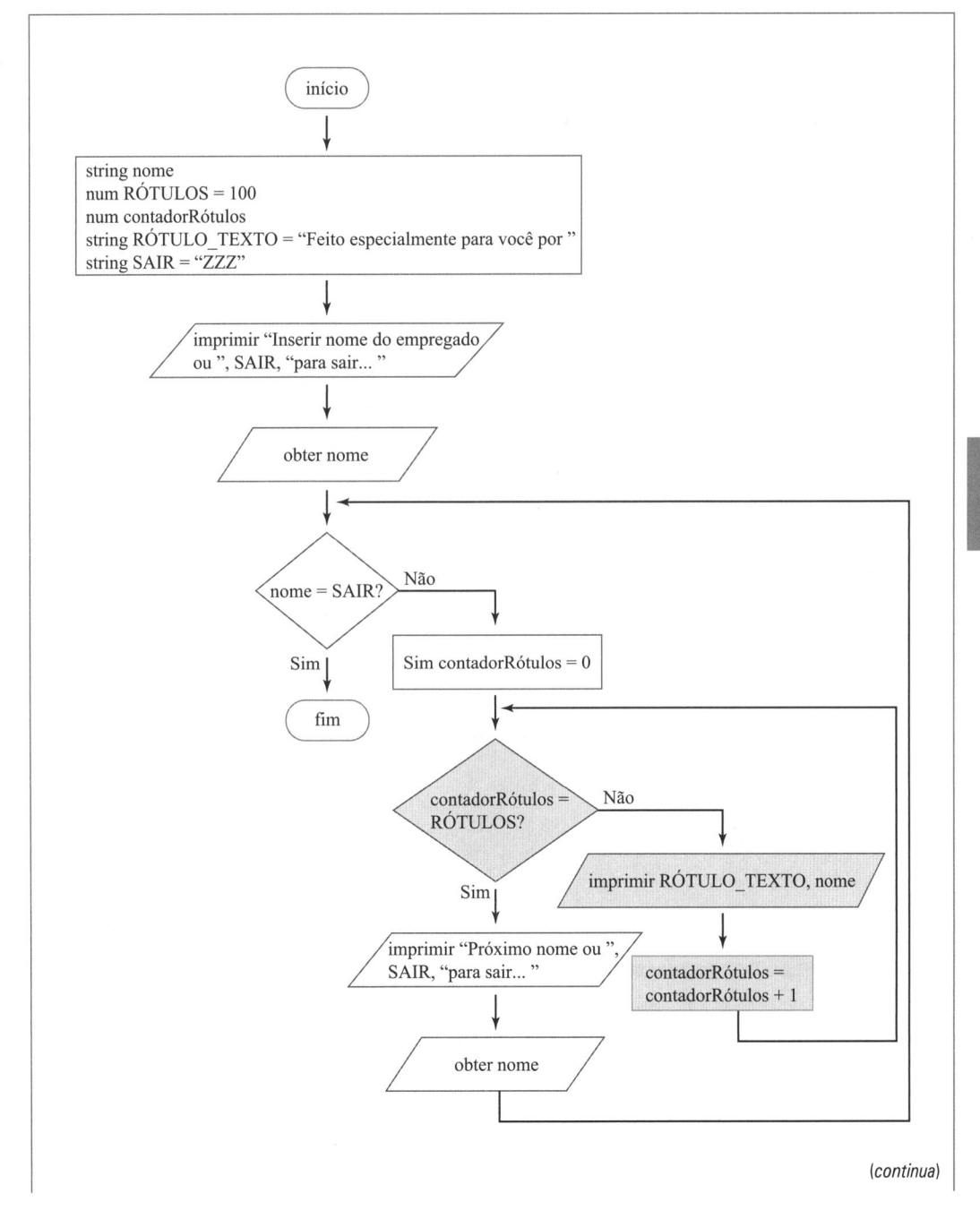

Figura 5-8 Programa que produz cem rótulos com o nome de cada empregado

```
início
    string nome
    numérico RÓTULOS = 100
    numérico contadorRótulos
    string RÓTULO_TEXTO = "Feito especialmente para você por "
    string SAIR = "ZZZ"
    imprimir "Inserir nome do empregado ou ", SAIR, "para sair... "
    obter nome
    enquanto nome não igual a SAIR
        contadorRótulos = 0
        enquanto contadorRótulos não igual a RÓTULOS
            imprimir RÓTULO_TEXTO, nome
            contadorRótulos = contadorRótulos + 1
        fim-enquanto
        imprimir "Próximo nome ou " , SAIR, "para sair... "
        obter nome
    fim-enquanto
fim
```

Figura 5-8 Programa que produz cem rótulos com o nome de cada empregado (*continuação*)

```
início
    string nome
    num produção
    num contadorRótulos
    string RÓTULO_TEXTO = "Feito especialmente para você por "
    string SAIR = "ZZZ"
    imprimir "Inserir nome do empregado ou ", SAIR, " para sair... "
    obter nome
    enquanto nome não igual a SAIR
        imprimir "Inserir número de unidades produzidas... "
        obter produção
        contadorRótulos = 0
        enquanto contadorRótulos não igual a produção
            imprimir RÓTULO_TEXTO, nome
            contadorRótulos = contadorRótulos + 1
        fim-enquanto
        imprimir "Próximo nome ou " , SAIR, " para sair... "
        obter nome
    fim-enquanto
fim
```

(*continua*)

Figura 5-9 Programa que produz um número variável de rótulos para cada empregado

```
                    ┌─────────┐
                    │  início │
                    └────┬────┘
                         ▼
┌──────────────────────────────────────────────────────────┐
│ string nome                                              │
│ num produção                                             │
│ num contadorRótulos                                      │
│ string RÓTULO_TEXTO = "Feito especialmente para você por"│
│ string SAIR = "ZZZ"                                      │
└──────────────────────┬───────────────────────────────────┘
                       ▼
         ╱ imprimir "Inserir nome do empregado ╱
        ╱  ou ", SAIR, "para sair..."         ╱
                       ▼
              ╱ obter nome ╱
                       ▼
              ◇ nome = SAIR? ◇──Não──┐
                       │              │
                      Sim             ▼
                       ▼    ╱ imprimir "Inserir número de ╱
                  ┌───────┐ ╱ unidades produzidas..."    ╱
                  │  fim  │              │
                  └───────┘              ▼
                              ╱ obter produção ╱
                                         ▼
                              ┌──────────────────┐
                              │ contadorRótulos=0│
                              └────────┬─────────┘
                                       ▼
                          ◇ contadorRótulos = ◇──Não──┐
                          ◇    produção?     ◇        │
                                       │              ▼
                                      Sim  ╱ imprimir RÓTULO_TEXTO, nome ╱
                                       ▼              │
                    ╱ imprimir "Próximo nome ou ",╱   ▼
                    ╱ SAIR, "para sair..."       ╱ ┌──────────────────┐
                                       │          │ contadorRótulos = │
                                       ▼          │ contadorRótulos+1 │
                              ╱ obter nome ╱      └──────────────────┘
```

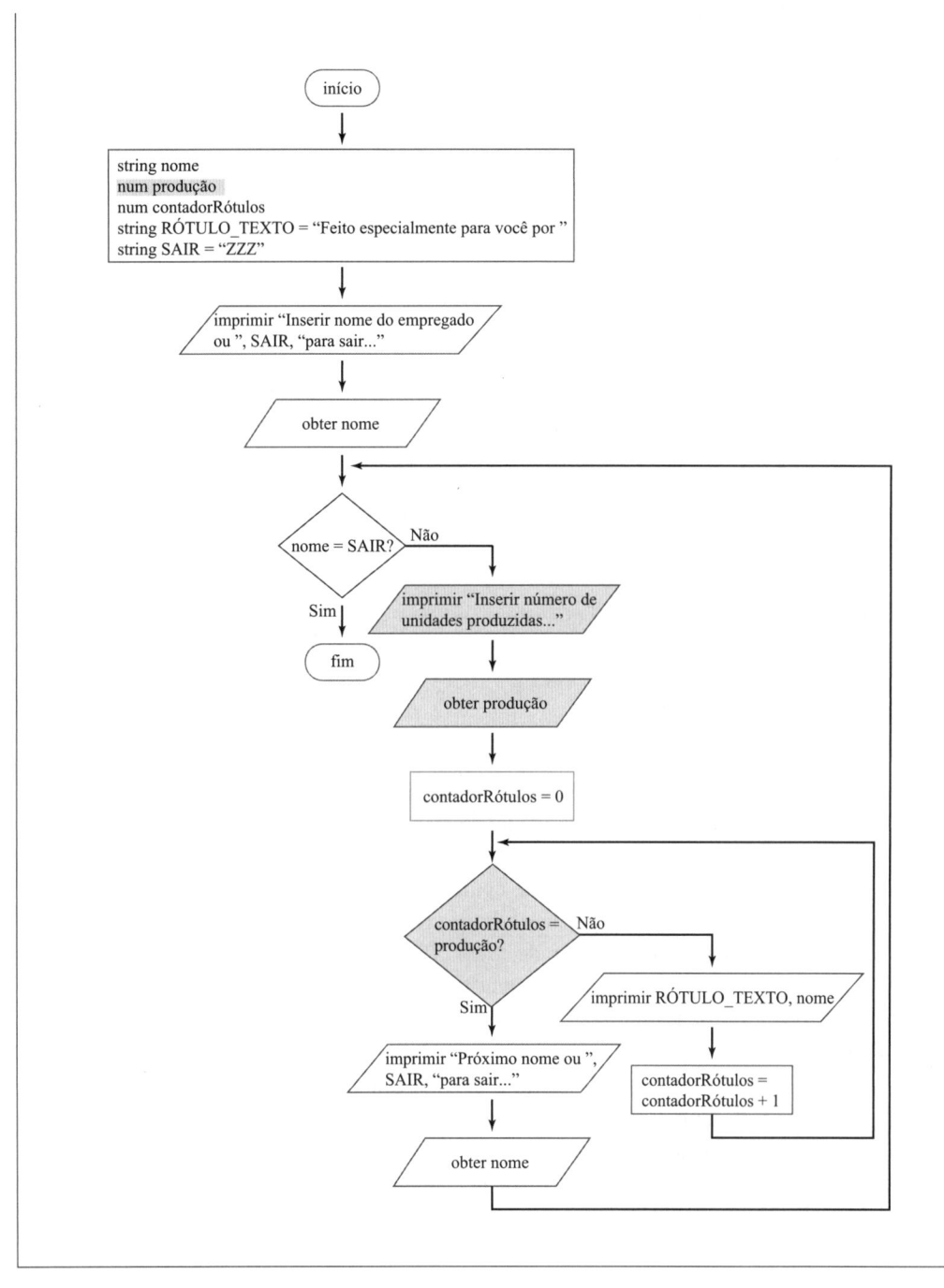

Figura 5-9 Programa que produz um número variável de rótulos para cada empregado (*continuação*)

DUAS VERDADES E UMA MENTIRA:

Loops embutidos

1. Quando um loop é embutido dentro de outro, o loop que contém o outro loop é chamado loop externo.
2. Loops embutidos são necessários quando os valores de duas (ou mais) variáveis se repetirem para produzir valores combinados.
3. O número de vezes que um loop executa sempre depende de uma constante.

A frase falsa é a nº 3. O número de vezes que um loop executa pode depender de uma constante ou de um valor variável.

Evitando erros comuns com loops

Os erros com loops que programadores cometem mais frequentemente são:

- » Negligenciar a inicialização da variável de controle do loop.
- » Negligenciar a alteração da variável de controle do loop.
- » Usar a comparação errada com a variável de controle do loop.
- » Incluir sentenças dentro do loop que pertenceriam à sua parte externa.

Erro: negligenciar a inicialização da variável de controle do loop

É sempre um erro deixar de inicializar uma variável de controle do loop. Por exemplo, digamos que você remova uma ou ambas as sentenças de inicialização do loop no programa de produção dos rótulos da Figura 5-8; a Figura 5-10 apresenta o resultado.

Se a sentença `obter nome` for removida, como na primeira sentença sombreada na Figura 5-10, então quando `nome` é testado no início do loop externo, seu valor é desconhecido, ou seja, lixo. Um nome poderia ser igual ao valor de `SAIR`? Talvez pudesse, por coincidência, mas é improvável. Se ele por acaso o fosse, o programa finalizaria antes que qualquer rótulo pudesse ser impresso. Caso contrário, se entrasse no loop interno e 100 rótulos seriam impressos com um nome inválido (`SAIR`).

Se a sentença `contadorRótulos = 0` for removida, como apresentado na segunda sentença sombreada na Figura 5-10, então, em muitas linguagens, o valor de `contadorRótulos` seria imprevisível. Ele poderia ou não ser igual a `RÓTULOS`, e o loop poderia executar ou não. Em uma linguagem na qual variáveis numéricas são automaticamente inicializadas em 0, os rótulos do primeiro empregado serão impressos corretamente, mas nenhum outro rótulo seria impresso para os empregados subsequentes, pois `contadorRótulos` nunca seria alterado e permaneceria igual a `RÓTULOS` até o fim da execução do programa. De qualquer forma, ocorreu um erro lógico.

Erro: negligenciar a alteração da variável de controle do loop

Diferentes tipos de erros ocorrem se você deixar de alterar uma variável de controle dentro do loop. O erro é criado se for removida uma das sentenças que alteram as variáveis de controle do loop da versão original do programa de rótulos da Figura 5-8. A Figura 5-11 apresenta a lógica resultante.

```
início
    string nome
    num RÓTULOS = 100
    num contadorRótulos
    string RÓTULO_TEXTO = "Feito especialmente para você por "
    string SAIR = "ZZZ"
    imprimir "Inserir nome do empregado ou ", SAIR, " para sair... "
    Não retire: obter nome
    enquanto nome não igual a SAIR
        Não retire: contadorRótulos = 0
        enquanto contadorRótulos não igual a RÓTULOS
            imprimir RÓTULO_TEXTO, nome
            contadorRótulos = contadorRótulos + 1
        fim-enquanto
        imprimir "Próximo nome ou ", SAIR, " para sair... "
        obter nome
    fim-enquanto
fim
```

NÃO FAÇA ISSO — Essas sentenças não podem ser removidas.

NÃO FAÇA ISSO — Não retire: `obter nome`

NÃO FAÇA ISSO — Não retire: `contadorRótulos = 0`

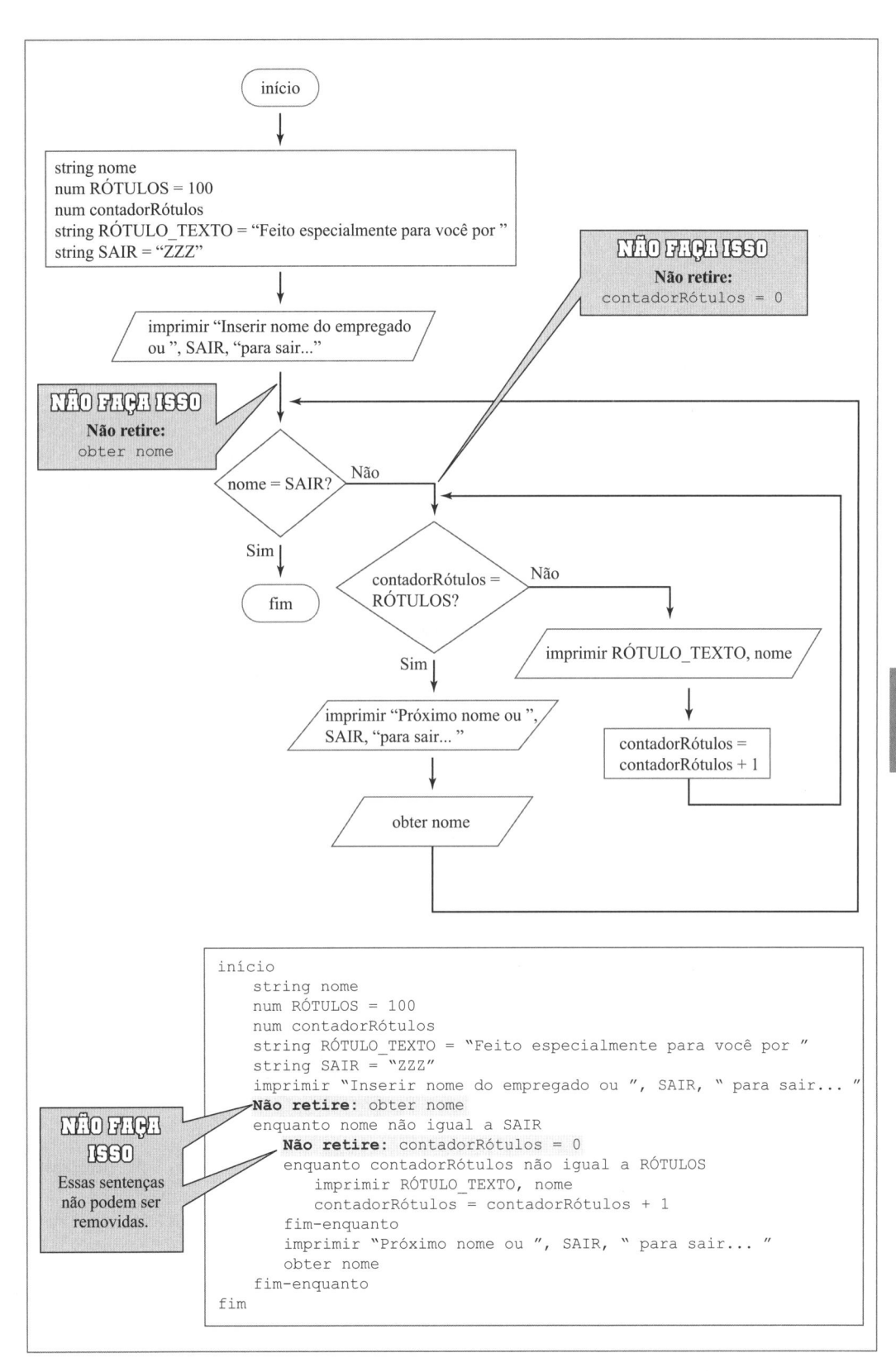

Figura 5-10 Lógica incorreta para o programa de rótulos, em que as inicializações da variável de controle do loop foram omitidas

```
início
    ↓
string nome
num RÓTULOS = 100
num contadorRótulos
string RÓTULO_TEXTO = "Feito especialmente para você por "
string SAIR = "ZZZ"
    ↓
imprimir "Inserir nome do empregado ou ", SAIR, " para sair... "
    ↓
obter nome
    ↓
nome = QUIT? ──Não──→ contadorRótulos = 0
    │Sim                      ↓
    ↓                    contadorRótulos = RÓTULOS? ──Não──→ imprimir RÓTULO_TEXTO, nome
   fim                        │Sim
                              ↓
                        imprimir "Próximo nome ou ", SAIR, " para sair... "
```

NÃO FAÇA ISSO
Não retire:
`obter nome`

NÃO FAÇA ISSO
Não retire:
`contadorRótulos = contadorRótulos + 1`

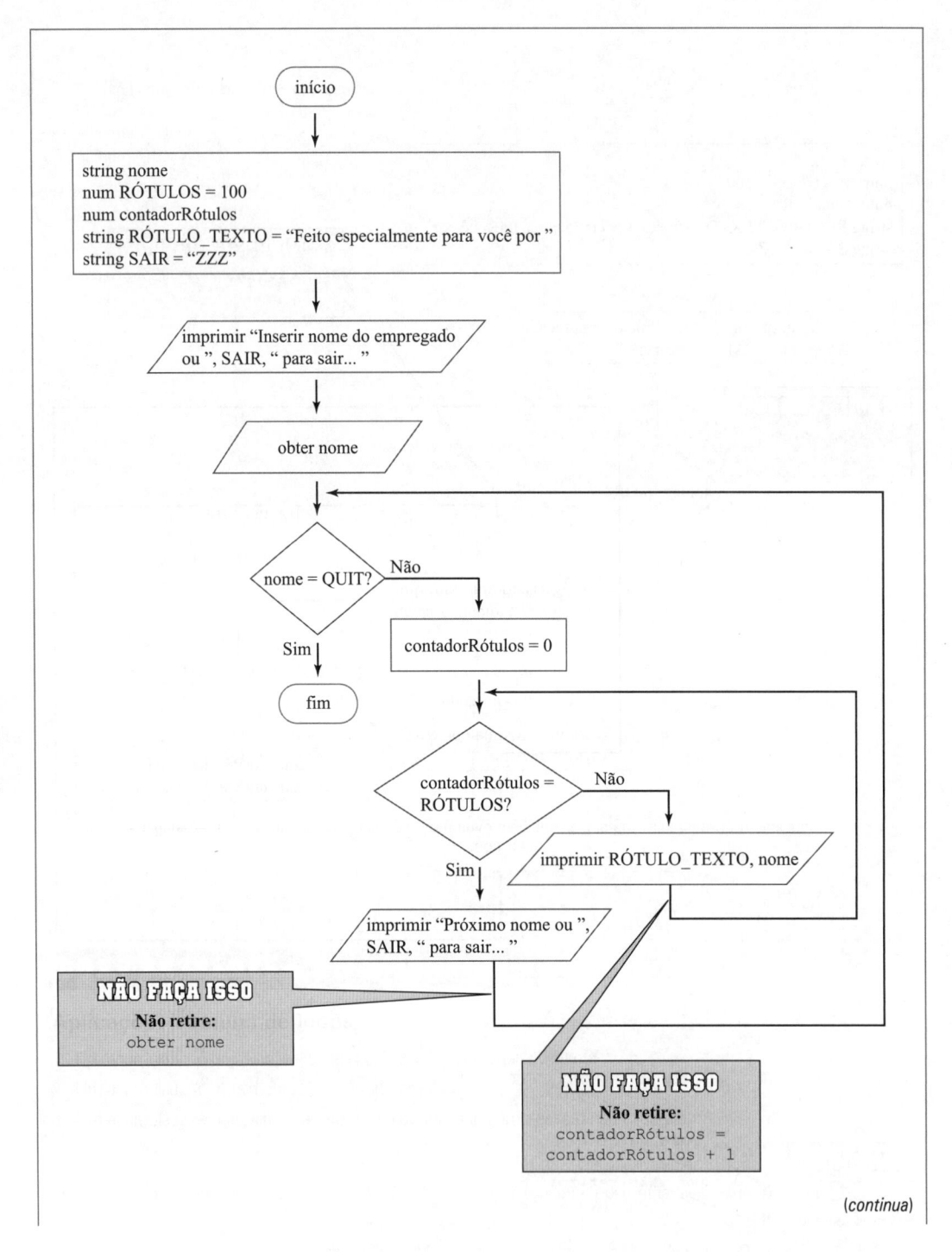

(*continua*)

Figura 5-11 Lógica incorreta quando as sentenças que alteram a variável de controle do loop são omitidas do programa que produz rótulos

```
início
   string nome
   numérico RÓTULOS = 100
   numérico contadorRótulos
   string RÓTULO_TEXTO = "Feito especialmente para você por "
   string SAIR = "ZZZ"
   imprimir "Inserir nome do empregado ou ", SAIR, " para sair... "
   obter nome
   enquanto nome não igual a SAIR
      contadorRótulos = 0
      enquanto contadorRótulos não igual a RÓTULOS
         imprimir RÓTULO_TEXTO, nome
         Não retire: contadorRótulos = contadorRótulos + 1
      Fim-enquanto
      imprimir "Próximo nome ou ", SAIR, " para sair... "
      Não retire: obter nome
   Fim-enquanto
fim
```

NÃO FAÇA ISSO
Essas sentenças não podem ser retiradas.

Figura 5-11 Lógica incorreta quando as sentenças que alteram a variável de controle do loop são omitidas do programa que produz rótulos (*continuação*)

Se você remover a instrução `obter nome` do loop externo do programa, o usuário nunca terá a oportunidade de inserir um `nome` depois do primeiro. Por exemplo, assuma que, quando o programa inicia, o usuário insere "Fred". O nome será comparado com o valor `SAIR` e o loop interno será iniciado. Depois que forem impressos os rótulos de Fred, nenhum novo nome é solicitado, mas, quando a lógica retorna para a questão `nome = SAIR?`, a resposta ainda será Não. Assim, rótulos que contiverem "Feito especialmente para você por" e o nome do mesmo trabalhador continuarão a ser impressos indefinidamente. Da mesma forma, se for removida a sentença que incrementa `contadorRótulos` do loop interno do programa, `contadorRótulos` nunca será igual a `RÓTULOS` e o loop interno executará infinitamente. É sempre incorreto criar um loop que não pode terminar.

Erro: usar a comparação errada com a variável de controle do loop

Programadores precisam ser cuidadosos e usar a comparação correta na sentença de controle de um loop. Nos dois códigos seguintes, a digitação de apenas uma tecla faz com que o primeiro realize um loop 10 vezes e o outro o realize 11 vezes.

```
contador = 0
enquanto contador < 10
   imprimir "Olá"
   contador = contador + 1
fim-enquanto
```

```
                              ┌─────────────────────┐
                              │   NÃO FAÇA ISSO     │
                              │  Note o sinal de igual. │
                              └─────────────────────┘
contador = 0
enquanto contador <= 10
   imprimir "Olá"
   contador = contador + 1
fim-enquanto
```

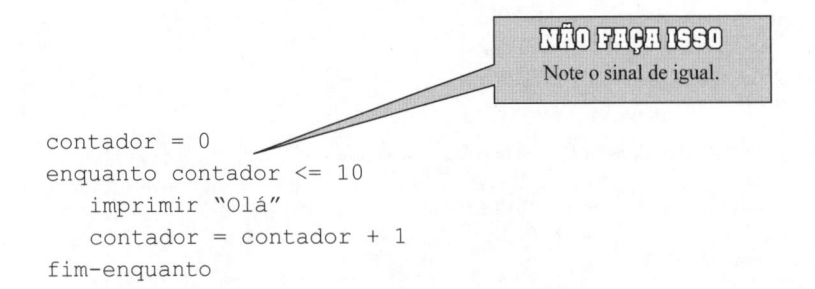

A gravidade do erro gerado por usar <= ou >= quando apenas < ou > seriam necessários depende da ação realizada no loop. Por exemplo, se tal erro ocorresse no aplicativo de uma empresa de empréstimos, poderia ser cobrado um valor mensal adicional de juros de cada cliente; se o erro ocorresse em um aplicativo de uma empresa aérea, poderia ocasionar o *overbooking* de um voo; e se ocorresse em um aplicativo de vendas de remédios de uma farmácia, cada paciente poderia receber uma unidade extra (custosa e possivelmente prejudicial) de um medicamento.

Erro: incluir sentenças dentro do loop que pertenceriam à sua parte externa

Considere um programa como o da Figura 5-12; ele calcula o aumento projetado para o pagamento semanal de um usuário, com base em diferentes taxas de aumento, de 0,5% até 10%. O usuário insere um valor pago por hora e o número de horas trabalhadas por semana. Então a taxa de aumento é ajustada para um valor inicial de 0,5%. Enquanto a taxa de aumento não for maior que o máximo permitido pelo programa, o pagamento semanal do usuário é calculado e então o aumento, como porcentagem do montante semanal. Os resultados são apresentados e, antes que o loop termine, a variável de controle do loop, `porcentagem`, é aumentada em 0,5%. A Figura 5-13 mostra uma execução típica do programa em um ambiente de linhas de comando.

O programa da Figura 5-12 funciona corretamente. Entretanto, é um pouco ineficiente. O usuário insere sua taxa de pagamento e as horas trabalhadas no começo do programa e, naquele momento, o pagamento semanal poderia ser calculado. Todavia, o cálculo do pagamento semanal não ocorre até que se entre no loop, logo, nesse programa, o mesmo cálculo é feito 20 vezes. Obviamente, não leva muito tempo para um computador fazer 20 contas de multiplicação, mas se os cálculos fossem mais complicados e realizados para milhares de empregados, a performance do programa sofreria.

A Figura 5-14 mostra outra versão do mesmo programa, na qual o cálculo do valor pago semanalmente foi transferido para um local mais adequado (sentença sombreada). Os programas nas Figuras 5-12 e 5-14 fazem exatamente o mesmo. Entretanto, o segundo o faz de maneira mais eficiente. À medida que tiver mais experiência em programação, reconhecerá alternativas mais elegantes e mais eficientes para realizar uma mesma tarefa.

NOTE: Quando pessoas ou eventos são descritos como "elegantes", imagina-se que sejam refinados e graciosos. De forma similar, uma programação "elegante" indica programas bem projetados e de fácil compreensão e manutenção.

Looping

```
início
   num pagamentoHora
   num horasPorSemana
   num pagamentoSemanal
   num porcentagem
   num aumento
   num INÍCIO_PCT = 0,5
   num FINAL_PCT = 0,10
   num MUDANÇA_PCT = 0,5
   imprimir "Inserir o pagamento por hora do empregado ... "
   obter pagamentoHora
   imprimir "Inserir as horas trabalhadas por semana ... "
   obter horasPorSemana
   porcentagem = INÍCIO_PCT
   enquanto porcentagem <= FINAL_PCT
      pagamentoSemanal = pagamentoHora * horasPorSemana
      aumento = pagamentoSemanal * porcentagem
      imprimir porcentagem, " % aumento é $", aumento
      porcentagem = porcentagem + MUDANÇA_PCT
   fim-enquanto
fim
```

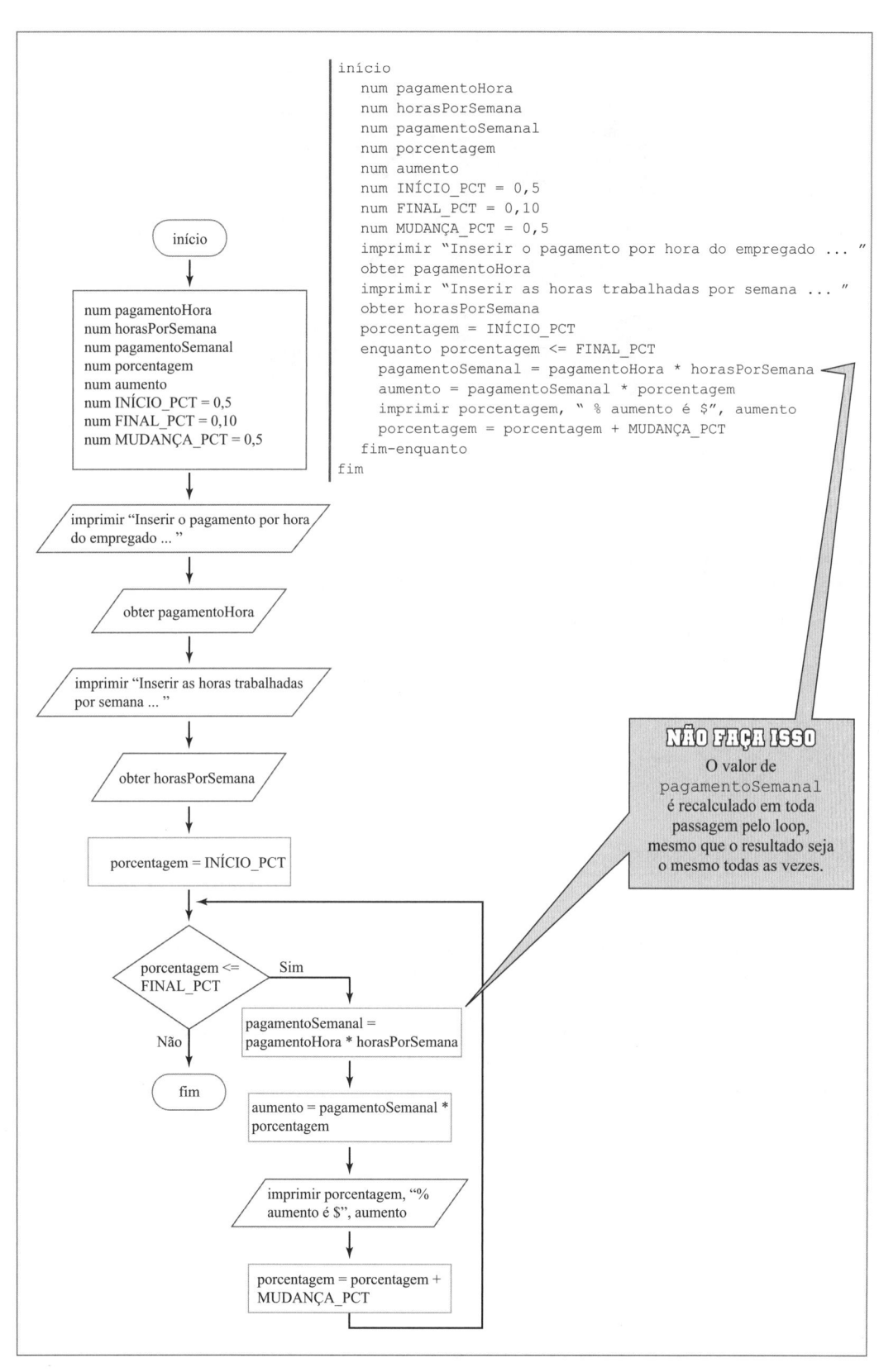

NÃO FAÇA ISSO
O valor de `pagamentoSemanal` é recalculado em toda passagem pelo loop, mesmo que o resultado seja o mesmo todas as vezes.

Figura 5-12 Programa de projeção do valor de pagamento semanal

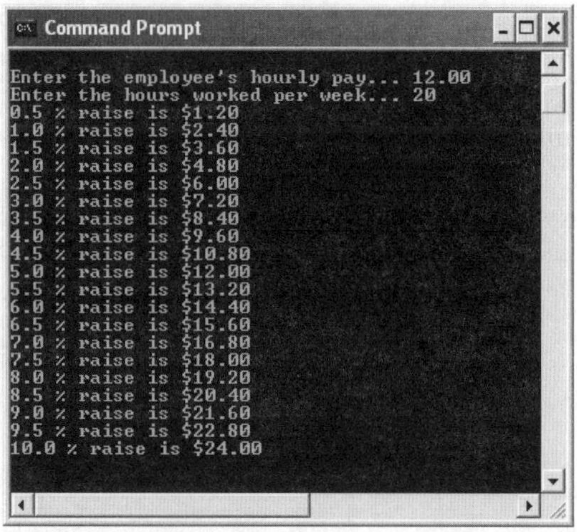

Figura 5-13 Típica execução do programa projeção do valor de pagamento semanal

DUAS VERDADES E UMA MENTIRA:

Evitando erros comuns com loops

1. Em um loop, é um erro negligenciar a inicialização da variável de controle do loop.
2. Em um loop, é um erro negligenciar a alteração da variável de controle do loop.
3. Em um loop, é um erro comparar a variável de controle do loop usando >= ou <=.

A frase falsa é a nº 3. Muitos loops são corretamente criados usando <= ou >=.

Usando um loop `for`

Toda linguagem de programação de alto nível contém uma sentença **enquanto** que você pode usar para codificar qualquer loop, incluindo tanto loops indefinidos como loops definidos. Além de sentenças **enquanto**, a maioria das linguagens também aceita sentenças `for`. Você pode usar a **sentença for**, ou **loop for**, com loops definidos – aqueles que vão repetir um número determinado de vezes – normalmente quando se sabe exatamente quantas vezes o loop vai se repetir. A sentença `for` oferece três ações em uma sentença compacta. Uma variável de controle do loop usada por uma sentença `for` faz as seguintes ações automaticamente:

» Inicialização
» Verificação
» Incrementação

A sentença **for** tem o formato:

```
for valorInicial to valorFinal
    fazer algumaCoisa
fim-for
```

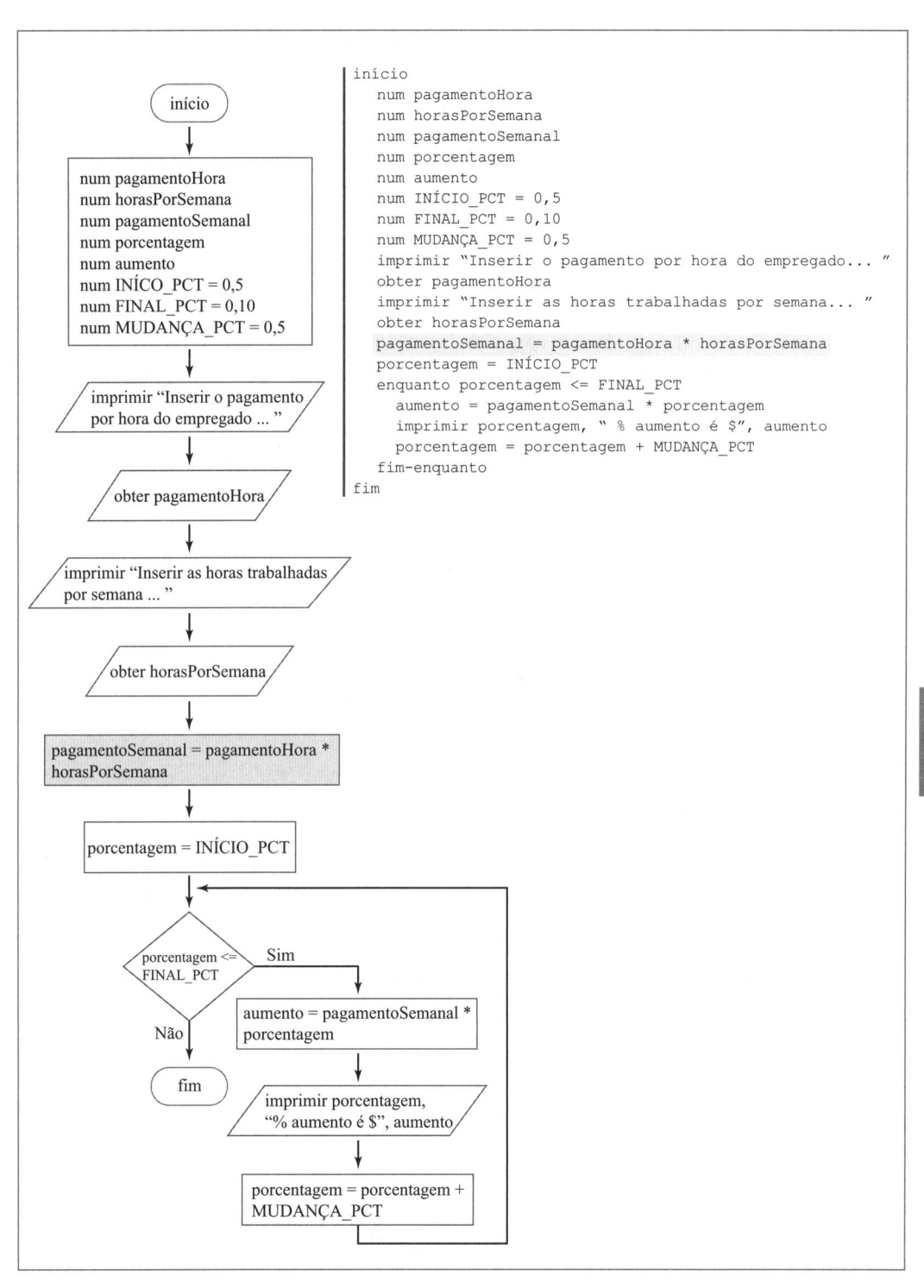

```
início
   num pagamentoHora
   num horasPorSemana
   num pagamentoSemanal
   num porcentagem
   num aumento
   num INÍCIO_PCT = 0,5
   num FINAL_PCT = 0,10
   num MUDANÇA_PCT = 0,5
   imprimir "Inserir o pagamento por hora do empregado... "
   obter pagamentoHora
   imprimir "Inserir as horas trabalhadas por semana... "
   obter horasPorSemana
   pagamentoSemanal = pagamentoHora * horasPorSemana
   porcentagem = INÍCIO_PCT
   enquanto porcentagem <= FINAL_PCT
      aumento = pagamentoSemanal * porcentagem
      imprimir porcentagem, " % aumento é $", aumento
      porcentagem = porcentagem + MUDANÇA_PCT
   fim-enquanto
fim
```

Figura 5-14 Programa melhorado de projeção do valor de pagamento semanal

Por exemplo, para imprimir 100 rótulos, você poderia escrever:

```
for contador = 0 to 99
   imprimir RÓTULO_TEXTO, nome
fim-for
```

Essa sentença `for` realiza de forma compacta várias tarefas de uma só vez:

» A sentença `for` inicializa `contador` em 0.

» A sentença `for` testa `contador` contra o valor-limite de 99 e garante que `contador` seja menor que ou igual àquele valor.

» Se a avaliação for verdadeira, o corpo da sentença `for` que imprime os rótulos é executado.

» Depois que o corpo da sentença `for` é executado, o valor de `contador` aumenta em 1 e a comparação com o valor limite é feita novamente.

Como alternativa ao uso do loop `for contador = 0 to 99`, você pode usar **for contador = 1 to 100**. Para conseguir os mesmos resultados, pode usar qualquer combinação de valores, contanto que existam 100 números inteiros entre (e incluindo) os dois limites. Obviamente, a melhor opção seria evitar "números mágicos" e usar uma constante numérica definida, como LIMITE = 99, e escrever o seguinte:

```
for contador = 0 to LIMITE
   imprimir RÓTULO_TEXTO, nome
fim-for
```

NOTA: Você já viu os números mágicos no Capítulo 3. É uma prática comum usar 0 e 1 como constantes não nomeadas, mas a maior parte dos outros valores numéricos constantes de seus programas deve ser nomeada.

Nunca é obrigatório usar uma sentença **for** – o loop dos rótulos executa corretamente usando uma sentença **enquanto**. Entretanto, quando, em um loop, a execução basear-se na progressão de uma de suas variáveis de controle de um valor inicial para um valor final, ambos conhecidos, em incrementos iguais, o loop **for** fornece uma conveniente linguagem abreviada. Ele é de fácil leitura e, como a inicialização da variável de controle do loop, o teste e a alteração são todos realizados em um único local, são menores as chances de um desses elementos cruciais ser negligenciado.

NOTA: O programador não precisa saber o valor inicial ou o final da variável de controle do loop; somente a aplicação precisa sabê-lo. Por exemplo, em vez de ser uma constante, o valor comparado a `contador` poderia ser fornecido pelo usuário.

Na maioria das linguagens de programação, você pode fornecer um loop **for** com valor de etapa diferente de 1. Um **valor de etapa** é um número usado para aumentar a variável de controle do loop a cada passagem por ele. Em algumas linguagens, é preciso sempre fornecer uma sentença que indique o valor de etapa do loop `for`. Em outras, o valor de etapa default dos loops é 1. Você especifica um valor de etapa quando quer que cada passagem pelo loop altere a variável de controle dele por um valor diferente de 1.

NOTA:
O loop `for` é particularmente útil no processamento de arrays. Você aprenderá sobre eles no Capítulo 6.

DUAS VERDADES E UMA MENTIRA:

Usando um loop `for`

1. A sentença `for` oferece três ações em uma sentença compacta: inicializar, verificar e incrementar.
2. O corpo de uma sentença `for` sempre é executado ao menos uma vez.
3. Na maioria das linguagens de programação, um loop `for` pode receber qualquer valor de etapa.

A frase falsa é a nº 2. O corpo de uma sentença `for` pode não ser executado, dependendo do valor inicial da variável de controle do loop.

Usando loops pós-teste

Quando se usa um loop **enquanto** (também chamado de **fazer-enquanto**) ou um loop **for**, pode acontecer de o corpo do loop nunca executar. Por exemplo, no segmento de pseudocódigo a seguir, talvez o loop nunca execute, pois `valorInicial` e `valorFinal` podem ser iguais no início.

```
for valorInicial to valorFinal
    fazer algumacoisa
fim-for
```

Quando se quiser garantir que o corpo de um loop execute ao menos uma vez, pode-se usar um loop pós-teste. No Capítulo 2, você aprendeu que existem dois tipos de loops pós-teste – o fazer-até, que é executado até que determinada condição torne-se verdadeira, e um loop `fazer-enquanto`, que é executado enquanto determinada condição permanecer verdadeira; isso é, até que ela se torne falsa. Em ambos os tipos de loop pós-teste, o corpo do loop sempre é executado pelo menos uma vez.

NOTA: Às vezes um loop fazer-até é chamado loop repetir até, e um loop `fazer-enquanto` é chamado loop `repetir enquanto`.

Por exemplo, suponha que você queira criar um programa que produza rótulos "Feito especialmente para você por" com o nome do empregado, como discutido anteriormente neste capítulo (veja a Figura 5-9). Da maneira como o programa foi escrito originalmente, o loop interno era um loop `enquanto`, apresentado na Figura 5-15. Para cada empregado, `contadorRótulos` era inicializado em 0 e, então, enquanto `contadorRótulos` não fosse igual à quantidade produzida pelo empregado, um rótulo seria impresso. Nessa versão do programa, se a `produção` de um empregado fosse 0 (talvez no caso de um empregado novo), nenhum rótulo seria impresso.

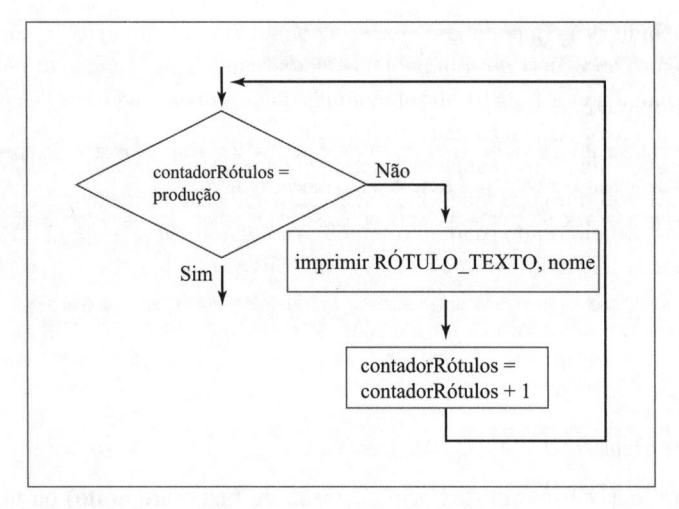

Figura 5-15 Loop interno do programa de produção de rótulos da Figura 5-9

Suponha que você quisesse garantir que ao menos um rótulo fosse impresso para cada empregado, mesmo que o valor de produção do empregado fosse 0. Você poderia simplesmente adicionar uma sentença de impressão de rótulo logo que entrasse no loop enquanto, antes de verificar produção, ou poderia usar um loop pós-teste que exigisse que o corpo do loop executasse pelo menos uma vez. A Figura 5-16 apresenta essa abordagem usando um loop fazer-até. Nesse programa, contadorRótulos inicia em 1 para cada empregado. Logo, no loop interno sombreado, um rótulo é impresso e contado. Então, e somente então, verifica-se contadorRótulos e, se este não for igual à produção, o loop interno finaliza.

```
início
    string nome
    num produção
    num contadorRótulos
    string RÓTULO_TEXTO = "Feito especialmente para você por "
    string SAIR = "ZZZ"
    imprimir "Inserir nome do empregado ou ", SAIR, "para sair... "
    obter nome
    enquanto nome não = SAIR
        imprimir "Inserir número de unidades produzidas... "
        obter produção
        contadorRótulos = -1
        fazer
            imprimir RÓTULO_TEXTO, nome
            contadorRótulos = contadorRótulos + 1
        até contadorRótulos = produção
        imprimir "Próximo nome ou ", SAIR, "para sair... "
        obter nome
    fim-enquanto
fim
```
(continua)

Figura 5-16 Programa de produção de rótulos usando um loop fazer-até

```
                    início
                      │
                      ▼
   ┌──────────────────────────────────────────┐
   │ string nome                              │
   │ num produção                             │
   │ num contadorRótulos                      │
   │ string RÓTULO_TEXTO = "Feito especialmente para você por " │
   │ string SAIR = "ZZZ"                      │
   └──────────────────────────────────────────┘
                      │
                      ▼
         ╱ imprimir "Inserir nome do empregado ╱
        ╱  ou ", SAIR, "para sair..."         ╱
                      │
                      ▼
             ╱ obter nome ╱
                      │
                      ▼
              ◇ nome = SAIR? ◇──── Não ────┐
                      │                    │
                     Sim                   ▼
                      │      ╱ imprimir "Inserir número de ╱
                      ▼     ╱  unidades produzidas ... "   ╱
                    ( fim )              │
                                         ▼
                                ╱ obter produção ╱
                                         │
                                         ▼
                              ┌─────────────────────┐
                              │ contadorRótulos = -1│
                              └─────────────────────┘
                                         │
                                         ▼
                           ╱ imprimir RÓTULO_TEXTO, nome ╱◄──┐
                                         │                   │
                                         ▼                   │
                              ┌─────────────────────┐        │
                              │ contadorRótulo =    │        │
                              │ contadorRótulo + 1  │        │
                              └─────────────────────┘        │
                                         │                   │
                                         ▼                   │
                              ◇ contadorRótulo =   ◇─── Não ─┘
                              ◇ produção?          ◇
                                         │
                                        Sim
                                         ▼
                            ╱ imprimir "Próximo nome ou", ╱
                           ╱  SAIR, "para sair... "       ╱
                                         │
                                         ▼
                                 ╱ obter nome ╱
                                         │
                                         └──────────────────┐
                                                            │
                                                            ▲ (volta ao teste nome = SAIR?)
```

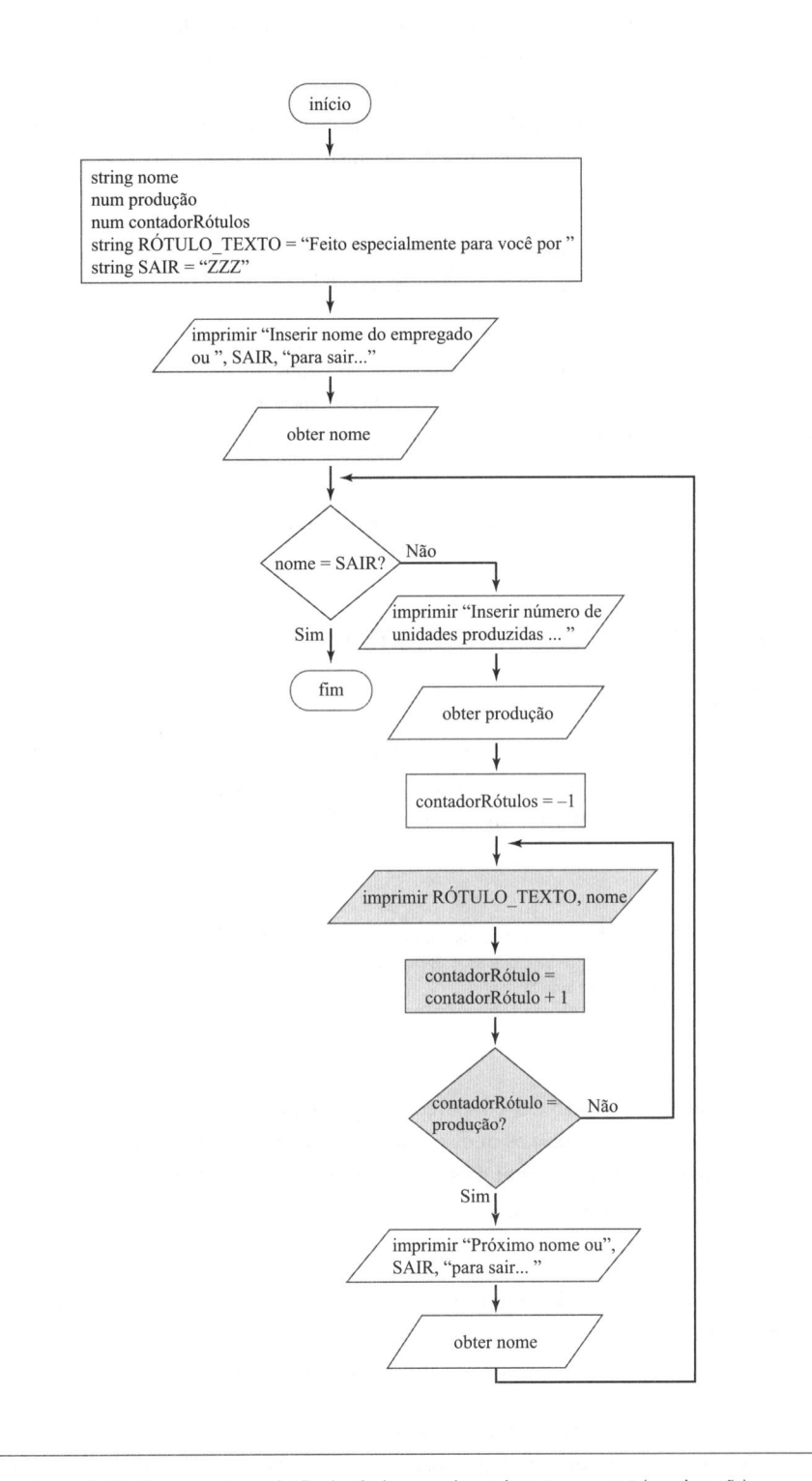

Figura 5-16 Programa de produção de rótulos usando um loop `fazer-até` (*continuação*)

O loop `fazer-até` da Figura 5-16 poderia ser substituído por uma sentença de impressão de rótulos de vez única, seguida por um loop `fazer-enquanto`. Quase sempre há mais de uma maneira de resolver o mesmo problema de programação. Como você aprendeu no Capítulo 2, um loop pós-teste sempre pode ser trocado pela junção de uma sequência e de um loop enquanto. O método escolhido depende das suas preferências (ou de seu instrutor ou supervisor).

DUAS VERDADES E UMA MENTIRA:

Usando loops pós-teste

1. Quando se quer garantir que o corpo de um loop execute ao menos uma vez, utiliza-se um loop pré-teste.
2. O loop `fazer-até` executa até que determinada condição se torne verdadeira.
3. O loop `fazer-enquanto` executa até que determinada condição se torne falsa.

A frase falsa é a nº 1. Quando se quer garantir que o corpo de um loop execute ao menos uma vez, usa-se um loop pós-teste.

Reconhecendo as características compartilhadas por todos os loops

Neste capítulo você viu tanto loops pré-teste quanto loops pós-teste. Você já aprendeu as diferenças entre loops `enquanto`, `for`, `fazer-até` e `fazer-enquanto`, e pode resolver qualquer problema de lógica usando apenas o loop `enquanto` – as outras formas são úteis em certas situações.

NOTA: Se for possível expressar a lógica que se queira realizar dizendo "enquanto *a* é verdadeiro, continuar fazendo *b*", provavelmente é desejável usar um loop `enquanto`. Se o que se quer realizar parecer-se mais com a sentença "fazer *a* até que *b* seja verdadeiro", provavelmente é possível usar um loop fazer-até.

Examinando as Figuras 5-15 e 5-16, perceba que, com o loop `enquanto`, a questão de controle do loop é posta no começo dos passos que se repetem, enquanto com o loop `fazer-até`, a questão de controle do loop é colocada no final da sequência de passos que se repetem.

Todos os loops estruturados, tanto pré-testes como pós-testes, compartilham estas duas características:

» A questão de controle do loop precisa fornecer uma entrada ou uma saída da estrutura de repetição.

» A questão de controle do loop fornece a *única* entrada ou saída da estrutura de repetição.

Em outras palavras, há exatamente um valor de controle do loop e ele provê a única entrada ou a única saída do loop. Você deve também observar a diferença entre os loops desestruturados e os loops estruturados fazer-até e enquanto. A Figura 5-17 diagrama o esboço de dois loops desestruturados. Em cada caso, a decisão nomeada X sai do loop prematuramente. A variável de controle do loop (chamada LC) não fornece a única entrada ou saída de nenhum dos dois loops.

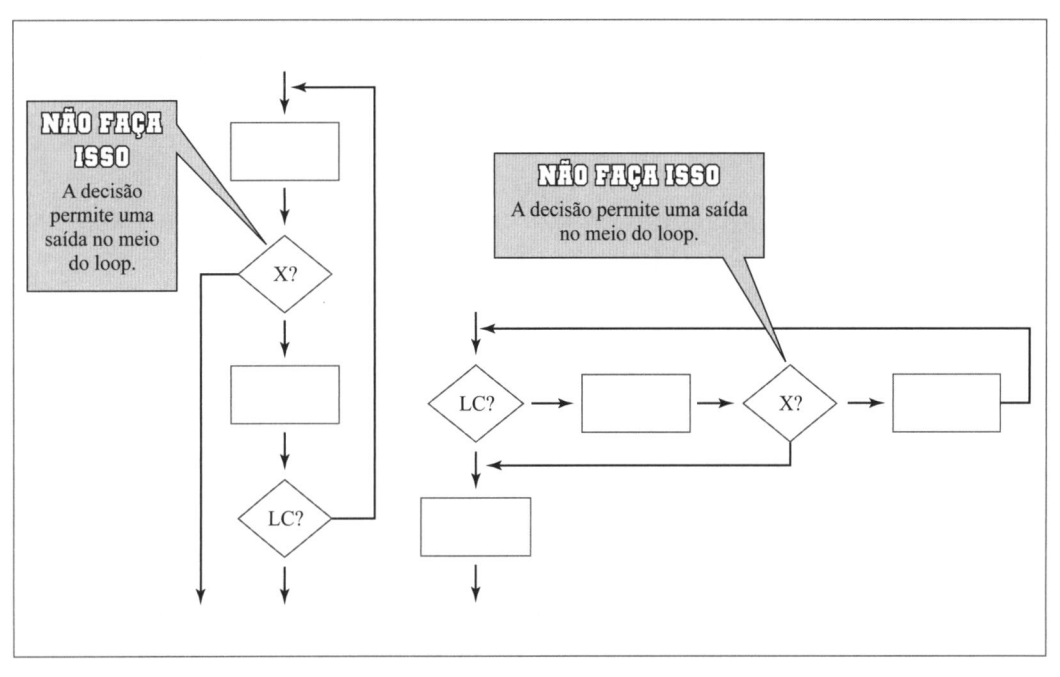

Figura 5-17 Exemplos de loops desestruturados

> **DUAS VERDADES E UMA MENTIRA:**
>
> **Reconhecendo as características compartilhadas por todos os loops**
>
> 1. Em todos os loops estruturados, a questão de controle do loop precisa prover a entrada ou a saída da estrutura de repetição.
> 2. Em todos os loops estruturados, a questão de controle do loop precede o corpo de loop.
> 3. Em todos os loops estruturados, a questão de controle do loop provê a *única* entrada ou saída da estrutura de repetição.
>
> A frase falsa é a nº 2. Em loops `fazer-enquanto` e `fazer-até`, a questão segue o corpo do loop.

Aplicações comuns de loops

Apesar de todo programa de computador ser diferente, muitas técnicas são comuns a muitas aplicações. Loops, por exemplo, são frequentemente usados para acumular totais e para validar dados.

Usando um loop para acumular totais

Relatórios de negócios muitas vezes incluem totais. O supervisor que solicita uma lista de empregados que participam do plano odontológico da empresa pode estar interessado no número de empregados participantes, bem como em saber quem são eles. Quando recebe sua conta telefônica no final do mês, você está normalmente mais interessado no total do que nas tarifas por ligações individuais.

> **NOTA:**
> Alguns relatórios de negócios não listam detalhes dos registros, somente totais. Tais relatórios são chamados **relatórios resumidos**.

Por exemplo, um corretor de imóveis pode querer ver uma lista com todas as propriedades vendidas no último mês, assim como o valor total de todas as propriedades. Um programa pode ler os dados das vendas incluindo a rua da propriedade vendida e o preço da venda. Os registros de dados podem ser inseridos por um escriturário conforme cada venda seja feita e armazenados em um arquivo até o final do mês, quando é gerado um relatório mensal. A Figura 5-18 mostra um exemplo de tal relatório.

```
RELATÓRIO DE VENDAS MENSAL

Endereço              Preço

287 Acorn St        150.000
12 Maple Ave        310.000
8723 Marie Ln        65.500
222 Acorn St        127.000
29 Bahama Way       450.000

Total             1.102.500
```

Figura 5-18 Relatório das vendas da imobiliária ao final do mês

Para calcular o valor total de todas as propriedades, além de ler os registros listados da imobiliária, além de imprimi-lo, é preciso somar seus valores em um acumulador. Um **acumulador** é uma variável que usada para reunir ou acumular valores e é muito parecido com um contador que você usa para contar iterações de loops. A diferença está no valor que é adicionado à variável; normalmente, um contador é adicionado em apenas uma unidade, enquanto a um acumulador é somado algum outro valor. Se o corretor de imóveis quer saber quantos imóveis à venda a corretora dispõe, eles devem ser contados. Se ele quiser saber o valor total dos imóveis vendidos, eles devem ser acumulados.

Para acumular os preços totais dos imóveis, declara-se uma variável numérica no começo da aplicação, como apresentado na Figura 5-19. O acumulador, acumValor, deve ser iniciado em 0. Conforme os registros de dados de cada transação da imobiliária são lidos, o programa os imprime e adiciona seu valor ao acumulador acumValor, como representado na sentença sombreada. Então, o próximo registro é lido.

```
início
   string endereço
   numérico preço
   numérico acumValor = 0
   string CABEÇALHO1 = "RELATÓRIO DE VENDAS MENSAL"
   string CABEÇALHO2 = "Endereço           Preço"
   imprimir CABEÇALHO1
   imprimir CABEÇALHO2
   obter endereço, preço
   enquanto não eof
      imprimir endereço, preço
      acumValor = acumValor + preço
      obter endereço, preço
   fim-enquanto
   imprimir "Total", acumValor
fim
```

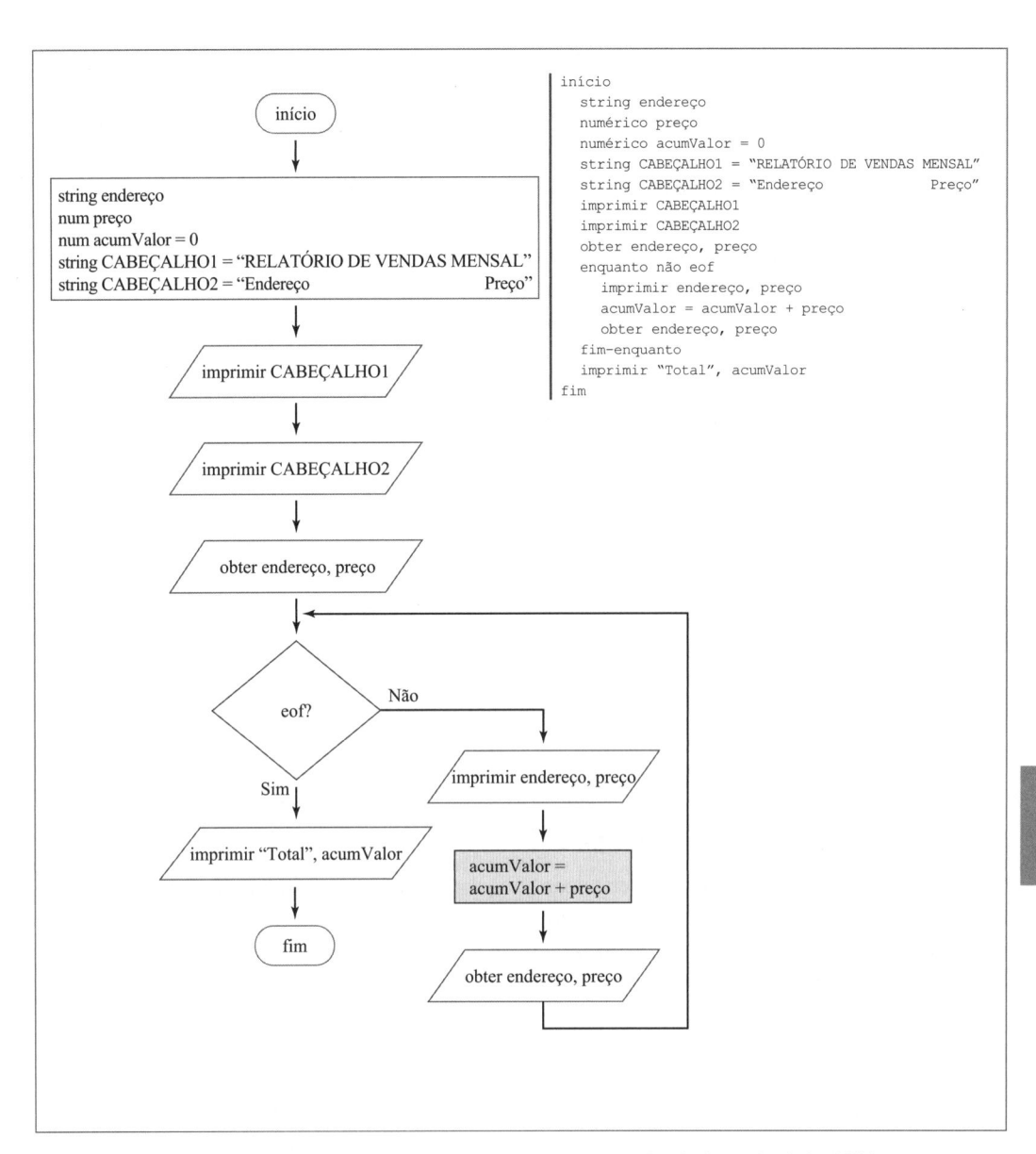

Figura 5-19 Fluxograma e pseudocódigo para programa de relatório de vendas da imobiliária

NOTA: Algumas linguagens de programação atribuem 0 para uma variável que você deixe de inicializar explicitamente. Outras apresentam uma mensagem de erro se você não inicializar uma variável, mas usá-la na acumulação. Outras linguagens permitem que você acumule usando uma variável não inicializada, mas os resultados não têm valor, pois você começou com dados inválidos. O modo de ação mais seguro e mais claro é atribuir o valor 0 para acumuladores antes de utilizá-los.

Depois que o último registro foi lido pelo programa da Figura 5-19, o indicador `eof` é atingido e a execução do loop está feita. Nesse momento, o acumulador conterá o total de todos os valores da imobiliária. O programa, então, imprime a palavra "Total" e o valor acumulado, acumValor, finalizando em seguida.

Programadores novatos muitas vezes querem retornar acumValor a 0 depois de imprimi-lo. Ainda que você possa fazer este passo sem prejudicar a execução do programa, isso não seria útil. Você não precisa ajustar acumValor para 0, antecipando-se para a próxima vez que se deseje executar esse programa. As variáveis existem apenas para a vida da aplicação e, mesmo se ocorrer de uma aplicação futura conter uma variável nomeada acumValor, a variável não vai necessariamente ocupar o mesmo local da memória que a outra. Mesmo se você rodar a mesma aplicação duas vezes, as variáveis podem ocupar diferentes localizações físicas na memória na segunda execução. No começo de qualquer método, é responsabilidade do programador inicializar todas as variáveis que precisam iniciar com um valor específico. Não há benefício em alterar o valor de uma variável quando ela não será usada novamente durante a presente execução.

NOTA: É possível revisar o programa da Figura 5-19 para que ele se torne um programa que gera apenas o relatório resumido com o valor total das vendas, sem detalhar as transações individualmente, simplesmente removendo a primeira sentença do loop – que imprimiria cada endereço e preço.

Usando um loop para validar dados

Quando você pede para um usuário inserir dados no programa de computador, não há nenhuma garantia de que os dados que ele inseriu sejam precisos. Loops são frequentemente usados parar **validar dados**; isto é, para se ter certeza de que estão dentro de faixas aceitáveis. Por exemplo, suponha que parte de um programa que você está escrevendo peça para um usuário entrar um número que represente seu mês de aniversário. Se o usuário digitar um número menor que 1 ou maior que 12, é preciso executar algum tipo de ação. Por exemplo:

» Você poderia apresentar uma mensagem de erro e interromper o programa.
» Você poderia optar por designar um valor default para o mês, por exemplo 1, antes de proceder.
» Você poderia novamente solicitar que o usuário fizesse uma entrada válida.

Se você escolhesse esta última opção de ação, há ao menos duas abordagens que poderia seguir. Poderia usar uma seleção e, se o mês fosse inválido, pediria que o usuário inserisse novamente um número, como apresentado na Figura 5-20.

O problema com a lógica da Figura 5-20 é que na segunda tentativa para entrar um mês, é possível que o usuário ainda não informe um dado válido. Logo, você poderia adicionar uma terceira decisão. Obviamente, não será possível controlar o que o usuário insere tampouco nessa vez. A melhor solução é usar um loop que continuamente solicite um mês até que o usuário o insira corretamente. A Figura 5-21 mostra essa abordagem.

```
                                          imprimir "Informar mês de nascimento... "
   Variáveis e constantes significativas: obter mês
   num mês                                se mês < MENOR_MÊS OU mês > MAIOR_MÊS então
   num MAIOR_MÊS = 12                         imprimir "Informar mês de nascimento... "
   num MENOR_MÊS = 1                          obter mês
                                          fim-se
```

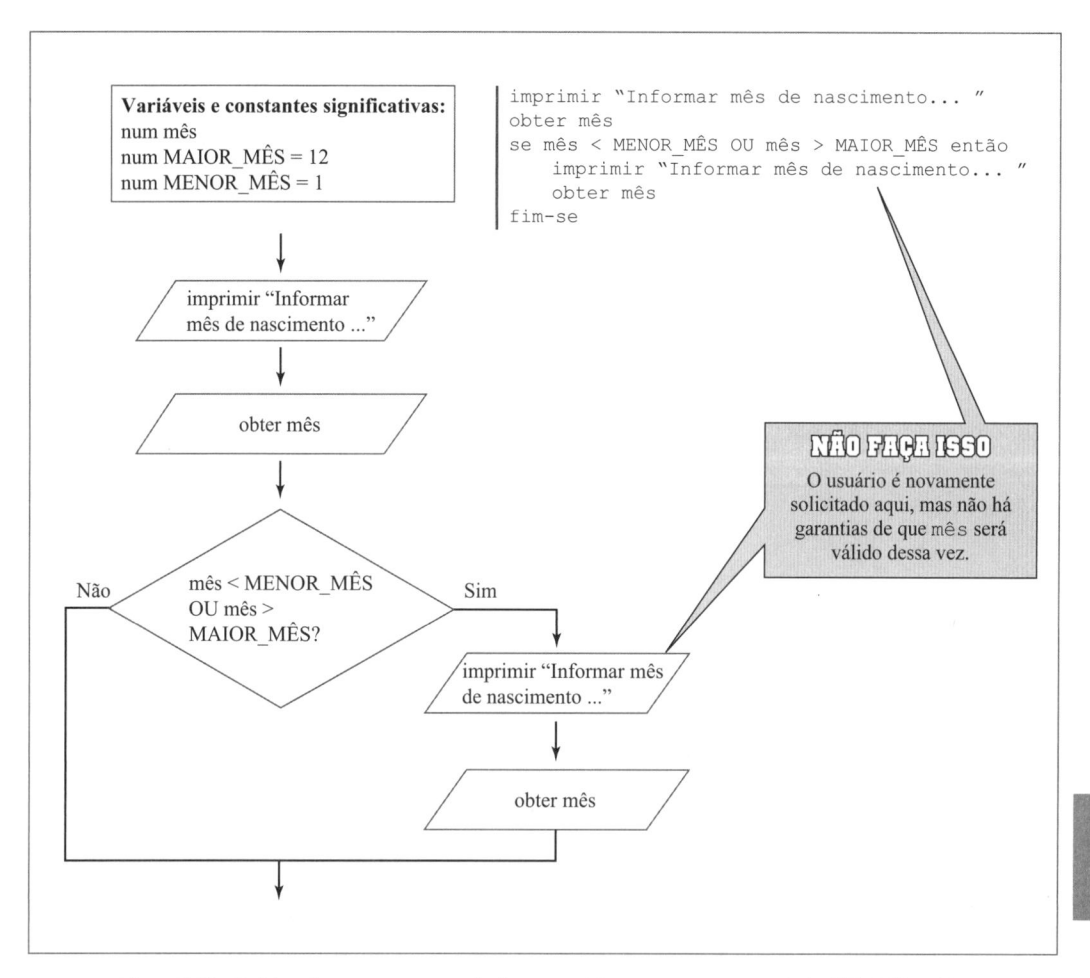

NÃO FAÇA ISSO
O usuário é novamente solicitado aqui, mas não há garantias de que mês será válido dessa vez.

Figura 5-20 Solicitando novamente entrada de um usuário, uma vez que um mês inválido foi inserido

---

NOTA: A maioria das linguagens oferece uma maneira embutida para verificar se os dados inseridos são numéricos ou não. Quando se depende de entradas de usuários, frequentemente cada parte dos dados de entrada é aceita como string e então procura-se convertê-los em números. O procedimento de realizar verificações numéricas é ligeiramente diferente em cada linguagem de programação.

NOTA: Apenas porque um item de dado é válido não significa que seja correto. Por exemplo, um programa pode determinar que 5 é um mês de nascimento válido, mas não se seu aniversário realmente cai no quinto mês.

```
            Variáveis e constantes significativas:      imprimir "Informar mês de nascimento... "
            num mês                                     obter mês
            num MAIOR_MÊS = 12                          enquanto mês < MENOR_MÊS OU mês > MAIOR_MÊS
            num MENOR_MÊS = 1                               imprimir "Informar mês de nascimento... "
                                                            obter mês
                                                        fim-enquanto
```

imprimir "Informar mês de nascimento ... "

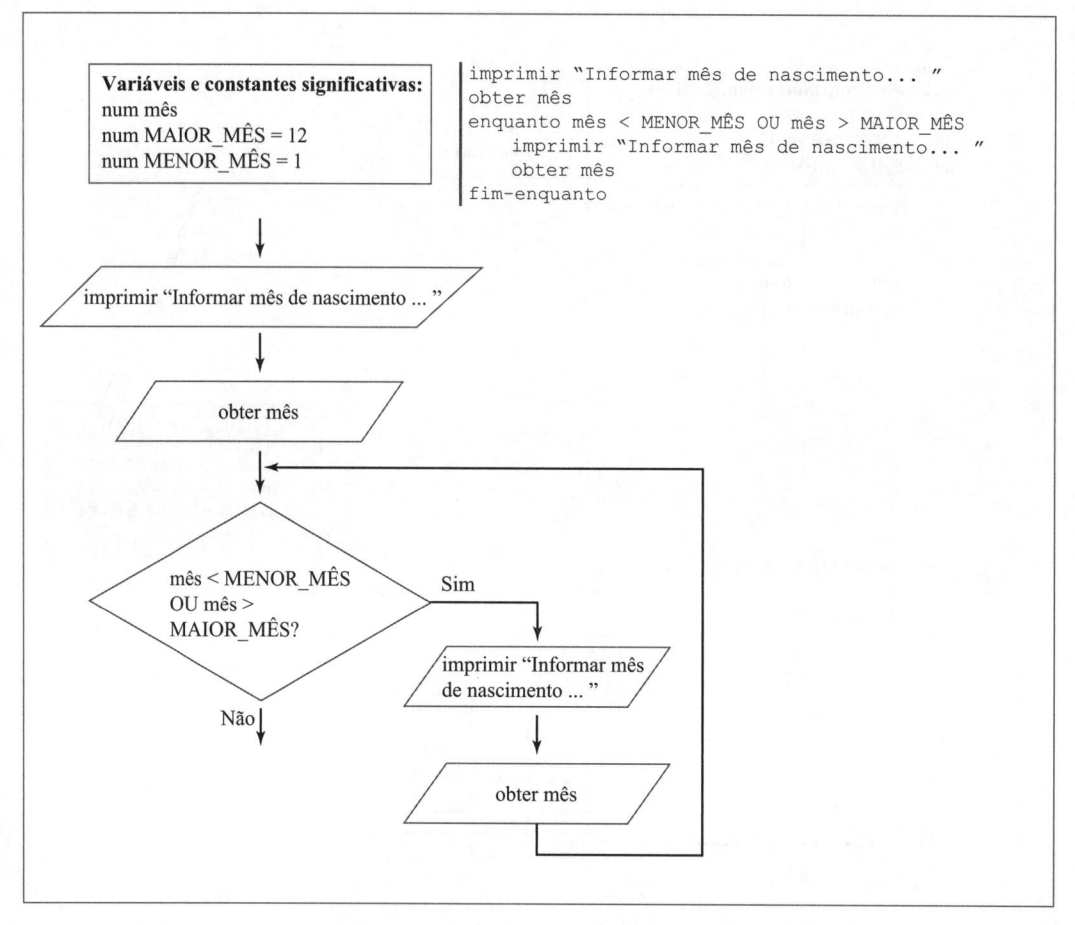

obter mês

mês < MENOR_MÊS OU mês > MAIOR_MÊS? — Sim → imprimir "Informar mês de nascimento ... " → obter mês

Não

Figura 5-21 Solicitando continuamente um novo mês depois que um valor inválido foi inserido

DUAS VERDADES E UMA MENTIRA:

Aplicações comuns de loops

1. Um acumulador é uma variável usada para reunir ou acumular valores.
2. Um acumulador normalmente é inicializado em 0.
3. Um acumulador é normalmente retorna a 0 depois que é impresso ou apresentado.

A frase falsa é a nº 3. Normalmente não há necessidade de reiniciar um acumulador depois que ele é apresentado ou impresso.

Resumo do capítulo

» Usando um loop dentro de um programa de computador, você pode escrever um conjunto de instruções para operar em múltiplos conjuntos separados de dados.

» Três passos precisam ocorrer em qualquer loop: a inicialização de uma variável de controle do loop, a comparação da variável a um valor de controle para verificar se o loop continua ou para, e a alteração da variável de controle do loop.

» Quando precisar usar loops dentro de loops, você pode usar loops embutidos. Ao embutir loops, é preciso manter duas variáveis de controle dos loop individuais e alterar cada uma no momento apropriado.

» Erros comuns que programadores cometem ao escreverem loops incluem negligenciar a inicialização da variável de controle do loop, negligenciar a alteração da variável de controle do loop, usar a comparação errada com a variável de controle do loops e incluir sentenças dentro do loop que pertencem à parte externa do loop.

» A maioria das linguagens de computador aceita uma sentença **for** ou **loop for** que você pode usar com loops definidos quando souber quantas vezes esse loop vai se repetir. A sentença **for** usa uma variável de controle do loop que ela inicializa, verifica e incrementa automaticamente.

» Quando se quer garantir que o corpo de um loop execute pelo menos uma vez, pode-se usar um loop pós-teste no qual a variável de controle do loop é avaliada depois que o corpo do loop for executado.

» Todos os loops estruturados compartilham certas características: a questão de controle do loop fornece entrada ou saída da estrutura de repetição, e a questão de controle do loop provê a *única* entrada ou saída da estrutura de repetição.

» Loops são usados em muitas aplicações. Por exemplo, relatórios de negócios muitas vezes incluem totais. Relatórios resumidos não listam registros detalhadamente – apenas os totais. Um acumulador é uma variável usada para reunir ou acumular valores. Loops também são usados para garantir que dados informados sejam válidos, continuamente solicitando entradas do usuário.

Termos-chave

Um **loop** é uma estrutura que repete ações enquanto uma condição permanecer.

Uma **variável de controle do loop** é uma variável que determina se um loop vai continuar.

Incrementar uma variável é adicionar a ela um valor constante, com frequência 1.

Decrementar uma variável é subtrair dela um valor constante com frequência 1.

Um **loop definido**, ou **loop contado**, é um loop para o qual o número de repetições é um valor predeterminado.

Um **contador** é qualquer valor numérico usado para contar o número de vezes que um evento ocorreu.

Um **loop indefinido** é um loop para o qual não se pode predeterminar o número de execuções.

Loops embutidos ocorrem quando uma estrutura de loop existe dentro de outra estrutura de loop – são loops dentro de loops.

Quando loops estão embutidos, o loop que contém o outro é o **loop externo**.

Quando loops estão embutidos, o loop que está contido dentro do outro é o **loop interno**.

Uma **sentença for**, ou **loop for**, pode ser usada para codificar loops definidos. Ela contém uma variável de controle do loop que ela inicializa, verifica e incrementa automaticamente.

Um **valor de etapa** é um número usado para aumentar a variável de controle do loop em cada passagem pelo loop.

Um **relatório resumido** lista apenas totais, sem registros individuais detalhados.

Um **acumulador** é uma variável usada para reunir ou acumular valores.

Ao se **validar dados**, tem-se certeza de que eles estão dentro de uma faixa aceitável.

Questões de revisão

1. A estrutura que permite que você escreva um conjunto de instruções que opera em múltiplos conjuntos separados de dados é a(o) _____.
   a. sequência
   b. seleção
   c. loop
   d. caso

2. Qual dos seguintes não é um estágio que deve ocorrer em qualquer loop?
   a. Inicializar uma variável de controle do loop.
   b. Ajustar o valor de controle do loop igual a um flag.
   c. Comparar o valor de controle do loop com um flag.
   d. Alterar a variável de controle do loop.

3. As sentenças executadas dentro de um loop são conhecidas coletivamente como _____.
   a. corpo do loop
   b. controle do loop
   c. sequência
   d. flag

4. Um contador conta o _____.
   a. número de vezes que um evento ocorreu
   b. número de ciclos da máquina exigidos pelo segmento de um programa
   c. número de estruturas de loop dentro de um programa
   d. número de vezes que um software foi revisado

5. Somar 1 a uma variável é chamado _____.
   a. digeri-la
   b. reiniciá-la
   c. decrementá-la
   d. incrementá-la

6. No pseudocódigo a seguir, o que é impresso?
   ```
   a = 1
   b = 2
   c = 5
   enquanto a < c
      a = a + 1
      b = b + c
   fim-enquanto
   imprimir a, b, c
   ```
   a. 1 2 5
   b. 5 22 5
   c. 5 6 5
   d. 6 22 9

7. No pseudocódigo a seguir, o que é impresso?
   ```
   d = 4
   e = 6
   f = 7
   enquanto d > f
       d = d + 1
       e = e - 1
   fim-enquanto
   imprimir d, e, f
   ```
   a. 4 6 7
   b. 8 2 8
   c. 7 3 7
   d. 5 5 7

8. Quando você decrementa uma variável, você _____.
   a. a ajusta para 0
   b. a reduz em um décimo
   c. subtrai 1 dela
   d. a remove do programa

9. No pseudocódigo a seguir, o que é impresso?
   ```
   g = 4
   h = 6
   enquanto g < h
       g = g + 1
   fim-enquanto
   imprimir g, h
   ```
   a. nada
   b. 4 6
   c. 5 6
   d. 6 6

10. A maioria dos programadores usa um loop `for` _____.
    a. em qualquer loop que escreverem
    b. quando um loop não vai repetir
    c. quando não sabem o número exato de vezes que um loop vai repetir
    d. quando sabem o número exato de vezes que um loop vai repetir

11. Diferentemente de um loop pré-teste, você usa um loop pós-teste quando _____.
    a. pode prever o número exato de repetições do loop
    b. o corpo do loop pode nunca ser executado
    c. o corpo do loop precisa ser executado exatamente uma vez
    d. o corpo do loop precisa ser executado pelo menos uma vez

12. Qual das seguintes é uma característica compartilhada por loops `enquanto` e por loops fazer-até?
    a. Ambos têm uma entrada e uma saída.
    b. Ambos têm um corpo que é executado pelo menos uma vez.
    c. Ambos comparam uma variável de controle do loop na parte de cima do loop.
    d. Todas as anteriores.

13. Uma comparação com uma variável de controle do loop provê _____.
    a. a única entrada para um loop enquanto
    b. a única saída de um loop fazer-até

c. ambas as anteriores
d. nenhuma das anteriores

14. Quando dois loops são embutidos, o loop que está contido pelo outro é o loop _____.
    a. prisioneiro
    b. desestruturado
    c. interno
    d. externo

15. No pseudocódigo a seguir, quantas vezes é impresso "Olá"?
    ```
    j = 2
    k = 5
    m = 6
    n = 9
    enquanto j < k
       enquanto m < n
          imprimir "Olá"
          m = m + 1
       fim-enquanto
       j = j + 1
    fim-enquanto
    ```
    a. zero
    b. três
    c. seis
    d. nove

16. No pseudocódigo a seguir, quantas vezes é impresso "Até logo"?
    ```
    j = 2
    k = 5
    n = 9
    enquanto j < k
       m = 6
       enquanto m < n
          imprimir "Até logo"
          m = m + 1
       fim-enquanto
       j = j + 1
    fim-enquanto
    ```
    a. zero
    b. três
    c. seis
    d. nove

17. No pseudocódigo a seguir, quantas vezes é impresso "Adeus"?
    ```
    p = 2
    q = 4
    enquanto p < q
       imprimir "Adeus"
       r = 1
       enquanto r < q
          imprimir "Adeus"
          r = r + 1
       fim-enquanto
       p = p + 1
    fim-enquanto
    ```
    a. zero
    b. quatro
    c. seis
    d. oito

18. Um relatório que não lista detalhes sobre registros individuais, mas apenas totais, é um relatório _____.

    a. acumulador
    b. final
    c. resumido
    d. sem detalhes

19. Normalmente, o valor adicionado a uma variável contadora é _____.

    a. 0
    b. 1
    c. 10
    d. 100

20. Normalmente, o valor adicionado a um valor acumulador é _____.

    a. 0
    b. 1
    c. menor que um valor somado a uma variável contadora
    d. maior que um valor somado a uma variável contadora

Encontre os bugs

Cada um dos segmentos de pseudocódigo seguintes contém um ou mais bugs que você precisa encontrar e corrigir.

1. Este programa deveria imprimir todo quinto ano, começando com 2010; isto é, 2010, 2015, 2020 e assim por diante, por 30 anos.

    ```
    início
        num ANO_INICIAL = 2010
        num FATOR = 5
        num  ANO_FINAL = 2040
        ano = ANO_INICIAL
        enquanto ano > ANO_FINAL
           imprimir ano
           ano = ano + 1
        fim-enquanto
    fim
    ```

2. As parcelas de um financiamento imobiliário devem ser pagas mensalmente durante 30 anos. Este programa pretende imprimir 360 boletos de pagamento para cada nova pessoa que fizer o financiamento. Cada boleto lista o número do mês e um amigável lembrete.

    ```
    início
        num MESES = 12
        num ANOS = 30
        string MSG = "Lembre-se de pagar antes do vencimento"
        num contadorMês = 1
        num contadorAno = 1
        enquanto contadorAno <= ANOS
           enquanto contadorMês <= MESES
              imprimir contadorMês, contadorAno, MSG
              contadorMês = contadorMês + 1
           fim-enquanto
        fim-enquanto
    fim
    ```

Exercícios

1. Faça o design da lógica para um programa que imprima todo número de 1 até 10.

2. Faça o design da lógica para um programa que imprima todo número de 1 até 10, junto de seus quadrados e cubos.

3. Faça o design da lógica para um programa que imprima todo número par de 2 até 30.

4. Faça o design da lógica para um programa que imprima números na ordem inversa, de 10 até 1.

5. A No Interest Credit Company faz empréstimos a juros zero para clientes (eles obtêm lucro vendendo espaço para propaganda em suas declarações mensais e vendendo suas listas de clientes). Faça o design de uma aplicação que obtenha os dados das contas dos clientes, incluindo o número da conta, nome do cliente e saldo a pagar. Para cada cliente, imprima o número da conta e o nome e, então, imprima o saldo estimado do cliente para cada mês pelos próximos dez meses. Assuma que não há cobrança de juros nessa conta, que o cliente não faça novos empréstimos e que o cliente salde sua dívida em pagamentos mensais de 10% do valor original.

6. A Some Interest Credit Company faz empréstimos a clientes à taxa mensal de 1,5% de juros. Faça o design de uma aplicação que obtenha os dados das contas dos clientes, incluindo o número da conta, o nome do cliente e o saldo a pagar. Para cada cliente, imprima o número da conta e o nome e, então, imprima o saldo estimado do cliente para cada mês pelos próximos dez meses. Assuma que quando o saldo atingir $ 10 ou menos, o cliente pode saldar sua dívida. No começo de cada mês, é somado ao saldo 1,5% de juros e então o cliente faz um pagamento igual a 5% do saldo atual. Assuma que o cliente não faça nenhum novo empréstimo.

7. O Howell Bank oferece contas-poupança que compõem juros anualmente. Em outras palavras, se você depositar $ 100 por dois anos a 4% de juros, no final do primeiro ano você terá $ 104. No final dos dois anos, você terá os $ 104 mais 4% desse valor, ou seja, $ 108,16. Faça o design para um programa que aceite o número de uma conta, o primeiro e o último nome do correntista e o saldo. Imprima o saldo total corrente estimado para cada ano para os próximos 20 anos.

8. O Henry Clay Community College quer imprimir crachás com os nomes para cada estudante e professor usar no primeiro encontro de cada sala nesse semestre. Os crachás têm o seguinte formato:

```
┌─────────────────────────────────────┐
│  Olá!                               │
│                                     │
│  Meu nome é _____       │
│                                     │
│  Sala: XXXXXXXXXXXX  Seção: 999     │
└─────────────────────────────────────┘
```

A borda do crachá é impressa previamente, porém você precisa fazer o design do programa para imprimir todo o texto que se vê na etiqueta. Faça o design de um programa que lê informações do curso, incluindo o código da turma (por exemplo, CIS111), a seção de três dígitos (por exemplo, 101), o último nome do professor (por exemplo, "Zaplatynsky"), o número de estudantes matriculados na seção (por exemplo, 25) e a sala de aula na qual a classe está localizada (por exemplo, "sala A213"). Imprima os crachás que uma seção precisa para fornecer um para cada estudante matriculado, mais um para o professor. Cada crachá deixa um espaço em branco para o nome do estudante (ou do professor) – cada usuário deverá escrever o nome a caneta, pois os nomes dos estudantes não são parte da entrada.

9. A Vergon Hills Mail-Order Company com frequência envia pacotes múltiplos por encomenda. Para cada encomenda de cliente, imprima etiquetas suficientes de postagem para usar em cada caixa separada que será enviada. As etiquetas de postagem contêm o nome completo do cliente e o endereço, junto com o número da caixa, no formato "Caixa 9 de 9". Por exemplo, uma encomenda que precise de três caixas, exigirá três etiquetas: "Caixa 1 de 3", "Caixa 2 de 3" e "Caixa 3 de 3". Faça o design de uma aplicação que aceite continuamente o pronome de tratamento do cliente (por exemplo, "Sr."), um primeiro nome, último nome, endereço, cidade, estado, código postal e o número de caixas na encomenda até que um valor flag apropriado seja inserido. Produza etiquetas de postagem suficientes para cada encomenda.

10. A Secondhand Rose Resale Shop está fazendo uma promoção de sete dias, durante a qual o preço de qualquer item não vendido cai 10% a cada dia. O arquivo do estoque inclui número, descrição e preço original no primeiro dia para cada item. Por exemplo, um item que custe $ 10,00 no primeiro dia custará 10% menos, ou $ 9,00, no segundo dia. No terceiro dia, o mesmo item estará 10% mais barato que $ 9,00, ou $ 8,10. Faça o design de uma aplicação que leia os registros do estoque e produza um relatório que mostre o preço de cada item a cada dia, do primeiro ao sétimo.

11. O estado da Flórida mantém um arquivo de censo no qual cada registro contém o nome de um condado, a população atual e um número, representando a taxa de crescimento populacional a cada ano. Por exemplo, um registro pode conter Miami-Dade County, 2.253.000, e 2%. O governador quer um relatório que liste cada condado e o número de anos no qual ele dobrará de população, assumindo que a taxa atual de crescimento permaneça constante. Faça o design de uma aplicação que leia os registros de um arquivo de entrada e imprima o nome do condado e o número de anos necessários para dobrar sua população. Se o registro de um condado contiver uma taxa de crescimento negativa, em vez de imprimir o número de anos necessário para dobrar de população, imprima uma mensagem indicando que a expectativa é de que a população nunca dobre.

12. O Departamento de Recursos Humanos da Apex Manufacturing Company quer um relatório que mostre a seus empregados os benefícios de poupar para a aposentadoria. Produza um relatório que mostre 12 valores previstos para a aposentadoria para cada empregado – os valores se o empregado poupasse 5%, 10% ou 15% de seu salário anual por 10, 20, 30 ou 40 anos. Faça o design de uma aplicação que obtenha os nomes e os salários dos empregados e que imprima um relatório para cada empregado, incluindo o nome do empregado em uma linha de cabeçalho. Assuma que as poupanças rendam a uma taxa de 8% ao ano.

13. O sr. Roper possui 20 prédios de apartamentos. Cada prédio contém 15 unidades que ele aluga por $ 800 mensais cada uma. Faça o design da aplicação que imprimiria 12 boletos de pagamento para cada um dos 15 apartamentos de cada um dos 20 prédios. Cada boleto deve conter o número do prédio (de 1 até 20), o número do apartamento (de 1 até 15), o mês (de 1 até 12) e o valor dos aluguéis a vencer.

14. O Sr. Furly possui 20 prédios de apartamentos. Cada prédio contém 15 unidades que ele aluga. O aluguel mensal padrão para os apartamentos numerados de 1 até 9 de cada prédio é $ 700; o aluguel mensal é $ 850 para apartamentos numerados de 10 até 15. O aluguel padrão é cobrado em todos os meses, exceto em julho e em dezembro – nesses meses, o Sr. Furly dá a seus inquilinos um crédito de 50%, assim, eles devem apenas metade do montante padrão. Faça o design da aplicação que imprimiria 12 boletos de pagamento para cada um dos 15 apartamentos em cada um dos 20 prédios. Cada boleto deve conter o número do prédio (de 1 até 20), o número do apartamento (de 1 até 15), o mês (de 1 até 12) e o valor do aluguel a vencer.

15. O Oliver Wendell Holmes College designa estudantes a um conselheiro acadêmico, baseando-se na área de especialização declarada e na nota média, da seguinte forma:

Área de Especialização	Nota Média	Conselheiro
Administração	3,0 – 4,0	Donna Trump
Administração	0,0 – 2,9	Edgar Skilling
Sistemas de Informação	3,0 – 4,0	Wilma Gates
Sistemas de Informação	0,0 – 2,9	Carl Careers
Ciências Humanas	0,0 – 4,0	Andrea Worhol

Faça o design da aplicação que permite que o usuário entre continuamente a área de especialização e a nota média de um estudante até que seja inserido um valor flag. Se a área de especialização não é nenhuma das três oferecidas pela faculdade ou a nota média não estiver dentro das faixas, considere que o estudante não será designado. Apresente o conselheiro atribuído para cada estudante ou uma mensagem indicando que o estudante não foi atribuído. No final da execução do programa, apresente uma conta do número de estudantes que foram atribuídos para cada conselheiro e o número daqueles que não foram atribuídos para nenhum.

Zona dos jogos

1. No Capítulo 3, você aprendeu que em muitas linguagens de programação você pode gerar um número aleatório entre 1 e um valor limitante chamado LIMITE usando uma sentença parecida com númeroAleatório = aleatório (LIMITE). No Capítulo 4, você criou a lógica para um jogo de adivinhação no qual a aplicação cria um número aleatório e o jogador tenta adivinhá-lo. Agora, crie um jogo de adivinhação no qual a aplicação gere um número aleatório e o jogador tente adivinhá-lo. Depois de cada palpite, apresente uma mensagem indicando se o palpite do jogador estava correto, muito alto ou muito baixo. Quando o jogador por fim adivinhar o número correto, apresente a contagem do número de palpites que foram necessários.

2. Faça o design da lógica para uma aplicação que gere um teste. O teste contém pelo menos cinco questões sobre um hobby, música popular, astronomia ou qualquer outro interesse pessoal. Cada questão deve ser de múltipla escolha com pelo menos quatro opções. Quando o usuário responder a questão corretamente, apresente uma mensagem parabenizando-o. Se o usuário responder incorretamente, apresente uma mensagem adequada e reapresente a questão até que o usuário acerte.

3. Crie a lógica para um jogo que simule jogar dois dados, por meio da geração de dois números entre 1 e 6, inclusive. O jogador escolhe um número entre 2 (o menor total possível de dois dados) e 12 (o maior total possível). O jogador então "lança" dois dados por até três vezes. Se o número

escolhido pelo usuário aparecer, o usuário ganha e o jogo termina. Se o número não aparecer nos três lançamentos, o computador ganha.

4. Crie a lógica para um jogo de dados no qual um jogador pode competir com o computador. O objetivo desse jogo é ser o primeiro a marcar 100 pontos. O usuário e o computador têm turnos para lançar um par de dados seguindo as seguintes regras:
   » Em uma sessão, cada jogador "lança" dois dados. Se nenhum 1 aparecer, são somados os valores dos dados para um valor corrente, e o jogador pode escolher entre lançar novamente e passar a vez para o outro jogador.
   » Se aparecer um 1 em um dos dados, nada é somado ao total do jogador e torna-se a vez do outro jogador.
   » Se aparecer um 1 em ambos os dados, não apenas a sessão do jogador termina, mas os pontos acumulados do jogador retornam a 0.
   » Nesta versão do jogo, quando o computador não lança um 1 e pode escolher lançar novamente, gere um valor aleatório de 1 até 2, sendo que o computador decide continuar quando o valor é 1 e decide parar e passar a vez para o jogador quando o valor não é 1.

Trabalho de detetive

1. O endereço de qual empresa é One Infinite Loop (*Um Loop Indefinido*), em Cupertino, na Califórnia?
2. O que são fractais? Como eles usam loops? Encontre alguns exemplos de arte fractal na internet.

Livre para discussão

1. Se programas pudessem fazer apenas decisões ou loops, mas não ambos, qual estrutura você preferiria manter? Por quê?
2. Suponha que você escreveu um programa que suspeite conter um loop infinito, pois ele roda por vários minutos sem nenhuma saída ou finalização. O que você adicionaria ao programa para te ajudar a descobrir a origem do problema?
3. Suponha que você saiba que todo empregado na sua organização tem um número de identificação de sete dígitos usado para entrar no sistema de computadores a fim de recuperar informações confidenciais sobre seus próprios clientes. Um loop seria útil para adivinhar todas as combinações de sete dígitos das identificações. Há alguma circunstância na qual você deve tentar adivinhar o número de identificação de outro empregado?

6 ARRAYS

Entendendo arrays e como ocupam a memória do computador

Um **array** é uma série ou lista de variáveis na memória do computador, e todas elas possuem o mesmo nome e tipo de dado, mas que são diferenciadas por números especiais chamados subscritos. Normalmente, todos os valores em um array têm algo em comum; por exemplo, podem representar uma lista de números de identificação de empregados ou uma lista de preços para os itens vendidos em uma loja. Um **subscrito**, também chamado **índice**, é um número que indica a posição de um item específico dentro de um array. Sempre que se precisar de múltiplos locais para guardar objetos, você está usando uma contraparte de um array de programação na vida real. Por exemplo, se você armazenar artigos importantes em uma série de pastas de arquivos e etiquetar cada pasta com uma letra alfabética consecutiva, terá o equivalente a um array. Se armazenar mensagens em uma série de pilhas de caixas de sapatos etiquetadas e organizadas por ano, ou se classificar cartas em escaninhos, cada um identificado com um nome, então também estará usando um equivalente a um array de programação no mundo real.

Ao olhar para a parte inferior esquerda de uma tabela de impostos para encontrar sua alíquota de imposto antes de olhar para a direita para encontrar sua contribuição tributária obrigatória, está usando um array. Da mesma forma, ao olhar para a parte inferior esquerda do cronograma dos trens para encontrar a estação antes de olhar para a direita para encontrar o horário de chegada, você também está usando um array.

Cada um desses arrays do mundo real ajuda a organizar objetos da vida real. Você *poderia* armazenar todos os seus artigos ou mensagens em uma grande caixa de papelão, ou achar sua alíquota tributária ou o horário de chegada do trem se ambos estivessem impressos aleatoriamente em um catálogo. Entretanto, fazer um armazenamento organizado e usar um sistema de apresentação deixa sua vida mais fácil em todos os casos. Usar um array de programação vai obter os mesmos resultados para os seus dados.

NOTA: Alguns programadores se referem aos arrays como *tabelas, vetores, listas* ou *matrizes*.

Como arrays ocupam a memória do computador

Ao declarar um array, você declara uma estrutura que contém múltiplas variáveis. Cada variável dentro de um array tem o mesmo nome e o mesmo tipo de dado; cada variável separada do array é um **elemento** dele. Cada elemento do array ocupa uma área próxima ou vizinha aos demais elementos do array na memória, como mostra a Figura 6-1. É possível indicar o número de elementos que um array conterá – a **dimensão do array** – quando o array for declarado junto com as outras variáveis.

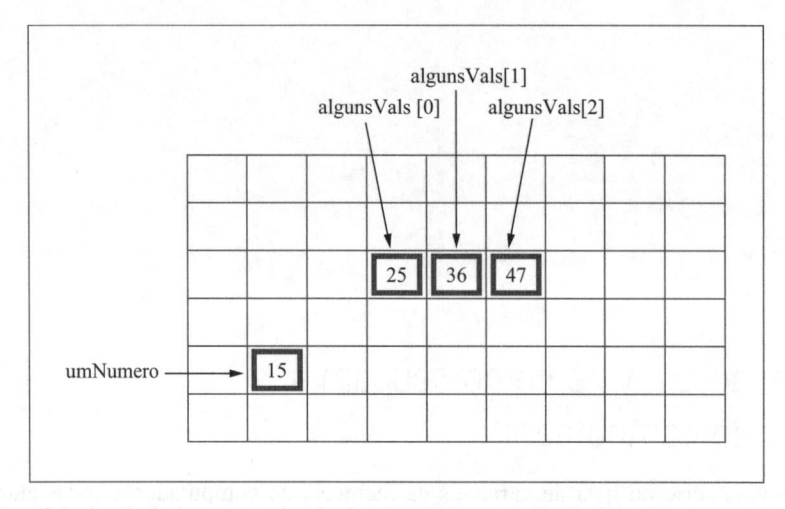

Figura 6-1 Aparência de um array de três elementos e de uma variável na memória do computador

NOTA:
Um erro comumente cometido por programadores iniciantes é esquecer que subscritos de arrays começam em 0. Se você assumir que o primeiro subscrito de um array é 1, vai estar sempre "com erro de um" na sua manipulação de arrays.

NOTA:
Em todas as linguagens, valores de subscritos são obrigatoriamente números inteiros não negativos e sequenciais.

Todos os elementos do array têm o mesmo nome de grupo, mas cada elemento individualmente tem também um subscrito único, indicando o quanto ele dista do primeiro elemento. Portanto, qualquer subscrito de arrays é sempre uma sequência de inteiros, por exemplo, de 1 a 4 ou de 0 a 9.

Dependendo das regras da sintaxe da linguagem de programação usada, coloca-se o subscrito dentro de parênteses ou de colchetes depois do nome do grupo; este livro usará colchetes para conter subscritos dos elementos dos arrays, para que você não confunda nomes de arrays com nomes de métodos e porque muitas linguagens mais novas de programação, como C++, Java e C#, usam a notação de colchetes. Por exemplo, a Figura 6-1 mostra como uma única variável e um array são armazenados em uma memória de computador. A variável única, nomeada um-Numero, contém o valor 15. O array nomeado algunsVals contém três elementos; assim, os elementos são algunsVals[0], algunsVals[1] e algunsVals[2]. O valor armazenado em algunsVals[0] é 25; algunsVals[1] contém 36, e algunsVals[2] contém 47. O elemento algunsVals[0] dista zero números do começo do array – em outras palavras, ele está localizado no mesmo endereço da memória que o array. O elemento algunsVals[1] dista um número do início do array e algunsVals[2] dista dois números.

Arrays **233**

> **NOTA:** Você pode imaginar o endereço da memória de `algunsVals[0]` como o endereço do array algunsVals mais zero. Da mesma forma, você pode imaginar o endereço da memória de `algunsVals1[1]` como o endereço da memória do array `algunsVals` mais um número.

> **NOTA:** Nunca é obrigatório usar arrays dentro de seus programas, mas aprender a usá-los corretamente pode deixar muitas tarefas de programação muito mais eficientes e profissionais. Quando entender como usar arrays, você será capaz de prover soluções elegantes para problemas que, caso contrário, exigiriam tediosos passos de programação.

DUAS VERDADES E UMA MENTIRA:

Entendendo arrays e como ocupam a memória do computador

1. Em um array, cada elemento tem o mesmo tipo de dado.
2. Cada elemento de array é acessado usando um subscrito, que pode ser um número ou um string.
3. Elementos de arrays sempre ocupam locais adjacentes na memória.

A frase falsa é a nº 2. O subscrito de um array deve ser um número. Ele pode ser uma constante ou uma variável.

Manipulando um array para substituir decisões embutidas

Considere que um Departamento de Recursos Humanos deseja produzir estatísticas sobre os dependentes declarados pelos empregados. O departamento quer um relatório que liste o número de empregados que declararam 0, 1, 2, 3, 4 ou 5 dependentes (assuma que nenhum empregado tenha mais do que cinco dependentes). A Figura 6-2 mostra um exemplo deste relatório.

```
        Relatório dos Dependentes
        Dependentes      Contagem

             0              34
             1              62
             2              71
             3              42
             4              28
             5               7
```

Figura 6-2 O Relatório dos Dependentes

Sem usar um array, você poderia escrever a aplicação que produz as contas para seis categorias de dependentes (para cada número de dependentes, 0 até 5) usando uma série de decisões. A Figura 6-3 mostra o pseudocódigo e o fluxograma para a parte de tomada de decisões de uma aplicação que conta dependentes em cada uma das seis diferentes categorias. Apesar desse programa funcionar, sua extensão e complexidade são desnecessárias, uma vez que você entenda como usar um array.

Na Figura 6-3, a variável dep é comparada a 0. Se ela for 0, é somado 1 a contagem0. Se ela não for 0, então dep é comparada a 1. Ou é adicionada a contagem1, ou comparada a 2 e assim por diante. Cada vez que a aplicação executa esse processo de tomada de decisões, 1 é adicionado a uma das cinco variáveis que atuam como um contador para um dos possíveis números de dependentes. A aplicação que conta os dependentes da Figura 6-3 funciona, mas mesmo com apenas seis categorias de dependentes, o processo de tomada de decisão é inadequado. O que aconteceria se o número de dependentes pudesse ter qualquer valor de 0 a 10, ou de 0 a 20? Em um desses cenários, a lógica básica do programa continuaria a mesma; entretanto, seriam necessárias muitas variáveis acumuladoras a mais e muitas decisões adicionais.

Variáveis significativas:
num dep
num contagem0 = 0
num contagem1 = 0
num contagem2 = 0
num contagem3 = 0
num contagem4 = 0
num contagem5 = 0

NÃO FAÇA ISSO
Apesar de essa lógica funcionar, o processo de tomada de decisões é trabalhoso.

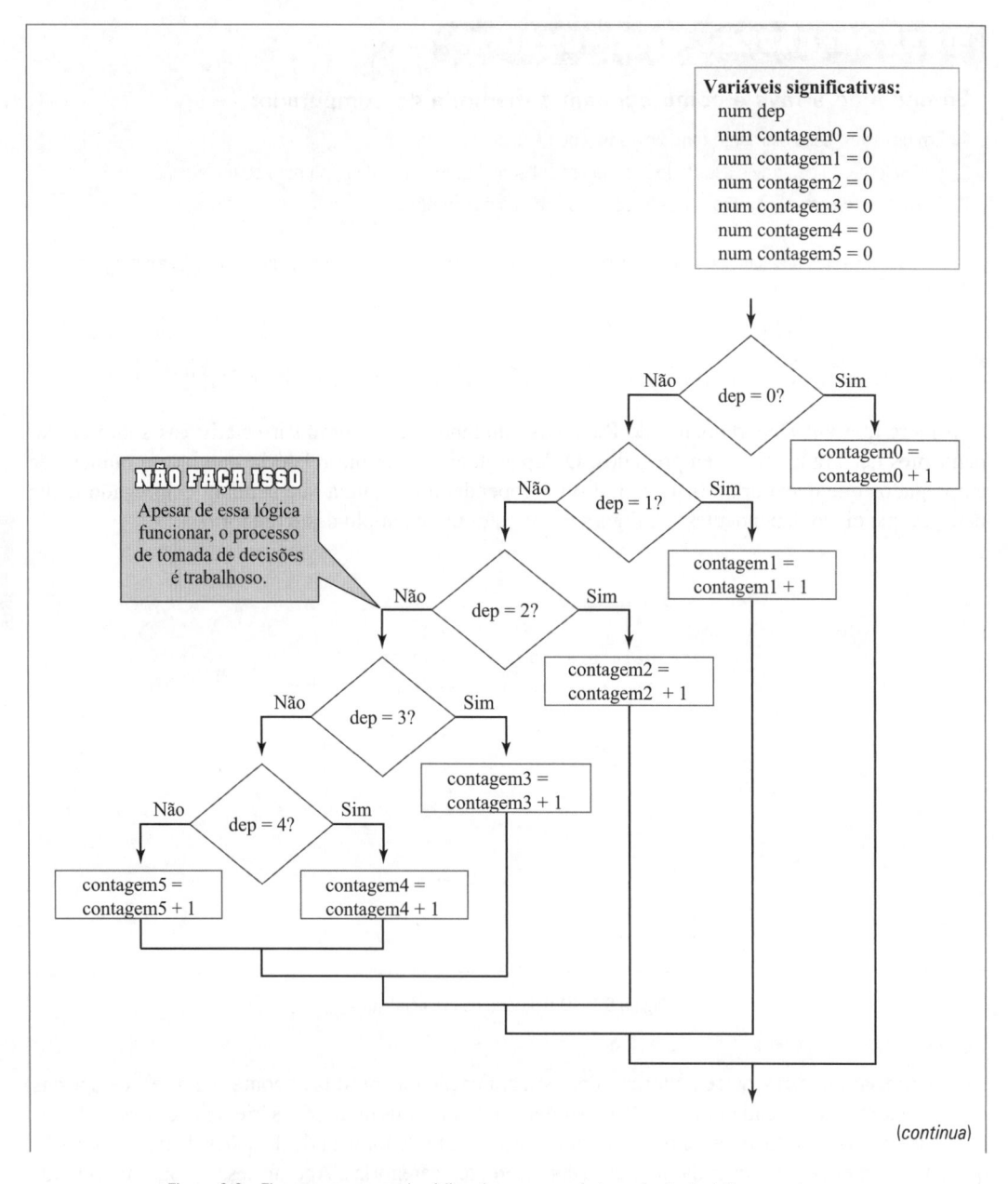

(continua)

Figura 6-3 Fluxograma e pseudocódigo de processo de tomada de decisões usando uma série de decisões – o jeito difícil

```
se dep = 0 então
   contagem0 = contagem0 + 1
senão
   se dep = 1 então
      contagem1 = contagem1 + 1
   senão
      se dep = 2 então
         contagem2 = contagem2 + 1
      senão
         se dep = 3 então
            contagem3 = contagem 3 + 1
         senão
            se dep = 4 então
               contagem4 = contagem4 + 1
            senão
               contagem5 = contagem5 + 1
            fim-se
         fim-se
      fim-se
   fim-se
fim-se
```

NÃO FAÇA ISSO
Apesar de essa lógica funcionar, o processo de tomada de decisões é trabalhoso.

Figura 6-3 Fluxograma e pseudocódigo de processo de tomada de decisões usando uma série de decisões – o jeito difícil (*continuação*)

NOTA: O processo de tomada de decisões da Figura 6-3 atinge seu objetivo e não há nada errado nessa lógica, ainda que seja trabalhosa. Siga aqui esta lógica para entender como funciona a aplicação.

Usar um array provê uma abordagem alternativa para esse problema de programação que reduz consideravelmente o número de sentenças necessárias. Ao declarar um array, você fornece o nome de um grupo para um número de variáveis associadas na memória. Por exemplo, as seis contas acumuladoras de dependentes podem ser redefinidas em um único array, denominado contagem. Os elementos individuais tornam-se contagem[0], contagem[1], contagem[2], contagem[3] e contagem[5], como apresentado no processo revisto de tomada de decisão da Figura 6-4.

A sentença sombreada na Figura 6-4 mostra que, quando dep é 0, 1 é adicionado a conta[0]. Você pode ver sentenças parecidas para os demais elementos conta; quando dep é 1, soma-se 1 a conta[1], quando dep é 2, soma-se 1 a contagem[2], e assim por diante. Quando o valor de dep for 5, significa que ele não era igual a 1, 2, 3 ou 4, logo, soma-se 1 a contagem[5]. Em outras palavras, soma-se 1 para um dos elementos do array contagem em vez de somar-se a uma das variáveis individuais denominadas contagem0, contagem1, contagem2, contagem3, contagem4 ou contagem5. Esta versão é uma grande melhoria em relação à Figura 6-3 original? Obviamente, não é. O uso do array nessa aplicação ainda não trouxe qualquer benefício.

O verdadeiro benefício de se usar um array está na possibilidade de usar uma variável como subscrito para o array em vez de usar uma constante como 0 ou 5. Observe na lógica da Figura 6-4 que, dentro de cada decisão, o valor que está sendo comparado a dep e a constante usada como subscrito do processo resultante para "Sim" são sempre idênticos. Isto é, quando dep é 0, o subscrito usado para adicionar 1 ao array contagem é 0; quando dep é 1, o subscrito usado para o array contagem é 1 e assim por diante. Portanto, você pode somente usar dep como um subscrito para o array. O processo de tomada de decisão pode ser reescrito como na Figura 6-5.

Variáveis significativas:
num dep
num contagem[0] = 0
num contagem[1] = 0
num contagem[2] = 0
num contagem[3] = 0
num contagem[4] = 0
num contagem[5] = 0

NÃO FAÇA ISSO
O processo de tomada de decisão ainda é trabalhoso.

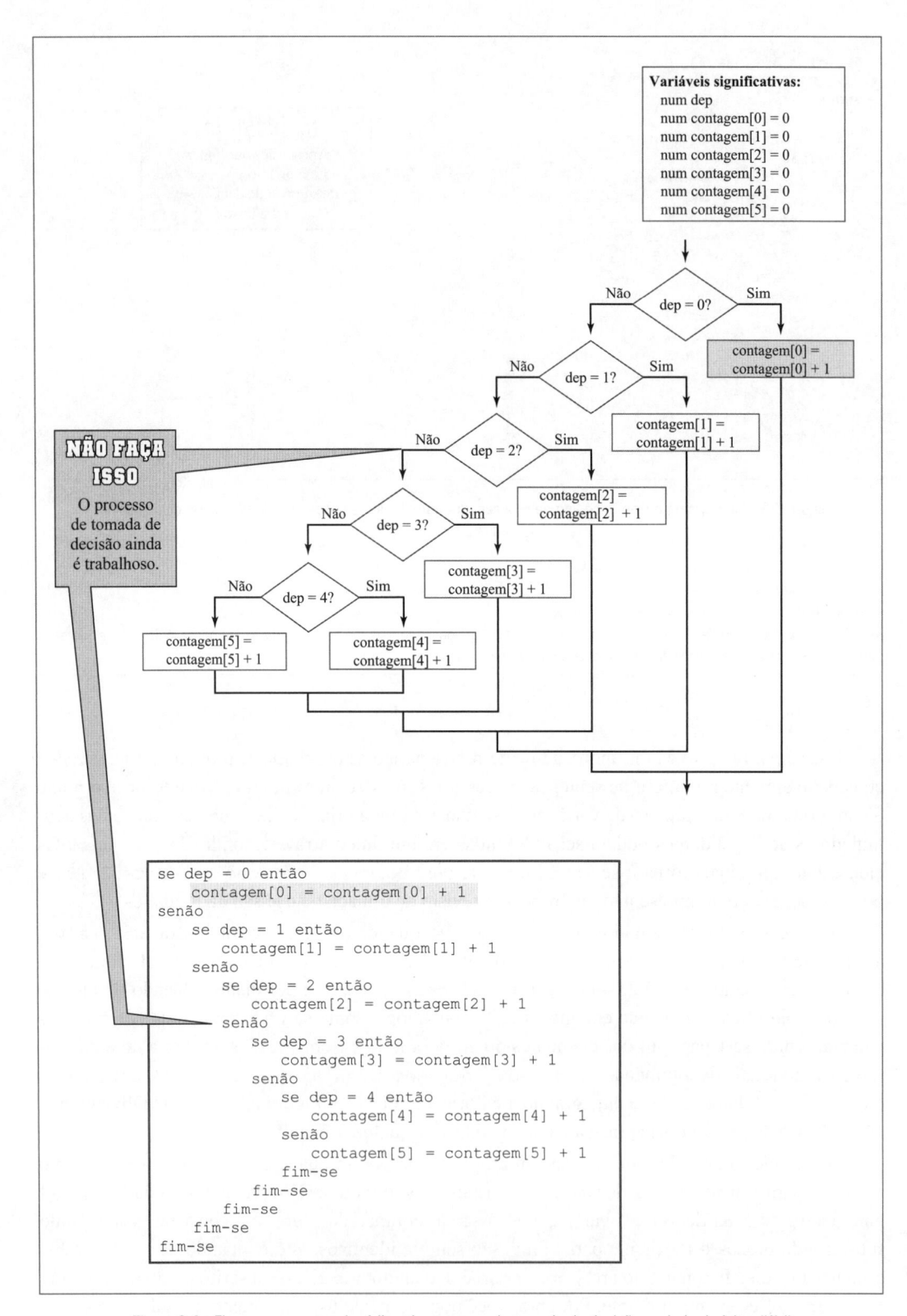

```
se dep = 0 então
   contagem[0] = contagem[0] + 1
senão
   se dep = 1 então
      contagem[1] = contagem[1] + 1
   senão
      se dep = 2 então
         contagem[2] = contagem[2] + 1
      senão
         se dep = 3 então
            contagem[3] = contagem[3] + 1
         senão
            se dep = 4 então
               contagem[4] = contagem[4] + 1
            senão
               contagem[5] = contagem[5] + 1
            fim-se
         fim-se
      fim-se
   fim-se
fim-se
```

Figura 6-4 Fluxograma e pseudocódigo de processo de tomada de decisão – ainda do jeito difícil

Variáveis significativas:
num dep
num contagem[0] = 0
num contagem[1] = 0
num contagem[2] = 0
num contagem[3] = 0
num contagem[4] = 0
num contagem[5] = 0

NÃO FAÇA ISSO
O processo de tomada de decisão não melhorou.

```
se dep = 0 então
   contagem[dep] = contagem[dep] + 1
senão
   se dep = 1 então
      contagem[dep] = contagem[dep] + 1
   senão
      se dep = 2 então
         contagem[dep] = contagem[dep] + 1
      senão
         se dep = 3 então
            contagem[dep] = contagem[dep] + 1
         senão
            se dep = 4 então
               contagem[dep] = contagem[dep] + 1
            senão
               contagem[dep] = contagem[dep] + 1
            fim-se
         fim-se
      fim-se
   fim-se
fim-se
```

NÃO FAÇA ISSO
O processo de tomada de decisão não melhorou.

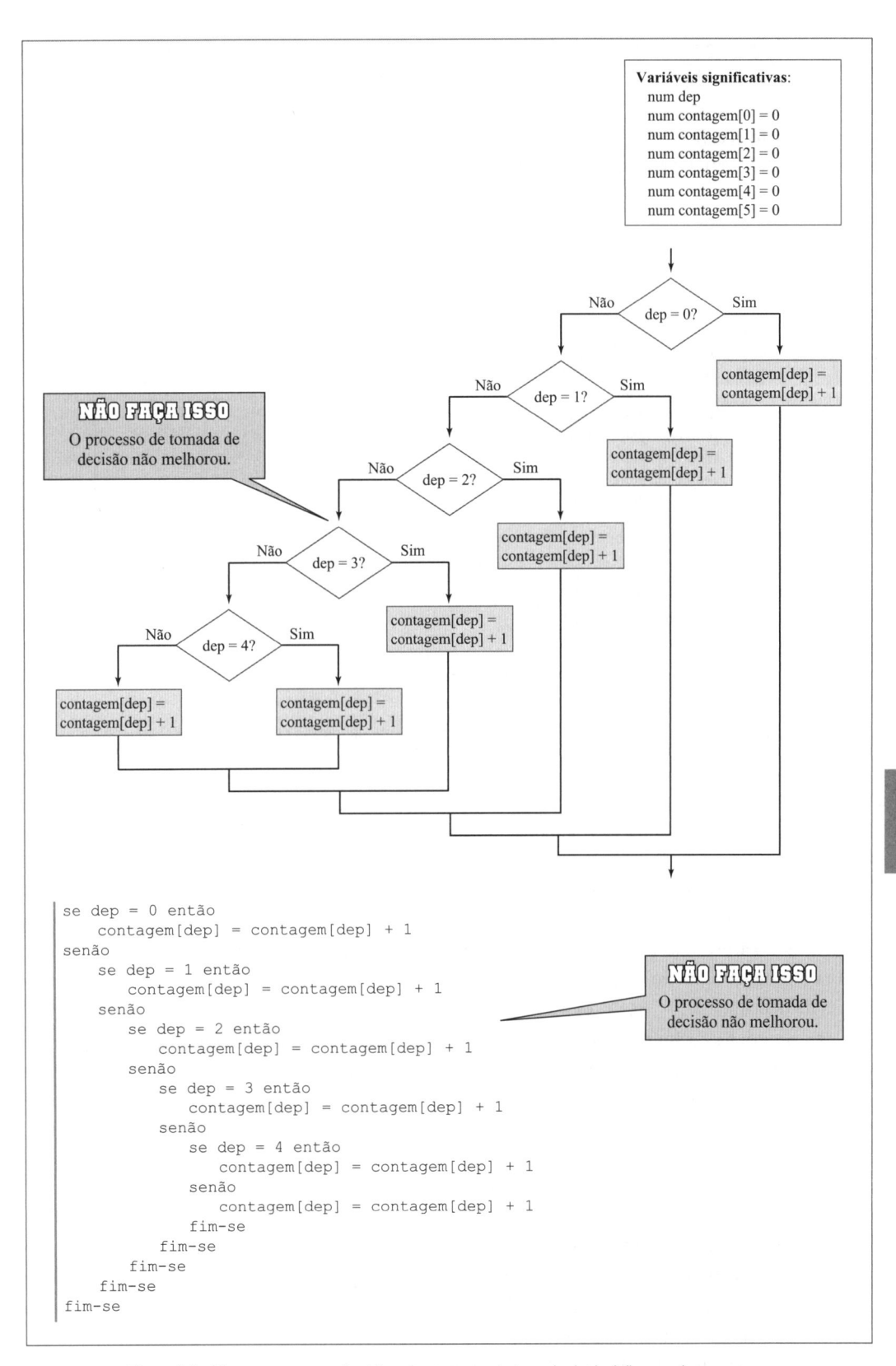

Figura 6-5 Fluxograma e pseudocódigo de processo de tomada de decisão usando um array – ainda de um jeito difícil

Obviamente, o segmento de códigos da Figura 6-5 não parece mais eficiente do que o da Figura 6-4. Entretanto, observe que na Figura 6-5 as sentenças sombreadas são todas iguais – em outras palavras, o processo que ocorre depois de cada decisão é exatamente o mesmo. Em cada caso, independente de qual seja o valor de dep, 1 é sempre adicionado a contagem[dep]. Se você sempre vai fazer a mesma ação, independente de qual a resposta para a questão, para que fazer a pergunta? Em vez disso, você pode reescrever o processo de tomada de decisão como na Figura 6-6.

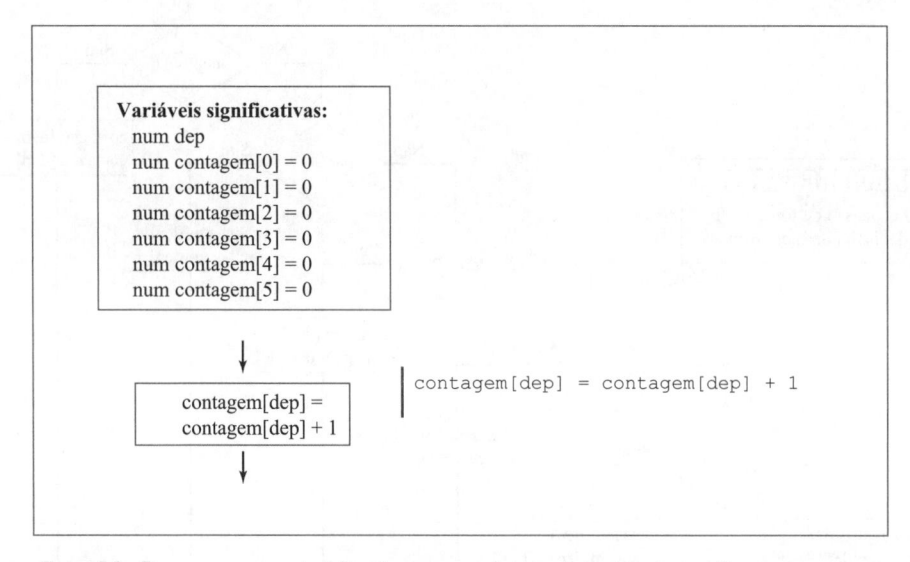

```
Variáveis significativas:
num dep
num contagem[0] = 0
num contagem[1] = 0
num contagem[2] = 0
num contagem[3] = 0
num contagem[4] = 0
num contagem[5] = 0

         ↓
contagem[dep] =           contagem[dep] = contagem[dep] + 1
contagem[dep] + 1
         ↓
```

Figura 6-6 Fluxograma e pseudocódigo de processo eficiente de tomada de decisão usando um array

A única sentença da Figura 6-6 elimina *todo* o processo de tomada de decisão que era a seção original destacada na Figura 6-5! Quando dep é 2, soma-se 1 a contagem[2]; quando dep é 4, soma-se 1 a contagem[4] e assim por diante. *Agora* você tem uma melhoria considerável sobre o processo original. E, o que é melhor, esse processo não muda se forem 20, 30 ou um número qualquer de categorias possíveis. Para usar mais de cinco acumuladores, você declararia mais elementos contagem no array, mas a lógica de classificação permaneceria igual à da Figura 6-6. A Figura 6-7 mostra o programa inteiro se beneficiando do array para produzir o relatório de contagem das categorias de dependentes.

No programa da Figura 6-7, variáveis e constantes são declaradas e um primeiro valor para dep é lido no programa. Se ele não for o fim do arquivo, soma-se 1 ao elemento apropriado do array contagem e lê-se o próximo registro. Quando a entrada de dados está completa e é atingido o final do arquivo, o relatório pode finalmente ser impresso. Depois de imprimir os cabeçalhos do relatório, você pode ajustar dep para 0 e então imprimir dep e contagem[dep]. A primeira linha que imprime contém 0 (como número de dependentes) e o valor armazenado em conta[0]. Logo, soma-se 1 a dep e usa-se novamente o mesmo conjunto de instruções. Você pode usar dep como variável de controle do loop para imprimir os seis valores individuais conta do array.

Quando for imprimir os valores finais de conta ao final do programa, nomear a variável de controle do loop dep faz sentido, pois ela representa um número de dependentes. Entretanto, essa variável poderia ser nomeada dependentes, sub, índex ou qualquer outro identificador lícito e que fosse usado como subscrito para o array, contanto que ele fosse:

» Numérico sem casas decimais.
» Iniciado em 0.
» Incrementado em 1 a cada vez que a lógica passasse pelo loop.

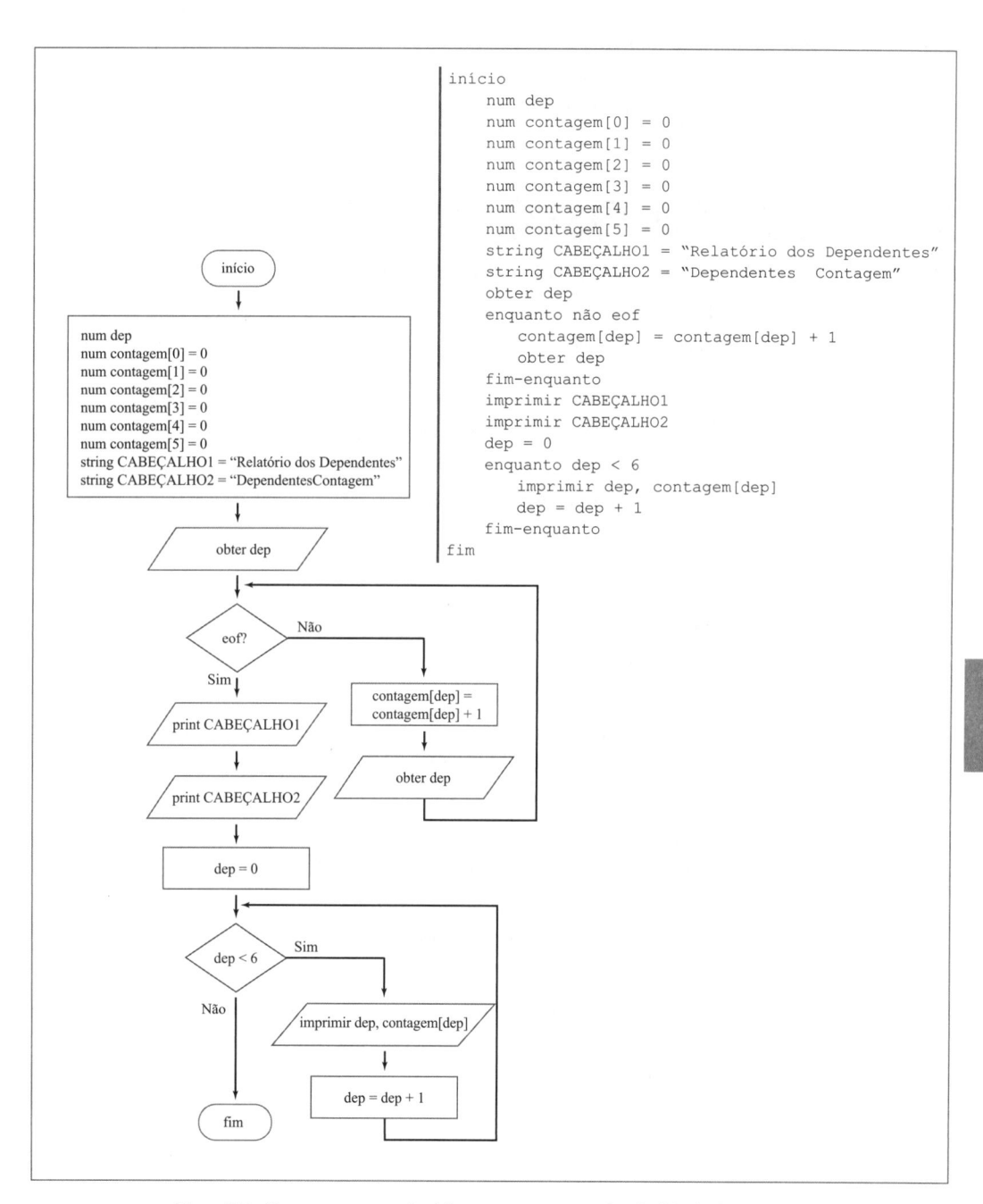

```
início
   num dep
   num contagem[0] = 0
   num contagem[1] = 0
   num contagem[2] = 0
   num contagem[3] = 0
   num contagem[4] = 0
   num contagem[5] = 0
   string CABEÇALHO1 = "Relatório dos Dependentes"
   string CABEÇALHO2 = "Dependentes  Contagem"
   obter dep
   enquanto não eof
      contagem[dep] = contagem[dep] + 1
      obter dep
   fim-enquanto
   imprimir CABEÇALHO1
   imprimir CABEÇALHO2
   dep = 0
   enquanto dep < 6
      imprimir dep, contagem[dep]
      dep = dep + 1
   fim-enquanto
fim
```

Figura 6-7 Fluxograma e pseudocódigo para o programa de relatório de dependentes

Em outras palavras, nada liga o identificador dep ao array contagem por si só; quando você circula pelo array para imprimir o relatório, pode usar um nome de variável diferente daquele que usou anteriormente ao acumular as contas no programa.

O programa contador de dependentes *funcionava* quando continha uma longa série de decisões e de sentenças de impressão, mas o programa foi mais fácil de escrever quando arrays foram empregados. Além disso, o programa ficou mais eficiente, mais fácil de ser compreendido por outros programadores e mais fácil de manter. Arrays não são obrigatórios, mas, muitas vezes, podem reduzir drasticamente o tempo de programação e deixar a lógica mais fácil de ser entendida.

DUAS VERDADES E UMA MENTIRA:

Manipulando um array para substituir decisões embutidas

1. Um array pode ser manipulado para substituir uma longa série de decisões.
2. Você obtém maior benefício no uso de arrays quando usa uma constante numérica como subscrito, em vez de usar uma variável.
3. O processo de apresentar todos os elemento de um array de 10 elementos é basicamente o mesmo que apresentar todos os elementos de um array de 100 elementos.

A frase falsa é a nº 2. Você obtém maior benefício se usar arrays com uma variável como subscrito, em vez de usar uma constante.

Usando uma constante nomeada para referir-se à dimensão de um array

O programa da Figura 6-7 ainda contém um pequeno defeito. Neste livro, você aprendeu a evitar "números mágicos", isto é, constantes não nomeadas. Quando a parte da impressão do relatório do programa da Figura 6-7 executa, o subscrito do array é comparado à constante 6.

O programa pode ser melhorado se, em vez disso, for usada uma constante nomeada. Na maioria das linguagens de programação, você pode seguir uma de duas abordagens.

Você pode declarar uma constante numérica nomeada como ARRAY_DIMENSÃO = 6. Então, poderá usar essa constante toda vez que for acessar o array, sempre se assegurando de que qualquer subscrito usado continue menor que o valor constante.

Em muitas linguagens, ao declarar um array, uma constante que representa a dimensão do array é automaticamente criada. Por exemplo, em Java, depois que você declara um array nomeado contagem, sua dimensão é armazenada em um campo denominado contagem.length e, tanto em C# como em Visual Basic, a dimensão do array é contagem.Length. (A diferença é o "L" em Length.)

NOTA: Além de tornar seu código mais fácil de ser modificado, usar uma constante nomeada o torna mais fácil de ser entendido.

DUAS VERDADES E UMA MENTIRA:

Usando uma constante nomeada para referir-se à dimensão de um array

1. Se você criar uma constante nomeada igual à dimensão de um array, poderá usá-la como subscrito para o array.
2. Se você criar uma constante nomeada igual à dimensão de um array, poderá usá-la melhor garantindo que qualquer subscrito usado continue menor que o valor constante.
3. Em Java, C# e Visual Basic, quando você declara um array, uma constante que representa a dimensão do array é automaticamente criada.

A frase falsa é a nº 1. Se a constante é igual à dimensão do array, então ela é maior que qualquer subscrito válido do array.

Declaração e inicialização de arrays

No programa completo de contador de dependentes da Figura 6-7, os seis elementos `contagem` do array foram declarados e inicializados como zeros ao início da explicação. Eles precisam ser inicializados em 0 para que você possa somar a eles durante a execução do programa. Na Figura 6-7, a inicialização é fornecida usando seis sentenças separadas

```
num contagem[0] = 0
num contagem[1] = 0
num contagem[2] = 0
num contagem[3] = 0
num contagem[4] = 0
num contagem[5] = 0
```

NÃO FAÇA ISSO
Usar tantas sentenças separadas de inicialização não é necessário.

Declarar e inicializar cada elemento `contagem` separadamente é aceitável apenas se houver um pequeno número de `contagem`. Se o programa de contagem de dependentes fosse atualizado para lidar com empregados com até 20 dependentes, seria necessário inicializar 20 campos separados e seria tedioso escrever 20 sentenças de declarações distintas.

Linguagens de programação não exigem que o programador nomeie cada elemento `contagem`, `contagem[0]`, `contagem[1]` e assim por diante. Em vez disso, permitem declarações como estas na Tabela 6-1.

Tabela 6-1 Declarar um array de 20 elementos nomeados `contagem` em diversas linguagens comuns

Linguagem de Programação	Declaração de um Array de 20 elementos
Visual Basic	`Dim Contagem[20] As Integer`
C nº, C ++	`int contagem[20]`
Java	`int[] contagem = new int[20]`

NOTA: Programadores de C, C nº, C++ e Java normalmente criam nomes de variáveis com letras minúsculas. Programadores de Visual Basic costumam começar os nomes das variáveis com uma letra maiúscula (todas essas linguagens normalmente usam uma letra maiúscula para a segunda palavra e para as palavras subsequentes de um identificador. No Capítulo 1, você aprendeu que esses estilos são chamados respectivamente de *camel casing* e *Pascal casing*. A Tabela 6-1 adota essas convenções.

> **NOTA:** Os termos int e Integer nos códigos amostrais da Tabela 6-1 indicam que o array contagem vai conter valores numéricos inteiros. Esses termos são mais específicos do que o tipo de dado num usado neste livro para declarar variáveis numéricas.

Todas as declarações da Tabela 6-1 têm duas coisas em comum: elas nomeiam o array contagem e indicam que existirão 20 elementos numéricos separados. Para elaborar fluxogramas e pseudocódigos, uma sentença como numérico contagem[20] indicaria o mesmo.

Declarar que um array é numérico não necessariamente zera seus elementos individualmente (apesar de isso ocorrer em algumas linguagens de programação, como Visual Basic e Java). A maioria das linguagens de programação permite uma sentença parecida com a seguinte:

```
num contagem[20] = 0
```

Você deve usar uma sentença como essa quando quiser inicializar um array nos seus fluxogramas ou pseudocódigos.

Se quiser ajustar todos os elementos do array para valores diferentes depois que eles foram declarados, você sempre pode fazer atribuições individuais, como as seguintes:

```
contagem[0] = 5
contagem[1] = 12
contagem[2] = 24
```

Como alternativa a definir separadamente os valores de contagem[0], contagem[1] e assim por diante, a maioria das linguagens de programação permite uma versão mais concisa para inicializar um array. Geralmente ela tem a forma:

```
num contagem[3] = 5, 12, 24
```

Ao usar essa forma de inicialização de arrays, o primeiro valor listado é atribuído ao primeiro elemento do array e os valores subsequentes são atribuídos na ordem. A maioria das linguagens de programação permite que sejam atribuídos menos valores do que os elementos declarados do array, mas nenhuma linguagem permite que se atribuam mais valores.

> **NOTA:** Muitas linguagens permitem que se declare um array com uma sentença semelhante à seguinte:
>
> ```
> num contagem[ ] = 5, 12, 24
> ```
>
> Neste caso, o array é **dimensionado implicitamente**, ou seja, determina-se automaticamente a dimensão (3), baseada na lista de valores fornecidos.

> **NOTA:** Muitas linguagens de programação exigem que se saiba a dimensão de um array (isso é, seu número de elementos) ao escrever o programa. Algumas linguagens permitem que a dimensão de um array seja alterada durante a execução do programa. Arrays cujas dimensões podem ser alteradas são **arrays dinâmicos**, ou arrays **dinamicamente alocados**.

Como alternativa, para iniciar todos os elementos do array com o mesmo valor inicial, você pode usar um loop de inicialização. Um **loop de inicialização** é uma estrutura de loop que fornece valores iniciais para todos os elementos de qualquer array. Para criar um loop de inicialização, um campo numérico deve ser usado como subscrito. Por exemplo, se você declara um campo nomeado `sub`, e inicializa `sub` em 0, então pode usar um loop como o apresentado na Figura 6-8 para ajustar todos os elementos do array para 0.

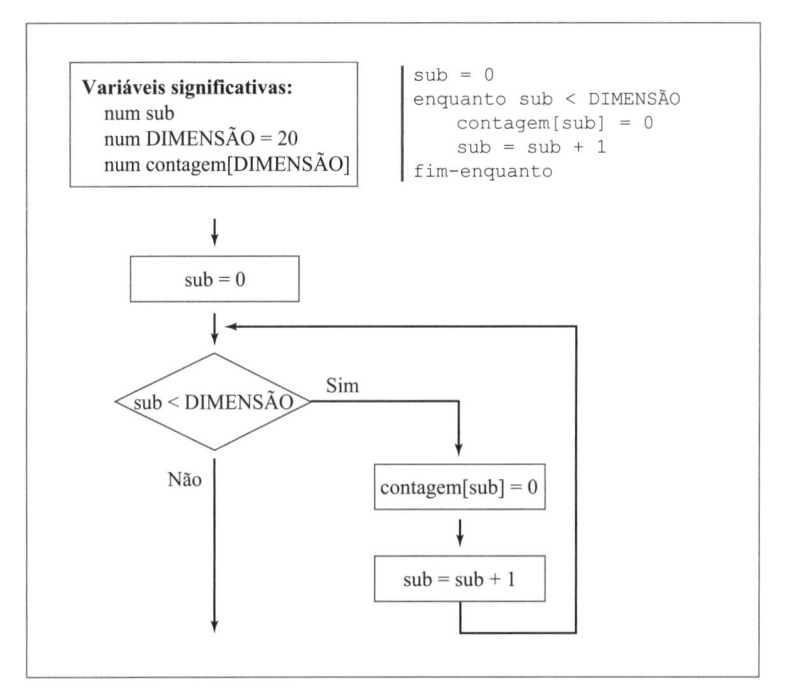

```
Variáveis significativas:
  num sub
  num DIMENSÃO = 20
  num contagem[DIMENSÃO]

sub = 0
enquanto sub < DIMENSÃO
    contagem[sub] = 0
    sub = sub + 1
fim-enquanto
```

Figura 6-8 Um loop que ajusta valores para todos os elementos de um array

NOTA: No loop da Figura 6-8, observe que o subscrito varia de 0 até 19, nunca se igualando a 20 (DIMENSÃO). Se você acessasse o array com um valor de subscrito 20, um erro ocorreria. Você aprenderá mais sobre erros causados pelo uso de subscritos muito altos adiante, neste capítulo.

NOTA: Você poderia usar um loop semelhante ao da Figura 6-8 se todos os valores do array tivessem que ser reiniciados no meio de um programa.

NOTA: Fornecer os valores dos arrays também é chamado **povoar o array**.

DUAS VERDADES E UMA MENTIRA:

Declaração de arrays e inicialização

1. Um array definido como `num pontuações[15]` contém 15 elementos.
2. Em algumas, mas não em todas, as linguagens de programação, declarar um array numérico ajusta seus elementos individuais para 0.
3. É impossível ajustar os elementos do array para novos valores depois que o array estiver declarado.

A frase falsa é a nº 2. Você obtém maior benefício se usar arrays com uma variável como subscrito, em vez de usar uma constante.

Arrays variáveis e constantes

O array usado para acumular contas de dependentes na aplicação que produz o relatório de dependentes é um **array variável**, pois seus valores mudam durante a execução do programa. Os valores desejados – a contagem final de dependentes – são criados durante a própria execução da aplicação. Em outras palavras, se existirem 200 empregados com nenhum dependente, não se sabe deste fato ao início do programa. Em vez disso, esse valor é acumulado durante a execução da aplicação e só é conhecido ao final.

Algumas vezes pode-se usar um **array constante**; quando um array é constante, é possível atribuir a ele valores finais e permanentes ao escrever o código do programa. Por exemplo, digamos que se tenha um prédio com apartamentos no subsolo assim como em três outros pisos. Os andares são numerados 0 (para o subsolo), 1, 2 ou 3. Todo mês, imprime-se uma conta do aluguel de cada inquilino. Seus aluguéis têm base no andar do prédio, como apresentado na Figura 6-9.

Piso	Aluguel em $
0 (subsolo)	350
1	400
2	600
3 (cobertura)	1000

Figura 6-9 Aluguéis por piso

NOTA:
Lembre-se que outro nome para array é *tabela*. Se for possível usar um papel e um lápis para listar itens (como os valores dos aluguéis dos inquilinos) no formato de uma tabela, então usar um array é uma opção adequada de programação.

Suponha que se deseje criar uma aplicação que aceite o nome de cada inquilino e o número do piso e que imprima uma carta para cada inquilino indicando o montante de aluguel a pagar, semelhante à carta exibida na Figura 6-10. Para determinar o aluguel correto de cada inquilino, você poderia usar uma série de decisões referentes ao número do andar. Entretanto, é mais eficiente usar um array para conter o valor dos quatro aluguéis. O array é inicializado com valores **definidos por código-fonte** no array, isto é, eles são explicitamente atribuídos para os elementos do array.

```
Prezado(a) Rosa Martinez

    Lembrete - o aluguel do seu apartamento no 2º piso vence
no dia primeiro do mês. O aluguel é de $ 600.

Atenciosamente,
A Administração
```

Figura 6-10 Carta típica para um inquilino

O programa da Figura 6-11 atribui o aluguel correto para todo inquilino. Quando você declara as variáveis no início do programa, cria também um array constante para os quatro valores dos aluguéis e atribui o aluguel correto para cada um.

```
início
    ↓
string nome
num piso
num ALUGUEL[4] = 350, 400, 600, 1000
string PARTE1 = "Prezado(a) "
string PARTE2 = ","
string PARTE3 = "Lembrete – o aluguel do seu apartamento no piso"
string PARTE4 = "vence no dia primeiro do mês. O aluguel é $"
string PARTE5 = "."
string PARTE6 = "Atenciosamente,"
string PARTE7 = "A Administração"
    ↓
obter nome, piso
    ↓
eof? —Não→ imprimir PARTE1 nome, PARTE2
 Sim↓                    ↓
 fim              imprimir PARTE3, piso
                         ↓
                  imprimir PARTE4,
                  ALUGUEL [piso], PARTE 5
                         ↓
                  imprimir PARTE 6
                         ↓
                  imprimir PARTE7
                         ↓
                  obter nome, piso
                         ↑ (loop back)
```

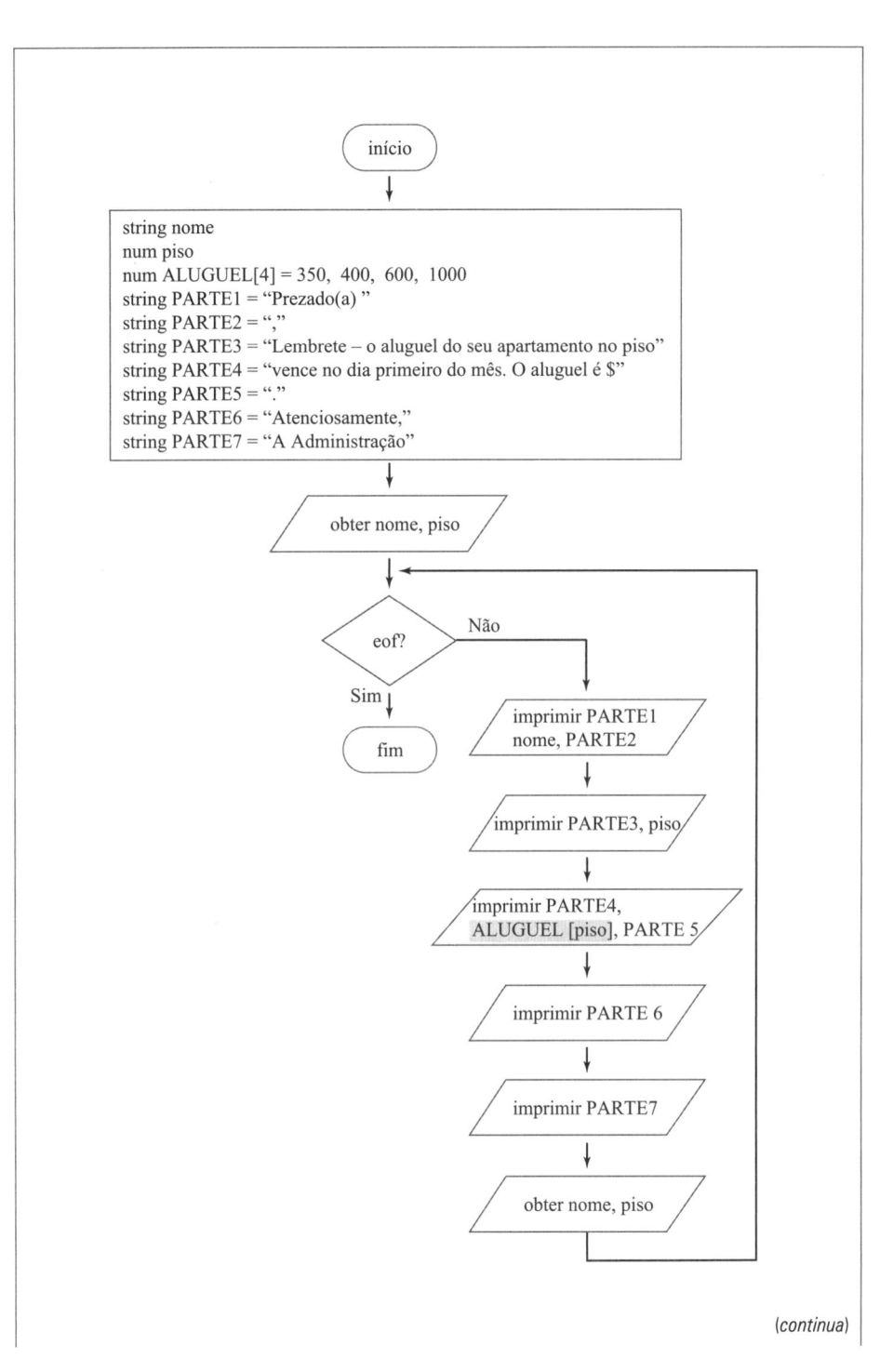

(*continua*)

Figura 6-11 Programa que produz as cartas aos inquilinos

```
início
    string nome
    num piso
    num ALUGUEL[4] = 350, 400, 600, 1000
    string PARTE1 = "Prezado(a) "
    string PARTE2 = ","
    string PARTE3 = "Lembrete - o aluguel do seu apartamento no piso "
    string PARTE4 = "vence no dia primeiro do mês. O aluguel é $"
    string PARTE5 = "."
    string PARTE6 = "Atenciosamente,"
    string PARTE7 = "A Administração"
    obter nome, piso
    enquanto não eof
        imprimir PARTE1, nome, PARTE2
        imprimir PARTE3, piso
        imprimir PARTE4, ALUGUEL[piso], PARTE5
        imprimir PARTE6
        imprimir PARTE7
        obter nome, piso
    fim-enquanto
fim
```

Figura 6-11 Programa que produz as cartas aos inquilinos (*continuação*)

Depois do programa da Figura 6-11 obter o nome e o número do piso do primeiro inquilino, e contanto que a condição `eof` não seja satisfeita, dez itens são impressos, distribuídos em cinco linhas:

» O string "Prezado(a)".
» O nome do inquilino, recuperado da entrada.
» Um string contendo uma vírgula para acompanhar o nome.
» Um string que contém "Lembrete – o aluguel do seu apartamento no piso".
» O número do piso, recuperado da entrada.
» Um string que contém "vence no primeiro dia do mês. O aluguel é $".
» O montante do aluguel, recuperado do array com `ALUGUEL[piso]`.
» Um string que contém o ponto final que se segue ao montante do aluguel.
» Um string que contém "Atenciosamente,".
» Um string que contém "A Administração".

Em vez de fazer uma série de seleções como `se piso = 0 então imprimir ALUGUEL[0]` e `se piso = 1 então imprimir ALUGUEL[1]`, o programa se beneficia do array `ALUGUEL` usando piso como subscrito para acessar o elemento correto `ALUGUEL` do array (sentença sombreada na Figura 6-11) Ao decidir qual variável usar como subscrito em um array, pergunte a si mesmo: "De todos os valores disponíveis no array, de qual deles depende a seleção correta?. Ao imprimir um valor de `ALUGUEL`, o aluguel a ser usado depende do piso no qual mora o inquilino; assim, a ação correta é `imprimir ALUGUEL[piso]`.

Sem um array `ALUGUEL`, o programa que imprime as cartas dos inquilinos teria que conter três decisões e quatro diferentes ações resultantes. Com o array `ALUGUEL`, não há decisões. O aluguel de cada inquilino simplesmente se baseia no elemento `ALUGUEL` que corresponde ao número do andar do inquilino. Em outras palavras, o número do piso indica o valor posicional do aluguel correspondente. Arrays realmente podem diminuir o volume de trabalho necessário para escrever um programa.

> **NOTA:** É comum que os valores dos aluguéis sejam armazenados em um arquivo e lidos no array no começo do programa. Desta forma, um operador de entrada de dados pode atualizar o arquivo tantas vezes quantas forem necessárias sem ter de modificar o programa.

DUAS VERDADES E UMA MENTIRA:

Arrays variáveis e constantes

1. Arrays podem conter variáveis ou constantes.
2. Quando valores do array são definidos por código-fonte, eles são explicitamente atribuídos aos elementos do array.
3. Arrays geram mais trabalho para o programador, mas valem a pena, pois os programas que os usam rodam mais rapidamente.

A frase falsa é a nº 3. Arrays muitas vezes facilitam a tarefa do programador.

Procurando um casamento exato em um array

Tanto na aplicação de contagem de dependentes como na aplicação de cartas de aluguéis vistas neste capítulo, os campos dos quais dependia o array continham números inteiros pequenos. O número de dependentes permitidos na primeira aplicação era de 0 até 5, e o número do piso de um inquilino da segunda aplicação era de 0 até 3. Infelizmente, na vida real nem sempre as coisas acontecem em números inteiros pequenos. Às vezes você não tem uma variável que convenientemente possua uma posição no array; outras vezes, tem de procurar no array para encontrar o valor que você precisa.

Pense em um serviço de vendas por reembolso postal, no qual os pedidos vêm com o nome e o endereço do cliente, número do item solicitado e a quantidade solicitada. Assuma que os códigos dos itens que um cliente pode escolher sejam números de três dígitos, não necessariamente consecutivos, de 001 até 999. E, além disso, com o passar dos anos, alguns itens foram excluídos e outros foram adicionados ao inventário. Por exemplo, pode ser que não exista mais o item de número 105 ou 129. Algumas vezes pode haver um espaço de uma centena de números ou mais entre os itens. Por exemplo, digamos que este ano a empresa esteja oferecendo os seis itens apresentados na Figura 6-12.

PREÇO DO ITEM	NÚMERO DO ITEM
106	0,59
108	0,99
307	4,50
405	15,99
457	17,50
688	39,00

Figura 6-12 Itens disponíveis em empresa de vendas por reembolso postal

Quando um cliente encomenda um item, é preciso determinar se o número do item é válido. Você poderia usar uma série de seis decisões para determinar se o item solicitado é válido, comparando, a cada passo, cada número do item do pedido do cliente a um dos seis valores permitidos. Entretanto, uma abordagem melhor seria criar um array que contivesse a lista dos números dos itens válidos. Então você poderia procurar, no array, um casamento exato para o item pedido. Se no array inteiro não existisse um casamento para o item encomendado, uma mensagem de erro poderia ser impressa – por exemplo, "Item não encontrado".

Suponha que você crie um array nomeado ITEM_VÁLIDO contendo seis elementos e que ajuste cada um para um número de item válido. Em um escritório sem um computador, se um cliente encomendasse o item 307, um funcionário poderia dizer se o pedido era válido olhando uma lista e verificando se 307 é um membro da lista. De forma parecida, em um programa de computador, você pode usar um loop para testar cada ITEM_VÁLIDO contra o número do item pedido.

A técnica para verificar se o número de um item existe envolve ajustar um subscrito para 0 e definir uma variável flag para indicar que você ainda não determinou se é válida a encomenda do cliente. Um **flag** é uma variável ajustada para indicar se determinado evento ocorreu; com frequência ele tem valor binário, verdadeiro ou falso. Por exemplo, você pode definir uma variável de string nomeada achouEle para "N", indicando "Não" (segunda sentença sombreada na Figura 6-13). Então você compara o número do item encomendado pelo cliente ao primeiro item do array. Se o item encomendado pelo cliente casar com o primeiro item do array, a variável flag é ajustada para "S", ou qualquer outro valor que não "N" (segunda sentença sombreada na Figura 6-13). Se os itens não coincidirem, você aumenta o subscrito e continua a busca na lista de números armazenados no array. Se após verificar todos os seis números de itens válidos o item do cliente não casar com nenhum deles, então a variável flag continua contendo o valor "N". Se a variável flag é "N" depois que toda a lista foi verificada, é possível emitir uma mensagem de erro indicando que um casamento jamais foi encontrado. A Figura 6-13 mostra um programa que aceita dados de pedidos de clientes e realiza a verificação dos itens.

```
início
    string nome
    string nome
    string endereço
    num item
    num quantidade
    num DIMENSÃO = 6
    num ITEM_VÁLIDO[DIMENSÃO] = 106, 108, 307, 405, 457, 688
    num sub
    string achouEle = "N"
    string MSG_SIM = "Item disponível"
    string MSG_NÃO = "Item não encontrado"
    obter nome, endereço, item, quantidade
    sub = 0
    enquanto sub < DIMENSÃO
        achouEle = "N"
        se item = ITEM_VÁLIDO[sub] então
            achouEle = "S"
        fim-se
        sub = sub + 1
    fim-enquanto
    se achouEle = "S"
        imprimir MSG_SIM
    senão
        imprimir MSG_NÃO
    fim-se
fim
```
(continua)

Figura 6-13 Fluxograma e pseudocódigo para programa que verifica disponibilidade de itens

```
início
    │
    ▼
┌─────────────────────────────────────────────────────────┐
│ string nome                                             │
│ string endereço                                         │
│ num item                                                │
│ num quantidade                                          │
│ num DIMENSÃO = 6                                        │
│ num ITEM_VÁLIDO [DIMENSÃO] = 106, 108, 307, 405, 457, 688│
│ num sub                                                 │
│ string  achouEle = "N"                                  │
│ string MSG_SIM = "Item disponível"                      │
│ string MSG_NÃO = "Item  encontrado"                     │
└─────────────────────────────────────────────────────────┘
    │
    ▼
 obter nome, endereço
 item quantidade
    │
    ▼
  sub = 0
    │
    ▼
  sub < DIMENSÃO?  ── Sim ──▶  item = ITEM_VÁLIDO [sub] ?  ── Sim ──▶ achouEle = "S"
    │ Não                        │ Não                                   │
    │                            ▼                                       │
    │                         sub = sub + 1  ◀───────────────────────────┘
    │                            │
    │                            └──── (loop back)
    ▼
  achouEle = "S"  ── Sim ──▶ imprimir MSG_Sim
    │ Não
    ▼
  imprimir MSG_Não
    │
    ▼
   fim
```

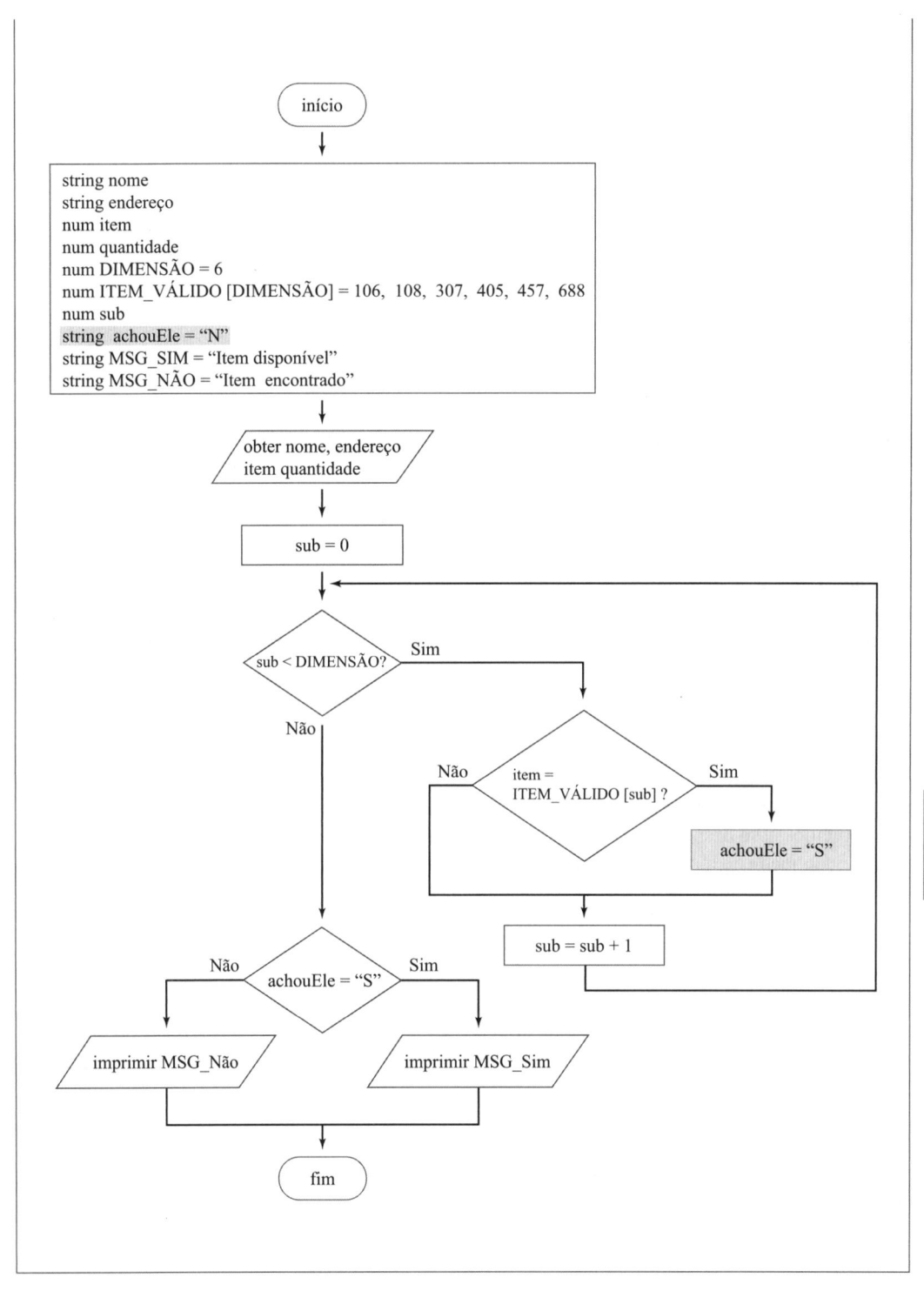

Figura 6-13 Fluxograma e pseudocódigo para programa que verifica a disponibilidade de itens (*continuação*)

> **NOTA:** Em vez da variável de string `achouEle` do método da Figura 6-13, você pode preferir usar uma variável numérica definida para 1 ou 0. A maioria das linguagens de programação também aceita um tipo de dado booleano que pode ser usado para `achouEle`. Ao declarar uma variável como sendo booleana, você pode ajustar seu valor para verdadeiro ou falso.

DUAS VERDADES E UMA MENTIRA:

Procurando um casamento exato em um array

1. Apenas números inteiros podem ser armazenados em arrays.
2. Apenas números inteiros podem ser usados como subscritos de arrays.
3. Um flag é uma variável ajustada para indicar se determinado evento ocorreu.

A frase falsa é a nº 1. Números inteiros podem ser armazenados em arrays, mas também o podem muitos outros objetos, como strings e números com casas decimais.

Usando arrays paralelos

Quando se lê o pedido de um cliente em um programa da empresa de vendas por reembolso postal, normalmente se quer mais do que simplesmente verificar a existência do item. Por exemplo, a intenção pode ser determinar o preço do item encomendado, multiplicar o preço pela quantidade pedida e imprimir uma conta. Usando os preços listados na Figura 6-12, você *poderia* escrever um programa no qual o registro do pedido de um cliente fosse lido e, então, o número do item encomendado fosse usado como um subscrito para recuperar o preço no array. Para usar este método, você precisaria de um array com pelo menos 688 elementos. Logo, se um cliente encomendou o item 405, o preço seria encontrado em PREÇO[item], que é PREÇO[405], ou o 405º elemento do array. Tal array precisaria de 688 elementos (porque o mais alto número de item é 688), mas como apenas seis itens são oferecidos, isso desperdiçaria 682 das posições reservadas da memória. Em vez de reservar uma grande quantidade de memória que permanece inutilizada, você pode estabelecer que esse programa utiliza dois arrays muito menores.

Considere o programa da Figura 6-14. Dois arrays são estabelecidos – um, nomeado ITEM_VÁLIDO, contém seis elementos, que são os números válidos dos itens. O outro array, destacado na figura, nomeado ITEM_VÁLIDO_PREÇO, contém também seis elementos – neste caso, os preços. Cada preço deste array ITEM_VÁLIDO_PREÇO está propositada e convenientemente na mesma posição que o número do item correspondente no outro array ITEM_VÁLIDO. Dois arrays correspondentes como estes são **arrays paralelos**, porque cada elemento de um array é associado ao elemento da mesma posição relativa no outro.

Conforme o programa da Figura 6-14 recebe os dados dos pedidos de cada cliente, ele olha separadamente cada um dos valores de ITEM_VÁLIDO variando o subscrito sub de 0 até a quantidade de itens disponíveis. Quando é encontrado um casamento para o número do item, ele retira o preço correspondente da lista de valores no array paralelo ITEM_VÁLIDO_PREÇO e o armazena na variável preço (veja as sentenças sombreadas na Figura 6-14).

> **NOTA:** Alguns programadores se opõem a usar um nome de variável críptico para um subscrito, como sub ou x, pois tais nomes não são descritivos. Esses programadores prefeririam um nome como indicePreço. Outros aprovam nomes curtos quando a variável é usada em uma área limitada de um programa, como acontece aqui, apenas para passar pelo array. Não há consenso entre os programadores em muitas questões de estilo, como esta. Como programador, é sua responsabilidade descobrir quais convenções são adotadas por seus colegas na sua empresa.

Uma vez encontrado um casamento para o número do item pedido no array `ITEM_VÁLIDO`, você sabe que o preço desse item está na mesma posição no outro array, `ITEM_VÁLIDO_PREÇO`. Quando `ITEM_VÁLIDO[sub]` for o item certo, `ITEM_VÁLIDO_PREÇO[sub]` necessariamente será o preço correto. Pode-se então imprimir o preço e multiplicá-lo pela quantidade pedida para produzir um total, como apresentado nas últimas sentenças sombreadas na Figura 6-14.

```
início
   │
   ▼
string nome
string endereço
num item
num quantidade
num preço
num DIMENSÃO = 6
num ITEM_VÁLIDO[DIMENSÃO] = 106, 108, 307, 405, 457, 688
num ITEM_VÁLIDO_PREÇO[DIMENSÃO] = 0,59, 0,99, 4,50, 15,99, 17,50, 39,00
num sub
string achouEle = "N"
string MSG_SIM = "Item disponível"
string MSG_NÃO = "Item não encontrado"
   │
   ▼
obter nome, endereço
item quantidade
   │
   ▼
sub = 0
   │
   ▼
sub < DIMENSÃO? ──Sim──▶ item = ITEM_VÁLIDO[sub]? ──Sim──▶ achouEle = "S"
   │ Não                    │ Não                              │
   ▼                        ▼                                  ▼
achouEle = "S"?        sub = sub + 1 ◀──  preço = ITEM_VÁLIDO_PREÇO[sub]
   │ Não  │ Sim
   ▼      ▼
imprimir   imprimir MSG_Sim
MSG_Não         │
   │            ▼
   │      imprimir quantidade,
   │      "a", preço, "cada"
   │            │
   │            ▼
   │      imprimir "Total :",
   │      quantidade * preço
   │            │
   ▼◀───────────┘
  fim
```

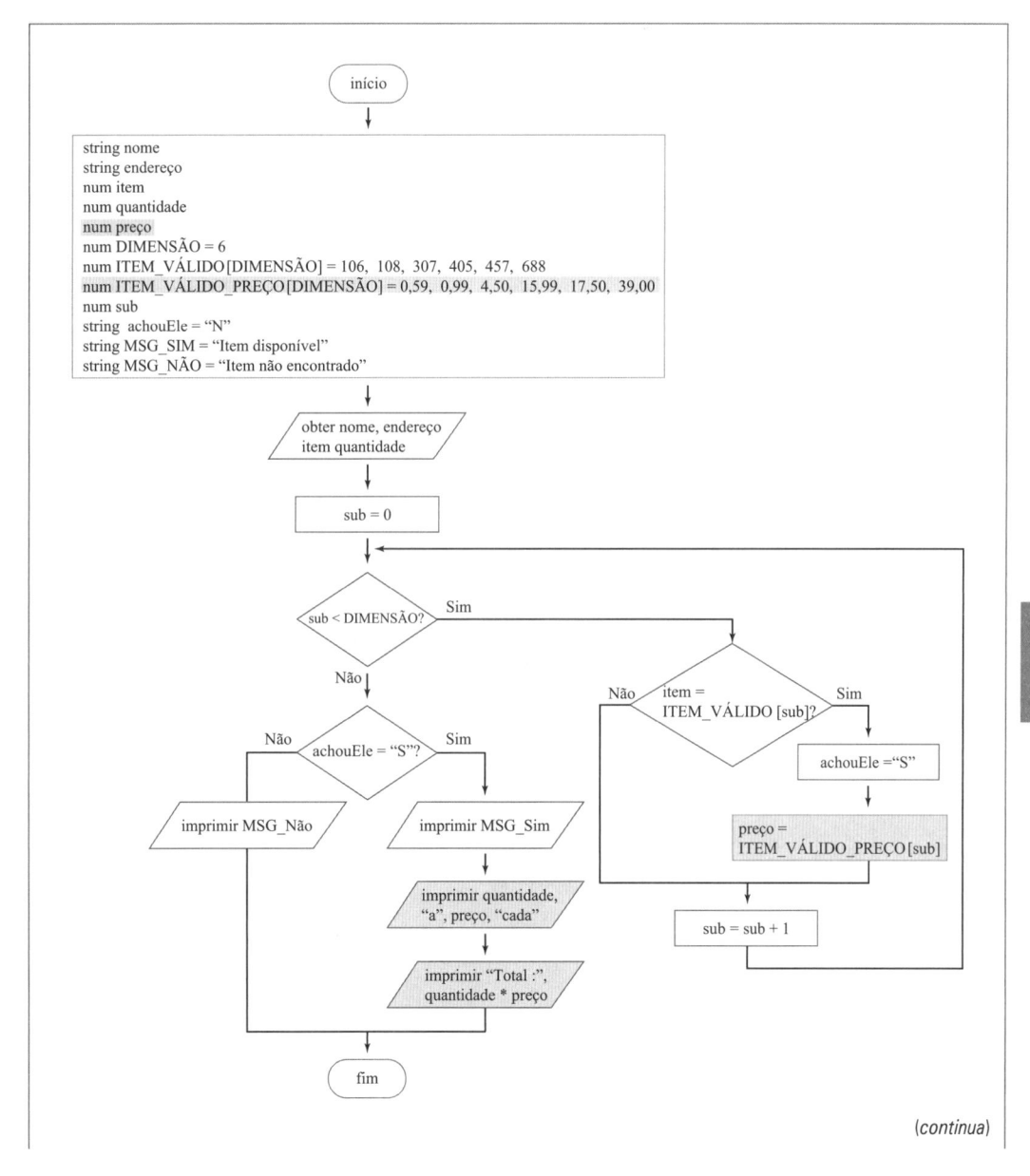

(continua)

Figura 6-14 Fluxograma e pseudocódigo de programa que encontra o preço de um item

```
início
    string nome
    string endereço
    num item
    num quantidade
    num preço
    num DIMENSÃO = 6
    num ITEM_VÁLIDO[DIMENSÃO] = 106, 108, 307, 405, 457, 688
    num ITEM_VÁLIDO_PREÇO[DIMENSÃO] = 0,59, 0,99, 4,50, 15,99, 17,50, 39,00
    num sub
    string achouEle = "N"
    string MSG_SIM = "Item disponível"
    string MSG_NÃO = "Item não encontrado"
    obter nome, endereço, item, quantidade
    sub = 0
    enquanto sub < DIMENSÃO
        se item = ITEM_VÁLIDO[sub] então
            achouEle = "S"
            preço = ITEM_VÁLIDO_PREÇO[sub]
        fim-se
        sub = sub + 1
    fim-enquanto
    se achouEle = "S" então
        imprimir MSG_SIM
        imprimir quantidade, " a ", preço, " cada"
        imprimir "Total ", quantidade * preço
    senão
        imprimir MSG_NÃO
    fim-se
fim
```

Figura 6-14 Fluxograma e pseudocódigo de programa que encontra o preço de um item (*continuação*)

Suponha que um cliente encomende o item 457. Se o programa está escrito para um ambiente GUI, os resultados podem parecer com os da Figura 6-15. Análise a lógica para verificar se você chega ao preço correto por item, $17,50.

Figura 6-15 Execução típica do programa que encontra o preço dos itens

Melhorando a eficiência da busca usando uma saída antecipada

O programa de reembolso postal da Figura 6-14 ainda é um pouco ineficiente. O problema é que se muitos clientes encomendarem o item 106 ou o 108, seus preços encontram-se na primeira ou na segunda passagem pelo loop. O programa continuaria a buscar através do array dos itens, no entanto, até que `sub` chegasse ao valor `DIMENSÃO`. Uma maneira para interromper a busca quando o item fosse encontrado e `achouEle` fosse ajustado para "S" seria forçar (isto é, atribuir explicitamente) `sub` imediatamente para o valor de `DIMENSÃO`. Assim, quando o programa fizesse o loop novamente para verificar se `sub` ainda seria menor que `DIMENSÃO`, isso concluiria o loop e o programa não tentaria verificar qualquer um dos números de itens mais altos. Sair de um loop assim que o casamento é encontrado é chamado **saída antecipada**, e isso melhora a eficiência do programa. Quanto maior o array, mais benéfico é sair do loop de busca assim que se encontrar aquilo que se está procurando.

A Figura 6-16 mostra a versão melhorada do loop que encontra o preço de um item. Observe a melhoria na área sombreada. Você pesquisa no array `ITEM_VÁLIDO`, elemento por elemento. Se o número de um item não casar em dada posição, aumenta-se o subscrito e verifica-se a próxima posição. Assim que o número de um item for localizado no array, o preço é armazenado, aciona-se o flag e força-se o subscrito para um número maior (6), para que o programa não mais verifique o array dos números dos itens.

NOTA: Em vez de forçar `sub` para `DIMENSÃO` ao encontrar o número de um item, você poderia mudar a comparação que controla o loop enquanto para continuar `enquanto sub < DIMENSÃO E achouEle = "N"`. Usando essa abordagem, deixa-se o loop assim que um item é encontrado e `achouEle` se torna "S", mesmo que `sub` ainda seja menor que `DIMENSÃO`. Muitos programadores preferem essa abordagem à apresentada na Figura 6-16.

NOTA: Na porção sombreada da lógica da Figura 6-16, `sub` poderia ser ajustado para qualquer valor de 5 ou mais. Ao final do loop, adiciona-se 1 a `sub`; enquanto o resultado for 6 ou mais, o loop não vai continuar. É conveniente usar a constante nomeada DIMENSÃO porque ela torna clara suas intenções. Além disso, se no futuro o programa for modificado, quando um número diferente de itens for necessário, pode-se alterar o valor de `DIMENSÃO` apenas uma vez onde ele foi declarado, e o restante do programa funcionará corretamente de forma automática.

NOTA: Observe que o programa que encontra os preços é mais eficiente quando os itens encomendados com maior frequência são armazenados no começo do array. Usando essa técnica, apenas os itens raramente encomendados exigem muitos ciclos pelo loop de busca antes de encontrarem seu casamento.

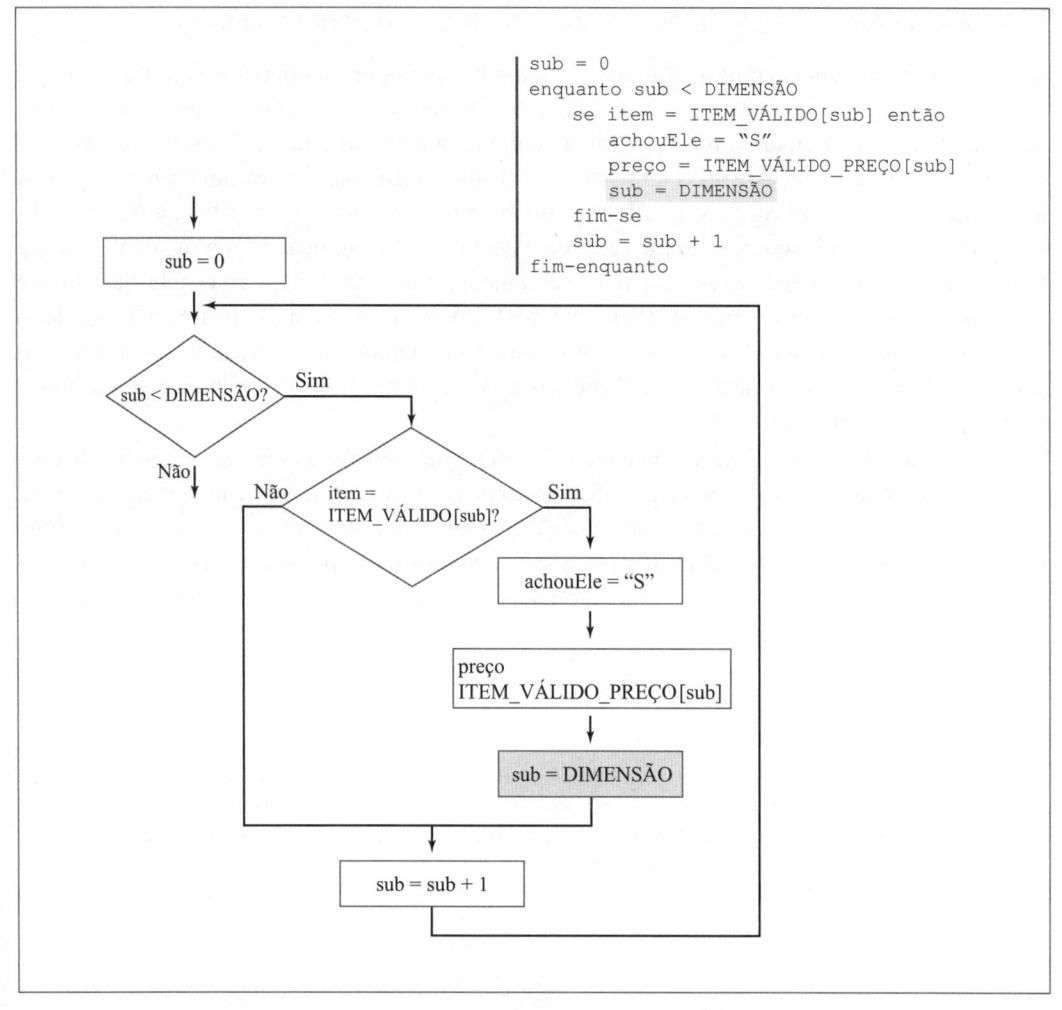

```
                                          sub = 0
                                          enquanto sub < DIMENSÃO
                                             se item = ITEM_VÁLIDO[sub] então
                                                achouEle = "S"
                                                preço = ITEM_VÁLIDO_PREÇO[sub]
                                                sub = DIMENSÃO
                                             fim-se
                                             sub = sub + 1
                                          fim-enquanto
```

Figura 6-16 Fluxograma e pseudocódigo do loop que encontra o preço dos itens, saindo do loop assim que ele é encontrado

DUAS VERDADES E UMA MENTIRA:

Usando arrays paralelos

1. Arrays paralelos precisam ser do mesmo tipo de dado.
2. Arrays paralelos normalmente contêm o mesmo número de elementos.
3. Você pode melhorar a eficiência de se procurar em arrays paralelos usando uma saída antecipada.

A frase falsa é a nº 1. Arrays paralelos não precisam ser do mesmo tipo de dado. Por exemplo, você pode procurar um nome em um array de string para encontrar a idade de cada pessoa em um array paralelo numérico.

Buscando um casamento de faixas em um array

Os números dos itens pedidos pelo cliente têm que casar exatamente com os números dos itens disponíveis para determinar o preço certo de um item. Algumas vezes, porém, os programadores querem trabalhar com faixas de valores dos arrays. No Capítulo 4, você aprendeu que uma faixa de valores é qualquer série de valores – por exemplo, de 1 a 5 ou de 20 a 30. Considere o programa que encontra o preço dos itens de reembolso postal discutido na seção anterior. Suponha que a empresa decida oferecer descontos por quantidade, como apresentado na Figura 6-17.

Quantidade	Desconto (%)
0–8	0
8–12	10
13–25	15
26 ou mais	20

Figura 6-17 Descontos por quantidade em pedidos

O objetivo é ler os dados do pedido do cliente e determinar a porcentagem de desconto com base no valor do campo `quantidade`. Por exemplo, se um cliente encomendou 20 itens, deseja-se imprimir "Seu desconto é de 15%". Uma abordagem pouco recomendável seria definir um array com tantos elementos quanto um cliente poderia em algum momento encomendar e armazenar o desconto apropriado para cada número possível, como mostra a Figura 6-18. Este array foi definido para conter o desconto de 0 itens, 1 item, 2 itens, e assim por diante. Este enfoque tem ao menos três empecilhos:

» Ele exige um array muito grande, que utiliza muita memória.
» É necessário armazenar o mesmo valor repetidas vezes. Por exemplo, cada um dos primeiros nove elementos recebe o mesmo valor, 0, e cada um dos próximos quatro elementos recebe o mesmo valor, 10.
» Como saber se o array tem elementos suficientes? Uma quantidade de 75 itens encomendada por um cliente é suficiente? O que aconteceria se um cliente encomendasse 100 ou 1.000 itens? Independente de quantos elementos você colocar no array, sempre há a chance de que um cliente encomende mais.

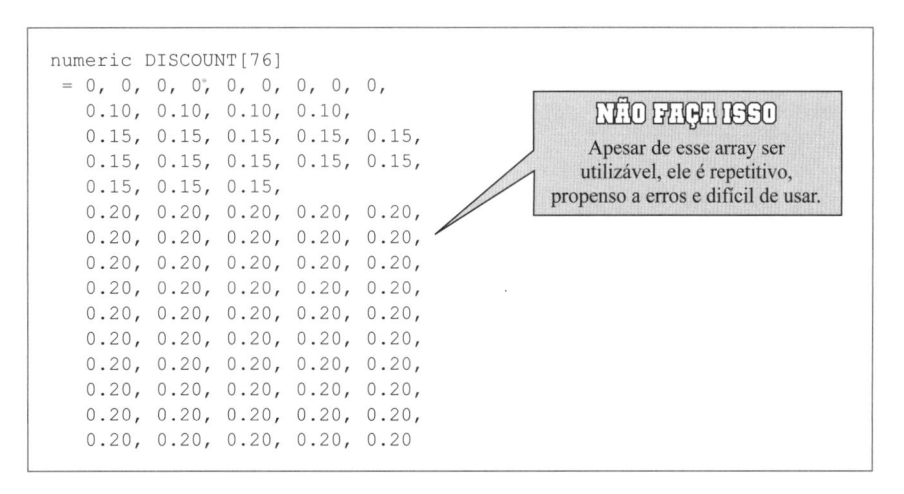

```
numeric DISCOUNT[76]
  = 0, 0, 0, 0, 0, 0, 0, 0, 0,
    0.10, 0.10, 0.10, 0.10,
    0.15, 0.15, 0.15, 0.15, 0.15,
    0.15, 0.15, 0.15, 0.15, 0.15,
    0.15, 0.15, 0.15,
    0.20, 0.20, 0.20, 0.20, 0.20,
    0.20, 0.20, 0.20, 0.20, 0.20,
    0.20, 0.20, 0.20, 0.20, 0.20,
    0.20, 0.20, 0.20, 0.20, 0.20,
    0.20, 0.20, 0.20, 0.20, 0.20,
    0.20, 0.20, 0.20, 0.20, 0.20,
    0.20, 0.20, 0.20, 0.20, 0.20,
    0.20, 0.20, 0.20, 0.20, 0.20,
    0.20, 0.20, 0.20, 0.20, 0.20,
    0.20, 0.20, 0.20, 0.20, 0.20
```

NÃO FAÇA ISSO
Apesar de esse array ser utilizável, ele é repetitivo, propenso a erros e difícil de usar.

Figura 6-18 Array de desconto utilizável – porém, ineficiente

Uma abordagem melhor seria criar um array de descontos de apenas quatro elementos, um para cada uma das taxas possíveis de desconto, como apresentado na Figura 6-19. O array de quatro elementos conteria todos os descontos possíveis, sem qualquer repetição.

> num DESCONTO [4]
> = 0, 0,10, 0,15, 0,20

Figura 6-19 Array de descontos melhorado

Com o novo array DESCONTO de quatro elementos, você precisa de um array paralelo para procurar pelo nível de desconto apropriado. Em princípio, os programadores iniciantes poderiam pensar em criar um array de constantes nomeado DESCONTO_FAIXA, parecido com o seguinte, e então testar se a quantidade pedida é igual um dos quatro valores armazenados.

```
num DESCONTO_FAIXA[4] = 0 até 8, 9 até 12,
    13 até 25, 26 e maior
```

> **NÃO FAÇA ISSO**
> Cada elemento do array pode conter apenas um valor.

Entretanto, não é possível criar um array como este. Cada elemento de um array é simplesmente uma única variável. Uma Uma simples variável como idade ou taxaPagamento pode conter 6 ou 12, mas não pode conter todos os valores de 6 *até* 12. Da mesma forma, a variável DESCONTO_FAIXA[0] pode conter um 0, 1, 8, ou qualquer outro valor individual, mas não pode conter 0 *até* 8; não existe tal valor numérico.

Uma solução para criar um array utilizável contém apenas o valor mais baixo de cada faixa, como mostra a Figura 6-20.

Para encontrar o desconto correto para qualquer quantidade pedida por um cliente, você pode começar com o *último* limite de faixa (DESCONTO_FAIXA[3]). Se a quantidade pedida for pelo menos o valor 26, nunca se entrará no loop e o cliente obterá a maior taxa de desconto (DESCONTO[3], ou 20%). Se a quantidade pedida não for ao menos DESCONTO_FAIXA[3] — isto é, se for menor que 26 —, então você reduz o subscrito e verifica se a quantidade é pelo menos DESCONTO_FAIXA[2], ou 13. Caso isso seja verdadeiro, o cliente recebe DESCONTO[2], ou 15%, e assim por diante. A Figura 6-21 mostra um programa que aceita a quantidade pedida por um cliente e determina a taxa de desconto adequada.

> num DESCONTO_FAIXA [4]
> = 0, 9, 13, 26

Figura 6-20 O array DESCONTO_FAIXA usando o fim inferior de cada faixa

NOTA: Um programa de encomendas mais desenvolvido também aceitaria dados como nome e endereço dos clientes, assim como quais itens foram encomendados. Estes detalhes foram deixados de fora do programa da Figura 6-21 para que você pudesse se concentrar no método que determina o desconto com base na quantidade pedida.

NOTA: Uma abordagem alternativa àquela seguida na Figura 6-21 seria armazenar o fim superior de cada faixa em um array. Então, você iniciaria com o elemento *mais baixo* e verificaria os valores *menores que ou iguais a* cada valor dos elementos do array.

Ao usar um array para armazenar limites de faixas, o loop faz uma série de comparações que, caso contrário, exigiria decisões separadas. O programa que determina a faixa de descontos dos clientes foi escrito usando menos instruções do que seriam necessárias se não fosse utilizado um array, além disso, sua modificação será mais fácil de realizar no futuro.

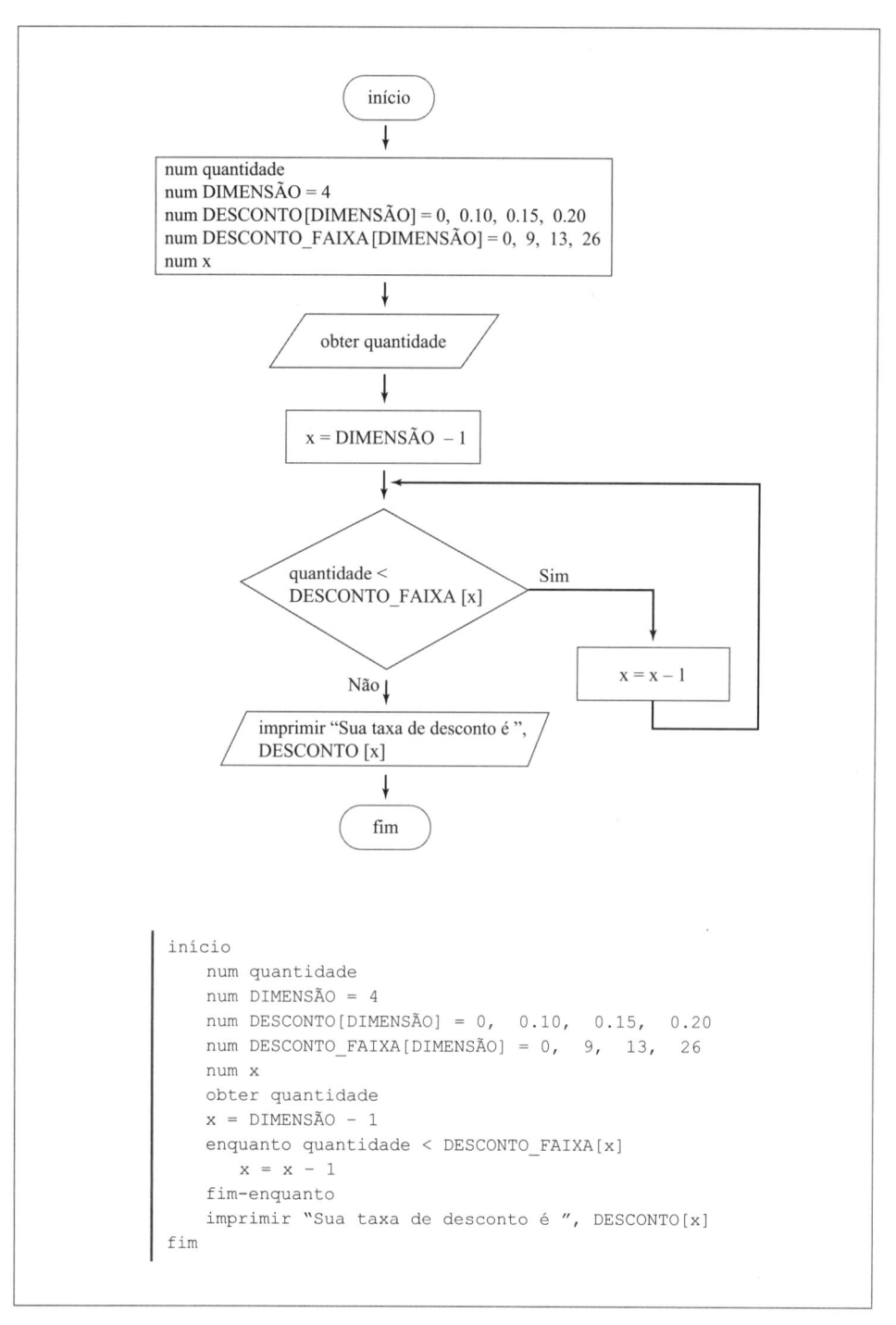

```
início
    num quantidade
    num DIMENSÃO = 4
    num DESCONTO[DIMENSÃO] = 0,  0.10,  0.15,  0.20
    num DESCONTO_FAIXA[DIMENSÃO] = 0,  9,  13,  26
    num x
    obter quantidade
    x = DIMENSÃO - 1
    enquanto quantidade < DESCONTO_FAIXA[x]
        x = x - 1
    fim-enquanto
    imprimir "Sua taxa de desconto é ", DESCONTO[x]
fim
```

Figura 6-21 Programa que determina a faixa de desconto

DUAS VERDADES E UMA MENTIRA:

Buscando um casamento de faixas em um array

1. Para localizar um valor-alvo de faixa, pode-se armazenar o valor superior de cada faixa em um array e comparar o alvo a cada elemento do array.
2. Para localizar um valor-alvo de faixa, pode-se armazenar o valor inferior de cada faixa em um array e comparar o alvo a cada elemento do array.
3. Ao usar um array para armazenar limites de faixas, você usa uma série de comparações que, caso contrário, demandaria muitas estruturas de loop separadas.

A frase falsa é a nº 3. Ao usar um array para armazenar limites de faixas, você usa um loop para fazer uma série de comparações que, caso contrário, demandaria muitas decisões separadas.

Permanecendo dentro dos limites dos arrays

Todo array têm um tamanho finito. Você pode pensar na dimensão de um array de uma de duas maneiras – pelo número de elementos no array ou pelo número de bytes. Arrays são sempre compostos de elementos do mesmo tipo de dado, e elementos do mesmo tipo de dado sempre ocupam o mesmo número de bytes da memória. Assim, o número de bytes em um array é sempre um múltiplo do número de elementos do array. Por exemplo, em Java, inteiros ocupam 4 bytes de memória; logo, um array de 10 inteiros ocupa exatamente 40 bytes.

Em toda linguagem de programação, ao acessar dados armazenados em um array, é importante usar um subscrito que contenha um valor que acesse a memória ocupada pelo array. Por exemplo, examine o programa `ImprimirNomeMês` da Figura 6-22. O método aceita um mês numérico e apresenta o nome associado àquele mês.

A lógica faz uma perigosa suposição: que todo número inserido pelo usuário é um número válido de mês. Se o usuário inserir um número que é muito pequeno ou muito grande, uma de duas coisas vai acontecer, dependendo da linguagem de programação utilizada. Ao usar um valor de subscrito que é negativo ou maior que o número de elementos em um array:

» Algumas linguagens de programação param a execução do programa e emitem uma mensagem de erro.

» Outras linguagens de programação não emitem uma mensagem de erro, mas acessam um valor em uma localidade da memória externa à área ocupada pelo array. Essa área pode conter lixo, ou pior, acidentalmente pode conter o nome de um mês incorreto.

De qualquer forma, ocorre um erro de lógica. Quando se usa um subscrito que não está dentro da faixa de subscritos aceitáveis, diz-se que o subscrito está **fora dos limites**. Com frequência, usuários entram dados incorretos – um bom programa deve ser capaz de lidar com esses erros e não permitir que o subscrito esteja fora dos limites.

NOTA:
No programa da Figura 6-22, observe que se subtrai de mês quando ele é usado como subscrito. Isso porque, apesar de em geral pensarmos em janeiro como o primeiro mês, seu nome ocupa a localidade do array no subscrito 0.

NOTA:
Além de inserir um número inválido, um usuário pode nem sequer inserir um número. Você verá esse tipo de erro quando escrever programas em uma linguagem específica.

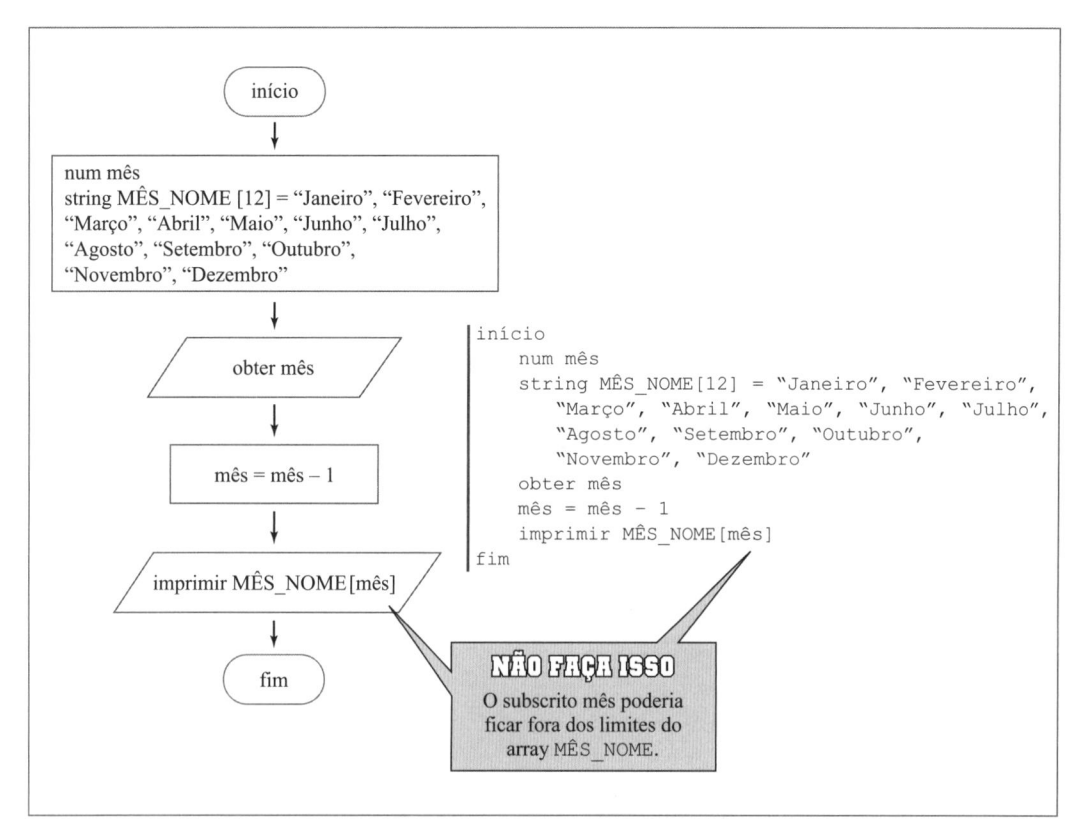

```
início
    ↓
num mês
string MÊS_NOME [12] = "Janeiro", "Fevereiro",
"Março", "Abril", "Maio", "Junho", "Julho",
"Agosto", "Setembro", "Outubro",
"Novembro", "Dezembro"
    ↓
obter mês
    ↓
mês = mês – 1
    ↓
imprimir MÊS_NOME[mês]
    ↓
fim
```

```
início
    num mês
    string MÊS_NOME[12] = "Janeiro", "Fevereiro",
        "Março", "Abril", "Maio", "Junho", "Julho",
        "Agosto", "Setembro", "Outubro",
        "Novembro", "Dezembro"
    obter mês
    mês = mês – 1
    imprimir MÊS_NOME[mês]
fim
```

NÃO FAÇA ISSO
O subscrito mês poderia ficar fora dos limites do array MÊS_NOME.

Figura 6-22 Determinando o string do mês a partir da entrada numérica do usuário

É possível melhorar o programa da Figura 6-22 adicionando um teste que garanta que o subscrito usado para acessar o array esteja dentro dos limites. A Figura 6-23 mostra um método que garante que o subscrito usado com o array é apropriado; ele testa o subscrito e apresenta uma mensagem de erro se o subscrito não for válido. A Figura 6-24 mostra outra abordagem. Por meio de um prompt, este programa solicita repetidamente ao usuário por um mês, até que um valor válido seja inserido. A técnica usada depende dos requisitos do seu programa.

Toda vez que você usar um array, lembre-se de sua dimensão e de seus limites. Por exemplo, quando o valor da entrada de um usuário é usado para acessar um array, sempre se deve testar a dimensão do valor para ter certeza de que ele está dentro dos limites antes de usá-lo. Se o valor da variável usada como um subscrito for muito baixo (menor que 0) ou muito alto (da dimensão do array ou maior), o array não deve ser acessado ou deve-se forçar o valor para um valor utilizável com uma sentença de atribuição.

```
início
    num mês
    string MÊS_NOME [12] = "Janeiro", "Fevereiro",
    "Março", "Abril", "Maio", "Junho", "Julho",
    "Agosto", "Setembro", "Outubro",
    "Novembro", "Dezembro"
```

obter mês

mês >= 1 E mês <= MAX_MÊS?

Não → imprimir "mês inválido"

Sim → mês = mês – 1 → imprimir MÊS_NOME [mês]

fim

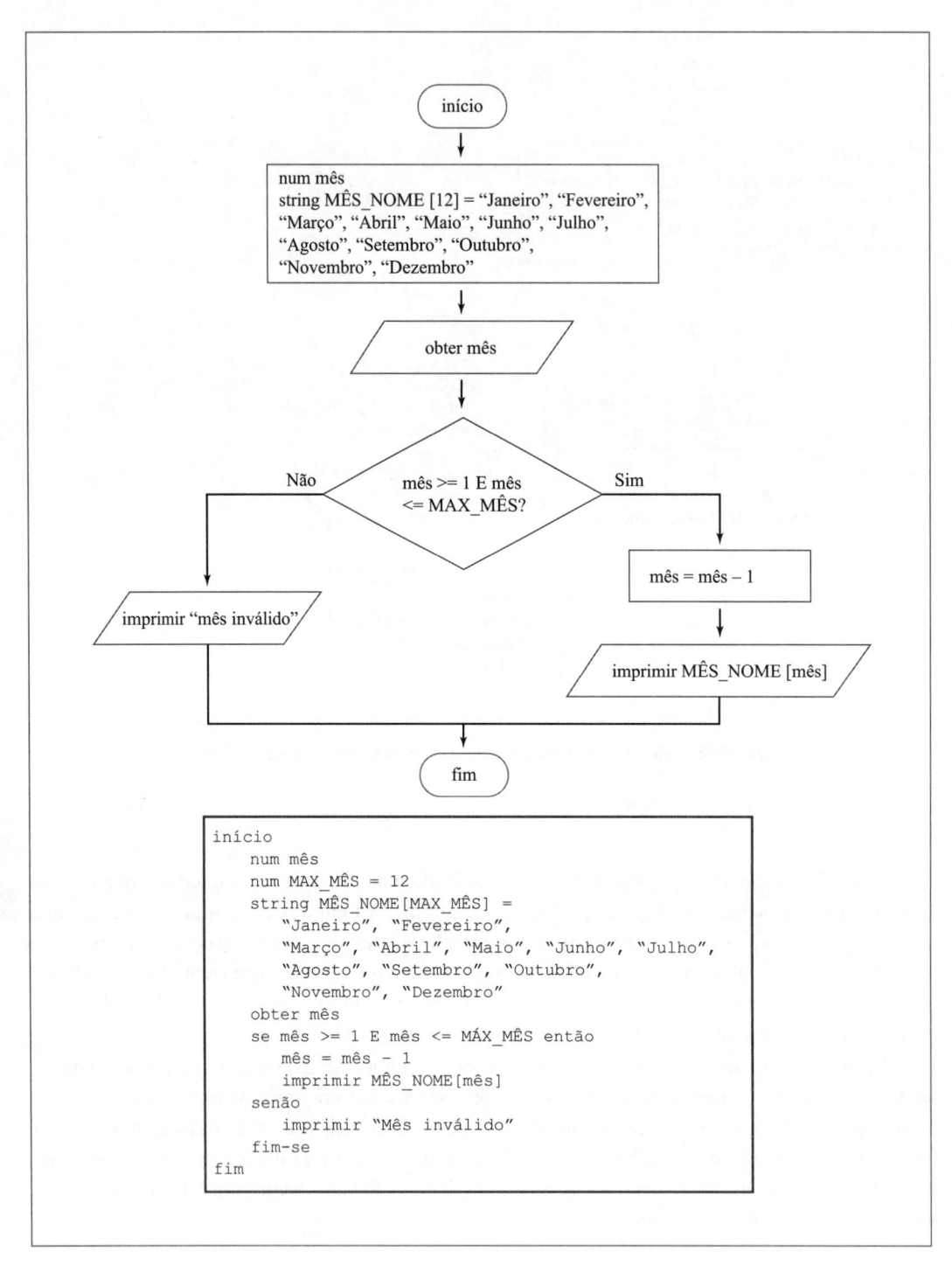

```
início
    num mês
    num MAX_MÊS = 12
    string MÊS_NOME[MAX_MÊS] =
        "Janeiro", "Fevereiro",
        "Março", "Abril", "Maio", "Junho", "Julho",
        "Agosto", "Setembro", "Outubro",
        "Novembro", "Dezembro"
    obter mês
    se mês >= 1 E mês <= MÁX_MÊS então
        mês = mês - 1
        imprimir MÊS_NOME[mês]
    senão
        imprimir "Mês inválido"
    fim-se
fim
```

Figura 6-23 Programa que usa uma seleção para garantir que um subscrito seja válido

```
início
   num mês
   string MÊS_NOME [12] = "Janeiro", "Fevereiro",
      "Março", "Abril", "Maio", "Junho", "Julho",
      "Agosto", "Setembro", "Outubro",
      "Novembro", "Dezembro"
```

obter mês

mês < 1 OU mês > MAX_MÊS?

Sim → imprimir "Mês inválido" → obter mês

Não ↓

mês = mês − 1

imprimir MÊS_NOME [mês]

fim

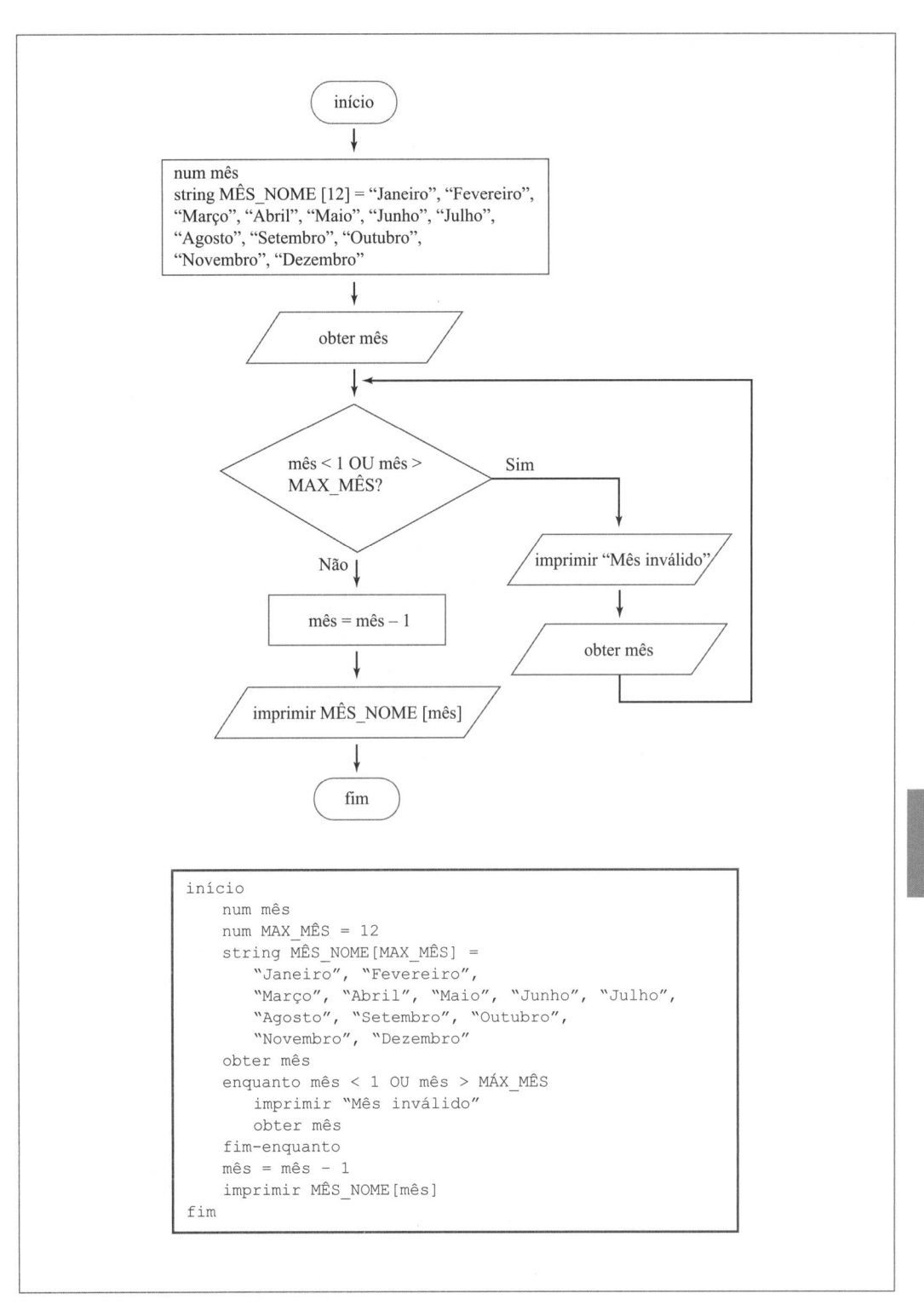

```
início
   num mês
   num MAX_MÊS = 12
   string MÊS_NOME[MAX_MÊS] =
      "Janeiro", "Fevereiro",
      "Março", "Abril", "Maio", "Junho", "Julho",
      "Agosto", "Setembro", "Outubro",
      "Novembro", "Dezembro"
   obter mês
   enquanto mês < 1 OU mês > MÁX_MÊS
      imprimir "Mês inválido"
      obter mês
   fim-enquanto
   mês = mês − 1
   imprimir MÊS_NOME[mês]
fim
```

Figura 6-24 Programa que usa um loop para garantir que um subscrito seja válido

DUAS VERDADES E UMA MENTIRA:

Pemanecendo dentro dos limites dos arrays

1. Elementos de um array são muitas vezes de diferentes tipos de dados. Logo, é difícil calcular o montante de memória que o array ocupa.
2. Ao tentar acessar um array com um subscrito muito pequeno, algumas linguagens de programação interrompem a execução do programa e emitem uma mensagem de erro.
3. Ao tentar acessar um array com um subscrito muito grande, algumas linguagens de programação acessam uma localidade incorreta da memória, fora dos limites do array.

A frase falsa é a nº 1. Elementos de um array são sempre do mesmo tipo de dado e elementos do mesmo tipo de dado sempre ocupam o mesmo número de bytes, portanto o número de bytes em um array é sempre um múltiplo do número de seus elementos.

Usando um loop `for` para processar arrays

No Capítulo 4, você aprendeu sobre o loop `for` – um loop que, em uma única sentença, inicializa uma variável de controle do loop, a compara a um limite e a altera. O loop `for` é uma ferramenta especialmente conveniente quando se trabalha com arrays, pois com frequência é necessário processar todos os elementos do array do começo ao fim. Da mesma forma que em um loop `enquanto`, quando se usa um loop `for`, deve-se ter cuidado para se manter dentro dos limites do array, lembrando que o mais alto subscrito utilizável do array é uma unidade menor que a dimensão do array. A Figura 6-25 mostra um loop `for` que imprime corretamente todos os nomes dos meses no array `MÊS_NOME`. Observe que `mês` é incrementado pelo número de meses menos um, porque com um array de 12 itens, os subscritos que você pode usar vão de 0 até 11.

```
início
    num mês
    num MÁX_MÊS = 12
    string MÊS_NOME[MÁX_MÊS] =
        "Janeiro", "Fevereiro",
        "Março", "Abril", "Maio", "Junho", "Julho",
        "Agosto", "Setembro", "Outubro",
        "Novembro", "Dezembro"
    for mês = 0 to MÁX_MÊS -1
        imprimir MÊS_NOME[mês]
    fim-for
fim
```

Figura 6-25 Pseudocódigo que usa um loop `for` para imprimir nomes de meses

O loop na Figura 6-26 é um pouco ineficiente, pois, como ele executa 12 vezes, a operação de subtração que deduz 1 de `MÁX_MÊS` ocorre toda vez. Doze operações de subtração não consomem muita capacidade ou tempo do computador, mas em um loop que processe milhares ou milhões de elementos de array, a eficiência do programa seria comprometida. A Figura 6-26 mostra uma solução melhor. Uma nova constante, `ARRAY_LIMITE`, é calculada uma vez e então é usada repetidamente na operação de comparação para determinar quando parar de circular no array.

```
início
    num mês
    num MÁX_MÊS = 12
    num ARRAY_LIMITE = MÁX_MÊS - 1
    string MÊS_NOME[MÁX_MÊS] =
        "Janeiro", "Fevereiro",
        "Março", "Abril", "Maio", "Junho", "Julho",
        "Agosto", "Setembro", "Outubro",
        "Novembro", "Dezembro"
    for mês = 0 to ARRAY_LIMITE
        imprimir MÊS_NOME[mês]
    fim-for
fim
```

Figura 6-26 Pseudocódigo que usa um loop for mais eficiente para imprimir nomes de meses

NOTA: Em Java, C++, e C#, o loop for parece o mesmo. Para controlar um loop no qual mês varie de 0 até uma unidade a menos que MÁX_MÊS, você poderia escrever o seguinte:

```
for (mês = 0; mês < MÁX_MÊS; mês++)
```

A palavra-chave for é acompanhada de parênteses. Os parênteses contêm três seções, separadas por pontos e vírgulas. A primeira seção ajusta mês para um valor inicial. A seção do meio faz uma comparação; o loop for continua a executar enquanto essa expressão for verdadeira. A última seção executa quando o corpo do loop estiver completo e normalmente ela altera a variável de controle do loop. Em Java, C++, e C#, mês++ significa "adicionar 1 a mês".

DUAS VERDADES E UMA MENTIRA:

Usando um loop `for` para processar arrays

1. O loop for é uma ferramenta especialmente conveniente quando se trabalha com arrays.
2. Com frequência é preciso processar todos os elementos de um array, do começo ao final.
3. Uma vantagem de se usar um loop for para processar elementos de arrays é que não é necessário se preocupar com os limites dos arrays.

A frase falsa é a nº 3. Da mesma forma que em um loop enquanto, quando se usa um loop for, deve-se tomar cuidado para se manter dentro dos limites do array.

Resumo do capítulo

» Um array é uma série ou lista de variáveis na memória do computador, que possuem o mesmo nome e tipo de dado, mas que se diferenciam por números especiais chamados subscritos.

» Muitas vezes é possível usar uma variável como um subscrito para um array, o que permite que múltiplas decisões embutidas sejam substituídas por menos sentenças.

» Usar uma constante nomeada para uma dimensão de array deixa o código mais fácil de ser entendido e com menos chance de conter erros.

» Pode-se declarar e inicializar todos os elementos em um array usando uma única sentença que forneça um tipo, um nome e uma quantidade de elementos para o array. Também é permitido inicializar valores do array dentro de um loop de inicialização.

» Alguns arrays contêm valores determinados durante a execução de um programa; outros arrays são mais úteis quando seus valores finais desejados são definidos pelo código-fonte quando se escrever o programa.

» Buscar em um array para encontrar um valor desejado envolve inicializar um subscrito, usar um loop para testar cada elemento do array e definir um flag quando o casamento é encontrado.

» Com arrays paralelos, cada elemento de um array é associado ao elemento de mesma posição relativa do outro array.

» Quando se quer comparar um valor a uma faixa de valores em um array, pode-se armazenar o valor do limite inferior ou do superior de cada faixa para comparação.

» Ao acessar dados armazenados em um array, é importante usar um subscrito que contenha um valor que acesse a memória ocupada pelo array. Ao usar um subscrito que não está dentro da faixa definida de subscritos aceitáveis, diz-se que o subscrito está fora dos limites.

» O loop `for` é uma ferramenta especialmente conveniente ao se trabalhar com arrays, pois frequentemente é necessário processar todos os elementos de um array do começo ao fim.

Termos-chave

Um **array** é uma série ou uma lista de variáveis em uma memória de computador, que têm o mesmo nome, mas que se diferenciam por números especiais chamados subscritos.

Um **subscrito**, também chamado **índice**, é um número que indica a posição de um item específico dentro de um array.

Cada variável separada do array é um **elemento** do array.

A **dimensão do array** é o número de elementos que este array pode conter.

Um array **implicitamente dimensionado** é um array para o qual a dimensão é automaticamente determinada com base em uma lista de valores fornecidos.

Arrays cujas dimensões podem ser alteradas são **arrays dinâmicos**, ou arrays **dinamicamente alocados**.

Um **loop de inicialização** é uma estrutura de loop que fornece valores iniciais para todo elemento de qualquer array.

Povoar um array é o ato de atribuir valores aos elementos do array.

Um **array variável** é um array cujos valores mudam durante a execução do programa.

Um **array constante** é um array cujos valores são atribuídos permanentemente quando se escreve o código do programa.

Valores **definidos por código-fonte** são explicitamente atribuídos.

Um **flag** é uma variável definida para indicar se determinado evento ocorreu.

Arrays paralelos são dois ou mais arrays nos quais cada elemento de um array é associado com o elemento da mesma posição relativa dos outros.

Sair de um loop assim que um casamento é encontrado denomina-se **saída antecipada**.

Um subscrito de um array está **fora dos limites** quando não está dentro da faixa de subscritos aceitáveis.

Questões de revisão

1. Um subscrito é um(a) _____.
   a. elemento em um array
   b. nome alternativo para um array
   c. número que representa o valor mais alto armazenado dentro de um array
   d. número que indica a posição de um item específico em um array

2. Cada variável em um array precisa ter o mesmo _____ que as outras.
   a. tipo de dado
   b. subscrito
   c. valor
   d. elemento

3. Cada variável em um array é chamada um(a) _____.
   a. tipo de dado
   b. subscrito
   c. componente
   d. elemento

4. Os subscritos de qualquer array são sempre _____.
   a. inteiros
   b. frações
   c. caracteres
   d. elementos

5. Suponha que você tem um array nomeado **número** e dois de seus elementos sejam **número[1]** e **número[4]**. Você sabe que _____.
   a. os dois elementos contêm o mesmo valor
   b. o array contém exatamente quatro elementos
   c. há exatamente dois elementos entre esses dois elementos
   d. os dois elementos estão no mesmo local da memória

6. Suponha que você queira escrever um programa que leia registros de clientes e imprima um sumário do número de clientes que devem mais de $ 1.000, em cada uma das 12 regiões de vendas. Campos de clientes incluem nome, **códigoPostal**, **saldoDevedor** e **númeroRegião**. Em algum momento durante o processamento dos registros, você adicionaria 1 a um elemento do array cujo subscrito seria representado por _____.
   a. `nome`
   b. `códigoPostal`
   c. `saldoDevedor`
   d. `númeroRegião`

7. Arrays são mais úteis quando você usa um(a) _____ como um subscrito ao acessar seus valores.
   a. constante numérica
   b. variável
   c. caractere
   d. nome de arquivo

8. Suponha que você crie um programa que contenha um array de sete elementos que contenha os nomes dos dias da semana. No início do programa, você apresenta os nomes dos dias usando um subscrito nomeado `diaNum`. Você apresenta os mesmos valores do array novamente ao final do programa quando você _____ como um subscrito para o array.
   a. precisa usar `diaNum`
   b. pode usar `diaNum`, mas também pode usar outra variável
   c. não pode usar `diaNum`
   d. precisa usar uma constante numérica em vez de uma variável

9. Declarar um array numérico define os valores dos elementos individuais para _____.
   a. 0, em qualquer linguagem de programação
   b. 0, em algumas linguagens de programação
   c. dígitos consecutivos, em qualquer linguagem de programação
   d. dígitos consecutivos, em algumas linguagens de programação

10. Preencher um array com valores durante a execução de um programa é conhecido como _____ o array.
    a. executar
    b. colonizar
    c. povoar
    d. declarar

11. Um array definido por código-fonte é um array cujos valores finais desejados são definidos _____.
    a. para valores variáveis durante a execução do programa
    b. para valores constantes no começo do programa
    c. para valores ao final do programa
    d. para 0

12. Um _____ é uma variável que você ajusta para indicar se algum evento ocorreu.
    a. subscrito
    b. estandarte
    c. contador
    d. flag

13. Como você chama dois arrays nos quais cada elemento de um deles é associado ao elemento da mesma posição relativa do outro?
    a. arrays coesos
    b. arrays paralelos
    c. arrays escondidos
    d. arrays perpendiculares

14. Na maioria das linguagens modernas de programação, o subscrito mais alto que você deve usar com um array de dez elementos é _____.
    a. 8
    b. 9
    c. 10
    d. 11

15. Quando você realiza uma saída antecipada de um loop enquanto busca um casamento em um array, você _____.
    a. para de procurar antes que encontre um casamento
    b. para de procurar assim que encontre um casamento
    c. define um flag assim que você encontrar um casamento, mas continua buscando por casamentos adicionais
    d. repete uma busca apenas se a primeira busca não tiver sido bem-sucedida

16. Cada elemento em um array de cinco elementos pode conter _____ valor(es).
    a. um
    b. cinco
    c. pelo menos cinco
    d. um número ilimitado de

17. Depois do show anual de cachorros na qual a Barkley Dog Training Academy deu notas a cada participante, a academia atribui um conceito a cada cachorro, baseando-se nos seguintes critérios:

Pontos Ganhos	Nível Atingido
0-5	Bom
6-7	Excelente
8-9	Superior
10	Incrível

    A academia precisa de um programa que compare os pontos ganhos por um cachorro a uma escala de notas, para que cada cachorro possa receber um certificado que reconheça adequadamente o nível atingido. Dos seguintes, qual conjunto de valores seria o mais útil para o conteúdo de um array usado no programa?
    a. 0, 6, 9, 10
    b. 5, 7, 8, 10
    c. 5, 7, 9, 10
    d. qualquer um desses

18. Quando você usa um valor de subscrito negativo ou maior que o número de elementos no array, _____.
    a. a execução do programa para e uma mensagem de erro é emitida
    b. um valor em um local da memória que é fora da área ocupada pelo array será acessado
    c. um valor em um local da memória que é fora da área ocupada pelo array será acessado, mas apenas se o valor for do tipo de dado correto
    d. a ação resultante depende da linguagem de programação usada

19. Em todo array, um subscrito está fora dos limites quando é _____.
    a. negativo
    b. 0
    c. 1
    d. 999

20. Você pode acessar todos os elementos de um array usando um _____.
    a. loop `enquanto`
    b. loop `for`
    c. loop pós-teste
    d. todos os anteriores

Encontre os bugs

Cada um dos segmentos de pseudocódigo seguintes contém um ou mais bugs que você precisa encontrar e corrigir.

1. Esta aplicação imprime um relatório resumido para uma campanha de reciclagem de latas de alumínio em uma escola de ensino médio. Quando um estudante traz latas, um usuário informa a série escolar (1ª, 2ª, 3ª) do estudante e o número de latas trazidas. Depois que todos os dados foram inseridos, um relatório lista cada uma das quatro séries e o número total de latas recicladas por cada série.

   ```
   início
      num série
      num latas
      num DIMENSÃO = 4
      num coletadas[DIMENSÃO] = 0, 0, 0, 0
      string CABEÇALHO1 = "Relatório de Reciclagem de Latas"
      string CABEÇALHO2 = "Ano    Latas Coletadas"
      obter série, latas
      enquanto não eof
         coletadas[série] = coletadas[série] + latas
      fim-enquanto
      imprimir CABEÇALHO1
      imprimir CABEÇALHO2
      enquanto série <= DIMENSÃO
         imprimir série, coletadas[série]
         série = série + 1
      fim-enquanto
   fim
   ```

2. Esta aplicação imprime um relatório que lista estudantes e suas notas em um curso. Um usuário insere o nome e as quatro notas de provas para cada estudante. O programa calcula a média das notas e imprime um relatório que contém o nome e a nota (em conceito) de cada estudante, com base na seguinte escala:

   90-100 A

   80-89 B

   70-79 C

   60-69 D

   59 ou menos F

   ```
   início
      string nome
      num nota
      num NUM_PROVAS = 4
      num NUM_FAIXAS = 5
      num FAIXAS[NUM_FAIXAS] = 90, 80, 70, 60, 0
      string NOTAS[NUM_FAIXAS] = "A", "B", "C", "D", "F"
      num total = 0
      num média
      num sub
      obter nome
      enquanto não eof
         sub = 0
         enquanto sub < NUM_PROVAS
   ```

```
            obter nota
            total = total + 1
            sub = sub + 1
        fim-enquanto
        média = total / NUM_FAIXAS
        sub = 0
        enquanto média < FAIXAS[NUM_FAIXAS]`
            sub = sub + 1
        fim-enquanto
        notaConceito = NOTAS[NUM_FAIXAS]
        imprimir nome, notaConceito
        obter nome
    fim-enquanto
fim
```

Exercícios

1. Faça o design da lógica para um programa que permite que um usuário entre 10 números, e então os apresente na ordem inversa da ordem em que eles foram inseridos.

2. Faça o design da lógica para um programa que permite que um usuário informe dez números, e então apresente cada um e sua diferença em relação à média dos números.

3a. A cidade de Cary está fazendo um censo especial. Os recenseadores coletam um registro para cada residente, que contém a idade, o sexo, o estado civil e a região eleitoral do residente. O campo da região eleitoral contém um número de 1 a 22. Faça o design de um programa que aceite os dados de cada residente até que todos tenham sido inseridos e, então, produza uma lista de todos as 22 regiões e o número de residentes em cada uma.

3b. Faça o design de um programa que aceite os dados dos residentes e calcule o número de residentes em cada uma das seguintes faixas etárias: menores de 18 anos, de 18 a 30, de 31 a 45, de 46 a 64 e 65 ou mais.

4a. O Midville Park District mantém registros contendo informações sobre os jogadores de seus times de futebol. Cada registro contém o primeiro nome, sobrenome e o número do time de cada jogador. Os times são:

Número do time	Nome do Time
1	Goal Getters
2	The Force
3	Top Guns
4	Shooting Stars
5	Midfield Monsters

Faça o design de um programa que aceite os dados dos jogadores e que crie um relatório que liste cada jogador e o número e o nome de seu time.

4b. Faça o design de uma aplicação que produza uma conta do número de jogadores registrados para cada time listado no Exercício 4a.

5a. A Watson Elementary School possui 30 salas de aula, numeradas de 1 a 30. Cada sala de aula pode conter até 35 alunos. Cada aluno faz um exame de verificação ao final do ano escolar e recebe uma nota de 0 até 100. Escreva um programa que aceite os seguintes dados de cada aluno da escola: matrícula do aluno, número da sala de aula e nota no exame de verificação.

Faça o design de um programa que liste os pontos totais feitos por cada uma das 30 salas de aula.

5b. Modifique o Exercício 5a para que seja impressa a média de pontos feitos em cada sala de aula, em vez do total de cada sala.

5c. A Watson Elementary School mantém um arquivo contendo o nome do professor de cada sala de aula. Cada registro nesse arquivo contém o número de uma sala, de 1 a 30, e o último nome do professor. Modifique o programa do Exercício 5b para que o nome do professor correto apareça na lista com a média da sua sala.

6. O restaurante Billy Goat Fast Food vende os seguintes produtos:

Produto	Preço ($)
Cheeseburguer	2,49
Refrigerante	1,00
Batatas fritas	0,59

Faça o design para uma aplicação que leia o item pedido pelo cliente e que imprima ou o preço correto ou a mensagem "Desculpe, produto indisponível" como saída.

7a. Faça o design de uma aplicação para uma empresa que quer um relatório contendo uma análise da folha de pagamentos por departamento. As entradas incluem o sobrenome, o primeiro nome, o número do departamento, o salário-hora e o número de horas trabalhadas de cada empregado. A saída é uma lista dos sete departamentos da empresa (numerados de 1 a 7) e o total da folha de pagamentos (taxa vezes horas) para cada departamento.

7b. Modifique o Exercício 7a para que o relatório liste os nomes dos departamentos, bem como seus números. Os departamentos são:

Número do Departamentos	Nome do Departamento
1	Pessoal
2	Marketing
3	Produção
4	Serviços de Computação
5	Vendas
6	Contabilidade
7	Entregas

7c. Modifique o relatório criado no Exercício 7b para que ele imprima uma linha de informação para cada empregado antes de imprimir o resumo do departamento ao final do relatório. Cada linha de detalhe deve conter o nome do empregado, o número e o nome do departamento, o pagamento por hora, as horas trabalhadas, o pagamento bruto e o imposto retido na fonte do empregado.

Impostos retidos na fonte se baseiam nas seguintes alíquotas do pagamento bruto:

Pagamento Bruto Semanal ($)	Porcentual Retido na Fonte (%)
0,00 – 200,00	10
200,01 – 350,00	14
350,01 – 500,00	18
500,01 – mais	22

8. A Perfect Party Catering Company promove eventos para clientes. Crie uma aplicação que aceite o número de um evento, o sobrenome do organizador, um mês, dia, e ano em valores numéricos representando a data do evento. A aplicação também deve incluir o número de convidados que vão comparecer ao evento e um código numérico da refeição que representa o prato principal que os organizadores vão servir. À medida que os dados de cada cliente forem inseridos, verifique se o mês, o dia, o ano e o código da refeição são válidos; se algum deles não for válido, continue a solicitar entradas do usuário até que elas sejam corretas. Os códigos de refeições válidos são os seguintes:

Código	Prato Principal	Preço por Pessoa ($)
1	Rosbife	24,50
2	Salmão	19,00
3	Linguine	16,50
4	Frango	18,00

Faça o design da lógica para uma aplicação que produza um relatório que liste cada número de evento, nome do organizador, data validada, código da refeição, nome do prato principal, número de convidados, preço total bruto da festa e preço da festa depois do desconto. O preço total bruto da festa é o preço por convidado pela refeição multiplicado pelo número de convidados. O preço final inclui um desconto com base na seguinte tabela:

Número de Convidados	Desconto ($)
1–25	0
26–50	75
51–100	125
101–250	200
251 ou mais	300

9a. A ***Daily Life Magazine*** quer uma análise das características demográficas de seus leitores. O Departamento de Marketing coletou os registros de uma pesquisa com os leitores contendo idade, sexo, estado civil e renda anual. Faça o design de uma aplicação que aceite os dados e produza uma contagem dos leitores por faixa etária, como segue: menores de 20 anos, 20-29 anos, 30-39 anos, 40-49 anos e 50 anos ou mais.

9b. Crie a lógica para um programa que produziria uma contagem dos leitores pelo sexo dentro da faixa etária – isto é, mulheres menores de 20 anos, homens menores de 20 anos e assim por diante.

9c. Crie a lógica para um programa que produziria uma contagem dos leitores pelas faixas de renda anual, como segue: menos de $20.000, de $20.000 a $29.999, de $30.000 a $49.999, de $50.000 a $69.999 e $70.000 ou mais.

10. A Glen Ross Vacation Property Sales emprega sete vendedores, como segue:

Número de Identificação	Nome do Vendedor
103	Darwin
104	Kratz
201	Shulstad
319	Fortune
367	Wickert
388	Miller
435	Vick

Quando um vendedor faz uma venda, cria-se um registro que inclui a data, o horário e o montante da venda. O horário é expresso em horas e minutos, no formato de 24 horas. O montante da venda é expresso em valores inteiros. Vendedores ganham uma comissão relativa a cada venda, com base no seguinte esquema de taxas:

Montante da Venda ($)	Taxa da Comissão (%)
0 – 50.999	4
51.000 – 125.999	5
126.000 – 200.999	6
201.000 ou mais	7

Faça o design de uma aplicação que produza cada um dos seguintes relatórios:

a. Um relatório que liste número, nome, vendas totais e comissão total de cada vendedor.

b. Um relatório que liste cada mês do ano, tanto com um número como com uma palavra (por exemplo, "01 – janeiro"), e as vendas totais mensais para todos os vendedores.

c. Um relatório que liste as vendas totais, bem como as comissões totais ganhas por todos os vendedores em cada um dos seguintes períodos, com base no horário do dia: 00-05, 06-12, 13-18 e 19-23

Zona dos jogos

1. Crie a lógica para uma aplicação que contenha um array de dez questões de múltipla escolha relacionadas ao seu hobby favorito. Cada questão contém três opções de resposta. Crie também um array paralelo que contenha a resposta correta para cada questão – A, B ou C. Apresente cada questão e verifique se o usuário entrou somente A, B ou C como resposta – caso contrário, continue solicitando ao usuário até que uma entrada válida seja inserida. Se o usuário responder a uma questão corretamente, apresente "Correto!"; caso contrário, apresente "A resposta correta

é" e a letra da resposta correta. Depois que o usuário responder todas as questões, apresente o número de respostas corretas e incorretas.

2a. Crie a lógica para um jogo de dados. A aplicação "lança" aleatoriamente cinco dados para o computador e cinco dados para o jogador. Conforme cada "lançamento" aleatório é feito, armazene-o em um array. A aplicação apresenta todos os valores, de 1 até 6, para cada dado. Decida o vencedor com base na seguinte hierarquia de valores dos dados. Qualquer combinação mais alta ganha de uma mais baixa – por exemplo, qualquer quina ganha de qualquer quadra.
   » Uma quina.
   » Uma quadra.
   » Uma trinca.
   » Um par.

Para esse jogo, os valores numéricos dos dados não contam. Por exemplo, se ambos os jogadores tiraram três de um tipo, é um empate, independente de quais forem os valores dos dados. Além disso, o jogo não reconhece um *full house* (uma trinca e um par). A Figura 6-27 mostra como se pode jogar em um ambiente de linhas de comando.

Figura 6-27 Execução típica de um jogo de dados

2b. Melhore o jogo dos dados para que quando ambos os jogadores tiverem a mesma combinação de dados, os valores mais altos ganhem. Por exemplo, um par de seis ganha de um par de cinco.

3. Faça o design da lógica para o Jogo da Forca, no qual o usuário adivinha as letras de uma palavra oculta. Armazene as letras de uma palavra em um array de caracteres. Apresente um traço para cada letra faltante. Permita que o usuário adivinhe as letras continuamente até que todas as letras da palavra tenham sido adivinhadas corretamente. Conforme o usuário entra cada palpite, apresente a palavra novamente, preenchendo com a letra se o palpite estiver correto. Por exemplo, se a palavra escondida for "computador", apresente primeiro ----------. Depois, o usuário insere "p", a tela fica ---p------. Certifique-se de que quando um usuário faz uma adivinhação correta, todas as letras que coincidirem são preenchidas. Por exemplo, se a palavra é "banana", então quando o usuário inserir "a", todos os três caracteres "a" serão preenchidos.

4. Crie dois arrays paralelos que representam um baralho convencional de 52 cartas. Um dos arrays é numérico e contém valores de 1 a 13 (representando às, 2 até 10, valete, dama e rei). O outro é um array de string que contém os naipes (paus, ouros, copas e espadas). Crie os arrays para que todas as 52 combinações estejam representadas. Crie um jogo de cartas de confronto que selecione aleatoriamente duas cartas (uma do jogador e uma do computador) e declare um vencedor (ou um empate) com base no valor numérico das duas cartas. O jogo deve durar 26 rodadas de confronto, distribuindo um baralho inteiro sem cartas repetidas. Para esse jogo, assuma que os valores das cartas se baseiam em seus números – isto é, a carta mais baixa é o Ás. Apresente os valores das cartas do jogador e do computador, compare seus valores e determine o vencedor. Quando todas as cartas do baralho forem usadas, apresente uma contagem do nú-

mero de vezes que o jogador ganhou, o número de vezes que o computador ganhou e o número de empates.

Algumas dicas:

» Comece criando um array de todas as 52 cartas em jogo.

» Selecione um número aleatório para a posição da primeira carta do jogador no baralho e atribua a carta naquela posição do array ao jogador.

» Mova uma posição "para baixo" toda carta com posição maior no baralho para substituir a carta selecionada. Em outras palavras, se o primeiro número aleatório do jogador for 49, selecione a carta na posição 49 (tanto o valor numérico como o string), mova a carta que estava na posição 50 para a posição 49 e mova a carta que estava na posição 51 para a posição 50. Apenas 51 cartas permanecem no baralho depois que foi escolhida a primeira carta do jogador; assim, o array das cartas disponíveis está menor em um.

» Selecione aleatoriamente uma carta para o computador e "remova" a carta do baralho da mesma forma.

5. Crie a lógica para um jogo de adivinhação chamado "Ele Tem Pernas?", no qual você pensa em um animal e o computador tenta adivinhar qual animal você pensou. O jogo torna-se continuamente mais "esperto" conforme você joga, pois você ensina a ele como ser mais específico em suas perguntas. Por exemplo, uma sessão típica do jogo pode proceder assim:

Computador: O animal que você está pensando tem pernas?

Jogador: Sim.

Computador: Ele é um cachorro?

Jogador: Sim.

Computador: Oba! Eu ganhei! Você quer jogar de novo?

Jogador: Sim.

Computador: O animal que você está pensando tem pernas?

Jogador: Sim.

Computador: Ele é um cachorro?

Jogador: Não.

Computador: Eu desisto. Qual é o seu animal?

Jogador: Cavalo.

Computador: Digite uma questão para a qual a resposta é Sim para cachorro, mas Não para cavalo.

Jogador: Ele mora na sua casa?

Computador: Você quer jogar de novo?

Jogador: Sim.

Computador: O animal que você está pensando tem pernas?

Jogador: Sim.

Computador: Ele mora na sua casa?

Jogador: Não.

Computador: Ele é um cavalo?

Jogador: Não.

Computador: Eu desisto. Qual é o seu animal?

Jogador: Vaca.

Computador: Digite uma questão para a qual a resposta é Sim para cavalo, mas Não para vaca.
Jogador: As pessoas montam nele?
Computador: Você quer jogar de novo?
Jogador: Sim.
Computador: O animal que você está pensando tem pernas?
Jogador: Sim
Computador: Ele mora na sua casa?
Jogador: Não.
Computador: As pessoas montam nele?
Jogador: Não.
Computador: Ele é uma vaca?
Jogador: Sim.
Computador: Oba! Eu ganhei! Você quer jogar de novo?
Jogador: Não.

(*Dica:* Você pode procurar por "árvores binárias" na internet como um método para organizar essa aplicação.)

Trabalho de detetive

1. Ache pelo menos cinco definições para um array.

2. Usando a Ajuda do Microsoft Excel ou de outro programa de planilhas, descubra como usar a função `vlookup()`. Como essa função é usada?

3. O que é uma sequência de Fibonacci? Como a sequência de Fibonacci se aplica a fenômenos naturais? Por que os programadores usam um array quando trabalham com esse conceito matemático?

Livre para discussão

1. Um horário de trem é um exemplo cotidiano de um array da vida real. Pense em pelo menos em mais quatro exemplos.

2. Todo elemento em um array sempre tem o mesmo tipo de dado. Por que isso é necessário?

7 USANDO MÉTODOS

Revisão dos métodos simples

No Capítulo 3, você aprendeu muitas características dos módulos de programas. Também aprendeu grande parte do vocabulário associado aos métodos. Por exemplo, você viu o seguinte:

» Um **método** é um módulo de programa que contém uma série de sentenças para realizar uma tarefa; é possível invocar ou chamar um método a partir de outro programa ou método.

» Um programa pode conter um número ilimitado de métodos e cada método pode ser chamado ilimitadas vezes.

» As regras para nomear módulos são diferentes em cada linguagem de programação, mas muitas vezes são semelhantes às regras das linguagens para nomes de variáveis. Neste livro, nomes de módulos são acompanhados por um par de parênteses.

» Um método precisa incluir um **cabeçalho** (também chamado declaração ou definição), um **corpo** e uma **sentença de retorno**.

» Em um programa, os métodos mais simples não exigem que nenhum item de dado (chamados **argumentos**) seja enviado para eles, tampouco enviam qualquer dado de volta (conhecido como **retornar um valor**).

» Variáveis e constantes estão **no escopo** ou são **locais** somente ao método no qual foram declaradas.

A Figura 7-1 mostra um programa que permite que um usuário informe seu peso. O programa então calcula o peso do usuário na Lua, como sendo 16,6% do peso na Terra. O programa principal contém duas variáveis e uma constante, que são locais do programa principal. O programa chama o método `imprimirInstruções()`, que solicita ao usuário um indicador da língua e apresenta um prompt na língua escolhida. O método `imprimirInstruções()` contém suas próprias variáveis e constantes locais, invisíveis ao programa principal. A Figura 7-2 mostra uma típica execução do programa em um ambiente de linhas de comando.

NOTA: No Capítulo 3, você aprendeu que este livro usa um retângulo com uma faixa horizontal atravessada na parte superior para representar uma sentença que chama um módulo em um fluxograma. Alguns programadores preferem usar um retângulo com duas faixas verticais nas laterais; um programa popular de fazer fluxogramas, chamado Visual Logic, também usa essa outra convenção.

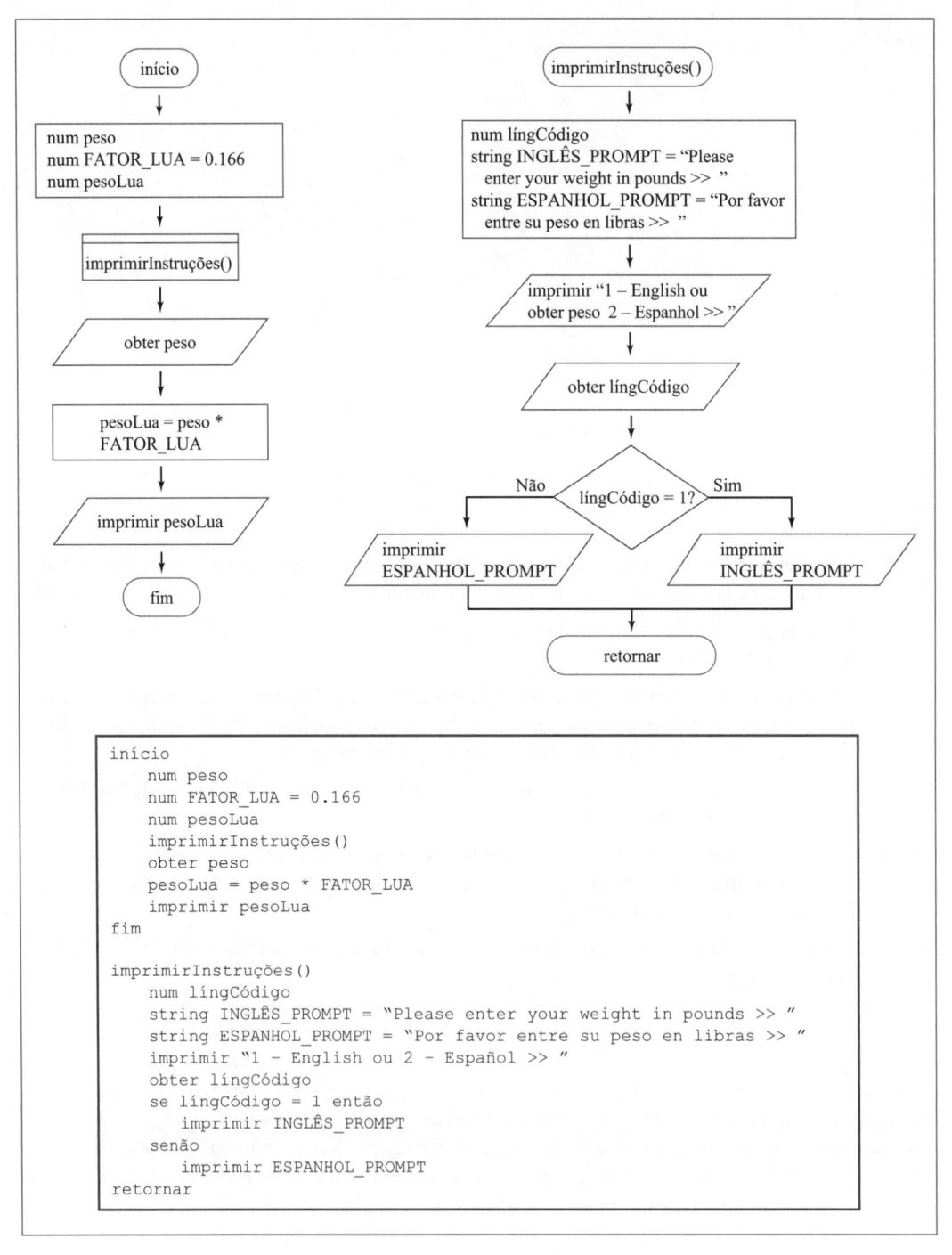

```
início
    num peso
    num FATOR_LUA = 0.166
    num pesoLua
    imprimirInstruções()
    obter peso
    pesoLua = peso * FATOR_LUA
    imprimir pesoLua
fim

imprimirInstruções()
    num língCódigo
    string INGLÊS_PROMPT = "Please enter your weight in pounds >> "
    string ESPANHOL_PROMPT = "Por favor entre su peso en libras >> "
    imprimir "1 – English ou 2 – Español >> "
    obter língCódigo
    se língCódigo = 1 então
        imprimir INGLÊS_PROMPT
    senão
        imprimir ESPANHOL_PROMPT
retornar
```

Figura 7-1 Um programa que calcula o peso do usuário na Lua

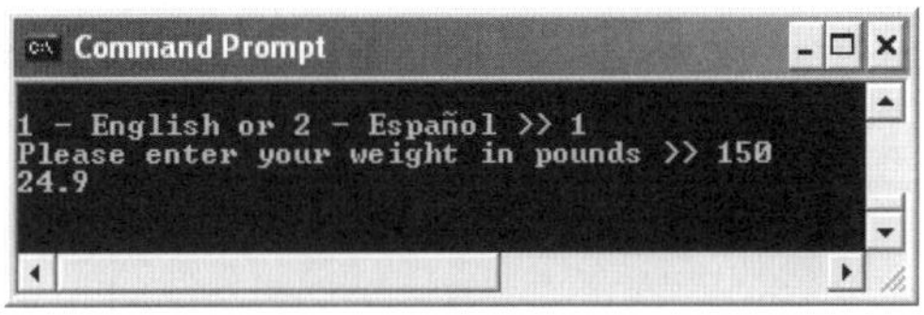

Figura 7-2 Saída do programa que calcula o peso na Lua da Figura 7-1

NOTA: A saída apresentada na Figura 7-1 é apenas um número sem explicação – normalmente, esta é uma prática pobre. Em um programa melhor, o código da língua seria passado de volta do método `imprimirInstruções()` para que a saída pudesse ser apresentada com uma explicação na língua escolhida pelo usuário (por exemplo, uma saída típica poderia ser "*At 150 earth pounds, you weigh 24.9 pound on the moon*"). Você aprenderá como fazer essa melhoria na próxima seção.

No programa da Figura 7-1, cada método contém apenas o que precisa. Entretanto, algumas vezes dois ou mais métodos no mesmo programa demandam acesso aos mesmos dados. Quando métodos compartilham dados, você precisa transportar os dados de um método para o outro.

DUAS VERDADES E UMA MENTIRA:

Revisão de métodos simples

1. Qualquer programa pode conter um número ilimitado de métodos, mas cada método pode ser chamado somente uma vez.
2. Um método precisa incluir um cabeçalho, um corpo e uma sentença de retorno.
3. Variáveis e constantes estão no escopo ou são locais do método no qual foram declaradas.

A frase falsa é a nº 1. Cada método pode ser chamado ilimitadas vezes.

Criando métodos que exigem um único parâmetro

Alguns métodos exigem que informações sejam enviadas de fora para dentro deles. Se um método não pode receber suas comunicações, chamadas **parâmetros**, então seria necessário escrever um infinito número de métodos para cobrir todas as situações possíveis. Como exemplo da vida real, quando você faz uma reserva em um restaurante, não precisa utilizar um método diferente para cada data do ano e para cada horário do dia. Em vez disso, pode fornecer a data e o horário como informações para a pessoa que efetua esse método. O método, lembrando as reservas, é realizado da mesma maneira, independente de quais datas e horários estejam envolvidos. Em um programa, se você faz o design de um método para elevar valores numéricos ao quadrado, faz sentido fazer o design para um método `quadrado2()` (que eleva ao quadrado o valor 2), e assim por diante. Para chamar um método `quadrado()` que aceite um parâmetro, você pode escrever uma sentença como `quadrado(17)` ou `quadrado(86)` e deixar o método usar quaisquer que sejam os valores que você enviou. Ao chamar um método com um valor dentro dos seus parênteses, o valor é um argumento para o método.

NOTA: *Parâmetro* e *argumento* são termos intimamente relacionados. Uma chamada de método envia um argumento para o método chamado. Um método chamado aceita o valor como seu parâmetro.

Um importante princípio da modularização é a noção de **ocultação da implementação**, a encapsulação dos detalhes do método. Isto é, ao se fazer uma solicitação para um método, não se sabem os detalhes de como esse método é executado. Por exemplo, quando faz uma reserva em um restaurante na vida real, você não precisa saber como a reserva é efetivamente registrada no restaurante – talvez seja escrita em um caderno, em um quadro negro ou inserida em uma base de dados de um computador. Os detalhes de implementação não lhe cabem enquanto cliente, e se o restaurante mudar o método de um ano para o outro, a mudança não deveria afetar seu uso do método das reservas – você ainda liga e fornece o seu nome, a data e o horário. Com métodos bem escritos, ocultar a implementação significa que um método que chama outro precisa saber o nome do método chamado, que tipo de informação digitar e qual tipo de dados de retorno esperar, mas não precisa saber como o método funciona internamente. O método que chama precisa entender apenas a **interface do método** chamado. Em outras palavras, a interface é a única parte de um método que o **cliente** (ou chamador) do método vê ou interage. Além disso, caso a implementação seja modificada ou melhorada, enquanto a interface do método não mudar, não é necessário fazer mudanças em nenhum método que chama o método alterado.

NOTA: Programadores se referem à ocultação dos detalhes da implementação como **caixa preta**. Isso significa que se pode examinar o que entra e o que sai, mas não os detalhes de como é o funcionamento interno.

Ao escrever a declaração do método para um método que pode receber um parâmetro, é preciso incluir os seguintes itens dentro dos parênteses da declaração do método:

» O tipo de parâmetro.
» Um nome local para o parâmetro.

Por exemplo, suponha que você decida melhorar o programa do peso na Lua da Figura 7-1, tornando a saída mais inteligível e adicionando textos explicativos para o valor apresentado. Faz sentido que se o usuário pode solicitar um prompt em uma língua específica, então o usuário também gostaria de ver a explicação da saída na mesma língua. Entretanto, na Figura 7-1, a variável `língCódigo` é local do método `imprimirInstruções()` e, portanto, não pode ser usada no programa principal. Você poderia reescrever o programa sob diversas abordagens:

» Você poderia reescrever o programa sem incluir nenhum método. Assim, poderia solicitar ao usuário uma língua de preferência e apresentar o prompt e o resultado na língua adequada. Essa abordagem funcionaria, mas não aproveita os benefícios trazidos pela modularização, que, por exemplo, deixa o programa principal mais elegante e abstrato.
» Você poderia manter o método `imprimirInstruções()` como ele está e adicionar uma seção ao programa principal que perguntasse ao usuário por uma língua preferida para apresentar a saída. A desvantagem dessa abordagem é que, durante uma execução do programa, o usuário precisaria responder a mesma questão básica duas vezes.

» Você poderia armazenar a variável que contém o código da língua no programa principal para que ela pudesse ser usada para determinar a saída. Também poderia manter o método `imprimirInstruções()`, mas passar o código da língua para ele de forma que o prompt aparecesse na língua apropriada. Essa é a melhor das três escolhas, que encontra-se ilustrada na Figura 7-3.

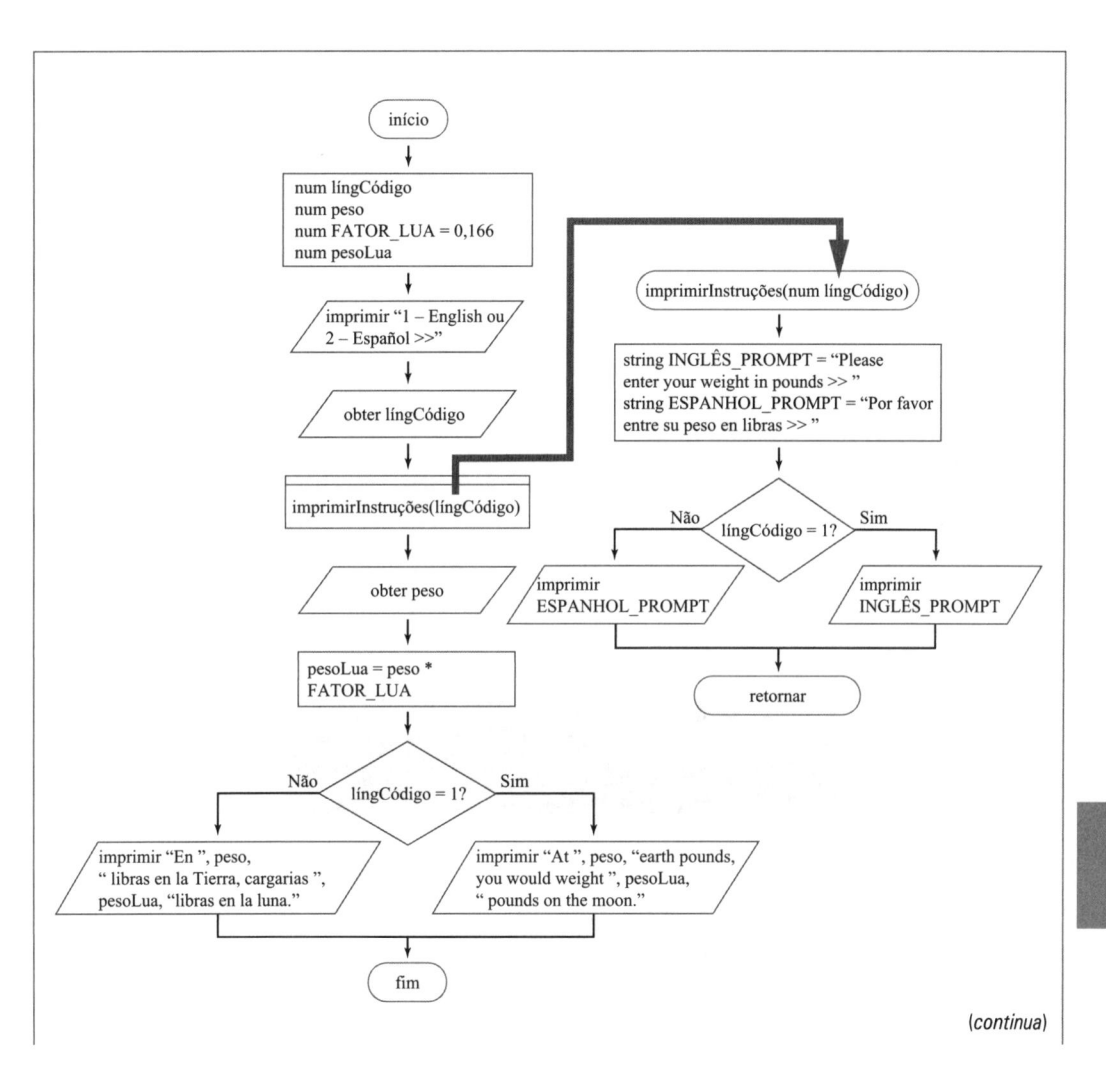

Figura 7-3 Programa de peso na Lua passando um argumento para um método

(continua)

```
início
    num língCódigo
    num peso
    num FATOR_LUA = 0,166
    num pesoLua
    imprimir "1 - English ou 2 - Español >> "
    obter línguaCódigo
    imprimirInstruções(línguaCódigo)
    obter peso
    pesoLua = peso * FATOR_LUA
    se línguaCódigo = 1 então
        imprimir "At ", peso,
            " earth pounds, you would weigh ", pesoLua,
            " pounds on the moon."
    senão
        imprimir "En ", peso,
            " libras de la tierra, cargarias ", pesoLua,
            " libras de la luna."
    fim-se
fim

imprimirInstruções(num língCódigo)
    string INGLÊS_PROMPT = "Please enter your weight in pounds >> "
    string ESPANHOL_PROMPT = "Por favor entre en su peso en libras >> "
    se língCódigo = 1 então
        imprimir INGLÊS_PROMPT
    senão
        imprimir ESPANHOL_PROMPT
retornar
```

Figura 7-3 Programa de peso na Lua passando um argumento para um método (*continuação*)

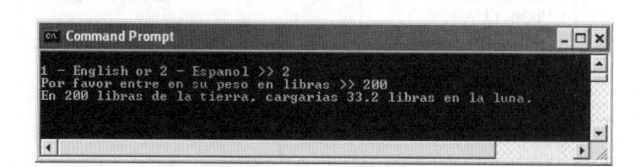

Figura 7-4 Execução típica do programa de peso na Lua da Figura 7-3

No programa principal da Figura 7-3, uma variável numérica nomeada línguaCódigo é declarada, e é solicitado um valor ao usuário. O valor então é passado para o método imprimirInstruções(). A chamada do método é imprimirInstruções(línguaCódigo) e a declaração do método ou o cabeçalho é imprimirInstruções(num língCódigo). Pense nos parênteses da declaração de um método como um funil para um método – parâmetros listados aqui contêm valores que são "transportados" para o método.

No programa da Figura 7-3, a variável numérica línguaCódigo é enviada como um argumento para o método. O parâmetro definido dentro dos parênteses no cabeçalho do método (num língCódigo) indica que o método receberá um valor do tipo num e que, dentro do método, o valor transposto representando um código será conhecido como língCódigo. Dentro do método, ele é usado para fazer a decisão sobre qual prompt apresentar.

Se fosse necessário, o método imprimirInstruções() poderia ser chamado ilimitadas vezes a partir do programa principal, usando qualquer variável numérica. Por exemplo, se você declarasse uma variável numérica denominada códigoUsuários, poderia chamar imprimirInstruções (códigoUsuários). O método também poderia ser chamado usando uma constante literal, por exemplo, `imprimirInstruções(1)`. O único requisito é que cada vez que o método `imprimirInstruções()` for chamado, ele precisa ser chamado usando um argumento numérico. Dentro do método `imprimirInstruções()`, cada um desses argumentos – sejam eles variáveis ou constantes – ficaria conhecido como `língCódigo`. O identificador `língCódigo` representa uma variável que contém qualquer valor numérico transposto para dentro do método.

Se o valor usado como um argumento na chamada de método para `imprimirInstruções()` for uma variável, ela pode possuir o mesmo identificador de `língCódigo` ou um diferente. A Figura 7-5 mostra uma versão nova do programa do peso na Lua na qual o programador optou por usar o mesmo identificador para a variável do programa principal e para o parâmetro do método (o identificador está sombreado em todos os seis lugares em que é usado na figura). Dentro do método `imprimirInstruções()`, o identificador `língCódigo` é simplesmente um ocupante temporário do espaço, não faz qualquer diferença por qual nome é "conhecido" no programa que o está chamando. A variável `língCódigo` é declarada no cabeçalho do método e é uma variável local do método `imprimirInstruções()`. Ou seja, ela é conhecida apenas dentro das fronteiras do método e sai do escopo quando este finaliza. Ela deve ser declarada novamente dentro do cabeçalho do método; se não o fosse, não seria necessário que o tipo de dado fosse declarado.

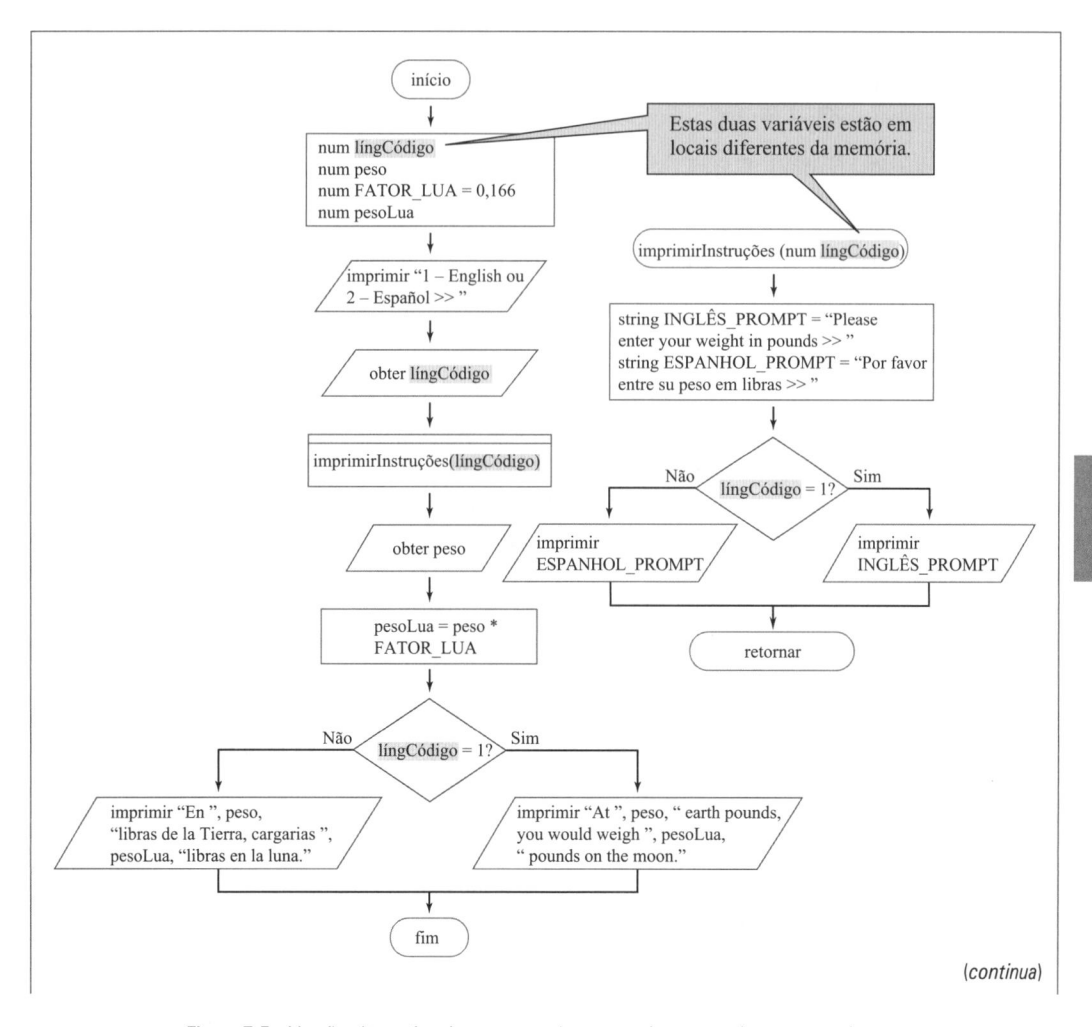

Figura 7-5 Versão alternativa do programa de peso na Lua no qual o programador usa o mesmo identificador para duas variáveis

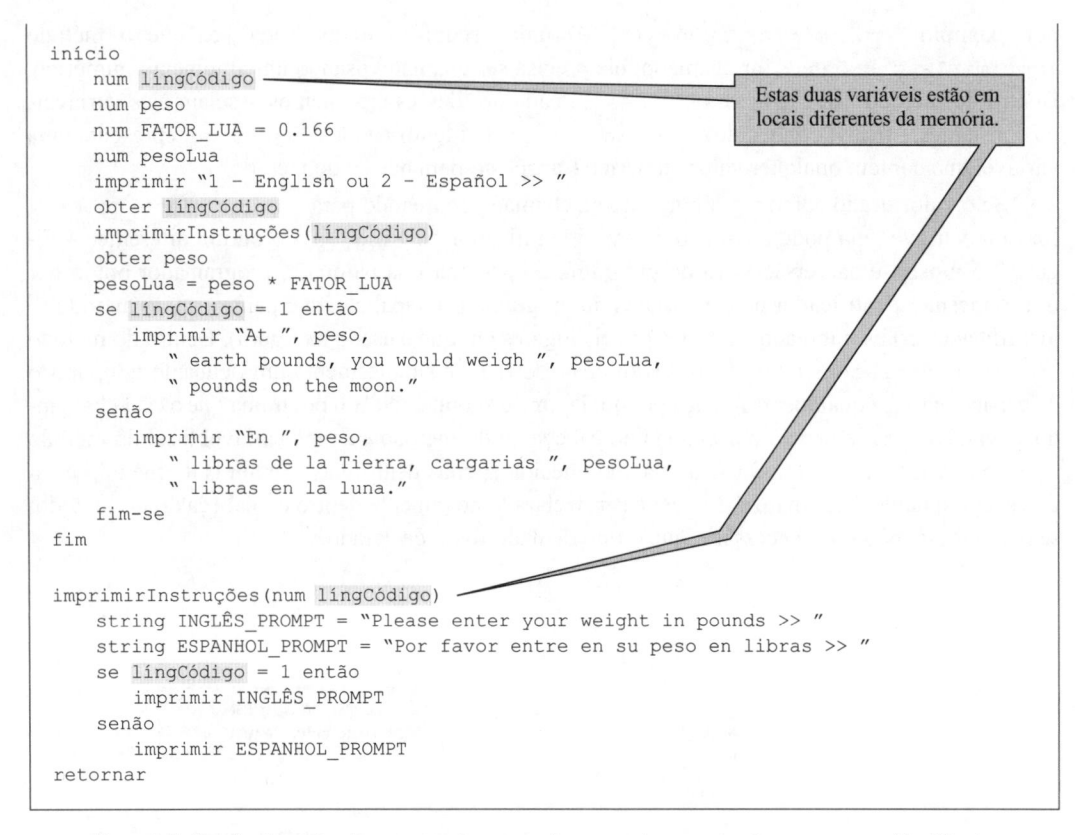

```
início
    num língCódigo
    num peso
    num FATOR_LUA = 0.166
    num pesoLua
    imprimir "1 - English ou 2 - Español >> "
    obter língCódigo
    imprimirInstruções(língCódigo)
    obter peso
    pesoLua = peso * FATOR_LUA
    se língCódigo = 1 então
        imprimir "At ", peso,
            " earth pounds, you would weigh ", pesoLua,
            " pounds on the moon."
    senão
        imprimir "En ", peso,
            " libras de la Tierra, cargarias ", pesoLua,
            " libras en la luna."
    fim-se
fim

imprimirInstruções(num língCódigo)
    string INGLÊS_PROMPT = "Please enter your weight in pounds >> "
    string ESPANHOL_PROMPT = "Por favor entre en su peso en libras >> "
    se língCódigo = 1 então
        imprimir INGLÊS_PROMPT
    senão
        imprimir ESPANHOL_PROMPT
retornar
```

> Estas duas variáveis estão em locais diferentes da memória.

Figura 7-5 Versão alternativa do programa de peso na Lua no qual o programador usa o mesmo identificador para duas variáveis (*continuação*)

Cada vez que o método `imprimirInstruções()` executa nas Figuras 7-3 ou 7-5, uma variável `língCódigo` é novamente declarada – isto é, uma nova localidade da memória suficientemente grande para conter um valor numérico é definida e nomeada `língCódigo`. Dentro do método `imprimirInstruções()`, `língCódigo` contém qualquer valor que seja transportado para dentro do método pelo programa principal. Quando o método `imprimirInstruções()` termina na sentença `retornar`, a variável local `língCódigo` deixa de existir. Depois que o prompt correto for escolhido no método, atribuir um valor novo a `língCódigo` não fará nenhuma diferença. Ou seja, se você trocar o valor de `língCódigo` depois que o usou para selecionar um prompt dentro de `imprimirInstruções()`, isso não muda mais nada. Uma variável passada para dentro de um método é uma variável **passada pelo valor**; isto é, uma cópia do seu valor é enviada para o método e armazenada em um novo local da memória acessível ao método. O local da memória que contém `língCódigo` é liberado ao final do método e, se você mudar o seu valor, isso não afetará qualquer variável do método que chamou. Em especial, não pense que haveria qualquer mudança na variável denominada `língCódigo` do programa principal da Figura 7-5 – essa é uma variável distinta, com o seu próprio endereço na memória, e é totalmente diferente da variável do método `imprimirInstruções()`.

DUAS VERDADES E UMA MENTIRA:

Criando métodos que exigem um único parâmetro

1. Um método precisa conhecer a interface do método que o chamou.
2. Ao escrever a declaração do método para um método que pode receber um parâmetro, é preciso incluir o tipo e o nome local no parêntesis da declaração do método.
3. Quando uma variável é usada como um argumento na chamada de um método, ela pode ter o mesmo identificador que o parâmetro no cabeçalho do método.

A frase falsa é a n º 1. Uma chamada de método precisa conhecer a interface do método chamado.

Criando métodos que exigem múltiplos parâmetros

Um método pode exigir mais do que um parâmetro. Indica-se que um método necessita de múltiplos parâmetros listando seus tipos de dados e os identificadores locais dentro dos parênteses do cabeçalho do método e separando-os por vírgulas. É possível transpor múltiplos argumentos de uma chamada de método para um método chamado listando os argumentos dentro da chamada e separando-os com vírgulas. Por exemplo, suponha que se queira criar um método computarImposto() para calcular o imposto sobre qualquer valor passado para ele. Cria-se então um método para o qual serão passados dois valores – o montante a ser tributado e a alíquota do imposto. A Figura 7-6 mostra um método que usa tais argumentos.

NOTA: Uma declaração para um método que recebe dois ou mais argumentos precisa listar o tipo para cada parâmetro separadamente, mesmo se os parâmetros tiverem o mesmo tipo.

NOTA: Na Figura 7-6, observe que um dos argumentos do método tem o mesmo nome que o parâmetro correspondente do método, enquanto o outro tem um nome diferente do seu parâmetro correspondente. Cada um poderia ter o mesmo identificador que sua contraparte ou todos poderiam ser diferentes. Cada identificador é local ao seu próprio método.

Na Figura 7-6, dois parâmetros (`num montante` e `num alíquota`) aparecem dentro dos parênteses do cabeçalho do método. Uma vírgula separa cada parâmetro, e cada um demanda seu próprio tipo declarado (nesse caso, ambos são numéricos), assim como seu próprio identificador. Quando valores são passados para o método em uma sentença como `computarImposto(salário, alíquota)`, o primeiro valor passado será denominado `montante` dentro do método e o segundo valor passado será chamado `alíquota`. Portanto, argumentos passados para o método precisam ser passados na ordem correta. Uma chamada `computarImposto(alíquota, salário)` em vez de `computarImposto(salário, alíquota)` resultaria na apresentação de valores incorretos na sentença de impressão.

```
                        início
                          │
                          ▼
                   ┌──────────────┐
                   │ num salário  │
                   │ num alíquota │
                   └──────────────┘
                          │
                          ▼
                   ╱ obter salário, alíquota ╱
                          │
                          ▼
         ┌──────────────────────────────┐              ┌──────────────────────────────────────────┐
         │ computarImposto(salário, alíquota) │────▶──│ computarImposto(num montante, num alíquota) │
         └──────────────────────────────┘              └──────────────────────────────────────────┘
                          │                                         │
                          ▼                                         ▼
                       ( fim )                              ┌──────────────┐
                                                            │ num imposto  │
                                                            └──────────────┘
                                                                    │
                                                                    ▼
                                                      ┌──────────────────────────┐
                                                      │ imposto = montante * alíquota │
                                                      └──────────────────────────┘
                                                                    │
                                                                    ▼
                                              ╱ imprimir "Montante: ", montante      ╱
                                             ╱  " Alíquota: ", alíquota, " Imposto: ", imposto ╱
                                                                    │
                                                                    ▼
                                                              ( retornar )
```

```
início
    num salário
    num alíquota
    obter salário, alíquota
    computarImposto(salário, alíquota)
fim

computarImposto(num montante, num alíquota)
    num imposto
    imposto = montante * alíquota
    imprimir "Montante: ", montante, " Alíquota: ", alíquota, "Imposto: ", imposto
retornar
```

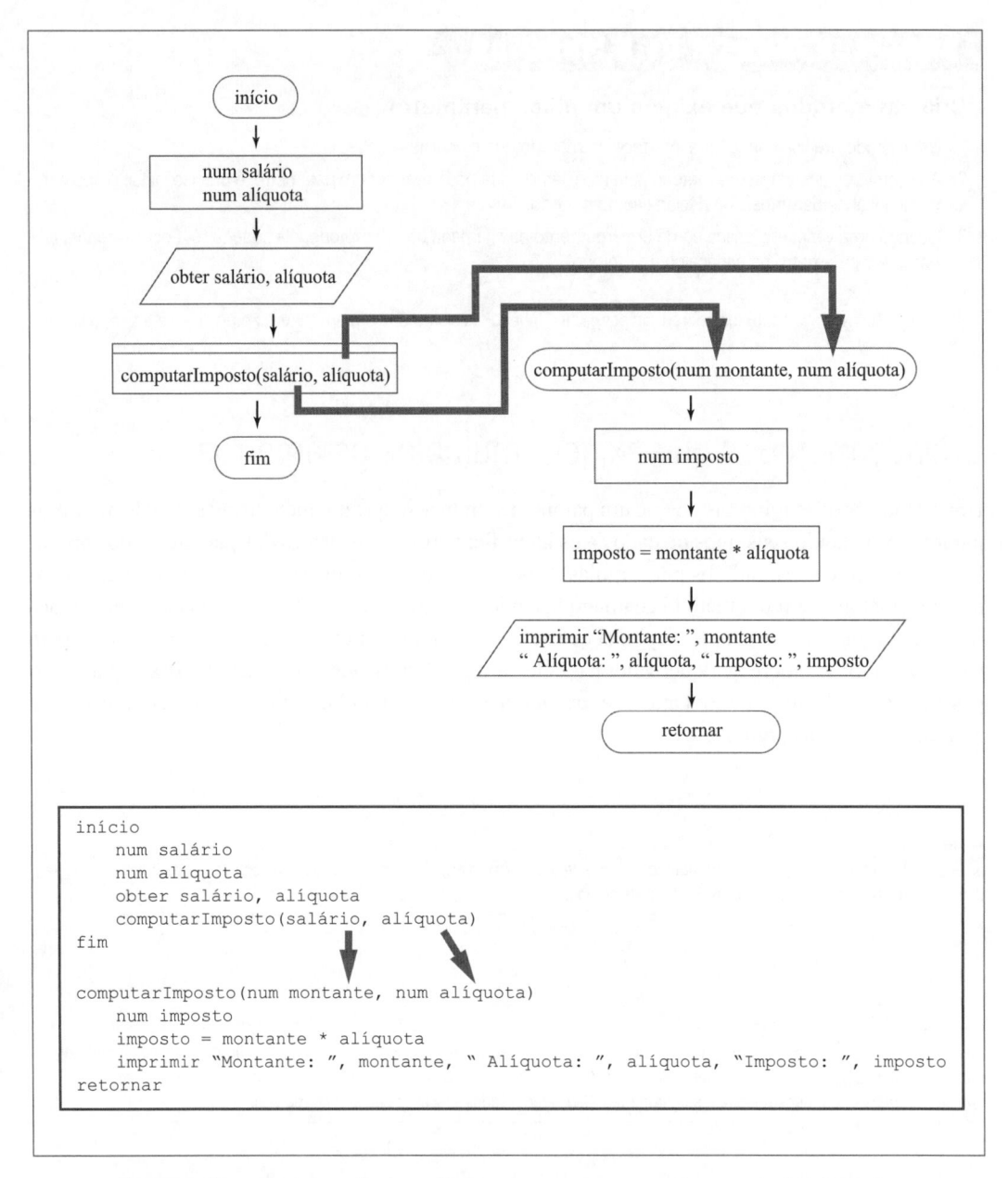

Figura 7-6 Um programa que chama o método `computarImposto()` que requer dois parâmetros

NOTA: Quando múltiplos parâmetros aparecem no cabeçalho de um método, eles compõem uma **lista de parâmetros**. Se os argumentos do método são do mesmo tipo – por exemplo, dois argumentos numéricos –, passá-los para o método na ordem errada resulta em um erro de lógica; isto é, o programa será compilado e executado, mas produzirá resultados incorretos. Se um método espera argumentos de tipos diferentes, transpor os argumentos na ordem errada constitui um erro de sintaxe e o programa não será compilado.

Você pode escrever um método para que receba qualquer número de parâmetros em qualquer ordem. Entretanto, quando chama um método, os argumentos enviados para ele precisam casar na ordem – tanto quanto ao número como quanto ao tipo – com os parâmetros listados na declaração do método. Desse modo, um método para computar o montante da comissão de um vendedor de carros requer argumentos como um string para o nome do vendedor, um número para o valor de um carro vendido e um número para o porcentual de comissão. O método executará corretamente apenas quando três argumentos do tipo correto forem enviados na ordem correta.

NOTA: Os argumentos enviados para um método em uma chamada de método são muitas vezes denominados **parâmetros atuais**. As variáveis na declaração do método que aceitam valores dos parâmetros atuais são **parâmetros formais**.

NOTA: O nome de um método e a sua lista de parâmetros constituem a **assinatura** do método.

DUAS VERDADES E UMA MENTIRA:

Criando métodos que exigem múltiplos parâmetros

1. Você indica que um método exige múltiplos parâmetros listando seus tipos de dados e os identificadores locais dentro dos parênteses do cabeçalho do método e separando-os por vírgulas.
2. Você passa múltiplos argumentos para um método listando os argumentos dentro da chamada do método e separando-os com vírgulas.
3. Ao chamar um método, você não pode incluir mais do que o número de parâmetros listados na declaração do método.

A frase falsa é a nº 3. Quando você chama um método, os argumentos que envia a ele precisam casar na ordem – tanto em número como em tipo – com os argumentos listados na declaração do método.

Criando métodos que retornam valores

Quando uma variável é declarada dentro de um método, deixa de existir quando o método finaliza – ela sai de seu escopo. Quando se quer conservar um valor que existe em um método, pode-se retornar o valor a partir do método. Isto é, você pode enviar o valor de volta para o método que chamou. Quando um método retorna um valor, precisa ter um tipo de retorno. O **tipo de retorno** pode ser de qualquer tipo, ou seja, numérico, caracteres e strings, assim como outros tipos específicos da linguagem de programação na qual se está trabalhando. Obviamente, um método também pode não retornar nada – nesse caso, o tipo de retorno normalmente é indicado por void, e o método é um **método void** (a palavra *void* significa "nada", ou "vazio"). O tipo de retorno de um método é mais sucintamente conhecido como **tipo do método**. O tipo do método é indicado na frente do nome do método quando ele é definido.

NOTA: Junto com um identificador e com a lista de parâmetros, um tipo de retorno faz parte da declaração de um método. Alguns programadores afirmam que o tipo de retorno de um método faz parte da sua assinatura, mas esse não é o caso. Apenas o nome do método e a lista de parâmetros constituem sua assinatura.

NOTA: Até este momento, este livro não incluiu tipos de retorno para métodos porque todos seus métodos foram métodos void. Deste ponto em diante, um tipo de retorno será incluído em qualquer método.

Por exemplo, um método que retorna o número de horas que um empregado trabalhou pode ter o cabeçalho num `obterHorasTrabalhadas()`. Este método retorna um valor numérico, então o seu tipo é `num`.

Quando um método retorna um valor, normalmente é desejável usar o valor retornado do método que o havia chamado (ainda que o seu uso não seja obrigatório). Por exemplo, a Figura 7-7 mostra como um programa pode usar o valor retornado pelo método `obterHorasTrabalhadas()`. Na Figura 7-7, uma variável nomeada `horas` é declarada no programa principal. O chamado do método `obterHorasTrabalhadas()` é parte de uma sentença de atribuição. Quando o método é chamado, a lógica transfere-se para o método `obterHorasTrabalhadas()`, que contém uma variável denominada `horasTrabalhadas`. Um valor é obtido para essa variável e é retornado para o programa principal, onde é atribuído a `horas`. Depois que a lógica retorna para o programa principal, vinda do método `obterHorasTrabalhadas()`, a variável local do método `horasTrabalhadas` não existe mais. Entretanto, seu valor foi armazenado no programa principal, no qual, como `horas`, ela pode ser apresentada e usada em um cálculo posterior.

Observe o tipo de retorno `num` que precede o nome do método no cabeçalho do método `obterHorasTrabalhadas()`. Um valor numérico está incluído na sentença `retornar`, que é a última sentença no método `obterHorasTrabalhadas()`. Ao colocar um valor em uma sentença `retornar`, o valor é enviado do método chamado de volta para o método que o chamou. O tipo de retorno declarado em um método precisa casar com o tipo de valor usado na sentença de retorno; se ele não o fizer, o programa não será compilado.

NOTA: A sentença `retornar` de um método pode retornar, quando muito, um valor. O valor pode ser um tipo de dado simples ou mais complexo, por exemplo, uma estrutura ou um objeto.

NOTA: O valor retornado de um método não precisa ser uma variável. Em vez disso, pode retornar uma constante, como em `retornar 0`.

Não é obrigatório atribuir o valor de retorno de um método a uma variável para conseguir usar seu valor. Em vez disso, pode-se usar o valor de retorno de um método diretamente, sem armazená-lo. Ao usar o valor de um método, você o usa da mesma maneira que usaria qualquer variável do mesmo tipo. Por exemplo, você pode imprimir um valor de retorno em uma sentença como a seguinte:

```
imprimir "Horas trabalhadas é ", obterHorasTrabalhadas()
```

```
início
    num horas
    num TAXA_PAGAMENTO = 12,00
    num bruto
    horas = obterHorasTrabalhadas()
    bruto = horas * TAXA_PAGAMENTO
    imprimir "Horas trabalhadas: ", horas, " Pagamento bruto é: ", bruto
fim

num obterHorasTrabalhadas()
    num horasTrabalhadas
    imprimir "Por favor, informe as horas trabalhadas "
    obter horasTrabalhadas
retornar horasTrabalhadas
```

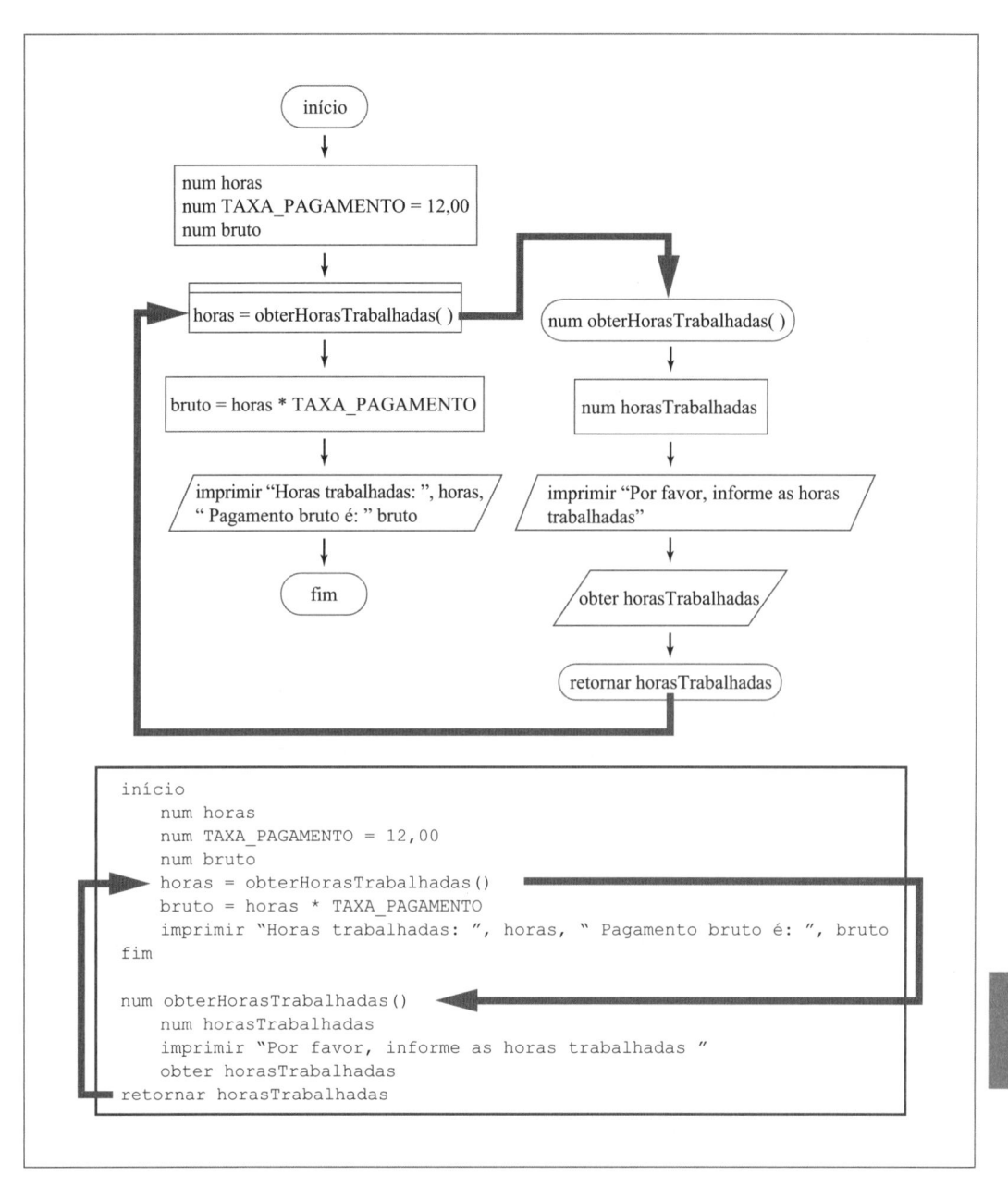

Figura 7-7 Um programa de folha de pagamentos que chama um método que retorna um valor

Como obterHorasTrabalhadas() retorna um valor numérico, você pode usar o método que chama obterHorasTrabalhadas() da mesma forma que usaria qualquer valor numérico simples. A Figura 7-8 mostra um exemplo de um programa que usa diretamente o valor de retorno de um método sem armazená-lo. O horasTrabalhadas sombreado que foi retornado do método é usado diretamente no cálculo de bruto (salário bruto) no programa principal.

```
início
    num TAXA_PAGAMENTO = 12,00
    num bruto
    bruto = obterHorasTrabalhadas() * TAXA_PAGAMENTO
    imprimir "Pagamento bruto é: ", bruto
fim

num obterHorasTrabalhadas()
    num horasTrabalhadas
    imprimir "Por favor, informe as horas trabalhadas "
    obter horasTrabalhadas
retornar horasTrabalhadas
```

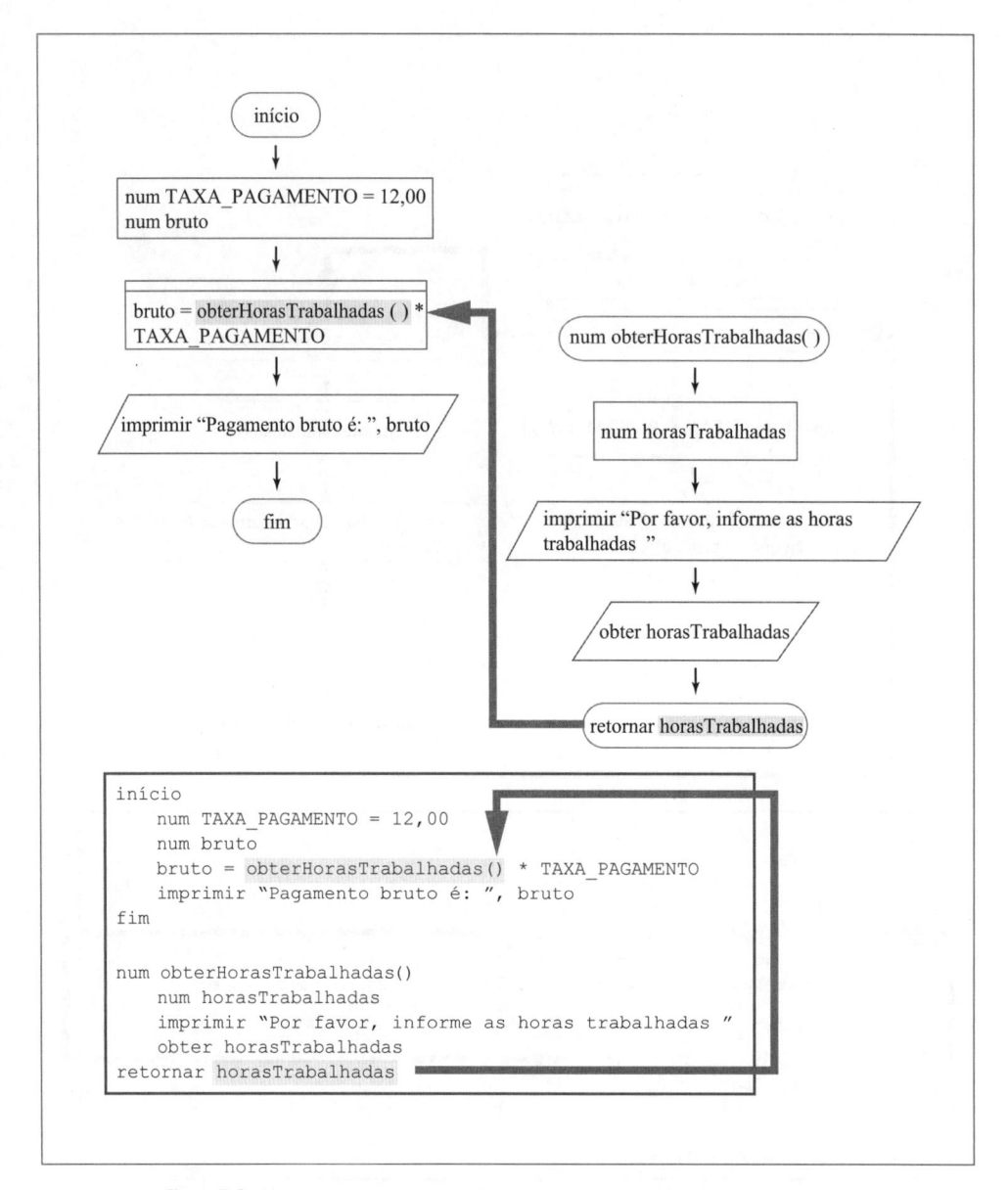

Figura 7-8 Um programa que usa o valor de retorno de um método sem armazená-lo

NOTA: Quando um programa precisa usar o valor de retorno de um método em mais que um lugar, faz sentido armazenar esse valor de retorno em uma variável, em vez de chamar o método múltiplas vezes. A sentença de um programa que chama um método requer mais tempo e recursos do computador do que uma sentença que não chama outros métodos externos. Programadores usam o termo *overhead* para descrever qualquer tempo e recursos em excesso exigidos em uma operação.

Na maioria das linguagens de programação, permite-se que múltiplas sentenças de retorno sejam incluídas em um método. Por exemplo, considere o método `encontrarMaior()` da Figura 7-9. Ele aceita três argumentos e retorna o maior dos valores. Apesar desse método funcionar corretamente (e talvez você veja essa técnica em programas escritos por outros), não é a maneira recomendada de se escrever esse método. No Capítulo 2, você aprendeu que lógicas estruturadas exigem que cada estrutura contenha um ponto de entrada e um ponto de saída. A sentença de retorno da Figura 7-9 viola essa convenção, deixando a estrutura de decisão antes de estar completa. A Figura 7-10 apresenta uma maneira melhor e recomendável para se lidar com o problema. Na Figura 7-10, o maior valor é armazenado em uma variável, então, quando a estrutura de decisão estiver completa, o valor armazenado é retornado.

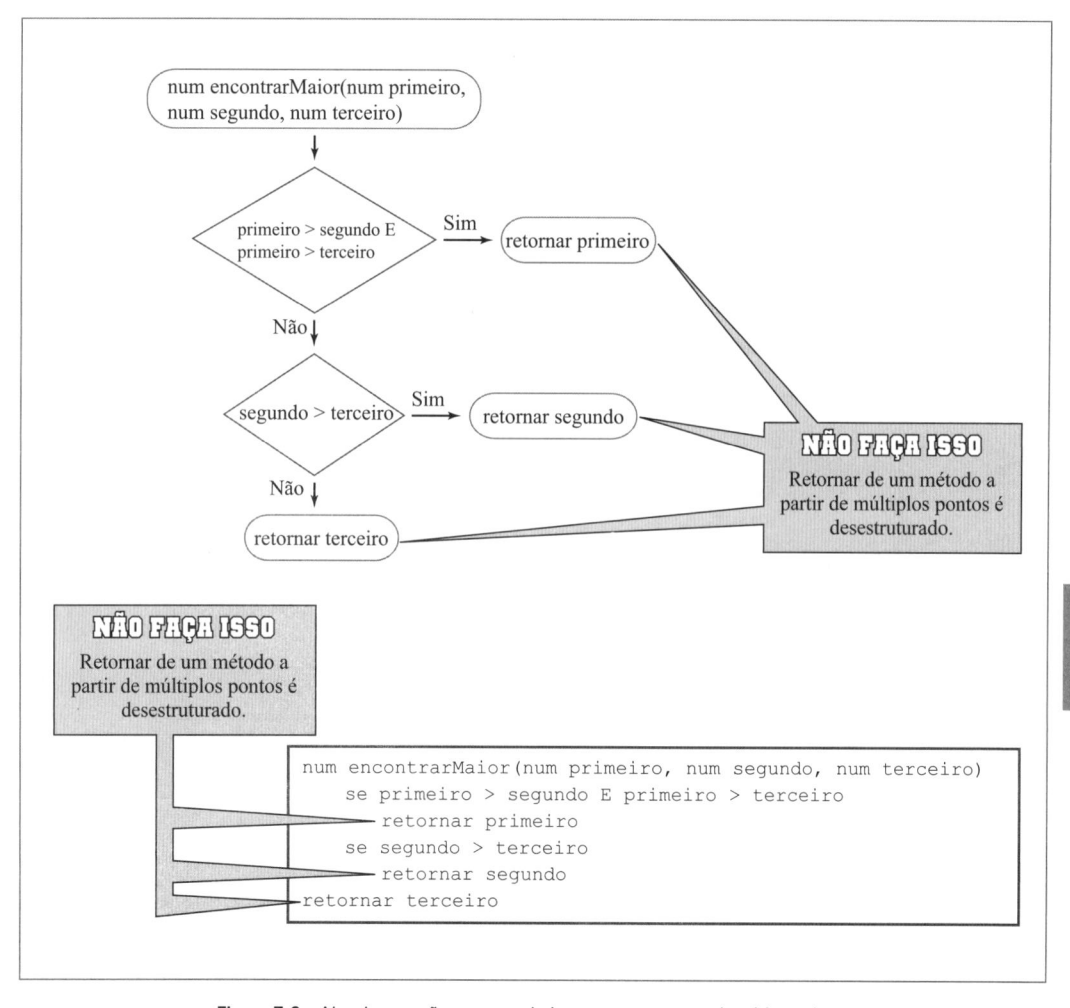

```
num encontrarMaior(num primeiro, num segundo, num terceiro)
    se primeiro > segundo E primeiro > terceiro
        retornar primeiro
    se segundo > terceiro
        retornar segundo
    retornar terceiro
```

NÃO FAÇA ISSO
Retornar de um método a partir de múltiplos pontos é desestruturado.

Figura 7-9 Abordagem não recomendada para retornar um de vários valores

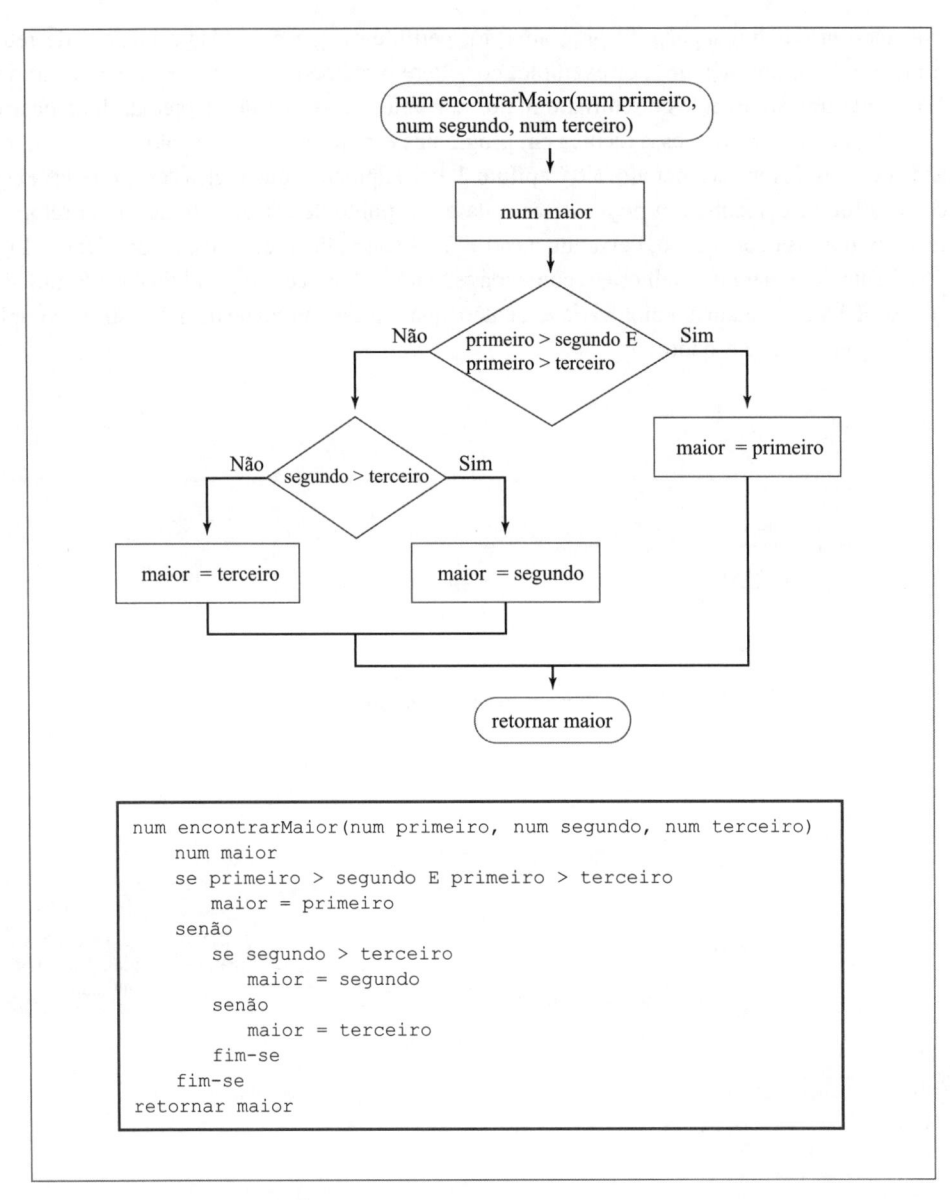

```
num encontrarMaior(num primeiro, num segundo, num terceiro)
   num maior
   se primeiro > segundo E primeiro > terceiro
      maior = primeiro
   senão
      se segundo > terceiro
         maior = segundo
      senão
         maior = terceiro
      fim-se
   fim-se
retornar maior
```

Figura 7-10 Abordagem recomendada para retornar um de vários valores

DUAS VERDADES E UMA MENTIRA:

Criando métodos que retornam valores

1. O tipo de retorno de um método pode ser de qualquer tipo, seja numérico, caracteres strings, assim como outros mais específicos da linguagem de programação com a qual se esteja trabalhando.
2. O tipo de retorno de um método é mais sucintamente conhecido como o tipo do método.
3. Quando um método retorna um valor, é preciso usar o valor retornado na mesma sentença.

A frase falsa é a nº 3. Quando um método retorna um valor, normalmente é desejável usar o valor de retorno no método que chamou, mas não é obrigatório.

Passando um array para um método

No Capítulo 6, você aprendeu que um array pode ser declarado para criar uma lista de elementos, e que os elementos individuais de um array são utilizados da mesma forma que qualquer variável do mesmo tipo. Isto é, suponha que você declare um array numérico como o seguinte:

```
num algunsNums[12]
```

Você pode imprimir `algunsNums[0]` ou realizar cálculo com `algunsNums[11]`, subsequentemente, assim como faria com qualquer variável simples que não fosse parte de um array. De forma semelhante, um único elemento de um array poderia passar para um método da mesma forma que uma variável ou uma constante passariam.

Considere o programa apresentado na Figura 7-11; ele cria um array de quatro valores numéricos e, então, os imprime. Em seguida, o programa chama quatro vezes um método denominado `triplicarOValor()`, passando cada um dos elementos do array a cada vez.

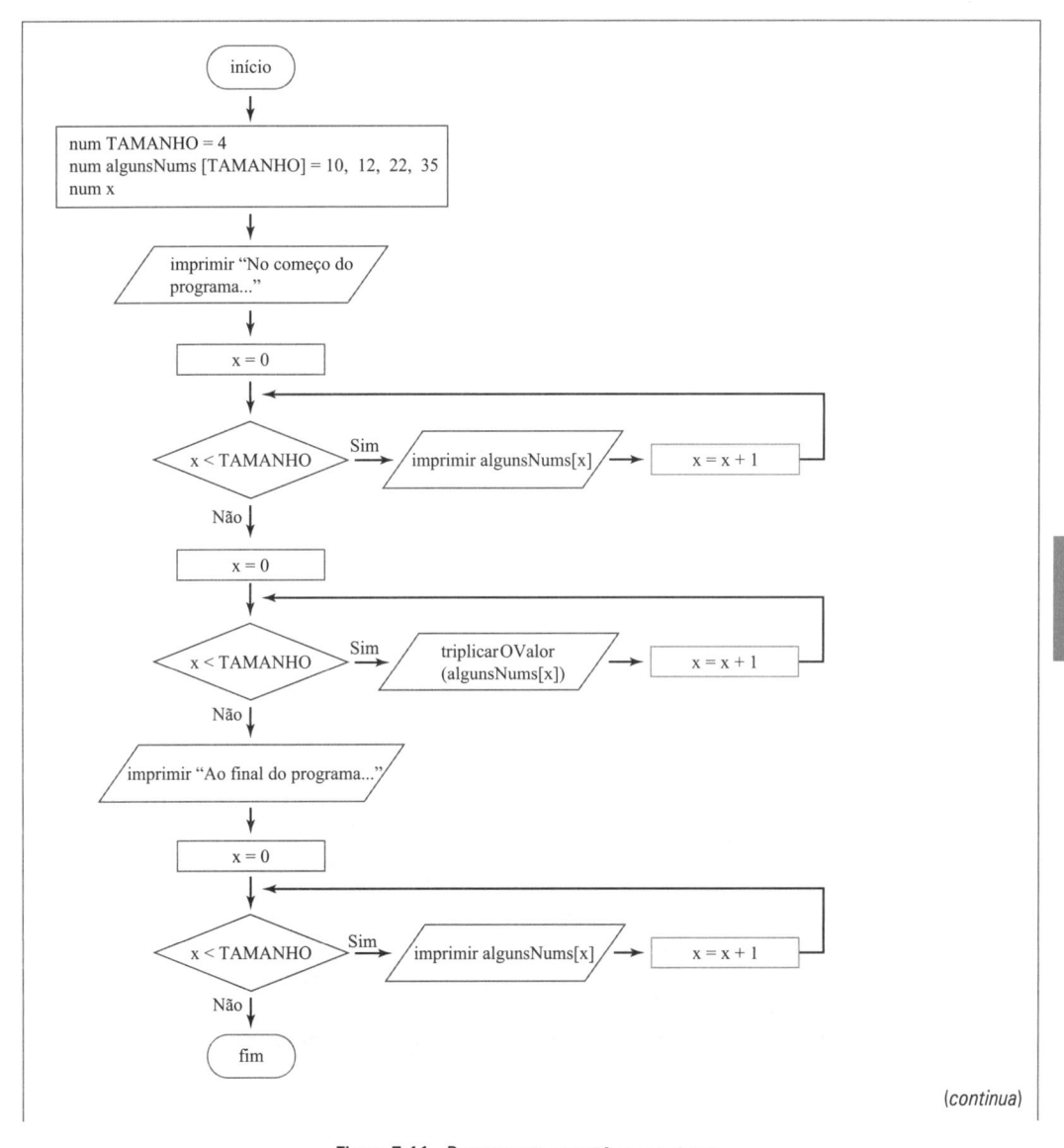

(continua)

Figura 7-11 Programa `PassarElementoArray`

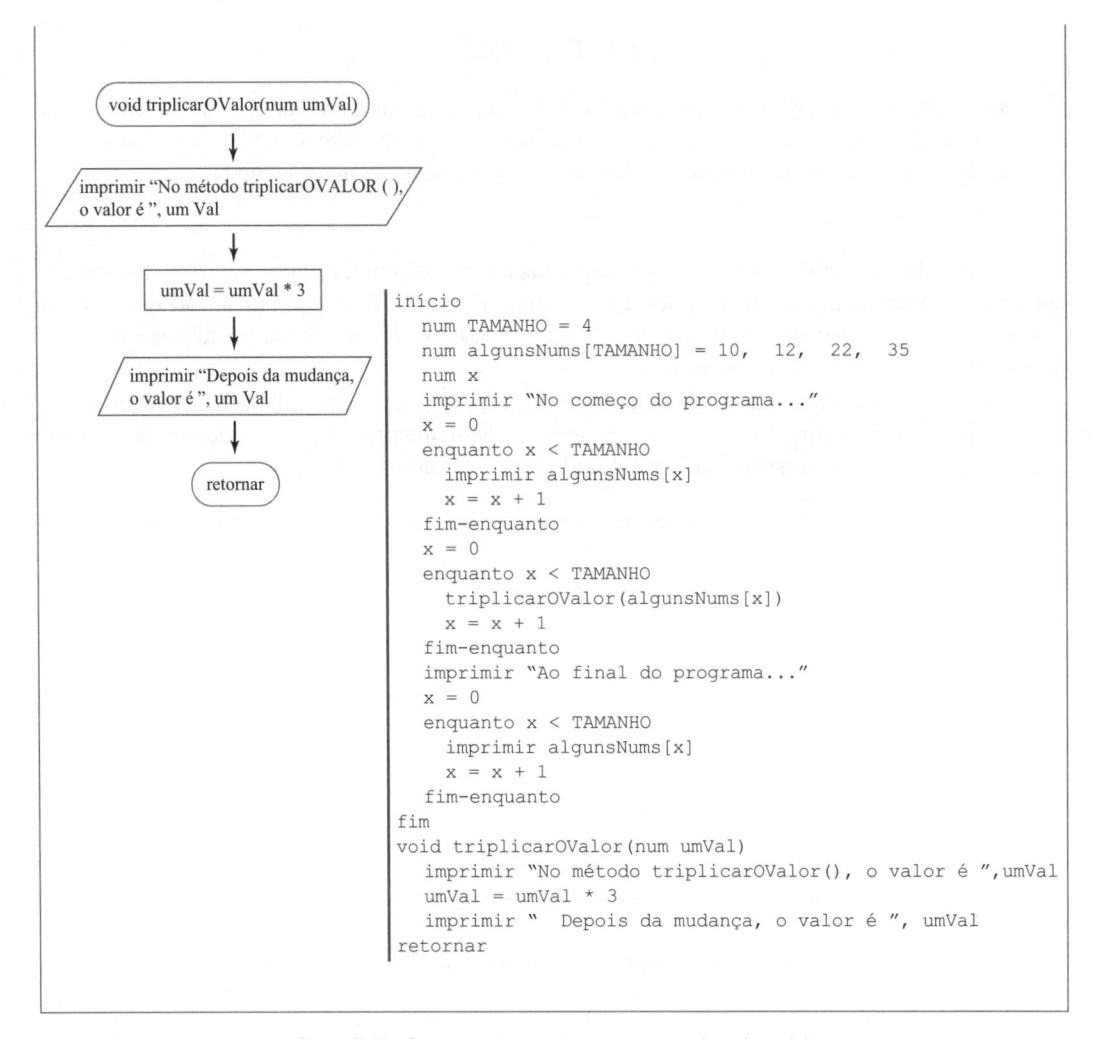

```
void triplicarOValor(num umVal)
       ↓
imprimir "No método triplicarOVALOR ( ),
o valor é ", um Val
       ↓
umVal = umVal * 3
       ↓
imprimir "Depois da mudança,
o valor é ", um Val
       ↓
retornar
```

```
início
   num TAMANHO = 4
   num algunsNums[TAMANHO] = 10, 12, 22, 35
   num x
   imprimir "No começo do programa..."
   x = 0
   enquanto x < TAMANHO
      imprimir algunsNums[x]
      x = x + 1
   fim-enquanto
   x = 0
   enquanto x < TAMANHO
      triplicarOValor(algunsNums[x])
      x = x + 1
   fim-enquanto
   imprimir "Ao final do programa..."
   x = 0
   enquanto x < TAMANHO
      imprimir algunsNums[x]
      x = x + 1
   fim-enquanto
fim
void triplicarOValor(num umVal)
   imprimir "No método triplicarOValor(), o valor é ",umVal
   umVal = umVal * 3
   imprimir "   Depois da mudança, o valor é ", umVal
retornar
```

Figura 7-11 Programa `PassarElementoArray` (*continuação*)

O método imprime o valor transportado, multiplica-o por 3 e o imprime novamente. Finalmente, de volta ao programa que chamou, os quatro números são novamente impressos. A Figura 7-12 mostra uma execução desse programa em um ambiente de linhas de comando.

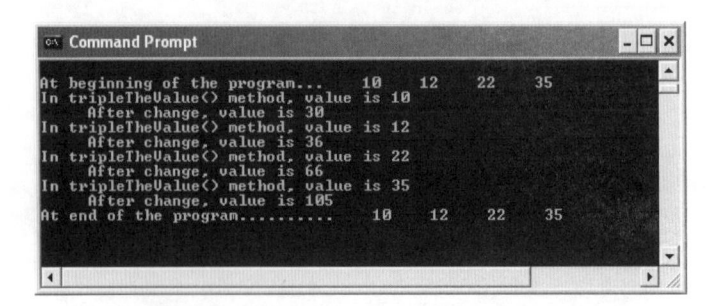

```
At beginning of the program...     10    12    22    35
In tripleTheValue() method, value is 10
    After change, value is 30
In tripleTheValue() method, value is 12
    After change, value is 36
In tripleTheValue() method, value is 22
    After change, value is 66
In tripleTheValue() method, value is 35
    After change, value is 105
At end of the program..........    10    12    22    35
```

Figura 7-12 Saída do programa `PassarElementoArray`

Como se pode ver na Figura 7-12, o programa apresenta os quatro valores originais, passa então cada um para o método `triplicarOValor()`, onde são apresentados, multiplicados por 3 e novamente apresentados. Depois que o método é executado quatro vezes, a lógica retorna para o programa principal, onde os quatro elementos são apresentados novamente, mostrando que não foram alterados pelas novas atribuições dentro do `triplicarOValor()`. A variável `umVal` é local do método `triplicarOValor()`; portanto, qualquer mudança nela não é permanente e não é refletida no array declarado no programa principal. Cada variável `umVal` no método `triplicarOValor()` contém apenas uma cópia do elemento do array transposto para dentro do método, e a variável `umVal` que contém cada novo valor recém-atribuído existe apenas enquanto o método `triplicarOValor()` está executando.

Em vez de passar um único elemento de um array para um método, você pode transpor o array inteiro como argumento. Você indica que o parâmetro de um método precisa ser um array colocando colchetes depois do tipo de dado na lista de parâmetros do método. Quando se passa um array para um método, as mudanças feitas nos elementos do array dentro do método são permanentes; isto é, elas refletem no array original enviado para o método. Arrays, diferentemente de tipos embutidos simples, são **passados por referência**, isto é, o método recebe o endereço atual do array na memória e tem acesso aos valores atuais nos elementos do array.

NOTA: O nome de um array representa um endereço da memória e o subscrito usado com o nome de um array representa uma ramificação daquele endereço.

NOTA: Variáveis simples que não sejam arrays são normalmente passadas pelo valor para os métodos. Diversas linguagens de programação fornecem meios para passar variáveis tanto por referência como por valor. A sintaxe para fazer isso varia entre as linguagens que o permitem. Você aprenderá essas técnicas quando estudar uma linguagem específica.

O programa apresentado na Figura 7-13 cria um array de quatro valores numéricos. Depois que os números são impressos, o array inteiro é passado para um método denominado `quadruplicarOsValores()`. Dentro do cabeçalho do método, o parâmetro é declarado como um array usando colchetes depois do tipo do parâmetro. Dentro do método, os números são impressos, o que mostra que eles mantêm os seus valores do programa principal ao entrar e, só então, são multiplicados por 4. Ainda que `quadruplicarOsValores()` não retorne nada para o programa que chamou, quando o programa imprime o array pela segunda vez, dentro da linha principal da lógica, todos os valores foram alterados para seus novos valores quadruplicados. A Figura 7-14 mostra uma execução do programa. Como arrays são passados por referência, `quadruplicarOsValores()` "conhece" o endereço do array declarado no programa que chamou e faz suas alterações diretamente no array original declarado no programa que o chamou.

```
início
  ↓
num TAMANHO = 4
num algunsNums[TAMANHO] = 10, 12, 22, 35
num x
  ↓
imprimir "No começo do programa do método..."
  ↓
x = 0
  ↓
x < TAMANHO ──Sim──> imprimir algunsNums[x] ──> x = x + 1 ──┐
  │Não                                                      │
  ↓                                                         │
  └─────────────────────────────────────────────────────────┘
quadruplicarOsValores(algunsNums)
  ↓
imprimir "Ao final do programa do método..."
  ↓
x = 0
  ↓
x < TAMANHO ──Sim──> imprimir algunsNums[x] ──> x = x + 1 ──┐
  │Não                                                      │
  ↓                                                         │
  └─────────────────────────────────────────────────────────┘
fim
```

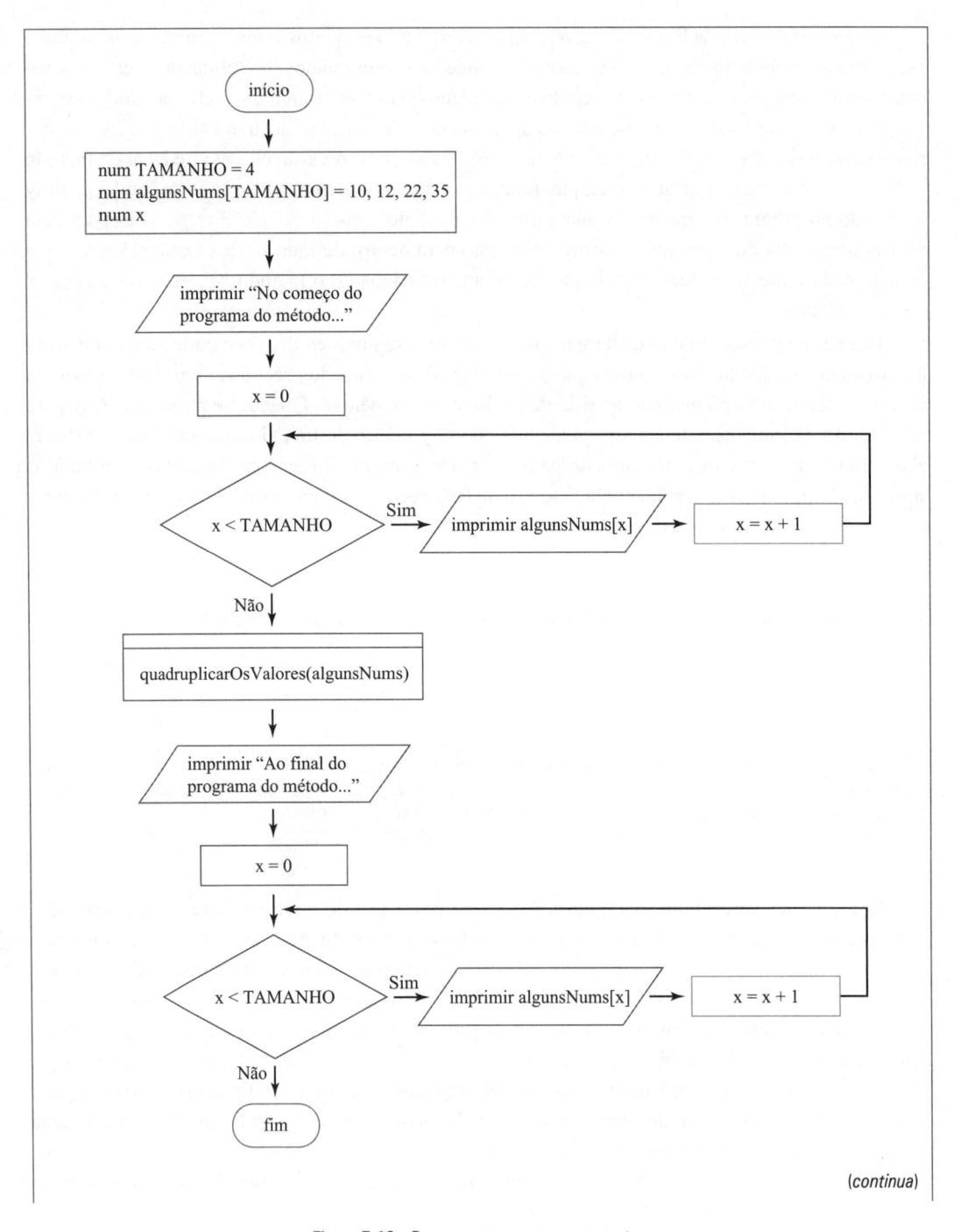

(continua)

Figura 7-13 Programa `PassarArrayInteiro`

```
                    ┌─────────────────────────────────────┐
                    │ void quadruplicarOsValores(num[ ] vals) │
                    └─────────────────────────────────────┘
                                      ↓
                           ┌──────────────────┐
                           │ num TAMANHO = 4  │
                           │ num x            │
                           └──────────────────┘
                                      ↓
                                ┌─────────┐
                                │  x = 0  │
                                └─────────┘
                                      ↓
                                      →←──────────────────────────────────────┐
                                  ◇                                            │
                              x < TAMANHO ──Sim──→  imprimir "No método quadruplicarOValor( ),
                                  ◇                  o valor é " vals[x]
                                  │                                            │
                                  Não                       ↓                  │
                                  ↓                   ┌─────────────┐          │
                            ┌─────────┐               │  x = x + 1  │──────────┘
                            │  x = 0  │               └─────────────┘
                            └─────────┘
                                  ↓
                                  →←──────────────────────────────────────┐
                                  ◇                                        │
                              x < TAMANHO ──Sim──→                         │
                                  ◇                 ┌───────────────────┐  │
                                  │                 │ vals[x] = vals[x] * 4 │
                                  Não               └───────────────────┘  │
                                  ↓                         ↓              │
                            ┌─────────┐               ┌─────────────┐      │
                            │  x = 0  │               │  x = x + 1  │──────┘
                            └─────────┘               └─────────────┘
                                  ↓
                                  →←──────────────────────────────────────┐
                                  ◇                                        │
                              x < TAMANHO ──Sim──→                         │
                                  ◇                                        │
                                  │                  imprimir "Depois da mudança,
                                  Não                 o valor é ", vals[x]
                                  ↓                         ↓              │
                             ( retornar )              ┌─────────────┐     │
                                                       │  x = x + 1  │─────┘
                                                       └─────────────┘
```

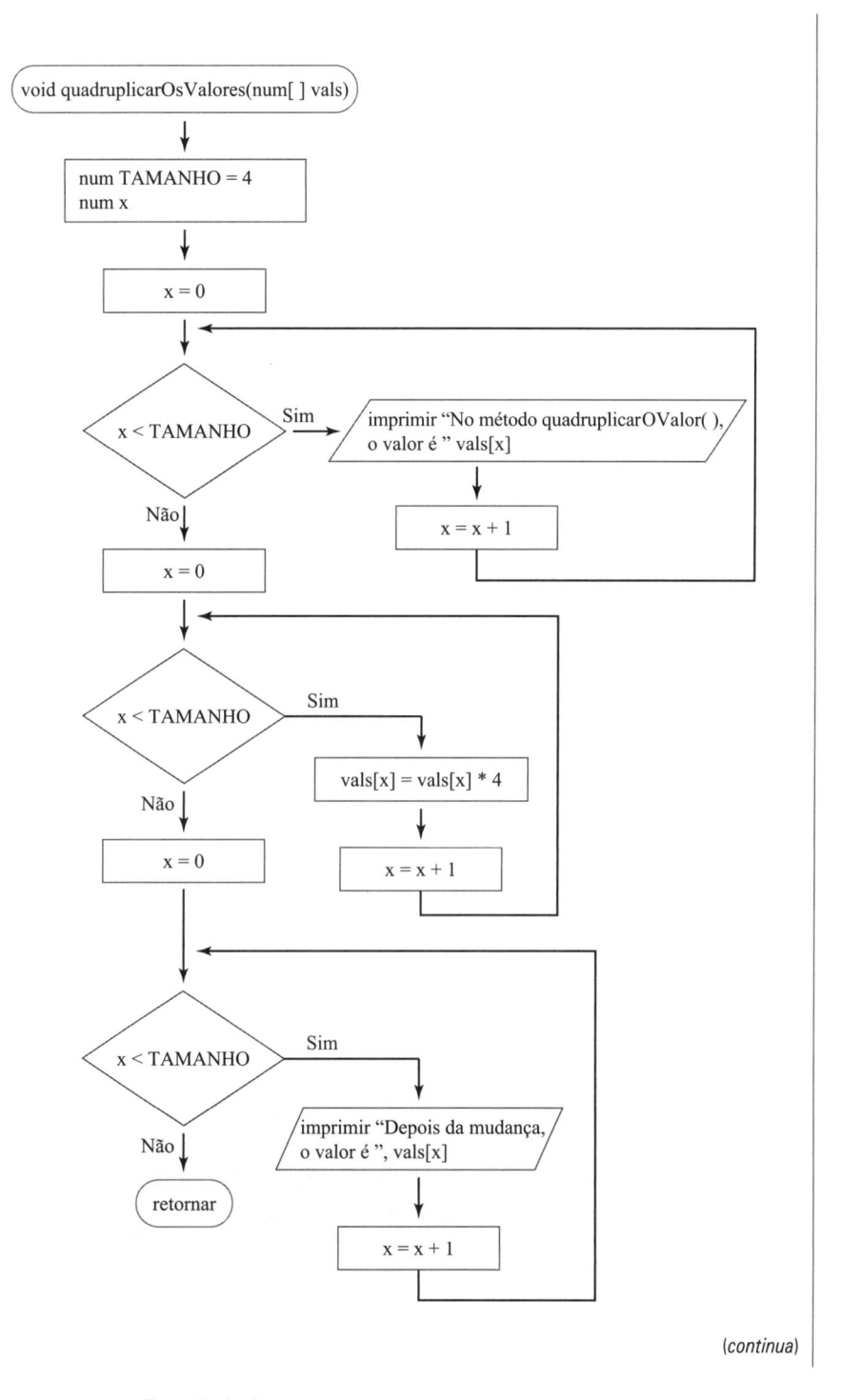

(continua)

Figura 7-13 Programa `PassarArrayInteiro` *(continuação)*

```
início
    num TAMANHO = 4
    num algunsNums[TAMANHO] = 10, 12, 22, 35
    num x
    imprimir "No começo do programa do método ..."
    x = 0
    enquanto x < TAMANHO
        imprimir algunsNums[x]
        x = x + 1
    fim-enquanto
    quadruplicarOsValores(algunsNums)
    imprimir "Ao final do programa do método ..."
    x = 0
    enquanto x < TAMANHO
        imprimir algunsNums[x]
        x = x + 1
    fim-enquanto
fim

void quadruplicarOsValores(num[] vals)
    num TAMANHO = 4
    num x
    x = 0
    enquanto x < TAMANHO
        imprimir "No método quadruplicarOsValores(), o valor é ", vals[x]
        x = x + 1
    fim-enquanto
    x = 0
    enquanto x < TAMANHO
        vals[x] = vals[x] * 4
        x = x + 1
    fim-enquanto
    x = 0
    enquanto x < TAMANHO
        imprimir "  Depois da mudança, o valor é ", vals[x]
    fim-enquanto
retornar
```

Figura 7-13 Programa `PassarArrayInteiro` (*continuação*)

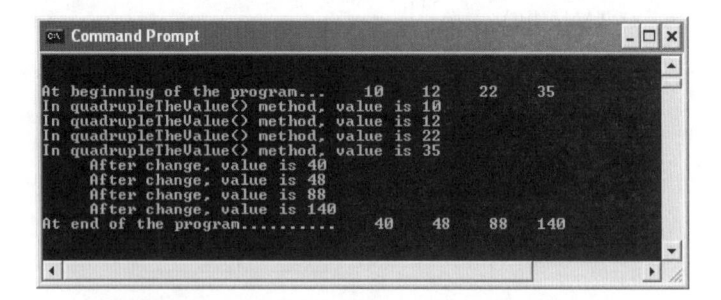

Figura 7-14 Saída do programa `PassarArrayInteiro()`

NOTA: No método `quadruplicarOsValores()` da Figura 7-13, se for aceito na linguagem utilizada, você poderia usar a constante embutida que contém o tamanho do array em vez de declarar e usar `TAMANHO`. Por exemplo, em Java, usa-se `vals.length`. Você aprendeu sobre essas constantes de arrays embutidas no Capítulo 6.

NOTA: Quando um array é o parâmetro de um método, os colchetes no cabeçalho do método continuam vazios e não contêm uma dimensão. O nome do array que é passado é um endereço na memória que indica o início do array. Dependendo da linguagem utilizada, pode-se controlar os valores que usados para o subscrito de um array de diferentes formas. Em algumas linguagens, é também recomendável passar uma constante que indique a dimensão do array para o método. Em outras linguagens, é possível acessar o campo do tamanho do array que foi automaticamente criado. De qualquer maneira, o tamanho do array em si nunca está pressuposto em seu nome. O nome do array indica apenas o local inicial de onde serão tomados os subscritos.

DUAS VERDADES E UMA MENTIRA:

Passando um array para um método

1. É possível passar um array inteiro como argumento de um método.
2. Indica-se que o parâmetro de um método precisa ser um array colocando colchetes depois do tipo de dado na lista de parâmetros do método.
3. Arrays, diferente de tipos embutidos simples, são passados por valor; isto é, o método recebe uma cópia do array original.

A frase falsa é a nº 3. Arrays, diferentemente dos tipos embutidos simples, são passados por referência, isto é, o método recebe o endereço atual do array na memória e tem acesso aos valores atuais dos elementos do array.

Métodos de sobrecarga (*overloading*)

Em programação, **sobrecarregar** quer dizer dar muitos significados para um único identificador. Nesse sentido, quando você usa a língua portuguesa, frequentemente "sobrecarrega" palavras. Dizer "quebrar uma janela", "quebrar um banco", "quebrar a banca" e "quebrar a rotina" implica quatro ações muito diferentes, que usam métodos diferentes para produzir resultados diferentes. Entretanto, qualquer falante fluente do português compreende sem nenhum problema todos os significados, pois o sentido de "quebrar" é contextualizado pelas palavras que o acompanham. Na maioria das linguagens de programação, certos operadores são sobrecarregados. Por exemplo, um + entre dois valores indica adição, mas um único + à esquerda de um valor significa que esse valor é positivo. O sinal de + tem significados diferentes, dependendo dos argumentos usados com ele.

NOTA: A sobrecarga não era possível nas linguagens mais antigas, mas passou a ser utilizada em linguagens modernas orientadas a objeto como C++, C#, Java e Visual Basic.

NOTA:
Sobrecarregar um método é um exemplo de **polimorfismo** – a capacidade de um método agir de modo adequado a um contexto. Literalmente, *polimorfismo* significa "muitas formas".

Quando se **sobrecarrega um método**, são escritos múltiplos métodos que compartilham um nome, mas que têm diferentes listas de parâmetros. O tradutor da linguagem entende seu significado com base nos argumentos usados quando o método foi chamado. Por exemplo, suponha que você crie um método para imprimir uma mensagem e o montante a pagar da conta de um cliente. O método recebe um parâmetro numérico que representa o saldo do cliente e imprime uma saída de duas linhas. A Figura 7-15 mostra o método.

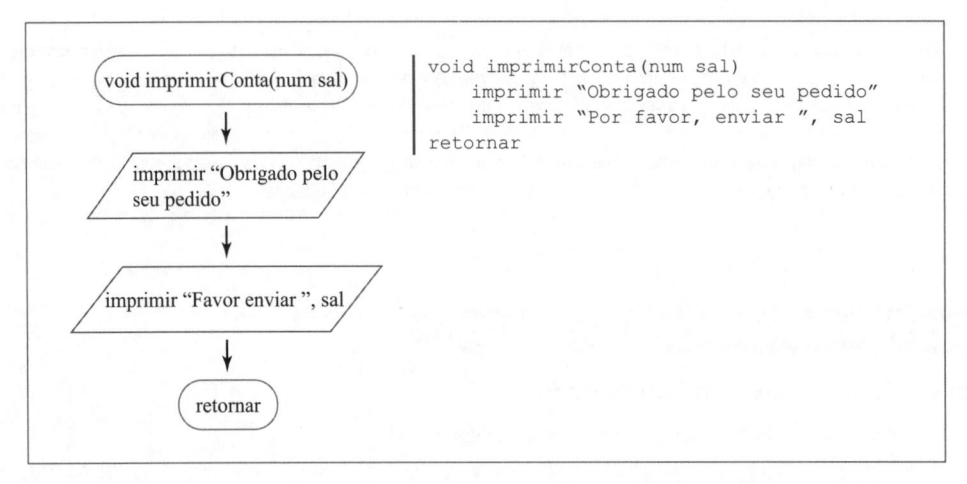

```
void imprimirConta(num sal)
    imprimir "Obrigado pelo seu pedido"
    imprimir "Por favor, enviar ", sal
retornar
```

Figura 7-15 O método `imprimirConta()` com um parâmetro numérico

Suponha que você precise de um método parecido com `imprimirConta()`, exceto que o novo método aplica um desconto às contas dos clientes. Uma solução para esse problema seria escrever um novo método com um nome diferente, por exemplo `imprimirContaComDesconto()`. Um aspecto negativo dessa abordagem é que um programador que use seus métodos precisaria lembrar-se dos diferentes nomes que você usou para cada versão ligeiramente alterada. É mais indicado que os clientes de seus métodos possam usar um único nome para um método bem projetado para a tarefa de imprimir contas, mas poderem fornecer argumentos diferentes quando necessário. Nesse caso, você pode sobrecarregar o método `imprimirConta()` para que, além da versão que recebe um único argumento numérico, seja possível criar uma versão que receba dois argumentos numéricos – um representa o saldo e outro, a porcentagem de desconto. A Figura 7-16 mostra essa versão do método.

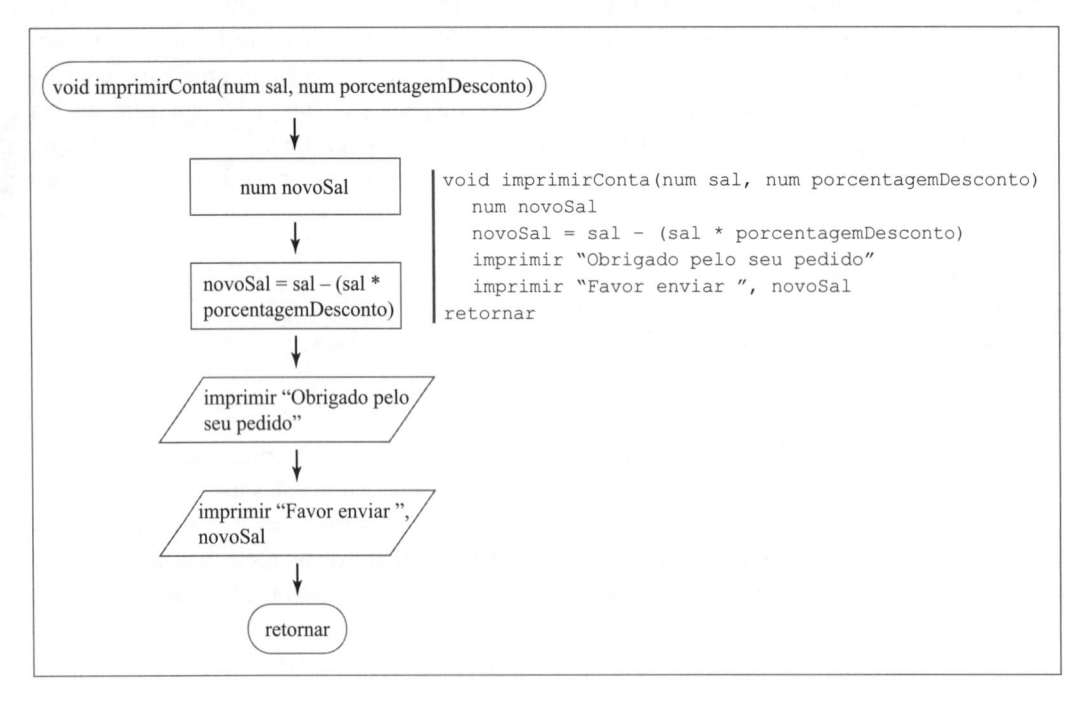

```
void imprimirConta(num sal, num porcentagemDesconto)
    num novoSal
    novoSal = sal - (sal * porcentagemDesconto)
    imprimir "Obrigado pelo seu pedido"
    imprimir "Favor enviar ", novoSal
retornar
```

Figura 7-16 O método `imprimirConta()` com dois parâmetros numéricos

Se ambas as versões de `imprimirConta()` estiverem inclusas em um programa e o método for chamado usando um único argumento numérico, como em `imprimirConta(clienSaldo)`, então a primeira versão do método (Figura 7-15) será executada. Se dois argumentos numéricos forem usados na chamada, como `imprimirConta(clienSaldo, porcentagem)`, então a segunda versão do método (Figura 7-16) executará.

Se conviesse às suas necessidades, você poderia gerar mais versões do método `imprimirConta()`, como apresentado nas Figuras 7-17 e 7-18. A versão na Figura 7-17 aceita um parâmetro numérico que contém o saldo do cliente e um parâmetro de string que contém uma mensagem adicional que pode ser personalizada para o destinatário e ser apresentada na conta. Por exemplo, se um programa faz uma chamada de método como a seguinte, a versão de `imprimirConta()` da Figura 7-17 executará: `imprimirConta(clienSal, "Vence em 10 dias")`.

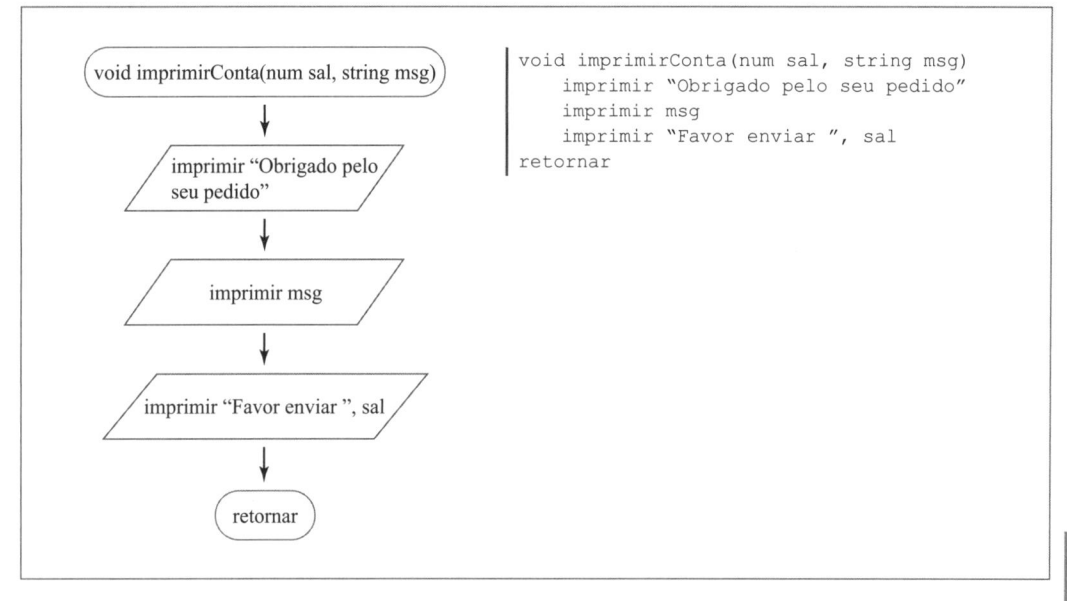

```
void imprimirConta(num sal, string msg)
    imprimir "Obrigado pelo seu pedido"
    imprimir msg
    imprimir "Favor enviar ", sal
retornar
```

Figura 7-17 O método `imprimirConta()` com um parâmetro numérico e um parâmetro de string

A versão da Figura 7-18 de `imprimirConta()` aceita três parâmetros, fornecendo um saldo, a porcentagem do desconto e uma mensagem personalizada. Por exemplo, a seguinte chamada de método usaria esta versão do método:

`imprimirConta(saldoVencer, porcentagemDesconto, mensagemEspecial)`

Sobrecarregar métodos em um programa nunca será obrigatório. Em vez disso, pode-se criar múltiplos métodos com identificadores únicos, como `imprimirConta()` e `imprimirContaComDescontoEMensagem()`. Sobrecarregar métodos não reduz o trabalho realizado ao se criar um programa; cada método deve ser escrito individualmente. A vantagem é dos clientes dos métodos, que precisam se lembrar de apenas um nome adequado para todas as tarefas relacionadas a eles.

```
void imprimirConta(num sal, num porcentagemDesconto, string msg)
   num novoSal
   novoSal = sal - (sal * porcentagemDesconto)
   imprimir "Obrigado pelo seu pedido"
   imprimir msg
   imprimir "Favor enviar ", novoSal
retornar
```

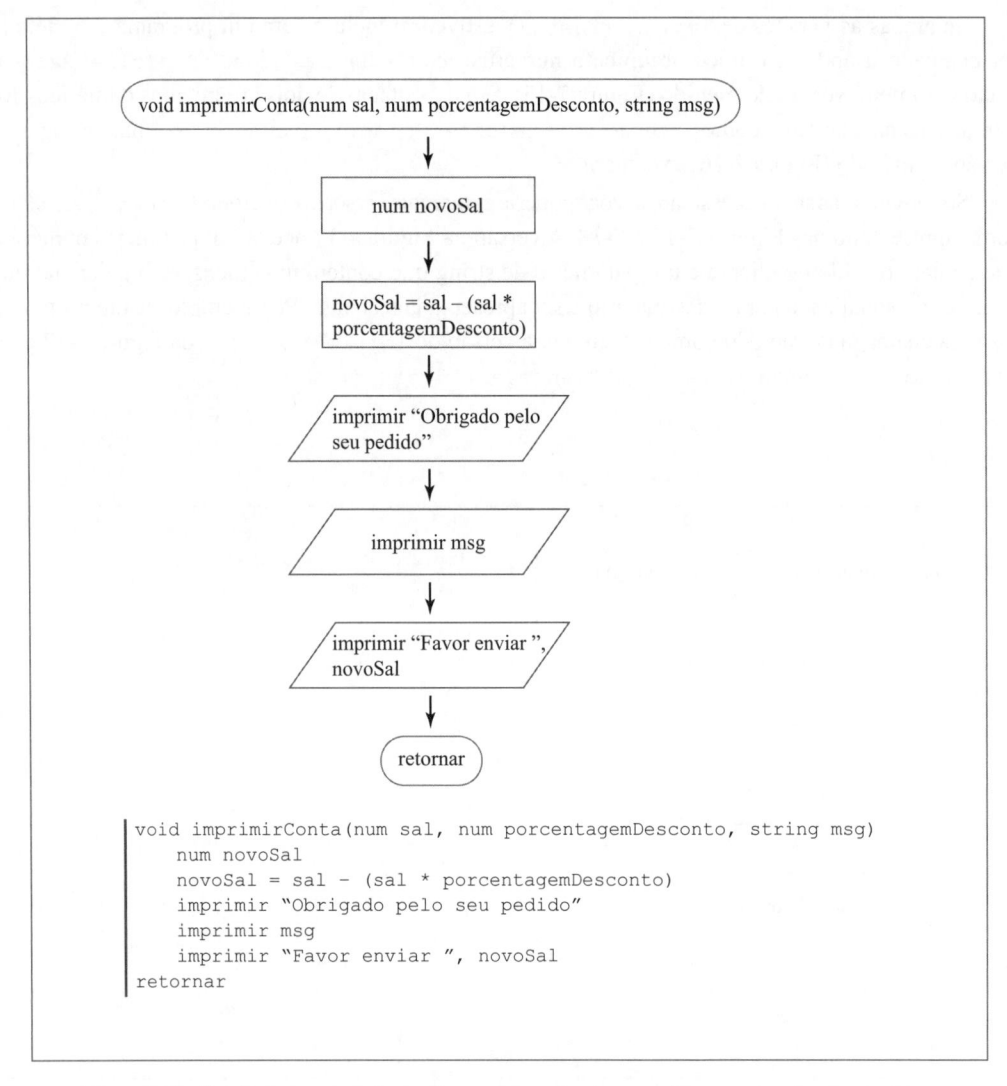

Figura 7-18 O método `imprimirConta()` com dois parâmetros numéricos e um parâmetro de string

NOTA: Ainda que você tenha escrito duas ou mais versões sobrecarregadas de um método, muitos clientes do programa utilizarão apenas uma. Por exemplo, suponha que você crie um programa gerador de contas que possua as quatro versões do método `imprimirConta()` discutidas anteriormente, e então as vendas para diferentes empresas. Qualquer empresa que adote seu programa e seus métodos pode querer usar somente uma ou duas versões do método. Você provavelmente possui muitos dispositivos dos quais apenas algumas características são úteis para você. Por exemplo, muitos proprietários de fornos de micro-ondas usam apenas o botão "Pipoca" ou jamais usam o "Descongelar".

NOTA: Em muitas linguagens de programação, a sentença `imprimir` é, na verdade, um método sobrecarregado que deve ser chamado. É conveniente usar um único nome, como `imprimir`, independente de se querer imprimir um número, um `string` ou qualquer combinação dos dois.

> **DUAS VERDADES E UMA MENTIRA:**
>
> **Sobrecarregar métodos**
>
> 1. Na programação, sobrecarregar implica em dar muitos significados a um único identificador.
> 2. Quando se sobrecarrega um método, múltiplos métodos são escritos com nomes diferentes, mas com idênticas listas de parâmetros.
> 3. Um método pode ser sobrecarregado tantas vezes quanto se quiser.
>
> A frase falsa é a nº 2. Quando se sobrecarrega um método, os métodos são escritos com um nome compartilhado, mas com diferentes listas de parâmetros.

Evitando métodos ambíguos

Quando se sobrecarrega um método, corre-se o risco de criar **métodos ambíguos** – uma situação na qual o compilador não consegue determinar que método usar. Toda vez que um método é chamado, o compilador decide se existe um método adequado; se existir, o método executa, se não, o compilador exibe uma mensagem de erro. Por exemplo, suponha que você escreva duas versões de um método imprimirConta(), como no programa da Figura 7-19. Uma versão do método deve aceitar o saldo de um cliente e uma porcentagem de desconto, enquanto a outra deve aceitar o saldo de um cliente e um montante descontado expresso em dólares.

```
início
    num saldo
    num descontoEmDólares
    obter saldo, descontoEmDólares
    imprimirConta(saldo, descontoEmDólares)
fim

void imprimirConta(num sal, num porcentagemDesconto)
    num novoSal
    novoSal = sal - (sal * porcentagemDesconto)
    imprimir "Obrigado pelo seu pedido"
    imprimir "Favor enviar ", novoSal
retornar

void imprimirConta(num sal, num descontoEmDólares)
    num novoSal
    novoSal = sal - descontoEmDólares
    imprimir "Obrigado pelo seu pedido"
    imprimir "Favor enviar ", novoSal
retornar
```

NÃO FAÇA ISSO
Quando dois métodos têm a mesma denominação, o programa não consegue determinar qual deles executar.

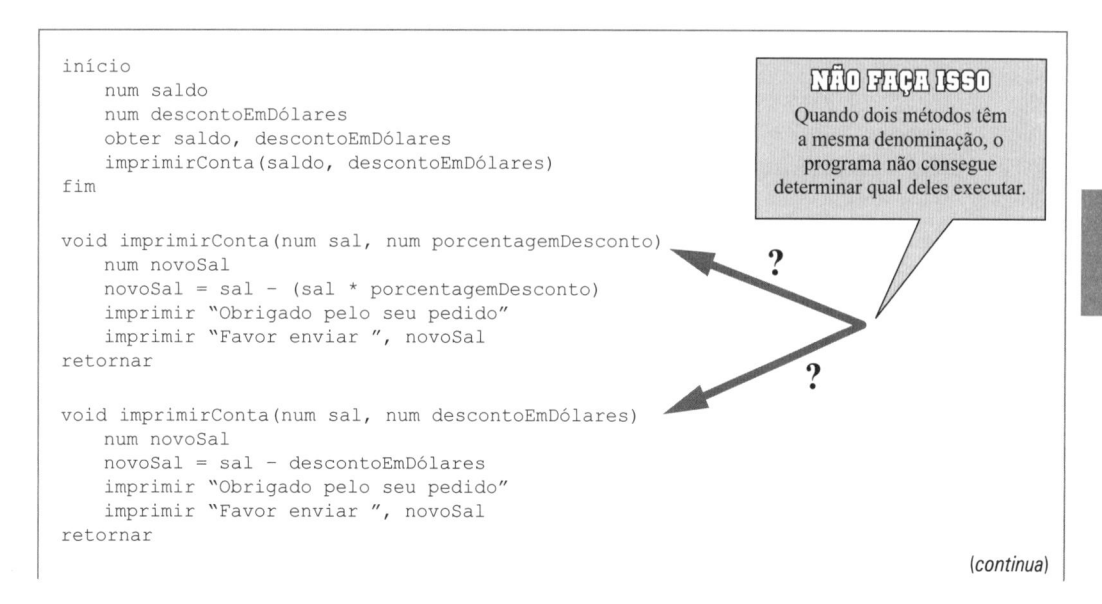

(continua)

Figura 7-19 Programa que contém uma chamada de método ambígua

```
                                    início
                                      ↓
                            num saldo
                            num descontoEmDólares
                                      ↓
                            obter saldo,
                            descontoEmDólares
                                      ↓
                            imprimirConta(saldo,
                            descontoEmDólares)
                              ↙       ↓        ↘
                           ?          fim          ?
```

NÃO FAÇA ISSO
Quando dois métodos têm a mesma denominação, o programa não consegue determinar qual deles executar.

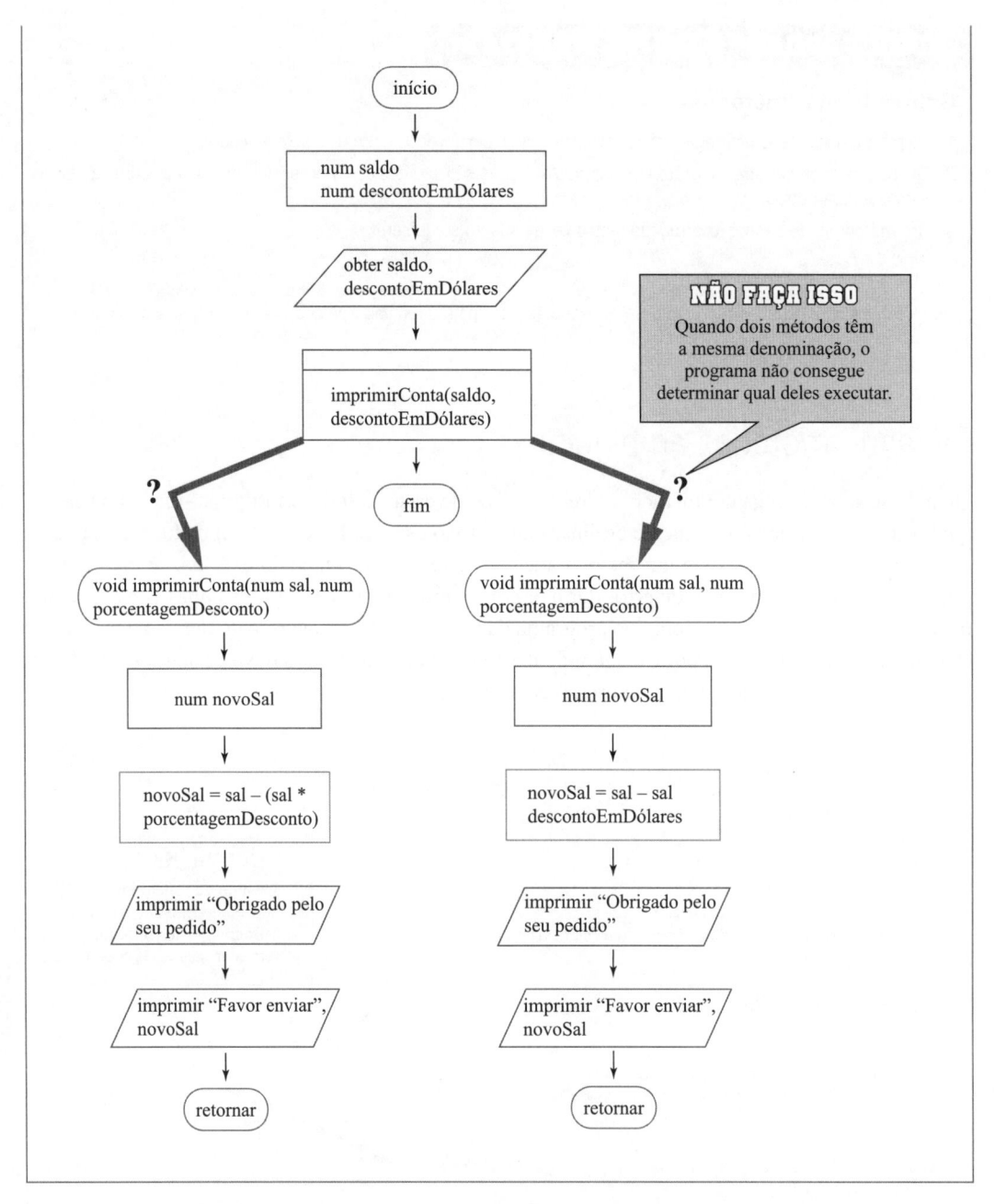

```
   void imprimirConta(num sal, num          void imprimirConta(num sal, num
       porcentagemDesconto)                     porcentagemDesconto)
             ↓                                         ↓
        num novoSal                              num novoSal
             ↓                                         ↓
     novoSal = sal – (sal *                    novoSal = sal – sal
       porcentagemDesconto)                      descontoEmDólares
             ↓                                         ↓
     imprimir "Obrigado pelo                 imprimir "Obrigado pelo
         seu pedido"                               seu pedido"
             ↓                                         ↓
     imprimir "Favor enviar",                 imprimir "Favor enviar",
         novoSal                                    novoSal
             ↓                                         ↓
         retornar                                 retornar
```

Figura 7-19 Programa que contém uma chamada de método ambígua (*continuação*)

NOTA:
Um método sobrecarregado não é ambíguo por si – ele se torna ambíguo apenas se for criada uma situação ambígua. Um programa com métodos potencialmente ambíguos roda sem problemas se não for feita nenhuma ambígua chamada de métodos.

Cada uma das versões de `imprimirConta()` da Figura 7-19 é um método válido em si. Entretanto, se as duas versões existirem no mesmo programa, ocorre um problema. Quando o programa principal chama `imprimirConta()` usando dois argumentos numéricos, o compilador não consegue determinar qual versão chamar. Apesar de que se poderia alegar que o nome do argumento `descontoEmDólares` no programa principal subentende que a segunda versão do método deveria ser chamada, o compilador não faz tal suposição. O compilador determina qual versão do método chamar baseando-se somente nos tipos de dados dos argumentos, não em seus identificadores. Como ambas as versões do método aceitam dois parâmetros numéricos, ocorre um erro para a execução do programa.

Métodos podem ser sobrecarregados corretamente fornecendo-se diferentes listas de parâmetros para métodos de mesmo nome. Métodos com nomes idênticos que têm listas de parâmetros idênticas, mas diferentes tipos de retorno não são sobrecarregados; eles são ilegais. Por exemplo, os seguintes métodos não podem coexistir dentro de um programa.

```
string umMétodo(num x)
numérico umMétodo(num y)
```

O compilador determina qual de várias versões de um método chamar, baseando-se nas listas de parâmetros. Quando é feita a chamada de método `umMétodo(17)`, o compilador não vai saber qual dos dois métodos executar, porque ambas as possibilidades têm argumento numérico.

NOTA: Todas as populares linguagens orientadas a objeto aceitam múltiplos tipos de dados. Por exemplo, Java, C#, C++ e Visual Basic aceitam tipos inteiros (números inteiros) de dados, que são diferentes de tipos de dados de ponto flutuante (casas decimais). Muitas linguagens têm tipos numéricos ainda mais especializados, como com sinal e sem sinal. Métodos que aceitam diferentes tipos específicos são corretamente sobrecarregados.

DUAS VERDADES E UMA MENTIRA:

Evitando métodos ambíguos

1. O compilador determina qual versão de um método chamar, baseando-se somente nos tipos de dados dos argumentos, não em seus identificadores.
2. Métodos podem ser corretamente sobrecarregados se lhes forem fornecidas diferentes listas de parâmetros para métodos com o mesmo nome.
3. Métodos com nomes idênticos que têm listas de parâmetros idênticas, mas com diferentes tipos de retorno, são sobrecarregados.

A frase falsa é a nº 3. Métodos com nomes idênticos que têm listas de parâmetros idênticas, mas com diferentes tipos de retorno, não são sobrecarregados; eles são ilegais.

Usando métodos embutidos previamente escritos

Todas as modernas linguagens de programação contêm muitos métodos já escritos para você. Esses métodos foram embutidos na linguagem para poupar tempo e esforço. Por exemplo, na maioria das linguagens, imprimir uma mensagem na tela envolve usar um método embutido. Quando se deseja apresentar "Olá" na tela do prompt de comando em C#, escreve-se:

```
Console.WriteLine("Olá");
```

Em Java, escreve-se:

```
System.out.printIn("Olá");
```

Nessas sentenças, você pode reconhecer `WriteLine()` e `printIn()` como nomes de métodos, pois são acompanhados por parênteses. Os parênteses contêm um argumento que representa a mensagem apresentada. Se esses métodos não estivessem escritos, você teria que se preocupar com detalhes de baixo nível, como a manipulação dos pixels na tela de apresentação, quando fosse imprimir caracteres. Em vez disso, usando métodos previamente escritos, você pode se concentrar nas tarefas de mais alto nível, como apresentar uma mensagem útil e apropriada.

> **NOTA:** Em C#, a convenção é começar nomes de métodos com uma letra maiúscula e, em Java, a convenção é começá-los com uma letra minúscula. Os métodos `WriteLine()` e `printIn()` seguem as convenções de suas respectivas linguagens.

> **NOTA:** Os métodos `WriteLine()` e `printIn()` são ambos sobrecarregados. Por exemplo, se um string for transposto para um dos dois métodos, é chamada a versão do método que pode apresentá-los corretamente, e se você transpor um número, a versão que pode apresentá-lo corretamente é chamada. Existem diversas versões para cada método.

A maioria das linguagens de programação também contém uma variedade de métodos matemáticos, como aqueles que computam uma raiz quadrada ou o valor absoluto de um número. Outros métodos realizam tarefas, como recuperar a data ou o horário atual do sistema operacional ou selecionar um número aleatório para ser usado em uma aplicação de jogo. Esses métodos foram escritos como conveniência – calcular uma raiz quadrada ou gerar números aleatórios são tarefas complexas, então, é útil ter disponíveis métodos já escritos e testados quando precisar deles. Os nomes dos métodos que realizam essas funções variam entre as linguagens de programação, então você precisa pesquisar a documentação da linguagem para usá-los. Por exemplo, muitos métodos de uma linguagem são descritos em manuais introdutórios àquela linguagem, e você também pode achar documentação da linguagem na internet.

Se pretende usar um método embutido e previamente escrito, precisa conhecer quatro fatores:

» De forma geral, o que faz aquele método – por exemplo, calcular uma raiz quadrada.
» O nome do método – por exemplo, ele pode ser `sqrt()`.
» Os parâmetros exigidos pelo método – por exemplo, um método de raízes quadradas pode exigir um único parâmetro numérico. Podem existir versões sobrecarregadas do método para serem escolhidas.
» O tipo de retorno do método – por exemplo, um método de raízes quadradas provavelmente retorna um valor numérico, que é a raiz quadrada do argmuento que foi passado para o método.

O que você não precisa saber é a forma como o método é implementado; isto é, como suas sentenças de instruções foram escritas. Métodos embutidos normalmente são caixas pretas. Você pode usar métodos embutidos sem se preocupar com os detalhes de baixo nível de sua implementação.

DUAS VERDADES E UMA MENTIRA:

Usando métodos embutidos previamente escritos

1. O nome de um método que realiza uma função específica (como gerar um número aleatório) provavelmente é diferente entre as várias linguagens de programação.
2. Quando se deseja usar um método embutido previamente escrito, é preciso saber o que em geral faz o método, o seu nome, os parâmetros requisitados e o tipo de retorno.
3. Quando se deseja usar um método embutido previamente escrito, é preciso saber como ele é implementado.

A frase falsa é a nº 3. Você não precisa saber os detalhes de baixo nível da implementação de um método para ser capaz de usá-lo eficientemente.

Usando um diagrama EPS

Quando se faz o design de módulos para usar dentro de programas maiores, alguns programadores consideram útil usar um **diagrama EPS** (entrada-processamento-saída), ferramenta que identifica e classifica cada item necessário dentro do módulo como pertencente à entrada, ao processamento ou a saída. Por exemplo, considere um módulo que encontra o menor de três valores numéricos. Para começar a planejar o design desse módulo, inicia-se colocando cada um dos componentes do módulo em uma das três categorias de processamento, como apresentado na Figura 7-20.

Entrada	Processamento	Saída
Primeiro valor Segundo valor Terceiro valor	Se o primeiro valor é menor que cada um dos outros dois, salve-o como o menor valor; caso contrário, se o segundo valor for menor do que o terceiro, salve-o como o menor valor; caso contrário, salve o terceiro valor como o menor valor.	Menor Valor

Figura 7-20 Diagrama EPS para módulo que encontra o menor de três valores numéricos

O diagrama EPS da Figura 7-20 fornece uma visão geral das etapas do processamento envolvidas no módulo. Como um fluxograma ou um pseudocódigo, um diagrama EPS é outra ferramenta para auxiliar você a planejar a lógica dos seus programas. Muitos programadores criam um diagrama EPS apenas para módulos específicos dos seus programas e como alternativa aos fluxogramas ou pseudocódigos. Diagramas EPS oferecem uma visão geral da entrada do módulo, das etapas de processamento que devem ocorrer e do resultado. A Figura 7-21 mostra o fluxograma e o pseudocódigo do módulo resultante.

NOTA: O módulo `encontrarMenor()` é parecido com o módulo `encontrarMaior()` descrito anteriormente neste capítulo. Compare os dois para entender de que forma eles são diferentes.

NOTA: Neste livro, preferiu-se a criação de fluxogramas e pseudocódigos. Você pode achar muitos outros exemplos de diagramas EPS na internet.

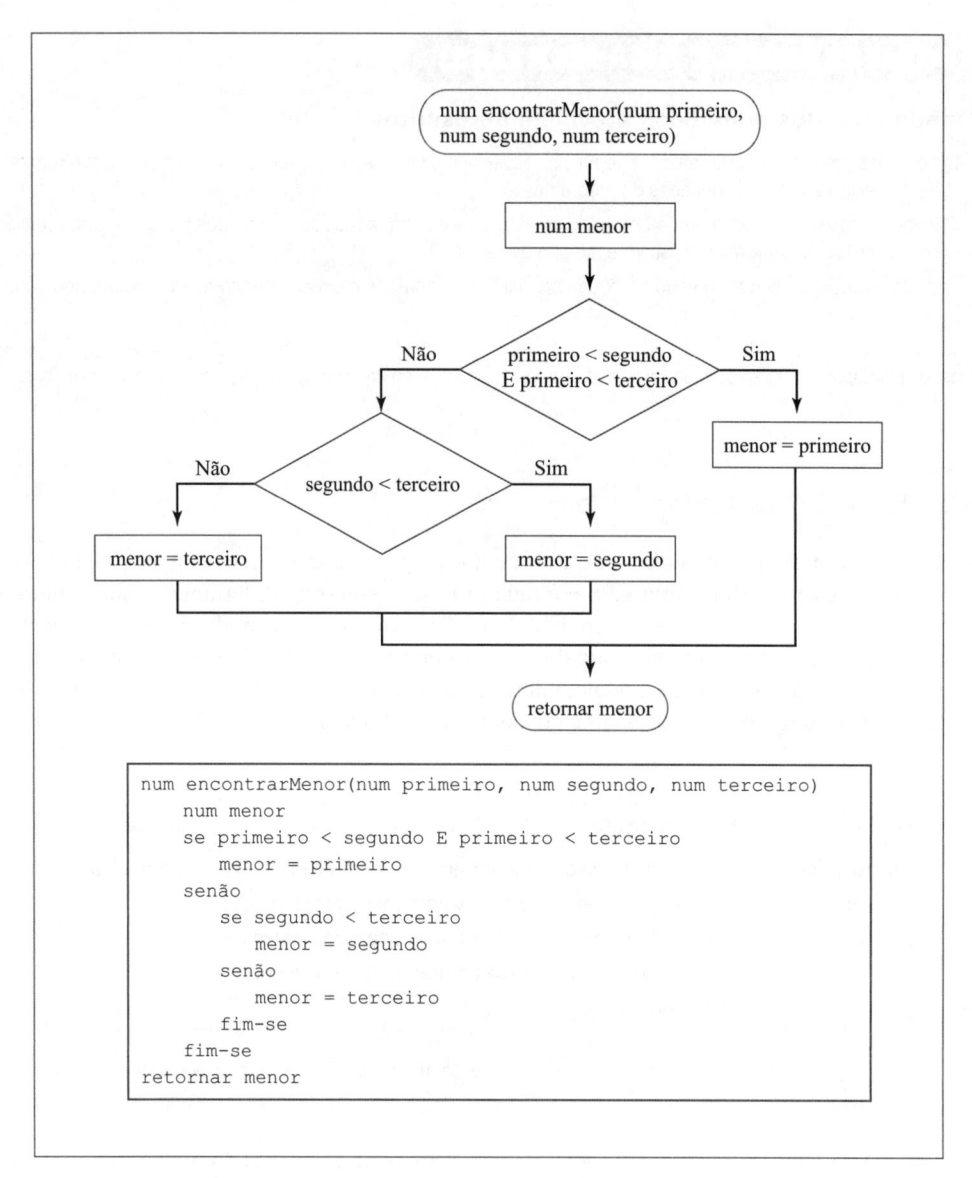

```
num encontrarMenor(num primeiro, num segundo, num terceiro)
   num menor
   se primeiro < segundo E primeiro < terceiro
      menor = primeiro
   senão
      se segundo < terceiro
         menor = segundo
      senão
         menor = terceiro
      fim-se
   fim-se
retornar menor
```

Figura 7-21 Fluxograma e pseudocódigo do módulo `encontrarMenor()`

DUAS VERDADES E UMA MENTIRA:

Usando um diagrama EPS

1. Um diagrama EPS é uma ferramenta que indica e classifica cada item necessário dentro de um módulo como pertencente ao interesse, à impressão ou à organização.
2. Um diagrama EPS oferece uma visão geral dos passos de processamento envolvidos em um módulo.
3. Um diagrama EPS é uma ferramenta para auxiliar a planejar a lógica dos seus programas, assim como um fluxograma ou um pseudocódigo.

A frase falsa é a nº 1. Um diagrama EPS é uma ferramenta que identifica e classifica cada item necessário dentro do módulo como pertencente à entrada, ao processamento ou à saída.

Reduzindo o acoplamento e aumentando a coesão

Quando você começa a fazer designs de programas de computador, é difícil decidir o quanto colocar dentro de um módulo. Por exemplo, um processo que exige 40 instruções pode ser contido em um único módulo, dois módulos de 20 instruções, 20 módulos de duas instruções, ou qualquer outra combinação. Na maioria das linguagens de programação, qualquer uma dessas combinações é permitida. Ou seja, você pode escrever um programa que executa e produz os resultados corretos, independente de como divide as etapas individuais em módulos. Entretanto, colocar instruções de mais ou de menos em um único módulo deixa o programa mais difícil de seguir e reduz sua flexibilidade. Ao decidir como organizar as etapas do seu programa em módulos, mantenha-se fiel a duas regras gerais:

» Reduzir o acoplamento.
» Aumentar a coesão.

Reduzir o acoplamento

Acoplamento é uma medida da força da conexão entre dois módulos de um programa; é usada para expressar o quanto se troca de informações entre as sub-rotinas. O acoplamento pode ser forte ou fraco, dependendo de quanto um módulo depende das informações de outro. Um **acoplamento forte**, que ocorre quando os módulos dependem excessivamente uns dos outros, faz com que os programas tendam a cometer mais erros. Com um forte acoplamento há muitos caminhos de dados para ser geridos, muitas chances para passagens incorretas de dados de um módulo para o outro e muitas chances de um módulo alterar informações necessárias para outro módulo. Um **acoplamento fraco** ocorre quando os módulos não dependem tanto dos outros. Em geral, é desejável reduzir o acoplamento tanto quanto possível, pois conexões entre os módulos os deixam mais difíceis de ser escritos, mantidos e reutilizados.

Imagine o entra e sai de quatro cozinheiros na cozinha de um restaurante enquanto preparam um prato. Se cada um puder adicionar temperos à vontade, sem o conhecimento dos outros, o resultado seria um desastre gastronômico. Da mesma forma, se os módulos do seu programa de folha de pagamentos puderem alterar o valor do pagamento bruto "à vontade", sem o "conhecimento" dos outros módulos, você poderia terminar com um desastre financeiro. Um programa no qual vários módulos têm acesso ao valor de pagamento bruto tem módulos fortemente acoplados.

É possível avaliar se o acoplamento entre os módulos é fraco ou forte observando o relacionamento entre os módulos e o número de parâmetros transportados entre eles.

» Forte acoplamento – A situação menos íntima é aquela na qual os módulos têm acesso às mesmas variáveis definidas globalmente – esses módulos têm um forte acoplamento. Quando um módulo muda o valor armazenado em uma variável, outros módulos são afetados. Como os fortes acoplamentos devem ser evitados, todos os exemplos deste livro evitam usar variáveis globais. Entretanto, saiba que você as verá sendo usadas em programas escritos por outros.

» Fraco acoplamento – A forma mais íntima de compartilhar dados é passar uma cópia das variáveis necessárias de um módulo para o outro. Assim, o compartilhamento de dados é sempre proposital – variáveis precisam ser explicitamente transpostas para os módulos que as utilizam. As mais fracas (melhores) sub-rotinas e métodos passam um único argumento, se possível, em vez de muitas variáveis ou registros inteiros.

Aumentar a coesão

Analisar o acoplamento permite ver como os módulos se conectam externamente a outros módulos e programas. Também é útil analisar a **coesão** de um módulo, que é o quanto as sentenças internas de um módulo ou sub-rotina servem para realizar os objetivos daquele módulo. Em módulos muito coesos, todas as operações são relacionadas, ou "estão em harmonia". Esses módulos normalmente são mais confiáveis do que aqueles que têm baixa coesão; eles são considerados mais fortes e se tornam programas mais fáceis de escrever, ler e manter.

A **coesão funcional** ocorre quando todas as operações de um módulo contribuem para a realização de apenas uma tarefa. A coesão funcional é o nível mais alto de coesão. Você deve esforçar-se para obtê-la em qualquer método que escrever. Tome, por exemplo, o módulo que calcula o pagamento bruto que aparece na Figura 7-22; esse módulo recebe dois parâmetros, `horas` e `taxa`, e calcula o pagamento bruto, incluindo a multiplicação por 1,5 para as horas-extras. A coesão funcional desse módulo é alta, porque cada uma de suas instruções contribui para uma única tarefa – calcular o pagamento bruto. Se você for capaz de escrever uma sentença descrevendo o que um módulo faz usando apenas duas palavras – por exemplo, "Calcular bruto", "Elevar valor ao cubo" ou "Imprimir registro" – possivelmente seu módulo é funcionalmente coeso.

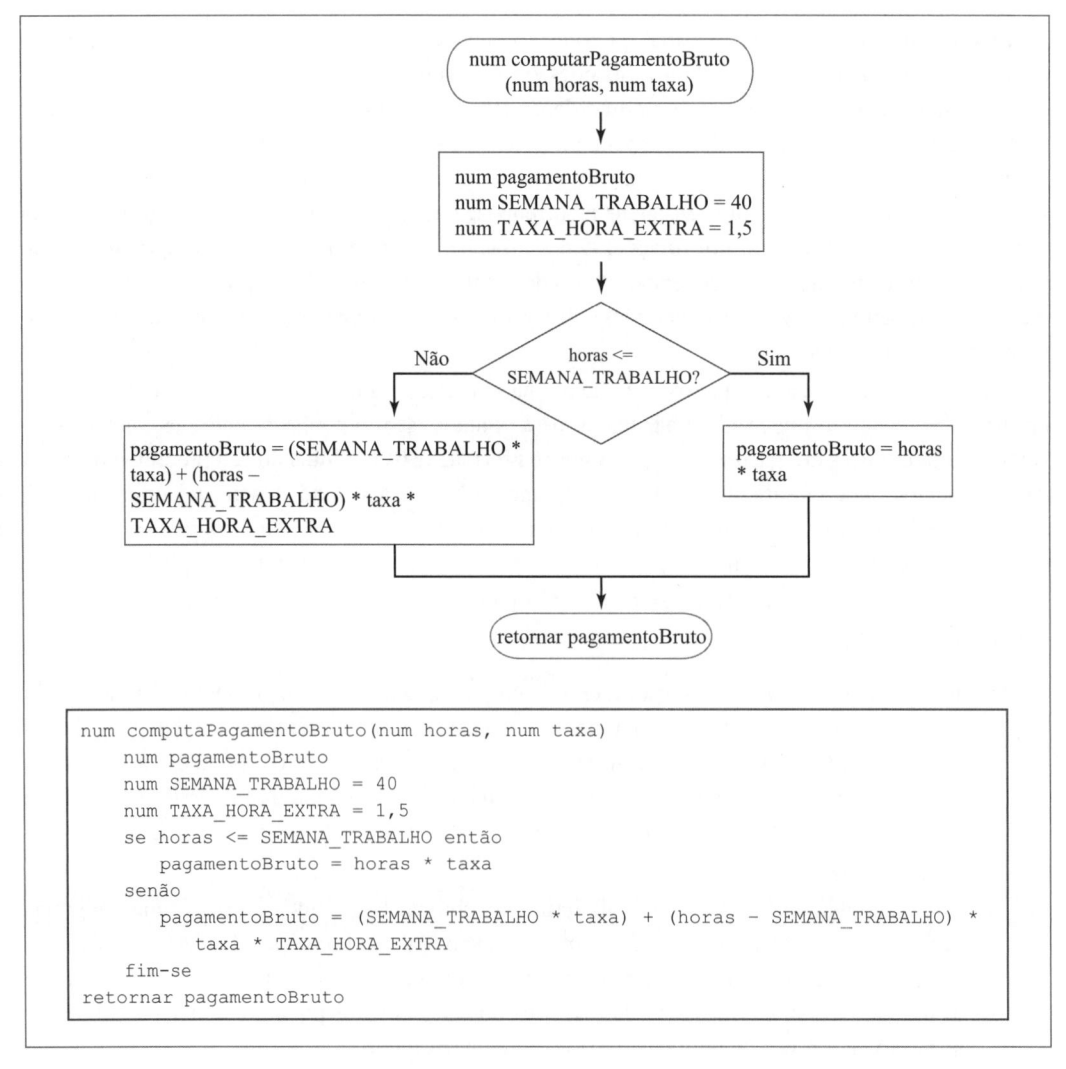

```
num computaPagamentoBruto(num horas, num taxa)
    num pagamentoBruto
    num SEMANA_TRABALHO = 40
    num TAXA_HORA_EXTRA = 1,5
    se horas <= SEMANA_TRABALHO então
        pagamentoBruto = horas * taxa
    senão
        pagamentoBruto = (SEMANA_TRABALHO * taxa) + (horas - SEMANA_TRABALHO) *
            taxa * TAXA_HORA_EXTRA
    fim-se
retornar pagamentoBruto
```

Figura 7-22 Um módulo `computarPagamentoBruto()`

Você pode trabalhar em um ambiente de programação que tenha como regra: "Nenhum módulo será maior do que o que se pode imprimir em uma página" ou "Nenhum módulo terá mais do que 30 linhas de código". Quem fez essas regras estava tentando obter mais coesão, mas esta é uma maneira arbitrária de se lidar com isso. É possível que um módulo de duas linhas tenha baixa coesão e – ainda que seja pouco provável – que um módulo de 40 linhas tenha alta coesão. Como módulos bons e funcionalmente coesos realizam apenas uma tarefa, eles tendem a ser curtos. Entretanto, a questão não é o tamanho. Se 20 sentenças são indispensáveis para realizar uma única tarefa em um módulo, então esse módulo ainda é coeso.

Se você sentir que escreveu um módulo que tem apenas coesão procedural (isto é, ele consiste de uma série de etapas que usam dados não relacionados), provavelmente vai querer transformá-lo em um **módulo "despachador"**. Isto é feito alterando-se o módulo para que, em vez de realizar muitos tipos de tarefas diferentes, ele chame outros módulos nos quais ocorrem as diversas tarefas. A **coesão lógica** ocorre quando um módulo-membro realiza uma ou mais tarefas dependendo de uma decisão, independente da decisão estar no formato de uma estrutura `caso` ou de uma série de sentenças `se`. As ações realizadas podem estar logicamente em harmonia (isto é, realizarem o mesmo tipo de ação), mas elas não trabalham com os mesmos dados. Como um módulo que tem coesão procedural, um módulo que tem apenas coesão lógica provavelmente deveria ser transformado em um despachador.

A maioria dos programadores não pensa o tempo todo na coesão. Em outras palavras, eles não têm a tendência de dizer: "Como esse programa é coeso!" Em vez disso, desenvolvem um sentimento intuitivo de quais tipos de tarefas devem estar corretamente juntas e quais tipos de subconjuntos de tarefas devem estar distribuídas em seus próprios módulos.

Além disso, há um momento e um lugar para atalhos. Se você precisar de um resultado de um dado de planilha com urgência, é claro que pode digitar dois valores e obter uma soma em vez de criar uma fórmula com células de referência adequadas. Se um memorando precisa sair em cinco minutos, você não tem que mudar a fonte ou adicionar uma imagem com o seu processador de texto. Da mesma forma, se você precisa de um resultado rápido de programação, pode muito bem usar nomes crípticos para variáveis, forte acoplamento e coesão mínima. Quando for criar uma aplicação profissional, entretanto, deve manter-se atento às linhas de orientação profissional.

DUAS VERDADES E UMA MENTIRA:

Reduzir o acoplamento e aumentar a coesão

1. Você deve tentar evitar acoplamentos fortes, que ocorrem quando módulos dependem excessivamente uns dos outros.
2. Você deve evitar acoplamentos fracos, que ocorrem quando módulos não dependem dos outros.
3. A coesão funcional ocorre quando todas as operações de um módulo contribuem para a realização de uma única tarefa.

A frase falsa é a nº 2. Você deve buscar fracos acoplamentos, para que seus módulos sejam independentes.

Resumo do capítulo

» Um método é um módulo de um programa que contém uma série de sentenças que fazem uma tarefa. Um programa pode conter um número ilimitado de métodos e cada método pode ser chamado ilimitadas vezes. Os métodos mais simples não exigem que lhes sejam enviados itens de dados (chamados argumentos ou parâmetros) e tampouco enviam qualquer dado de volta (chamado retornar um valor). Quando você cria métodos, o método que chama é mais fácil de acompanhar porque é o mais abstrato. Além disso, métodos são facilmente reutilizáveis. Um método precisa incluir uma declaração (ou cabeçalho ou definição), um corpo e uma sentença de retorno que marca o final do método.

» As variáveis e constantes declaradas em qualquer método são reutilizáveis apenas dentro do método. Isto é, itens de dados são locais, visíveis ou do escopo apenas dentro do método no qual foram declarados. Além de variáveis locais e constantes, é possível criar variáveis e constantes globais que são conhecidas de múltiplos métodos, mas, em geral, essa não é uma prática recomendada, porque viola o princípio de programação da encapsulação, que estabelece que as instruções de um método e seus dados devem ser contidos no mesmo método.

» Alguns métodos exigem que informações sejam passadas para dentro deles. Uma chamada de método envia um argumento para o método chamado. Um método chamado aceita o valor como sendo seu parâmetro. A passagem argumentos permite a ocultação da implementação, que seria a ocultação dos detalhes do método. Ao se declarar um método que pode receber um parâmetro, é preciso declarar o tipo do parâmetro e um identificador local para ele dentro dos parênteses da declaração do método. Uma variável passada para dentro de um método é passada pelo valor; isto é, uma cópia do seu valor é enviada para o método e armazenada em uma nova localidade da memória, acessível ao método.

» Indica-se que um método exige múltiplos argumentos listando seus tipos de dados e identificadores locais dentro dos parênteses do cabeçalho do método. É possível passar múltiplos argumentos para um método chamado listando-se os argumentos dentro da chamada do método e separando-os com vírgulas. Quando se chama um método, os argumentos enviados para ele precisam casar na ordem – tanto em número como em tipo – com os argumentos listados na declaração do método.

» Quando um método retorna um valor, o método precisa de um tipo de retorno. O tipo de retorno de um método é mais sucintamente conhecido como o tipo do método e é indicado à frente do nome do método quando este é definido. Quando um método retorna um valor, normalmente este é usado no método que o chamou (apesar disso não ser uma regra).

» Um único elemento de um array é passado para um método da mesma maneira que uma variável ou uma constante. Além disso, um array inteiro pode ser passado como um método. Indica-se que o parâmetro de um método precisa ser um array colocando colchetes depois do tipo de dado na lista de parâmetros do método. Um array passa para um método com sua referência; isto é, o método recebe o verdadeiro endereço na memória do array e tem acesso aos reais valores dos elementos do array.

» Sobrecarregar um método é escrever múltiplos métodos com um mesmo nome, mas com diferentes listas de parâmetros. O compilador entende seu significado com base nos argumentos utilizados quando o método é chamado.

» Usar métodos sobrecarregados gera o risco de métodos ambíguos, uma situação na qual o compilador não pode determinar qual método usar. Toda vez que um método é chamado, o compilador decide se existe um método adequado; quando existe, o método executa, quando não existe, uma mensagem de erro é exibida. Métodos podem ser sobrecarregados corretamente fornecendo-se diferentes listas de parâmetros para métodos de mesmo nome.

» Todas as linguagens modernas de programação contêm métodos previamente escritos. Esses métodos foram embutidos na linguagem para poupar tempo e esforço.

» Alguns programadores fazem diagramas EPS para alguns dos módulos que criam. Um diagrama EPS é uma ferramenta que identifica e classifica cada item necessário dentro do módulo como pertencente à entrada, ao processamento ou à saída.

» Quando escrever módulos, você deve se esforçar para obter fraco acoplamento e alta coesão.

Termos-chave

Um **método** é um módulo de programa que contém uma série de sentenças que realizam uma tarefa.

O **cabeçalho** do método inclui o identificador do método e possivelmente outras informações de identificação necessárias.

O **corpo** do método contém todas as sentenças do método.

A **sentença de retorno** de um método marca seu final e identifica o momento no qual o controle retorna para o método que chamou.

Retornar um valor é o processo no qual um método chamado envia um valor para o módulo que o chamou.

Variáveis e constantes declaradas dentro de um método estão **no escopo** apenas daquele método.

Variáveis locais são declaradas dentro do módulo que as utiliza.

Parâmetros são itens de dados recebidos por métodos.

A **ocultação da implementação** é um princípio da programação que descreve a encapsulação dos detalhes do método.

A **interface do método** inclui o tipo de retorno do método, nome e seus argumentos. É a parte que o cliente vê e usa.

O **cliente** de um método é um programa ou outro método que utiliza o método.

Programadores referem-se à implementação oculta de detalhes como **caixa preta**.

Uma variável passada para dentro de um método é **passada por valor**; isto é, uma cópia de seu valor é enviada ao método e armazenada em uma nova localidade da memória acessível ao método.

Denomina-se **lista de parâmetros** todos os tipos de dados e nomes de parâmetros que aparecem no cabeçalho de um método.

Parâmetros atuais são os argumentos em uma chamada de método.

Parâmetros formais são as variáveis da declaração de um método que aceitam os valores dos parâmetros atuais.

A **assinatura** de um método inclui seu nome e sua lista de argumentos.

O **tipo de retorno** de um método é o tipo de dado para qualquer valor que ele retorne.

Um **método void** não retorna nenhum valor.

O tipo de retorno de um método é mais sucintamente conhecido como **tipo do método**.

Overhead refere-se a todos os recursos e à quantidade de momentos exigidos para uma operação.

Quando um item é **passado por referência para um método**, o método recebe o verdadeiro endereço na memória do item. Arrays são passados por referência.

Sobrecarregar envolve atribuir vários significados a um único identificador.

Polimorfismo é a capacidade de um método agir adequadamente dependendo do contexto.

Quando se **sobrecarrega um método**, são criadas múltiplas versões com o mesmo nome, mas com diferentes listas de parâmetros.

Métodos ambíguos são aqueles que o compilador não consegue distinguir porque têm o mesmo nome e os mesmos tipos de parâmetros.

Um **diagrama EPS** é uma ferramenta que identifica e classifica cada item necessário do módulo como pertencente à entrada, ao processamento ou à saída.

Acoplamento é a medida da força da conexão entre dois módulos do programa.

Forte acoplamento ocorre quando módulos dependem excessivamente uns dos outros. Isso faz com que os programas tenham maior tendência a erros.

Acoplamento reduzido ocorre quando módulos não dependem uns dos outros.

Coesão é a medida do quanto as sentenças internas de um módulo contribuem para a realização de apenas uma tarefa. Coesão funcional é o mais alto nível de coesão; você deve procurar atingi-la em todos os métodos que escrever.

Um **módulo "despachador"** é um módulo que chama outros módulos nos quais várias tarefas ocorrem.

Coesão lógica ocorre quando um módulo-membro realiza uma ou mais tarefas, dependendo de uma decisão.

Questões de revisão

1. Qual das frases a seguir é verdadeira?
    a. Um programa pode chamar, no máximo, um método.
    b. Um programa pode conter um método que chama outro método.
    c. Um método pode conter um ou mais outros métodos.
    d. Todas essas são verdadeiras.

2. Qual dos itens seguintes todo método precisa ter?
    a. um cabeçalho
    b. uma lista de parâmetros
    c. um valor de retorno
    d. todas as anteriores

3. Qual dos seguintes é mais relacionado ao conceito de "local"?
   a. abstrato
   b. orientado ao objeto
   c. no escopo
   d. nível de programa

4. Apesar dos termos "parâmetro" e "argumento" serem muito relacionados, a diferença entre eles é que "argumento" se refere a _____.
   a. uma constante passada
   b. um valor em uma chamada de método
   c. um parâmetro formal
   d. uma variável que é local de um método

5. A noção de _____ refere-se à maneira como uma chamada de método não está a par das sentenças internas do método chamado.
   a. abstração
   b. orientação a objeto
   c. identificador
   d. encapsulação

6. A interface de um método é o(a) seu(sua) _____.
   a. denominação
   b. tipo de retorno
   c. identificador
   d. lista de parâmetros

7. Quando se escreve a declaração de um método que pode receber um parâmetro, qual dos seguintes precisa ser incluído na declaração do método?
   a. o nome do argumento que será usado para chamar o método
   b. um nome local para o parâmetro
   c. o valor de retorno para o método
   d. todos os anteriores

8. Quando o nome de uma variável é usado em uma chamada de método, ele _____ o mesmo nome que a variável no cabeçalho do método.
   a. pode ter
   b. não pode ter
   c. precisa ter
   d. é proibido ter

9. Assuma que você tenha escrito um método com o cabeçalho **void meuMétodo(num a, string b)**. Qual das seguintes é uma chamada de método correta?
   a. `meuMétodo(12)`
   b. `meuMétodo(12, "Olá")`
   c. `meuMétodo("Adeus")`
   d. impossível dizer

10. Assuma que você tenha escrito um método com o cabeçalho **seuMétodo(string nome, num código)**. O tipo do método é _____.
    a. `num`
    b. `string`
    c. `num e string`
    d. `void`

11. Assuma que você tenha escrito um método com o cabeçalho **string meuMétodo(num conceito, string nota)**. Assuma também que tenha declarado uma variável numérica nomeada teste. Qual das seguintes é uma chamada de método correta?

a. meuMétodo()
b. meuMétodo(teste)
c. meuMétodo(teste, teste)
d. meuMétodo(teste, "A")

12. O valor usado na sentença **retornar** de um método precisa _____.
    a. ser numérico
    b. ser uma variável
    c. casar com o tipo de dado usado antes do nome do método no cabeçalho
    d. Duas das anteriores

13. Quando um método recebe uma cópia do valor armazenado em um argumento usado em uma chamada de método, isso significa que a variável _____.
    a. não foi chamada
    b. foi passada pelo valor
    c. foi passada por referência
    d. teve seu valor original atribuído quando ela foi declarada

14. Um método **void** _____.
    a. não contém sentenças
    b. não requer parâmetros
    c. não retorna nada
    d. não tem nome

15. Quando um array é passado para um método, ele _____.
    a. é passado por referência
    b. é passado pelo valor
    c. não tem nome no método
    d. não é alterável dentro do método

16. Quando se sobrecarrega um método, múltiplos métodos são escritos com o(a) mesmo(a) _____.
    a. nome
    b. lista de parâmetros
    c. número de parâmetros
    d. tipo de retorno

17. Um programa contém um método com o cabeçalho **numérico calcularImpostos (num montante, string nome)**. Qual dos métodos a seguir pode coexistir com ele no mesmo programa sem nenhuma chance de haver ambiguidade?
    a. num calcularImpostos(string nome, num montante)
    b. string calcularImpostos(num dinheiro, string contribuinte)
    c. num calcularImpostos(num pagamentoAnual, string rgContribuinte)
    d. Todos ele poderiam coexistir sem ambiguidade.

18. Métodos no mesmo programa com nomes idênticos e listas de parâmetros idênticas são _____.
    a. sobrecarregados
    b. usados excessivamente
    c. oprimidos
    d. ilegais

19. Métodos em programas diferentes com nomes idênticos e listas de parâmetros idênticas são _____.
    a. sobrecarregados
    b. ilegais
    c. os dois anteriores
    d. nenhum dos anteriores

20. Programadores devem se esforçar para _____.
    a. aumentar o acoplamento
    b. aumentar a coesão
    c. ambas as anteriores
    d. nem a nem b

Encontre os bugs

Cada um dos segmentos de pseudocódigo seguintes contém um ou mais bugs que você precisa encontrar e corrigir.

1. O programa principal chama um método que solicita ao usuário um nome e o retorna.

    ```
    início
        string nomeUsuário
        usuário = perguntarUsuárioPorNome()
        imprimir "Seu nome é ", usuário
    fim

    string perguntarUsuárioPorNome()
        num nome
        imprimir "Por favor digite seu nome "
        ler nome
    retornar nome
    ```

2. O programa principal transpõe a entrada de um usuário para um método que apresenta uma tabela de multiplicação usando o valor inserido. A tabela inclui o valor multiplicado por todos os valores entre 2 e 10.

    ```
    início
        num escolhaUsuário
        imprimir "Entre um número"
        ler escolhaUsuário
        tabelaMultiplicação(escolha)
    fim

    void tabelaMultiplicação(valor)
        num BAIXO = 2
        num ALTO = 10
        num x
        x = BAIXO
        enquanto x = ALTO
            resposta = valor * x
            imprimir valor, " vezes ", x, " é ", resposta
        fim-enquanto
    retornar
    ```

3. O programa principal solicita ao usuário um número de CPF, nome e renda, e então calcula o imposto. O cálculo do imposto e a impressão do relatório do contribuinte estão em módulos separados. As alíquotas do imposto se baseiam na seguinte tabela:

Renda ($)	Alíquota de Imposto (%)
0 – 14.999	0
15.000 – 21.999	15
22.000 – 39.999	18
40.000 – 69.999	22
70.000 – 99.999	28
100.000 ou superior	30

```
início
    string numCPF
    string nome
    num renda
    num impostoAPagar
    imprimir "Inserir número do CPF"
    ler CPF
    enquanto numCPF não = 0
        imprimir "Inserir nome "
        ler nome
        imprimir "Entrar renda anual "
        ler nome
        impostoCálculo()
        imprimir relátorioImposto(numCPF, impostoAPagar)
        imprimir "Inserir número do CPF ou 0 para sair "
        ler numCPF
    fim-enquanto
fim

void impostoCálculo(num renda)
    num imposto
    const num NUMPARTSIS = 5
    num parêntesis[NUMPARTSIS] = 15000, 22000, 40000, 70000, 100000
    num alíquotas[NUMPARTSIS] = 0, 0,15, 0,18, 0,22, 0,28, 0,30
    enquanto conta < NUMPARTSIS E renda > parêntesis[conta]
        conta = conta + 1
    fim-enquanto
    imposto = renda * alíquotas
retornar imposto

void relatórioImposto(string numCPF, string nome, num impostoAPagar)
    imprimir numCPF, nome, imposto
retornar imposto
```

Exercícios

1. Crie um diagrama EPS para cada um dos módulos a seguir:
   a. O módulo que produz seu contracheque.
   b. O módulo que calcula o valor semestral gasto com as mensalidades de sua faculdade.
   c. O módulo que calcula a prestação mensal do seu carro.

2. Crie a lógica para um programa que calcula e apresenta o montante que você teria se investisse $1.000 a 5% de juros ao ano. Crie um método separado para fazer o cálculo e para retornar o resultado a ser apresentado.

3a. Crie a lógica para um programa que calcula a data de vencimento de uma conta da seguinte maneira:

   Solicite ao usuário o mês, dia e ano no qual foi recebida a conta. Calcule o dia que a conta vence como sendo um mês depois disso. Imprima cada data passando, a cada vez, seu mês, dia e ano para um método que os apresente as partes da data entre barras – por exemplo, 24/6/2009.

3b. Modifique o método que apresenta a data para que ele apresente cada data usando um string para o mês – por exemplo, 24 de junho de 2009.

4a. Crie a lógica para um programa que realiza funções aritméticas.

   Faça o design de um programa para conter duas variáveis numéricas. Solicite ao usuário valores para as variáveis. Transporte ambas as variáveis para os métodos nomeados soma() e diferença(). Crie a lógica para os métodos soma() e diferença(); eles calculam, respectivamente, a soma e a diferença entre os valores dos dois argumentos. Cada método deve realizar o cálculo adequado e apresentar os resultados.

4b. Adicione um método denominado **produto()** ao programa do Exercício 4a. O método **produto()** deve calcular o resultado quando se multiplicam dois números, mas não apresentar a resposta. Em vez disso, ele deve retornar a resposta para o programa que o chamou, que então apresentará a resposta.

5. Crie a lógica para um programa que solicita continuamente ao usuário um valor numérico em dólares até que o usuário entre um 0. Transponha cada montante inserido por um método conversor que os passe para notas menores; em outras palavras, ele calcula o volume de cédulas de $20, de $10, de $5 e de $1 necessárias.

6. Crie a lógica para um programa que solicita continuamente ao usuário um valor numérico até que o usuário insira um 0. A aplicação passa um valor por vez para um método que eleva ao quadrado o número e para um método que o eleva ao cubo. O programa imprime os resultados antes de solicitar outro número ao usuário. Crie os dois métodos que respectivamente elevam ao quadrado e ao cubo o número passado para eles, retornando o valor calculado.

7. Crie a lógica para um programa que chama um método que calcula o preço final de uma transação de vendas. O programa contém variáveis que guardam o preço do item, a comissão do vendedor expressa como porcentagem e o desconto do cliente, expresso como porcentagem.

Crie um método `calcularPreço()` que determina o preço final e retorna o valor para o método que o chamou. O método `calcularPreço()` requer três argumentos: preço do produto, taxa de comissão do vendedor e taxa de desconto do cliente. O preço final de um produto é o preço original mais o montante da comissão menos o montante do desconto. O desconto do cliente é um percentual do preço total depois da comissão do vendedor ter sido adicionada ao preço original.

8. Crie a lógica para um programa que solicita ao usuário dois valores numéricos que representam os lados de um retângulo. Inclua dois métodos sobrecarregados que computem a área do retângulo. Um método recebe dois parâmetros numéricos e calcula a área ao multiplicar os parâmetros. O outro recebe um único parâmetro numérico, que é elevado ao quadrado para calcular a área. Cada método apresenta o seu resultado. Se o usuário inserir dois números positivos diferentes de zero, chame a versão do método que aceita dois parâmetros. Se o usuário entrar apenas um valor positivo e diferente de zero, chame a versão do método que aceita apenas um parâmetro. Se o usuário inserir números negativos ou zero em ambos os valores, apresente uma mensagem de erro.

9a. Planeje a lógica para um programa que calcula os prêmios de uma empresa de seguros.

O programa chama um método que solicita ao usuário o tipo de apólice necessária – de saúde ou de veículos. Passe a resposta do usuário para um segundo método, onde o prêmio é definido – $250 para uma apólice de saúde ou $175 para uma apólice de veículos. Passe o montante do prêmio para um terceiro módulo para a impressão.

9b. Modifique o Exercício 9a para que o segundo método chame um de dois métodos adicionais – um que determina o prêmio de saúde ou um que determina o prêmio de veículos. O método do seguro saúde pergunta aos usuários se eles fumam; o prêmio é $250 para fumantes e $190 para não fumantes, O método do seguro de veículos pergunta aos usuários para informar o número de multas que recebidas nos últimos três anos. O prêmio é $175 para aqueles com três ou mais multas, $140 para aqueles com uma ou duas multas e $95 para aqueles sem multas. Cada um desses dois métodos retorna o montante do prêmio para o segundo método, que envia o montante do prêmio ao módulo da impressão.

10. Planeje a lógica para um programa que solicita ao usuário o número de cliente, o número de estoque do item sendo encomendado e a quantidade encomendada.

Se o número do usuário não está entre 1.000 e 7.999, incluindo ambos, continue a solicitar até que um número de cliente válido seja inserido. Se o número de estoque do item não está entre 201 e 850, incluindo ambos, continue a solicitar o número de estoque. Passe o número de estoque para um método que um colega da sua organização escreveu para você – a assinatura do módulo é `num obterPreço(num númeroEstoque)`. O módulo `obterPreço()` aceita um número de estoque e retorna o preço do item. Multiplique o preço pela quantidade pedida, gerando o total a pagar. Passe o número do cliente e o preço calculado para um método previamente escrito cuja assinatura é `imprimirConta(num numCliente, num preço)`. Esse método determina o nome e o endereço do cliente usando o número do seu RG e calcula a conta final, incluindo os impostos, usando o preço. Organize seu programa usando tantos módulos quanto julgar apropriado. Você não precisa escrever os módulos `obterPreço()` e `imprimirConta()` – assuma que eles já foram escritos.

11. Crie a lógica para um programa que calcula salários semanais.

    Inclua dois métodos sobrecarregados denominados `computarSalárioSemanal()`. Uma versão aceita o salário anual e calcula o salário semanal como $\frac{1}{52}$ do montante anual. A outra aceita o número de horas semanais trabalhadas e o valor pago por hora e calcula o salário semanal como o produto desses dois itens. Cada um retorna o salário anual para o programa que chamou. O programa principal solicita ao usuário qual o tipo de cálculo a realizar e, baseando-se na resposta do usuário, solicita uma data apropriada, chama o método correto e apresenta o resultado.

12. Crie a lógica para um programa que solicita ao usuário três números e os armazena em um array. Passe o array para um método que inverta a ordem dos números. Apresente os números invertidos no programa principal.

13. Crie a lógica para um programa que solicita ao usuário dez números e os armazena em um array. Passe o array para um método que calcula a média aritmética dos números e retorna o valor para o programa que o chamou. Apresente cada número e sua distância em relação à média aritmética. Continue a solicitar ao usuário por conjuntos adicionais de dez números até que o usuário deseje sair do programa.

14. O departamento de serviços de informação da biblioteca de Springfield criou módulos com as seguintes denominações:

Denominação	Descrição
`num obterNúmero(num alto, num baixo)`	Solicita ao usuário um número. Continua a solicitar até que o número esteja entre os limites superior e inferior designados. Retorna um número válido.
`string obterCaractere()`	Solicita ao usuário um string de caracteres e retorna o string inserido.
`num procurarISBN(string título)`	Aceita o título de um livro e retorna o ISBN. Retorna um 0 se o livro não puder ser encontrado.
`string procurarTítulo(num isbn)`	Aceita o ISBN de um livro e retorna um título. Retorna um caractere de espaço se o livro não puder ser encontrado.
`string livroEstáDisponível(num isbn)`	Aceita um ISBN, procura no banco de dados da biblioteca e retorna um "S" ou "N", indicando se o livro está disponível naquele momento.

   a. Faça o design de um programa interativo que faz o seguinte, usando módulos previamente escritos em todos os locais onde forem apropriados.

   » Solicite ao usuário um número do cartão da biblioteca e leia-o, ele necessariamente tem que estar entre 1.000 e 9.999.

» Solicite ao usuário uma das seguintes opções de busca: 1, para buscar um livro por ISBN, 2, para buscar um livro por título, e 3, para sair. Não permita que outros valores sejam inseridos.

» Enquanto o usuário não inserir um 3, solicite um ISBN ou um título com base na seleção anterior do usuário. Se o usuário inserir um ISBN, obtenha e apresente o título do livro e pergunte por uma confirmação – "S"ou "N" para se o título está correto.

» Se o usuário inseriu um ISBN válido, ou um título que case com um ISBN válido, verifique se o livro está disponível e apresente para o usuário uma mensagem apropriada.

» O usuário pode continuar a buscar livros até que entre um 3 como opção de busca.

b. Desenvolva a lógica que implemente cada um dos módulos do Exercício 14a.

Zona dos jogos

1. Crie a lógica para uma aplicação que contenha um array de cinco questões de testes de múltipla escolha relacionadas a um tópico de sua escolha. Cada questão contém quatro respostas. Crie também um array paralelo que contenha a resposta correta para cada questão – A, B, C ou D. A cada vez, passe cada questão para um método que a apresente e aceite a resposta do jogador. Se o jogador não inserir uma escolha válida de resposta, force o jogador a reinserir uma resposta. Retorne a resposta válida para o programa principal. Depois que a resposta for retornada ao programa principal, passe-a junto com a resposta correta para um método que determine se elas são iguais e apresente uma mensagem apropriada. Depois que o usuário responder todas as questões, apresente o número de respostas certas e erradas.

2. Na Zona dos Jogos do Capítulo 6, você fez o design da lógica para o Jogo da Forca, no qual o usuário adivinhava letras de uma palavra oculta. Melhore o jogo para armazenar um array de dez palavras. Passe uma palavra por vez para um método que permita que o usuário adivinhe continuamente uma letra até que todas as letras da palavra tenham sido corretamente adivinhadas. O método retorna o número de palpites que ele levou para completar a palavra. Armazene o número em um array antes de retornar ao método para a próxima palavra. Depois de que todas as dez palavras foram adivinhadas, apresente um resumo do número de palpites necessários para cada palavra, assim como a média do número de palpites por palavra.

Trabalho de detetive

1. O que é o "teste beta"?

2. Quem é conhecido como o inventor da sub-rotina?

3. No jargão da programação, o que é o "efeito colateral" de um método?

Livre para discussão

1. Uma das vantagens de escrever um programa subdividido em métodos é que tal estrutura permite que diferentes programadores escrevam métodos separadamente, assim dividindo o trabalho. Você preferiria escrever um grande programa sozinho ou trabalhar em uma equipe, na qual cada programador produza um ou mais módulos? Por quê?

2. Neste capítulo, você aprendeu que se diz que a ocultação das implementações muitas vezes existe em uma caixa preta. Quais as vantagens e as desvantagens dessa abordagem na programação e na vida real?

3. Como programador profissional, você talvez nunca escreva um programa inteiro. Em vez disso, pode ser solicitado a escrever apenas módulos específicos, destinados a fazer parte de um sistema maior. Isso lhe agrada? Explique por quê.

8 QUEBRAS DE CONTROLE

Entendendo a lógica da quebra de controle

Uma **quebra de controle** é um desvio temporário na lógica de um programa. Em especial, programadores se referem a um programa como um **programa de quebra de controle** quando uma mudança no valor de uma variável inicia ações especiais ou causa a ocorrência de processamentos especiais ou não habituais. Programas de quebra de controle são normalmente escritos para organizar a saída de programas que lidam com registros de dados logicamente organizados em grupos com base no valor de um campo. Conforme os registros são lidos, o campo de cada registro é examinado e, ao encontrar um registro que contém valor diferente precedente, uma ação especial ocorre. Se você, em algum momento, leu um relatório que listava itens em grupos, cada grupo sendo acompanhado por um subtotal, então já viu um tipo de **relatório de quebra de controle**. Por exemplo, um relatório que liste todos os clientes da empresa em ordem de estado de residência, com a contagem dos clientes depois da lista de clientes de cada estado. Veja a Figura 8-1 para um exemplo de relatório com quebras depois de cada mudança de estado.

Clientes da Empresa por Estado de Residência			
Nome	Cidade	Estado	
Albertson	Birmingham	Alabama	
Davis	Birmingham	Alabama	
Lawrence	Montgomery	Alabama	
		Contagem para Alabama	3
Smith	Anchorage	Alaska	
Young	Anchorage	Alaska	
Davis	Fairbanks	Alaska	
Mitchell	Juneau	Alaska	
Zimmer	Juneau	Alaska	
		Contagem para Alaska	5
Edwards	Phoenix	Arizona	
		Contagem para Arizona	1

Figura 8-1 Relatório de quebra de controle com totais para cada estado

Entre outros exemplos de relatórios de quebra de controle produzidos por programas de quebra de controle estão:

» Todos os empregados em ordem de número do departamento, começando uma nova página para cada departamento.
» Todos os livros à venda em uma livraria em ordem de categoria (por exemplo, livros de referência ou de autoajuda), com uma contagem acompanhando cada categoria de livros.
» Todos os itens vendidos na ordem das datas de venda, com uma cor diferente para cada novo mês.

Cada um desses relatórios compartilha duas peculiaridades:

» Os registros usados em cada um estão ordenados conforme uma variável específica: departamento, estado, categoria ou data.
» Quando aquela variável muda, o programa realiza ações especiais: começar uma nova página, imprimir uma nova contagem ou um total, ou mudar a cor de tinta.

Para gerar um relatório de quebra de controle, os registros de entrada precisam ser organizados em uma ordem sequencial com base no campo que vai causar as quebras. Em outras palavras, se você vai escrever um programa que produzirá um relatório listando clientes por estado, como o da Figura 8-1, então os registros têm que ser agrupados por estado antes de começar o processamento. Muitas vezes, agrupar por estado quer dizer organizar os registros em ordem alfabética de estados, apesar de que eles poderiam com a mesma facilidade ser dispostos em ordem de população, nome do governador, ou qualquer outro fator, contanto que todos os registros de um mesmo estado fiquem juntos. Conforme você ganha experiência em lógica da programação, aprenderá técnicas para escrever programas que classifiquem os registros antes de usar a lógica da quebra de controle. Programas que **classificam** registros obtêm registros fora de ordem, reorganizando-os de acordo com os dados de algum campo. Por enquanto, assuma que um programa classificador já foi usado para pré-organizar seus registros antes de começar a parte do programa que determina as quebras de controle. Por exemplo, se você está escrevendo um programa que usa como entrada um arquivo de dados, isso significa que os registros estão armazenados em um dispositivo a partir do qual eles podem ser acessados na ordem. Como outro exemplo, se você insere encomendas de clientes interativamente de uma pilha de faturas, significa que você manualmente organiza os pedaços de papel antes de começar a computar os dados.

NOTA: Neste capítulo, você usará muitas habilidades adquiridas em todos os capítulos anteriores. Criará relatórios declarando variáveis, constantes, loops e decisões embutidas, transpondo argumentos para enviar e retornar valores de métodos e trabalhando com arrays. Em algumas linguagens mais novas, como o SQL, os detalhes das quebras de controle são resolvidos automaticamente. Ainda assim, entender como funcionam os programas de quebras de controle desenvolve sua competência como programador.

DUAS VERDADES E UMA MENTIRA:

Entendendo a lógica da quebra de controle

1. Um programa de quebra de controle é um programa no qual uma mudança no valor de uma variável inicia ações especiais ou causa a ocorrência de processamentos especiais ou não habituais.
2. Quando uma variável de quebra de controle é alterada, o programa realiza alguma ação especial.
3. Para gerar um relatório de quebra de controle, os registros de entrada precisam estar organizados em uma ordem sequencial com base no primeiro campo do registro.

A frase falsa é a nº 3. Os registros de entrada precisam estar organizados em uma ordem sequencial com base no campo que vai causar as quebras.

Realizando quebras de controle em nível único

Suponha que se queira imprimir uma lista de empregados com uma linha entre cada departamento. A Figura 8-2 mostra um relatório amostral com a saída desejada – uma simples lista dos nomes dos empregados com um divisor entre cada departamento.

NOTA:
No relatório da Figura 8-2, cada seção contém empregados de um departamento diferente. Posteriormente neste capítulo, números de departamentos serão adicionados a cada seção, deixando mais clara a divisão para quem lê o relatório.

```
Empregados por Departamento

Amy Abbott
Bernard Garza
Donald Travis
─────────────────
Mary Billings
Kendall Worthington
─────────────────
Michael Anderson
Zachary Darnell
May Ann Denton
Francis Nichols
```

NOTA:
Em muitas linguagens de programação, antes que se possa imprimir um relatório, é necessário abrir um arquivo de impressão.

Figura 8-2 Empregados por departamento

A lógica básica do programa funciona assim: cada vez que o nome de um empregado e o número do departamento do arquivo de entrada são lidos ou inseridos pelo teclado, o programa vai determinar se o empregado pertence ao mesmo departamento que o empregado anterior. Se assim for, ele simplesmente imprime o nome do empregado e lê outro registro, sem nenhum processamento especial. Se um departamento tiver 20 empregados, essas etapas serão repetidas 20 vezes seguidas – ler os dados de um empregado e imprimir seu nome. Entretanto, mais cedo ou mais tarde, o nome de um empregado que não pertence ao mesmo departamento será lido. Nesse momento, antes que se imprima o nome do empregado do novo departamento, o programa precisa imprimir uma linha divisória. Em seguida, prosseguem a leitura e a impressão dos nomes dos empregados que pertencem ao novo departamento, até a próxima vez que surgir um empregado de um departamento diferente.

Esse tipo de programa contém uma **quebra de controle em nível único** – uma quebra na lógica do programa (uma pausa ou desvio para a impressão do divisor) que se baseia no valor de uma única variável (o número do departamento).

Entretanto, você precisa resolver um pequeno problema antes que possa determinar se um novo departamento tem o mesmo número que um departamento anterior. Ao ler dados de entrada, você copia os dados de um dispositivo de entrada para localidades temporárias da memória do computador chamadas variáveis. Depois que elas estão inseridas, os itens de dados que representam nomes e departamentos ocupam localidades físicas específicas na memória do computador. Para cada novo registro que é lido de um dispositivo de entrada, novos dados precisam ocupar as mesmas posições na memória que dados anteriores ocuparam e perdem-se os conjuntos anteriores de dados. Por exemplo, é lido o registro contendo dados de Donald Travis, do Departamento 1; quando se lê o próximo registro, de Mary Billings, do Departamento 2, "Mary Billings" substitui "Donald Travis" em uma variável de string e "2" substitui "1" em uma variável numérica. Depois que um novo registro na memória é lido, não há como lembrar-se de registros anteriores para determinar se aquele registro tinha um número de departamento diferente. O registro de dados anterior foi substituído na memória por um novo registro de dados.

A técnica que você precisa usar para "lembrar" o número do departamento anterior é criar uma variável especial, chamada **campo de quebra de controle**, para conter o número do departamento anterior. Com um campo de quebra de controle, toda vez que o programa lê ou imprime um registro, ele também pode salvar a parte crucial do registro que sinaliza a mudança ou controla a quebra do programa. Neste caso, essa variável especialmente criada armazenará o número do departamento. Comparar o valor do número do departamento novo ao valor do anterior determina quando é hora de imprimir a linha que separa os departamentos.

A Figura 8-3 mostra a lógica para o programa principal. Variáveis são declaradas para nome e departamento. Uma variável adicional nomeada departamentoAnterior servirá como campo de quebra de controle. O título do relatório é armazenado em uma constante nomeada.

NOTA:
Se o programa de quebra de controle da Figura 8-3 fosse interativo, então a etapa que obtém o nome e o departamento provavelmente teria quatro passos – um prompt para o nome, uma sentença para obtenção do nome, um prompt para o departamento e uma etapa para obter o departamento.

Na lógica da Figura 8-3, o título do relatório é impresso e, então, o nome e o número do departamento do primeiro empregado são lidos na memória. A seguir, o departamento é copiado para a variável departamentoAnterior. Observe que seria incorreto inicializar departamentoAnterior quando ela é declarada. Quando variáveis são declaradas ao início do programa principal, o primeiro registro ainda não foi lido e, portanto, não se sabe qual será o valor do primeiro departamento. Pode-se assumir que seja 1, e talvez isso esteja correto, mas talvez o primeiro departamento seja 2 ou 10. É mais garantido armazenar o número correto para o primeiro departamento quando ele é copiado do primeiro registro.

NOTA: No Capítulo 3, você aprendeu que as tarefas que ocorrem antes do loop principal de um programa são coletivamente chamadas tarefas de preparo. Neste programa, declarar as variáveis e constantes, imprimir o título do relatório, ler o primeiro registro de dados e armazenar o valor da variável de quebra de controle são todas tarefas de preparo.

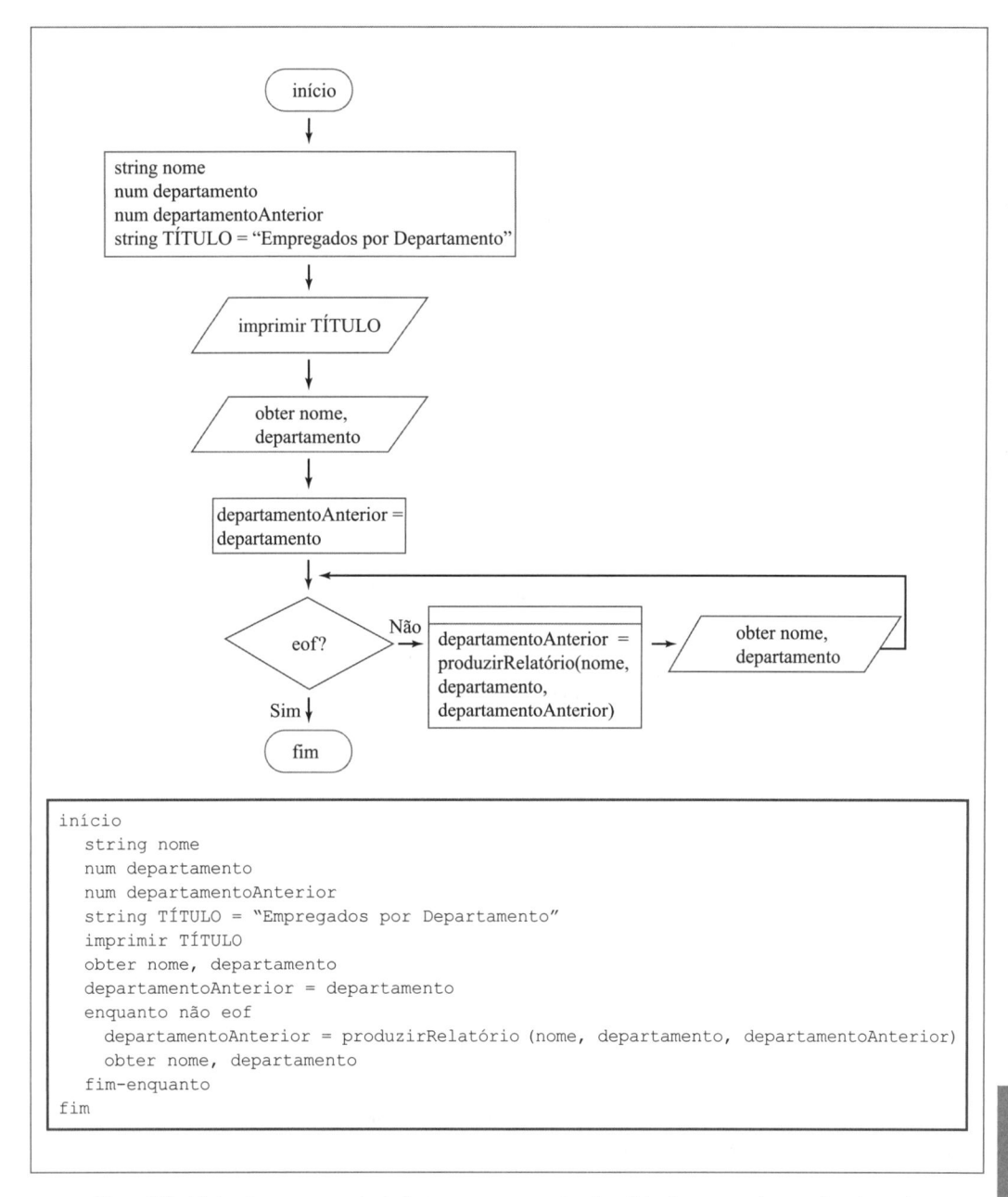

```
início
   string nome
   num departamento
   num departamentoAnterior
   string TÍTULO = "Empregados por Departamento"
   imprimir TÍTULO
   obter nome, departamento
   departamentoAnterior = departamento
   enquanto não eof
      departamentoAnterior = produzirRelatório (nome, departamento, departamentoAnterior)
      obter nome, departamento
   fim-enquanto
fim
```

Figura 8-3 Lógica do programa principal para programa que imprime lista de empregados por departamento

O loop no programa principal da Figura 8-3 realiza apenas duas tarefas: ele chama um método nomeado `produzirRelatório()` e lê o próximo registro de entrada. Pode-se concluir a partir da forma como o método é chamado na Figura 8-3 que este método precisa aceitar um string e duas variáveis numéricas, nessa ordem. Pode-se também dizer que ele precisa retornar um valor numérico, porque o valor do método é atribuído à variável numérica `departamentoAnterior`. O verdadeiro "trabalho" do programa é realizado no módulo `produzirRelatório()`, que aparece na Figura 8-4.

```
num produzirRelatório(string nome, num dept, num deptAnterior)
                            ↓
         string DIVISOR = "_____"
                            ↓
              Não   ⟨dept = deptAnterior?⟩   Sim
               ↓                              ↓
         imprimir                             
         DIVISOR                              
               ↓                              
         deptAnterior = dept                  
               ↓                              ↓
                   imprimir nome
                            ↓
                  ( retornar deptAnterior )
```

```
num produzirRelatório (string nome, num dept, num deptAnterior)
    string DIVISOR = "_____"
    se dept não = deptAnterior então
        imprimir DIVISOR
        deptAnterior = dept
    fim-se
    imprimir nome
retornar deptAnterior
```

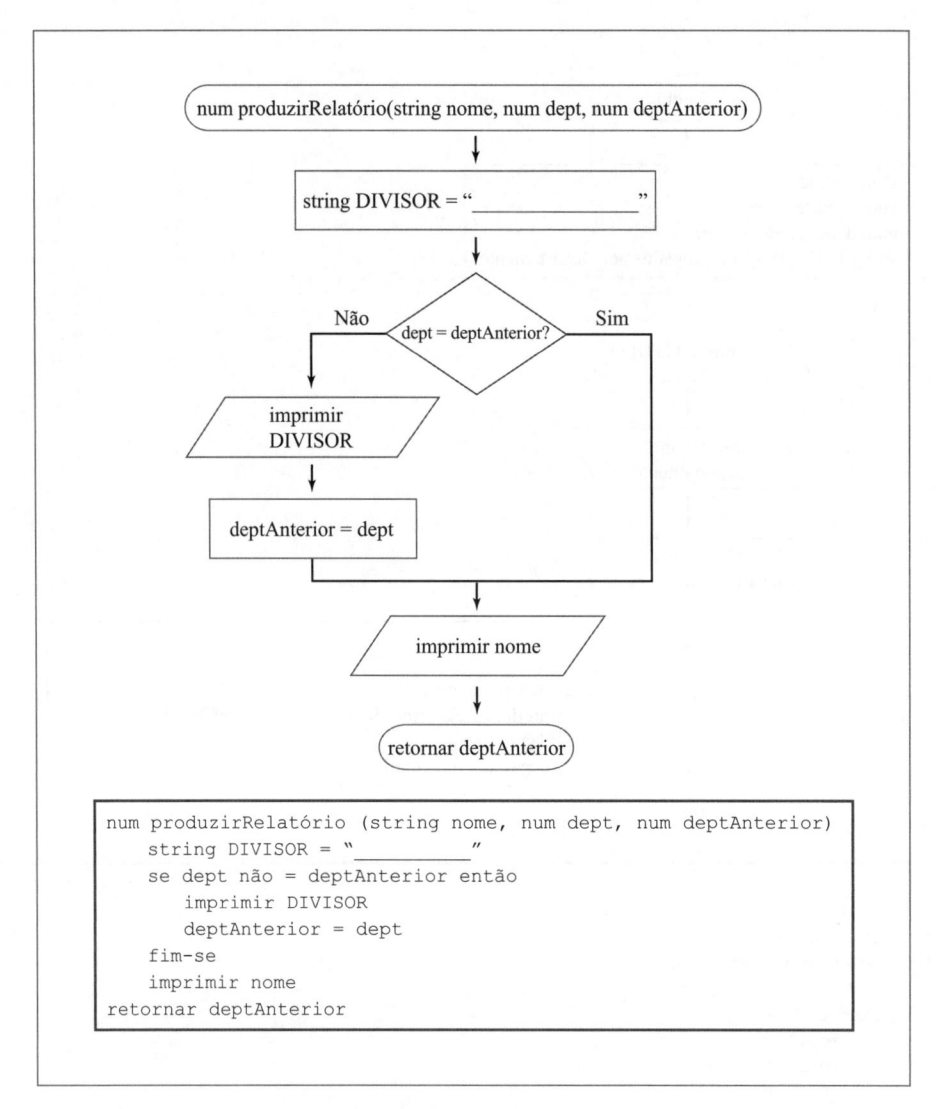

Figura 8-4 O módulo `produzirRelatório()`

Dentro do módulo `produzirRelatório()`, uma constante de string é declarada para conter o divisor que vai aparecer entre os grupos dos departamentos. Logo, a primeira tarefa dentro do módulo é verificar se `dept` contém o mesmo valor que `deptAnterior`. Para o primeiro registro, na primeira passagem pelo método, os valores são iguais (porque você os ajusta para ser iguais assim que receber o primeiro registro de entrada). Portanto, prossegue-se sem imprimir o divisor ou alterar `deptAnterior`. Em vez disso, o nome do primeiro empregado é impresso e sai do método, retornando o valor de `deptAnterior` inalterado.

Ao final do método, o fluxo lógico retorna para o programa principal da Figura 8-3. O próximo registro é lido e, se ele não for `eof`, a lógica retorna para o módulo `produzirRelatório()`. Nele, compara-se o `dept` do segundo registro a `deptAnterior`. Se o segundo registro contiver um empregado do mesmo departamento que o primeiro empregado, então o programa simplesmente imprime o nome desse segundo empregado, retorna para o programa principal e lê um terceiro registro na memória. Enquanto cada novo registro contiver o mesmo valor de departamento, ele continuará lendo e imprimindo, nunca interrompendo para imprimir a constante `DIVISOR`.

NOTA: No fluxograma da Figura 8-4, você poderia alterar a decisão de `dept = deptAnterior?` para `dept não = deptAnterior?`. Então, o ramo "Sim" da estrutura de decisão imprimiria `DIVISOR` e o ramo NÃO seria nulo. Esse formato assemelhar-se-ia mais ao pseudocódigo, mas a lógica seria idêntica.

Uma hora ou outra será lido o registro de um empregado cujo departamento seja diferente do empregado antecessor. Neste momento ocorre a quebra de controle. Sempre que um novo departamento for diferente do anterior, duas tarefas precisam ser realizadas:

» A linha divisória dos departamentos precisa ser impressa.
» O campo de quebra de controle precisa ser atualizado.

Quando o método `produzirRelatório()` recebe o registro de um empregado para o qual `dept` não é o mesmo que `deptAnterior`, ocorre uma quebra no fluxo normal do programa. O novo registro de empregado precisa "esperar" enquanto o divisor é impresso e o campo de quebra de controle `deptAnterior` adquire um novo valor. Depois que a variável `deptAnterior` é atualizada e antes de `produzirRelatório()` terminar, o nome do empregado que estava esperando será impresso. O `deptAnterior` atualizado é retornado para o programa principal e armazenado na variável `deptAnterior` do programa principal. Quando se lê o *próximo* registro de empregado (e caso ele não seja `eof`), entra-se novamente no módulo `produzirRelatório()` e o valor `dept` do empregado seguinte é comparado ao campo `deptAnterior` atualizado. Se o novo empregado trabalhar no mesmo departamento que seu antecessor, então não se imprime um divisor e o processamento normal continua – o nome do empregado é impresso, a lógica retorna para o programa principal e o próximo registro é lido.

As ações que ocorrem quando se encontra um novo departamento exemplificam duas tarefas exigidas para todas as quebras de controle:

» Qualquer processamento necessário é finalizado depois do grupo anterior e é iniciado antes do novo grupo. Neste caso, isso significa a impressão de um divisor.
» O campo de quebra de controle é atualizado. Nesse caso, a variável `deptAnterior` é alterada para conter o novo departamento.

NOTA: Como alternativa a atualizar o campo de quebra de controle apenas quando o divisor for impresso, você poderia definir `deptAnterior` igual a `dept` para qualquer registro que passasse pelo método `produzirRelatório()`. Entretanto, se usar esta abordagem e existirem 200 empregados no Departamento 55, então você teria que ajustar `deptAnterior` para o mesmo valor 200 vezes. Seria mais eficiente definir `deptAnterior` para um valor diferente apenas quando houvesse mudança no valor do departamento.

Observe que no programa de quebra de controle descrito nas Figuras 8-3 e 8-4, o número dos departamentos nos arquivos de entrada não tem que aumentar progressivamente. Isto é, os departamentos podem ser 1, 2, 3, e assim por diante, mas também poderiam ser 1, 4, 12, 35 etc. Uma quebra de controle ocorre quando há uma mudança no campo de quebra de controle; a mudança não necessariamente tem de ser uma mudança numérica unitária.

DUAS VERDADES E UMA MENTIRA:

Realizando quebras de controle em nível único

1. Em um programa de quebra de controle em nível único, há uma quebra na lógica do programa baseada no valor de uma única variável.
2. Em um programa de quebra de controle depois que o grupo anterior termina, uma linha é impressa antes que o novo grupo comece.
3. Durante uma quebra de controle, é crucial que o campo de quebra de controle seja atualizado.

A frase falsa é a nº 2. Em um programa de quebra de controle, qualquer processamento necessário é efetuado antes do novo grupo começar, mas isso pode ser qualquer tarefa, não apenas a impressão de uma linha.

Usando dados de controle em um cabeçalho

No exemplo do programa do relatório de empregados por departamento da última seção, uma linha separava os nomes de cada departamento. Um programa mais útil poderia apresentar o número do departamento em um cabeçalho antes de começar a listagem do novo departamento. Esta característica já seria útil se os departamentos fossem numerados em ordem, mas seria ainda mais útil se os números dos departamentos pulassem alguns valores ou fossem strings com nomes de departamentos em vez de números. Em outras palavras, seria mais útil usar os dados de controle em um cabeçalho. Por exemplo, considere o exemplo de relatório apresentado na Figura 8-5.

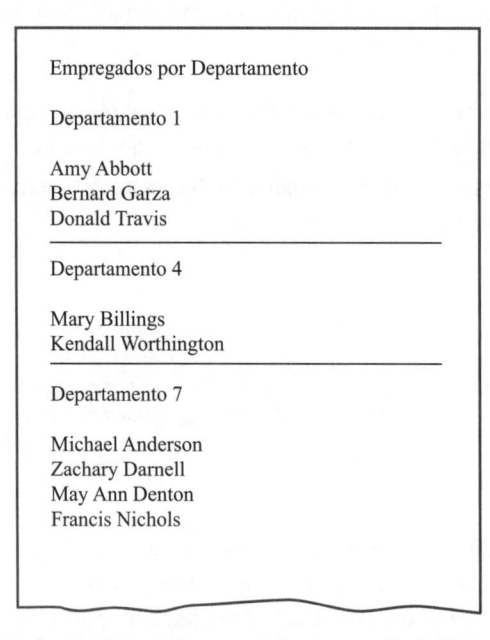

```
Empregados por Departamento

Departamento 1

Amy Abbott
Bernard Garza
Donald Travis
_____

Departamento 4

Mary Billings
Kendall Worthington
_____

Departamento 7

Michael Anderson
Zachary Darnell
May Ann Denton
Francis Nichols
```

Figura 8-5 Empregados por departamento com o departamento atribuído antes de cada grupo

A diferença entre as Figuras 8-2 e 8-5 são os cabeçalhos que aparecem antes de cada grupo de empregados na segunda figura. Para criar um programa que imprime cabeçalhos como esses, é preciso fazer duas alterações no programa existente:

» Primeiro, altera-se o módulo `produzirRelatório()`, como mostrado na porção sombreada da Figura 8-6. Depois que imprimir o divisor para acabar o grupo de um departamento, imprime-se um cabeçalho para o novo grupo. Na sentença sombreada na Figura 8-6, observe que é usado o número do departamento que pertence ao registro do empregado que está esperando para ser impresso enquanto o divisor é impresso.

» Além disso, deve-se modificar o programa principal para garantir que o cabeçalho para o primeiro departamento imprima corretamente. Como mostra a Figura 8-7, é preciso imprimir o cabeçalho para o primeiro departamento antes de entrar pela primeira vez no loop principal do programa.

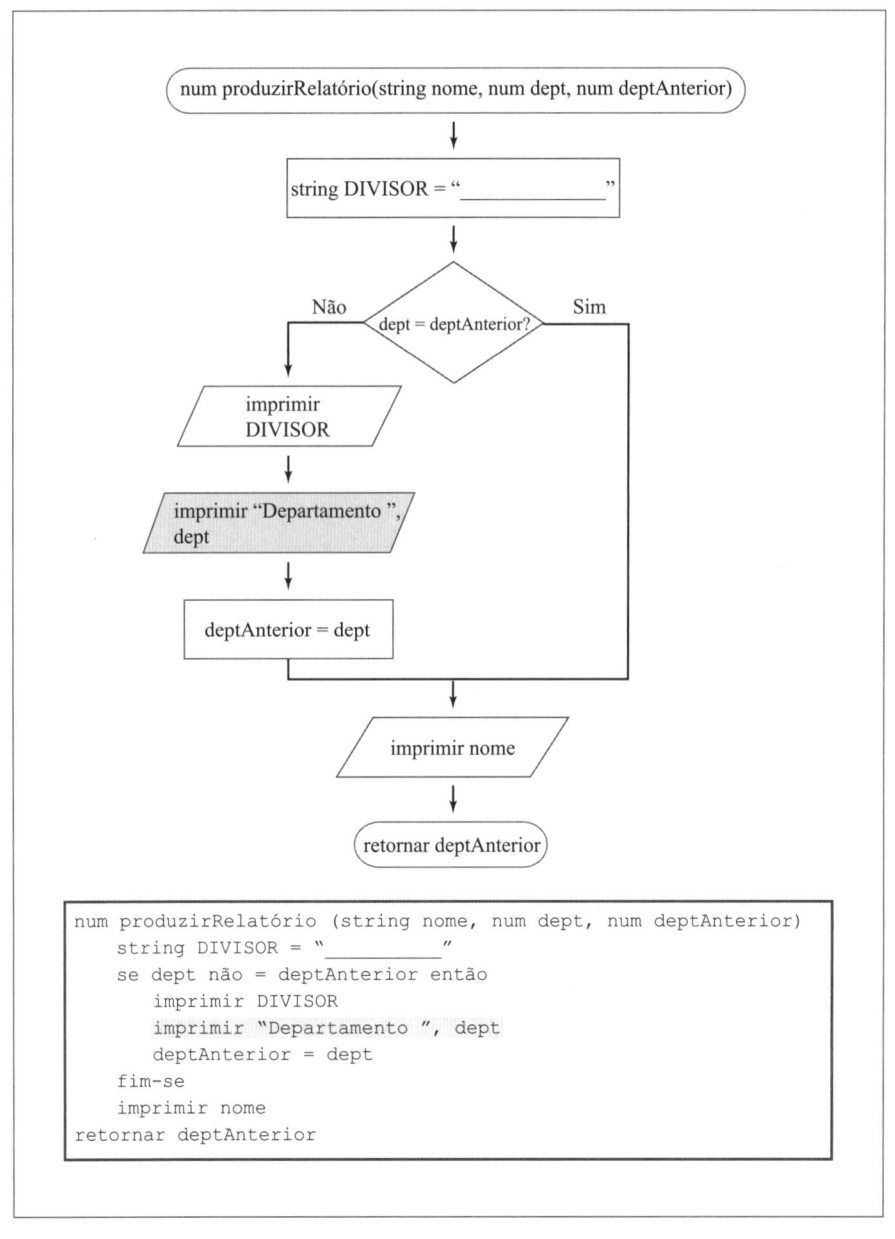

```
num produzirRelatório (string nome, num dept, num deptAnterior)
    string DIVISOR = "_____"
    se dept não = deptAnterior então
        imprimir DIVISOR
        imprimir "Departamento ", dept
        deptAnterior = dept
    fim-se
    imprimir nome
retornar deptAnterior
```

Figura 8-6 Módulo `produzirRelatório()` modificado

```
                        início
                          ↓
        ┌─────────────────────────────────┐
        │ string nome                     │
        │ num departamento                │
        │ num departamentoAnterior        │
        │ string TÍTULO = "Empregados por Departamento" │
        └─────────────────────────────────┘
                          ↓
                  ╱ obter nome,    ╱
                 ╱  departamento  ╱
                          ↓
                  ╱ imprimir TÍTULO ╱
                          ↓
              ╱ imprimir "Departamento ", ╱ ← Processamento especial para o
             ╱  departamento              ╱   primeiro departamento.
                          ↓
              ┌──────────────────────┐
              │ departamentoAnterior = │
              │ departamento          │
              └──────────────────────┘
                          ↓ ←──────────────────────────────────┐
                       ╱    ╲    Não   ┌──────────────────────┐    ╱ obter nome,  ╱
                      ╱ eof? ╲────────→│ departamentoAnterior =│──→╱ departamento ╱
                       ╲    ╱         │ produzirRelatório(nome,│
                        ╲  ╱          │ departamento,          │
                         Sim ↓        │ departamentoAnterior)  │
                       ( fim )        └──────────────────────┘
```

```
início
   string nome
   num departamento
   num departamentoAnterior
   string TÍTULO = "Empregados por Departamento"
   imprimir TÍTULO
   obter nome, departamento
   imprimir "Departamento ", departamento       ← Processamento especial para o
   departamentoAnterior = departamento             primeiro departamento.
   enquanto não eof
      departamentoAnterior = produzirRelatório(nome, departamento, departamentoAnterior)
      obter nome, departamento
   fim-enquanto
fim
```

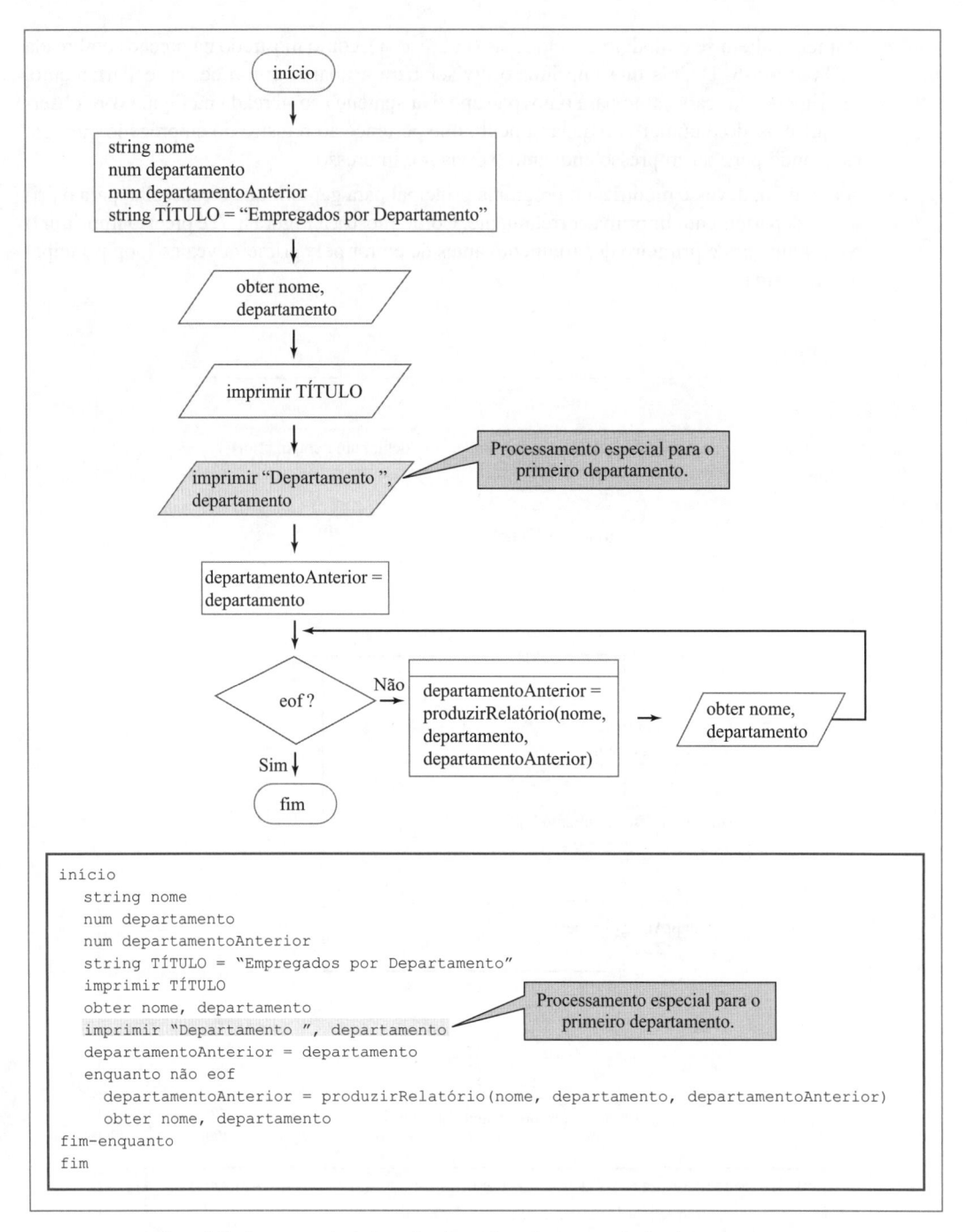

Figura 8-7 Programa principal que imprime cabeçalho para o primeiro departamento antes de entrar no método `produzirRelatório()`

NOTA: Como alternativa à lógica usada para apresentar o cabeçalho do primeiro grupo na Figura 8-7, você poderia inicializar a variável `departamentoAnterior` com um valor de departamento impossível (por exemplo, um número negativo, ou qualquer número conhecido por ser maior do que qualquer departamento na organização). Então, quando os primeiros registros entrassem no método `produzirRelatório()`, `dept` e `deptAnterior` não seriam iguais. Os primeiros cabeçalhos seriam impressos e `deptAnterior` seria definido pelo valor do primeiro departamento. Como você já viu, na programação quase sempre há muitos caminhos para produzir o mesmo resultado.

DUAS VERDADES E UMA MENTIRA:

Usando dados de controle em um cabeçalho

1. Apresentar dados de controle dentro de cabeçalhos é particularmente útil quando os dados não são números em sequência.
2. Para apresentar dados de controle no cabeçalho de um grupo, normalmente é desejável usar o valor do campo de quebra de controle no registro anterior.
3. Para apresentar dados de controle no cabeçalho de um grupo, normalmente é necessário usar processamentos especiais para o primeiro grupo.

A frase falsa é a nº 2. Para apresentar dados de controle no cabeçalho de um grupo, normalmente se usa o valor do campo de quebra de controle no registro seguinte.

Usando dados de controle em um rodapé

Na seção anterior, você aprendeu a usar dados de quebra de controle em um cabeçalho. A Figura 8-8 mostra um formato diferente de relatório. Para este relatório, imprimem-se os números dos departamentos *em seguida* da lista de empregados do departamento. No Capítulo 3, você aprendeu que uma mensagem impressa ao final de uma página ou seção de um relatório é chamada rodapé. Cabeçalhos normalmente demandam informações sobre o *próximo* registro; rodapés costumam requerer informações sobre o registro *anterior*.

```
Empregados por Departamento

Departamento 1

Amy Abbott
Bernard Garza
Donald Travis
*********Fim do Departamento 1
_____
Departamento 4

Mary Billings
Kendall Worthington
********  Fim do Departamento 4
_____
Departamento 7

Michael Anderson
Zachary Darnell
May Ann Denton
Francis Nichols
Wendy Patterson
Barbara Proctor
*********  Fim do Departamento 7
```

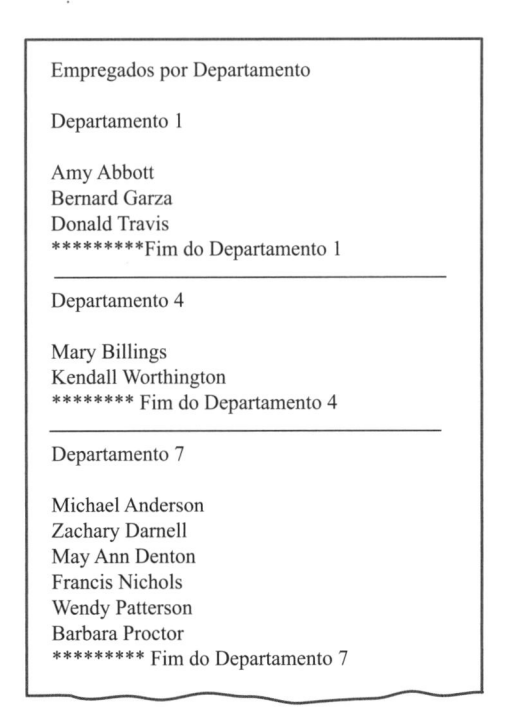

Figura 8-8 Lista de empregados por departamento, incluindo um rodapé depois de cada departamento

A Figura 8-9 mostra um programa que imprime uma lista de empregados por departamento, incluindo um rodapé que apresenta o número do departamento ao final da listagem de cada departamento. Quando se escreve um programa que produz um relatório como o apresentado na Figura 8-8, os registros de entrada são lidos continuamente e cada vez que o departamento de um empregado não é igual ao anterior, atingiu-se uma quebra de departamento e devem ser realizadas as seguintes tarefas de quebra de controle:

» Deve-se finalizar qualquer processamento necessário para o departamento anterior. Neste caso, você precisa imprimir o rodapé para o departamento anterior ao final da lista dos empregados.
» Deve-se realizar qualquer processamento necessário para o novo departamento. Neste caso, você precisa imprimir o cabeçalho para o novo departamento.
» Deve-se atualizar o campo de quebra de controle.

```
início
   ↓
┌──────────────────────────────────────┐
│ string nome                          │
│ num departamento                     │
│ num departamentoAnterior             │
│ string TÍTULO = "Empregados por Departamento" │
└──────────────────────────────────────┘
   ↓
  / obter nome,    /
 /  departamento  /
   ↓
  / imprimir TÍTULO /
   ↓
  / imprimir "Departamento ", /
 /  departamento             /
   ↓
┌──────────────────────────┐
│ departamentoAnterior =   │
│ departamento             │
└──────────────────────────┘
   ↓
  ┌─────┐  Não   ┌──────────────────────────┐      / obter nome,    /
  │eof? │──────▶│ departamentoAnterior =   │────▶/  departamento  /
  └─────┘       │ produzirRelatório(nome,  │          │
     │ Sim      │ departamento,            │          │ (loop back)
     ▼          │ departamentoAnterior)    │
┌──────────────────────────────────────┐  └──────────────────────────┘
│ processarFinalDept(departamentoAnterior) │ ◀── Processamento especial
└──────────────────────────────────────┘      para último registro.
   ↓
  fim

(continua)
```

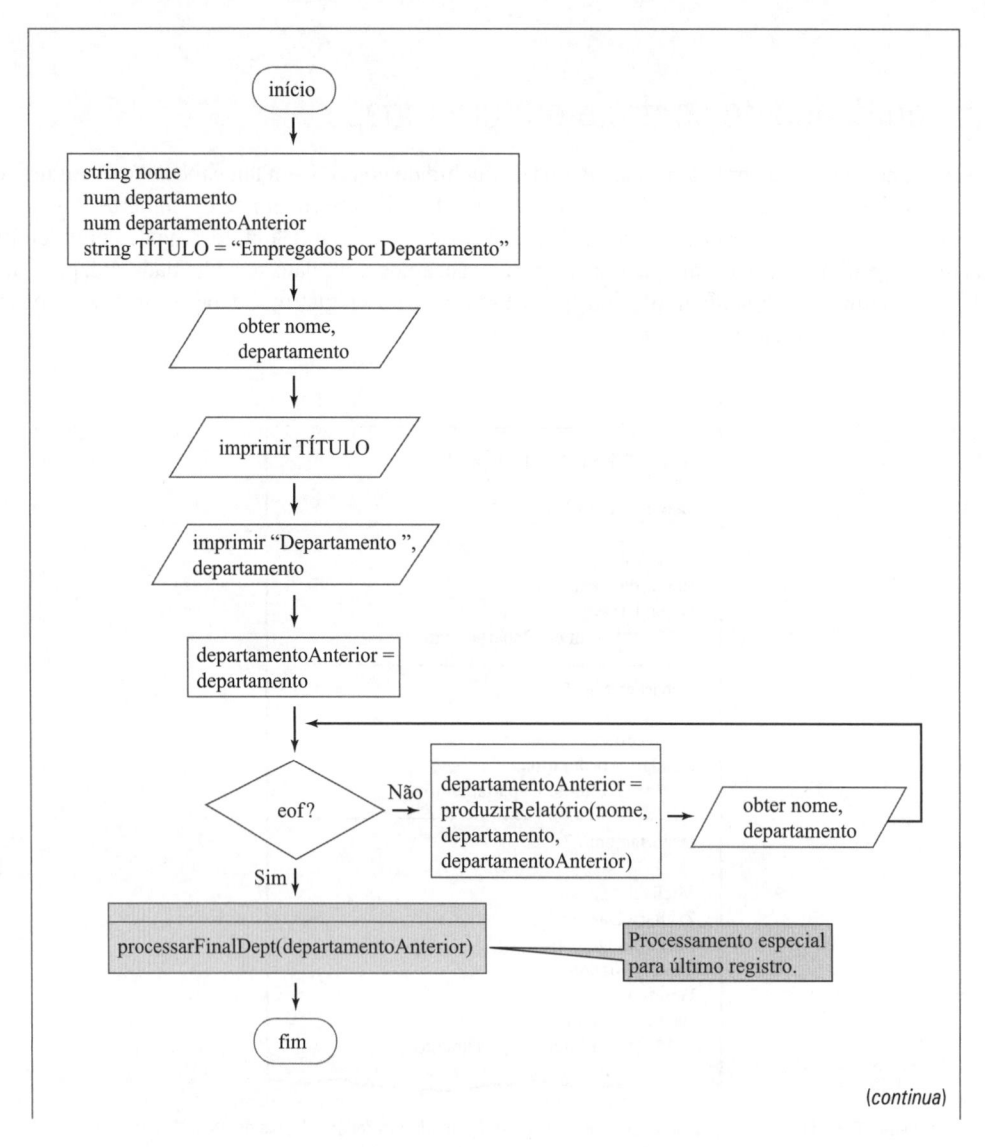

Figura 8-9 Programa que inclui uma chamada para um método que imprime um rodapé

```
                    ┌─────────────────────────────────────────────────────┐
                    │ num produzirRelatório(string nome, num dept, num deptAnterior) │
                    └─────────────────────────────────────────────────────┘
                                            ↓
                            ┌──────────────────────────────┐
                            │ string DIVISOR = "_____"  │
                            └──────────────────────────────┘
                                            ↓
                              Não    ◇ dept = deptAnterior? ◇    Sim
                               ←─────────────                ─────────────→
                                            ↓
                            ┌──────────────────────────────┐
                            │ processarFinalDept(deptAnterior) │
                            └──────────────────────────────┘
                                            ↓
                                    / imprimir  /
                                   /  DIVISOR  /
                                            ↓
                                / imprimir "Departamento ", /
                               /           dept            /
                                            ↓
                            ┌──────────────────────────────┐
                            │     deptAnterior = dept      │
                            └──────────────────────────────┘
                                            ↓
                                    / imprimir nome /
                                            ↓
                                ( retornar deptAnterior )
```

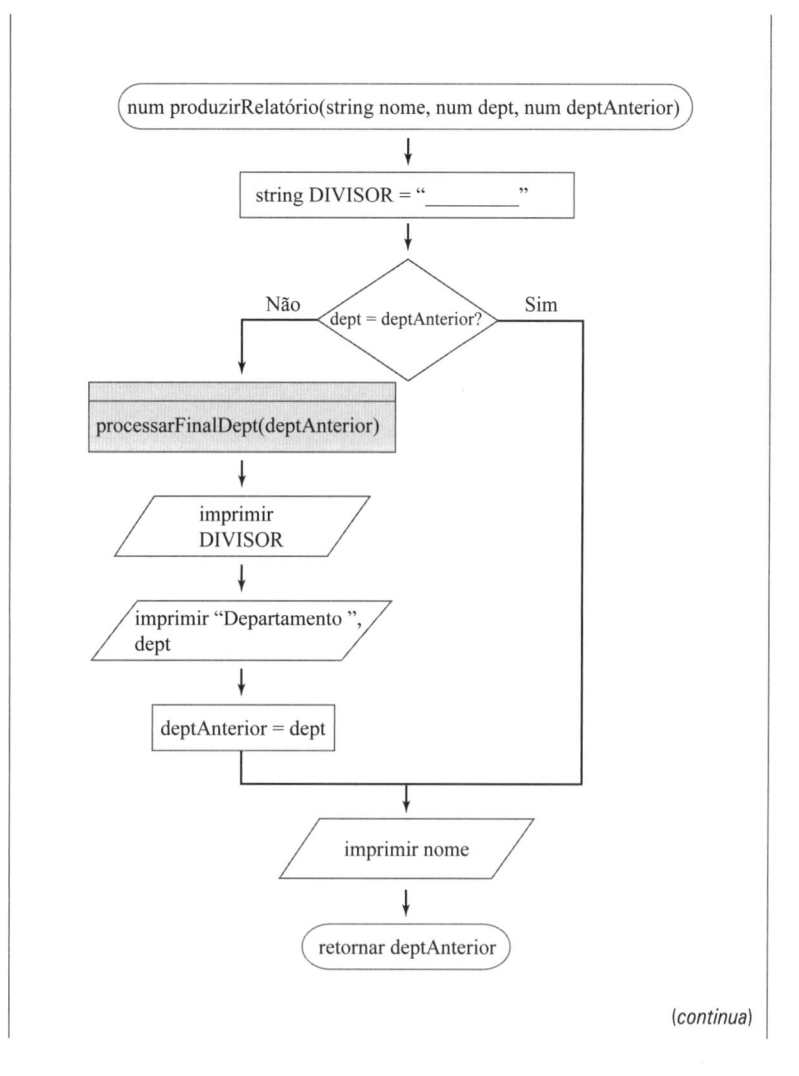

(continua)

Figura 8-9 Programa que inclui uma chamada para um método que imprime um rodapé *(continuação)*

Na Figura 8-9, quando um registro de um novo departamento é encontrado, o programa chama um novo método, denominado `processarFinalDept()`. Como apresentado na Figura 8-10, quando o programa encontrar um novo departamento, ele vai imprimir um rodapé no final do grupo anterior, usando o número do departamento antigo. Além disso, no programa principal, pouco antes do final do programa, é necessário imprimir um rodapé final para o último departamento.

```
início
  string nome
  num departamento
  num departamentoAnterior
  string TÍTULO = "Empregados por Departamento"
  imprimir TÍTULO
  obter nome, departamento
  imprimir "Departamento ", departamento
  departamentoAnterior = departamento
  enquanto não eof
    departamentoAnterior = produzirRelatório (nome, departamento, departamentoAnterior)
    obter nome, departamento
  fim-enquanto
  processarFinalDept(departamentoAnterior)      ← Processamento especial para último registro.
fim

num produzirRelatório(string nome, num dept, num deptAnterior)
  string DIVISOR = "_____"
  se dept não = deptAnterior então
    processarFinalDept(deptAnterior)
    imprimir DIVISOR
    imprimir "Departamento ", dept
    deptAnterior = dept
  fim-se
  imprimir nome
retornar deptAnterior
```

Figura 8-9 Programa que inclui uma chamada para um método que imprime um rodapé *(continuação)*

```
          void processarFinalDept(num deptAnterior)
                              ↓
     string RODAPÉ = "********** Fim do Departamento "
                              ↓
           imprimir RODAPÉ, deptAnterior
                              ↓
                          retornar


    void processarFinalDept(num deptAnterior)
        string RODAPÉ = "********** Fim do Departamento "
        imprimir RODAPÉ, deptAnterior
    retornar
```

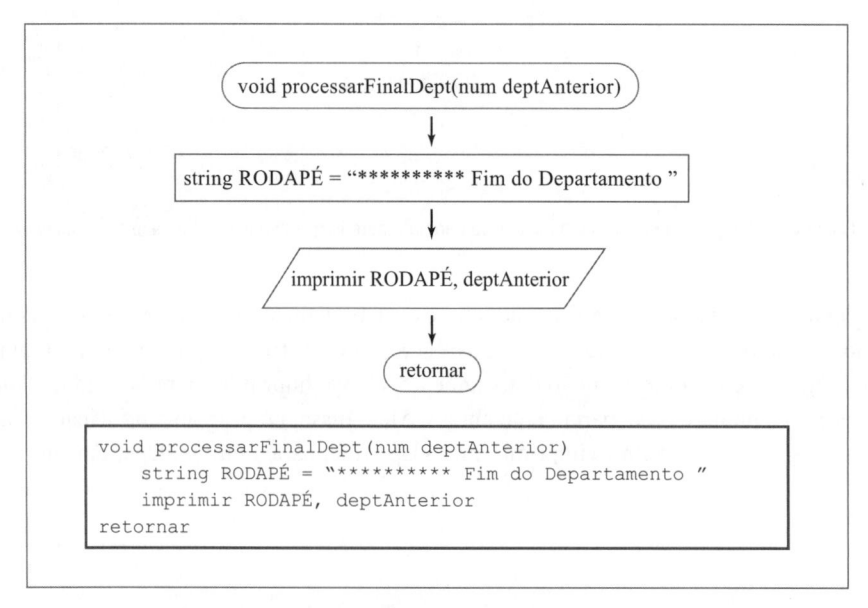

Figura 8-10 O método `processarFinalDept()`

Por exemplo, assuma que foram impressos vários empregados do Departamento 12. Quando o programa lê um registro com um empregado do Departamento 13 (ou de qualquer outro departamento), ele passa o nome, o departamento (13) e o departamento anterior (12) do programa principal para o método `produzirRelatório()`. Ali, compara-se o novo departamento ao antigo e descobre-se que eles não são iguais. Assim, a primeira coisa que o programa precisa fazer é imprimir o rodapé para o Departamento 12. O método `processarFinalDept()` é chamado, passando para ele o número do departamento anterior. O método imprime o rodapé e retorna. Então, de volta no método `produzirRelatório()`, a linha divisória e o cabeçalho para o novo departamento são impressos. Finalmente, atualiza-se `deptAnterior` para o departamento atual, que nesse exemplo é 13. Então, e somente então, imprime-se o nome do primeiro empregado do novo departamento.

O módulo `produzirRelatório()` da Figura 8-9 realiza três tarefas exigidas em todas as rotinas de quebra de controle: ele processa as tarefas de finalização do grupo anterior, processa as tarefas iniciais do novo grupo e atualiza o campo de quebra de controle.

Quando no exemplo da seção anterior imprimiu-se pela primeira vez o número do departamento no cabeçalho, foi preciso uma etapa especial no começo do programa, na seção de tarefas de preparo, para acomodar as tarefas iniciais do primeiro departamento antes que qualquer registro fosse processado. Quando se imprime o número do departamento no rodapé, é o final do programa que exige uma etapa extra. Imagine que os últimos cinco registros do arquivo de entrada incluíssem dois empregados do Departamento 78, Ann e Bill, e três empregados do Departamento 85, Carol, Don e Ellen. O fluxo lógico procederia da seguinte forma:

1. Depois que o primeiro empregado (Ann) do Departamento 78 é impresso, há o retorno para o programa principal, onde é lido o segundo empregado do Departamento 78 (Bill). Isso não é o final do arquivo, então se entra no método `produzirRelatório()`.
2. No topo do módulo `produzirRelatório()`, o departamento de Bill é comparado a `deptAnterior`. Os departamentos são os mesmos, então não ocorre nenhum processamento especial, e é impresso o nome do segundo empregado do Departamento 78 (Bill). Em seguida, retorna-se ao programa principal e lê-se o primeiro empregado do Departamento 85 (Carol).
3. Na parte de cima de `produzirRelatório()`, o dept de Carol (85) e `deptAnterior` (78) são diferentes, então realiza-se o método `processarFinalDept()` enquanto o registro da Carol espera na memória.
4. No módulo `processarFinalDept()`, "********** Fim do Departamento 78" será impresso. A seguir, o controle retorna para `produzirRelatório()` onde se imprimem o divisor e o cabeçalho para o Departamento 85. Finalmente, `deptAnterior` é ajustado para 85. O nome de Carol é impresso, e então o valor de `deptAnterior` retorna ao programa principal.
5. De volta ao programa principal, lê-se o registro para o segundo empregado do Departamento 85 (Don).
6. De volta no método `produzirRelatório()`, compara-se o número do departamento de Don a `deptAnterior`. Os números são os mesmos, então o nome de Don é impresso e o programa retorna do método para ler o último empregado do Departamento 85 (Ellen).
7. Na parte superior de `produzirRelatório()`, é determinado que Ellen tem o mesmo número de departamento que o registro anterior. Assim, após imprimir o nome da Ellen, ocorre o retorno ao programa principal. Ali, a leitura do arquivo de entrada encontra `eof`.
8. A decisão `eof` do programa principal termina o loop.

Imprimiu-se o último empregado do Departamento 85 (Ellen), mas o rodapé para o Departamento 85 não foi impresso. Isso ocorre porque toda vez que se tentar ler um registro de entrada, não há como saber se há mais registros. A linha principal da lógica verifica a condição `eof`, mas se ela determina que ali é o `eof`, a lógica não flui de volta para o módulo `produzirRelatório()`, onde o módulo `processarFinalDept()` poderia executar.

Para imprimir o rodapé do último departamento, é preciso imprimir um rodapé uma última vez ao final do programa principal. A sentença sombreada no final da lógica na Figura 8-9 ilustra esta situação. Imprimir o último rodapé no final do programa corresponde a imprimir o primeiro cabeçalho no começo. No início, o primeiro cabeçalho é impresso separadamente dos demais; da mesma forma, o último rodapé precisa ser impresso separadamente de todos os outros no final.

> **DUAS VERDADES E UMA MENTIRA:**
>
> **Usando dados de controle em um rodapé**
>
> 1. Cabeçalhos e rodapés são semelhantes pois normalmente demandam informações sobre o próximo grupo a ser processado.
> 2. Quando se apresentam os dados de controle em um rodapé, normalmente isso é feito antes de realizar qualquer processamento para o novo grupo.
> 3. Quando um rodapé é produzido, é necessário haver um processamento especial depois do último registro de entrada.
>
> A frase falsa é a nº 1. Cabeçalhos normalmente demandam informações sobre o próximo grupo, mas rodapés normalmente demandam informações sobre o grupo anterior.

Realizando quebras de controle com totais

Suponha que você tenha uma livraria e que um dos arquivos que você mantém contém um registro para cada título de livro em catálogo. Cada registro tem campos que contêm o título, autor, categoria (ficção, referência, autoajuda etc.) e o preço de cada livro, como apresentado na descrição de arquivo da Figura 8-11.

```
DESCRIÇÃO DO ARQUIVO DOS LIVROS
Nome do arquivo: LIVROS
DESCRIÇÃO DO CAMPO        TIPO DE DADO       COMENTÁRIOS
Título                    String             máximo 45 caracteres
Autor                     String             máximo 30 caracteres
Categoria                 String             máximo 15 caracteres
Preço                     Numérico           2 casas decimais
```

Figura 8-11 Descrição do arquivo dos livros

NOTA: Você não precisa entender de processamento de arquivos para entender esse exemplo da livraria. Em vez de ler um arquivo, o programa poderia solicitar continuamente ao usuário para inserir cada um dos campos necessários. A lógica é a mesma.

Suponha que você queira imprimir uma lista de todos os livros que estão na sua livraria, com o número total dos livros no final da lista, como apresentado no relatório exemplo da Figura 8-12. Você poderia usar a lógica apresentada na Figura 8-13. O programa imprime o cabeçalho, e então lê continuamente os registros. Para cada registro, o título do livro é impresso

```
LISTA DE LIVROS

Uma Breve História do Tempo
A Letra Escarlate
Matemática para Todos
She's Come Undone
The Joy of Cooking
Walden
Uma Ponte Longe Demais
A Mulher do Viajante do Tempo
O Código Da Vinci
```

```
Lógica e design de programação
Forever Amber

Número total de títulos de livros 512
```

Figura 8-12 Exemplo de relatório da lista de livros

e é adicionado 1 ao total geral. Ao final do programa, você imprime o total geral. Você não pode imprimir `totalGeral` em nenhum outro momento do programa porque o valor `totalGeral` não está completo até que se tenha lido o último registro.

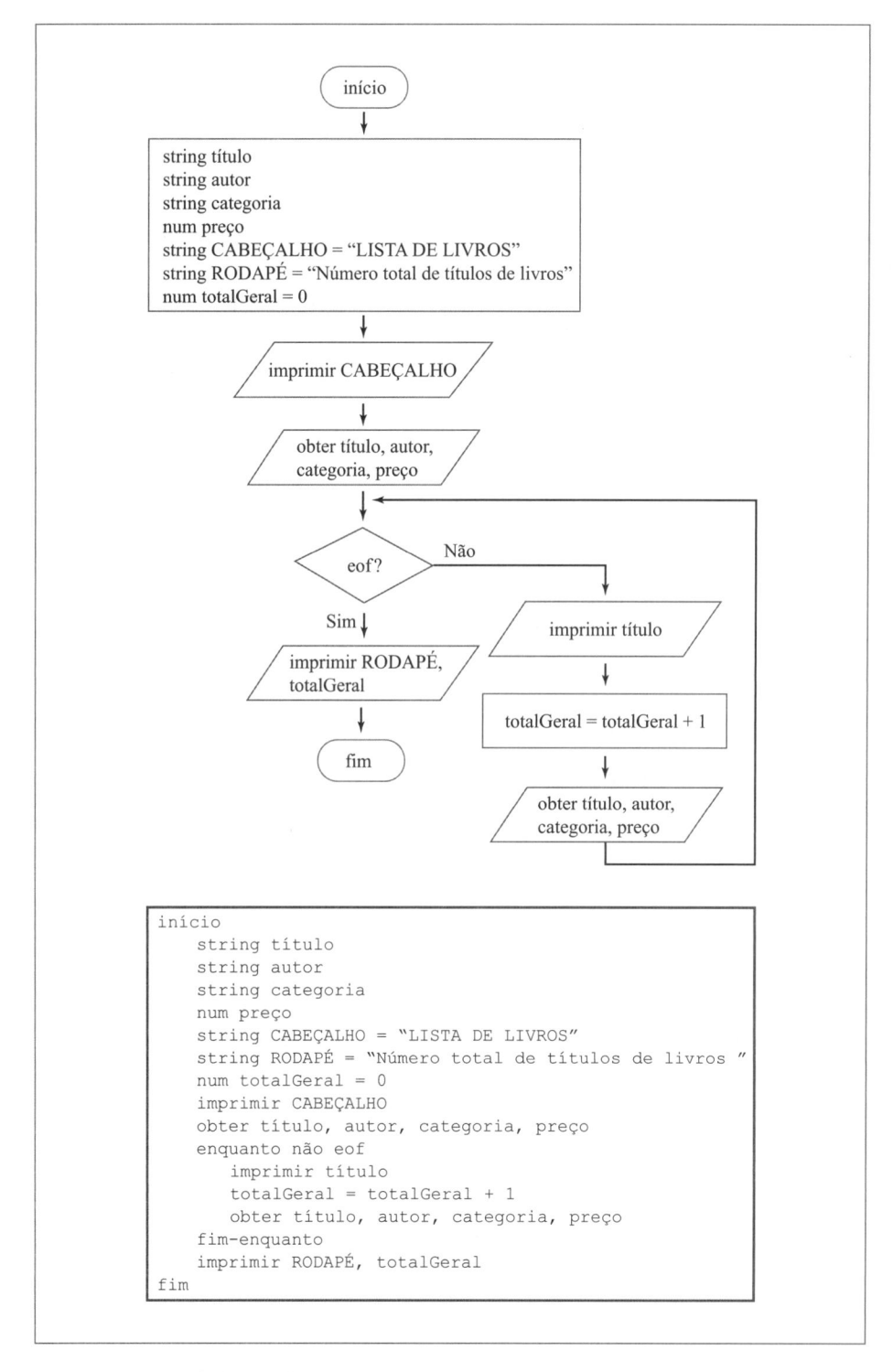

```
início
    string título
    string autor
    string categoria
    num preço
    string CABEÇALHO = "LISTA DE LIVROS"
    string RODAPÉ = "Número total de títulos de livros "
    num totalGeral = 0
    imprimir CABEÇALHO
    obter título, autor, categoria, preço
    enquanto não eof
        imprimir título
        totalGeral = totalGeral + 1
        obter título, autor, categoria, preço
    fim-enquanto
    imprimir RODAPÉ, totalGeral
fim
```

Figura 8-13 Fluxograma e pseudocódigo para produzir o relatório da Figura 8-12

NOTA: ela Figura 8-13, lê-se mais dados do que são usados no programa. Quando organizações armazenam dados, seus registros muitas vezes contêm mais do que um programa específico necessita. Por exemplo, apesar de seu empregador provavelmente armazenar dados como seu número de telefone e sua data de nascimento, nenhum desses dois itens é usado na impressão do seu contracheque.

A lógica do programa do relatório da lista de livros é bem direta. Suponha, entretanto, que você decida que deseja uma contagem para cada categoria de livro em vez de apenas o total geral. Por exemplo, se todos os registros de livros contiverem uma categoria que seja ficção, referência, ou autoajuda, então esses registros podem ser classificados em ordem alfabética de categoria, e a saída consistiria em uma lista de todos os livros de ficção, seguidos por sua quantidade. Em seguida, todos os livros de referência, seguidos por sua contagem e, finalmente, todos os livros de autoajuda, seguidos por sua quantidade. É um relatório de quebras de controle, porque o controle do programa pausa quando encontra uma mudança na categoria. O campo de quebra de controle é `categoria`. Veja a Figura 8-15 para ter um exemplo de relatório.

```
LISTA DE LIVROS

A Letra Escarlate
She's Come Undone
Uma Ponte Longe Demais
A Mulher do Viajante do Tempo
O Código Da Vinci
Forever Amber

Subtotal da Categoria     6

Uma Breve História do Tempo
Matemática para Todos
```

Figura 8-14 Exemplo de relatório que lista livros por categoria com o subtotal das categorias

Para produzir relatórios com a contagem dos subtotais de cada categoria, é preciso declarar duas variáveis novas: `categoriaAnte` e `totalCategoria`. Pode-se também declarar uma constante para o texto do rodapé das categorias. Toda vez que o programa lê um registro de um livro, ele compara `categoria` a `categoriaAnte`; quando há uma mudança de categoria, ele imprime a contagem dos livros da categoria anterior. A variável `totalCategoria` contém essa soma. Veja a Figura 8-15.

Quebras de controle **343**

```
início
    ↓
string título
string autor
string categoria
num preço
string CABEÇALHO = "LISTA DE LIVROS"
strings RODAPÉ = "Número total de títulos de livros"
num totalGeral = 0
string categoriaAnte
string RODAPÉ_CATEGORIA = "Subtotal da Categoria"
num totalCategoria = 0
    ↓
imprimir CABEÇALHO
    ↓
obter título, autor, categoria, preço
    ↓
categoriaAnte = categoria
    ↓
eof?
  Sim ↓                    Não →  categoria = categoriaAnte?
imprimir                            Não ↓              Sim
RODAPÉ_CATEGORIA,                imprimir
subtotalCategoria                RODAPÉ_CATEGORIA,
    ↓                            subtotalCategoria
totalGeral = totalGeral              ↓
+ totalCategoria                 totalGeral = totalGeral
    ↓                            + totalCategoria
imprimir RODAPÉ,                     ↓
totalGeral                       totalCategoria = 0
    ↓                                ↓
  fim                            categoriaAnte = categoria
                                     ↓
                                 totalCategoria = totalCategoria + 1
                                     ↓
                                 imprimir título
                                     ↓
                                 obter título, autor, categoria, preço
```

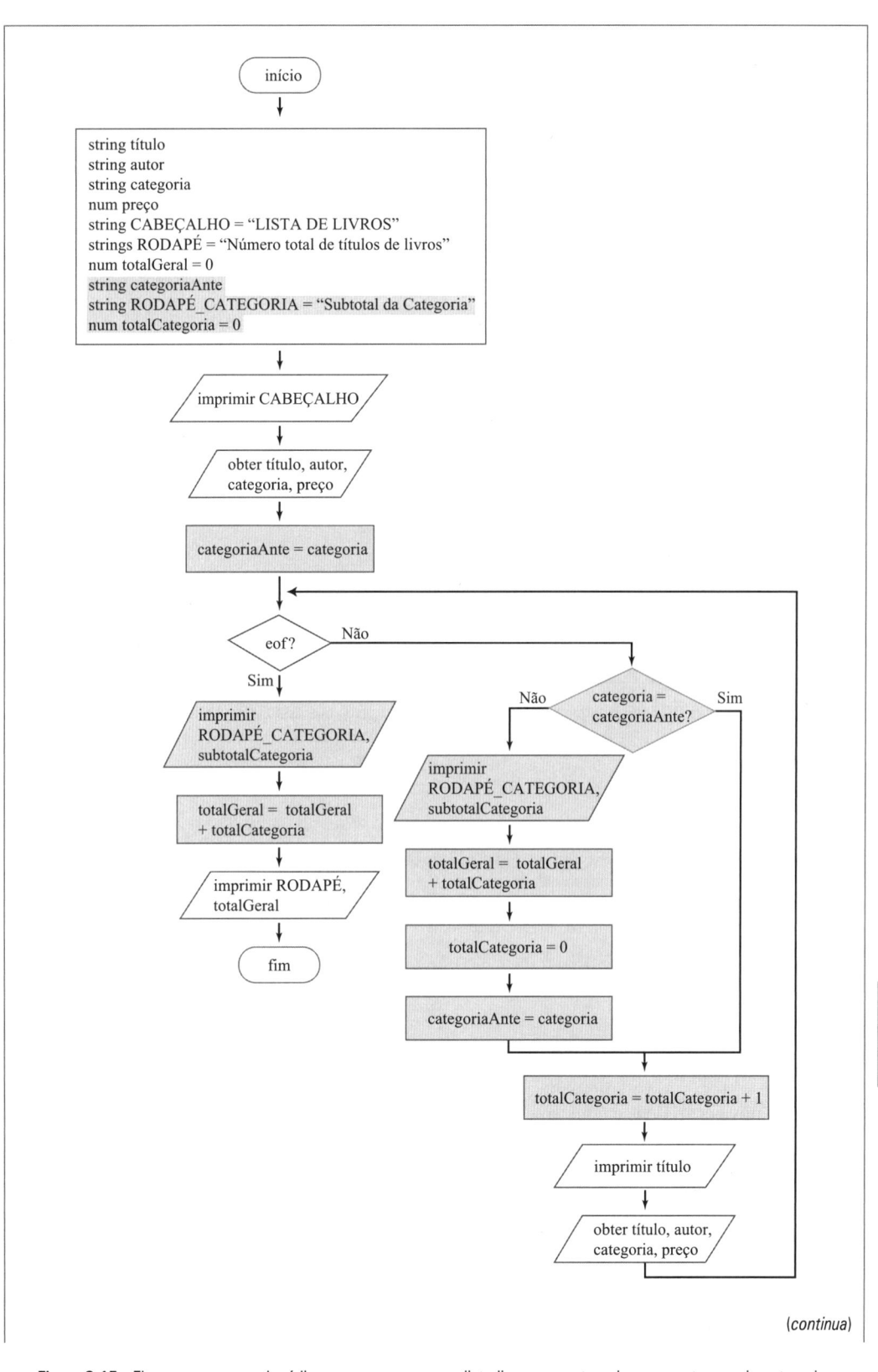

(continua)

Figura 8-15 Fluxograma e pseudocódigo para programa que lista livros por categoria com contagens de categorias

```
início
    string título
    string autor
    string categoria
    num preço
    string CABEÇALHO = "LISTA DE LIVROS"
    string RODAPÉ = "Número total de títulos de livros "
    num totalGeral = 0
    string categoriaAnte
    string RODAPÉ_CATEGORIA = "Subtotal da Categoria "
    num totalCategoria = 0
    imprimir CABEÇALHO
    obter título, autor, categoria, preço
    categoriaAnte = categoria
    enquanto não eof
        se categoria não = categoriaAnte então
            imprimir RODAPÉ_CATEGORIA, subtotalCategoria
            totalGeral = totalGeral + totalCategoria
            totalCategoria = 0
            categoriaAnte = categoria
        fim-se
        totalCategoria = totalCategoria + 1
        imprimir título
        obter título, autor, categoria, preço
    fim-enquanto
    imprimir RODAPÉ_CATEGORIA, subtotalCategoria
    totalGeral  = totalGeral + totalCategoria
    imprimir RODAPÉ, totalGeral
fim
```

Figura 8-15 Fluxograma e pseudocódigo para programa que lista livros por categoria com contagens de categorias (*continuação*)

NOTA: Ao desenhar um fluxograma, em geral fica mais claro perguntar-se positivamente – como em "categoria = categoriaAnte?" – e projetar ações adequadas para os lados "Sim" e "Não" da decisão. No pseudocódigo, quando ocorre uma ação apenas no lado "Não" da decisão, normalmente fica mais claro perguntar na negativa – "categoria não igual a categoriaAnte?". Dessa maneira, evita-se uma sentença se na qual todas as ações estejam na parte senão. A Figura 8-15 usa tais estratégias.

As diferenças entre os programas diagramados nas Figuras 8-13 e 8-15 estão listadas a seguir:

» As novas variáveis e constantes são declaradas.
» O valor de categoria do primeiro livro é armazenado na variável categoriaAnte.
» Toda vez que um registro entra no loop principal do programa, o programa verifica se o registro atual representa uma nova categoria de trabalho, comparando categoria a categoriaAnte. Quando o primeiro registro é processado, as categorias casam (porque categoriaAnte foi ajustada exatamente para conter a categoria do primeiro livro), imprimindo o título do livro, aumentando totalCategoria em 1 e em seguida lendo o próximo registro.

» Se o valor de `categoria` do próximo registro casar com o valor `categoriaAnte`, o processamento continua normalmente: imprime-se uma linha e adiciona-se 1 a `totalCategoria`.

» Em algum momento, `categoria` de algum registro de entrada não vai casar com `categoria Ante`. Nesse momento, a contagem da categoria é impressa, adiciona-se a contagem da categoria ao total geral, o contador da categoria é reiniciado em 0, para que ele esteja pronto para começar a contagem da nova categoria e o campo de quebra de controle é atualizado. Adicionar um total ao total do maior nível é chamado de **acumular os totais**.

» Depois que todos os registros foram processados, imprime-se o total da categoria para o último grupo, esse subtotal é adicionado ao total geral e é impresso o total geral final.

Você poderia escrever esse programa para que, conforme cada livro fosse processado, o programa adicionasse 1 a `totalCategoria` e 1 a `totalGeral`. Então, não haveria necessidade de acumular os totais quando a categoria mudar. Se existirem 120 livros de ficção, usar essa técnica faria com que 1 fosse somado a `totalCategoria` 120 vezes e também 1 fosse adicionado 120 vezes a `totalGeral`. Essa técnica chegaria a resultados corretos, mas é possível eliminar a execução de 119 instruções extras necessárias para que se acumulem as 120 contagens da categoria a serem somadas ao total em `totalGeral`.

Esse relatório de quebra de controle contendo subtotais realiza as cinco tarefas necessárias em uma quebra de controle que imprime totais:

» Realizar qualquer processamento necessário no grupo anterior – neste caso, imprimir `totalCategoria`.

» Acumular os totais de cada grupo para o nível seguinte – neste caso, adicionar `total Categoria` a `totalGeral`.

» Reinicia o total do grupo corrente para 0 – neste caso, ajusta-se `totalCategoria` para 0.

» Realiza qualquer processamento necessário para o novo grupo – neste caso, nenhum.

» Atualiza o campo de quebra de controle – neste caso, `categoriaAnte`.

O final do programa da Figura 8-15 é mais complicado do que se pode imaginar à primeira vista. Pode parecer como só seria necessário imprimir `totalGeral`. No entanto, quando você lê depois do último registro e encontra a decisão `eof`, ainda não imprimiu o último `totalCategoria`, tampouco adicionou a soma da última categoria a `totalGeral`. Você precisa realizar essas duas tarefas antes de imprimir `totalGeral`.

Na Figura 8-15, note que as primeiras duas etapas que ocorrem depois da mudança de categoria e as primeiras duas etapas que ocorrem depois de `eof` são idênticas. Encontrar o final do arquivo é na verdade apenas outro tipo de quebra – ele sinaliza que a última categoria está finalmente completa.

Sempre que uma série de etapas de um programa for idêntica a outra série de etapas, você pode cogitar colocá-las em um método, escrito uma única vez, mas que será chamado em várias localidades. Nesse caso, as etapas repetidas usam `subtotalCategoria` e alteram `totalCategoria`. Portanto, você deve escrever um método que aceite dois parâmetros (a soma da categoria e o total) e retorne um valor numérico (o total alterado). A Figura 8-16 mostra a nova versão do programa com um método contendo as tarefas repetidas.

```
início
    ↓
┌─────────────────────────────────────────────┐
│ string título                               │
│ string autor                                │
│ string categoria                            │
│ num preço                                   │
│ string CABEÇALHO = "LISTA DE LIVROS"        │
│ string RODAPÉ = "Número total de títulos de livros " │
│ num totalGeral = 0                          │
│ string categoriaAnte                        │
│ num totalCategoria = 0                      │
└─────────────────────────────────────────────┘
    ↓
  imprimir CABEÇALHO
    ↓
  obter título, autor, categoria, preço
    ↓
  categoriaAnte = categoria
    ↓
  eof?
    Sim ↓                              Não →
  totalGeral =                              categoria = categoriaAnte?
  mudançaCategoria                            Não ↓                    Sim →
  (totalCategoria,                          totalGeral =
  totalGeral)                               mudançaCategoria
    ↓                                       (totalCategoria,
  imprimir RODAPÉ,                          totalGeral)
  totalGeral                                  ↓
    ↓                                       totalCategoria = 0
   fim                                        ↓
                                            categoriaAnte = categoria
                                              ↓
                                            totalCategoria = totalCategoria + 1
                                              ↓
                                            imprimir título
                                              ↓
                                            obter título, autor, categoria, preço
                                              ↑ (loop back to eof?)
```

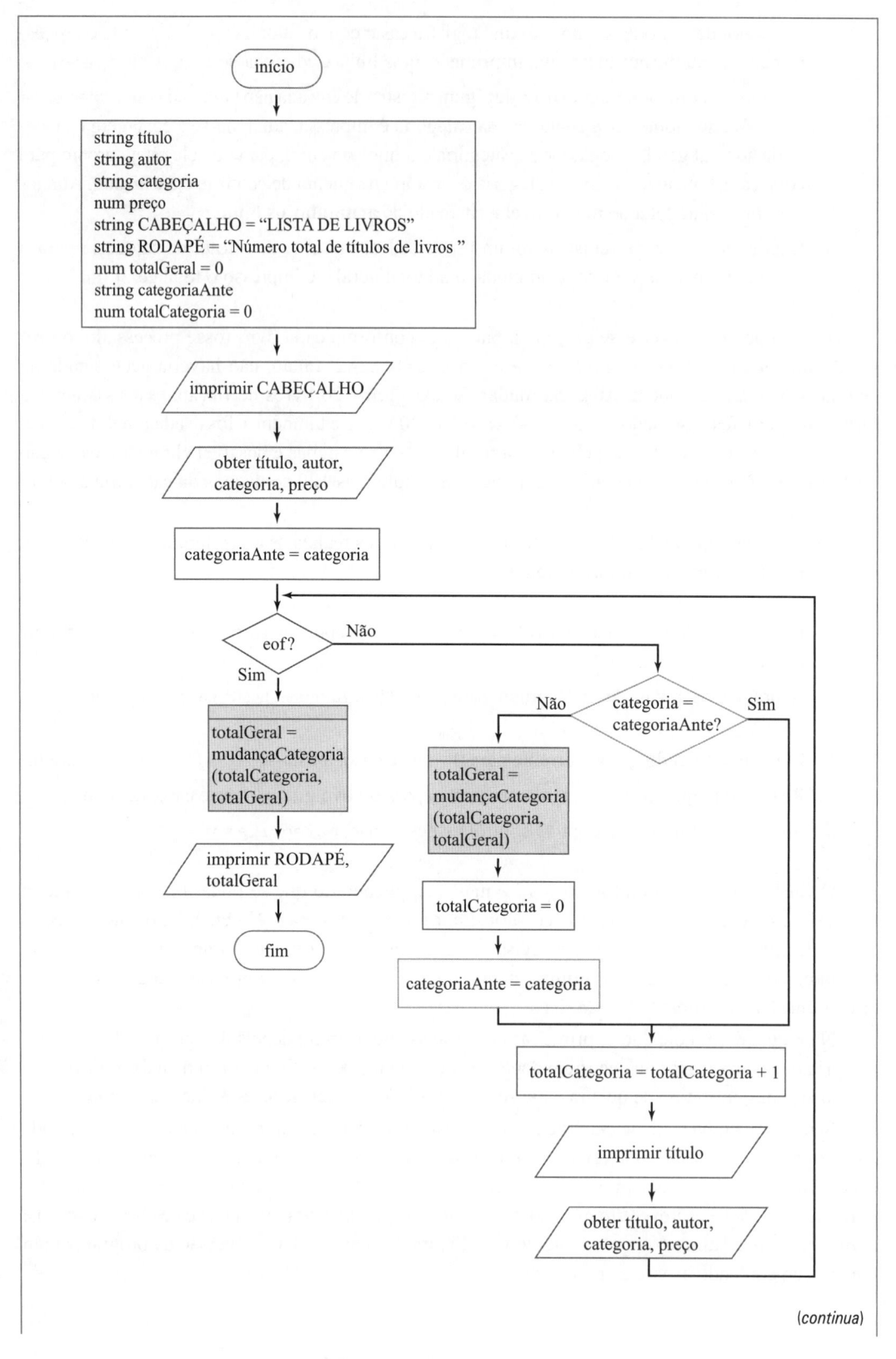

(continua)

Figura 8-16 Programa da Figura 8-15 revisado para chamar um módulo

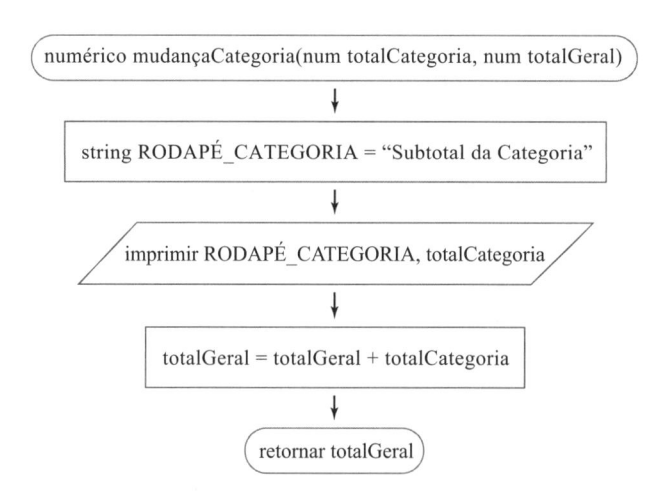

```
          ┌─────────────────────────────────────────────────────────┐
          │ numérico mudançaCategoria(num totalCategoria, num totalGeral) │
          └─────────────────────────────────────────────────────────┘
                                     ↓
          ┌─────────────────────────────────────────────────────────┐
          │  string RODAPÉ_CATEGORIA = "Subtotal da Categoria"      │
          └─────────────────────────────────────────────────────────┘
                                     ↓
            ╱──────────────────────────────────────────────╱
           ╱  imprimir RODAPÉ_CATEGORIA, totalCategoria   ╱
          ╱──────────────────────────────────────────────╱
                                     ↓
          ┌─────────────────────────────────────────────────────────┐
          │        totalGeral = totalGeral + totalCategoria          │
          └─────────────────────────────────────────────────────────┘
                                     ↓
                        ( retornar totalGeral )
```

```
início
    string título
    string autor
    string categoria
    num preço
    string CABEÇALHO = "LISTA DE LIVROS"
    string RODAPÉ = "Número total de títulos de livros "
    num totalGeral = 0
    string categoriaAnte
    num totalCategoria = 0
    imprimir CABEÇALHO
    obter título, autor, categoria, preço
    categoriaAnte = categoria
    enquanto não eof
        se categoria não = categoriaAnte então
            totalCategoria = mudançaCategoria(totalCategoria, totalGeral)
            totalCategoria = 0
            categoriaAnte = categoria
        fim-se
        totalCategoria = totalCategoria + 1
        imprimir título
        obter título, autor, categoria, preço
    fim-enquanto
    imprimir RODAPÉ_CATEGORIA, totalCategoria
    totalGeral = totalGeral + totalCategoria
    imprimir RODAPÉ, totalGeral
fim

num mudançaCategoria(num totalCategoria, num totalGeral)
    string RODAPÉ_CATEGORIA = "Subtotal da Categoria "
    imprimir RODAPÉ_CATEGORIA, totalCategoria
    totalGeral = mudançaCategoria(totalCategoria, totalGeral)
retornar totalGeral
```

Figura 8-16 Programa da Figura 8-15 revisado para chamar um módulo (*continuação*)

Na versão revisada do programa na Figura 8-16, tarefas repetidas foram colocadas em um módulo próprio. A declaração RODAPÉ_CATEGORIA é transferida para o módulo porque o programa principal não precisa mais dela. Cada vez que o módulo é chamado, a totalCategoria e o totalGeral correntes são passados para ele e o valor totalCategoria é impresso e acumulado no nível totalGeral. O totalGeral atualizado é então retornado para o programa que o chamou.

É muito importante entender que esse programa de quebra de controle funciona se há três ou 300 categorias de livros. Observe também que não importa quais as categorias dos livros. Por exemplo, o programa nunca pergunta uma questão como categoria = "ficção"?. Em vez disso, o controle do programa quebra quando o campo da categoria *muda*, sem depender de forma alguma *de qual* é a mudança.

DUAS VERDADES E UMA MENTIRA:

Realizando quebras de controle com totais

1. Ao criar um relatório de quebra de controle com subtotais que aparecem depois de cada dez grupos, normalmente criam-se dez variáveis para conter os dez subtotais.
2. Quando um relatório de quebra de controle imprime uma conta depois de cada grupo, a conta normalmente é incrementada em 1 a cada novo registro.
3. Acumular os totais é o processo de se somar um total a um total de nível mais alto.

A frase falsa é a nº 1. Ao gerar um relatório de quebras de controle com subtotais que aparecem depois de cada dez grupos, normalmente cria-se uma variável que contenha um subtotal que é zerado para cada novo grupo.

Realizando quebras de controle em múltiplos níveis

Digamos que a livraria do último exemplo seja tão bem-sucedida que tenha gerado uma cadeia de livrarias espalhada pelo país. Toda vez que se faz uma venda, é gerado um registro que armazena o título e o preço do livro e a cidade e o estado onde o livro foi vendido. Deseja-se um relatório que imprima um resumo dos livros vendidos em cada cidade e em cada estado, semelhante ao apresentado na Figura 8-17. Um relatório como esse, que não inclui qualquer informação sobre registros individuais, em vez disso incluindo apenas totais de grupos, é um **relatório resumido**.

VENDA DE LIVROS POR CIDADE E ESTADO	
Ames	200
Des Moines	814
Iowa City	291
Total de Iowa	1305
Chicago	1093
Crystal Lake	564
McHenry	213
Springfield	365
Total de Illinois	2235
Springfield	289
Worcester	100
Total de Massachusetts	389
Total geral	3929

Figura 8-17 Relatório dos livros vendidos por cidade e estado

Este programa contém uma **quebra de controle em múltiplos níveis**. Isto é, o fluxo normal de controle (ler registros e continuar contando as vendas de livros) se separa para processamentos especiais (nesse caso, para imprimir totais) em resposta a mais de uma mudança de condição. Neste relatório, uma quebra de controle ocorre em resposta a uma (ou duas) de duas condições: quando o valor da variável cidade muda, e quando o valor da variável estado muda.

Assim como o arquivo usado para criar um relatório de quebra de controle em nível único precisa ser pré-classificado, também é necessário pré-organizar o arquivo de entrada usado para criar um relatório de quebra de controle em múltiplos níveis. O arquivo de entrada para o relatório das vendas de livros deve ser classificado por cidade *dentro dos* estados. Isto é, todos os registros de um estado – por exemplo, todos os registros de Iowa – vêm primeiro; e então seguem todos os registros de outro estado, como Illinois. Dentro de qualquer estado, todos os registros de uma cidade vêm primeiro, então vêm todos os registros da próxima cidade. Por exemplo, o arquivo de entrada que produz o relatório apresentado na Figura 8-17 contém 200 registros de vendas de livros em Ames, Iowa, seguidos por 814 registros de livros vendidos em Des Moines, Iowa. O processamento básico envolve ler um registro de venda de livro, somar 1 ao contador e ler o próximo registro de venda de livro. No final dos registros de qualquer cidade, imprime-se um total para aquela cidade; no final dos registros de um estado, imprime-se um total para aquele estado.

Como você deve suspeitar, um programa de quebra de controle em múltiplos níveis é maior do que um que contém apenas uma quebra de nível único. Conforme os programas ficam maiores, faz mais sentido modulá-los. Portanto, o programa do relatório de vendas de livros por cidade e estado conterá módulos separados para o processamento da quebra por cidade e para o processamento da quebra por estado. Entretanto, a cada nível de quebra, precisam ser atualizados totais e campos de quebras de controle que armazenam os nomes das cidades e dos estados. Infelizmente, como você viu no Capítulo 6, um método pode retornar, no máximo, um valor. Mas, felizmente, como você aprendeu no Capítulo 7, quando um array é transferido para um módulo, os valores desse array podem ser alterados no programa que chamou, sem retornar qualquer valor. Isso ocorre porque arrays são passados por referência. Portanto, o programa do relatório de vendas de livros por cidade e estado usará arrays para armazenar as contas dos livros, bem como os campos de quebra de controle.

O programa vai precisar de três níveis de totais (cidade, estado e geral), e dois níveis de níveis anteriores possuidores de valores de quebra de controle (cidade e estado), então dois arrays serão definidos, como a seguir:

```
num total[3] = 0, 0, 0
string prev[2]
```

Em vez de usar constantes não nomeadas para acessar os arrays, seu programa será mais claro se as constantes forem nomeadas. Portanto, três constantes nomeadas serão definidas como:

```
num GERAL = 2
num ESTADO = 1
num CIDADE = 0
```

Em outras palavras, `total[CIDADE]` vai conter a contagem dos livros de uma cidade, `total[ESTADO]` vai conter a contagem dos livros para um estado, e `total[GERAL]` vai conter o total geral de todos os livros. Além disso, `ante[CIDADE]` vai conter o nome da cidade anterior e `ante[ESTADO]` vai conter o nome do estado anterior. Como todos esses valores são armazenados em arrays, você conseguirá passar os arrays para os métodos e atualizar seus valores sem precisar retornar valores.

NOTA: Observe como o uso de constantes nomeadas adequadamente facilita o entendimento do uso de arrays. Por exemplo, não há muita dúvida de que `total[CIDADE]` contém o total para uma cidade.

A Figura 8-18 mostra a lógica do programa principal do programa do relatório Venda de Livros por Cidade e Estado. Está sombreado toda vez que se usa arrays. Depois que é lido o primeiro registro de entrada, o nome do primeiro estado é armazenado em `ante[ESTADO]`, que é `ante[1]` e o primeiro nome de cidade é armazenado em `ante[CIDADE]`, que é `ante[0]`. Quando a lógica entra no loop principal, os testes do estado e da cidade são ambos verdadeiros, logo, soma-se 1 ao total da cidade (`total[CIDADE]` ou `total[0]`) e é lido o registro seguinte. Enquanto os registros continuarem a conter o nome da mesma cidade e estado, segue-se adicionando 1 ao contador da cidade.

```
início
    ↓
string título
num preço
string cidade
string estado
string CABEÇALHO = "VENDA DE LIVROS POR CIDADE E ESTADO"
string RODAPÉ = "TotalGeral "
num GERAL = 2
num ESTADO = 1
num CIDADE = 0
num total[3] = 0, 0, 0
string ante[2]
    ↓
imprimir CABEÇALHO
    ↓
obter título, preço, cidade, estado
    ↓
ante[ESTADO] = estado
    ↓
ante[CIDADE] = cidade
    ↓
eof?
  Sim ↓                              Não →
quebraEstado(total,              estado = ante[ESTADO]?
  ante, ante[ESTADO],              Não ↓            Sim →
  ante[CIDADE])               quebraEstado(total,    cidade = ante[CIDADE]?
    ↓                           ante, estado, cidade)   Não ↓         Sim →
imprimir FOOTER,                                    quebraCidade(total,
  total[GRAND]                                         ante, cidade)
    ↓                                                      ↓
   fim                              total[CIDADE] = total[CIDADE] + 1
                                          ↓
                              obter título, preço, cidade, estado
```

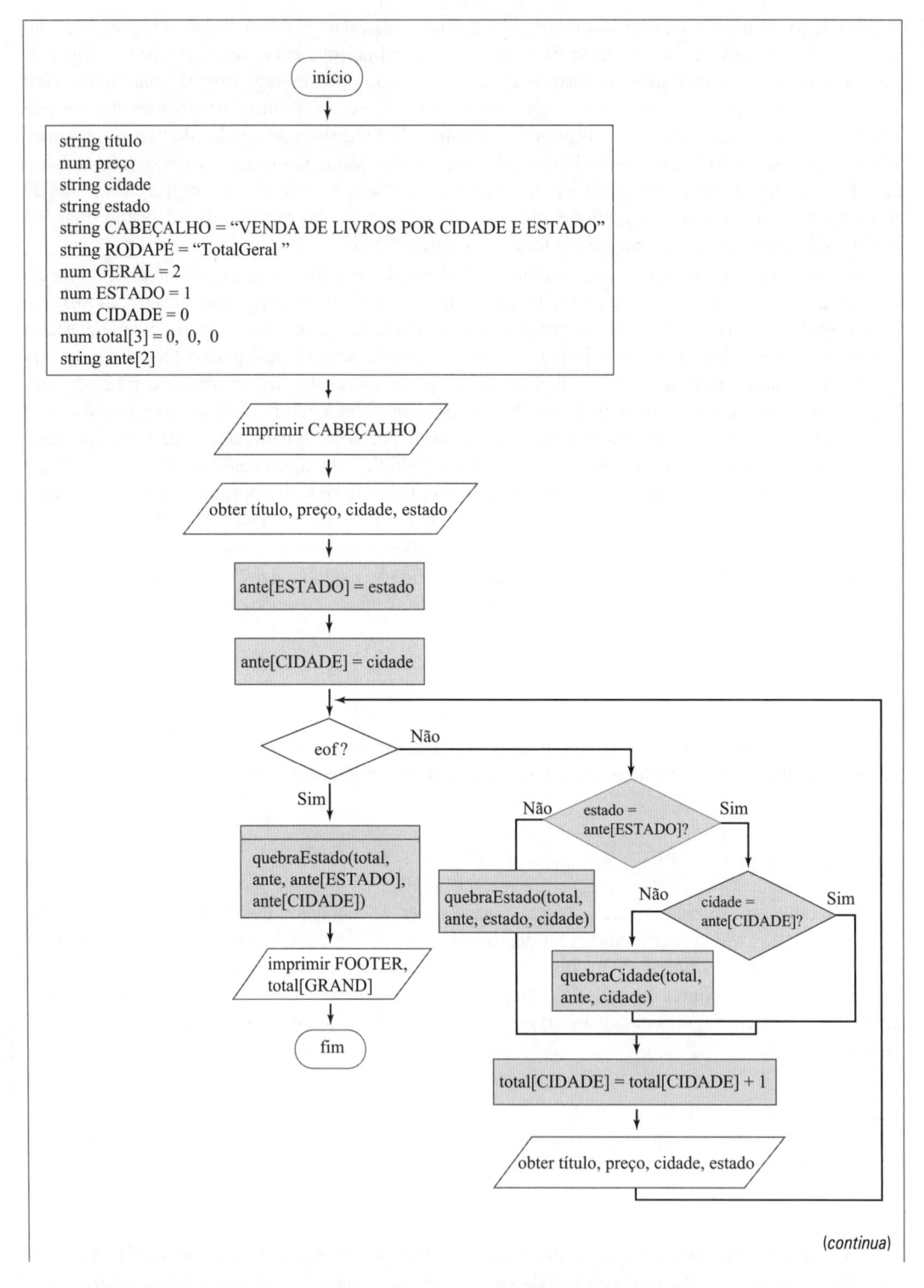

(*continua*)

Figura 8-18 Lógica do programa principal para o programa do relatório de venda de livros por cidade e estado

```
início
    string título
    string autor
    string categoria
    num preço
    string CABEÇALHO = "LISTA DOS LIVROS"
    string RODAPÉ = "Número total de títulos de livros "
    num GERAL = 2
    num ESTADO = 1
    num CIDADE = 0
    num total[3] = 0, 0, 0
    string ante[2]

    imprimir CABEÇALHO
    obter título, preço, cidade estado
    ante[ESTADO] = estado
    ante[CIDADE] = cidade
    enquanto não eof
        se estado não = ante[ESTADO] então
            quebraEstado(total, ante, estado, cidade)
        senão
            se cidade não = ante[CIDADE] então
                quebraCidade(total, ante, cidade)
            fim-se
        fim-se
        total[CIDADE] = total[CIDADE] + 1
        obter título, preço, cidade, estado
    fim-enquanto
    quebraEstado(total, ante, estado, cidade)
    imprimir RODAPÉ, total[GERAL]
fim
```

Figura 8-18 Lógica do programa principal para o programa do relatório de venda de livros por cidade e estado (*continuação*)

Em algum momento, um registro de nova cidade é lido – admita que essa cidade ainda esteja no primeiro estado. Quando a lógica entra no loop principal, a resposta para `estado = ante[ESTADO]`? é "Sim", mas a resposta para `cidade = ante[CIDADE]`? é "Não". Portanto, o método `quebraCidade()` executa. Os dois arrays (`total` e `ante`) são enviados para o módulo, junto com o nome da nova cidade. A rotina `quebraCidade()` realiza as seguintes tarefas-padrão de quebra de controle:

» Realizar qualquer processamento necessário para o grupo anterior – neste caso, imprimir o nome e a conta para a cidade anterior.

» Acumular os níveis atuais totais para o próximo nível mais alto – neste caso, somar a contagem da cidade à contagem do estado.

» Reiniciar os totais dos níveis correntes para 0 – neste caso, definir a contagem da cidade para 0.

» Realizar qualquer processamento necessário para o novo grupo – neste caso, nenhum.

» Atualizar o campo de quebra de controle – neste caso, definir a cidade anterior para a cidade atual.

A Figura 8-19 mostra esse método.

```
                    ┌─────────────────────────────────────────────────────┐
                    │  void quebraCidade(num total[ ], num ante[ ], string cidade)  │
                    └─────────────────────────────────────────────────────┘
                                              │
                                              ▼
                              ┌─────────────────────┐
                              │   num GERAL = 2     │
                              │   num ESTADO = 1    │
                              │   num CIDADE = 0    │
                              └─────────────────────┘
                                              │
                                              ▼
                              ╱ imprimir                       ╱
                             ╱  ante[CIDADE], total[CIDADE]   ╱
                                              │
                                              ▼
                              ┌─────────────────────────────┐
                              │ total [ESTADO] = total [ESTADO] + │
                              │ total [CIDADE]              │
                              └─────────────────────────────┘
                                              │
                                              ▼
                              ┌─────────────────────┐
                              │  total[CIDADE] = 0  │
                              └─────────────────────┘
                                              │
                                              ▼
                              ┌─────────────────────┐
                              │ ante[CIDADE] = cidade │
                              └─────────────────────┘
                                              │
                                              ▼
                                        (  retornar  )
```

```
void quebraCidade(num total[], num ante[], string cidade)
   num GERAL = 2
   num ESTADO = 1
   num CIDADE = 0
   imprimir ante[CIDADE], total[CIDADE]
   total[ESTADO] = total [ESTADO] + total [CIDADE]
   total[CIDADE] = 0
   ante[CIDADE] = cidade
retornar
```

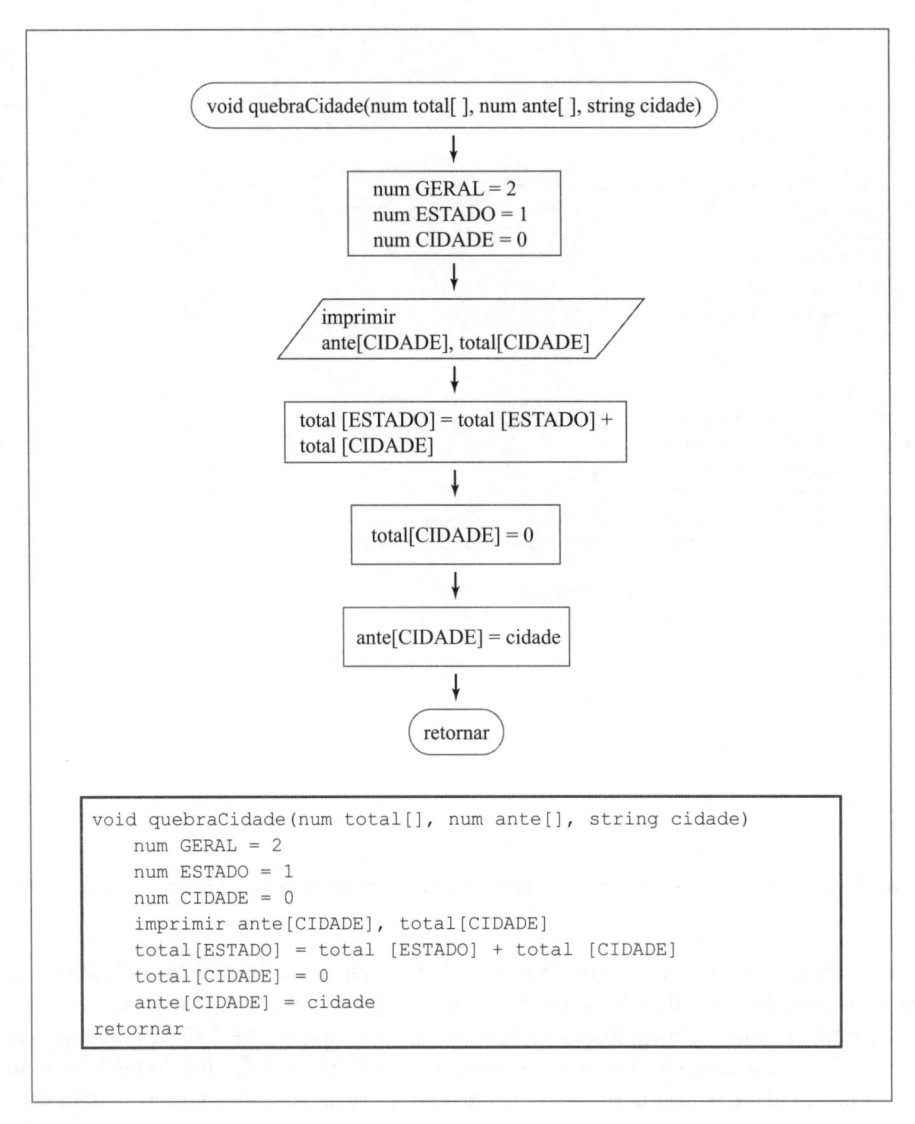

Figura 8-19 O método `quebraCidade()` para o programa do relatório de venda de livros por cidade e estado

NOTA: As declarações das três constantes (GERAL, CIDADE e ESTADO) do programa principal da Figura 8-18 são repetidas no método da Figura 8-19. Pode-se optar entre duas abordagens. Se a linguagem utilizada o permitir, alguns programadores declarariam essas três constantes como globais. Isto é, seriam conhecidas de todos os métodos dentro do programa. Apesar da oposição de alguns programadores a tornar qualquer dado global, outros concordam que muitas vezes é uma atribuição adequada para constantes. Outra abordagem seria passar as constantes do programa principal para os módulos que delas precisem. Essa abordagem não foi adotada aqui apenas para que a lista de parâmetros do método na qual você precisa se concentrar pudesse ser mais curta.

Em algum momento, um registro que contém um novo estado é lido. Por exemplo, suponha que o último registro para Iowa City, Iowa seja seguido pelo primeiro de Chicago, Ilinois. Quando esse registro entrar no loop principal do programa, a resposta para `estado = ante[ESTADO]?` será "Não"; logo, o método `quebraEstado()` será chamado. Dentro do módulo `quebraEstado()`, apresentado na Figura 8-20, é preciso realizar um novo tipo de tarefa, junto com as tarefas de quebra de controle com as quais você já está familiarizado. A nova tarefa é a primeira tarefa: dentro do módulo `quebraEstado()`, primeiro deve-se realizar `quebraCidade()`, porque se há uma mudança de estado, deve haver também uma mudança de cidade. O módulo `quebraEstado()` precisa fazer o seguinte:

- » Processa a quebra de nível mais baixo – neste caso, `quebraCidade()`.
- » Realizar qualquer processamento necessário para o grupo anterior – neste caso, imprimir o nome e a contagem para o estado anterior.
- » Acumula o total do nível corrente para o nível mais alto – neste caso, adicionar a conta do estado ao total geral.
- » Reiniciar o total do nível corrente para 0 – neste caso, ajustar a contagem do estado para 0.
- » Realizar qualquer processamento necessário para o novo grupo – neste caso, nenhum.
- » Atualizar o campo de quebra de controle – neste caso, definir o estado anterior para o estado atual.

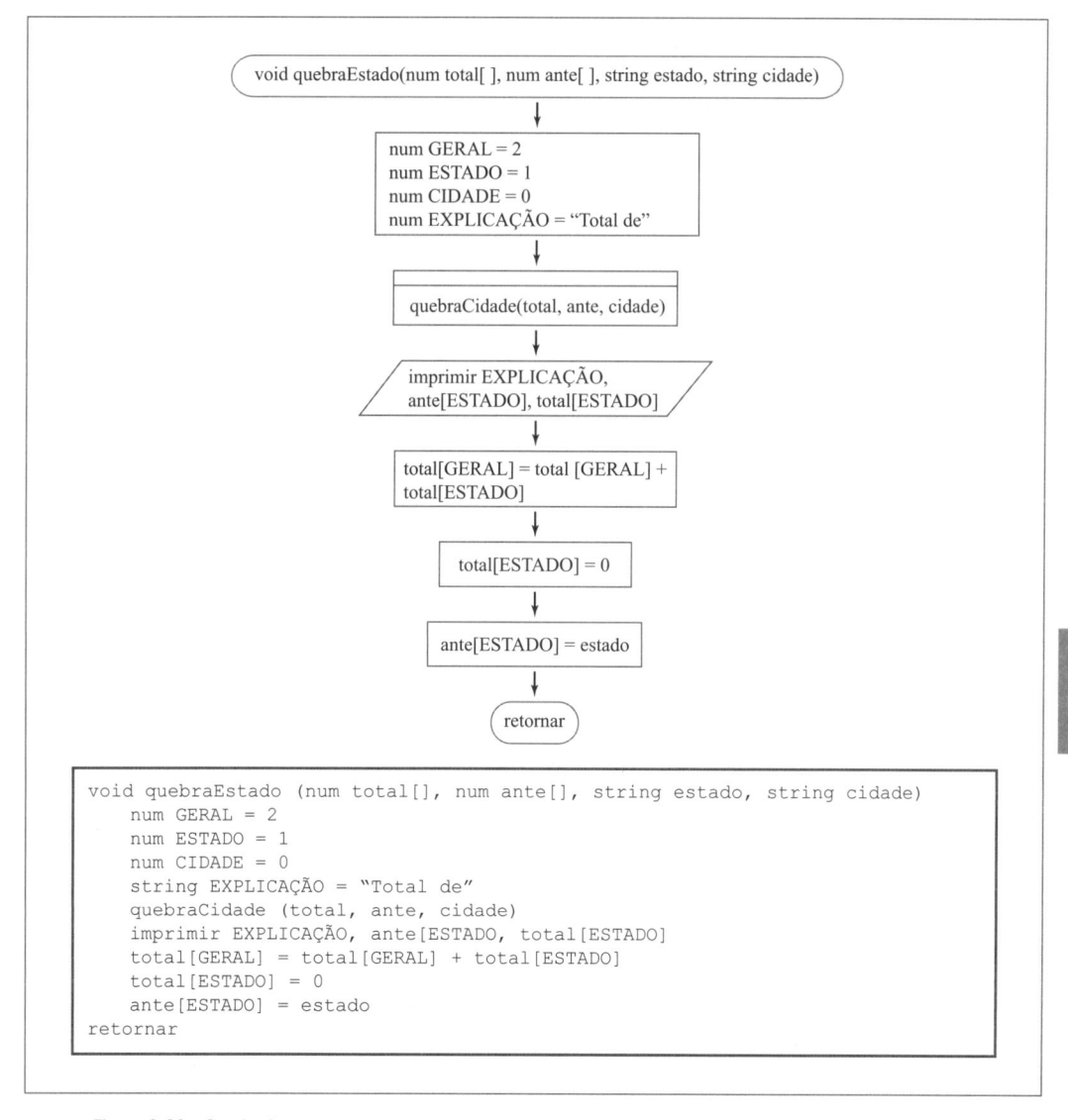

```
void quebraEstado (num total[], num ante[], string estado, string cidade)
    num GERAL = 2
    num ESTADO = 1
    num CIDADE = 0
    string EXPLICAÇÃO = "Total de"
    quebraCidade (total, ante, cidade)
    imprimir EXPLICAÇÃO, ante[ESTADO, total[ESTADO]
    total[GERAL] = total[GERAL] + total[ESTADO]
    total[ESTADO] = 0
    ante[ESTADO] = estado
retornar
```

Figura 8-20 O método `quebraEstado()` para o programa do relatório de venda de livros por cidade e estado

NOTA: Conforme você examine as Figuras 8-19 e 8-20, deve notar que os dois módulos são muito parecidos; a rotina `quebraEstado()` contém apenas um tipo de tarefa a mais. Quando há uma mudança no estado, ela automaticamente realiza `quebraCidade()` antes de realizar qualquer outro passo necessário para mudar o estado.

O programa principal desse programa de quebra de controle em múltiplos níveis verifica qualquer mudança em duas variáveis distintas: `cidade` e `estado`. Quando se altera `cidade`, o nome da cidade e o seu total são impressos; quando se altera `estado`, "Total de", o nome do estado e seu total são impressos. Como se pode ver no relatório ilustrativo da Figura 8-17, todos os totais das cidades dentro de um estado são impressos antes do total daquele estado. Assim, parece lógico verificar primeiro uma mudança em `cidade` antes de verificar uma mudança em `estado`. Entretanto, o inverso é verdadeiro. Para que os totais fiquem corretos, você precisa primeiro verificar qualquer mudança em `estado`. Você deve fazer isso, pois quando `cidade` varia, `estado` *pode* também variar, mas quando `estado` muda, significa que `cidade` *necessariamente* foi alterada.

Considere os exemplos de registros de entrada apresentados na Figura 8-21, classificados por `cidade` dentro de `estados`. Quando chega o ponto no programa no qual o primeiro registro de Illinois é lido (*A Letra Escarlate*), "Iowa City" é o valor armazenado no campo `ante[CIDADE]`, e "IA" é o valor armazenado em `ante[ESTADO]`. Como os valores das variáveis `cidade` e `estado` do novo registro são ambos diferentes dos campos `ante[CIDADE]` e `ante[ESTADO]`, tanto o total de cidade como o de estado serão impressos. Todavia, considere o problema de quando for lido o primeiro registro de Springfield, MA (*Walden*). Nesse ponto do programa, `ante[ESTADO]` é IL, mas `ante[CIDADE]` é o mesmo que a `cidade` atual – ambas contêm Springfield. Se se procurasse por uma mudança em `cidade`, esta não seria encontrada e não seria impresso o total da cidade. Ainda que Springfield, MA, com certeza é uma cidade diferente de Springfiled, IL, o computador não reconhece nenhuma diferença entre elas.

Título	Preço	Cidade	Estado
Uma Breve História do Tempo	20,00	Iowa City	IA
A Letra Escarlate	15,99	Chicago	IL
Matemática para Todos	4,95	Chicago	IL
She's Come Undone	12,00	Springfield	IL
The Joy of Cooking	2,50	Springfield	IL
Walden	9,95	Springfield	MA
Uma Ponte Longe Demais	3,50	Springfield	MA

Figura 8-21 Dados amostrais para relatório de vendas de livros

Cidades de diferentes estados podem ter o mesmo nome – se duas cidades de mesmo nome estiverem seguidas uma da outra no programa de quebra de controle, e caso este tenha sido escrito para verificar primeiro uma mudança no nome da cidade, o programa não reconhecerá que está trabalhando com uma nova cidade. Para resolver isso, você deve sempre primeiro verificar uma **quebra no maior nível**. Se os registros estiverem organizados por `cidade` dentro de `estado`, uma mudança de estado causaria uma quebra no maior nível e uma mudança de cidade causaria uma **quebra no menor nível**. Quando o valor de `estado` "MA" não é igual ao valor de `ante[ESTADO]` "IL", força-se a execução do método `quebraCidade()`, imprimindo o total de cidade para Springfield, IL, antes do total do estado para IL e antes de continuar com o registro de Springfield, MA. Em outras palavras, se houver uma mudança em `estado`, haverá uma mudança implícita em `cidade`, mesmo se por acaso ambas as cidades tiverem o mesmo nome.

NOTA: Se fosse necessário imprimir totais por cidade dentro de regiões dentro de estados, pode-se dizer que existiriam quebras no menor nível, no intermediário e no maior.

O relatório ilustrativo contendo as vendas de livros por cidade e estado mostra que para a impressão do total geral de todas as vendas de livros ao final do programa, deve-se imprimir o valor de `total[GERAL]`. Antes que possa fazer isso, porém, é preciso executar os módulos `quebraCidade()` e `quebraEstado()` uma última vez. Isso é feito simplesmente executando `quebraEstado()`, pois a primeira etapa dentro de `quebraEstado()` é efetuar `quebraCidade()`.

Mais uma vez, considere os dados ilustrativos apresentados na Figura 8-21. Enquanto a leitura dos registros de livros vendidos em Springfield, MA, prossegue, continua-se somando a `total[CIDADE]` para essa cidade. No momento em que se tentar ler mais um registro depois do final do arquivo, não se sabe se existem outros registros; apesar do `total cidade` para Springfield e o `total estado` para MA não terem sido impressos. Depois de `eof`, efetua-se `quebraEstado()`, que imediatamente executa `quebraCidade()`. Dentro de `quebraCidade()`, a contagem de Springfield é impressa e acumulada no `contador estado`. Então, depois que a lógica transferir-se de volta para o módulo `quebraEstado()`, imprime-se o total de MA, que é acumulado ao `total[GERAL]`. Finalmente é possível imprimir o total geral e ocorrer o fim do programa.

NOTA: No final do programa, quatro argumentos são passados para `quebraEstado()`. O módulo `quebraEstado()` vai precisar dos arrays `total` e `ante` para apresentar as informações certas para a última cidade e para o último estado. Os valores de `ante[ESTADO]` e `ante[CIDADE]` são passados porque o módulo `quebraEstado()` requer dois arrays e dois parâmetros de string.

Toda vez que você escrever um programa no qual você precise de rotinas de quebra de controle, verifique se é necessário completar cada uma das seguintes tarefas em cada módulo:

» Realizar a quebra no menor nível, se houver.
» Realizar qualquer processamento de quebra de controle para o grupo anterior.
» Acumular os totais dos níveis correntes ao nível mais alto.
» Reiniciar o total do nível corrente para 0.
» Atualizar o campo de quebra de controle.

DUAS VERDADES E UMA MENTIRA:

Realizando quebras de controle em múltiplos níveis

1. Um relatório resumido é um relatório no qual não são incluídas quaisquer informações sobre registros individuais; em vez disso, incluem-se apenas totais de grupos.
2. Em uma quebra de controle em múltiplos níveis, o fluxo normal de controle separa-se para processamentos especiais em resposta a mais de uma mudança de condição.
3. A vantagem de se criar um relatório de quebra de controle em múltiplos níveis é que os dados de entrada não precisam ser classificados.

A frase falsa é a nº 3. Assim como o arquivo usado na geração de um relatório de quebra de controle em nível único deve ser classificado, também é necessário classificar o arquivo de entrada usado para gerar um relatório de quebra de controle em múltiplos níveis.

Resumo do capítulo

» Uma quebra de controle é um desvio temporário na lógica de um programa. Programadores denominam um programa de quebra de controle quando uma mudança no valor de uma variável inicia ações especiais ou causa a ocorrência de processamentos especiais ou não habituais. Para gerar um relatório de quebra de controle, seus registros de entrada têm que estar organizados em uma classificação com base no campo que causará as quebras.

» Um campo de quebra de controle é utilizado para conter dados de um registro anterior. Você decide quando realizar uma rotina de quebra de controle comparando o valor do campo de quebra de controle ao valor correspondente do registro atual. No mínimo, as mais simples tarefas de quebra de controle exigem processamentos para o novo grupo e a atualização do campo de quebra de controle.

» Algumas vezes, é necessário usar dados de controle durante uma quebra de controle, como em um cabeçalho, que requer informações sobre o próximo registro, ou em um rodapé, que requer informações sobre o registro anterior. Normalmente, o primeiro cabeçalho é impresso separadamente de todos os outros no começo do programa, e o último rodapé precisa ser impresso separadamente de todos os outros no final.

» Um programa completo de quebra de controle em nível único contém e imprime totais do grupo anterior, acumula os totais dos grupos atuais ao próximo maior nível, reinicia os totais dos níveis atuais para 0, realiza qualquer outro processamento de quebra de controle necessário e atualiza o campo de quebra de controle.

» Em um programa que contenha uma quebra de controle em múltiplos níveis, o fluxo normal de controle se separa para processamentos especiais quando ocorrem mudanças em mais do que um campo. Sempre se deve verificar uma quebra de controle de maior nível antes de uma de menor nível, incluindo uma chamada para o módulo de menor nível dentro do módulo de maior nível.

» Toda vez que escrever um programa no qual precise de processamentos de quebra de controle, você deve verificar se precisa realizar cada uma das seguintes tarefas dentro das rotinas: qualquer quebra de nível inferior, qualquer processamento de quebra de controle para o grupo anterior, a soma dos totais do nível corrente ao nível maior seguinte, o reinício dos totais dos níveis correntes para 0, qualquer processamento de quebra de controle para o novo grupo e a atualização do campo de quebra de controle.

Termos-chave

Uma **quebra de controle** é um desvio temporário na lógica de um programa.

Um **programa de quebra de controle** é um programa no qual uma mudança no valor de uma variável inicia ações especiais ou causa a ocorrência de processamentos especiais ou não habituais.

Um **relatório de quebra de controle** lista itens em grupos. Muitas vezes, cada grupo é acompanhado de um subtotal.

Programas que **classificam** registros obtêm registros que não estão em ordem e os reorganizam baseados em algum campo.

Uma **quebra de controle em nível único** é uma quebra na lógica de um programa com base no valor de uma única variável.

Um **campo de quebra de controle** é uma variável que contém o valor que sinaliza uma quebra num programa.

Acumular totais é o processo de adicionar um total (ou subtotal) a um total de maior nível.

Um **relatório resumido** é um relatório que não inclui informações individuais sobre os registros, em vez disso, inclui apenas totais de grupos.

Uma **quebra de nível em múltiplos níveis** é uma quebra na qual o fluxo normal de controle se separa para processamentos especiais em resposta a mudanças em mais do que um campo.

Uma **quebra no maior nível** é uma quebra no fluxo lógico causada por uma variação no valor de um campo de maior nível.

Uma **quebra no menor nível** é uma quebra no fluxo lógico causada por uma mudança no valor de um campo de menor nível.

Questões de revisão

1. Ocorre uma quebra de controle quando um programa _____.
   a. escolhe uma de duas opções de ações para cada registro
   b. finaliza prematuramente, antes que todos os registros sejam processados
   c. para realizar processamentos especiais baseado no valor de um campo
   d. passa o controle lógico para um módulo contido dentro de outro programa

2. Qual dos seguintes é um exemplo de relatório de quebra de controle?
   a. uma lista de todos os clientes de uma empresa ordenados por código de área, com a contagem do número de clientes que residem em cada código de área
   b. uma lista de todos os estudantes de uma escola, organizada em ordem alfabética, com a contagem total no final do relatório
   c. uma lista de todos os trabalhadores de uma empresa, com uma mensagem "Manter" ou "Demitir" acompanhando o registro de cada empregado
   d. dos pacientes de uma clínica médica, a lista daqueles que não marcaram uma consulta por pelo menos dois anos

3. Pôr os registros em uma ordem sequencial baseada no valor de um dos campos é chamado _____.
   a. intercalar   c. fundir
   b. classificar   d. categorizar

4. Em um programa com uma quebra de controle em nível único, _____.
   a. o arquivo de entrada precisa conter uma variável de um dígito
   b. o diagrama de hierarquia precisa conter um único nível abaixo do nível principal
   c. o módulo de quebra de controle não pode conter qualquer submódulo
   d. processamentos especiais ocorrem com base no valor de um único campo

5. Um campo de quebra de controle _____.
   a. sempre imprime antes de qualquer grupo de registros em um relatório de quebra de controle
   b. sempre imprime depois de qualquer grupo de registros em um relatório de quebra de controle
   c. nunca é impresso em um relatório
   d. causa a ocorrência de processamentos especiais

6. O valor armazenado em um campo de quebra de controle _____.
   a. pode ser impresso no final de cada grupo de registros
   b. pode ser impresso com cada registro
   c. ambos
   d. nem a nem b

7. Sempre que ocorrer uma quebra de controle durante o processamento de registros em qualquer programa de quebra de controle, é necessário _____.
   a. declarar um campo de quebra de controle
   b. definir o campo de quebra de controle para 0
   c. atualizar o valor do campo de quebra de controle
   d. imprimir o campo de quebra de controle

8. Uma seguradora emprega dez corretores e quer imprimir um relatório de pedidos com base no corretor de cada apólice. O nome do corretor deve aparecer no cabeçalho antes da lista dos pedidos de cada um. No começo do programa, você deve _____.
   a. ler o primeiro registro antes de imprimir o cabeçalho do primeiro grupo
   b. imprimir o cabeçalho do primeiro grupo antes de ler o primeiro registro
   c. ler todos os registros que representam clientes do primeiro corretor antes de imprimir o cabeçalho do grupo
   d. imprimir o cabeçalho do primeiro grupo, mas não ler o primeiro registro até que esteja dentro do loop principal do programa

9. Uma seguradora emprega 30 corretores e quer imprimir um relatório de pedidos com base no corretor de cada apólice. O nome do corretor deve aparecer no rodapé depois da lista de pedidos de cada um. No final do programa, depois de o último registro ter sido lido, a primeira coisa que você deve fazer é _____.
   a. finalizar o programa
   b. imprimir o nome e o total do último corretor
   c. definir o total do último corretor para 0
   d. salvar o total do último corretor em um campo de quebra de controle

10. Diferente de usar dados de quebra de controle em um cabeçalho, quando você usa dados de quebra de controle em um rodapé, normalmente precisa de dados do registro _____ do arquivo de dados de entrada.
    a. anterior
    b. seguinte
    c. primeiro
    d. primário

11. Um negociador de automóveis quer uma lista dos carros vendidos, agrupados por modelo, com o total de montante em dólares ao final de cada grupo. O programa contém um módulo nomeado `quebraModelo()` que imprime o nome do modelo e a contagem para esse modelo, ajusta a contagem para 0 e atualiza o campo de quebra de controle. O total para o grupo do último modelo de carro deve ser impresso _____.
    a. no programa principal, depois da última vez que o módulo `quebraModelo()` é chamado
    b. no programa principal, logo antes da última vez que o módulo `quebraModelo()` é chamado
    c. no módulo `quebraModelo()` quando ele é chamado do programa principal
    d. o total para o último grupo do último modelo de carro não deve ser impresso

12. O Hampton City Zoo tem um arquivo que contém informações sobre cada animal que abriga. O registro de cada animal contém informações como seu número de identificação, a data de aquisição e a espécie. O zoológico quer imprimir uma lista dos animais, agrupados por espécie, com uma contagem depois de cada grupo. Como exemplo, uma linha de resumo típica poderia ser "Espécie: Girafa Contagem: 7". Qual dos seguintes acontece dentro do módulo de quebra de controle que imprime a conta?

    a. Imprime-se a contagem da espécie anterior e então o campo da espécie anterior é atualizado.

    b. Atualiza-se o campo da espécie anterior e então a contagem da espécie anterior é impressa.

    c. Qualquer um dos anteriores produzirá os resultados desejados.

    d. Nem a nem b produzirão os resultados desejados.

13. Adicionar um total a um total de nível superior é chamado _____ totais.

    a. deslizar   c. acumular
    b. avançar   d. substituir

14. O diretor acadêmico do Creighton College quer uma contagem do número de estudantes que declararam uma área de especialização, em cada um dos 45 cursos da faculdade, assim como um total geral dos estudantes matriculados na faculdade. Os registros individuais contêm o nome, o número de identificação, a área de especialização e demais dados de cada estudante e são classificados por ordem alfabética de área de especialização. Um módulo de quebra de controle executa quando o programa encontra uma mudança em área de especialização de estudante. Dentro desse módulo, o que deve ocorrer?

    a. Imprime-se a contagem total para a área de especialização anterior.

    b. Imprime-se a contagem total para a área de especialização anterior, a contagem total é somada ao total geral.

    c. Imprime-se a contagem total para a área de especialização anterior, a contagem total para a área de especialização é somada ao total geral e a contagem total para a área de especialização é reiniciada em 0.

    d Imprime-se a contagem total para a área de especialização anterior, a contagem total para a área de especialização é somada ao total geral, a contagem total da área de especialização é reiniciada em 0 e o total geral é reiniciado em 0.

15. Em um programa de quebra de controle que contém totais impressos de grupos e um total geral, depois de `eof` e antes do final do programa, você precisa _____.

    a. imprimir o total do grupo para o último grupo
    b. acumular o total para o último grupo
    c. ambos
    d. nem a nem b

16. Um relatório resumido _____.

    a. contém linhas de detalhes   c. ambos
    b. contém linhas de totais   d. nem a nem b

17. A Cityscape Real Estate Agency quer uma lista de todas os imóveis vendidos no ano passado, incluindo um subtotal das vendas mensais. Dentro do grupo de cada mês, também há subtotais para cada tipo de propriedade – familiares, condomínios, propriedades comerciais, e assim por diante. Esse relatório é um relatório de quebra de controle em _____.

    a. nível único   c. seminíveis
    b. múltiplos níveis   d. três níveis

18. A Packerville Parks Commission tem um arquivo contendo informações de permissões para piqueniques para temporada. A comissão precisa de um relatório que liste as informações das permissões de cada dia, incluindo o número da permissão e o nome do permissionário, começando em uma página diferente a cada dia de piquenique (a Figura 8-22 mostra uma página de saída para o relatório da Packerville Parks). Dentro das licenças diárias, a comissão quer subtotais que contenham as permissões de cada um dos 30 parques da cidade. Os registros das permissões foram classificados por nome do parque e por data. No loop principal do programa de relatório, a primeira decisão deve verificar uma mudança em (no) _____.

    a. nome do parque
    b. data
    c. número da permissão
    d. qualquer um dos anteriores

```
    Packerville Parks Commission – Contagem Diária das Permissões por Parque
Dia: 24 de junho

    Número da Permissão      Permissionário
    200901932                Paul Martin
    200902003                Brownie Troop 176
    200902015                Dorothy Wintergreen
                             Alcott Park Contagem – 3
    200900080                YMCA Day Camp
    200901200                Packerville Rotary Club
    200901453                Harold Martinez
    200902003                Wendy Sudo
                             Browning Park Contagem – 4
```

Figura 8-22 Exemplo do relatório dos parques

19. Qual dos seguintes **não** é uma tarefa que é preciso efetuar em qualquer módulo de quebra de controle que tem múltiplos níveis e totais a cada nível?

    a. Realizar quebras de níveis mais baixos.
    b. Acumular os totais.
    c. Atualizar o campo de quebra de controle.
    d. Reiniciar os totais do nível corrente para os totais do nível anterior.

20. O tribunal eleitoral de um estado mantém um arquivo que contém o nome de cada eleitor registrado, sua zona e sua seção eleitoral. A comissão quer produzir um relatório que conte os eleitores de cada seção e zona eleitoral. O arquivo deve ser classificado por (pela) _____.

    a. ordem de zona dentro das seções
    b. ordem dos últimos nomes dentro das seções
    c. ordem dos últimos nomes dentro da zona
    d. ordem das seções dentro da zona

Encontre os bugs

Cada um dos segmentos de pseudocódigo seguintes contém um ou mais bugs que você precisa encontrar e corrigir.

1. Essa aplicação imprime uma lista de estudantes de uma escola de ensino fundamental. Os estudantes foram classificados por série. Uma nova seção é iniciada para cada série e o nível de série numérico é impresso como parte do cabeçalho.

   ```
   início
      string nomeEstudante
      num série
      string CABEÇALHO = "Estudantes por Série"
      num salvarSérie
      imprimir CABEÇALHO
      obter nomeEstudante, série
      imprimir "Série ", série
      série = salvarSérie
      enquanto não eof
         se série = salvarSérie então
            imprimir "Série ", série
         fim-se
         imprimir nomeEstudante
         obter nomeEstudante, série
      fim-enquanto
   fim
   ```

2. A Friendly Insurance Company faz um telefonema para seus clientes parabenizando-os em seus aniversários. O programa a seguir deveria produzir um relatório que listasse os clientes para quem um corretor deveria ligar a cada dia no próximo ano. Registros de entrada incluem os nomes e os números dos telefones dos clientes, assim como o dia e o número do mês. Os registros foram classificados por dia dentro do mês. (É muito provável que alguns dias do ano não tenham nenhum aniversariante.) No final da seção de cada dia está a contagem do número de telefonemas que devem ser feitos naquele dia. Parte de um relatório está apresentada na Figura 8-23.

```
Ligações a fazer no dia 1
do mês 1

Enrique Nova        920-555-1929
Barbara Nuance      920-555-8291
Allison Sellers     414-555-6532
                Chamadas a fazer hoje: 3

Ligações a fazer no dia 2
do mês 1

Martin Richards     414-555-4551
Amanda Smith        715-555-6822
David Thompson      414-555-0900
Chris Urban         715-555-2331
                Chamadas a fazer hoje: 4
```

Figura 8-23 Exemplo do relatório dos aniversários

```
início
   string nome
   string telefone
   num mês
   num dia
   string CABEÇALHO_DIA = "Ligações a fazer no dia "
   string CABEÇALHO_MÊS = "do mês "
   string RODAPÉ = "      Chamadas a fazer hoje: "
   num contagem = 0
   num anteDia
   num anteMês
   obter nome, telefone, mês, dia
   anteDia = dia
   anteMês = mês
   imprimir CABEÇALHO_DIA, dia
   imprimir CABEÇALHO_MÊS, mês
   enquanto não eof
      se mês não = anteMês E dia não = anteDia então
         imprimir RODAPÉ, contagem
         imprimir CABEÇALHO_DIA, dia
         imprimir CABEÇALHO_MÊS, mês
      fim-se
      contagem = 1
      obter nome, telefone, mês, dia
   fim-enquanto
fim
```

Exercícios

1. Quais campos você pode querer usar como campos de quebra de controle para produzir um relatório que liste todos os itens do estoque de uma loja de doces? (Por exemplo, você pode escolher agrupar itens por departamento da loja.) Faça o design de um exemplo de relatório.

2. Quais campos você pode querer usar como campos de quebra de controle para produzir um relatório que liste todas as pessoas que você conhece? (Por exemplo, você pode escolher agrupar seus amigos pela cidade de residência.) Faça o design para um exemplo de relatório.

3. A Cool's Department Store mantém um registro de todas as vendas, incluindo o número da transação, o montante em dólares da venda e o número do departamento no qual ela ocorreu (os valores vão de 1 a 20). Faça o design da lógica para um programa que leia as vendas, classificadas por departamento, e imprima o número da transação e o montante de cada venda, com um subtotal em dólares ao final de cada departamento.

4. A Simon's Used Cars mantém registros das vendas de carros, incluindo a marca e o modelo do carro vendido, o preço e o número de identificação do vendedor, que é um número de dois dígitos. Os registros estão classificados pela identificação do vendedor. No final da semana, um vendedor pode não ter vendido nenhum carro (neste caso, o vendedor não aparecerá no relatório), um carro ou mais carros. Crie a lógica para um programa que imprima uma linha para cada vendedor, com o número total de vendas na semana desse vendedor, seu valor total em dólares e a comissão ganha pelo vendedor, que equivale a 4% do total das vendas.

5. A Heartland Community College tem um arquivo com registros de estudantes classificados pelo horário da primeira aula da segunda-feira desse semestre. O horário da primeira aula é um número de dois dígitos baseado em um relógio de 24 horas (por exemplo, uma aula às 13h00 é registrada como 13). Além do horário, cada registro contém o nome e a cidade de residência do aluno. Crie a lógica para produzir um relatório que os estudantes possam usar para organizar os estacionamentos. O relatório lista os nomes e os telefones dos estudantes da cidade de Huntley. (Observe que alguns estudantes vêm de outras cidades que não Huntley – esses estudantes não devem ser listados nesse relatório.) Comece um novo grupo para cada hora do dia, incluindo a hora no cabeçalho que precede o grupo.

6. A Stanton Insurance Agency precisa de um relatório resumindo as contagens de seguros de vida, de saúde e outros tipos de apólices que ela vende. Registros de entrada contêm o número de uma apólice, o nome do segurado, o valor da apólice e o tipo de apólice, e foram classificados em ordem alfabética por tipo de apólice. Crie a lógica para um programa que produza um relatório que liste os números das apólices, nomes e valores de cada tipo de segurado. Inclua um cabeçalho antes de cada grupo que indique o tipo de apólice. Inclua uma contagem do número de apólices junto de seus valores totais depois de cada grupo. Ao final do relatório, apresente uma contagem de todas as apólices e seu valor final.

7. A Riceland University é organizada em faculdades, departamentos dentro das faculdades (como Letras), e cursos dentro dos departamentos (como Francês). Faça o design da lógica que produz um relatório que leia registros que contêm o nome do chefe do curso, o curso, o departamento e a faculdade. Assuma que os registros de entrada foram classificados. Imprima o nome do chefe de cada curso e inclua uma contagem depois de cada curso, departamento e faculdade.

8. O Allentown Zoo registra as despesas de alimentação dos animais que ele abriga. Cada registro contém o número de identificação, a espécie (elefante, rinoceronte, tigre, leão etc.), residência no zoológico (casa de paquidermes, casa dos grandes felinos etc.) e o orçamento semanal de alimentação de um animal. Os registros são classificados em espécies em cada residência. Faça o design da lógica que produz um relatório listando a identificação, nome e o montante do orçamento alimentício de cada animal. No final de cada grupo de espécie, imprima um orçamento total por espécie. No final de cada residência (por exemplo, as espécies leão, tigre e leopardo estão todas na casa dos grandes felinos), imprima o total da casa. No final do relatório, imprima o total geral.

9. A Sunshine Soft-drink Company produz vários sabores de bebidas – por exemplo, cola, laranja e limão. Além disso, cada sabor tem várias versões, como normal, diet e descafeinada. O fabricante opera fábricas em vários estados. Assuma que você tenha registros que listem versão, sabor, produção anual em galões e estado (por exemplo, Normal, Cola, 5.000, Kansas). Os registros foram classificados em ordem alfabética de versão por sabor e por estado. Faça o design da lógica para o programa que produz um relatório listando cada versão e sabor, com cifras da produção total de cada sabor e da produção total por estado.

10. O Finley Fine Art Shop mantém registros para cada item na loja, incluindo o título da obra, o artista que a fez, a técnica (por exemplo, aquarela, óleo ou argila) e seu valor de venda. Os registros estão classificados por artista e por técnica. Faça o design da lógica que produz um relatório listando todos os itens da loja, com um subtotal acompanhando os trabalhos de cada artista e um valor total acompanhando cada técnica.

Zona dos jogos

1. O International FreeCell Championship ocorreu na semana passada. Os organizadores do campeonato querem produzir um relatório resumindo os resultados. Cada competidor completou tantos jogos quanto possíveis em um período de uma hora. Depois que cada jogo foi disputado, criou-se um registro que incluía o tempo gasto para completar o jogo e o nome e sobrenome do jogador. Os registros foram armazenados em ordem alfabética dos sobrenomes dos jogadores. Quando os sobrenomes são os mesmos, os registros são armazenados pelo primeiro nome. Produza um relatório que liste cada competidor e então liste o tempo de cada jogo que o jogador completou. No final da lista de tempos de cada jogador, apresente uma contagem do número de jogos concluídos e uma média de tempo por jogo.

2. Faça o design de um jogo baseado no programa de televisão *The Price Is Right* ("O Preço Certo"). Crie arrays paralelos que contêm 20 prêmios a sua escolha e um valor de varejo estimado (por exemplo, "TV de LCD" e $ 4.500). A cada rodada, mostre ao jogador cada prêmio e permita que ele adivinhe o preço de varejo. Se o palpite do jogador for próximo do valor de varejo com margem de erro de até 10% para baixo, ele ganha o prêmio; caso contrário, ele não ganha. Depois que cada grupo de cinco prêmios for adivinhado, pare para apresentar as estatísticas do jogador até aquele momento – o número de prêmios ganhos e perdidos até aquele momento e o valor total de varejo de cada grupo de prêmios. Ao final do jogo, liste todos os prêmios ganhos e seu valor total.

Trabalho de detetive

Relatório de quebra de controle é apenas um dos tipos de relatório de negócios usados frequentemente. O consumo de papéis aumentou ou diminuiu desde que os computadores se tornaram ferramentas comuns em escritórios? Para quando se prevê que tenhamos o "escritório sem papel"?

Livre para discussão

1. Suponha que seu patrão peça que você escreva um programa de quebra de controle listando todos os funcionários da empresa, seus salários e suas idades, com quebras a cada departamento para listar a contagem dos empregados daquele departamento. Você recebe um arquivo de pessoal para usar como entrada e decide levar o arquivo para sua casa para que possa trabalhar na criação do relatório durante o final de semana. Isso é aceitável? E se o arquivo contivesse apenas os nomes dos empregados e os departamentos, sem nenhum dado mais delicado, como salários e idades?

2. Suponha que seu supervisor peça que você crie um relatório listando todos os empregados por departamento e incluindo uma quebra depois de cada departamento para apresentar o empregado mais bem pago daquele departamento. Suponha que você também saiba que o seu patrão usará o relatório para demitir o empregado mais bem pago de cada departamento. Você concordaria em escrever o programa? Em vez disso, e se o objetivo do relatório fosse listar o funcionário com o pior desempenho de cada departamento em termos de vendas? E se o relatório agrupasse empregados por sexo? E se o relatório agrupasse os funcionários por raça?

3. Suponha que seu supervisor peça que você escreva um relatório de quebra de controle listando os funcionários em grupos por valor monetário dos pedidos de restituição do seguro-saúde que fizeram ao longo do ano. Você teme que o seu empregador vá usar o relatório para eliminar trabalhadores que estão aumentando os custos com apólices de seguro-saúde da empresa. Você concordaria em escrever o relatório? E se você tiver certeza que o objetivo do relatório é demitir trabalhadores?

APÊNDICE A
SOLUCIONANDO PROBLEMAS DIFÍCEIS DE ESTRUTURAÇÃO

No Capítulo 2, você aprendeu que pode solucionar qualquer problema de lógica usando somente as três estruturas básicas – sequências, seleções e loops. Normalmente, modificar um programa desestruturado para fazê-lo aderir às regras de estruturação é tarefa simples. Algumas vezes, porém, estruturar um programa mais complicado torna-se um desafio. Ainda assim, independente de quão complicado, grande ou mal estruturado for um programa, os mesmos passos *sempre* podem ser realizados de uma maneira estruturada.

Considere o segmento de fluxograma da Figura A-1. Ele é estruturado?

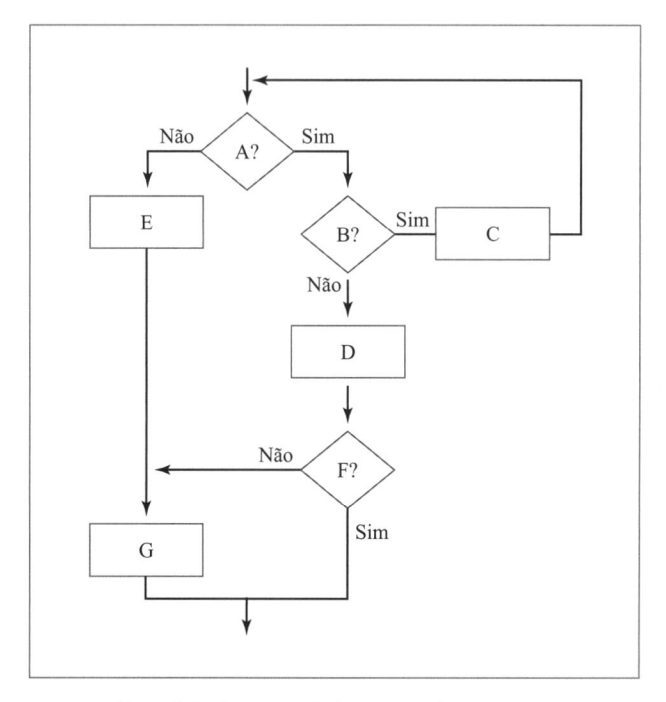

Figura A-1 Segmento de fluxograma desestruturado

Não, ele não é. Para endireitar o segmento de fluxograma, deixando-o estruturado, você pode usar o método "espaguete". Por esse método, você desemaranha cada caminho do fluxograma como se estivesse tentando desemaranhar os fios de espaguete em um prato de macarronada. O objetivo é criar um novo segmento de fluxograma que realize exatamente as mesmas tarefas que o primeiro, porém usando apenas as três estruturas – sequência, seleção e loop.

Para começar a desemaranhar o segmento de fluxograma desestruturado, você começaria no início, com a decisão denominada A apresentada na Figura A-2. Esse passo necessariamente representa o começo de uma seleção ou de um loop, pois uma sequência não conteria uma decisão.

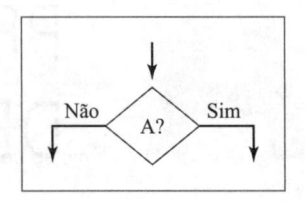

Figura A-2 Estruturando, Passo 1

Seguindo a lógica no lado "Não" à esquerda do fluxograma original, você pode puxar o ramo esquerdo da decisão. Você encontrará o processo E, seguido pelo G, seguido pelo fim, como mostra a Figura A-3. Compare as ações "Não" depois da Decisão A no primeiro fluxograma (Figura A-1) com as ações depois da Decisão A na Figura A-3. Elas são idênticas.

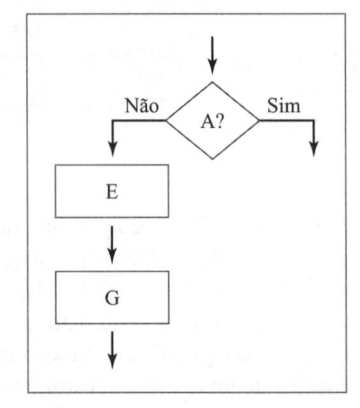

Figura A-3 Estruturando, Passo 2

Agora continue no lado direito, ou "Sim", da Decisão A da Figura A-1. Ao seguir a linha de fluxo, você encontra um símbolo de decisão denominado B. Puxe do lado esquerdo de B e um processo, D, virá em seguida. Veja a Figura A-4.

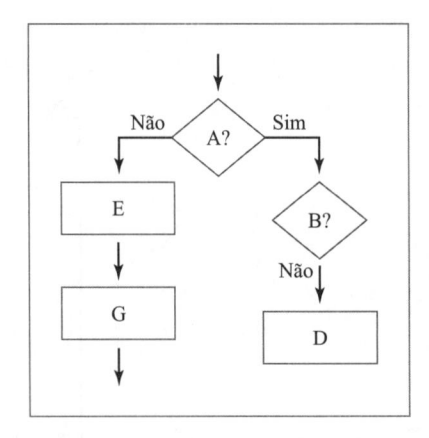

Figura A-4 Estruturando, Passo 3

Depois do Passo D do diagrama original, aparece uma decisão chamada F. Puxando seu lado esquerdo, ou "Não", você obterá um processo G e então o fim. Ao puxar o lado direito, ou "Sim", de F no fluxograma original, você simplesmente chega ao final, como apresentado na Figura A-5. Observe na Figura A-5 que o processo G agora aparece em duas localidades. No processo de melhorar fluxogramas desestruturados para que eles se tornem estruturados, muitas vezes é preciso repetir passos, para eliminar o cruzamento de linhas e "lógicas espaguete" difíceis de acompanhar.

O maior problema de se estruturar o segmento de fluxograma original da Figura A-1 está no lado direito, ou "Sim", da decisão B. Quando a resposta para B é "Sim", você encontra o processo C, apresentado nas Figuras A-1 e A-6. A estrutura que começa com a Decisão C se parece com um loop porque retorna para a Decisão A. Entretanto, as regras de um loop estruturado definem que ele deve ter a aparência apresentada na Figura A-7: um teste, seguido de uma estrutura, retornando diretamente ao teste. Na Figura A-1, se o caminho vindo de C retornasse diretamente para B, não haveria nenhum problema, ele seria um loop simples e estruturado. Entretanto, da forma como está, o Teste A precisa ser repetido. A técnica do espaguete diz que se as coisas estão emaranhadas, procure repeti-las. Então repita uma decisão A depois de C, como mostra a Figura A-6.

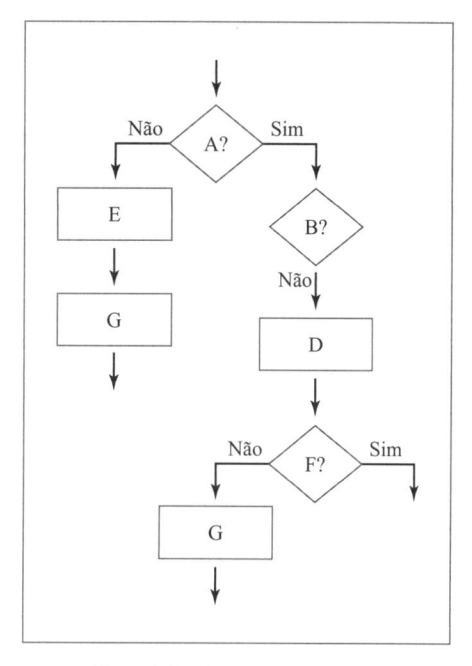

Figura A-5 Estruturando, Passo 4

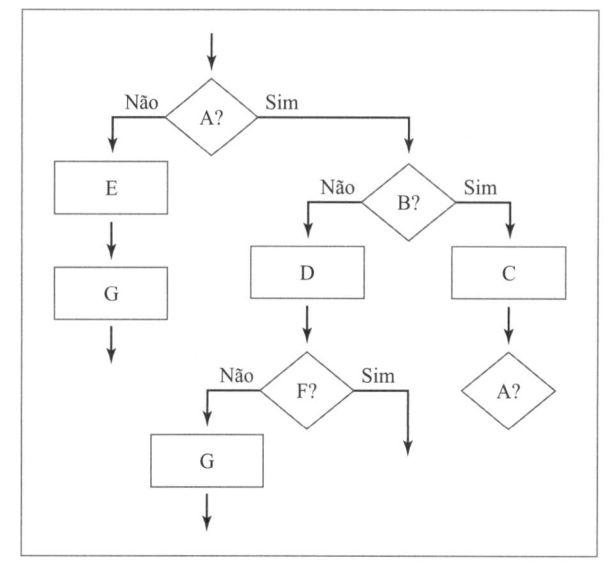

Figura A-6 Estruturando, Passo 5

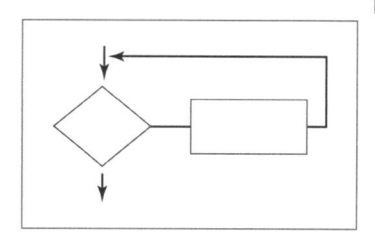

Figura A-7 Um loop estruturado

No segmento de fluxograma original da Figura A-1, quando A é "Sim", sempre vem o Teste B. Logo, na Figura A-8, depois de A ser "Sim", B é "Sim", o Passo C executa e A é novamente testado; quando A é "Sim", B se repete. No original, quando B é "Sim", C executa. Assim, na Figura A-8, C se repete no lado direito de B. Depois de C, ocorre A. No lado direito de A, ocorre B. No lado direito de B, ocorre C. Depois de C, A deveria ocorrer novamente, e assim por diante. Você deve ter percebido que, seguindo os passos na mesma ordem do segmento de fluxograma original, estes se repetirão eternamente. Veja a Figura A-8

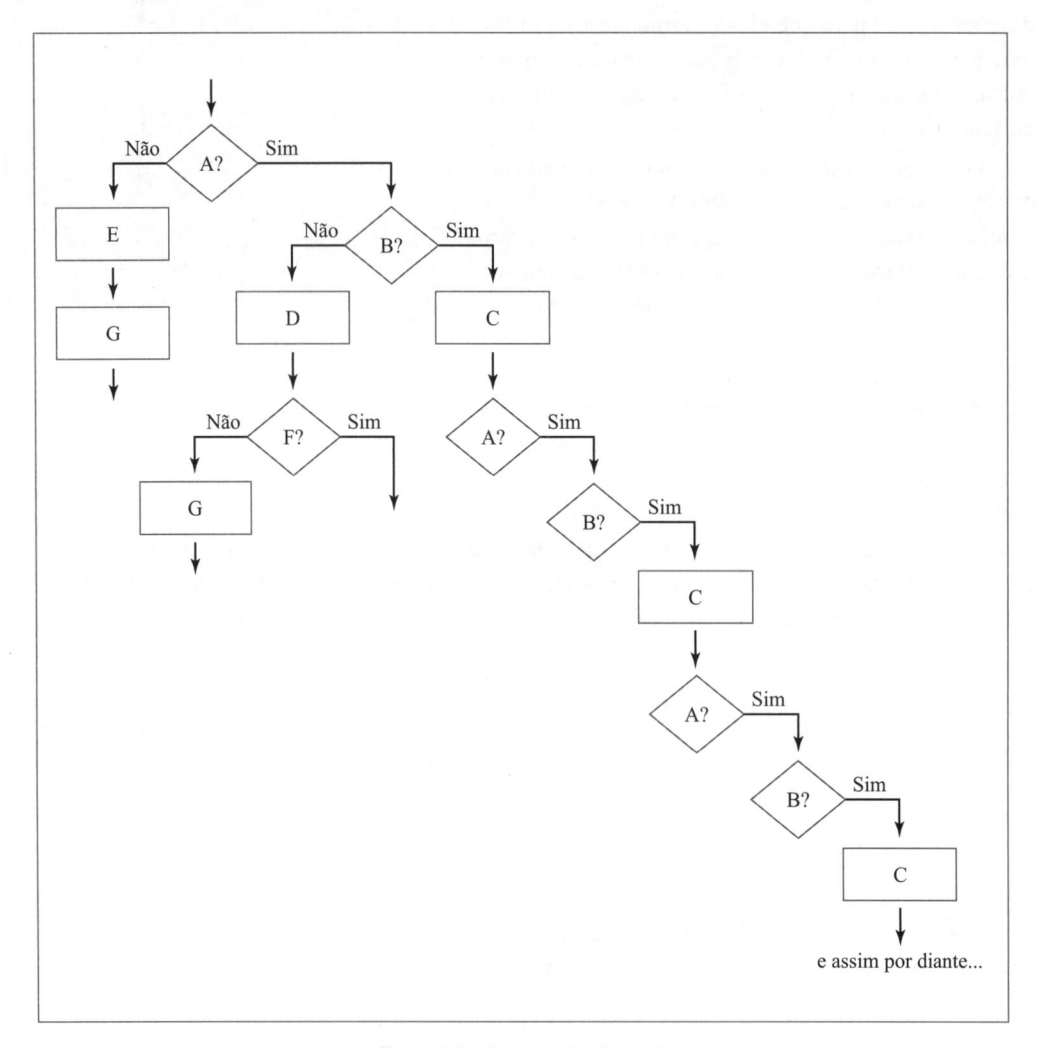

Figura A-8 Estruturando, Passo 6

Se você continuar a Figura A-8, nunca conseguirá terminá-la, pois todo C é sempre seguido de outro A, B e C. Algumas vezes, para estruturar um segmento de programa, você precisa adicionar uma variável flag extra para sair de uma confusão infinita. Um flag é uma variável definida para indicar um estado de verdadeiro ou falso. Normalmente, uma variável é chamada flag quando seu único propósito é dizer se algum evento ocorreu. Você pode criar uma variável flag nomeada deveRepetir e definir o valor de deveRepetir para "Sim" ou "Não", dependendo se ser ou não apropriado repetir a Decisão A. Quando A é "Não", o flag deveRepetir deve ser ajustado para "Não", pois, nessa situação, não se quer repetir o Teste A novamente. Veja a Figura A-9.

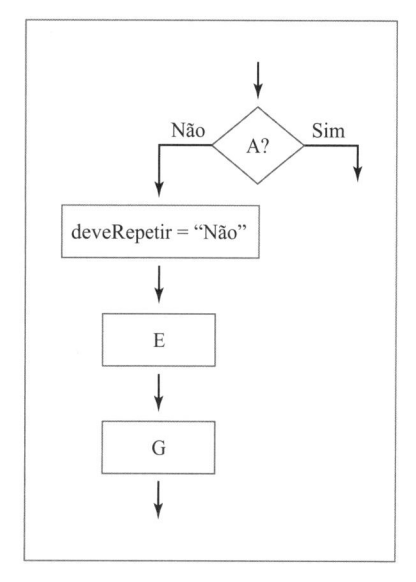

Figura A-9 Adicionando um flag ao fluxograma

Da mesma forma, depois de A ser Sim, mas B ser Não, você tampouco quer repetir o Teste A. A Figura A-10 mostra que você define deveRepetir para "Não" quando a resposta de B for "Não". Então, você continua com D e com a decisão F, que executa G quando F for "Não".

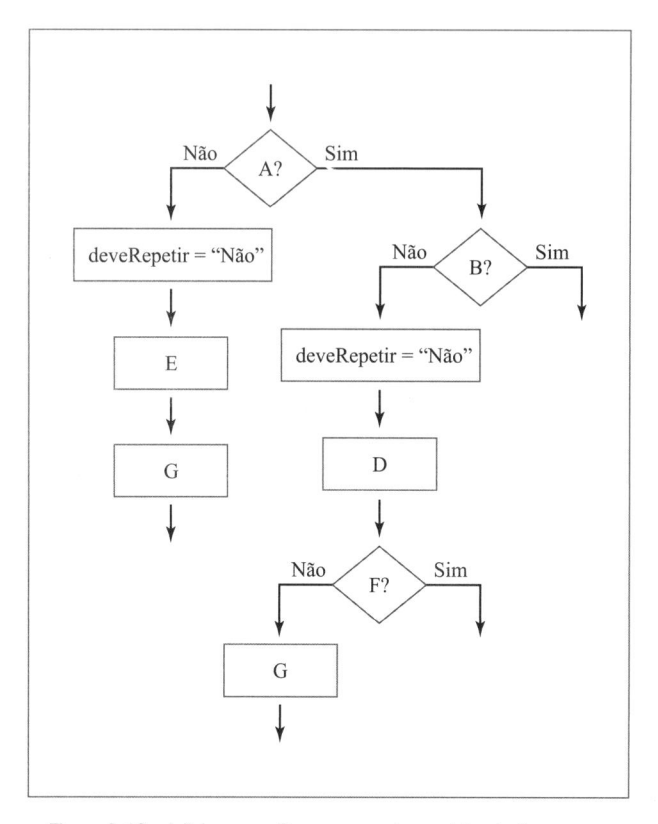

Figura A-10 Adicionar um flag ao segundo caminho do fluxograma

Todavia, no segmento de fluxograma original da Figura A-1, quando o resultado da Decisão B é "Sim", você quer repetir A. Logo, quando B é "Sim", realize o processo para C e ajuste o flag deveRepetir para ser igual a "Sim", como mostra a Figura A-11.

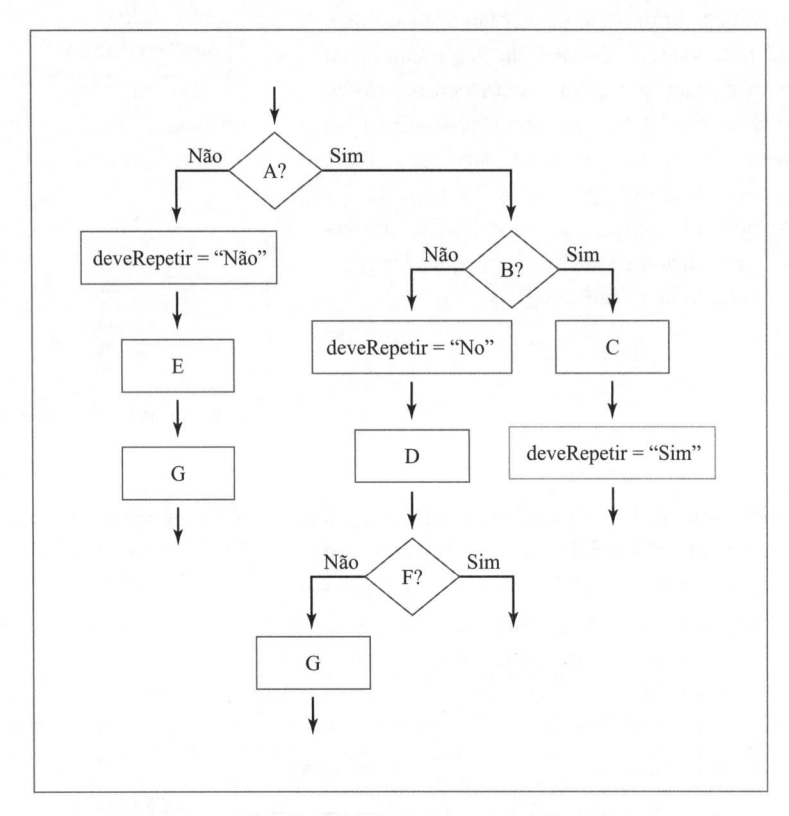

Figura A-11 Adicionar um flag ao terceiro caminho do fluxograma

Agora todos os caminhos do fluxograma podem se juntar na parte inferior com um teste final: deveRepetir é igual a "Sim"? Se não for, saia; mas se for, estenda a linha de fluxo para voltar a repetir o Teste A. Veja a Figura A-12. Preocupe-se em verificar que os passos que seriam executados seguindo a Figura A-12 são os mesmos passos que executariam seguindo a Figura A-1.

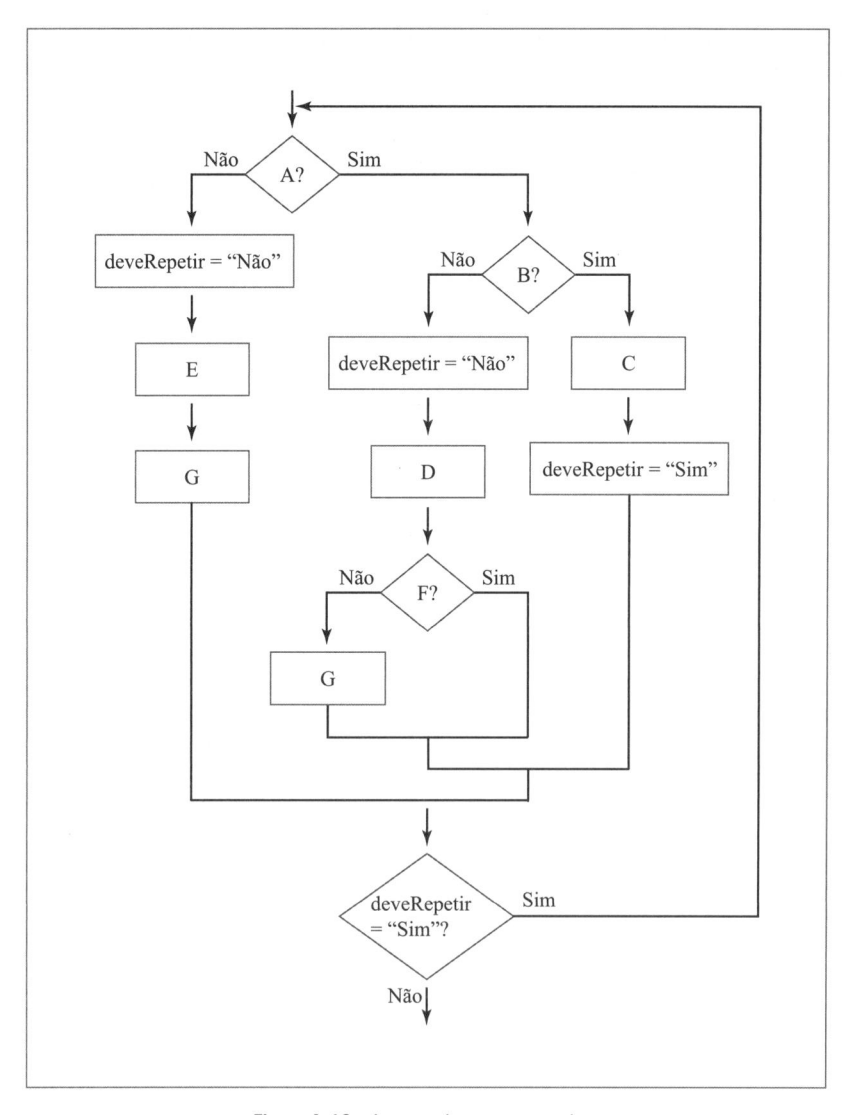

Figura A-12 Amarrando as pontas soltas

» Quando A é "Não", E e G sempre executam.
» Quando A é "Sim" e B é "Não", D e a decisão F sempre executam.
» Quando A é "Sim" e B é "Sim", C sempre executa, e A se repete.

NOTA: A Figura A-12 contém três estruturas de seleção embutidas. Observe como a decisão F começa uma estrutura completa de seleção cujos caminhos Sim e Não juntam-se quando a estrutura termina. Essa estrutura de seleção F está dentro de um caminho da estrutura de decisão B; a decisão B começa uma estrutura completa de seleção, e os seus caminhos "Sim" e "Não" juntam-se no final. Da mesma forma, a estrutura de seleção B reside inteiramente dentro de um caminho da estrutura de seleção A.

O segmento de fluxograma da Figura A-12 é idêntico à versão espaguete original da Figura A-1. Entretanto, esse novo segmento de fluxograma é estruturado? Há tantos passos no diagrama, que torna-se difícil dizer. Você talvez consiga enxergar a estrutura mais claramente se criar um módulo nomeado aAtéG(). Criando o módulo apresentado na Figura A-13, então o segmento de fluxograma original pode ser desenhado como na Figura A-14.

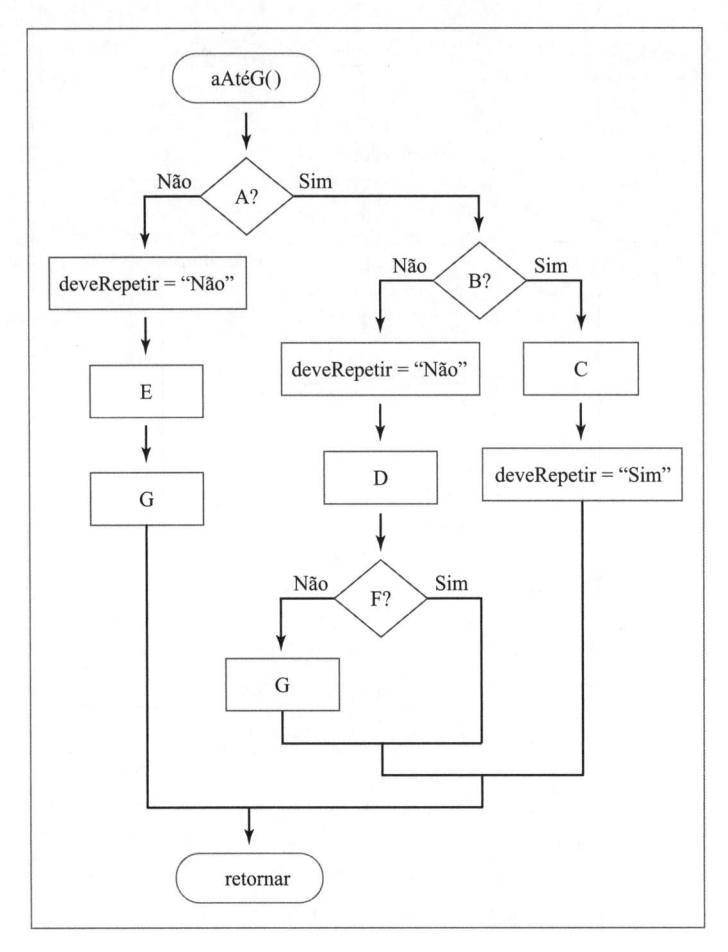

Figura A-13 O módulo aAtéG()

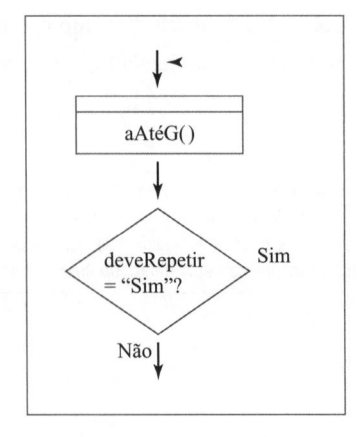

Figura A-14 Lógica da Figura A-12, substituindo os Passos de A a G por um módulo

Agora você pode ver que o segmento de fluxograma completo da Figura A-14 é um loop `executar-até`. Se preferir usar um loop `enquanto`, pode redesenhar a Figura A-14 para realizar uma sequência seguida por um loop `enquanto`, como mostra a Figura A-15.

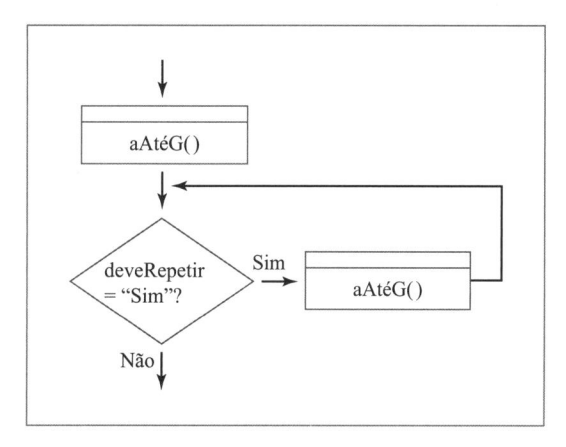

Figura A-15 Lógica na Figura A-15, substituindo um loop `executar-até` por uma sequência e um loop `enquanto`

Foi preciso algum esforço, mas qualquer problema de lógica pode ficar de acordo com as regras de estruturação. Podem ser necessários vários passos extras, incluindo a repetição de passos específicos e o uso de algumas variáveis flags, mas todo problema de lógica pode ser resolvido usando as três estruturas: sequência, seleção e loop.

APÊNDICE B
CRIANDO FORMULÁRIOS DE IMPRESSÃO

Um tipo muito comum de saída é um formulário impresso. No Capítulo 3, você aprendeu que pode fazer o design de um formulário impresso em um formulário de espaçamento de impressão, também chamado formulário de impressão ou layout de página. Muitos programadores hoje em dia usam várias ferramentas de software para projetar suas saídas, mas você também pode criar um formulário de impressão à mão. Este apêndice dá alguns detalhes da criação de um tradicional formulário de impressão manuscrito. Mesmo se nunca fizer o design da saída sozinho, pode encontrar formulários de impressão semelhantes ao descrito nos apêndices da documentação de programas existentes.

A Figura B-1 mostra um formulário de espaçamento de impressão, que basicamente se parece com um papel milimetrado. O formulário tem muitos quadrados, e o criador do design coloca em cada quadrado um caractere que será impresso. As linhas e as colunas do formulário são normalmente numeradas para referência.

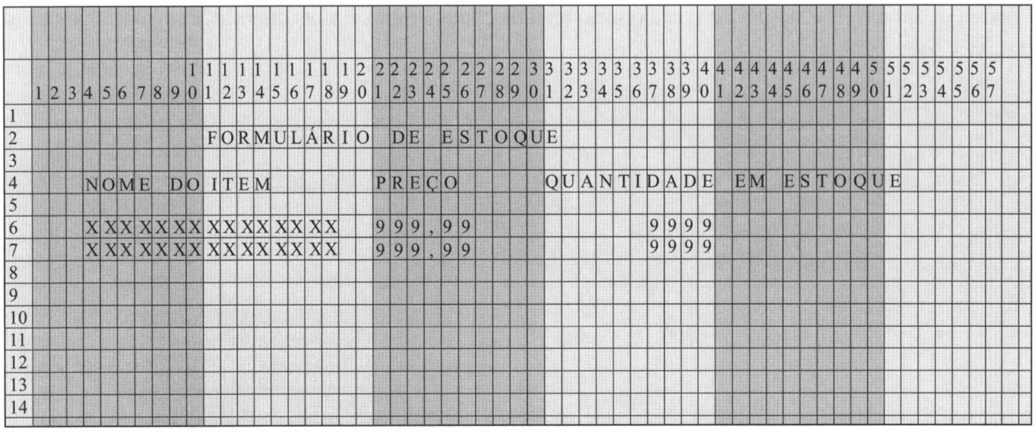

Figura B-1 Um formulário de espaçamento de impressão

Por exemplo, suponha que se queira criar um formulário impresso com as seguintes características:

» Um título impresso, FORMULÁRIO DE ESTOQUE, que começa depois de 11 espaços a partir da esquerda da página e uma linha para baixo.
» Os títulos das colunas para NOME DO ITEM, PREÇO e QUANTIDADE EM ESTOQUE estão duas linhas sob o título e ficam dispostos acima dos dados dos itens.
» Os dados variáveis aparecem sob cada cabeçalho das colunas.

Com essas características, o formulário de impressão criado se pareceria com o da Figura B-1.

O espaçamento exato e o uso de caracteres maiúsculos ou minúsculos no formulário de impressão fazem diferença. Observe que os dados constantes na saída – os itens que não variam, mas continuam os mesmos em toda execução do formulário – não precisam seguir as mesmas regras que nomes variáveis do programa. Dentro de um formulário, constantes como FORMULÁRIO DE ESTOQUE e NOME DO ITEM podem conter espaços. Esses cabeçalhos existem para auxiliar os leitores a entender a informação presente no formulário – não para que um computador os interprete; não há necessidade de rodar os nomes juntos, como quando você escolhe identificadores para variáveis.

Um típico layout de página mostra como os dados variáveis aparecem no formulário. Obviamente, os dados provavelmente serão diferentes a cada vez que o programa for executado. Portanto, em vez de escrever os verdadeiros nomes dos itens e os preços, usuários e programadores normalmente usam Xs para representar caracteres genéricos de dados variáveis (alguns programadores usam Xs tanto para dados de caracteres como para dados numéricos). Cada linha contendo Xs e 9s representando dados é uma linha de detalhes, ou uma linha que apresenta os detalhes dos dados. Linhas de detalhes costumam aparecer muitas vezes por página, em contraposição às linhas de cabeçalhos, que contêm o título e o cabeçalho de qualquer coluna e que, normalmente, aparecem uma vez por página.

Ainda que um verdadeiro formulário de inventário possa às vezes se estender por centenas ou milhares de linhas detalhadas, escrever duas ou três linhas de Xs e 9s é suficiente para mostrar como os dados vão aparecer. Por exemplo, se um formulário contiver nomes de empregados e salários, esses itens de dados vão ocupar as mesmas posições de impressão na saída em linha após linha, mesmo que a saída contenha dez ou dez mil empregados. Algumas linhas de Xs e 9s identicamente posicionadas são suficientes para demonstrar o padrão.

Em qualquer layout de formulário, portanto, são escritos os dados constantes (como cabeçalhos), que serão os mesmos em toda execução do formulário, enquanto os dados variáveis, que se alteram de uma execução para a outra (como os itens, seus preços e suas quantidades), são marcados por Xs e 9s.

APÊNDICE C
ENTENDENDO SISTEMAS NUMÉRICOS E CÓDIGOS DE COMPUTADOR

O sistema numérico com o qual você está mais familiarizado é o sistema decimal – o sistema com base em dez dígitos, de 0 até 9. Ao usar o sistema decimal, não há outros símbolos à disposição; para expressar um valor maior que 9, é preciso recorrer ao uso de múltiplos dígitos do mesmo conjunto de dez, colocando-os em colunas.

Quando se usa o sistema decimal, um número com muitas colunas é mentalmente analisado, atribuindo-se valores de acordo com o local de cada coluna. O valor da coluna mais à direita é 1, o valor da coluna seguinte à esquerda é 10, a próxima coluna é 100, e assim por diante, multiplicando o valor da coluna por 10 conforme você se move para a esquerda. Não há limites para o número de colunas que podem ser usadas; simplesmente adicionam-se à esquerda colunas suficientes para expressar valores maiores. Por exemplo, a Figura C-1 mostra como o valor 305 é representado no sistema decimal. Simplesmente soma-se o valor dos dígitos de cada coluna depois de eles serem multiplicados pelo valor das suas colunas.

Valor da coluna:	100	10	1
Número:	3	0	5
Avaliação:	3*100	+0*10	+5*1

Figura C-1 Representando 305 no sistema decimal

O sistema numérico binário funciona de maneira semelhante ao sistema numérico decimal, exceto que nele são usados apenas dois dígitos: 0 e 1. Quando o sistema binário é usado, para expressar um valor maior que 1 recorre-se ao uso de múltiplas colunas, pois nenhum símbolo sozinho é capaz de representar qualquer valor que não 0 ou 1. Entretanto, em vez de cada nova coluna à esquerda ser 10 vezes maior que a coluna anterior, no sistema binário, cada nova coluna é apenas duas vezes o valor da coluna anterior. Por exemplo, a Figura C-2 mostra como o número 9 é representado no sistema binário, e a Figura C-3 mostra como o valor 305 é representado. Observe em ambas as figuras que mostram o sistema binário, assim como no sistema decimal, que é perfeitamente aceitável – e frequentemente necessário – escrever um número contendo 0 em alguns de seus dígitos. Assim como no sistema decimal, no sistema binário não há limites para o número de colunas a serem usadas – você usa tantas quantas forem necessárias para expressar um valor.

Valor da coluna:	8	4	2	1
Número:	1	0	0	1
Conversão para o decimal: 1*8 = 8 + 0*4 = 0 + 0*2 = 0 + 1*1 = 1 Total: 9				

Figura C-2   Representando o 9 no sistema binário

Valor da coluna:	256	128	64	32	16	8	4	2	1
Número:	1	0	0	1	1	0	0	0	1
Conversão para o decimal: 1 * 256 = 256 + 0 * 128 = 0 + 0 * 64 = 0 + 1 * 32 = 32 + 1 * 16 = 16 + 0 * 8 = 0 + 0 * 4 = 0 + 0 * 2 = 0 + 1 * 1 = 1 Total: 305									

Figura C-3   Representando 305 no sistema binário

NOTA:
Matemáticos chamam números decimais de **números de base 10** e números binários de **números de base 2**.

Todo computador armazena cada fragmento de dado que usa em um conjunto de 0s e 1s. Cada 0 ou 1 é conhecido como bit, que é a abreviação de *binary digit* ("dígito binário"). Todo computador usa 0s e 1s porque todos os valores em um computador são armazenados como sinais eletrônicos do tipo "liga ou desliga" (*on* ou *off*). Esse sistema de dois estados é mais facilmente representado usando apenas dois dígitos.

Todo computador usa um conjunto de dígitos binários para representar qualquer caractere que ele possa armazenar. Se os computadores usassem apenas um dígito binário para representar caracteres, então apenas dois caracteres diferentes poderiam ser representados, pois cada bit poderia ser apenas 0 ou 1. Se usassem apenas dois dígitos, então apenas quatro caracteres poderiam ser representados – um para cada um dos quatro códigos 00, 01, 10 e 11, que em valores decimais são 0, 1, 2 e 3, respectivamente. Muitos computadores usam conjuntos de oito dígitos binários para representar cada caractere que armazenam, porque usando oito dígitos binários, são possíveis 256 combinações diferentes. Uma combinação pode representar um "A", outra, um "B", ainda outras "a" e "b", e assim por diante. Duzentas e cinquenta e seis combinações são suficientes para que cada

NOTA:
Um conjunto de 8 bits é chamado de **byte**. Metade de um byte, ou 4 bits, é um **nibble**.

letra maiúscula, letra minúscula, dígito e sinal de pontuação usados em inglês ou português tenha um código próprio. Por exemplo, 01000001 tem um valor decimal de 65, mas esse valor numérico não é importante para usuários comuns de computador – ele é simplesmente o código que representa "A". O código que atribui 01000001 para significar "A" é o American Standard Code for Information Interchange, ou ASCII.

O código ASCII não é o único código de computador; mas ele é típico e é usado na maioria dos computadores pessoais. O Extended Binary Coded Decimal Interchange Code, ou EBCDIC, é um código de 8 bits que é usado em unidades centrais de processamentos de computadores IBM (mainframes). Nesses computadores, o princípio é o mesmo – todo caractere é armazenado como uma série de dígitos binários. A única diferença é que os reais valores usados são diferentes. Por exemplo, em EBCDIC, um "A" é 11000001 ou 193. Outro código usado por linguagens como Java e C# é o Unicode; nesse código, são usados 16 bits para representar cada caractere. O caractere "A" em Unicode tem o mesmo valor decimal que o "A" do ASCII, 65, mas é armazenado como 0000000001000001. Usar 16 bits provê mais possibilidades de combinações do que usando apenas 8 – 65.536, para ser exato. Com Unicode, não apenas existem códigos suficientes para todas as letras e números ocidentais, como também para caracteres de muitos outros alfabetos internacionais.

Usuários comuns de computador raramente pensam sobre os códigos numéricos por trás das letras, números e sinais de pontuação que inserem de seus teclados ou veem apresentados no monitor. Entretanto, eles enxergam a consequência dos valores por trás das letras quando eles veem os dados classificados em ordem alfabética. Ao organizar uma lista de nomes, "Andrea" vem antes de "Brian", e "Caroline" vem depois de "Brian" porque o código numérico de "A" é menor que o código de "B", e o código numérico para "C" é maior que o código para "B", independente de se estar usando ASCCII, EBCDIC ou Unicode.

A Tabela C-1 mostra os valores decimais e binários por trás dos caracteres mais comumente utilizados no conjunto de caracteres ASCII – permitindo inserir letras, números e sinais de pontuação do teclado pressionando uma única tecla.

NOTA: A maioria dos valores não inclusos na Tabela C-1 tem um propósito. Por exemplo, o valor decimal 7 representa um sino – um som de sino que o computador pode emitir, muitas vezes usado para notificar um erro ou alguma outra condição não usual.

NOTA: Cada número binário é apresentado na Tabela C-1 contendo dois conjuntos de quatro dígitos. Essa convenção deixa os longos números de oito dígitos mais fáceis de ser lidos.

Tabela C-1 Valores decimais e binários para caracteres comuns de ASCII

Número Decimal	Número Binário	Caractere ASCII	
32	0010 0000		Espaço
33	0010 0001	!	Ponto de exclamação
34	0010 0010	"	Aspa
35	0010 0011	#	Sinal denominado antífen, cerquilha ou "jogo da velha"
36	0010 0100	$	Cifrão
37	0010 0101	%	Porcentagem
38	0010 0110	&	Ampersand ("E comercial")
39	0010 0111	'	Apóstrofo, ou aspa simples
40	0010 1000	(	Parêntese esquerdo

Tabela C-1 Valores decimais e binários para caracteres comuns de ASCII (*continuação*)

Número Decimal	Número Binário	Caractere ASCII	
41	0010 1001	)	Parêntese direito
42	0010 1010	*	Asterisco
43	0010 1011	+	Sinal de mais
44	0010 1100	,	Vírgula
45	0010 1101	-	Hífen, ou sinal de menos
46	0010 1110	.	Ponto final
47	0010 1111	/	Barra
48	0011 0000	0	
49	0011 0001	1	
50	0011 0010	2	
51	0011 0011	3	
52	0011 0100	4	
53	0011 0101	5	
54	0011 0110	6	
55	0011 0111	7	
56	0011 1000	8	
57	0011 1001	9	
58	0011 1010	:	Dois-pontos
59	0011 1011	;	Ponto e vírgula
60	0011 1100	<	Sinal de menor que
61	0011 1101	=	Sinal de igual
62	0011 1110	>	Sinal de maior que
63	0011 1111	?	Ponto de interrogação
64	0100 0000	@	Arroba
65	0100 0001	A	
66	0100 0010	B	
67	0100 0011	C	
68	0100 0100	D	
69	0100 0101	E	
70	0100 0110	F	
71	0100 0111	G	
72	0100 1000	H	
73	0100 1001	I	
74	0100 1010	J	
75	0100 1011	K	
76	0100 1100	L	
77	0100 1101	M	
78	0100 1110	N	
79	0100 1111	O	
80	0101 0000	P	

Tabela C-1 Valores decimais e binários para caracteres comuns de ASCII (*continuação*)

Número Decimal	Número Binário	Caractere ASCII	
81	0101 0001	Q	
82	0101 0010	R	
83	0101 0011	S	
84	0101 0100	T	
85	0101 0101	U	
86	0101 0110	V	
87	0101 0111	W	
88	0101 1000	X	
89	0101 1001	Y	
90	0101 1010	Z	
91	0101 1011	[	Colchete de abertura, ou da esquerda
92	0101 1100	\	Barra invertida
93	0101 1101	]	Colchete de fechamento, ou da direita
94	0101 1110	^	Acento circunflexo
95	0101 1111	_	Traço inferior (underline)
96	0101 0000	`	Crase, ou acento grave
97	0110 0001	a	
98	0110 0010	b	
99	0110 0011	c	
100	0110 0100	d	
101	0110 0101	e	
102	0110 0110	f	
103	0110 0111	g	
104	0110 1000	h	
105	0110 1001	i	
106	0110 1010	j	
107	0110 1011	k	
108	0110 1100	l	
109	0110 1101	m	
110	0110 1110	n	
111	0110 1111	o	
112	0111 0000	p	
113	0111 0001	q	
114	0111 0010	r	
115	0111 0011	s	
116	0111 0100	t	
117	0111 0101	u	
118	0111 0110	v	
119	0111 0111	w	
120	0111 1000	x	

Tabela C-1 Valores decimais e binários para caracteres comuns de ASCII (*continuação*)

Número Decimal	Número Binário	Caractere ASCII
121	0111 1001	y
122	0111 1010	z
123	0111 1011	{ Chave de abertura, ou da esquerda
124	0111 1100	| Linha vertical
125	0111 1101	} Chave de fechamento, ou da direita
126	0111 1110	~ Til

Termos-chave

Números de base 10 são números decimais, representados por dígitos de 0 até 9.

Números de base 2 são números binários, representandos pelos dígitos 0 e 1.

Um **byte** é um conjunto de 8 bits.

Um **nibble** é a metade de um byte ou 4 bits.

APÊNDICE D
USANDO UMA TABELA GRANDE DE DECISÕES

No Capítulo 4, você aprendeu a usar uma tabela simples de decisões, mas os problemas da vida real muitas vezes exigem muitas decisões. Um processo de decisão complicado está representado na situação seguinte. Suponha que seu empregador lhe envie um memorando descrevendo em linhas gerais um plano de bônus de final de ano com regras complexas. Esse apêndice apresenta um processo de resolução para esse problema, usando uma grande tabela de decisões.

> Para: Equipe de programação
> De: O chefe
>
> Eu preciso de um relatório que liste todos os empregados e os bônus que planejo dar a cada um deles. Todos ganharão pelo menos $ 100. Todos os empregados do Departamento 2 recebem $ 200, a menos que tenham mais de cinco dependentes. Qualquer pessoa com mais de cinco dependentes ganha $ 1.000, a menos que seja do Departamento 2. Ninguém com um número de identificação maior que 800 recebe mais que $ 100, mesmo se for do Departamento 2 ou se tiver mais de cinco dependentes.
>
> Obs.: Preciso disso até às 17 horas!

Desenhar o fluxograma ou escrever o pseudocódigo para essa tarefa pode parecer amedrontador. Você pode usar uma tabela para ajudar a gerir todas as decisões. Comece listando todas as decisões possíveis para se determinar o bônus de um empregado:

- » `empDept = 2?`
- » `empDepend > 5?`
- » `empNumIdent > 800?`

Em seguida, determine quantos são os possíveis valores booleanos de combinações existentes para as condições. Nesse caso, há oito combinações possíveis, apresentadas na Figura D-1. Um empregado pode ser do Departamento 2, ter mais de cinco dependentes e ter um número de identificação maior que 800. Outro funcionário pode ser do Departamento 2, ter mais de cinco dependentes, mas ter um número de identificação menor ou igual a 800. Como cada condição tem duas saídas e são três as condições, existem 2 * 2 * 2, ou oito possibilidades. Quatro condições produziriam 16 possíveis combinações resultantes, cinco produziriam 32, e assim por diante.

Condição	Saída							
empDept = 2	V	V	V	V	F	F	F	F
empDepend > 5	V	V	F	F	V	V	F	F
empNumIdent > 800	V	F	V	F	V	F	V	F

Figura D-1 Possíveis saídas de decisões para o bônus

NOTA: Na Figura D-1, observe como o padrão de Vs e Fs varia em cada linha. A última linha contém um V e F, repetindo quatro vezes, a segunda linha contém dois de cada, repetindo duas vezes, e a linha de cima contém quatro de cada, sem nenhuma repetição. Se fosse necessária uma quarta decisão, você colocaria uma grade idêntica de Vs e Fs à direita dessa, então adicionaria uma linha na parte superior contendo oito Vs (cobrindo as oito colunas que você vê atualmente) seguida de oito Fs (cobrindo a nova cópia da grade à direita).

A seguir, liste os possíveis valores de saída para os montantes de bônus. Se você declarar uma variável numérica denominada bônus colocando a sentença `num bônus` em sua lista de variáveis no começo do programa, então os possíveis resultados podem ser expressos como:

» bônus = 100.
» bônus = 200.
» bônus = 1.000.

Finalmente, escolha o resultado exigido para cada combinação possível de condições. Por exemplo, o primeiro resultado possível é um bônus de $ 100. Como mostra a Figura D-2, você coloca Xs na linha `bônus = 100` cada vez que `empNumIdent > 800` for verdadeiro, independente de quais outras condições existirem, porque o memorando do chefe diz: "Ninguém com um número de identificação maior que 800 recebe mais que $ 100, mesmo se for do Departamento 2 ou se tiver mais de cinco dependentes".

Condição	Saída							
empDept = 2	V	V	V	V	F	F	F	F
empDepend > 5	V	V	F	F	V	V	F	F
empNumIdent > 800	V	F	V	F	V	F	V	F
bônus = 100	X		X		X		X	
bônus = 200								
bônus = 1000								

Figura D-2 Tabela de decisões para o bônus, parte 1

Depois, coloque um X na linha `bônus = 1.000` sob todas as colunas restantes (isto é, aquelas sem uma saída selecionada), nas quais `empDepend > 5` é verdadeiro *a menos que* a condição `empDept = 2` seja verdadeira, pois o memorando declarou: "Qualquer pessoa com mais que cinco dependentes ganha $ 1.000, a menos que seja do Departamento 2". As primeiras quatro colunas da tabela de decisões não se qualificam, pois o valor de `empDept` é 2; apenas a sexta coluna da Figura D-3 satisfaz o critério para o bônus de $ 1.000.

Condição	Saída							
empDept = 2	V	V	V	V	F	F	F	F
empDepend > 5	V	V	F	F	V	V	F	F
empNumIdent > 800	V	F	V	F	V	F	V	F
bônus = 100	X		X		X		X	
bônus = 200								
bônus = 1000						X		

Figura D-3 Tabela de decisões para bônus, parte 2

Coloque Xs na linha `bônus = 200` para qualquer coluna na qual `empDept = 2` seja verdadeiro e `empDepend > 5` seja falso, pois "Todos os empregados do Departamento 2 recebem $200, a menos que tenham mais de cinco dependentes". A coluna 4 da Figura D-4 satifaz esses critérios

Condição	Saída							
empDept = 2	V	V	V	V	F	F	F	F
empDepend > 5	V	V	F	F	V	V	F	F
empNumIdent > 800	V	F	V	F	V	F	V	F
bônus = 100	X		X		X		X	
bônus = 200				X				
bônus = 1000						X		

Figura D-4 Tabela de decisões para o bônus, parte 3

Finalmente, complete qualquer coluna não sinalizada com um X na linha `bônus = 100`, pois, de acordo com o memorando, "Todos ganham pelo menos $ 100". As únicas colunas sobrando são a segunda e a última à direita. Veja a Figura D-5.

Condição	Saída							
empDept = 2	V	V	V	V	F	F	F	F
empDepend > 5	V	V	F	F	V	V	F	F
empNumIdent > 800	V	F	V	F	V	F	V	F
bônus = 100	X	X	X		X		X	X
bônus = 200				X				
bônus = 1000						X		

Figura D-5 Tabela de decisões para o bônus, parte 4

A tabela de decisões está completa. Contando os Xs, você vai descobrir que há oito resultados possíveis. Dedique um momento para confirmar que cada bônus será do valor apropriado, com base nas especificações do memorando original do chefe. Agora você pode começar a planejar a lógica. Se você escolheu fazer um fluxograma, comece desenhando o caminho do primeiro resultado, que ocorre quando `empDept = 2`, `empDepend > 5` e `empNumIdent > 800` forem todos verdadeiros, e que corresponde à primeira coluna da tabela de decisões. Veja a Figura D-6.

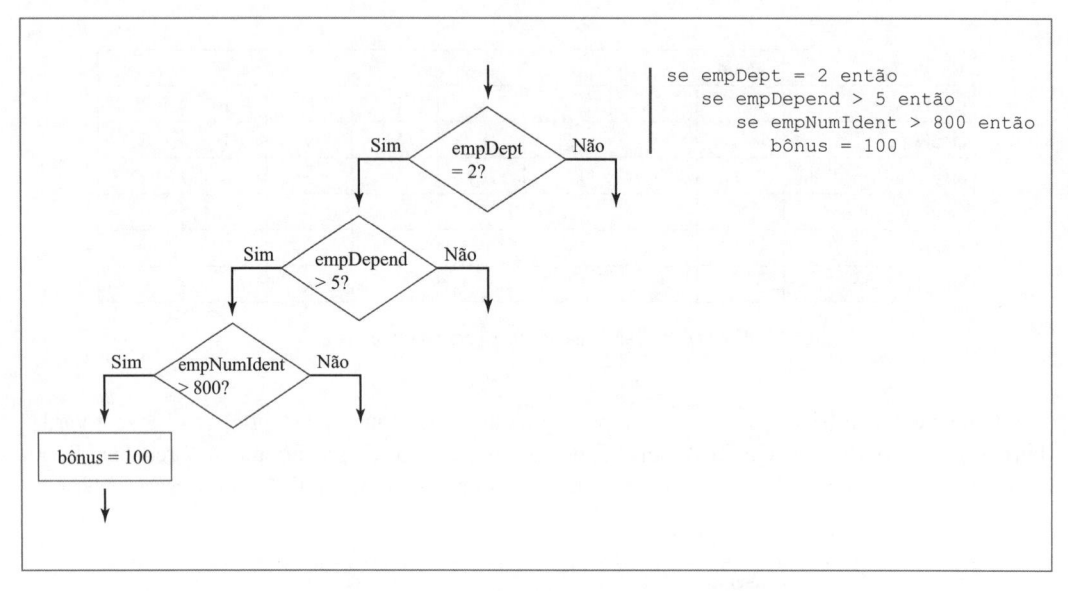

Figura D-6 Fluxograma e pseudocódigo para decisão do bônus, parte 1

```
se empDept = 2 então
    se empDepend > 5 então
        se empNumIdent > 800 então
            bônus = 100
```

Para continuar criando o diagrama iniciado na Figura D-6, adicione o resultado "falso" para a decisão `empNumIdent > 800` – isso corresponde à segunda coluna da tabela de decisões. Quando o departamento de um empregado for 2, seus dependentes forem mais de cinco e seu número de identificação não for maior que 800, o bônus do empregado será $ 100. Veja a Figura D-7.

```
se empDept = 2 então
    se empDepend > 5 então
        se empNumIdent > 800 então
            bônus = 100
        senão
            bônus = 100
```

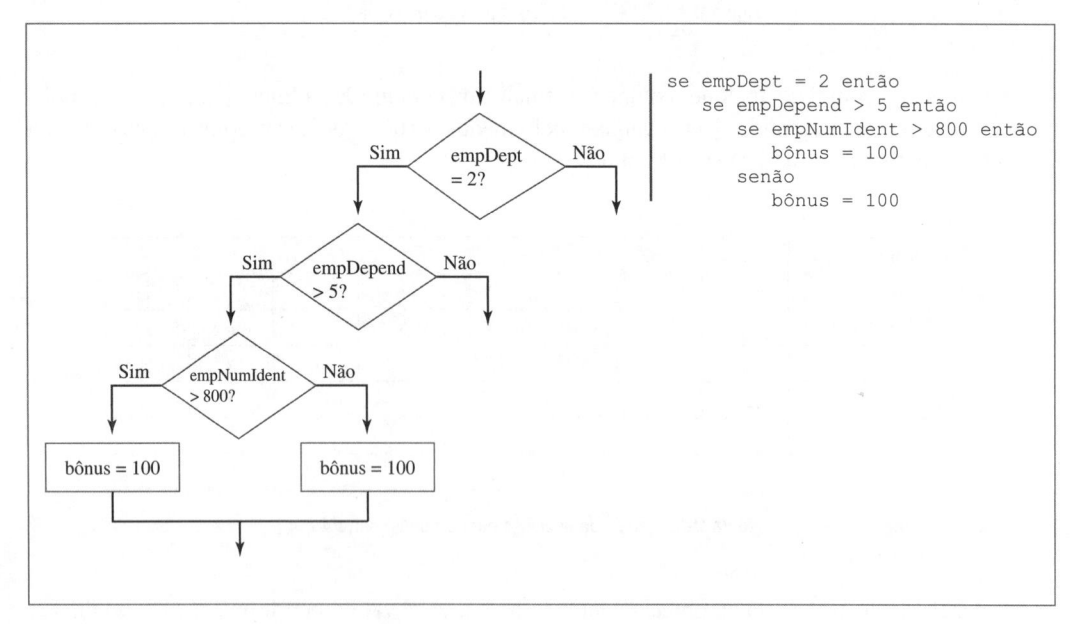

Figura D-7 Fluxograma e pseudocódigo para decisão do bônus, parte 2

Continue o diagrama da Figura D-7 adicionando a saída "falsa" quando a decisão `empDepend > 5` for "Não" e a decisão `empNumIdent > 800` for "Sim", que representa a terceira coluna da tabela de decisões. Neste caso, o bônus é novamente $ 100. Veja a Figura D-8.

```
se empDept = 2 então
    se empDepend > 5 então
        se empNumIdent > 800 então
            bônus = 100
        senão
            bônus = 100
        fim-se
    senão
        se empNumIdent > 800 então
            bônus = 100
```

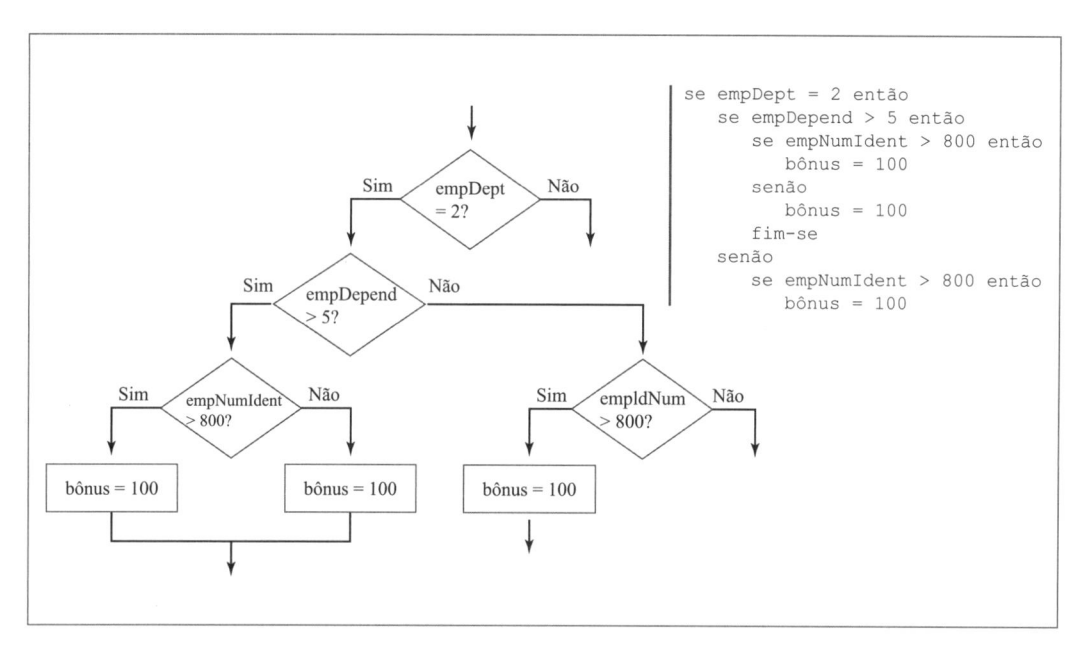

Figura D-8 Fluxograma e pseudocódigo para decisão do bônus, parte 3

Continue adicionando decisões até que tenha desenhado todas as oito saídas possíveis, como mostra a Figura D-9.

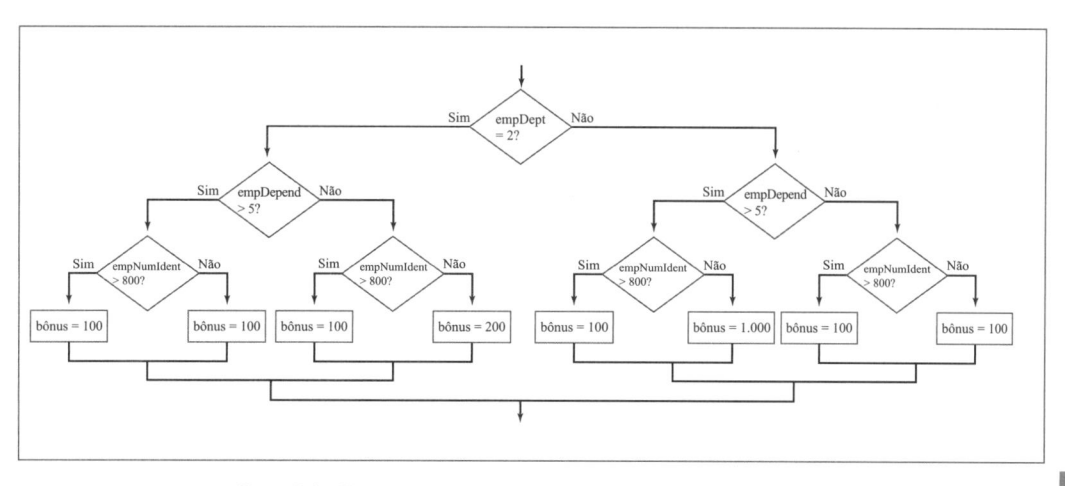

Figura D-9 Fluxograma e pseudocódigo para decisão do bônus, parte 1

```
se empDept = 2 então
   se empDepend > 5 então
      se empNumIdent > 800 então
         bônus = 100
      senão
         bônus = 100
      fim-se
   senão
      se empNumIdent > 800 então
         bônus = 100
      senão
         bônus = 200
      fim-se
senão
   se empDepend > 5 então
      se empNumIdent > 800 então
         bônus = 100
      senão
         bônus = 1000
      fim-se
   senão
      se empNumIdent > 800 então
         bônus = 100
      senão
         bônus = 100
      fim-se
fim-se
```

Figura D-9 Fluxograma e pseudocódigo para decisão do bônus, parte 1 (*continuação*)

A lógica apresentada na Figura D-9 atribui corretamente um bônus para qualquer empregado, independente de qual combinação de características o registro do funcionário contiver. Entretanto, você pode eliminar muitas das decisões apresentadas na Figura D-9; você pode eliminar qualquer decisão que não faça diferença. Por exemplo, se você olhar para o extremo do lado esquerdo da Figura D-9, você verá que quando empDept é 2 e empDepend é maior que 5, o resultado de empNumIdent > 800 não importa; o valor do bônus é 100 de qualquer forma. Você também pode eliminar a seleção. Da mesma forma, no extremo direito, a questão empNumIdent não faz diferença. Finalmente, muitos programadores preferem que o lado Verdadeiro, ou Sim, de uma decisão de fluxograma apareça sempre do lado direito. O resultado é a Figura D-10.

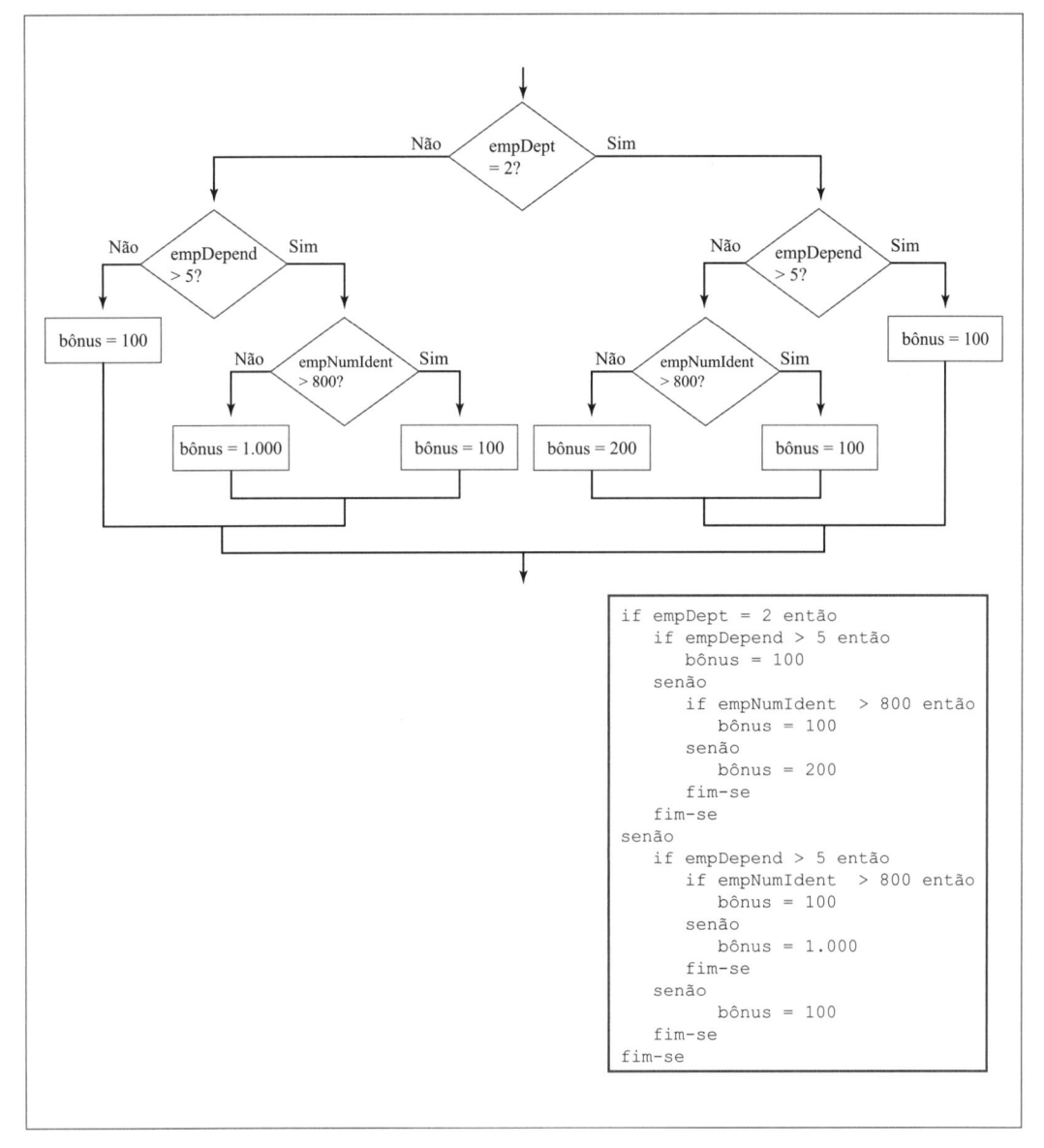

```
if empDept = 2 então
   if empDepend > 5 então
      bônus = 100
   senão
      if empNumIdent  > 800 então
         bônus = 100
      senão
         bônus = 200
      fim-se
   fim-se
senão
   if empDepend > 5 então
      if empNumIdent  > 800 então
         bônus = 100
      senão
         bônus = 1.000
      fim-se
   senão
      bônus = 100
   fim-se
fim-se
```

Figura D-10 Fluxograma e pseudocódigo para decisão do bônus, parte 1

APÊNDICE E

TESTE DE SOFTWARE E VALIDAÇÃO DE DADOS

A programação de computadores é uma tarefa propensa a erros. Quando começar a escrever programas de computador, é provável que, ainda que seus primeiros pequenos programas não demandem mais do que dez ou 20 linhas, você cometerá pequenos erros quando escrevê-los pela primeira vez. Felizmente, se seus erros forem meros erros tipográficos, como errar a ortografia de uma palavra-chave da linguagem de programação, o tradutor da linguagem vai identificar os erros e listá-los. Por exemplo, a Figura E-1 mostra um programa escrito em C# que contém dois erros e a Figura E-2 mostra uma tentativa de compilá-lo.

```
public class Olá
{
    public static void Principal ( )
    {
        System.Console.Out.writeLine ("Olá!")
    }
}
```

NÃO FAÇA ISSO
Em C#, o método WriteLine começa com um *W* maiúsculo.

NÃO FAÇA ISSO
Em C#, toda sentença precisa terminar com um ponto e vírgula.

Figura E-1 Um programa em C# que contém dois erros

```
C:\Logic5e\Appendices>csc Hello.cs
Microsoft (R) Visual C# 2005 Compiler version 8.00.50727.42
for Microsoft (R) Windows (R) 2005 Framework version 2.0.50727
Copyright (C) Microsoft Corporation 2001-2005. All rights reserved.

Hello.cs(5,45): error CS1002: ; expected

C:\Logic5e\Appendices>
```

Figura E-2 Tentativa de compilar o programa da Figura E-1

Depois de algumas informações sobre direitos autorais, a Figura E-2 mostra a mensagem de erro explicando que no programa de nome "Olá.cs" há um erro na linha 5 (das sete linhas do arquivo), posição 45 (contadas da esquerda para a direita). O erro é denominado CS1002 (código que você poderia procurar na documentação da linguagem, se fosse necessário) e a breve explicação de que ele é "; expected". Se você fosse um programador de C#, imediatamente perceberia que essa mensagem significaria que faltava o ponto e vírgula ao final da linha 5 do programa e, portanto, você o colocaria, o salvaria e tentaria compilar o programa novamente. A Figura E-3 mostra os resultados.

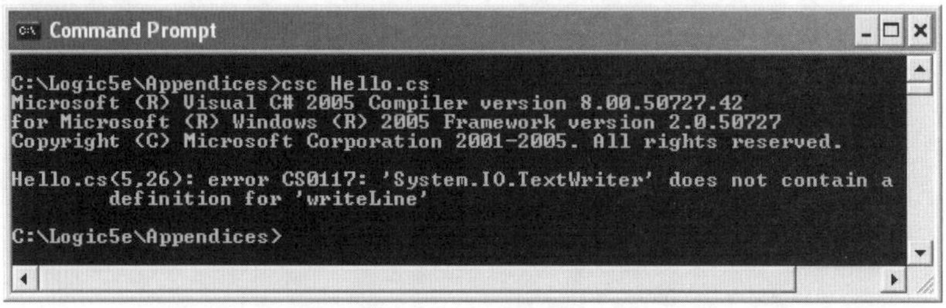

Figura E-3 Tentantiva de recompilar o programa da Figura E-1, depois de adicionar um ponto e vírgula ao final da quinta linha

A mensagem de erro da Figura E-3 declara que o compilador não reconhece `writeLine`. Se você fosse um programador de C#, imediatamente perceberia que o nome correto do método começa com uma letra maiúscula e resolveria o problema. Na próxima tentativa de compilar o programa, finalmente não ocorreriam mensagens de erro.

Apesar de *WriteLine* ter sido incorretamente digitado quando o programa foi compilado pela primeira vez na Figura E-2, esse erro foi mascarado pelo erro mais grave da omissão do ponto e vírgula do final da sentença. Quando você escreve programas de computador, muitas vezes pensa ter solucionado todos os erros, apenas para descobrir mais tarde que novos erros que não estavam aparentes no início foram descobertos.

Depois de resolver todos os erros de sintaxe de um programa, você não necessariamente tem um programa funcional. Como exemplo muito simples, se o programa de C# da Figura E-1 devesse imprimir "Adeus" em vez de "Olá", os usuários desse programa não ficariam satisfeitos ou talvez ficassem confusos. Nesse caso, além dos erros de sintaxe presentes em seu programa, você teria cometido um erro na lógica. Para solucionar todos os erros da lógica de um programa, você tem duas responsabilidades adicionais:

» Eliminar os bugs.
» Testar o software.

Eliminar os bugs e testar o software são expressões relacionadas, e há muitos anos elas efetivamente significavam o mesmo. Entretanto, na terminologia atual da programação, a eliminação dos bugs é feita pelo programador ou programadores que escreveram a aplicação e o **teste de software** é feito por usuários (ou "usuários de teste") que não conhecem nem se importam com o conteúdo do código do programa – eles verificam apenas se o programa funciona como se espera.

NOTA: O teste realizado pelos programadores é chamado **teste de caixa branca**, pois os programadores podem "ver dentro da caixa" para entender como o código funciona. O teste realizado pelos usuários é chamado **teste da caixa preta**, pois estes não sabem como o programa funciona, eles simplesmente testam se o programa *realmente* funciona.

Tanto a eliminação de bugs quanto os testes são fases importantes do desenvolvimento de softwares. Entretanto, você talvez ficasse incomodado se um programa imprimir "Olllá" quando queria que ele imprimisse "Olá". Computadores e softwares são usados em aplicações mais críticas, como em navegadores de aviões e no monitoramento dos sinais vitais de um paciente em cirurgia. Nessas aplicações, o resultado de um erro do software é literalmente uma questão de vida ou morte.

Como exemplo simples, suponha que você escreva um programa no qual o usuário deva inserir um valor que não seja maior que 5. Você pode escrever o pseudocódigo para essa parte do programa como apresentado na Figura E-4. Esse programa contém um loop que aceita continuamente o número de um usuário enquanto ele não exceder 5.

```
num entradaValor
num MAX = 5
imprimir "Inserir um número que não seja maior que ", MAX
obter entradaValor
enquanto entradaValor > MAX
    imprimir "Número muito grande - por favor reinserir "
    obter entradaValor
fim-enquanto
```

Figura E-4 Pseudocódigo que força o usuário a reinserir um número se ele for maior que MAX

Um programador que entende o código pode testar o programa executando-o várias vezes. Um bom processo de teste seria rodar o programa ao menos três vezes, inserindo um número menor que 5 (como 4), um número maior que 5 (como 7) e 5 (testar o limite exato do valor de MAX é muito importante, porque o programador pode ter usado inadvertidamente >= na comparação que controla o loop em vez de =). O programador pode concluir que o código funciona corretamente e uni-lo a uma aplicação completa.

O que o programador pode não prever é que o usuário poderia inserir um valor negativo (que pode ou não estar certo, de acordo com as especificações do programa), um valor não numérico (que definitivamente não está certo na forma como o programa está escrito). Um bom verificador de softwares, entretanto, iria inserir todos os tipos de valores, incluindo letras, sinais de pontuação, teclas de funções etc., pois um usuário inadvertidamente poderia fazer uma dessas ações.

NOTA: O teste de softwares pode ser um **teste alfa**, que é a verificação feita por potenciais usuários no local de desenvolvimento. O **teste beta** ocorre depois do teste alfa. No **teste beta**, o software é testado por um grupo limitado de usuários de teste ou, algumas vezes, pelo público em geral.

Como a entrada de dados pelo usuário é uma atividade muito propensa a erros, os programadores podem eliminar muitos dos problemas potenciais ao incluir vários testes padrões em seus códigos. Muitas dessas técnicas serão discutidas na próxima seção. Entretanto, o teste de software envolve muitas questões adicionais, como:

» O software é fácil de entender e usar?
» Há uma maneira de fazer um backup ou de escapar? Há outras formas de se recuperar dos erros dos usuários?
» Os resultados são consistentes ao que era esperado?

A verificação de software não é uma ciência madura; é uma arte, pois cada nova aplicação escrita pode apresentar novos problemas nunca antes encontrados. O teste de softwares pode ser muito caro, mas o custo de não testá-los é muito maior, especialmente para aplicações que envolvem equipamentos caros ou vidas humanas. A maioria dos programadores concorda que nunca é possível ter certeza de que uma parte do software está completamente certa; o objetivo é simplesmente tentar chegar o mais próximo possível dessa certeza.

Validação de dados

Programas de menu contam com a entrada do usuário para selecionar uma dentre várias ações. Programas de outros tipos também exigem que o usuário insira dados. Infelizmente, você não pode contar com que os usuários insiram dados válidos, independente de estarem usando um menu ou fornecendo informações para um programa. Os usuários farão escolhas erradas, por não entenderem as opções certas ou simplesmente porque cometeram erros tipográficos. Portanto, os programas que você escrever serão melhores se você empregar a **programação defensiva**, o que significa tentar prever os possíveis erros antes que ocorram. As entradas incorretas dos usuários são de longe a origem mais comum de erros de computador.

> **NOTA:**
> Validar a entrada também é chamado *editar* os dados.

Você pode evitar potenciais problemas causados por entradas inválidas validando as entradas dos usuários. **Validar entradas** envolve verificar as respostas dos usuários para garantir que estejam dentro dos limites aceitáveis. Validar entradas não elimina todos os erros do programa. Por exemplo, se um usuário pode escolher a opção 1 ou a opção 2 de um menu, validar a entrada significa tentar assegurar que a resposta do usuário seja 1 ou 2. Se a entrada do usuário for 3, o programa pode emitir uma mensagem de erro. Entretanto, se o usuário inserir um 2 quando realmente quer um 1, não há como validar essa resposta. Da mesma forma, se um usuário precisa entrar com sua data de nascimento, você pode validar se o mês está entre 1 e 12; mas, normalmente, não pode verificar se o usuário digitou sua data de nascimento corretamente.

> **NOTA:**
> Programadores empregam o acrônimo GIGO – de "garbage in, garbage out" (*lixo entrando, lixo saindo*). Isso significa que se a entrada é incorreta, a saída não terá valor.

O procedimento correto quando dados inválidos são encontrados depende da aplicação. Em um programa interativo, você pode exigir que o usuário entre os dados novamente. Se seu programa usa um arquivo de dados, você pode imprimir uma mensagem para alguém que possa corrigir os dados incorretos. Como alternativa, pode forçar os dados inválidos para um valor default. **Forçar** um campo para um valor significa passar por cima de um dado incorreto, substituindo-o por um valor específico ao campo. Por exemplo, você pode decidir que, caso o valor de um mês não esteja entre 1 e 12, o programa vai forçar o campo para 0 ou 99. Isso indica para aqueles que usam os dados o valor: não é válido.

Os dados usados nos programas de computador são variados. É razoável que a validação de dados exija uma variedade de métodos. Algumas das técnicas que você terá de dominar incluem a validação de:

» Tipos de dados.
» Faixas.
» Razoabilidade e consistência de dados.
» Presença de dados.

Validar um tipo de dado

Algumas linguagens de programação permitem que você verifique itens de dados para ter certeza de que são do tipo correto. Apesar dessa técnica variar de uma linguagem para outra, normalmente se parece com uma sentença como a apresentada na Figura E-5. Nesse segmento de programa, éNumérico() representa uma chamada de método usada para verificar se o salárioFuncionário inserido está dentro da categoria de dados numéricos. Na maioria das vezes, um método como éNumérico() é fornecido com o tradutor de linguagem usado para escrever seus programas. Tal método opera como uma caixa preta – você pode usar seus resultados sem entender as suas sentenças internas.

```
num salário
imprimir "Inserir salário "
obter salário
enquanto não éNumérico(salário)
    imprimir "Entrada inválida - tente novamente "
    obter salário
fim-enquanto
```

Figura E-5 Método para verificar se os dados são do tipo correto

NOTA: Algumas linguagens demandam que você verifique os dados contra os verdadeiros códigos de máquina usados para armazenar os dados, para determinar se os dados são do tipo adequado.

Além de permitir que você verifique se um valor é numérico, algumas linguagens contêm métodos com nomes como éCarac() (para "o valor é do tipo de dado caractere?"), éEspaçoBranco() (para "o valor é um caractere que não é de impressão, como um espaço, um tab, uma tecla Enter?), éMaiúsculo() (para "o valor é uma letra maiúscula?") e éMinúsculo() (para "o valor é uma letra minúscula?").

Em muitas linguagens, todos os dados do usuário são aceitos como um string de caracteres, e então usam-se métodos embutidos para tentar converter os caracteres para o tipo correto de dado para sua aplicação. Quando o método de conversão é bem-sucedido, tem-se dados úteis; quando o método de conversão falha devido ao usuário ter entrado o tipo errado de dado, é preciso tomar a atitude adequada, como emitir uma mensagem de erro, solicitar a intervenção do usuário novamente ou forçar o dado para um valor default.

Validar uma faixa de dados

Algumas vezes, a resposta de um usuário ou outro dado precisa estar dentro de uma faixa de valores. Por exemplo, quando o usuário insere um mês, normalmente requer-se que ele esteja entre 1 e 12, incluindo ambos.

Validar a razoabilidade e a consistência dos dados

Itens de dados podem ser do tipo correto e estar dentro do intervalo, mas ainda assim serem incorretos. Você já testemunhou esse fenômeno se alguém, em algum momento, escreveu seu nome errado ou cobrou algo indevidamente. Os dados podem ser do tipo correto – isso é, letras do alfabeto foram usadas no seu nome –, mas o nome em si estava errado. Há muitos itens de dados de que não se pode verificar a razoabilidade; é tão razoável que o seu nome seja Catherine quanto o seu nome ser Katherine ou Kathryn.

NOTA: O Capítulo 4 descreve em detalhes a verificação de intervalos.

Entretanto, há muitos itens de dados cuja razoabilidade é verificável. Se você faz uma compra em 3 de maio de 2010, então o pagamento não pode ser para antes dessa data. Talvez dentro de uma empresa, quem trabalha no Departamento 12 não pode ganhar mais de $ 20,00 por hora. Se seu código postal é 35160, o estado de sua residência não pode ser São Paulo. Se a raça de seu animal de estimação é armazenada como "dogue alemão", então a espécie dele não pode ser "pássaro". Cada um desses exemplos envolve a comparação de dois campos de dados em busca de razoabilidade e consistência. Você deve considerar fazer tantas comparações quanto for possível quando escrever seus próprios programas.

Frequentemente, testar a razoabilidade e a consistência envolve usar arquivos adicionais de dados. Por exemplo, para verificar que um usuário tenha inserido um município de residência válido para um estado, você pode usar um arquivo que contenha todos os nomes de municípios de todos os estados do país e contrapor o município do usuário aos contidos no arquivo.

Validar a presença de dados

Algumas vezes faltam dados em um arquivo, por alguma razão ou por incidente. Um candidato a um emprego pode não conseguir informar uma entrada para o campo salárioNoEmpregoAnterior, ou um cliente pode não ter uma entrada para o campo endereçoEletrônico. Um digitador de dados de entrada acidentalmente pode pular um campo ao digitar os registros. Muitas linguagens de programação permitem que você verifique dados faltantes e que tome uma ação adequada com uma sentença semelhante a se endereçoEletrônico é vazio realizar móduloNenhumEmail(). Você pode colocar qualquer instrução que queira dentro de móduloNenhumEmail(), incluindo forçar o campo para um valor default ou emitir uma mensagem de erro.

Bons programas defensivos tentam prever todas as possíveis inconsistências e erros. Quanto mais precisos forem os dados, mais informações úteis serão produzidas como saída do programa.

Termos chave

Teste de software é a verificação feita por usuários (ou usuários de teste) que não conhecem ou que não se importam com o conteúdo do código do programa, mas que verificam apenas se o programa funciona como o esperado.

Teste de caixa branca é o tipo de teste realizado por programadores, pois eles podem "ver dentro da caixa" para entender como o código funciona.

Teste da caixa preta é o tipo de teste feito por usuários que não sabem como o programa funciona; eles simplesmente testam se o programa realmente funciona.

Teste alfa é a verificação feita por potenciais usuários no local de desenvolvimento.

Teste beta é a verificação de softwares por um grupo limitado de usuários de teste ou, algumas vezes, pelo público em geral.

Programação defensiva é uma técnica na qual o programador tenta prever possíveis erros antes que eles ocorram.

Validar entradas significa verificar as respostas do usuário para garantir que elas estejam dentro de limites aceitáveis.

Forçar um campo para um valor significa passar por cima de um dado incorreto definindo um valor específico para o campo.

GLOSSÁRIO

A

abrir um arquivo de dados – O processo de localizar um arquivo em um dispositivo de armazenamento, prepará-lo fisicamente para ser lido e associá-lo a um identificador dentro de um programa.

abstração – O processo de prestar atenção às propriedades importantes enquanto ignoram-se os detalhes não essenciais.

acoplamento – Medida da força da conexão entre dois módulos de um programa

acoplamento forte – Acoplamento que ocorre quando módulos dependem excessivamente uns dos outros; faz com que os programas tenham maior tendência a erros. Contrapõe-se a acoplamento fraco.

acoplamento fraco – Acoplamento que ocorre quando os módulos não dependem dos demais. Contrapõe-se a acoplamento forte.

acumulador – Variável usada para reunir ou acumular valores.

acumular os totais – Adicionar um total ao total de um nível maior.

algoritmo – A sequência de passos necessária para resolver qualquer problema.

argumento – Um item de dado que é enviado para um método.

armazenamento externo – Armazenamento persistente e praticamente permanente fora da memória principal de um computador, em um dispositivo como um disquete, disco rígido ou mídia flash.

armazenamento interno – Armazenamento temporário dentro do computador; também chamado memória, memória principal, memória primária ou memória de acesso randômico (RAM).

arquivo – Conjunto de registros agrupados por alguma razão lógica.

array – Uma série ou uma lista de variáveis na memória do computador; todas elas têm o mesmo nome, mas são diferenciadas por subscritos.

array constante – Um array cujos valores são atribuídos permanentemente quando se escreve o código do programa. Contrapõe-se a array variável.

array dimensionado implicitamente – Um array para o qual se determina automaticamente uma dimensão com base em uma lista de valores fornecidos.

array dinâmico – Um array cuja dimensão pode ser alterada. Também chamado array dinamicamente alocado.

array variável – Um array cujos valores mudam durante a execução do programa. Contrapõe-se a array constante.

arrays paralelos – Dois ou mais arrays nos quais cada elemento de um array é associado ao elemento da mesma posição relativa do outro array ou arrays.

assinatura – A parte de um método que inclui seu nome e sua lista de argumentos. Contrapõe-se à interface.

autodocumentado – Descrição de um programa que contém nomes de dados e módulos significativos, que descrevem o propósito do programa.

avaliação em curto circuito – Uma aspecto da lógica no qual as expressões de cada parte de uma expressão maior são avaliadas apenas enquanto necessário para determinar o resultado final.

B

base de dados – Compartimento lógico que possui grupos de arquivos, também chamados tabelas, que, juntas, servem às necessidades de informações de uma organização.

binário – Um sistema numérico que utiliza dois valores, 0s e 1s.

bloco – Grupo de sentenças que executa como uma única unidade.

byte – Unidade de armazenamento de computadores. Pode conter qualquer das 256 combinações de 0s e 1s que costumam representar um caractere.

C

cabeçalho – A parte de um método que inclui o identificador do método e possivelmente outras informações de identificação necessárias. Contrapõe-se ao corpo.

cabeçalho do método – A parte do método que inclui o identificador do método e possivelmente outras informações de identificação necessárias, como o tipo de retorno e a lista de parâmetro. Contrapõe-se ao corpo do método.

caixa preta – Um dispositivo ou programa que você pode usar sem entender seus processos internos; suas sentenças modulares são "invisíveis" para o restante do programa.

camel casing – Formato de nomear variáveis no qual a letra inicial é minúscula, nomes com várias palavras são escritos juntos, e cada nova palavra dentro do nome da variável inicia com uma letra maiúscula.

caminho inatingível – Um caminho da lógica que não pode jamais ser percorrido. Também chamado caminho morto.

caminho morto – Caminho da lógica que nunca pode ser percorrido. Também chamado caminho inatingível.

campo – Um único item de dado, como últimoNome, `ruaEndereço` ou `anualSalário`.

campo de quebra de controle – Variável que contém o valor que sinaliza uma quebra temporária da lógica de um programa.

capacidade de reutilização – A característica de programas modulares que permite que módulos sejam usados individualmente em diversas aplicações.

caractere – Uma letra, número, ou símbolo especial, como "A", "7" e "$".

cascatear sentenças se – Série de sentenças embutidas dentro de outras.

caso nulo – O caminho de uma decisão no qual nenhuma ação é realizada.

chamar – Executar um método a partir de outro método.

classificar registros – Obter registros que não estão em ordem e os reorganizar de acordo com algum campo.

cláusula se – Parte de uma decisão que contém a ação que resulta quando a expressão booleana de uma decisão for verdadeira. Contrapõe-se à cláusula `senão`.

cláusula senão – Parte de uma decisão que contém a ação ou as ações que executam apenas quando a expressão booleana da decisão é falsa. Contrapõe-se à cláusula `se`.

cliente – Um programa ou outro método que usa um método.

codificação – Escrever as sentenças de um programa em uma linguagem de programação.

código espaguete – Programas com lógicas desestruturadas, embaralhadas.

código-fonte – As sentenças legíveis de um programa, escritas em uma linguagem de programação.

coesão – Medida do quanto as sentenças internas de um módulo servem para realizar os objetivos do módulo. *Ver também* coesão funcional e coesão lógica.

coesão funcional – Mensuração do nível em que todas as sentenças de um módulo contribuem para a mesma tarefa.

coesão lógica – Coesão que ocorre quando um módulo membro realiza uma ou mais tarefas dependendo de uma decisão.

comentário de programa – Uma sentença não executável em linguagem humana que os programadores inserem dentro de seus códigos para explicar sentenças do programa. *Ver também* documentação interna de programas.

compilador – Software que traduz uma linguagem de alto nível para a linguagem de máquina e informa se a linguagem de programação foi usada incorretamente. Similar a um interpretador. Entretanto, um compilador traduz todos os comandos de um programa antes de executá-los.

condição composta – Condição na qual múltiplas questões (testes de condições) são necessárias antes de determinar um resultado.

confiabilidade – A característica de programas modulares que garante que um módulo já foi testado e provou funcionar corretamente.

constante de string literal – Uma constante textual. Na maioria das linguagens de programação modernas, um string literal é delimitado por aspas.

constante nomeada – Um local nomeado na memória, parecido com uma variável, exceto que seu valor nunca muda durante a execução de um programa. Convencionalmente, constantes são nomeadas usando-se letras maiúsculas.

constante numérica – Um valor numérico específico. Também chamado constante numérica literal.

constante numérica literal – Um valor numérico específico. Também chamado constante numérica.

constante textual – Constante delimitada por aspas. Uma série literal.

contador – Variável numérica utilizada para contar o número de vezes que um evento ocorreu.

conversão – Conjunto de ações que uma organização precisa fazer para começar um novo programa ou conjunto de programas

corpo – A parte de um método que contém todas as sentenças do método. Contrapõe-se ao cabeçalho.

corpo do método – A parte do método que contém todas as sentenças do método. Contrapõe-se ao cabeçalho do método.

D

dado – Qualquer texto, número ou outra informação processada por um computador.

decisão binária – Uma decisão de sim ou não; assim chamada porque há dois resultados possíveis.

decisão E – Uma decisão na qual duas condições precisam ser ambas verdadeiras para que ocorra uma ação.

decisão embutida – Uma decisão "dentro de" outra decisão. Também chamada um se embutido

decisão OU – Decisão que contém duas (ou mais) decisões; se ao menos uma condição for satisfeita, a ação resultante ocorre.

declaração – Uma sentença que nomeia uma variável e informa ao computador que tipo de dado esperar.

declarar variáveis – Processo de nomear variáveis de programas e atribuir um tipo a elas.

decomposição funcional – O ato de reduzir um programa grande a módulos de manipulação mais fácil.

decrementar – Mudar uma variável subtraindo dela um valor constante, frequentemente 1. Contrapõe-se a incrementar.

delimitador – Um caractere usado parar separar os campos em um arquivo.

descrição do arquivo – Documento que descreve os dados contidos no arquivo.

despesas gerais – Todos os recursos e o tempo exigidos para uma operação.

detalhe de baixo nível – Um passo breve e não abstrato em um programa.

diagrama de hierarquia – Diagrama que ilustra as relações dos módulos entre si.

diagrama EPS – Ferramenta de desenvolvimento de programas que representa funções de entradas, processamentos e saídas.

diagrama TOE – Ferramenta de desenvolvimento de programas que lista tarefas, objetos e eventos.

dicionário de dados – Lista de todos os nomes de variáveis usados em um programa, junto com seu tipo, tamanho e descrição.

dimensão do array – O número de elementos que um array pode conter.

dispositivo de armazenamento – Um aparato de hardware que contém informações para que depois elas sejam recuperadas.

dispositivo de entrada – Hardwares como teclados e mouses, por meio dos quais itens de dados entram no sistema do computador. Dados também podem entrar no sistema a partir de um dispositivo de armazenamento como um disco magnético ou de CDs.

dispositivo de entrada padrão – O dispositivo básico de onde vem a entrada, na maioria das vezes, o teclado.

dispositivo de saída – Um dispositivo de computador, como uma impressora ou um monitor, que permite que as pessoas vejam, interpretem e trabalhem com as informações processadas pelo computador.

dispositivo de saída padrão – O dispositivo básico para o qual é enviada a saída, normalmente o monitor.

documentação – Todos os materiais de apoio que acompanham um programa.

documentação de programa – O conjunto de instruções e de outros documentos de apoio que os programadores usam quando começam a planejar a lógica de um programa.

documentação de saída – Documentos de apoio que descrevem os resultados que um usuário pode ver quando o programa foi completado.

documentação do usuário – Todos os manuais ou outros materiais com instruções que pessoas inexperientes podem usar, assim como as instruções operacionais que técnicos de informática e digitadores de entrada de dados precisam.

documentação externa de programa – Todo o material externo que os programadores desenvolvem para dar suporte a um programa. Contrapõe-se aos comentários de programa, que são a documentação interna de programas.

documentação interna de programa – Documentação dentro de um programa. *Ver também* comentários de programas.

E

elemento – Um item separado de um array.

embutir – Substituir uma estrutura dentro de outra estrutura.

empilhar – Conectar estruturas de programas ponta com ponta.

encapsulação – O ato de conter no mesmo método os dados e as instruções de uma tarefa.

enquanto ... executar – Loop no qual um processo continua enquanto alguma condição permanece verdadeira. É mais comumente chamada loop enquanto.

entrada primária – A sentença que lê o primeiro registro de dados inserido antes de iniciar um loop estruturado.

eof – Marcador de fim do arquivo, abreviação de "*end of file*".

erro de lógica – Erro que acontece quando se executa uma instrução incorreta, ou quando se executam instruções na ordem errada. Contrapõe-se a erro de sintaxe.

erro de sintaxe – Erro de linguagem ou gramática. Contrapõe-se a erro de lógica.

erro semântico – Erro que ocorre quando uma palavra escrita corretamente é usada em um contexto incorreto.

estrutura – Uma unidade básica da programação da lógica; cada estrutura é uma sequência, seleção ou loop.

estrutura caso – Estrutura que oferece alternativa conveniente a usar uma série de decisões quando é preciso fazer escolhas com base nos valores armazenados em uma única variável.

estrutura de decisão – Estrutura de programa na qual uma pergunta é feita e, dependendo da resposta, toma-se um de dois modos de ação. Então, independente do caminho que se seguir, continua-se com a ação seguinte. *Ver também* estrutura de decisão, `se-então` e `se-então-senão`.

estrutura de loop – Estrutura que repete ações com base na resposta para um teste.

estrutura de seleção – Uma estrutura de programa na qual uma pergunta é feita e, dependendo da resposta, toma-se um de dois modos de ação. Então, independente do caminho pelo qual se seguir, continua-se com a ação seguinte. *Ver também* estrutura de decisão, `se-então` e `se-então-senão`.

estrutura de sequência – Uma estrutura de programa na qual você realiza uma ação ou tarefa, e então faz a ação seguinte, em ordem. Uma sequência pode conter qualquer número de tarefas, mas não há chance de escapar e pular qualquer das tarefas.

executar – Fazer um computador usar um programa escrito e compilado. Também chamado rodar.

expressão aritmética – Uma sentença, ou parte de uma sentença, que realiza cálculos e tem um valor.

expressão booleana – Uma expressão que representa apenas um de dois estados, normalmente expressos como verdadeiro ou falso.

F

fazer uma declaração – O processo de nomear variáveis de programas e atribuir um tipo a elas.

flag – Um valor que representa um ponto de entrada ou saída.

flag – Uma variável ajustável para indicar se algum evento ocorreu.

flat file – Arquivo de dados que só pode ser escrito ou lido em sequência e que não faz parte de uma base de dados relacional.

fluxograma – Tipo de representação pictórica dos passos lógicos a serem tomados para resolver um problema.

fora dos limites – Estado de um subscrito de array quando ele não está dentro do intervalo de subscritos aceitáveis.

forçar – Atribuir um valor a um campo, passar por cima de dados incorretos definindo um valor específico para o campo.

formulário de espaçamento de impressão – Ferramenta para planejar a saída do programa; também chamada formulário de impressão ou layout de página.

H

hardware – O equipamento de um sistema de computador.

hierarquia dos dados – Representa a relação de bases de dados, arquivos, registros, campos e caracteres.

I

identificador – O nome de uma variável.

incrementar – Mudar uma variável adicionando um valor constante a ela, frequentemente 1. Contrapõe-se a decrementar.

índice – Um número que indica a posição de um item específico dentro de um array. Também chamado subscrito.

interface de um método – Inclui o tipo de retorno, nome e lista de parâmetros do método. É a parte que um cliente vê e usa. Contrapõe-se à assinatura.

interface gráfica do usuário (GUI) – Interface de programa que usa a tela para mostrar saídas de programas e permitir que os usuários interajam com o programa em um ambiente gráfico.

interpretador – Software que traduz uma linguagem de alto nível para uma linguagem de máquina e informa se a linguagem de programação foi usada incorretamente. Similar a um compilador, no entanto, um interpretador traduz uma sentença por vez, executando cada sentença assim que esta é traduzida.

intervalo de valores – Um conjunto contíguo de valores.

invocar – Executar um método a partir de outro método.

iteração – Outro nome para repetição ou estrutura de loop.

L

leitura primária – A sentença que lê o primeiro registro de dados inserido antes de iniciar um loop estruturado.

linguagem de baixo nível – Linguagem de programação não muito diferente da linguagem de máquina; o contrário de linguagem de programação de alto nível.

linguagem de máquina – A linguagem do circuito elétrico liga/desliga de um computador; a linguagem simples composta de 1s e 0s que um computador compreende.

linguagem de programação – Uma linguagem como Visual Basic, C#, C++, Java ou COBOL, entre outras, usada para escrever programas.

linguagem de programação de alto nível – Uma linguagem de programação semelhante às linguagens humanas. Contrapõe-se à linguagem de programação de baixo nível.

linguagem de scripting – Uma linguagem, como Python, Lua, Perl e PHP, usada para escrever programas que são digitados diretamente de um teclado ou armazenados como texto em vez de arquivos executáveis binários. Também chamada de linguagem de programação de scripting ou língua de script.

linha de cabeçalho – Linha de um relatório contendo o título e o nome de qualquer coluna. Normalmente aparece somente uma vez por página ou grupo de dados.

linha de detalhe – Uma linha que mostra os detalhes dos dados. A maioria dos relatórios contém muitas linhas de detalhe.

linha de fluxo – Flecha que conecta os estágios de um fluxograma.

linha de resumo – Uma linha que contém informação de final de relatório.

linha de rodapé – Linhas de mensagem de final de relatório. Também chamada rodapé.

linha principal da lógica – A lógica geral do programa principal, do princípio ao fim.

linha total – Linha que contém informações do final do relatório. Uma forma de rodapé.

lista de parâmetros – Todos os tipos de dados e nomes de parâmetros que aparecem no cabeçalho de um método.

lógica – Instruções dadas a um computador em uma sequência específica, sem deixar nenhuma instrução de fora nem inserir instruções irrelevantes.

loop – Estrutura que repete ações enquanto determinada condição se mantiver.

loop contado – Um loop para o qual o número de repetições é um valor predeterminado.

loop de inicialização – Uma estrutura de loop que fornece valores iniciais para todo elemento de qualquer array.

loop definido – Um loop para o qual o número de repetições é um valor predeterminado.

loop embutido – Uma estrutura de loop dentro de outra estrutura de loop; embutir loops é loops dentro de loops. *Ver também* loop interno e loop externo.

loop enquanto – Um loop no qual uma condição é testada antes de entrar no loop pela primeira vez e na qual o corpo continua executando enquanto alguma condição continuar sendo verdadeira.

loop executar-até – Um loop no qual um procedimento executa ao menos uma vez; então, enquanto uma condição testada continuar sendo falsa, o circuito executa outras vezes.

loop executar-enquanto – Um loop no qual um procedimento executa ao menos uma vez, então, enquanto uma condição testada continuar sendo verdadeira, o loop executa outras vezes.

loop externo – Um loop que contém um loop interno embutido.

loop indefinido – Um loop para o qual não se pode predeterminar o número de execuções.

loop infinito – Um defeito de lógica repetitivo que não tem fim.

loop interno – Um loop que contém um outro loop, externo, embutido.

loop pós-teste – Um loop no qual uma condição é testada depois que o corpo do loop executou, como loops `executar-enquanto` e `executar-até`. Contrapõe-se a loop pré-teste.

loop pré-teste – Um loop no qual uma condição é testada antes de entrar no loop pela primeira vez. Contrapõe-se a loop pós-teste.

M

manutenção – Todas as melhorias e correções feitas em um programa depois que este foi desenvolvido.

método – O módulo de um programa que contém uma série de sentenças que realizam uma tarefa.

método ambíguo – Um método que o compilador não consegue distinguir de outro, pois esse tem nome e tipos de parâmetros iguais ao outro.

método chamado – Um método invocado por um programa ou por um módulo.

método portátil – Um método que pode ser reutilizado em múltiplos programas de maneira relativamente fácil.

método `void` – Um método que não retorna nenhum valor.

mnemônico – Dispositivo de memória; identificadores de variáveis servem como mnemônicos para endereços da memória difíceis de lembrar.

modular – O processo de dividir um programa grande em módulos.

módulo – Uma unidade de programa relativamente pequena que pode ser usada com outros módulos para fazer um programa. Programadores também chamam módulos de sub-rotinas, procedimentos, funções e métodos.

módulo despachador – Um módulo que chama outros módulos nos quais ocorrem várias tarefas.

módulo que chama – Um módulo que chama outro módulo.

N

nibble – Metade de um byte ou 4 bits.

nível de programa – O nível no qual as variáveis globais são declaradas.

no escopo – Estado de variáveis e constantes quando elas podem ser usadas por um método. Comparar com local e visível.

notação húngara – Uma convenção de denominação de variáveis na qual o tipo de dado de uma variável ou outra informação é armazenado como parte de seu nome.

número mágico – Uma constante numérica não nomeada.

números de base 10 – Números decimais, representados pelos dígitos 0 até 9.

números de base 2 – Números binários, representados pelos dígitos 0 e 1.

O

ocultamento da implementação – Princípio da programação que preconiza o encapsulamento dos detalhes dos métodos.

operador condicional E – Símbolo usado para combinar decisões em que duas (ou mais) condições devam ser verdadeiras para que ocorra uma ação. Também chamado de operador E.

operador condicional OU – Símbolo usado para combinar decisões quando qualquer condição sozinha, sendo verdadeira, é suficiente para que ocorra uma ação. Também chamado operador OU.

operador de atribuição – O sinal de igual. Sempre requer o nome de uma localização da memória ao seu lado esquerdo.

operador lógico NÃO – Símbolo que reverte o significado de uma expressão booleana.

operador relacional de comparação – Símbolo que expressa comparações booleanas. Exemplos incluem =, >, <, >=, <= e < >. Esses operadores também são chamados operadores relacionais ou operadores de comparação.

P

parâmetro atual – Um argumento em uma chamada de método.

parâmetros – Os itens de dados recebidos pelos métodos.

parâmetros formais – Uma variável da declaração de um método que aceita os valores de um parâmetro atual.

Pascal casing – Formato para nomear variáveis no qual a letra inicial é maiúscula, nomes de variáveis com mais de uma palavra são escritos juntos e cada nova palavra dentro do nome da variável começa com letra maiúscula.

passado pelo valor – Ação que ocorre quando um método recebe uma cópia de um valor como parâmetro; o valor é armazenado em um novo local da memória acessível ao método. Contrapõe-se a passado por referência.

passado por referência para um método – Ação que ocorre quando um método recebe o verdadeiro endereço da memória como parâmetro. Por exemplo, arrays são passados por referência. Contrapõe-se a passado pelo valor.

passar dados – Trocar dados locais entre um método e outro.

pilha – Uma localidade da memória na qual o computador registra o endereço na memória correto para onde deve retornar uma vez que tenha executado um módulo.

polimorfismo – A capacidade de um método de agir adequadamente dependendo do contexto.

povoar um array – Atribuir valores para elementos do array.

precedência – A qualidade de uma operação que determina sua ordem de operação ou de avaliação junto a outras.

preenchendo um campo (*padding*) – Adicionar mais caracteres, como espaços, ao final de um campo de dados para forçá-lo a ter tamanho específico.

prefixo – Um conjunto de caracteres usado no começo de nomes de variáveis relacionadas.

processar – Organizar itens dos dados, confirmar a precisão destes, ou realizar operações matemáticas com eles.

programa de quebra de controle – Programa no qual uma mudança no valor de uma variável inicia ações especiais ou causa a ocorrência de processamentos especiais ou não usuais.

programa principal – Um programa que, quando iniciado, roda até parar e chama outros módulos. Também chamado método principal do programa.

programa que chama – Um programa que chama um módulo.

programação defensiva – Técnica pela qual o programador tenta prever erros possíveis antes que eles ocorram.

programação orientada a objeto – Técnica de programação que enfoca objetos, ou "coisas", e descreve suas características, ou atributos, e seus comportamentos. Contrapõe-se à programação procedural.

programação procedural – Técnica de programação que enfoca procedimentos ou módulos criados pelos programadores. Contrapõe-se à programação orientada a objeto.

prompt de comando – Local na tela do computador em que são digitadas as entradas para comunicar-se com o sistema operacional do computador por meio de texto.

prompt – Mensagem exibida em um monitor, que solicita uma resposta ao usuário.

pseudocódigo – Representação com estrutura linguística dos passos lógicos a serem tomados para resolver um problema.

Q

quebra de controle – Desvio temporário na lógica de um programa com base na mudança de valor de algum campo.

quebra de controle de nível único – Uma quebra na lógica de um programa com base no valor de uma única variável.

quebra de controle em múltiplos níveis – Uma quebra na qual o fluxo normal de controle se separa para processamentos especiais em resposta a mudanças em mais de um campo.

quebra no maior nível – Uma quebra no fluxo lógico causada por uma mudança no valor do campo de maior nível.

quebra no menor nível – Uma quebra no fluxo lógico causada por uma mudança no valor do campo de menor nível.

R

registro – Conjunto de campos agrupados por alguma razão lógica.

regras de precedência – Regras que ditam a ordem na qual as operações na mesma sentença serão efetuadas.

relatório de quebra de controle – Relatório que lista itens em grupos. Frequentemente, cada grupo é acompanhado por um subtotal.

relatório resumido – Um relatório que não inclui qualquer informação sobre registros individuais, porém, em vez disso, inclui apenas totais de grupos.

repetição – Outro nome para uma estrutura de loop ou iteração.

retornar um valor – O processo por meio do qual um módulo chamado envia um valor para o módulo que o chamou.

rodar – Fazer um computador usar um programa escrito e compilado. Também chamado executar.

S

saída antecipada – Sair de um loop antes da sua última potencial repetição.

salvar – Armazenar um programa em um meio não volátil.

se com duas alternativas – *Ver* seleção com duas alternativas.

se com uma alternativa – Uma estrutura de seleção na qual uma ação é exigida apenas para um caminho da decisão. Você chama essa forma de estrutura de seleção um `se-então`, pois nenhuma ação "senão" é necessária. Também chamada seleção com uma alternativa.

`se-então` – Estrutura semelhante a uma `se-então-senão`, mas sem uma alternativa de ação ou "então" ser necessária.

`se-então-senão` – Outro nome para uma estrutura de seleção.

seleção com duas alternativas – Estrutura de seleção que define uma ação a ser tomada quando a condição testada for verdadeira e outra ação a ser tomada quando ela for falsa.

sentença de atribuição – Uma sentença que armazena o resultado de qualquer cálculo feito em seu lado direito para a localização denominada em seu lado esquerdo.

sentença de retorno – A sentença em um método que marca o final dele e identifica o ponto no qual o controle retorna para o método que chama ou para o programa.

sentença `for` – Uma sentença que pode ser usada para codificar loops definidos. Contém uma variável de controle do loop que ela inicializa, avalia e incrementa automaticamente. Também chamada loop `for`.

símbolo conector – Símbolo de fluxograma usado quando o tamanho limitado da página obriga a continuar o fluxograma em outro lugar na mesma ou em outra página.

símbolo de decisão – Símbolo que representa uma decisão em um fluxograma e que tem o formato de um losango.

símbolo de entrada – Símbolo que indica uma operação de entrada, representado em fluxogramas por um paralelogramo.

símbolo de processamento – Símbolo que contém processamentos do programa, como uma sentença aritmética, e que é representado em fluxogramas por um retângulo.

símbolo de saída – Símbolo que indica operações de saída e é representado por um paralelogramo em fluxogramas.

símbolo terminal – Símbolo usado em cada ponta de um fluxograma. Tem formato elíptico. Também chamado símbolo de iniciar/parar.

sintaxe – As regras de uma linguagem.

sobrecarregar – Dar muitos significados a um único identificador.

sobrecarregar um método – Criar múltiplas versões de um método com o mesmo nome, mas com diferentes listas de parâmetros.

software – Os programas usados por um computador.

solicitação de dados – Questão que reúne itens relacionados de bases de dados em um formato que permite efetuar decisões gerenciais eficientes.

submódulo – Um módulo chamado por outro módulo.

subscrito – Um número que indica a posição de um item específico dentro de um array. Também chamado índice.

T

tabela da verdade – Diagrama usado na matemática e na lógica para ajudar a descrever a verdade de uma expressão inteira baseada na veracidade das suas partes.

tabela de decisões – Uma ferramenta de análise de problema que lista condições, combinações booleanas de resultados, quando essas condições são testadas, e ações possíveis baseadas nos resultados.

tarefa principal do loop – Uma etapa que é repetida para cada registro.

tarefas de final da função – Etapa realizada ao final do programa para finalizar a aplicação.

tarefas de preparo – Tarefas características que incluem as etapas que são necessárias realizar no começo de um programa para se preparar o restante do programa.

testar softwares – Teste realizado por usuários (ou usuários de teste) que não sabem ou não se importam com o que o código do programa inclui, mas se importam apenas com o programa funcionar como esperado.

teste alfa – Teste de um software por potenciais usuários no local do desenvolvimento.

teste beta – Teste de um software por um grupo limitado de usuários de teste ou, algumas vezes, pelo público em geral.

teste da caixa preta – Tipo de teste feito por usuários que não sabem como o programa funciona. Eles simplesmente testam se o programa realmente funciona.

teste de caixa branca – O tipo de teste que é realizado por programadores, que podem "ver dentro da caixa" para entender como o código funciona.

teste de mesa – O processo de analisar a solução de um programa no papel.

tipo de dado – A característica de uma variável que descreve o tipo de valor que ela pode conter, a quantidade de memória que ela ocupa e os tipos de operação que podem ser efetuados com ela.

tipo de retorno – A parte de um método que define o tipo de dado para qualquer valor que ele venha a retornar. Também chamado tipo do método.

tipo do método – Outro nome para o tipo de retorno de um método – a parte de um método que define o tipo de dado para qualquer valor que o método retorne.

tomar uma decisão – Testar um valor que resulta em um resultado verdadeiro ou falso.

trivial – Descrição de uma expressão boolena que sempre vai avaliar e chegar ao mesmo resultado.

U

unidade central de processamento (CPU) – A peça de hardware que processa os dados.

usuário final – Pessoa que usa programas de computador já desenvolvidos. Também chamado, simplesmente, usuário.

V

validar dados – Assegurar que os dados estão dentro de faixas aceitáveis.

validar entrada – O processo de verificar as respostas de um usuário para assegurar que eles estejam dentro de limites aceitáveis.

valor com ponto flutuante – Uma fração; valor numérico que contém casas decimais.

valor de passe – Um número que você usa para aumentar a variável de controle do loop em cada passagem pelo loop.

valor default – Um valor atribuído depois que todas as condições testadas são consideradas falsas.

valor definido por código-fonte – Um valor explicitamente atribuído.

valor *dummy* – Valor pré-selecionado que para a execução de um programa.

valor inteiro – Um número inteiro, valor numérico.

variável – Um local nomeado da memória, cujo conteúdo pode variar ou diferir ao longo do tempo.

variável de controle do loop – Variável que determina se um loop vai continuar.

variável de string – Uma variável que contém caracteres ou valores de texto.

variável de trabalho – Variável usada para conter resultados intermediários durante a execução de um programa. *Ver também* variável temporária.

variável global – Variável declarada fora de qualquer módulo e que pode ser usada em todos os módulos do programa. Contrapõe-se às variáveis locais.

variável local – Variável declarada dentro de um módulo e conhecida apenas desse módulo. Comparar com variáveis no escopo e visíveis. Contrapõe-se às variáveis globais.

variável numérica – Uma variável que contém valores numéricos.

variável temporária – Variável usada para conter resultados intermediários durante a execução de um programa. *Ver também* variável de trabalho.

variável textual – Variável que contém valores de caracteres. Uma variável de série.

verificação de intervalos – Comparar uma variável a uma série de valores marcando os finais limitantes dos intervalos.

versão digital – Saída na tela.

versão impressa – Uma saída impressa.

visível – O estado de variáveis e constantes que descreve quando elas podem ser usadas por um método. Comparar com variável no escopo e com variável local.

volátil – Característica de uma memória interna, que perde seus componentes cada vez que para de receber energia.

ÍNDICE REMISSIVO

Nota: Número das páginas em **negrito** remetem a termos-chave do texto

A

abrindo arquivos de dados, 109, **123**
Abstração
   definição, **122**
   e modular, **91-92**
acoplamento forte, definição, **309**
acoplamento reduzido, **309**, **314**
acoplamento
   CPU (*central processing unit*), **1**, **31**
   em módulos do programa, reduzindo o, **309-310**, **314**
   forte, fraco, **309**
acumuladores, definição, **216**, **222**
acumulando totais, **345**, **357**
acumular totais usando loops, 215-218
algoritmos, definição, 6, **32**
ampersand (&), operador condicional E, 147, 381
aposentando programas, 10
argumentos, definição, **100**, **123**, **277**, **313**
armazenamento externo, definição, **32**
armazenamento interno, 4
armazenando componentes de um programa em arquivos separados, 115-117
arquivo de dados, abrir, 109, **123**
arquivos e entrada de arquivos, **12**, **32**
array implicitamente dimensionado, **264**
arrays
   buscando casamento de faixas, 254-258
   constantes, definição, **265**
   constantes, usando, **244-247**
   declaração e inicialização de, 241-244
   definição, **264**
   dinamicamente alocados, **243**, **264**
   dinâmicos, **243**, **264**
   para substituir decisões embutidas, manipulando, 233-240
   paralelos, usando, **250-254**, **265**
   passados por referência, **295**
   passando para métodos, 293-299
   permanecendo dentro dos limites, 258-262
   povoar, **243**, **264**
   processar usando loops for, 208, 262-263
   procurando casamento exato, 247-250
   subscritos. *Ver* subscritos
   usando constante nomeada para referir-se à dimensão de, 240-241
   variáveis e constantes, **244-247**
arrays paralelos
   definição, 265
   usando, 250-254
arrays variáveis, usando, **244-247**, **264**
ASCII, caracteres, 381-384
aspas ("")
   e caracteres constantes, 26
   e dados de string, 27
assinaturas, método, **287**, **313**

B

bancos de dados, **12-13**, **32**
binário
   decisão, **21**, **33**
   definição, **3**, **31**
   operadores, 139
   sistema numérico, 379-384
bits (dígitos binários), 380
bloco de sentenças, **48**, **73**
Boole, George, 135, 187
buscando
   melhorando a eficiência, usando saídas antecipadas, 253-254byte(s), **87**, **122**, **380**, **384**
   por casamento de faixas em arrays, 254-258
   por um casamento exato em arrays, 247-250

C

cabeçalho de método, **103**, **123**
cabeçalhos, método
   definição, **277**, **313**
   e lista de parâmetros, **286**, **287**, **313**
cabeçalhos, usando dados de controle em, 332-335
caixa preta
   definição, **313**

e encapsulação dos detalhes, 280
teste da, **394**, **398**
camel casing, **19**, **33**, 94, 242
caminhos
  em fluxogramas, desembaralhando, 367-375
  inatingíveis, **162-164**, **177**
  mortos, evitando, **162-165**, **177**
  mortos, inatingíveis, **162-165**, **177**
campo de quebra de controle, **328**, **356**
campos
  definição, **12**, **32**
  e delimitadores, **87**
  forçando, **396-397**
  numéricos, 88-89
  preenchendo, **87**, **122**
  quebra de controle, **328**, **356**
capacidade de reutilização definição, **92**, **122**
caractere variável, 27
caracteres
  ASCII, 381-384
  definição, **12**, **32**
  Unicode, 381
característica de avaliação em curto-circuito, **147**, **177**
cascata de expressões se, **177**, **143**
caso nulo, definição, **46**, **73**
chaves ({}), sintaxe de programas, 116
classificando registros, **356**
cláusula se
  embutida, **177**
  usando, 135-137, **176**
clausula senão, 135-137, **176**
cliente, método, **280**, **313**
codificar
  definição, **7**, 14, **32**
  programas, 7
código
  capacidade de reutilização, **92**
  espaguete, 43-45, **73**
  estruturado e código espaguete, 45
  fonte. *Ver* código-fonte
  indentação, 48, 49,
  sim e não, verdadeiro e falso, 48
código-fonte, **117**, **124**
códigos de computador, sistemas numéricos, 379-384
coesão das sentenças de um módulo, aumentar, **310-311**, **314**
coesão funcional (de módulos), 100, **123**, **310-311**, **314**
coesão lógica, **311**, **314**
combinando seleções E e OU, 166-168
comentários de programas, **122**
comparações "maior que ou igual a", 138-141
comparações negativas, 139-140
comparações
  executar negativas, 139-140
  "maior que ou igual a", 139-141
  procurar em arrays por casamentos exatos, 247-250
  usando expressões booleanas para fazer, 133-137
comparar
  caracteres com números, 138
  com verificações de intervalo, 159-162

compiladores
  com característica de completar sentenças automaticamente, 115
  definição, **2**, **31**
compilando código, 8
compilar erros, 393-396
componentes do computador, operações gerais, 1-5
condições compostas, criando, 141-144, **177**
confiabilidade
  característica definição, **93**
  de programas modulados, **122**
constante literal numérica, **26**, **33**
constante textual, **26**, **34**
constantes
  não nomeadas, 240
  no escopo, **277**, **313**
  nomeada, *Ver* constantes nomeadas
  usando, 118-119
  Ver também constantes específicas
constantes globais
  declarando, 100-107
  definição, **105**
constantes locais
  declarando, 100-107
  definição, 277
constantes nomeadas
  definição, **26**, **33**, 135
  usando para referir-se à dimensão do array, 240-241
constantes numéricas, **26**, **33**
contadores, controlar loops com, **190-192**, **196**
convenções de nomeação, 113-115
conversão, definição, **10**, **32**
corpo de método, **103**, **123**, **277**, **313**
criando
  diagramas de hierarquia, 111-113
  formulários de impressão, 377-378
  métodos que exigem múltiplos parâmetros, 285-287
  métodos que exigem um parâmetro único, 279-285
  métodos que retornam valores, 287-292

D

dados
  de controle. *Ver* dados de controle
  de teste, selecionar, 9
  definição, **1**, **31**
  passar, **105** (aparece transferir – verificar), **123**
  validar com loop, 218-220, **222**
  validar faixas, razoabilidade, consistência, 397-398
dados de controle
  em cabeçalhos, usando, 332-335
  em rodapés, usando, 335-340
dados de itens "visíveis", 106, 123
decisão E, **177**
decisão se embutido
  e operadores E, 147
  usando, **141-144**, **177**
decisões
  avaliando expressões Booleanas para fazer comparações, 133-137
  baseado em intervalo de valores, **148-149**

combinando na seleção E, 146-147
embutidas. *Ver* decisões embutidas
executando e testando valores, **22**, **33**
usando múltiplas, 171
vantagens de usar loops, 189-190
Ver também decisões específicas
decisões de sentido único, 134
decisões E
    encaixando por eficiência, 144-146
    fazendo, 142-143, **177**
decisões embutidas
    manipulando arrays para substituir, 233-240
    se-senão, 170
    usando, **141-144**, **177**
decisões OU
    combinando decisões em uma seleção OU, 152-153
    definição, **177**
    usando, **150-152**
declaração, definição, **27**, **34**
declarando
    e inicialização arrays, 241-244
    e nomeando variáveis, 113
    variáveis e constantes locais e globais,, 100-107
    variáveis, **27**, **33**
decomposição funcional, **123**
decrementando
    valores de variáveis de controle, 191
    variáveis, **221**
delimitadores em arquivos de dados, **87**, **122**
descrição do arquivo, **87**, **122**
desenhando fluxogramas, 14-15
detalhes de baixo nível em programas, **91-92**, **122**
diagrama de impressão, criando, **84-85**, **122**
diagrama EPS
    definição, **7**, **32**, **314**
    executando módulos usando, **307-308**
diagramas de hierarquia, criando, **111-113**
diagramas TOE definição, **7**, **32**
diagramas
    de espaçamento de exibição, **122**
    de hierarquia, criando, 111-113
    fluxogramas. *Ver* fluxogramas
dicionário de dados, **114**, **124**
digitação booleana de dados, 115
dimensão de arrays, **232-233**, 240-241, **264**
disco rígido, 4, 5
dispositivos
    armazenamento, definição, **1-2**
    Ver também dispositivos específicos
dispositivos de armazenamento, 2, 4, **31**
dispositivos de entrada padrão, **109**, **123**
dispositivos de saída padrão, **109**, **123**
documentação
    criando entradas, 86-89
    criando formulários de impressão, 377-378
    definição, **121**
documentação de programas, **122**
documentação do usuário, criando, **90**, **122**
documentação externa de programas, **122**
documentação interna de programa, 122
drive de disco, 4
drives de CD como dispositivos de armazenamento, 3-4

E

elementos do array, **232**, **264**
eliminando bugs
    teste de software, 393-396
    Ver também teste de mesa
empilhando estruturas, 47-48, **74**
encaixando
    decisões E, 144-146
    estruturas, definição, 50, 73
encapsulação
    de sentenças, **96**
    definição, **123**
    ocultamento da implementação, **280**, **313**
entrada
    definição, **1**
    documentação, criando, 86-89
    de operações, definição, 4
    primária, **52-57**, **73**
    validando, **396-398**
    dispositivos, 4, **31**, **109**, **123**
    símbolos, **15**, **33**
    interativa do usuário, 10-12
    de arquivo e hierarquia dos dados, 12-14
entrada interativa do usuário, 10-12
eof (*end of file* - fim do arquivo), **22-23**, **33**, 55, 56-57
erros
    comparações erradas com variáveis de controle de loops, 205-206
    comuns com loops, evitando, 202
    de lógica, **9**, **32**
    de sintaxe, **8**, **32**
    iniciar subscritos em 0, 232
    negligenciar a alteração da variável de controle de loops, 202-205
    negligenciar a inicialização da variável de controle do loop, 202
    semânticos, 3
    teste de softwares, 393-396
erros de lógica
    definição, **9**, **32**
    subscrito fora dos limites, 258
erros semânticos, definição, **3**, **31**
escopo
    de variáveis, constantes, **123**
    e variáveis e constantes, **277**, **313**
espaços em nomes de variáveis, 113
estrutura do código espaguete, entendendo, 43-45, **73**
estruturas caso, usando, **66-68**, 168-171, **177**
estruturas de decisão, usando, **45-46**, **73**
estruturas de loop, usando, **46**, **73**
estruturas de seleção
    definição, **73**
    lógica em, 53
    usando, **45-46**
estruturas de sequência, usando, **45**, **73**
estruturas se-então, **176**
estruturas se-então-senão, **46**, **73**
estruturas, programando
    definição, **73**
    embutindo, **48**
    reconhecendo em programas, 60-66

sequência, seleção e loop, **45-51**, 58-59
  Ver também estruturas específicos
executando programas, 3-4, **32**
expressão aritmética, **124**
expressões
  avaliar booleanas, 135-136
  Ver também expressões específicas
expressões booleanas
  avaliando, para fazer comparações, 133-137
  compostas, 149
  definição, **135, 177**
  reverter, 157
  trivial, **138, 177**
expressões booleanas triviais, **138, 177**

F

fazendo o design
  módulos usando diagramas EPS, 307-308
  programas sólidos, 113-120
  relatórios impressos, 84-85
  telas de saída, 85-86
fazer declarações, 27, **34**
flags
  adicionar ao fluxograma, 371-372
  controlando loops indefinidos com, 192-196
  definição, **33**
  definição, usando, **248, 265**
  finalizando programas usando, 21-23
  misturando constantes e variáveis, 198-201
  símbolos em módulos, 94
  usando loop enquanto indefinido com, 192-196
flat files, **12, 33**
fluxogramas
  analisando estruturas em, 52-53
  código espaguete, 43-45
  definição, **33**
  desenhar usando questões e ações, 344
  interpretando expressões em, 135
  lidando com, grandes, 23-24
  "maior que ou igual a", comparações em, 138
  para programas, 10
  representando módulos, 96
  sentenças que chama módulos em, 278
  solucionando problemas difíceis de estruturação, 367-375
  usando para planejar programas, **14-18**
fora dos limites, subscritos de arrays, **258, 265**
forçando (campos para valores), **396-398**
formatos
  camel casing, 19-20, **33**
  Pascal casing, 19, **33**
formulário da hierarquia de uma organização, 111-113
formulário de espaçamento de impressão, **84**, 377
formulários de impressão, criando, 377-378
funções, definição, **90, 122**

G

grupo de sentenças. *Ver* bloco de sentenças

GUI (interface gráfica do usuário)
  definição, **11-12, 32**
  fazendo o design de tela de saída, 85-86

H

hardware, definição, **1, 31**
hierarquia dos dados e arquivos de entrada, **12-14, 32**
hierarquia dos dados e entrada de arquivo e, 12-14

I

identificadores
  sobrecarregando, **312**
  e variáveis, 19, **33, 105**
imprimindo
  múltiplas sentenças, 161
  saídas, 4, 16
indentando códigos, 48
índices, definição, **231, 264**
informação e dados, 2
inicialização
  e declaração de arrays, 241-244
  variáveis de controle de loops, 202
  variáveis, 217
interface do método, **280, 313**
interpretador, definição, **2, 31**
intervalo de valores
  baseando decisões em, **148-149, 177**
  buscando em arrays por casamentos, 254-258
  fazendo seleções com, **158-162**
invocando métodos, **91**
itens de dados
  validade e correção dos, 218
  validar faixas, razoabilidade, consistência, 397-398
  "visíveis", **105, 123**
iterações em estruturas de loop, **73**

L

laços infinitos (ou loops), **21, 23, 33**
layout de página, **84, 122**, 377-378
linguagem de máquina, traduzindo programas para, **2, 8, 31**
linguagens de máquina de baixo nível, **8, 31**
linguagens de programação
  alto nível e baixo nível, **8, 91-92**
  definição, **2, 31**
linguagens de programação de alto nível, **8, 32, 92, 122**,
linguagens de *scripting*, **3, 31**
linha principal da lógica de programas procedurais, **107-111, 123**
linhas de cabeçalho em relatórios, **85, 122**
linhas de detalhes em relatórios, **85, 122**
linhas de fluxo em fluxogramas
  definição, **16, 33**
  em loops estruturados, 52, 53-54
linhas de resumo em relatórios, **85, 122**

linhas totais em relatórios, **85**, **122**
listas de parâmetros, 286, 313
lógica
   computador, **3**, 8
   de um programa, 4, **31**
loop contado, usando, **192**, **221**
loop de inicialização, **243**, **264**
loop enquanto definido, 190-191
loop, aplicações comuns de, 215-220
loops definidos, usando, **190-192**, **221**
loops embutidos, usando, **196-198**, **221**
loops enquanto
   definição, **74**
   definidos, 190-193
   usando, **47**
   usando executar-enquanto, executar-até, 68-72
loops executar-enquanto, executar-até, 68-72, **74**, 213-214
loops externos, **196**, **221**
loops for, para processar arrays, usando, 262-263
loops indefinidos, **192**, 208, **221**
loops internos, **196**, **221**
loops pós-teste
   definição, **74**
   usando, **69**, 211-214
loops pré-teste, **69**, **74**
loops repetir enquanto, 211
loops
   aplicações comuns de, 215-218
   características compartilhadas por todos, 214-215
   controlando, com contadores e *flags*, 190-192
   de inicialização, **243**, **264**
   definição, **189**
   embutido, usando, 196-198, **221**
   enquanto, **74**
   estruturado e não estruturado, 54-57
   infinito, **21**, **33**
   pós-teste, usando, **74**, 211-214
   pré-teste, **69**, **74**
   saída antecipada de, 265
   tarefas principais dentro do programa, 107
   usando sentenças for, 208-211
   Ver também tipos específicos
loops, vantagens do uso de, 189
Lovelace, Ada Byron, 29

M

manutenção de programas, **10**
matrizes, 231
memória
   como arrays ocupam, 232-233
   definição, **4**, **32**
   locais, 25
memória de acesso randômico (*random access memory*), **4**, 32
memória interna, 4
memória primária, **4**, **32**
memória principal, **4**, **32**
memória volátil, **4**, **31**
mensagens de erro, 393-396

método chamado, **91**
método de chamar, **93**, **124**
método void, **287**, 314
método, tipo do, **287**, **314**
métodos
   ambíguos, evitando, **303-305**, **314**
   definição, usando, **91**, **122**, **277-279**, **313**
   embutidos previamente escritos, usando, 305-307
   interface do, **280**, **313**
   passando arrays para, 293-299
   portátil, **105**, **123**
   programa principal, **123**
   que exigem múltiplos parâmetros, criando, 285-287
   que exigem um único parâmetro, criando, 279-285
   que retornam valores, criando, 287-292
   sobrecarregar, **299-303**, **314**
   tipo do, definição, **314**
   variáveis passada pelo valor, **284**
   void, **287**, **314**
métodos ambíguos, **303-305**, **314**
métodos embutidos, 305-307
métodos portáteis, **105**, **123**
mnemônicos e nomes de variáveis, 19, **33**
modularização
   usando em programas, 93-100
   vantagens da, 90-93, **122**
módulo despachador, usando, **311**, **314**
módulos
   acoplamento, 309, **314**
   aumentando a coesão, 310-311
   coesão funcional do, 100
   definição, **91**, **122**
   executar designs usando diagrama EPS, 307-308
   ocultamento da implementação, 280
   Ver também módulos específicos
módulos de checagem de datas, 100

N

nibbles, **380**, **384**
nível de programa, definição, **123**
nomeação
   convenções de, seguindo, 113-115
   métodos e parêntesis, 306
   módulos, 94
   subscritos, 250
   variáveis, 19-20, 242
notação hexadecimal, 5
notação húngara, **114**, **124**
númeroEntrada, 19
números
   base 10, **380**
   mágicos, **119**, **124**, 240
números de base 10, **380**, **384**
números de base 2, **380**, **384**
números mágicos, **119**, **124**, 240

O

ocultar a implementação, **117**, **124**, **280**, **313**

operações
    entrada, 1
    overhead, **290**, **340**
operações de armazenamento, 4
operador condicional E, 146-147
operador condicional OU, **152-153**, **177**
operador E
    combinando decisões utilizando, **146-147**
    e tabela-verdade, 147
    embutido, **177**
operador lógico NÃO, **157**
operadores
    regras de precedência, **26**
    Ver também operadores específicos
operadores de atribuição, **25**, **33**
operadores de comparação
    relacionais, usando, 138-141, **177**
    Ver também operadores específicos
operadores E embutidos, **177**
operadores OU, **152-153**, **177**
operadores relacionais de comparação, **138**, **177**
overhead, definição, **290**, **314**

P

parâmetros
    atuais e formais, 287, 313
    criando métodos que exigem múltiplos, 285-287
    criando métodos que exigem um único, 279-285
    definição, 313
parâmetros atuais, **287**, **313**
parêntesis (())
    e loops for, 263
    e nomes de métodos, 306-307
    e precedência de operadores, 167-168
    e variáveis em módulos, 94
    passando por cima de regras de precedência, 26
Pascal casing, **19**, **33**, **242**
passadas pelo valor, variáveis, **284**, **313**
passando arrays para métodos, 293-299
passando por referência, arrays, **295**
pilhas, definição, **98**, **123**
polimorfismo, **299**, **314**
ponto e vírgula (;)
    e loops for, 263
    sintaxe de programas, 116
povoando arrays, **243**, **264**
precedência de operadores, **167-168**, **177**
    definição, **177**
    quando combinando seleções E, OU , **166-168**
preenchendo campos, **87**, **122**
prefixos (em campos), **8**, **122**
problemas de lógica, solucionando, 367-375
problemas díficeis de estruturação, solucionando , 367-375
procedimentos definição, **91**, **122**
processamento
    definição, **1**, **4**, **31**
    diagrama EPS de programa, 307-308
    símbolos, **16**
programa principal, **93**, **123**

programação
    defensiva, **398**
    mantendo bons hábitos, 119-120
    orientada a objeto, definição, **29**, **34**
    procedural, **29**, **33**
    processo, definição, 6-8
    solucionando problemas díficeis de estruturação, 367-375
programação defensiva, **396**, **398**
programação orientada a objeto, **29**, **34**, 108
programação procedural definição, **29**, **34**
programadores
    e modularização, 91-93
    trabalho, definição, 6
programas
    armazenando componentes em arquivos separados, 115-117
    características de um bom design, 113-120
    comentários de, definição, **122**
    conversão, definição, 10
    elegante, 206
    estruturado e não estruturado, 54-57
    estruturado, definição, 51
    fazendo fluxogramas, 10
    finalizando com o uso de *flags,* 21-23
    métodos. *Ver* métodos
    modulando, 91-100
    módulos. *Ver* módulos
    overhead, definição, **290**
    planejando a lógica de, 14-18
    planejando, codificando, testando, 6-10
    que chamam, **122**
    quebras de controle. *Ver* quebras de controle
    reconhecendo estruturas em, 60-66
    rodados, executados, 3
    testando, 393-396
programas autodocumentados, **114**, **124**
programas de quebra de controle, **325**, **356**
programas estruturados, definição, 51
programas procedurais, linha principal da lógica dos, 107-111
programas, manutenção de, **10**, **32**
prompt de comando, **10**, **11**, **32**
prompt de programa, **10**, **11**, **32**
pseudocódigo, usando para planejar programas, 14-18, **33**

Q

quebras de controle
    definição, usando, 325, 326, **356**
    maior nível, menor nível, **354**, **357**
    realizar com totais, 340-348
    realizar em múltiplos níveis, **348-355**
    realizar em nível único, 327-332
quebras de controle em múltiplos níveis
    definição, **357**
    realizando, 348-355
quebras de controle em nível único, realizando, **327-332**, **356**
quebras de controle no maior nível, **354**, **357**

quebras de controle no menor nível, **354, 357**
quebras de linha confusas, evitando, 117-118

R

registros
    classificação, **326, 356**
    e campos, **12, 32**
regras de precedência, operador, **26, 33**
relatórios
    criando formulários de impressão, 377-378
    impressos, fazendo design de, **84**
    quebras de controle, **325**
    resumidos, **215, 222, 348-355, 357**
relatórios de quebra de controle, **325, 356**
relatórios resumidos
    definição, **215, 222, 357**
    preparando e imprimindo, **348-355**
repetições em estruturas de loops, **73**
respostaCalculada, 18-19
retornando valores, **100, 123, 277, 313**
rodando programas, **3, 32**
rodapés (linhas de rodapé)
    definição, **109, 124**
    usando dados de controle em, 335-340

S

saída
    definição, **1**
    dispositivos de, padrão, **109, 123**
    documentação, definição, **121**
    fazendo o design de tela, 85-86
    formulários de impressão, criando, 377-378
    operação, definição, **4**
    símbolos, **16, 33**
saídas antecipadas (de loops), melhorando a eficiência
    da busca usando, **253-254, 265**
salvando programas, **5, 32**
se com duas alternativas, usando, **46, 73**
seleção com duas alternativas, 133-134
seleções E
    evitando erros em, 148-149
    precedência de operadores em, **166-168**
seleções OU
    evitando erros comuns em, 153-158
    precedência de operadores em, **166-168**
seleções, fazendo, dentro de intervalos, 158-162
sentença
    de atribuição, **25, 33**
    de retorno, **103, 123, 277, 288-290, 313**
    encapsulando, 96
    fim-se, 49
    for, usando, **208-211, 222**
    "go to", 56
    leitura primária, **52-57, 73**
    se-senão, 143, 170
    switch, 168
símbolo conector, **24, 33**
símbolo de cano (||), operador lógico OU, 153

símbolo de decisão, **33**
símbolos terminais, **16, 33**
símbolos
    caracteres, **12**
    códigos de computador e sistemas numéricos, 379-384
    Ver também símbolos específicos
sintaxe
    de linguagens de programação, **2**
    definição, **31**
    em sentenças de arquivos, 117-118
    erros, **8, 31**
softwares de sistema, definição, 1
sinal de igual (=),
    e operadores relacionais de comparação, 138
    operador de atribuição, 25
sistema numérico decimal, 379-384
sistemas numéricos e códigos de computador, 379-384
sobrecarga
    definição, **314**
    métodos de, **299-303**
software
    definição, **1, 31**
    testando, **396-398**
    traduzindo programas para linguagem de máquina usando, 7-8
softwares de aplicação, 1
solicitação de dados e banco de dados, **13, 32**
string da constante, **26**
string de constante literal, **34**
string de variáveis, **27, 34**
submódulos, 94, **123**
sub-rotinas, definição, **91, 122**
subscrito de array. *Ver* subscritos
subscritos (arrays)
    definição, **231, 264**
    fora dos limites, **258, 265**
    nomeando, 250

T

tabelas
    arrays como, 231, 244
    decisão. *Ver* tabelas da verdade
    verdade. *Ver* tabelas da verdade
tabelas da verdade
    definição, **178**
    e operador E, 147
tabelas de decisões,
    grandes, usando, 385-391
    usando, **171-175**, 177
tarefas de fim de trabalho, **107, 123**
tarefas de preparo, **107**, 108-111, **123, 328**
tarefas do loop principal, **110, 123**
telas de saídas, fazendo o design de, 85-86
teste alfa, **395, 398**
teste beta, **395, 398**
teste de caixa branca, **394, 398**
teste de mesa da lógica de programação, **7, 32, 119, 124**
teste de software, 393-396
tipo de dado

digitação booleana, 115
e definição de arquivos, 88-89
numérico, 305
para variáveis, 18-19
retorno de métodos, **313**
usando, **26-28, 34**
validando, 397
tipos de retorno, método, **314**
tomar decisões, **33**
totais
   acumular, 345, 357
   e quebras de controle, 325-327
   realizando quebras de controle com, 340-348
   usando loops para acumular, 215-217
traduzindo programas para linguagem de máquina, 7-8
transferindo dados, 105, 123
Turing, Alan, 29

U

unidade central de processamento (CPU), **1, 31**
Unified Modeling Language, 113
usuários finais, definição, **121**
usuários, definição, **121**
usuários, entrada interativa dos, 10-12

V

validar dados
   definição, **222**
   usando loop, **218-220**
validar entrada, **396-398**
valor de etapa, **210, 222**
valores
   atribuindo a variáveis, 25-26
   default, **162, 177**
   definidos por código-fonte, **265**
   dummy, flag, **22-23**
   incrementando e decrementando variáveis, 191, **221**
   intervalo de, decidindo, **177**
   retornam, criando métodos que, 287-292
   retornando, **123, 277, 313**
   sentinela. *Ver flags*
   tomando decisões e testando, **21**

valores de variáveis de controle dos loops alterados por incremento, 191
   incrementar variáveis, **221**
valores default, definição, **162, 177**
valores definidos por código-fonte no array, **244, 265**
valores *dummy,* **22**, 23, **33**
variáveis de controle do loop
   evitando erros comuns, 202-208
   usando, **190-192, 195, 221**
variáveis de trabalho**191**
variáveis globais
   declarando, 100-107
   definição, **105, 123**
variáveis locais
   declarando, 100-107
   definição, **123**, 277, **313**
variáveis numéricas, **27, 34**
variáveis temporárias, usando, **118, 124**
variáveis
   acumulador, **222**
   arrays. *Ver* arrays
   atribuindo valores para, 25-26
   de controle de loops, **222**
   declarando, **27**
   definição, **18, 33**
   e tipos de dados, 26
   flags descrição, **265**
   incrementando e decrementando, **191, 221**
   inicializando, 218
   locais e globais, **123, 313**
   no escopo, **277, 313**
   nomeando usando, 18-20
   nomeando, 242
   passadas por valor, **284, 313**
   temporárias, usando, 118
   Ver também variáveis específicas
variáveis, armazenando inteiros em, 26-27, **32**
variável textual, **27, 34**
verificações de intervalo
   entedendo erros comuns usando, 162-165
   usando, **159-162, 177**
versão digital, **85, 122**
versão impressa, **85, 122**
vírgula flutuante
   campos numéricos, 89
   valores, **33**
   variável numérica, **27**

Impressão e Acabamento
Bartira
Gráfica
(011) 4393-2911